华南理工大学年鉴

二〇一八

《华南理工大学年鉴》编委会 编

华南理工大学出版社
SOUTH CHINA UNIVERSITY OF TECHNOLOGY PRESS
·广州·

图书在版编目（CIP）数据

华南理工大学年鉴.2018/《华南理工大学年鉴》编委会编. —广州：华南理工大学出版社，2020.12
ISBN 978-7-5623-6346-0

Ⅰ.①华… Ⅱ.①华… Ⅲ.①华南理工大学-2018-年鉴 Ⅳ.①G649.286.51-54

中国版本图书馆CIP数据核字（2020）第102659号

Huanan Ligong Daxue Nianjian · 2018
华南理工大学年鉴 · 2018
《华南理工大学年鉴》编委会 编

出 版 人：卢家明
出版发行：华南理工大学出版社
（广州五山华南理工大学17号楼，邮编510640）
http://www.scutpress.com.cn E-mail:scutc13@scut.edu.cn
营销部电话：020-87113487 87110964 87111048（传真）
责任编辑：袁 泽
责任校对：袁桂香
印 刷 者：佛山市浩文彩色印刷有限公司
开 本：787mm×1092mm 1/16 **印张**：27.5 **插页**：6 **字数**：755千
版 次：2020年12月第1版 2020年12月第1次印刷
定 价：128.00元

《华南理工大学年鉴·2018》编委会

▶2017 年 3 月 15 日，教育部、广东省人民政府、广州市人民政府和华南理工大学四方共建华南理工大学广州国际校区协议在北京签署。

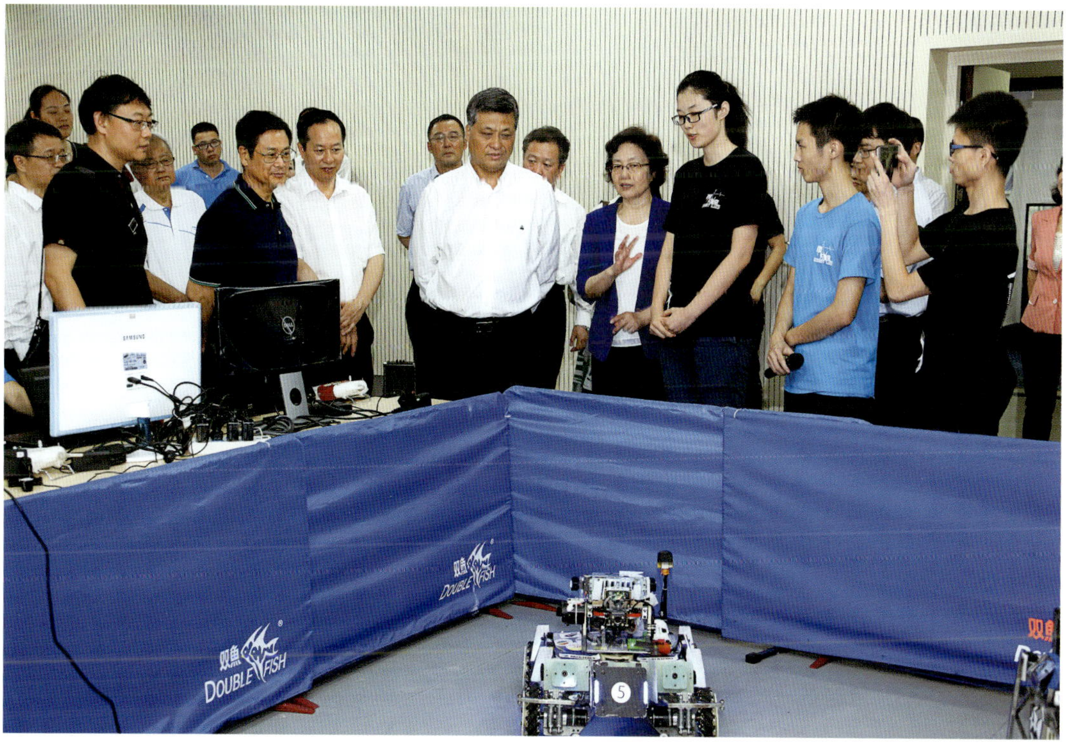

▶2017 年 5 月 15 日，广东省省长马兴瑞一行到学校调研，对学校人才培养、学科建设和广州国际校区建设等方面给予了高度评价。

▶2017 年 3 月 29 日，教育部党组成员、副部长林蕙青来校考察创新创业人才培养工作，对学校工作给予充分肯定和高度赞扬。

▶2017 年 2 月 15 日，广州市市长温国辉一行，调研学校的建设与发展情况，表示市政府将全力支持学校发展。

■ 章熙春

■ 陶韶菁

■ 李正

■ 吴业春

▶2017 年 1 月 9 日，学校召开干部大会，教育部党组任命章熙春同志担任中共华南理工大学委员会书记。8 月 5 日，学校召开党委全委会扩大会议，党委书记章熙春宣读中共教育部党组、教育部的干部任免文件，陶韶菁同志任中共华南理工大学委员会副书记，李正、吴业春同志任中共华南理工大学委员会常委、华南理工大学副校长。

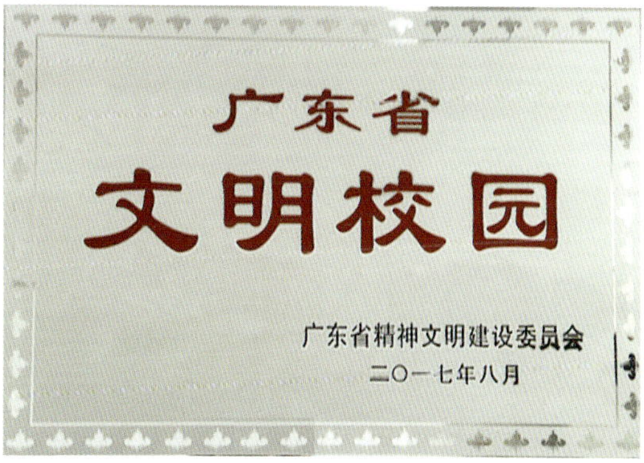

▶2017 年 11 月 17 日，全国精神文明建设表彰大会在北京召开，学校获第一届“全国文明校园”称号；这是继 2017 年 8 月获“广东省文明校园”荣誉称号后的又一荣誉。

▶ 2017 年 12 月 28 日，学校党委书记章熙春作了题为《以习近平新时代中国特色社会主义思想为指引　全面推进“双一流”建设》的党的十九大精神专题辅导报告，解读了党的十九大报告的相关内容。

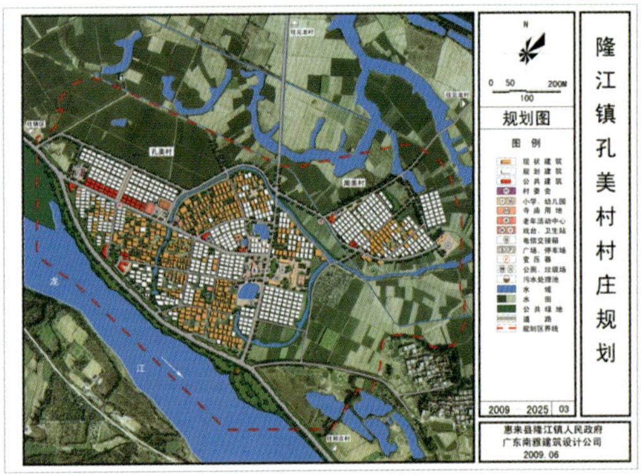

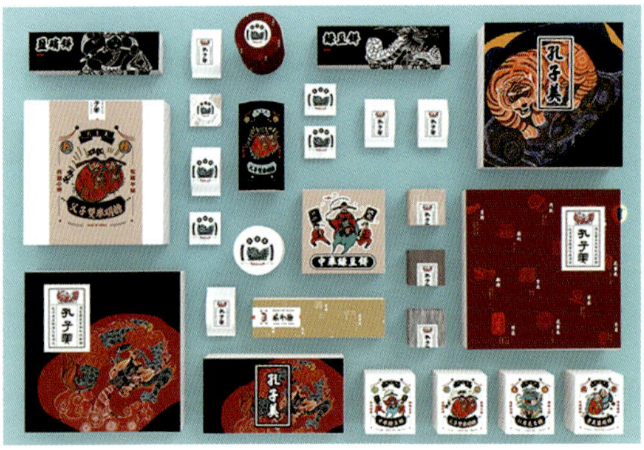

▶ 2017 年 10 月 11 日，学校“‘五位一体’精准扶贫　协调推进乡村治理”帮扶项目，获批教育部第二届直属高校精准扶贫精准脱贫十大典型项目之一。定点揭阳市惠来县孔美村开展精准扶贫精准脱贫工作项目成果——“孔子美：创意文化村落品牌形象塑造”获中国包装创意设计大赛一等奖。

"双一流"建设高校名单

（按学校代码排序）

27	中南大学
28	中山大学
29	华南理工大学
30	四川大学
31	重庆大学

▶2017 年 9 月 21 日，教育部、财政部、国家发展改革委印发《关于公布世界一流大学和一流学科建设高校及建设学科名单的通知》，学校入选"双一流"建设高校名单，化学、材料科学与工程、轻工技术与工程、农学等 4 个学科入围"双一流"学科建设名单。

201-300	Paul Sabatier University (Toulouse 3)	10-14
201-300	Polytechnic Institute of Milan	3-7
201-300	Pompeu Fabra University	1-3
201-300	Queen's University	9-11
201-300	Queensland University of Technology	11-14
201-300	RWTH Aachen University	16-22
201-300	Soochow University (China)	10-18
201-300	South China University of Technology	10-18
201-300	Southeast University	10-18

▶2017 年 8 月 15 日，2017 年上海软科"世界大学学术排名"发布，学校世界排名第 235 位，中国内地排名第 11 位。

InCites Essential Science Indicators

Total: 10	Research Fields	Web of Science Documents	Cites	Cites/Paper	Top Papers
1	CHEMISTRY	6,639	93,031	14.01	102
2	MATERIALS SCIENCE	4,899	56,468	11.53	88
3	ENGINEERING	3,929	33,479	8.52	81
4	PHYSICS	1,837	19,904	10.84	17
5	BIOLOGY & BIOCHEMISTRY	898	16,704	18.60	9
6	AGRICULTURAL SCIENCES	1,294	15,135	11.70	39
7	COMPUTER SCIENCE	857	4,489	5.24	21
8	ENVIRONMENT/ECOLOGY	496	3,868	7.80	2
9	CLINICAL MEDICINE	285	2,341	8.21	2
0	ALL FIELDS	22,991	262,142	11.40	390

▶2017 年 7 月 14 日，基本科学指标数据库（ESI）公布最新统计数据。学校环境科学与生态学首次进入 ESI 全球前 1%；11 月 10 日，学校临床医学首次进入 ESI 全球前 1%。至此，学校共有 9 个学科进入 ESI 前 1%，其中 3 个进入 ESI 前 1‰，入选数量位居全国高校第 6、广东高校首位。

评估结果	一级学科代码及名称
A+	0822 轻工技术与工程
A-	0802 机械工程
	0805 材料科学与工程
	0813 建筑学
	0817 化学工程与技术
	0830 环境科学与工程
	0832 食品科学与工程
	1201 管理科学与工程

▶2017 年 12 月 28 日，教育部公布第四轮学科评估结果。学校 A 类学科有 8 个，其中，1 个学科获得 A+ 评价、7 个学科获得 A- 评价；共有 18 个学科获得 B+ 以上评价，相比上一轮评估进步明显。

▶2017 年 2 月 27 日，华南理工大学附属第二医院在广州市第一人民医院正式挂牌，为学校直属附属医院。

▶2017 年 6 月 28 日，华南理工大学附属广东省人民医院揭牌仪式在广东省人民医院（华南理工大学第一临床学院）举行。

▶2017 年 11 月 20—23 日，教育部本科教学工作审核评估专家对学校本科教学情况进行了全面深入的考察。专家组一致认为，学校的办学定位和培养目标高度适应国家和社会发展需求，培养过程有效实现了培养目标的达成，教师与教学资源能够较好地满足教学需求，建立了较为完善的教学质量保障体系并能有效运行，学生对学校的教育质量以及社会用人单位对毕业生的满意程度高。

▶2017 年 1 月 18 日，根据《教育部办公厅关于公布首批深化创新创业教育改革示范高校名单的通知》（教高厅函〔2017〕3 号），学校成为首批深化创新创业教育改革示范高校；6 月 15 日，根据《国务院办公厅关于建设第二批大众创业万众创新示范基地的实施意见》（国办发〔2017〕54 号），学校入选国家第二批大众创业万众创新示范基地。

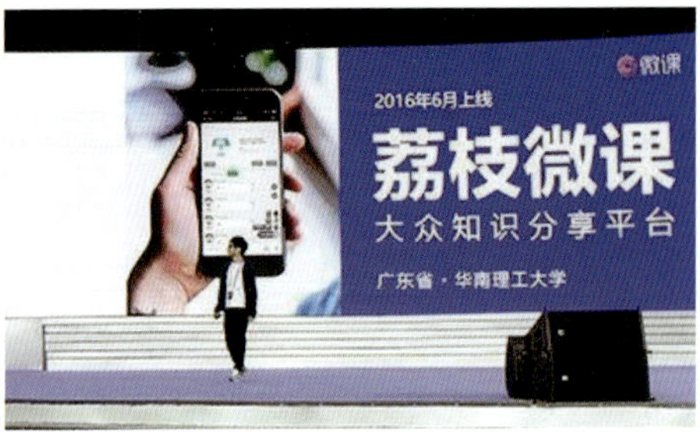

▶2017 年 9 月 16—18 日，在第三届中国“互联网 +”大学生创新创业大赛总决赛中，学校代表队获金奖 1 项、银奖 2 项、铜奖 1 项，获奖数创学校历史新高，学校获“先进集体奖”。

▶2017 年 8 月 6 日，在第十六届全国大学生机器人大赛 RoboMaster 总决赛上，学校“华南虎队”夺得全国总冠军。

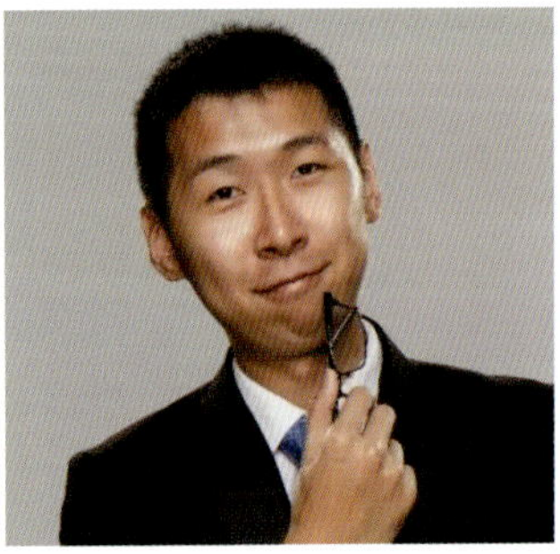

▶2017 年 4 月 13 日，《福布斯》杂志发布亚洲地区“30 位 30 岁以下俊杰”榜单，2007 级罗锐邦校友入选“医疗及科学”领域的 30 位俊杰。

▶2017 年 9 月 18 日，第九届“中国青年创业奖”评选结果揭晓， 2006 级校友陈第获“创业新星奖”。

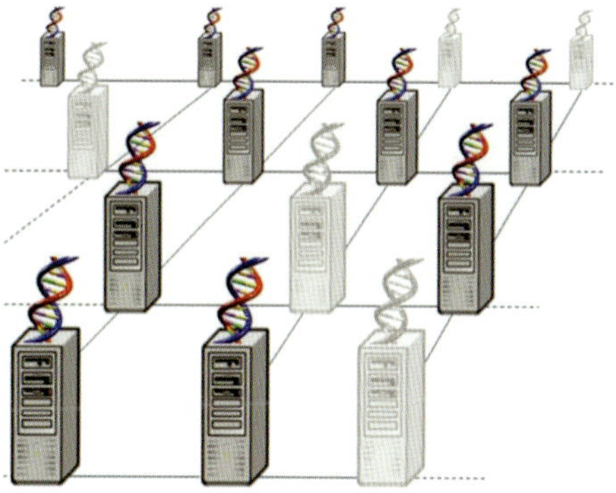

■ “机器智能创新团队”研发的基于云平台的大规模智能算法示意图

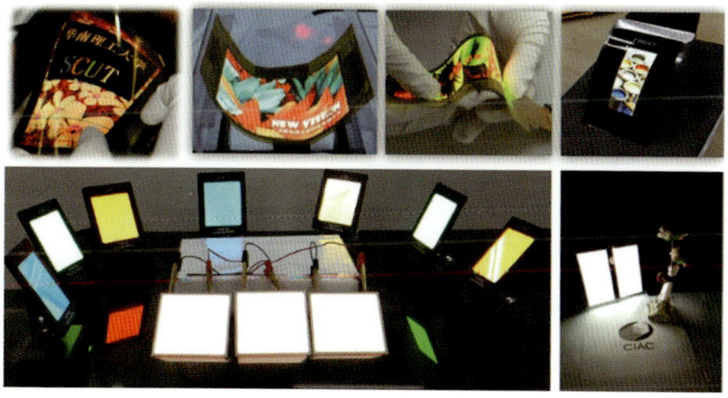

■ “有机高分子显示和照明材料与器件创新团队”开发的柔性 OLED 显示屏和大面积 OLED 发光板

▶2017 年 6 月 15 日，科技部公布 2016 年创新人才推进计划入选名单，学校有机高分子显示和照明材料与器件创新团队、机器智能创新团队入选科技部重点领域创新团队。

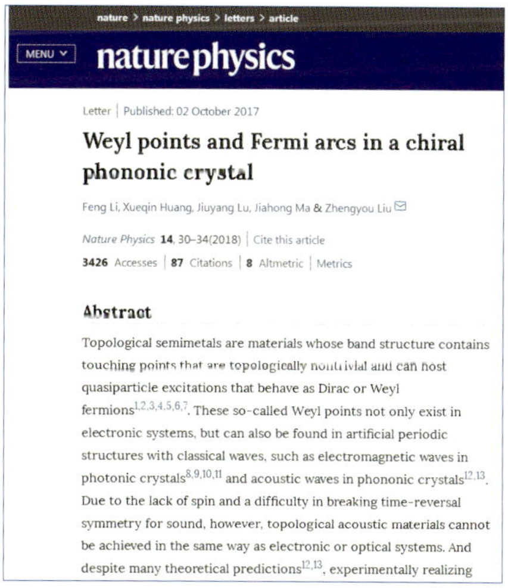

nature > nature physics > letters > article

MENU nature physics

Letter | Published: 02 October 2017

Weyl points and Fermi arcs in a chiral phononic crystal

Feng Li, Xueqin Huang, Jiuyang Lu, Jiahong Ma & Zhengyou Liu

Nature Physics 14, 30–34(2018) | Cite this article

3426 Accesses | 87 Citations | 8 Altmetric | Metrics

Abstract

Topological semimetals are materials whose band structure contains touching points that are topologically nontrivial and can host quasiparticle excitations that behave as Dirac or Weyl fermions[1,2,3,4,5,6,7]. These so-called Weyl points not only exist in electronic systems, but can also be found in artificial periodic structures with classical waves, such as electromagnetic waves in photonic crystals[8,9,10,11] and acoustic waves in phononic crystals[12,13]. Due to the lack of spin and a difficulty in breaking time-reversal symmetry for sound, however, topological acoustic materials cannot be achieved in the same way as electronic or optical systems. And despite many theoretical predictions[12,13], experimentally realizing

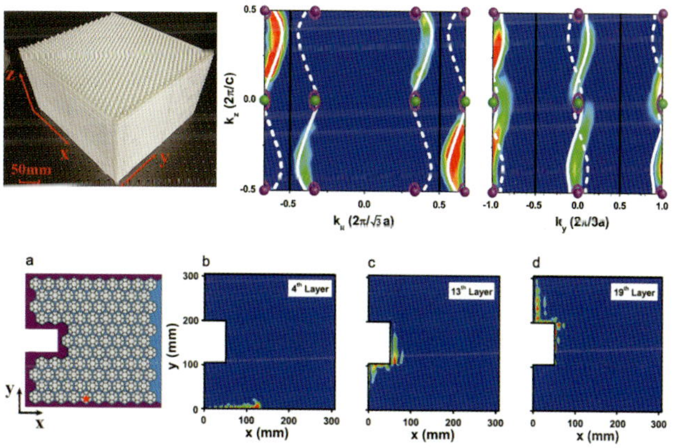

▶2017 年 10 月 2 日，Nature 杂志子刊 *Nature Physics* 发表题为“Weyl points and Fermi arcs in a chiral phononic crystal”（手性声子晶体中的外尔点与费米弧）的研究论文，作者为李锋、黄学勤、陆久阳、马佳洪、刘正猷。这是学校首次在 *Nature Physics* 以第一单位发表论文。

▶2017 年 11 月 23—25 日，第二十二届全国发明展览会暨第二届世界发明创新论坛举行，学校三项专利成果获“发明创业奖·项目奖”金奖。

▶2017 年 7 月 13 日，学校与佛山市顺德区人民政府就合作共建华南理工大学国家大学科技园顺德创新园区签约。

▶2017年11月27日至12月6日，学校党委书记章熙春率团出席在芬兰举办的中欧工程教育联盟2017年年会和欧洲工程教育联盟年会，与意大利都灵理工大学、瑞典皇家理工学院、乌普萨拉大学，就拓展深化国际合作进行深入交流。

▶2017年9月14日，中国工程院院士、校长王迎军会见了美国南加利福尼亚大学凯克医学院再生医学和干细胞研究中心主任Andrew Paul McMahon教授一行。

▶2017 年 1 月 9 日，学校与西澳大学合作共建的“中澳学院”成立并揭牌。

▶2017 年 4 月 19 日，张澍生校友向学校捐赠签约仪式在五山校区举行。张澍生校友捐赠 500 万元人民币，用于设立“南光卓越教学奖”。

▶2017 年 12 月 8 日，王杏生校友捐赠签约暨“恒化楼”揭幕仪式在五山校区举行。王杏生校友伉俪向学校捐资 800 万元，助力学校发展。

目　录

学校概况

重要讲话和重要文件

学校机构与负责人

党建与思想政治工作

发展规划与学科建设

教代会、工会和共青团工作

教育教学工作

科研与科技产业工作

队伍建设与人事管理

对外交流与合作

条件建设与后勤保障

广州国际校区建设

党政综合管理

学　　院

表彰与奖励

毕业生名单

大事记

学校概况

学 校 概 况*

华南理工大学是直属教育部的全国重点大学，坐落在南方名城广州。校园分为三个校区，五山校区位于天河区石牌，大学城校区位于番禺区大学城，广州国际校区位于番禺区国际创新城。校园历史悠久、古树繁花，37 处历史建筑和历史文化景观错落其间，形成国内高校中独特的民国时期岭南建筑群落。

学校办学历史源远流长。学校正式组建于 1952 年全国高等院校调整时期，是以中山大学工学院、华南联合大学理工学院、岭南大学理工学院工科系及专业、广东工业专科学校为基础，调入湖南大学、武昌中华大学、武汉交通学院、南昌大学、广西大学等 5 所院校部分工科系及专业组建而成，汇集了华南、中南地区理工科教科界的精英，为当时全国四大工学院之一，堪为中国高等工程教育的探路者。学校办学可溯源至 1918 年成立的广东省立第一甲种工业学校。校友中涌现出杨匏安、阮啸仙、刘尔崧、周文雍等中华民族的优秀分子，他们是中共广东党、团的创建者，是中国早期马克思主义思想的启蒙者和践行者，为中华人民共和国成立作出了突出贡献。红色基因自此融入华工人血脉，生生不息。

学校矢志不渝办世界一流大学。1960 年被列为全国重点大学，1981 年经国务院批准为首批博士和硕士学位授予单位，1993 年在全国高校开部省共建之先河，1995 年、2001 年先后进入国家首批“211 工程”“985 工程”建设行列，2017 年入选“双一流”建设 A 类高校名单。学校分别于 1999 年、2007 年先后两次以优秀成绩通过教育部本科教学工作水平评估，2017 年通过教育部本科教学工作审核评估。自 2012 年起进入上海软科“世界大学学术排名”500 强，2017 年总体排名居 201—300 区间。

学校坚持学术立校，以学科建设为龙头，不断优化学科结构，加快提升学科水平，形成以工见长，理工医结合，管、经、文、法多学科协调发展的综合性学科结构。学校设有 30 个学院，1 个独立学院（广州学院），25 个博士学位授权一级学科，42 个硕士学位授权一级学科；有包括工程博士在内的 16 个专业学位类别，26 个博士后科研流动站，81 个本科招生专业。学校有 7 个国家重点（培育）学科，轻工技术与工程、机械工程、材料科学与工程、建筑学、化学工程与技术、环境科学与工程、食品科学与工程、管理科学与工程等 8 个学科整体水平进入全国前 10%。化学、材料科学、工程学、农业科学、物理学、生物学与生物化学、计算机科学、环境科学与生态学、临床医学 9

* 文中数据统计至 2017 年 12 月 31 日。

个学科领域进入 ESI 全球排名前 1%，其中，工程学、材料科学、化学、农业科学 4 个学科领域进入 ESI 全球排名前 1‰。

学校坚持人才强校，以高层次人才队伍建设为重点，引进和培养并重，努力打造一流的师资队伍。学校有教职工 4793 人，其中，专任教师 2724 人，中国科学院院士 4 人、中国工程院院士 5 人，双聘院士 21 人，俄罗斯工程院外籍院士 1 人，国家教学名师 6 人，海外高层次引进人才 36 人，国家杰出青年科学基金获得者 36 人；研究生导师 2280 人，其中，博士生导师 805 人。

学校坚持以人才培养为根本，努力打造一流本科教育、研究生教育和特色鲜明的留学生教育。2017 年底有各类学生 108 547 人，其中，博士、硕士研究生 15 862 人，本科生 24 804 人，继续教育学生 65 501 人，留学生 2380 人。学校围绕高素质、“三创型（创新、创造、创业）”、国际化专门人才的培养目标，以创新创业教育、产学研合作教育和国际化教育为重点，不断创新人才培养模式。以“基因组科学创新班”为代表的创新人才培养模式，用“科学无起点”理念培养青少年科学家，学生连续在 *Nature*、*Science*、*Cell* 等国际顶尖学术刊物上发表文章，引起世界关注，被誉为拔尖创新人才培养的“华工模式”“华工现象”。建校以来，学校为国家培养了高等教育各类学生约 50 万人，一大批毕业校友成为我国科技骨干、著名企业家和领导干部，学校被社会誉为工程师的摇篮、企业家的摇篮和拔尖创新人才培养基地。

学校坚持以科研工作为重点，瞄准世界科技前沿，聚焦国家和区域重大战略需求，筑高原，攀高峰，着力提升原始创新能力，大力推进协同创新。学校拥有 26 个国家级、163 个部省级科研基地，以及国家甲级建筑设计研究院、国家大学科技园等；依托高水平科研基地，学校承担了一大批国家重大重点项目，2017 年学校实到科研经费 22.64 亿元；产出了一批高水平科研成果，近 5 年以第一完成单位共获国家科技奖 17 项，学校知识产权授权量和有效发明专利总量连续多年居全国高校前 7 位，获国家专利金奖、优秀奖总数居全国高校首位。

学校不断拓展办学资源，为一流大学建设提供良好的条件和环境。校园占地面积超过 391.20 万平方米，校舍总建筑面积 333.82 万平方米。有固定资产 72.05 亿元，其中，教学科研仪器设备资产总值 27.48 亿元。学校教学实验设备齐全，建有一批国家级教学示范中心、基础教学实验中心和现代化实验中心。图书馆藏书 360 万册，初步建成数字化图书馆。学生文化体育设施齐全，建有高标准的乒乓球、网球、羽毛球等各类场馆。学生课外科技学术活动和社会实践活动蓬勃发展，特色鲜明，成为提高学生综合素质的重要环节。

在新的历史发展阶段，学校将以习近平新时代中国特色社会主义思想和党的十九大精神为指导，秉承“博学慎思 明辨笃行”的校训，发扬“厚德尚学 自强不息 务实创新 追求卓越”的精神，坚持学术立校、人才强校、开放活校、文化兴校，坚持育人为本，突出内涵建设，全面提高质量，加快推进“双一流”和广州国际校区建设，加快建成中国特色、世界一流大学，为国家和区域经济社会发展作出新的更大贡献。

资料 学校基本情况统计一览表

统计时点：2017 年 12 月 31 日

高层次人才	
中国科学院院士	4
中国工程院院士	5
俄罗斯工程院外籍院士	1
双聘院士	21
国家教学名师	6
海外高层次引进人才	36
国家杰出青年科学基金获得者	36
国家优秀青年科学基金获得者	20
教育部创新团队（含滚动支持）	18
教职工基本情况	
教职工总数	4793
一、专任教师	2724
正高级	890
副高级	1058
研究生导师 其中：博士生导师 硕士生导师	2280 805 2216
二、行政人员	949
三、教辅人员	551
四、工勤人员	111
五、科研机构人员	138
六、工程技术人员	48
七、校办企业职工	76
八、其他附设机构人员（含附属中小幼教职工）	196
离退休人员	3341

学生基本情况	
各类在册在校生数	108 547
一、本科生	24 804
二、研究生	15 862
博士生	3106
硕士生	12 756
其中：在职攻读专业学位研究生	3301
三、继续教育	65 501
成人教育学生	12 560
网络教育学生	44 842
自学考试学生	8099
四、留学生	2380
学历留学生	1285
学院及学科专业建设	
二级学院	30
独立学院	1
ESI 前 1% 学科数	9
ESI 前 1‰学科数	4
国内排名前十的学科数	8
博士学位授权一级学科	25
硕士学位授权一级学科	42
博士学位授权二级学科（不含一级学科覆盖点）	4
专业学位类别（工程硕士领域）	16（25）
本科专业	81
博士后科研流动站	26
国家教学团队	6
国家特色专业	18

续表

学院及学科专业建设		科研基地（部省级及以上）	
卓越工程师教育培养试点专业	9	其他省部级科研机构	11
国家精品课程	21	国家大学科技园	1
国家精品资源共享课	17	国家甲级建筑设计研究院	1
国家精品视频公开课	14	**科研成果**	
国家双语示范课程	6	实到科研项目经费（亿元）	22.64
教学基地（国家级）		理工类纵向科研项目实到经费	12.31
国家级实验教学示范中心	6	理工类横向科研项目实到经费	9.41
国家级虚拟仿真实验教学中心	3	人文社科类科研项目实到经费	0.92
国家级人才培养模式创新实验区	2	专利授权（项）	2019
国家级大学生校外实践教育基地	8	发明专利授权	1146
国家双创示范基地	1	国家科学技术奖（括号内为非第一完成单位）	3（3）
国家级教师教学发展示范中心	1		
科研基地（部省级及以上）		论文收录情况（2016年）（篇）	6275
国家重点实验室	3	其中：三大索引论文	5820
国家工程（技术）研究中心	5	SSCI	52
国家（地方联合）工程实验室	10	CSSCI	403
国家国际科技合作基地	1	**资产资源**	
国家高端智库	1	校园面积（万平方米）	391.20
高等学校学科创新引智基地	6	总建筑面积（万平方米）	333.82
教育部重点实验室	7	其中：教学及辅助用房	70.74
教育部工程研究中心	4	行政办公用房	9.53
教育部国际合作联合实验室	3	学生宿舍	42.07
广东省重点实验室	19	教工住宅及宿舍	54.37
广东省工程实验室	4	办学经费（亿元）	47.51
广东省工程技术研究开发中心	69	固定资产（亿元）	72.05
广东普通高校重点实验室	12	教学科研仪器设备值（亿元）	27.48
广东高校工程技术研究中心	9	馆藏图书（万册）	360
省级人文社科研究机构	31	电子图书（万册）	335

重要讲话和重要文件

以改革创新精神推动新时代学校发展再上新台阶*

章熙春

（2018 年 3 月 29 日）

各位老师、同学，同志们：

今天我们召开 2018 年度学校工作会议，主要任务是总结 2017 年学校主要工作，分析学校发展面临的形势，研讨和部署 2018 年学校重点推进的工作。

2018 年是贯彻党的十九大精神的开局之年，是改革开放 40 周年，是决胜全面建成小康社会、实施“十三五”规划承上启下的关键一年，是学校正式开启世界一流大学建设新征程的第一年，是广州国际校区建设的关键一年。发展任务重，工作涉及方方面面。下面我就做好“双一流”建设和今年学校工作，谈几点意见。

一、提高政治站位，深刻领会习近平总书记重要讲话的精神实质，进一步用党的十九大精神统一思想、凝聚力量、引领发展

一是要深刻领会和准确把握习近平总书记在全国“两会”上的重要讲话精神。

3 月 3—20 日，2018 年全国“两会”在北京隆重召开，并取得圆满成功。习近平总书记全票当选国家主席、中央军委主席，充分体现了党的意志、人民意志、国家意志的高度统一，充分反映了全党全军全国各族人民的热切期盼和共同心声，顺应民意、众望所归。“两会”顺利产生了新一届国家机构和全国政协领导人员，表决通过了《中华人民共和国宪法修正案》，确立了监察委作为国家机构的法律地位，表决通过了《监察法》等。

在十三届全国人大一次会议闭幕会上，习近平总书记发表重要讲话，深刻论述中国人民的伟大创造和伟大精神，发出了奋进新时代的进军号令。习近平在讲话中 84 次提及“人民”，洋溢着强烈的“人民观”，他强调，一切国家机关工作人员，无论身居多高的职位，都必须牢记我们的共和国是中华人民共和国，始终要把人民放在心中最高的位置，始终全心全意为人民服务，始终为人民利益和幸福而努力工作。习近平总书记的重要讲话，充满对中华文明的自豪、对中国人民的深情、对中国发展的自信，充分展现

* 本文是学校党委书记章熙春在 2018 年学校工作会议上的讲话。

当代中国共产党人的雄心壮志，必将极大振奋全党全军全国各族人民的精气神，汇聚起团结奋斗的磅礴力量。

在全国“两会”召开期间，3 月 7 日，习近平总书记亲临广东代表团参加审议并发表重要讲话，充分肯定广东工作取得的成绩，寄望广东在新的历史起点上开创工作新局面。总书记站在战略和全局的高度，为新时代广东发展把脉问诊、量体裁衣，针对发展质量和效益不够高、产业整体水平仍然不高、社会治理难度大等问题，强调要着力深化改革开放，提出了在构建推动经济高质量发展体制机制、建设现代化经济体系、形成全面开放新格局、营造共建共治共享社会治理格局上走在全国前列（“四个走在全国前列”）的重要要求。在听完华工校友的发言后，总书记提出了发展是第一要务、人才是第一资源、创新是第一动力（“三个第一”）的重要论断。他说，中国如果不走创新驱动发展道路，新旧动能不能顺利转换，就不能真正强大起来。强起来要靠创新，创新要靠人才。

总书记关于“三个第一”和“四个走在全国前列”的重要论述，是做好广东工作的强大思想武器和科学行动指南，为广东新时代发展指明了前进方向、提供了根本遵循，具有非常重大的意义。广东省委书记李希在全省传达贯彻习近平总书记重要讲话精神电视电话大会上强调，要认真学习贯彻习近平总书记重要讲话精神，把思想和行动统一到总书记重要讲话精神上来；要担当尽责、真抓实干，坚决把习近平总书记重要讲话精神落到实处；要认真抓好习近平总书记重要讲话精神的贯彻落实，切实把学习宣传贯彻习总书记重要讲话精神作为当前和今后一个时期的头等大事，扎实努力推动学习宣传贯彻工作不断往深里走、往实里抓，真正把学习成果体现到改革发展的成效上，奋力推动习近平新时代中国特色社会主义思想在南粤大地落地生根、结出丰硕成果。广东省将会研究出台一系列重大举措和行动方案来贯彻落实习近平总书记的重要讲话精神，我们要认真学习、认真落实。

3 月 11 日上午，学校党委召开了全委扩大会和理论中心组学习会，传达学习习近平总书记在参加广东省代表团审议时的重要讲话精神。3 月 25 日下午，学校举办了“华园讲坛”，全国人大代表、2002 届校友袁玉宇，全国人大代表、国际教育学院安然教授，全国政协委员、物理与光电学院邓文基教授进行了“两会”精神传达。之后，学校还将按照中央、教育部、广东省的重要部署，把学习贯彻工作不断引向深入。

习近平总书记重要讲话精神为我们学校的未来发展指明了方向，这对学校发展是一个非常有利的契机。广东是改革开放的排头兵、先行地、试验区，更是学校生存和发展的“土壤”，是我们发展的根基所在。广东省为学校发展提供了非常重要的政策和资金支持，近日，又作出了支持中央单位深入参与广东省全面创新改革试验计划，与省属单位享有同等待遇政策的决定。华南理工大学作为部省共建的大学，是广东唯一的一所国家“双一流”建设理工科大学，在广东贯彻落实“四个走在全国前列”中应该发挥更大更重要的作用。当前学校的一系列发展规划，包括广州国际校区建设、新工科布局、海内外顶尖人才引育、基础研究和科技成果转化等，都符合习总书记对广东发展的要求和国家、广东的重大需求，这是我们发展的重大契机和重大任务要求。希望学校各单位和全体党员干部，都要深入学习贯彻落实习近平总书记“三个第一”和“四个走在全国前列”的要求，迅速行动起来，对接广东省相关行动方案，在广东全面深化改革开放、推动经济高质量发展中作出新的更大的贡献，以贡献促发展，加速建成世界一流大学。

二是要以党的十九大精神为重要引领，写好学校教育发展“奋进之笔”。

党的十九大，对教育工作作出了全面系统的部署，主要内容有六个方面。一是基本战略，就是进一步明确教育事业优先发展的战略。二是特殊地位，就是建设教育强国是中华民族伟大复兴的基础工程。三是总体目标，就是加快教育现代化，办好人民满意的教育。四是根本任务，就是全面贯彻党的教育方针，落实立德树人根本任务，发展素质教育，培养德智体美全面发展的社会主义建设者和接班人。五是发展取向，就是推进教育公平。六是根本要求，就是高质量发展，对高等教育的要求是加快一流大学和一流学科建设，实现高等教育内涵式发展，以及加强师德师风建设，培养高素质教师队伍等。

党的十九大胜利闭幕后，全国上下掀起了学习宣传贯彻的热潮。2017 年 11 月，中共中央、国务院印发了《关于全面深化新时代教师队伍建设改革的意见》，这是新中国成立以来党中央出台的第一个专门面向教师队伍建设的里程碑式政策文件，强调教师地位“特别重要”，提出要造就党和人民满意的高素质专业化创新型教师队伍。

为深入贯彻落实党的十九大精神，广东省多次作出重要部署，明确要以习近平新时代中国特色社会主义思想统领广东一切工作，要认真做好“大学习、深调研、真落实”活动，把系统学习、深入调研、真抓实干有机结合起来，形成既有认识高度又有贯彻力度、既有思想成果又有实践成果的生动局面，做好广东改革发展各项工作。

教育部多次作出重要工作部署，陈宝生部长在多次重要工作会议上，对如何写好教育工作“奋进之笔”作出了重要阐述。在 2018 年 1 月召开的全国教育工作会议上，陈宝生部长部署了教育改革发展稳定各项任务，明确了教育工作的总体思路。陈宝生部长提出，要聚焦根本保证，坚持和加强党对教育工作的领导，把 2018 年作为教育系统党建质量年，不断提高党的建设质量；要聚焦根本任务，系统推进立德树人，把德育摆在更加重要的位置；要聚焦人民群众关切，采取超常规措施，加快补上教育民生短板；要聚焦提升贡献力，大力促进教育内涵式发展，推动教育事业进入提质增效的轨道；要聚焦激发活力，纵深推进教育改革，尤其是要深化“放管服”改革；要聚焦高素质专业化，全面加强教师队伍建设，健全师德师风建设长效机制，提升教师获得感、幸福感和荣誉感；要聚焦保障机制，夯实教育事业基础，特别是要深入推进依法治校。陈宝生部长强调，“双一流”建设对我国从高等教育大国向强国的历史性跨越，对整体提升我国教育水平、强化国家核心竞争力意义重大，要探索建设一批新时代中国特色社会主义标杆大学，发挥其排头兵、领头雁作用，成为建设高等教育强国奋进的标杆、学习的样板。

在 2018 年 3 月召开的教育系统全面从严治党工作视频会上，陈宝生部长以“坚定不移把教育系统全面从严治党引向深入”为题，对新时代全面从严治党工作提出了新的要求。他强调，要切实增强教育系统全面从严治党紧迫感，要扎实推进教育系统全面从严治党主要任务，要牢牢把握教育系统全面从严治党工作基本要求。他指出，要以习近平新时代中国特色社会主义思想为指导，贯彻落实党的十九大精神、中央纪委二次全会全面从严治党部署，坚持稳中求进工作总基调，以党的政治建设为统领，全面推进党的各项建设，持之以恒正风肃纪，深入推进反腐败斗争，不断增强“四个意识”、坚定

“四个自信”，做到“两个维护”，营造风清气正的良好政治生态和育人环境，为加快教育现代化、建设教育强国，办好人民满意的教育提供坚强保证。

近日，教育部党组专门下发了关于加强落实工作的意见，要求认真对照《教育重点工作指南》确定的“奋进之笔”，进一步改进作风，狠抓工作落实，确保每一项“奋进之笔”都出成果、见实效、交出“得意之作”。

各单位和全体党员干部都要认真学习掌握中央、教育部、广东省关于教育改革发展的重要要求，进一步提高站位、加强认识，要把学习贯彻习近平新时代中国特色社会主义思想和党的十九大精神，作为当前和今后一个时期的首要政治任务，与习总书记对广东工作一系列重要指示要求一体学习领会、整体贯彻落实；要不断增强发展的紧迫感，抢抓机遇，积极探索，狠抓落实，加快推进学校高质量内涵式发展，推动学习贯彻活动取得实效。

二、找准学校发展新起点，准确把握发展新要求，绘制好学校改革发展新蓝图

学校将召开第十七次党代会。这是在学校发展的重要时期召开的一次承前启后的会议，对绘制新时代学校改革发展新蓝图，动员全校党员干部群众，凝聚全体师生员工不忘初心、牢记使命，改革创新、攻坚克难，奋力开创学校“双一流”建设新局面具有非常重大的意义。学校各单位必须认清学校发展所处的新起点，准确把握学校面临的新形势和新任务，进一步谋划好新时代学校发展大计。

一是要全面准确把握过去五年学校的发展成就，切实增强建设中国特色、世界一流大学的信心和决心。自 2012 年进入“世界大学学术排名”500 强后，学校以每两年前进 100 名的速度快速发展，2017 年位居全球第 235 位、中国大陆高校第 12 位。在国际四大主流排行榜中的位次也不断提升。工科特色和优势不断加强，工科位居全球高校第 22 位，9 个学科领域进入 ESI 全球排名前 1%；其中，工程学、材料科学、化学、农业科学 4 个学科领域进入 ESI 全球排名前 1‰的国际顶尖学科行列，在全国高校排名第五、广东高校排名第一，学科水平和办学综合实力不断提升。与广东省人民医院联合办医学院、部省市校四方共建广州国际校区等重点工程相继落地，学校完成了“以工见长”的综合性学科布局，建成了一批学科高地，汇聚了一批高层次人才与团队，构建起雄厚的科技创新平台体系，形成创新人才培养的“华工模式”和服务国家和区域重大需求的“华工特色”创新体系，成功入选国务院大众创业万众创新示范基地，高质量通过教育部组织的本科教学审核评估，获批第一届全国文明校园。这一系列成就，充分说明了学校的发展道路是正确的，发展战略和举措是有效的，学校已具备了冲击世界一流大学的基础和实力。站在建设中国特色、世界一流大学的新起点上，我们一定要保持发展的定力，增强发展的信心和决心，以永不懈怠的精神状态和一往无前的奋斗姿态，为实现世界一流大学建设目标而作出我们这一代华工人应有的贡献。

二是要准确把握学校发展的总体目标，就是建世界一流大学，办好人民满意的教育。这个目标包含客观水平和主观感受两个维度。世界一流是客观的状态，是我们对办学实力发展水平的追求；人民满意是我们所有工作的宗旨所在，是以人民为中心发展思想的具体体现。在发展过程中，我们必须既要见物，更要见人；既要抢抓机遇加快学校发展，又要以师生成长为本，大力做好民生工程、民心工程。在一流大学建设中，建一

流的校园、一流的设备、一流的条件不难，但更重要的是要吸引和培育一流的人才、形成一流的管理制度和文化氛围。这就要求我们必须牢固树立以人民为中心的发展理念，深刻理解和准确把握“中国特色社会主义进入新时代，我国社会主要矛盾已经转化为人民日益增长的美好生活需要和不平衡不充分的发展之间的矛盾”这一重大论断的意义和现实表现，尊重大学与学科发展的规律，尊重人才的成长规律，更多地听取教学和科研一线师生的意见，最大限度地激发师生参与的主动性和积极性，尽最大的努力为师生成长创造良好的条件和环境氛围，把物质条件与人的条件紧密有机地融合，努力营造尊重人才、师生为本、共建共享、共同发展的良好格局，使师生获得感、幸福感、安全感更加充实、更有保障、更可持续。

三是要牢牢抓住发展的根本任务，就是全面贯彻党的教育方针，落实立德树人根本任务，培养德智体美全面发展的社会主义建设者和接班人。2017 年，学校顺利通过了教育部组织的本科教学工作审核评估。通过这次审核评估，我们既要看到成绩，也要总结经验，更要清醒地看到人才培养仍然存在的一些深层次的矛盾与问题，如缺乏有效的协同机制，导致教学资源和科研优势无法形成人才培养优势；培养口径过窄，难以保证毕业生能够适应未来社会的快速变化；能满足学生个性化、多样化需求的课程体系和培养体系还没有真正建立起来；课堂教学比较沉闷、缺乏互动，教师投入教学不足，学生学习的自主性和主动性有待进一步激发，等等，都需要我们高度重视，拿出方案举措扎实整改落实。

四是要准确把握发展的根本要求，就是内涵式发展、高质量发展。当前，我国经济已经由高速增长阶段转向高质量发展阶段，正处在转变发展方式、优化经济结构、转换增长动力的攻关期。高等教育的发展也正由高等教育大国向高等教育强国迈进，各个高校的发展也从重规模转变为重质量重效益。这是一个必须跨越的关口。质量是高校的生命线，也是高等教育内涵式发展的核心，反映着我们办学水平的高低与效果的优劣。一流的大学，教育质量办学水平必须是一流的。在一流大学建设过程中，学校一直坚持内涵式发展的道路。但不可否认，在实际工作中我们在制订政策、分配资源时还没有完全体现质量、水平、效益的要求，还存在一些撒胡椒面、吃大锅饭的现象，一些学院和学科还满足于小富即安，原地踏步，安于现状，缺乏发展的紧迫感，发展动力不强，发展方向不明，发展质量和效益不高。这种现象必须尽快扭转过来。今后学校在制订学科建设、教学管理、人事管理等政策和具体举措时，一定要把推动高质量、高效益发展作为资源配置、考核奖励的导向和要求，突出贡献力、突出质量水平，充分发挥政策指挥棒的作用，推动学校发展进入提质增效的轨道。

五是要把当前和长远结合起来，用全面的观点把握整体和局部，以重点工程重点突破带动学校整体办学水平的快速提升。建世界一流大学是一场“万里长征”，需要很多代华工人持续的努力奋斗，而要完成这项光荣的使命，又会有不少阶段性目标和任务。因此，我们在谋划学校发展时，既要把眼光放远一些，保持住发展战略的定力，坚持久久为功，又要立足当前，以时不我待、只争朝夕的紧迫感，雷厉风行抓好当前工作。要科学制订具体行动计划，按照轻重缓急，列出任务清单，明确时间表、路线图，一件接着一件办，一年接着一年干，一步一步把宏伟蓝图变为现实。今年按照教育部《2018年教育重点工作指南》的要求，每位校领导都领了一项重点改革发展任务，学校将从中选取最能体现学校特色、最需要突破的两项工作上报教育部。其他重点工作虽然没有上报，但不等于不重要，都是学校今年“奋进之笔”的重要组成内容，同样需要各分管校领导牵头抓总，各单位加强统筹协调，狠抓工作落实，确保各项重点工作按期推进、落地生根，学校将会以适当的方式对实施情况进行督查。

六是要把传承和创新结合起来，深化改革，使创新成为学校高质量发展的强大动能。过去几年，在广大师生的共同努力之下，学校创造了两年前进一百名的“华工速度”，在人才培养、科技创新等方面形成了有鲜明特色的“华工模式”，取得了很多历史性成就。我们要好好地进行总结，先进的理念和制度、成功的经验和做法，比如人才强校、强化特色发展、融入发展促发展等，都要传承并坚持下去。同时，我们也要清醒地看到，中国特色社会主义进入新时代，发展理念在变，发展方式在变，发展标准也在变，社会各个层面都在发生着深层次的变革，当前学校发展面临的机遇是前所未有的，挑战也是前所未有的，许多新情况新问题新任务需要我们去面对。即使是我们一直引以为豪的“共建”“产学研结合”“拔尖创新人才培养”等，在新的时代也被赋予了新的内涵。要解决这些新问题，完成这些新任务，就必然要求我们学会运用新理论新思维，积极探索新模式新路径。最重要的，就是要大力推进体制机制的创新。实事求是地讲，与国外一流大学和国内顶尖大学相比，目前学校在管理创新方面还存在不少差距，还不同程度地存在体制机制方面的壁垒，甚至是一些人为的障碍，管理理念管理方式跟不上时代发展的趋势，满足不了学校建一流大学的要求，制约了学校发展质量和效益的进一步提升。体制机制创新是一个管全局、管根本的大问题，是一流大学建设一项最基础的工作，但也是难度很高的一项工作。2017 年，中办、国办联合印发了《关于深化教育体制机制改革的意见》，学校也正在抓紧研究制订具体实施办法。希望大家要坚持问题导向，针对学校发展最需要解决和师生反映强烈的突出问题，深入开展调查研究，提高以习近平新时代中国特色社会主义思想指导办学实践的能力，对标国内外先进标准，拿出勇气和智慧，大胆改革创新；拿出实招狠招，啃下改革的硬骨头，推动学校的创新发展、超常规发展。

三、找准学校发展主攻点，精准聚焦发展的关键问题，真抓实干，以更大的作为开创工作新局面

当前和今后一段时期，学校发展的主线就是“双一流”建设，这是毫无疑问的。2018 年是“双一流”建设规划全面实施的第一年，各项工作将会逐步落地。一分部署，九分落实。改革蓝图有了，现在的关键是把蓝图一步步变为现实。希望各个部门、各个学院，都能够深入分析形势，找准发展的主攻点，对标国内外最优、最好、最先进，以更高标准、更严要求切实把学校党委的部署落实到位，在新时代展现新气象、干出新作为、开创新局面。

一是聚焦体制机制创新，全力以赴推进广州国际校区建设。国际校区建设对加快推进学校“双一流”建设至关重要，学校将利用国际校区建设这一新的契机和新的平台，大力度地布局一批新工科，大力度地引进和培育一大批高层次人才，大力度地开展与国外一流大学、科研机构和社会各界的深度合作，大力度地推进人才培养、科技创新与成果转化、人事制度、管理体制机制、智慧校园等方面的改革与创新，在短时间内办成高水平、国际化、研究型世界一流校区，在服务国家战略、广东和广州市创新驱动发展中作出更大的贡献。国际校区的建设不仅仅是某几个校领导的事，也不仅仅是某几个机构和学院的事，希望各个部门、各个学院、各个学科都要高度重视、积极谋划，主动参与到国际校区的建设大潮中，在这一新的发展平台上找到学科更好发展的机遇和切入点。

二是聚焦学科建设质量和水平，以一流学科建设为重点，通过重点建设，率先将一批优势学科建成世界一流学科，并以这些一流学科带动学科整体水平的提升，达到学校“双一流”第一阶段的建设目标。具体来说，要以广州国际校区新工科建设为抓手，大力促进学科的交叉融合，尽快形成学科新的增长点。新工科的建设契合了当前以新技术、新业态、新产业为特点的新经济发展的迫切需要，能在短时间内满足广东战略性新兴产业发展及产业转型升级的需求，是我们在新时代对国家、对广东能作出新贡献的特色所在。

在“双一流”建设方案中公布重点建设的6个学科群，并不是学校学科建设的全部，更不是学校世界一流大学建设的全部。从第四轮全国一级学科评估结果可以看出，我校获评A以上学科，特别是A和A⁺的顶尖学科数量太少，说明我们的传统优势学科还不强，新兴交叉学科还有待突破。接下来，学校会根据各个学科发展的目标定位和实际需求配置资源，分别给予不同力度的支持，有些学科可能还会有倾斜的政策给予扶持。希望各个学院各个学科都要抓住“双一流”建设和新工科建设的契机，进一步明确发展方向和发展重点，拿出巩固优势、弥补短板的具体举措，找准定位和突破点，练好内功，争取在下一阶段能获得快速发展。

三是聚焦人才第一资源这个关键，充分利用广东省、广州市的有利政策，进一步花大力气引才聚才育才。当前，广东省、广州市对华工人才引进方面在政策和资源方面都给予了很大力度的支持，这样的红利不局限于国际校区，也包括我校现有学科的高端人才引进。实践证明，高层次人才和高水平创新团队是学科建设的重中之重。因此，希望各个学院各个学科能继续高度重视人才引育工作。人才引进来了，还要让他们能留下来，能融进现有的团队，要积极创造条件让人才充分发挥作用，要做到事业留人、环境留人、待遇留人和感情留人。

四是聚焦人才培养质量，培养担当民族复兴大任的时代新人。要以全面提高人才培养能力为核心点，加强教师教学投入制度顶层设计和课程体系改革、质量保障体系建设等基础性工作，全面深化人才培养模式和教育教学改革，推动创新创业教育、产学研合作教育、国际化教育、跨学科教育向纵深发展。要把德育摆在更加重要的位置，以深入实施高校思想政治工作质量提升工程为抓手，加强思想政治理论课程改革，持续提升思政课质量；实施“课程思政行动计划”，打造一批课程思政示范课堂。要下大功夫完善“三全育人”工作体系，写好立德树人新篇章。

五是聚焦提升科研贡献力，加强重大基础研究和促进科技成果转化的双轮驱动，为国家战略、区域创新发展作出重大贡献。要出台举措，鼓励科研人员在基础研究和关键核心技术突破上下功夫；要有效整合学校创新资源，结合广州国际校区建设，对接国家科研基地优化整合规划，争取布局国家级科研创新平台；要以新工科建设为契机，培育新的增长点和学科新兴方向，打造一批面向国民经济社会发展重大科学问题需求的基础研究学科高峰群，进一步提升学校的原始创新能力。推动科技成果转化绩效评价激励政策实施，将科研活动链条与经济发展相结合；创新校企产学研合作模式，攻克行业发展核心关键技术，构建产学研深度融合的技术创新体系；加强专利转化的内生动力，全面提升专利质量，促进高价值专利转化；精准对接高新产业，加强地方研究院及科技园建设，以开放格局汇聚创新资源，支撑区域创新驱动发展。

四、坚持全面从严治党，把党组织锻造得更加坚强有力，为学校“双一流”建设提供最根本的保证

2018 年是教育系统党建质量年。各级党组织要按照党的十九大提出的新时期党的建设总要求，根据中组部和教育部党组印发的《高校党建工作重点任务》的部署，全面加强党对学校工作的领导，全面从严治党，不断提高党的建设质量，为加快学校“双一流”建设提供坚强思想、政治和组织保证。

一是要把党的政治建设摆在首位。要教育和引导广大干部师生牢固树立“四个意识”，不断坚定“四个自信”，做到“两个维护”，坚决维护党中央权威和集中统一领导。要强化理论武装和干部能力素质提升，以“大学习”和“深调研”推动“真落实”，扎实推进党的十九大精神进学术、进学科、进课程、进培训、进学生社区、进读本、进头脑，坚持不懈地用习近平新时代中国特色社会主义思想武装头脑、指导实践、推动工作。要认真执行党委领导下的校长负责制，不断完善议事决策机制，提高党领导学校发展的能力。

二是要狠抓基层组织建设，切实加强师生党支部和党员队伍建设，打牢组织基础。2018 年，党建工作的重点就是抓基层组织建设。学校党委将以提升组织力为重点，全面实施基层党支部提升工程，着力解决部分基层党支部存在的队伍不过硬、活动不正常、作用不突出、责任不落实等问题，打造“有战斗力、有凝聚力”的党支部，“有领导力、有带动力”的支委班子，“有执行力、有贡献力”的党员队伍，推动基层党支部实现全面提升。

三是要大力加强教师思想政治工作和师德师风建设，强化教师队伍的政治站位，营造风清气正的教风学风。要抓住《全面深化新时代教师队伍建设改革的意见》出台的契机，深入实施教育部教师队伍“建设改革”攻坚行动，全面加强教师队伍建设。要加强学科带头人培训，落实党委联系服务专家制度，关注人才的思想和身体健康，为祖国健康工作，成为思想政治素质过硬的“领路人”；要加强青年教师培训，通过开展形式多样的培训、沙龙，切实走进青年教师群体，加强精细化服务，实现学校思想政治工作与青年教师的人生理想、发展目标充分结合，与学校建设中心工作充分结合的“双结合”。要发挥好典型标兵的作用，加强“黄大年式教师团队”宣传，同时树立不同类型、不同层次、不同领域的典型标兵，发挥榜样作用，营造良好氛围；要发挥好学校和学院思想政治主体阵地作用，加强学校统筹部署，强化学院主体责任落实，形成“点面结合、纵深推进”的工作格局；要进一步完善教师管理制度，激发教师教书育人、追求卓越的积极性、主动性和创造性，提升教师获得感、幸福感和荣誉感。

四是要认真贯彻落实中央八项规定及其实施细则精神，持之以恒正风肃纪。密切关注隐形变异的享乐主义、奢靡之风，切实纠正改头换面的形式主义、官僚主义。越是发展任务重，越要保持坚强的政治定力，不能有一丝一毫的放松。越往后，执纪越严。希望我们广大党员干部，要坚持身体力行、以上率下，严格约束自己，严格家教家风，知敬畏、存戒惧、守底线，习惯在受监督和约束的环境中工作生活。关于全面从严治党，学校党委还将在下个月召开专题会议进行具体的部署。

老师们、同学们、同志们，习近平总书记说："世界上没有坐享其成的好事，要幸福就要奋斗。"学校要发展，要建成世界一流大学，同样要奋斗，要靠全体党员干部和师生员工的努力奋斗。"山再高，往上攀，总能登顶；路再长，走下去，定能到达。"希望大家在党的十九大精神指引下，继续弘扬华工人的创新精神、实干精神，推动思想再解放、改革再深入、工作再抓实，努力为中国特色的世界一流大学建设提供"华工样本"和"华工模式"，为广东"四个走在全国前列"贡献"华工智慧"和"华工动力"。

2018 年学校工作报告*

王迎军

（2018 年 3 月 29 日）

各位老师，同志们：

大家好！

受学校党委委托，我向大会做 2018 年学校工作报告。报告分为两个部分。

第一部分　2017 年学校主要工作总结

2017 年，是党和国家发展进程中十分重要的一年，也是学校办学发展和世界一流大学建设进程中极为不平凡的一年。在这一年，党的十九大胜利召开，发布了建设新时代中国特色社会主义的总动员令；“双一流”建设的正式启动，吹响了世界一流大学建设的总号角。同时，人才体制机制改革、教育体制机制改革持续深化，教育系统党的建设全面加强，全面从严治党向纵深推进……

在这样的大时代、大背景下，在教育部、广东省的正确领导和社会各界大力支持下，学校党委团结带领全校师生员工，全面贯彻落实党的十九大精神，敏锐把握历史机遇，系统加强战略谋划，坚持创新发展，推进开放发展，强化特色发展，办学治校取得新的重大突破，学校内涵式发展水平大幅提升。学校在国际四大主流排行榜中的位次不断提升，2012 年进入 500 强，此后每两年前进 100 位，2017 年学校在“世界大学学术排名”中位居全球第 235 位、中国大陆高校第 11 位。工科位居全球高校第 22 位，学校 9 个学科进入 ESI 全球排名前 1%，基本涵盖学校的理、工、医科；其中，工程学、材料科学、化学、农业科学 4 个学科领域进入 ESI 全球排名前 1‰国际顶尖学科行列，在全国高校排名第五、广东高校排名第一。学校成功入选国务院大众创业万众创新示范基地（全国仅 19 所高校，广东唯一），高质量通过教育部组织的本科教学审核评估；同时，获批第一届全国文明校园。

2017 年，学校有两件大事：一是在 2017 年 3 月，教育部、广东省、广州市和学校签署并启动了四方共建华南理工大学广州国际校区，为学校的内涵式发展、世界一流大学建设提供了重要平台和历史机遇；二是在 2017 年 9 月，学校入选国家“双一流”建设 A 类高校，标志着“基本建成国内一流、世界知名的高水平研究型大学”的目标提前实现，正式迈入建设世界一流大学的新征程。这两件大事，对于学校长远发展，都是

* 本文是学校校长王迎军在 2018 年学校工作会议上的讲话。

历史性的、里程碑式的，也是划时代的。

2017 年，围绕“双一流”建设，学校主要做了以下工作。

一、以战略视野谋划和推动创新，集聚全球高端资源，加快推进广州国际校区建设

2017 年 3 月 15 日，部、省、市、校四方在北京签约。一年来，广州国际校区建设引起社会和国内外同行高度关注，合作各方的决心和投入力度也是前所未有的。陈宝生部长对这个校区的建设寄予很高期望，多次给予具体的指导，教育部在政策上大力支持，包括专业设置、招生指标、国际合作等方面。广东省在平台建设、设备购置等方面都做了最大限度的承诺。广州市更是全力以赴，以“百年格局”为基调，把广州国际校区建设当作市属高校来投入，广州国际校区引进的人才全部享受广州人才待遇。所有征地、拆迁、基建配套等，全部当作重点项目来推进，1700 亩土地和 146 万平方米的建筑以“交钥匙”方式提供学校使用；到目前为止，1700 亩土地已全部搬迁完毕，校区建设也已开始启动。

为建好广州国际校区，学校多次召开论证会，开展广泛深入的调研，实地考察中外合作办学高校。去年年底，学校专题举行战略研讨会，连续两天对广州国际校区建设进行了集中研讨。全校上下逐渐形成共识。主要包括以下几个方面：

一是目标定位。广州国际校区建设目标就是坚持国际化、高水平、研究型和理工特色，在短时间内（10 年左右）建成世界一流大学。广州国际校区不单纯是办学空间的拓展，更重要的是办学水平的提升，是建高峰，是建世界一流。

二是办学理念。广州国际校区建设首先是不忘初心，坚持文化自信，坚持以我为主，办中国特色社会主义大学，培养全球拔尖的又红又专的创新人才。其次是开放合作，这包括两个方面，即国际开放和面向社会开放。在国际合作方面，我们要放眼全球、找准对标，找好合作伙伴；一院一策，不拘一格，一切以高水平办学为目标。在社会开放方面，我们要利用一切社会资源、政府资源、校友资源，以各种方式合作办学，在办学中服务社会，在服务中谋求发展。

三是大胆创新。广州国际校区是我们高等教育的示范区，一切有利于我们在短时间建成世界一流大学的先进管理理念、做法和举措都可以拿来为我所用，但不是照搬，是结合中国国情和华工校情来实施。例如我们将在广州国际校区探索实施教师长聘制（“Tenure Track”）和学生管理书院制。长聘制要适应国情，注重新工科特色的团队建设；书院制要和“三全育人”的学生工作体系相结合，坚持立德树人。广州国际校区不会局限于现有模式，而是要不断探索面向未来的人才培养，面向国际前沿的科学研究，以及科学高效的管理制度。

四是办学特色。广州国际校区的特色就是着力发展新工科。相对于传统工科，新工科一是聚焦全球发展的学术前沿，二是对接国家发展的重大需求，三是适应学科发展的交叉特点。新工科是方向、是前沿，是责任、是机遇，我们必须牢牢抓住、主动布局。今后的 3 ～ 5 年内，学校将在广州国际校区组建 10 个新工科学院，大力发展人工智能与高端制造、生物医学科学与工程、海洋科学与工程等新工科学科与专业，培养拔尖创新人才，从事国际前沿科学研究，推动高水平科技成果转化，整体提升学校办学水平。

首期建设5个学院，已有3个学院、4个研究院正式挂牌。围绕学科布局，学校瞄准世界水平引才聚才，已形成了一批由全球顶尖科学家领衔的高水平创新团队。相关学院和研究院的院长已到位，已搭建由首席科学家领衔的人员基本架构。2018年研究生招生已经启动，为保证2019年本科生招生，已启动2018年的新专业申报。

这里，我想特别强调一点，学校现有学科是形成新工科的重要基础。例如，国际校区吴贤铭智能工程学院，涉及的学科有机械、控制、信息与通信、电子科学与技术、计算机、软件、脑科学等；生物医学科学与工程学院，除了生命科学、生物医药、生物医学工程外，还涉及机械、控制、信息与通信等，都涉及多个一级学科或学科方向，都是在现有学科基础上向世界前沿发展的新的学科方向。

新工科建设与现有学科发展不但不矛盾，相反，能极大地带动现有学科的升级发展。国家新旧动能转换和产业转型升级深入发展，学校的一些优势学科已经出现老化现象，无法有效对接国家重大需求，不能很好地支撑国家战略。不被需要就失去学科发展的资源，全球顶尖的人才和团队就进不来，这在一定程度上制约了学科发展水平的提升。这从学校第四轮学科评估结果就能看出来。要打破瓶颈，要突破壁垒，现有学科就要往学术前沿的方向走，要往国家重大需求和产业转型升级的方向走，要往学科交叉的方向走，这就是新工科的方向。新工科为传统学科发展找到新的突破口，找到带动发展的新动力，找到支撑发展的新平台。

总之，广州国际校区是“双一流”建设的一个重要部分，是学校进一步加强内涵式发展的有力抓手，是促进学校整体发展的重要平台，这个机会各个学科、部门都要抓住。

二、坚持立德树人根本使命，不断完善一流人才培养体系，人才培养质量持续提升

首先是加强大学生思想政治工作，坚持立德树人。学校加强顶层设计，坚持思政工作党委书记、校长亲自抓，坚持书记、校长主讲思政第一课。按照“大党建”“大思政”思路，学校出台了《思想政治工作提升行动（2017—2020）》（下称《提升行动》），围绕8个方面，确定了25项任务147个举措，搭建了具有“四梁八柱”性质的思政工作主体框架。《提升行动》以2020年为时间节点，确保任务责任到岗到人，着力构建全员育人、全过程育人、全方位育人的新格局。

具体工作包括：

（1）系统加强学科、课程、平台、队伍建设。集中力量建设马克思主义理论一级学科博士点。引导教师创新思政课教学方式，选派教师参加教育部“马工程”培训班学习，增加“大学生法治教育”通识课程。统筹校内思想政治宣传平台，建设“两微一端”宣传矩阵。制定辅导员选拔任用、考核与管理办法，首批设立7个“红棉”工作室，不断推进辅导员水平和积极性的提高。

（2）统筹推进思想、实践、创新、文化育人。通过深入开展“青马班”、“两工程一计划一行动”、公益实践和志愿服务等重点项目，引领学生践行社会主义核心价值观。组织351个党支部、870个团支部、661个班集体和2万余名党员团员，到广东各地62个“点”开展实地调研、志愿服务和对口帮扶。“涌动的红色”研究生志愿者服

务队和自动化科学与工程学院“星星火”青年志愿者服务队分别获中国大学生社会公益奖银奖和铜奖。“金秋木棉”研究生文化节获全国校园文化成果二等奖、广东省特等奖。学校获批“全国高校实践育人创新创业基地”。

二是本科人才培养方面，持续深化协同育人机制和创新创业教育改革。学校在三个校区统筹部署建设双创平台，搭建了“校内 + 校外”联动的双创实践平台体系，建设创新创业课程群，构建了“国家—省—市—校—学院”五个层次的大学生创新创业训练计划项目体系和以“一院一赛”为核心的学生科技创新竞赛体系，切实把创新创业教育融入人才培养全过程，“三创型”人才培养特色更加突出。

基因组创新班已有 89 人次在 *Nature*、*Science*、*Cell* 等国际顶级期刊发表学术论文 71 篇。学生全年在各类重大学科竞赛中获奖达到 1092 人次。在第十三届国际遗传工程机器大赛中，学校两支代表队在与哈佛、MIT 等世界名校的同台竞技中脱颖而出，斩获 2 项金奖；在第三届中国“互联网 +”大学生创新创业大赛总决赛中，获金奖 1 项、银奖 2 项、铜奖 1 项。在第十六届全国大学生机器人 RoboMaster 大赛中，代表学校的“华南虎队”以绝对优势夺得全国总冠军。2017 年学校成功入选“全国首批深化创新创业教育改革示范高校”，入选“国务院大众创业万众创新示范基地”，是广东唯一、全国仅有的 19 所入选高校之一。

在深化教育教学改革的同时，学校以本科迎评为契机，抓住关键环节和关键要素，加强教学基础建设，包括本科综合培养计划、专业、课程、教材，完善质量保障体系建设，包括教学督导、教师教学能力和水平，等等，夯实了人才培养基础。2017 年 11 月，学校高质量通过教育部组织的本科教学工作审核评估。专家组认为，华南理工大学在本科教学和人才培养方面有亮点、有特色，令人印象深刻。通过迎评，我们全面总结了好经验、好做法，人才培养特色进一步彰显，提升了学校的人才培养质量和办学声誉；同时，我们也认真寻找薄弱环节，发现了一些深层次的矛盾与问题，这也是接下来新一轮本科教学改革要着力解决的。

三是研究生培养方面，重点加强课程和联合培养基地建设。推进全英课程建设，通识教育课程首次采用在线形式，鼓励本研贯通培养，向本科生开放本研课程 704 门；加强案例课程建设，8 篇案例入选全国专业学位教学案例库，其中，2 篇获评中国专业学位教学案例中心优秀案例，入选篇数和优秀篇数均为历年最高。入选教育部首批研究生课程建设试点单位。获批 1 个国家级联合培养基地，目前学校共有联合培养基地国家级 2 个、省级 42 个、校级 30 个，形成了“国家—省级—校级”三级一体的基地联合培养模式，有力推进研究生工程实践能力的提升。例如，机械与汽车工程学院的林浪同学，专业实践期间获 14 项专利，发表 SCI 二区以上论文 3 篇。

2017 年，我们进一步完善了优博创新基金项目评审机制，优博基金受益面进一步扩大；逐步构建涵盖所有研究生层次、类型的学位授予标准体系，加强学位论文抽检和问责反馈。全面实施导师招生资格审核制度，重点审核导师培养条件和培养绩效，审核结果与导师招生指标等挂钩。其中，减少招生计划、暂停招生以及取消招生资格的博士生导师 52 人次，硕士生导师 108 人次，进一步规范了管理，推动了研究生培养质量的持续提升。

此外，毕业生就业质量继续位居教育部直属高校前列。2017 年本科生和研究生的总体就业率为 99.41%，毕业生专业相关度、就业满意度、起始月薪都超出“双一流”建设高校平均值，超过三成的毕业生进入世界 500 强和中国 500 强企业就业。

三、聚焦世界前沿和国家重大战略需求，坚持“顶天立地、聚才育人”，学校核心竞争力和贡献力显著提升

在学科建设方面。理工科优势更加突出。2017 年，学校环境科学与生态学、临床医学 2 个学科领域相继进入 ESI 全球排名前 1%，使 ESI 前 1% 学科数达到 9 个。其中，临床医学在医学院成立不到三年的时间里就进入 ESI 前 1% 排名，分析这个前 1%，医学院和附属医院的贡献率是 29%；其余的 71% 是分别由其他 15 个学院贡献的。说明学校关于医工结合、特色发展的布局是正确的。另外，我们的附属省医也单独进入临床医学 ESI 前 1%。医学院与附属医院在教学和科研上密切联系，积极推动医工结合，推动基础与临床的深度融合，从而带动彼此加速发展，实现多方共赢。医学院首次入选 2017 中国最佳医学院校综合排行榜（居全国第 45 位）。两个附属医院承担国家项目数显著提升，到院经费增长迅速。附属省医关于肺癌治疗的研究成果获国家科技进步奖二等奖，标志着我国肺癌研究跻身于国际先进行列。

适应国家发展战略和广东产业结构优化升级需求，抓住国家开展新一轮学位授权审核机会，学校有效协同校内资源，调整优化学科布局，及时增加了马克思主义理论、物理学、力学、动力工程及工程热物理、船舶与海洋工程、公共管理等 6 个一级学科博士点。特别是，新增的两个文科一级学科博士点和物理学一级学科博士点非常不容易，不仅是学院发展的突破，也是学校整体办学发展的突破。目前学校一级学科博士点 31 个（注：2018 年 3 月新增 6 个），居全国高校第 16 位，其中，工科 22 个、理科 4 个、人文社科 5 个，学校综合性学科布局更加完善。这里要说明一下，生物医学工程博士点，虽是工科博士点，但可以授医学学位，医学还有临床医学一级学科硕士点；另外，附属省医还有内科、外科 2 个二级学科博士点，所以医学博士点也是在不断的建设中。

根据教育部第四轮学科评估结果，学校有 8 个学科获评 A 类学科，18 个学科进入全国排名前 20%，其中，有 6 个学科排名百分位较上一轮评估有显著提升。但是，与 42 所一流大学建设高校相比，学校学科优秀率即 A 类学科占全校博士硕士授权学科数比例偏低；同样，在卓越大学联盟 9 校中，我们的数值排位也比较靠后。所以，与同类高校比，我们学科水平还有很大的提升空间。接下来，学校学科建设的重点将放在提升学科的发展质量上来，尤其是学科发展的新的增长点。

在队伍建设方面。学校瞄准世界一流水平，加大对全球高端人才和青年才俊的引进和培养力度。2017 年的引育力度为历年最大，高端人才数量、水平为历年最高，高层次人才引育形成新格局。2017 年，全职引进并到岗工作的海内外院士 3 名。这些院士的加盟形成了强烈的人才磁场效应，为学校汇聚了一批在各自领域处于顶尖和前沿的高端人才和创新团队。

2017 年，学校新增国家杰青 2 人、国家优青 3 人、青年海外高层次人才 12 人；入选万人计划科技创新领军人才 11 人次；获批科技部创新团队 2 个；有 3 人入选 2017 年全球高被引科学家名单，23 人入选 2017 年中国高被引学者名单，分别位居国内高校第 11 位、第 12 位；引进“十大青年法学家”1 人；获教育部首批认定“全国高校黄大年式教师团队”1 个。整建制引进了医学院“发育生物学与再生医学团队”。人才队伍建设的成就是大家共同努力的结果，也得益于人才体制机制改革。学校成立了党委教师工作部，加大教师思想政治工作和师德师风建设力度。秉承追求卓越、师德引领的核心理念，改革第五期“兴华人才工程”考核评价办法，逐步构建卓越绩效考核评价体系。全面实施教学科研人员入职评价选聘标准，加大人才引进绿色通道建设，抢占人才引进先机，这些都有力促进了队伍建设。当然，我们还有很多更深层次的工作需要完善。

在科研创新方面，主要的进展是承担重大项目的能力显著提升。2017 年，学校共牵头承担国家重点研发计划项目 6 项，课题 20 项，经费超过 2.7 亿元。其中，“高性能长寿命燃料电池发动机系统的开发研制”项目经费 5400 万元，创广东省高校单项经费支持最高纪录。学校获批军工科研项目 46 项，合同总经费近 8000 万元，取得历史最好成绩。

2017 年，学校获批国家自然科学基金项目 252 项，直接经费 3.4 亿元，项目经费总量跻身全国前十。其中，由学校牵头获批组建的“分子聚集发光”基础科学中心项目，国家总投入达 4 亿元，目前全国仅有 7 家单位获批，高校只有清华大学和华南理工大学 2 家。对于以工科见长的学校来说，这也是非常不容易的。基础科学研究是工科可持续发展的重要基础。这个基地的获批从一个方面反映了学校近年来加强重大原始创新、强化前瞻性基础研究和引领性原创研究的初步成效。

在科技创新平台体系建设方面。学校新增半导体显示与光通信器件研发国家地方联合工程研究中心、热带特色健康食品国际科技合作基地、软物质科学与技术学科创新引智基地、AM-OLED 工艺技术国家工程实验室等 4 个国家级科研机构，是历年最好成绩；此外，还获批 28 个部省级科研机构。学校现有国家级科研机构 26 个，部省级以上科研平台 171 个，数量位居全国高校前列。

在高水平科学研究方面。李映伟教授团队以第一单位在国际顶级学术期刊 *Science* 发表论文，发布他和团队攻克了一项多孔材料领域的世界级难题，所研制的有序大孔－微孔 MOF 单晶材料，解决了工业催化和生物制药产业的相关瓶颈问题；吴宏滨教授团队在 *Nature Photonics* 发表的论文在 2007—2016 年间累计被引次数达 2642 次，在物理学科高被引论文中排名第一。2016 年发表 ESI 高影响（TOP）论文 60 篇、“卓越国际论文”1396 篇，在国内高校中分别排名第 8 位和第 18 位，其中“卓越国际论文”数量占 SCI 论文数的 56.68%，这一比例在“卓越国际论文”数量前 30 名的高校中排名第一。

在人文社会科学研究方面。2017 年，学校获批国家级社科重大项目 6 项、国家社科基金面上项目 23 项、教育部人文社会科学研究项目 22 项，实到科研经费 9262 万元，新增部省级重点研究机构 11 个。被采纳的决策咨询成果 711 篇。这些都是我们在人文社科方面历史最好成绩。

2017 年，学校科技成果转化项目 1929 项，合同金额 11.24 亿元，转化收入超 9.5 亿元。学校派出 84 名科技特派员，派出人数占全国派出总量的 1/10，居全国高校首位。2 项专利获 2017 年中国专利优秀奖，自 2009 年以来以第一完成单位已获中国专利奖23项，获奖数量居全国高校首位。区域创新战略格局更加完善，国家大学科技园顺德创新园区开园，广州科技图书馆，以及广州、中山、珠海、东莞等成果转化研究院，努力为广深港澳科技创新走廊、粤港澳大湾区建设发挥引领示范作用。

在国际化建设方面。以国际校区建设为契机，学校逐步建立起开放办学的新格局。学校的向心力、吸引力显著增强，在国际交流合作中变得更主动。原来是以外方为主，现在是以我为主、为我所用；原来是借力走出去，现在是着力引进来，让我们的学生在国内就能享受到国际优质教育资源。

学校深度参与中英、中俄、中国－东欧等国际高校联盟，与全球200多所知名高校及科研院所建立了合作关系，并以国际校区为平台，和20多所国际一流大学结成“核心合作伙伴”，推动更高端、更有内涵的教学科研合作，我们在全球范围内的“朋友圈”更大了。2017年，师生出国（境）交流人数持续增长，其中，本科生派出921人次，研究生派出535人次，研究生国家公派项目四成以上、“菁英计划”近七成是在世界前100强高校学习交流。

教学方面的国际化程度进一步提高。全英专业建设和全英班教学改革进一步深化，推进优势工科专业的国际联合培养。全英教学课程和慕课（MOOC）数量不断增加，2017年立项建设全英语教学课程42门，目前共有全英课程231门；立项建设慕课16门，目前学校自建慕课56门，已有32门完成上线。聘请外籍专家超过800名，海外名师讲授全英学分课程超过100门，高水平国际化人才培养和科研合作渐入佳境。

四、着眼师生对美好生活的期盼，扎实推进民生建设，让师生拥有更多安全感、幸福感和获得感

2017年学校在民生方面的支出24.68亿元，比2016年增长16%，占学校财政总支出的54%，民生支出额度和占比是学校历年来最高的。学校民生支出主要用于以下方面。

一是大幅提高教职工收入。按照国家和地方有关文件规定，通过调整在职人员工资标准和离退休人员基本离退休费，追加住房改革补贴等，教职工收入增幅显著。2017年，在职和离退休人员年人均收入比2016年增长15.76%。

二是资助育人力度进一步加大。充分利用“奖、贷、助、补、勤、偿”等多种形式，落实精准资助。2017年，发放各类学生奖助学金3.14亿元，比2016年增长7%。

三是长者关怀做细做实。完善离退休人员困难帮扶机制，帮助解决因患重大疾病而造成的实际经济困难，全年救助患重大疾病教职工85人，为老同志发放困难补助26人次，帮助全部70岁以上离退休人员购买意外险。开设3个养老“大配餐”华工社区提餐点，开设“长者午餐”专窗，每天服务近2000位老同志。降低离退休教工药费自付比例，开展家庭医生签约式服务，增设老同志体检项目。老年大学招生人数、开班数量稳步增长，“老有所乐”“老有所为”平台更加宽广。依托关工委、老教授协会、教学督导委员会等平台，广大离退休老同志主动参与和支持学校发展，本科迎评、教学督导，支部结对、社团牵手等，学校发展的方方面面，老同志都做了大量工作。

四是改进公共服务。加快建设智慧校园，推进网络基础设施的升级改造，校园网出口从3.5G扩大到18G，校园无线网覆盖范围进一步扩大。上线云平台、新版统一认证平台、华工信使，推出学生离校服务系统和迎新服务系统；建设水电支付、我的e校园等，实现“信息多跑路，师生少跑腿”。加强图书馆服务，五山校区图书馆回迁完成，修缮后的馆舍功能得到很大提升和改善，图书馆根据师生实际需要，延长和增加了开馆时间。服务档案利用，推进数字档案管理系统和馆藏档案数字化建设。出版社5个项目列入国家“十三五”重点出版物规划。学报学术质量和办刊水平持续提升。分析测试中心新增大型仪器设备6台，大化类学科公共平台建设快速推进。

五是加强条件建设。通过反复沟通和积极拓展，在政府支持下，学校争取到公共租赁住房332套，已办理入住手续30套。校内已售住宅楼电梯加建工作快速推进，已建成使用和在建的电梯占总数的86%。完成全校3000余套房改房公摊面积出售工作，完成教工住宅区供电“一户一表”改造工程。新建北区学生宿舍即将动工，五山校区宿舍完成中央空调启用、家具更换、维修改造等配套升级工作，大学城校区宿舍完成墙面翻新、安装纱窗等，学生宿舍条件进一步改善。在师生饮食服务方面，2017年投入630多万元，完成东区饭堂、西区饭堂装修改造，引入“明厨亮灶”工程，进一步加强了食品卫生安全监控。加强校园卫生治理，开展校园绿化景观改造，完成五山校区路灯及景观照明节能控制改造工程。此外，面向学生免费开放绝大部分体育场地设施，延长开放时间段，完成五山校区北区、西区足球场、田径场的升级改造，修缮启用西区幼儿园分园，开设“爱心妈妈小屋”，建设心理健康人工智能实验室进行VR学生问诊等，努力为师生提供更好的学习、工作和生活环境。

六是校园安全更有保障。在意识形态安全方面，构建了意识形态工作立体防护网络，形成校院两级意识形态工作责任体系；健全压力传导，加强舆情排查，加强对讲座论坛、研讨会、报告会、学术沙龙和涉外交流合作等思想文化阵地的建设和管理。在网络信息安全方面，加强网络舆情监控，设置学校应用系统和网站台账，建立了广东省网络安全罩教育分罩防护平台，有效阻断了网络入侵。在实验室安全方面，实施实验室条件安全提升计划，全面加强学校、各学院的实验室安全管理，建成国内高校首个个人防护实验室。在治安消防方面，强化“三防一治”工作，组织开展4次消防安全隐患检查工作；完善安防设施建设，实现校园主干道和主要楼宇监控全覆盖，校园“天网”基本成型。在交通出行方面，引入华工专属共享单车，开展五类车专项整治行动，实施车辆黑名单制度，增设车道门禁系统，有效缓解交通拥堵问题和停车难问题。

五、全面加强党的领导，切实履行管党治党、办学治校的主体责任，推进全面从严治党向纵深发展

1. 将学习宣传贯彻党的十九大精神作为首要政治任务和最重要的“纲”抓实抓好

深入推动习近平新时代中国特色社会主义思想在学校落地生根，结出丰硕成果。学校在广东高校第一个成立习近平新时代中国特色社会主义思想研究中心，成立以校党委书记、校长为团长的宣讲团，通过书记、校长带头为学生讲思政课，党委常委会集中学习，华园讲坛专题学习，全校各级理论学习会，实施“六个一百”宣讲行动工作方案，扎实推进习近平新时代中国特色社会主义思想和十九大精神“七进”工作。理论上的清醒进一步坚定了我们的政治立场和理想信念。学校党委把党的政治建设摆在首位，牢固树立“四个意识”，不断坚定“四个自信”，保持政治定力、战略定力、前进定力，为世界一流大学建设掌舵护航。

2. 加强基层党组织建设

落实《关于加强和改进新形势下高校思想政治工作的意见》（中央 31 号文件），在 2 个规模较大的学院增设党委常务副书记，在 2 个基层党委增设专职副书记。强化党的一切工作到支部的鲜明导向，加强新形势下教师党支部建设，推进教师党支部书记“双带头人”培育工程，正高教师担任教师党支部书记比例达到 80%。严肃“三会一课”等党的组织生活制度，统一标准建设 35 个“党员之家”，2 个党支部在全国高校支部风采中获奖，2 个党支部获广东省表彰，进一步夯实基层党建力量。全年共发展党员 1662 人，其中，研究生党员 485 人、本科生党员 1169 人、教工党员 8 人。

3. 加强干部队伍建设

坚持德才兼备、以德为先，综合运用交流提任、同级调整等方式，进一步加强干部交流轮岗。中层干部换届共选任 305 人，其中，岗位调整 188 人，占 62%；推动科级校内交流，有效破解干部交流不畅的问题；选拔优秀青年教师到校内机关部（处）挂职，首批挂职青年教师 19 人。积极向外推荐和输送优秀干部，2 名中层正职干部交流提任。截至 2017 年底，学校共有中层干部 317 人，其中，中层正职 102 人、中层副职 215 人；科级干部 306 人。

4. 加强作风建设

持续深入抓好中央八项规定精神的落实，加强干部履职情况监督，强化干部作风监督。加强纪律教育，抓住关键节点，坚持“逢新必教”，强化“关口前移”。以重点部位和关键环节为重点，开展自查自纠，强化监督检查，深化廉洁风险防控，组织第四批校内巡察和“回头看”。把纪律和规矩挺在前面，践行监督执纪“四种形态”，对违规违纪者从严从重处理，持续释放从严治党、有责必问的强烈信号。2017 年处置各类线索 82 件，开展谈话 231 人次；运用第一种形态给予诫勉谈话处理 3 人、提醒谈话和批评教育类处理 12 人；运用第二种形态给予党纪轻处分 2 人。

5. 抓好新时代精神文明建设

坚持文化自信，以社会主义核心价值观为引领，学校积极传承优秀文化，建设大美华园，着力实施创建全国文明校园“116”系统工程，即坚持一个根本——立德树人，瞄准一个目标——创建全国文明校园，着力六个提升——思想道德、领导班子、师德师风、校园文化、校园环境、活动阵地建设的提升，把文明校园创建工作贯穿到广大师生的学习、工作和实际生活中。2017 年学校获评第一届“全国文明校园”，全国共有 39 所高校获此荣誉，其中，“双一流”A 类高校仅有 5 所。

2017 年，我们的收获是满满的，成绩是抢眼的，有些成绩是突破性的，是历年来最好的。学校能取得这么好的发展，得益于天时、地利、人和。天时，是国家发展处于重要的战略机遇期；地利，立足广东就是我们最大的地缘优势；人和，学校的党政领导班子凝心聚力，各级干部守土有责，全体华工人齐心协力，开拓创新，扎实工作。在此，我谨代表学校党政领导，向各位并通过你们向全校师生员工，致以最衷心的敬意和感谢。

在总结成绩的同时，我们也清醒地看到，虽然我们已经在建设世界一流大学的新征程上迈出了扎实的一步，但距离我们的目标还存在很大的差距。突出表现在：学科发展不均衡，达到国际顶尖水平的学科数量还不够多，反映我们整体办学实力不够强，学科水平升级和高质量发展的任务还很重；重大项目、大科学工程的承担能力还有待提升；领军人才、一流人才总量仍然偏少，人才学科分布不均衡；“三全”育人的格局还不完善，人才培养质量未能完全适应新时代的要求，人才培养的中心地位需进一步强化，教育教学改革和教学基础建设需进一步加强；教师的国际学术影响力和学校国际化水平与学校整体发展还不匹配，国际化发展的体制机制还不健全；制度建设力度不够，管理理念和管理手段相对落后，运用现代信息技术手段的能力整体不强，不能很好地适应现代大学治理体系的要求；大民生工程还存在很多深层次的问题，还不能满足师生员工的要求，还有很多工作要做。这些问题制约着我们一流大学建设的成效和水平。这些问题也是我们接下来要发力推动、着力解决的。

第二部分　2018 年学校工作要点

2018 年 1 月 5 日，习近平总书记在学习贯彻党的十九大精神研讨班上明确指出，当前，我国正处于一个大有可为的历史机遇期。这是总书记对国家发展作出的重大战略判断。具体到学校，我们同样处于一个改革发展的战略机遇期，也是一个大有可为的历史机遇期。

从我们所处的大环境看。经济全球化更加深入，世界联系更加紧密，人类社会日益成为一个命运共同体。新一轮的科技革命和产业变革加速发展，人工智能、虚拟现实、基因工程等新技术加速兴起，以新技术、新产业、新业态、新模式为特征的新经济蓬勃发展。国家发展进入新时代，由高速增长阶段转向高质量发展阶段。党的十九大对教育工作做了全面系统的部署，“双一流”建设写进十九大报告，强化了服务国家战略和区域发展的责任担当，强化了为国家和社会做贡献的价值追求。华工建设世界一流大学，就是要聚焦国家和社会发展需求，培养一流的人才，产出一流的创新成果，做出一流的贡献，达到一流的办学水平。

从我们自身的小环境看。学校从组建之初就提出建设世界一流大学，60 多年来，华工人矢志不移，依靠自身内涵发展，抓机遇，开先河，强特色，部省共建、“211 工程”、“985 工程”、广州大学城建设、组建医学院，重大机遇和重要发展节点，我们都把握住了。特别是 2017 年广州国际校区建设的启动，直接决定学校世界一流大学建设进程，影响长远格局，是百年功业。广州国际校区建设是前所未有的机遇。机遇抓住了就是良机，错失了就是挑战；抓住了，用好了，我们就能在新的更高起点上实现新突破，取得无愧于历史、无愧于时代的新发展。

这个重要的战略机遇期，2018 年是关键节点。2018 年是贯彻党的十九大精神开局之年，是改革开放 40 周年。全面深化改革、扩大对外开放，是对改革开放 40 年最好的诠释。2018 年 2 月份的党的十九届三中全会、刚刚结束的全国两会，都释放出强烈的信号，党和国家全面深化改革的决心和力度非常大，真正地在啃“硬骨头”、过深水区，在破除制约发展的突出体制机制障碍，从根本上破解深层次矛盾和问题。

“两会”期间，总书记于3月7日参加广东代表团审议，提出了“发展是第一要务，人才是第一资源，创新是第一动力”的重要论断，对广东发展提出“四个走在全国前列”的殷切期盼。总书记的重要讲话非常及时，不仅对国家、对广东，也对华工在新时代的办学发展提供了强大的思想武器和科学指南。深入学习习总书记重要讲话的精神，我体会到，总书记重要讲话中着力强调的发展、人才、创新、开放，正是学校发展的关键词，是学校在新时代的办学理念和模式，也是学校大有作为的方向和路径。

梳理学校的发展历程，正是坚持不懈的创新和开放办学，才形成拔尖创新人才培养的“华工模式”，才有了广州国际校区、新工科建设的重大布局；在创新和开放办学中，学校也走出了一条自身特有的内涵式发展道路。比如，学校在推进综合化办学的布局过程中，始终注重保持理工科优势和特色，理工科不仅没有削弱，还在一定程度上带动了其他学科的发展。又如，学校服务国家和区域发展战略时，始终注重自身办学水平、能力的提升，坚持立足本地办学，不搞异地办学，不搞盲目的规模扩张。我们办新校区，珠三角很多城市都希望我们去办，给出更加优越的条件，但从华工的校情出发，特别是工科发展规律出发，我们坚持在广州办，而且要办国际校区，办成世界一流，就是希望通过国际校区，通过新工科，促进学校整体学科发展和办学水平的提升。我们办医学院，是依托学校的生物医学工程、电子信息、生物信息、医学影像、计算机等优势学科，坚持医工结合、高起点办学，短短三年时间，形成独特的医工结合模式，临床医学进入ESI前1%行列。医学院建设模式和成效引起同行特别是同类高校的高度关注和浓厚兴趣，通过各种途径和方式来调研，希望从中借鉴好的经验和做法；当然，我们自己也在不断地总结、反思。

新时代，新方位，赋予“创新”“特色”“内涵”“开放”这四个关键词新的内容。对于学校来说，2018年，学校“双一流”建设全面启动，广州国际校区奠基并启动校园建设。学校工作的总体思路是：全面贯彻党的十九大精神，以习近平新时代中国特色社会主义思想为指导，紧紧抓住大有可为的历史机遇，以发展为第一要务，以广州国际校区建设为“双一流”建设的抓手，全面深化改革，推动开放合作，强化自身特色，着力提升内涵发展水平，写好“奋进之笔”，交出“得意之作”，为在短时间内建成世界一流大学迈出更加扎实的一步。

一、以党代会的召开为契机，加强战略谋划和顶层设计，凝聚推动发展的强大力量

筹备召开第十七次党代会，是学校办学发展和政治生活中的一件大事。为开好第十七次党代会，学校党委组织开展“大学习”“深调研”“真落实”，学校党政领导班子每一位成员都领到了任务，结合分管工作，各负责相关专题，开展专门调研，进行系统研究，深入剖析制约发展的主要问题，提出破解发展难题的行动方案。

学校将以党代会的召开为契机，总结好过去5年的经验、谋划好未来5年的发展，围绕贯彻落实党的十九大精神，从战略层面做好顶层设计，包括新的布局、目标任务、

重大的改革举措。要通过党代会的召开，提高认识，统一思想，凝聚新一轮改革发展的广泛共识，汇聚奋进新时代的强大力量。

二、以广州国际校区建设为抓手，创新体制机制，有力推进世界一流大学建设

国际校区是由教育部、广东省、广州市和学校四方共建，这种合作模式，在中外合作办学史上还是第一次，世界没有经验，中国没有经验，我们自己也没有经验。国际校区建设，最根本的还是要靠创新、要靠开放。在加强党的全面领导下，在坚持社会主义办学方向下，借鉴国内外最优秀、最科学、最先进的办学方法和体制机制，来谋划和推进国际校区建设，尤其是要拿出大的魄力和勇气，用创新的精神和理念进行体制机制改革。同时，充分发挥"试验田""示范区"的作用，抓住时机，大胆创新，取得经验，带动学校整体办学改革的深化和内涵发展的提升。

1. 创新决策和管理体制机制，完善现代大学治理体系

国际校区将成立部省市校四方联合理事会，学校、联合理事会和校区、学院（研究院）形成多级管理体系。学术委员会、学位评定委员会，各个学院自身的学科特色、国际化办学模式等，都可以大胆地探索，调动教师、学生和管理人员共同参与校区治理。

为推进新形势下学校治理体系和治理能力现代化建设，学校将通过开展专项调研，充分吸取各方意见，修订完善"三重一大"等议事决策制度，完善学术委员会、校院两级信息公开等工作机制，建立章程实施保障机制和依法治校工作机制，全面加强制度建设。

学校将以国际校区建设为契机，进一步完善科研平台建设与管理，更加关注建设开放共享平台、更加关注加强科研平台的运行管理。

学校将进一步加强现代大学校园的科学管理和信息化管理。

2. 改革学科建设机制，着力构建一流学科体系

"双一流"建设，学科是基础。世界一流大学，不一定每个学科都是一流，但一定有一批一流的学科。要真正提升学科水平，体制机制很关键。一是要构建促学科交叉融合的体制机制。围绕新工科布局，国际校区将赋予学院和研究院更大的自主权，强化导师跨院系兼岗聘任制度、研究生跨学科培养机制和本科生跨学院选课机制，完善科研资源的综合配置和流动机制，培育跨学科交叉研究平台，等等。二是完善目标和绩效导向的资源配置机制。2018 年学校将启动新一轮学院任期目标，更加突出标志性成果和重大贡献导向评价，强化对关键指标的考核，根据关键指标完成情况来配套资源，真正让资源跟着学科建设成效走、跟着优秀人才和团队走。对于建设绩效不明显的学科，学校也将进一步加强动态调整。

关于学科建设，还有两点要强调：

第一，学校现有学科要抓住新工科建设的机遇加快升级转型发展。新工科建设本身就包含对传统工科进行改造升级的内容，新工科建设能够更好地促进和带动传统工科的发展。因此，学校现有学科都不能消极等待，要积极主动地去找机会、抓机会，真正地

把握住新工科建设这个重要机遇和宝贵平台。这点在作 2017 年工作总结时也强调过。学校从政策层面推动学科交叉发展，但学院、学科是主体，学院负责人和学科带头人都要深入思考、主动谋划，为自己的学科发展找准目标，做好规划。

第二，学校现有学科要抓住“双一流”建设的契机提升综合实力。“双一流”方案部署6个学科群的建设，这符合国家布局要求，国家的专项投入优先保障6个学科群的建设，支持这些学科率先建成世界一流。但是，6个学科群建设并不是学校学科建设的全部，更不是学校世界一流大学建设的全部。学校将多渠道拓展资源，尽可能地以各种形式投入到其他理工科、文科、医科的建设，努力争取更多的学科进入一流行列。同时也会结合学校发展、学科发展的实际，优化布局和调整重点，提升学科综合实力，提升办学整体水平。

3. 实施更加积极、更加开放、更加有效的人才政策，加快汇聚一流师资队伍

人才是发展第一资源。建一流大学，要聚天下英才而用之。我们必须这么做，我们也可以这么做。国家发展形势很好，中国正在成为全球人才集聚地；广东、广州对学校引进人才支持力度前所未有。学校在高端人才引进方面取得了亮眼的成绩。但与我们的目标相比，还有很大的差距。

第一，要建立高门槛、高标准的引才聚才育才机制。包括体制内外并存、全职与柔性等多种聘用方式，针对教授系列的“Tenure Track”，与国际接轨的薪酬体系，工程、实验和管理团队等各类人员的职业化、专业化，都可以在国际校区先行探索，成熟的做法在全校推广。目的就是通过参与全球人才资源配置，尽快汇聚一支全球顶尖的学术队伍和高水平的工程技术、实验队伍。

第二，要注意从整体上把握好人事制度的设计。要处理好引进与培育的关系，加大人才培育的力度，用好海外归国人才与本土人才，让他们有更大的用武之地。要抓住契机优化队伍结构，继续加强对青年人才的扶持和培养，扩大专职科研队伍规模，提升博士后队伍培养质量，加大对专职从事教学人员的激励，等等。

4. 加强科研整体布局，着力提升一流创新成果的贡献力

研究型大学是国家科研创新的重要策源地。科研是“双一流”建设的核心任务之一。要为国家、区域发展作一流贡献，要加快提升学科水平、人才培养水平，科研是重要支撑。对标国家的要求和世界一流大学建设，学校科研工作应进一步聚焦国家重大战略需求和国际前沿领域，做好整体设计，围绕重大基础研究、关键共性技术、前沿引领技术、现代工程技术等加强布局，在大科学工程培育、解决重大科学问题等方面精准发力，全面提升科研创新能力，特别是重大原始创新能力。具体来说，有几项工作要着力推进：

一是着力提升学校源头创新能力。启动针对基础研究的“强基计划”，通过项目孵化计划、导师帮扶奖励计划、配套支持计划等一系列举措，加强基础研究和重大关键技术攻关，提升学校的源头创新能力。抓住国家级科研基地重新布局和优化调整的契机，对接国际校区布局的新工科，加强国家实验室等重大科技基础设施的谋划布局，建设学科交叉研究院，积极培育建设国家级军民融合协同创新中心，进一步完善多层次、全链条的科技创新平台。

二是强化哲学社会科学研究特色。抓住国家加快构建中国特色哲学社会科学的机遇，设立中长期基础研究专项，推进人文高等研究院建设，做大做强“华工文库”品牌，建设粤港澳大湾区发展广州智库。通过出台跨学科引导、评价和认定办法，完善跨学科研究机制，设立跨学科研究平台和重大培育项目等，推进跨学科特色发展。这与新工科发展思路是一致的。新工科不仅是现有工科之间、理科与工科之间的交叉，与文科的交叉也是新工科发展的重要路径。比如，卡内基梅隆大学计算机系是从工商管理学院发展出来；美国斯坦福大学的工程学生也要求学哲学，商科学生也要做工程试验。

三是完善促进高水平成果转化的体制机制。加大横向科研项目的激励力度，推动“华工十条”有效落地，鼓励科研人员技术入股创办企业，进一步提升专利应用和许可转化，推动重大专利成果和重点科研团队的海外专利布局。加强广州科技图书馆和 5 大研究院建设，深入产业一线，联合上下游企业，推动产学研联盟、产学研合作基地、校企联合研究机构建设，拓宽成果转化渠道。

5. 创新合作模式，进一步完善开放办学新格局

主要有两个方面：一是国际合作方面，二是社会办学方面。

在国际合作方面。我们知道，国际化本身不是目的，而是抓手。要推进新形势下更高层面、更高水平的国际化，通过国际化引进全球优质教育科研资源，加快世界一流大学建设。要坚持以我为主、为我所用，推动学院与世界一流大学进行“一对一”和“一对多”的办学模式构建，开展全方位、实质性和高水平的合作，引进优质的智力资源、先进的办学理念和管理经验，并有效融合到教学科研全过程。

要全面提升自身的国际化能力，包括提升全英教学、全英课程，鼓励学生出国交流，建设国际化师资队伍，打造具有国际交流能力的管理团队。营造国际化校园氛围，包括英文网站、校区标识、英文资料、英文图书资源等。要以国际校区建设为契机，深入实施“留学华工计划”，吸引全球高水平留学生，加速扩大学历留学生规模，增加欧美国家生源，全面提高留学生教育质量。

在社会办学方面。我们有传统、有特色、有优势。学校将继续探索“联合共建”的新模式、新途径。各个学院要积极主动引入政府、企业、科研院所、校友等社会资源，探索适合学院学科发展的办学结构，实行“一院一策”，集聚校内校外优质资源，支持一流学科建设，做好一流人才培养。

三、聚焦立德树人，推进教育教学综合改革，着力培养又红又专的一流人才

党的十九大再次强调了立德树人根本任务。一流人才培养是一流大学的重要基础和基本特征。多年来，通过不断的改革创新，我们在人才培养方面已经积累了一定的优势，形成了具有华工特色的模式和做法，社会也给予了充分的肯定和很高的评价。但是，与国家的需要、与社会的期待、与国际水平相比，我们的人才培养还有不小的差距。这从 2017 年本科教学评估结果就能看出来。专家的把脉还是很准的，虽然我们的人才培养工作得到充分肯定，但在培养学生的理想抱负、家国情怀和全球视野方面做得

不够，学生出国率、读研率，课堂教学、专业设置，教师对教学的投入等方面都还存在不小的上升空间。推进新时代的一流人才培养，要以问题为导向，强化大思政、大教学、大培养的理念，协同推进本科生、研究生教育改革，系统加强思政与教学，培养更多又红又专的一流人才。具体来说：

1. 抓好主渠道，把好第一关，全面推进“三全育人”

“三全育人”是社会主义大学最根本的人才培养要求，中央有一系列政策和计划。要从体制机制、育人理念、教育方式、队伍建设、条件保障等方面系统设计，努力提升“十大”育人质量。特别有两点要着力加强：

一是要抓好课堂教学主渠道。课堂教学是育人主渠道，不光是思政课，所有的课堂都负有育人功能，都要发挥育人效果。要加快推进思政课程向课程思政转变，构建思政课程、通识课程、专业课程、实践研习“四位一体”的课程思政体系。2018 年探索试点，2019 年全面实施，力争从根本上提升课程思政的影响力和育人效果。

二是要抓好教师思政第一关。“立德树人第一招是师德建设。”中央出台《关于全面深化新时代教师队伍建设改革的意见》，教育部正在制定《教师教育振兴行动计划》，从提升教师的师德修养和教育教学水平等方面提出了要求，作出了规划。教育部还将 2018 年定为“高校思想政治课教师队伍建设年”，启动实施“高校思想政治教育名师支持计划”，等等。

我们说，好的大学是聚天下英才而育之，不仅是学生，还应包括教师。高水平人才首先是大写的人，其次才是有水平的人才；水平上去了，目光短浅、心胸狭隘，我认为这不是人才。我们很难想象师德不健康的人能够教育出好的学生，很难想象格局视野有限的人能培养出有家国情怀、全球视野的学生。所以，接下来，要推出更有力的举措，提升思政课老师、辅导员和所有老师的师德水平，加大青年教师的培养力度，力争涌现出更多师德好、水平高，爱国、爱校、爱学生的好老师。

2. 抓住审核评估整改的重要环节，深化本科生培养改革，打造一流本科教育

首先要扎实推进本科教学审核评估整改工作。本科评估专家组对本科教学提出了一些意见和建议，学校也梳理了存在的问题和矛盾。以问题为导向，提出了 30 条整改措施，涵盖 6 个项目，逐条分析并提出了整改任务、落实措施、时间进度和责任部门。国务院教育督导委员会要求一年内完成整改工作，并对整改情况开展专项督导检查。

其次要在评估整改的基础上，加强整体设计和长远谋划。学校将出台《一流本科行动计划（2018—2030）》，通过深化 5 条主线，推进 50 项建设改革任务，落实 12 个专项行动，着力提升 6 大核心要素质量。行动计划要立足长远，分步推进。2018 年，大类招生培养，全面学分制改革，“虚拟第三学期”，等等，都要启动试点并逐步推进；新工科专业建设，国际专业评估认证，创新班，实践教学，课程建设等等，要以更大力度推进。

3. 以提高培养质量为核心，系统推进研究生教育综合改革，打造一流研究生教育

实施研究生学术创新能力提升计划，加强和优化优秀博士生的培养计划，加强博士生预备生的培养，适当提高学校助学金标准，提高博士生待遇；探索学制改革，试点实施博士生四年制，开放全日制专业学位研究生硕博连读。构建实践创新课程体系，建立一批与行业龙头企业合作、覆盖面广的联合培养示范基地，与跨国公司建立海外实践基地，参与“一带一路”海外援助重大项目建设，完善以职业胜任力为导向的专业实践质量评价体系。实施研究生课程教学能力提升计划，成立研究生教学指导委员会，加强教学质量监督，建立本研共享课程体系，设立研究生学术前沿大讲堂。

构建全方位质量保障体系。健全适用于各类、各层次研究生的学位授予标准体系，完善博士生申请学位及导师资格审核等发表学术论文要求，制定低水平学术期刊和国际会议黑名单。加强学位点建设，继续推进学位点自评工作，进一步推进学位点优化和调整；做好新增一级学科博士学位授权点建设。

4. 积极应对招生改革，加强激励考核，着力提升生源质量

生源质量是人才培养的重要基础，是影响学校“双一流”建设的重要因素。2018年是全国高考制度改革的重要年份，高考改革进一步铺开，30个省30种方案，涉及17种类型招生，广东生源竞争尤其激烈。争取优质生源，不仅仅是招生部门的事情，需要全校上下全面出动，研究生优质生源主要依靠学院和导师，形成学校、学院和师生三级联动。学校将加强激励和约束，通过与推免生指标、硕士生招生计划、导师资格审核、教学资源投入及配置等挂钩，进一步支持学院和导师成为提高研究生生源质量的主力军。

四、聚焦师生新期待，持续加强民生建设，努力答好师生“关切题”

党的十九大报告强调“多谋民生之利、多解民生之忧”。保障和改善民生没有终点，只有连续不断的新起点。在新起点上做好民生新答卷，我们要尽最大努力，一件事情接着一件事情干。即使是比较深层次的矛盾、学校没有自主权的，我们也会密切关注国家、地方政策动向，不失时机、千方百计地去筹划和推进。

一是加大学生奖助力度。加大投入，提高本科生奖学金奖励标准，分步提高博士生待遇。坚持扶困与扶智、扶困与扶志相结合，建立完善国家、学校、社会、学生“四位一体”的发展型资助体系，构建物质帮助、道德浸润、能力拓展、精神激励有效融合的资助育人长效机制。

二是做好离退休服务工作。积极推进政府、社会组织、学校三方良性互动，完善困难帮扶机制，探索“幸福华工养老模式”，帮助老同志解决实际问题。优化离退休人员日常服务管理，建设网络学习交流平台。深入推进“五走进”工作，充分发挥关工委、教学督导委员会、老教授协会、老年大学等涉老组织的作用。

三是加强校园基本建设。按照2019年9月投入使用的节点，加速推进国际校区校园基本设施建设，打造中西合璧、智慧生态的大学校园。国际校区信息化设施、学科平台、实验室建设要提前统一部署，与设计单位、基建部门加强互动沟通，在前期做好规划，提出个性化需要，确保公共、交叉学科平台不重复设置，确保满足实验室功能需求，包括采光、通风、排污、安防，等等。五山校区、大学城校区各项基本建设，都要加快进度。尤其是民生工程，包括规划中的北区幼儿园、健康管理中心、游泳馆、东莞庄路北门段下沉式隧道，要投入更大的力度，克服困难，加快推进报批建设的各个环节，力争有所突破。

四是持续改善校园环境和条件。推进基础设施升级改造，包括网络、校园道路和校园供水网等，实施校园绿化景观改造项目，积极推进“绿色校园”建设。建设校务服务中心和网上办事大厅，提高服务效能。继续做好广州市公共租赁住房和人才公寓的申请和分配入住工作，推进广州国际校区人才公寓租赁工作，努力多渠道协助改善教职工住房条件。启动北二食堂、大学城第一食堂整体维修改造工程，改善就餐环境。优化校内交通车服务。加强校园快递点整合与管理。加强平安校园建设，进一步完善治安、消防和交通监控网络，实现多项工作集中监控、联动报警。做好家庭医生签约式服务工作，为师生提供更加便捷和优质的医疗服务。大力争取地方政府的支持，拓展建设附属实验学校。

总之，一流的大学，要为广大师生提供一流的工作和学习条件、生活和成长环境，让大家有幸福感、有归属感，这也是一流大学建设的重要内容。

五、坚持和加强党的全面领导，全面加强和改进党的建设，锻造引领发展的坚强核心

2018 年是教育系统党建质量年。贯彻落实党的十九大提出的新时期党的建设总要求，按照教育部的总体部署，毫不动摇坚持和加强党的全面领导，全面加强和改进党的建设，努力把党组织锻造得更加坚强有力，为推进改革发展和世界一流建设提供坚强的政治保证。

一是把党的政治建设摆在首位。深入学习贯彻党的十九大精神，全面贯彻落实习近平新时代中国特色社会主义思想，加快推进党的十九大精神和新思想“七进”工作；持续推进学习，全面深化宣传，扎实组织培训，坚定不移地用习近平新时代中国特色社会主义思想武装头脑、指导实践、推动工作。设立研究党的十九大精神重大专项，抓好学校“习近平新时代中国特色社会主义思想研究中心”建设。大兴调查研究之风。

二是抓好抓实基层党建。按照中央、教育部和广东省的统一部署，开展“不忘初心　牢记使命”主题教育活动，推进“两学一做”学习教育常态化制度化。落实高校党建“对标争先”建设计划，完善基层党建工作标准和评价体系。推进支部书记原创精品微党课建设工程，实施“岭南追梦”大学生社会主义核心价值观实践行动。严格党支部组织生活，教师党支部书记要做好“双带头人”。加强教师党员发展工作，实施中青年教师党员发展“领航计划”。

三是加强干部队伍建设。坚持正确选人用人标准，落实《教育部党组关于防止干部“带病提拔”的实施办法》。贯彻直属高校年轻干部队伍建设的意见，加强中层干部后备队伍建设。统筹推进四支干部队伍交流。加强干部任后管理，严格干部考核监督。

四是持之以恒正风肃纪。按照 2018 年 2 月份出台的《教育部贯彻落实中央八项规定精神及实施细则的实施办法》要求，更严更实地抓好党风政风建设。推动全面从严治党向基层延伸，加强党风廉政建设的宣传教育，强化校园廉政文化建设。加强对重点领域和关键环节的监督检查，健全廉政风险防控机制。开展监督执纪专项检查，综合运用“四种形态”，保持惩治腐败的高压态势。探索开展对二级党组织巡察。加强制度建

设，织密制度笼子。完善巡视回访制度，强化巡视成果应用。

五是扎实做好意识形态工作。坚持意识形态联席会议制度，落实网络意识形态工作责任制，出台新媒体管理办法。坚持正确舆论导向，加强各类思想文化阵地建设。建设学习思想政治工作专题网站，壮大网络舆论引导队伍力量。

六是切实维护学校的安全稳定。安全是第一位的，要把安全稳定作为最大的政治责任。认真分析学校安全工作出现的新情况、新特点、新问题，健全落实安全管理责任制，建立健全校园安全风险防控体系，加强安全基础设施建设，整体推进信息与网络、实验室、消防、治安安全等，完善校园大安全格局。

老师们，同志们，2018 年，是站在新的历史起点上接力探索、持续奋进的关键之年。改革发展的担子越挑越重，我们要准备付出更为艰巨、更为艰苦的努力，发扬华工人真抓实干的精神，一步一个脚印，推动思想再解放，改革再深入，工作再抓实，在新起点上实现新突破。

坚持立德树人　全面从严治党　维护安全稳定
为推进“双一流”建设提供坚强保证*

章熙春

（2017 年 6 月 15 日）

同志们：

刚才，李正校助、刘琪瑾副书记分别做了学生思政工作和党风廉政建设工作报告，全面总结了 2016 年学校党风廉政建设和学生思政工作，对 2017 年主要工作进行了部署，各单位要认真贯彻落实。几位基层党组织和辅导员代表从不同角度介绍了经验做法，讲得很好，我很受启发，大家要积极学习借鉴。下面，我就进一步做好学校思政、党建和安全稳定工作谈几点意见，并简要传达一下省第十二次党代会的主要情况。

第一部分　坚持立德树人，推进改革创新，全面加强改进思政工作

思想政治工作是我们党最大的特色和优势。我们党历来高度重视高校思政工作。党的十八大以来，习近平总书记多次对高校思政工作做出重要论述，中央就加强和改进高校思政工作做出一系列重要部署，有力地推动了高校思政工作健康发展。总书记指出，这些年高校思政工作更加积极主动，呈现出持续加强改进、不断向上向好的态势；面对各种噪音杂声、风吹草动，高校总体保持稳定，思政工作功不可没。这是对高校思政工作的充分肯定。2016 年 12 月，中央召开全国高校思政工作会议，习近平总书记出席会议并发表重要讲话，党中央、国务院印发《关于加强和改进新形势下高校思想政治工作的意见》，对加强和改进新形势下高校思政工作提出了明确要求、做出了全面部署。这是高校改革发展、党的建设和思政工作中具有里程碑意义的一件大事，为做好高校思政工作指明了前进方向。

2017 年 1 月，中组部、中宣部、中央党校、教育部联合举办“加强和改进新形势下高校思想政治工作专题研讨班”，中央政治局委员、国务院副总理刘延东出席开班式并作讲话，强调要聚焦重点领域和关键环节，推动全国高校思政工作会议精神落地生根。教育部党组书记、部长陈宝生在多个会议或场合，对落实全国高校思政工作会议精神、加强改进高校思政工作做出部署和要求。4 月，教育部党组印发《教育部全面贯彻落实全国高校思想政治工作会议精神实施方案》，明确了 9 大类 108 项任务和各项重点工作。学校党委积极行动，及时传达学习上级会议、文件和领导讲话精神，认真研究部署落实举措，起草了《加强和改进新形势下思想政治工作实施方案》，制订了任务清

* 本文是学校党委书记章熙春在 2017 年学校思想政治工作暨党建与党风廉政建设工作会议上的讲话。

单。实施方案对于今后加强和改进我校思政工作非常重要，会前起草组已广泛征求相关部门和所有学院代表的意见，今天提交会议在更大范围内进行讨论，征求大家的意见建议，达成共识、共同推进。实施方案内容全面、任务明确，共有 8 个方面 28 项任务 147 条举措。具体内容大家下午可以在讨论会上了解到，我不做详细介绍。现在就方案的总体推进提出几点思考和要求。

一、加强顶层设计，搭建“四梁八柱”主体框架

搭建具有“四梁八柱”性质的高校思政工作主体框架是教育部实施方案的主要内容。“四梁”是指抓制度完善、抓标准健全、抓关键环节、抓全面统筹等四种工作方式，“八柱”是指理论武装、课程育人、教师思政、网络思政、文化育人、阵地管理、队伍建设、党的建设等八个方面工作内容。这是教育部接下来抓好高校思政工作的顶层设计。我们要以此框架为参照，明确学校加强和改进思政工作的总体思路、主要抓手和着力点。

（1）创新工作方式方法。就是要搭稳“四梁”。一是要完善制度。全面加强和改进思政工作需要出台系列文件，明确各方面改革的目标任务、思路举措，推动各方面工作常态化、制度化、规范化。除了总的方案，还要有一系列配套文件，有些在实施方案里已经写明了，如中心组学习规则、师德建设长效机制细则、新媒体管理办法、共青团改革方案等，还有些没有写明，相关牵头单位要加快推进落实，加强建章立制，使各项工作有规可依、有章可循。二是要健全标准。如建立二级党组织书记抓思政工作述职评议考核制度，完善教师评聘考核、辅导员和班主任工作考核、哲学社会科学学术评价等考核评价体系，使各项工作有标准参照、可考核测评，激发基层单位开展思政工作的活力和动力。三是要抓住关键。围绕教师和学生两大群体，聚焦课程思政改革、网络思政创新、教师评聘考核、阵地建设管理、队伍建设刚性要求、基层党组织建设等重点领域和薄弱环节，加大工作力度，扎实稳步推进，务求取得实效。四是要全面统筹。树立“大思政”“大党建”和“一盘棋”意识，构建统筹协调、协同推进机制，形成学校党委统筹推进，主责部门牵头落实，相关部门协同配合、齐抓共管，学校学院上下互动的良好格局，形成工作整体合力。目前，学校在教师思政、学生思政、基层党建等方面，有些工作体制和机制还不够顺畅，影响了工作开展，接下来要进一步理顺。

（2）细化主要工作内容。就是要建稳“八柱”。一是着力加强理论武装。主要聚焦加强理想信念教育、把社会主义核心价值观教育融入办学育人的全过程等方面。二是重点突破课程育人。主要聚焦思政课建设、马克思主义学院与学科建设、中国特色哲学社会科学学科及学术评价体系建设、哲学社会科学教材选用等方面。三是大力深化“教师思政”。主要聚焦提升教师思想政治素质、完善教师评聘考核机制、做好知识分子工作等方面。四是创新推动“网络思政”。主要聚焦网络阵地、网络内容、网络生态、网络舆情和网评队伍建设等方面。五是深入推进文化育人。主要聚焦思想文化建设、搭建文化教育平台、抓好社会实践育人、做好管理服务工作等方面。六是不断强化阵地管理。主要聚焦课堂教学建设管理、校园各类思想文化阵地监管等方面。七是持续加强队伍建设。主要聚焦纳入整体规划、落实刚性要求、完善保障机制、加强培养培训等方面。八是切实加强党的建设。主要聚焦完善党的领导体制机制、加强基层党组织建设、

提高党建工作科学化水平等方面。

学校实施方案围绕这八个方面，做出了具体部署，内容很详细。这些内容中，中央和教育部对很多方面都提出了硬指标、硬任务、硬要求，必须不折不扣地完成，如举办学习习近平总书记系列重要讲话精神和全国高校思政工作会议精神专题研讨班，开展2017年高校思政课教学质量年专项工作，推动习近平总书记系列重要讲话和治国理政新理念新思想新战略“三进”工作，关于辅导员、思政课教师、组织员等思政工作人员和党务工作人员的配备等。而且还有一些工作已经被教育部列为2017年巡视检查了解的内容，如学校党委书记、校长和学院党委（总支）书记、院长为学生上思政课，对哲学社会科学教材选用进行导向和质量把关，学术委员会建设情况等。各单位要高度重视，按照职责分工，加快推进，切实抓好落实。

需要强调的是，搭建具有“四梁八柱”性质的思政工作框架，不仅是对学校思政工作的整体要求，学校实施方案就是按照这个框架编制的，而且也希望各个学院着力抓好这些方面的工作，构建起完整的思政工作体系，提高整体工作成效。

二、实施清单管理，明确任务责任到岗到人

教育部实施方案明确了工作进度安排，即以2020年这个全面建成小康社会之年和基本实现教育现代化之年为时间节点，实施“2017—2020四年行动计划”，明确了每年的主要任务和要求。根据教育部这个行动计划要求，学校制订的实施方案也要按照这个时间进度来推进，分年度推进主要任务和举措。

——2017年为“开局之年”。定位是标准年、基础年、质量年，着力在规范标准、夯实基础、提高质量上下功夫。着眼于提高思想政治工作质量，学深悟透上级会议和文件精神，聚焦存在问题和薄弱环节，制定贯彻落实的方案、制度、标准，明确改革发展的方向、思路、举措，搭建好具有“四梁八柱”性质的思政工作主体框架，做到谋好篇、布好局、开好头、起好步。

——2018年为“攻坚之年”。定位是攻坚克难、狠抓落实、厉行改革。以迎接教育部高校思政工作督导巡查为推动，深入抓好抓实抓细各项任务举措的落地落实，特别是针对重点任务和薄弱环节，要精准施策、持续发力，切实取得成效。

——2019年为“深化之年”。定位是全面评估、科学总结、再上台阶。对各项工作开展情况进行全面评估，进一步完善政策措施，建立长效机制。总结一批可复制推广的经验制度，树立一批可引领跟随的工作品牌，充分发挥示范带动作用。

——2020年为“决胜之年”。定位是巩固并深化改革、拓展成果、创新局面。“大党建”“大思政”格局基本形成，思政工作质量标准和考评体系基本完备，理论武装、课程育人、教师思政、网络思政、文化育人、阵地管理、队伍建设、党的建设等各项工作成效显著，教师和学生的思想政治素质明显提高。

要按要求完成这四年工作任务，就要实施清单管理，分解任务，明确责任，确保各项任务责任到岗到人。一是要建立问题清单。坚持问题导向，研究梳理目前工作中存在的薄弱环节、重点难点和突出问题，列出问题清单，抓住症结所在，采取切实措施倒逼改革、加以解决。二是要建立任务清单。对照全国高校思政工作会议精神、中央31号文件和教育部实施方案明确的任务要求，针对学校工作中存在的突出问题，研究制定详

细的任务书、路线图、时间表，明确各项任务的完成时限、责任单位和责任人。三是要建立责任清单。根据岗位职责和任务清单，细化分解责任，建立健全包括岗位责任、主体责任、监督责任、一岗双责等在内的责任体系，将压力逐级传导、责任压紧压实。

各学院和思政工作主要部门要按照学校方案要求，结合本单位实际，认真梳理研究，建立问题清单、任务清单、责任清单，切实找准问题、明确措施、落实责任、推进工作。

三、完善工作机制，激发思政工作创新活力

一是完善导向激励机制。建立健全二级党组织书记抓思政工作述职评议考核制度，将考核结果作为领导班子、领导干部目标管理和实绩考核的重要内容。完善相关政策，把思政工作目标要求融入教学考核、工作考核、干部考核、评奖评优等环节，在各类队伍和人员工作考核中，体现育人成效评估要求。

二是健全督导检查机制。结合教育部督查要求，对各学院党委（总支）和相关部门落实学校《加强和改进新形势下思想政治工作实施方案》以及相关配套政策措施情况进行督导检查，推动思政工作各项任务全面落实，今年重点是推动“四梁八柱”性质的思政工作主体框架建设和一些刚性要求落实。

第二部分　落实主体责任，抓住重点难点，扎实推进全面从严治党

全面从严治党，是以习近平同志为核心的党中央抓党的建设的鲜明主题。高校推进全面从严治党，既是落实中央要求，也是办好中国特色社会主义大学的需要。习近平总书记强调，我们的高校是党领导下的高校，加强和改进高校党的建设，是办好中国特色社会主义大学的根本保证。学校各级党组织要切实落实主体责任，抓好理论武装、干部队伍、基层党建、党风廉政、统战群团等各方面工作，扎实推进全面从严治党，把学校党建优势转化为办学优势，为推进学校发展提供坚强的政治、思想和组织保证。

一、抓学习，坚持不懈加强理论武装工作

一是推进“两学一做”学习教育常态化制度化。2016 年，在全校各级党组织和全体党员的共同努力下，我们学校“两学一做”学习教育开展得很好。2017 年，还要进一步加强，重点就是建立健全长效机制，推进“两学一做”学习教育常态化制度化。2017 年 4 月，习近平总书记对推进“两学一做”学习教育常态化制度化作出重要指示，强调“两学一做”学习教育是推进思想建党、组织建党、制度治党的有力抓手，是全面从严治党的基础性工程，要坚持不懈抓下去。中央办公厅印发了《关于推进“两学一做”学习教育常态化制度化的意见》，教育部党组印发了《关于推进高等学校“两学一做”学习教育常态化制度化的实施意见》，省委办公厅和教育工委也分别印发了实施方案。学校党委正在根据习总书记的重要指示和中央办公厅、教育部党组以及省委办公厅、省教育工委的文件要求，研究制定推进学校“两学一做”学习教育常态化制度化的实施办法，切实把这项任务落实好。要把“两学一做”学习教育纳入“三会一课”等组织生活制度，长期坚持下去，形成常态。具体工作，学校党委会进行部署安排，这

里我就不细讲了。需要强调的是，学校党委会把开展“两学一做”学习教育情况纳入各级党组织党建工作考核的重要内容，作为评判党组织和党组织书记履行管党治党责任情况的重要依据。希望大家高度重视，切实把“两学一做”学习教育抓深抓细抓实抓好。

二是抓好各级党组织理论学习中心组学习。理论学习中心组学习，是各级党组织领导班子和领导干部在职理论学习的重要组织形式，是严肃党内政治生活、强化党性修养的重要内容。2017 年 3 月，中央办公厅印发了《中国共产党党委（党组）理论学习中心组学习规则》，明确各级党委（党组）应把中心组学习纳入党建工作责任制和意识形态工作责任制，进一步推进学习制度化规范化，推动理论武装工作深入开展。学校党委根据文件精神，结合学校实际，研究制定了《华南理工大学各级党委（党总支）理论学习中心组学习规则》（下称《学习规划》），提交这次会议讨论，很快将印发实施。学校党委一直很重视中心组学习，每年都会专门下发文件，明确学习的重点内容，提供学习材料，提出学习要求，并努力办好学校党委中心组学习品牌“华园讲坛”。但不可否认的是，还有些同志不够重视，参加学习不够积极；个别党组织的组织策划工作不够有力，学习活动开展得不够经常、深入、系统。这次学校党委重新制定了《学习规则》，进一步明确了理论学习中心组学习的任务、目的、内容、形式和要求，特别是规定了学习的管理、考核与问责制度，明确将中心组学习考核作为领导班子和领导干部综合考核评价的重要内容，考核结果作为班子建设和干部任用的重要依据之一。接下来，学校党委将会把中心组学习作为领导班子和干部队伍建设的一项重要工作来抓，切实加强干部队伍的思想政治建设。特别是要把习近平总书记系列重要讲话精神作为中心组学习的首要任务，坚持用总书记治国理政新理念新思想新战略统一全校党员干部思想，筑牢同以习近平同志为核心的党中央保持高度一致的思想根基。

二、抓干部，建设一支高素质的干部队伍

一是要加强干部培养和选任。当前，学校正处于新的历史起点上，面临新的发展机遇和挑战，对干部队伍的能力素质提出了新的更高要求。我们要从办中国特色社会主义大学、推进“双一流”建设的高度，着重从政治素质好、业务能力强这两个方面，加强干部特别是中层干部的培养和选任。中央一直强调，高校党委书记、校长要成为社会主义政治家、教育家。做政治家就是要有坚定的政治立场、崇高的理想信念、服务国家和人民的价值追求，能够把握正确的政治方向；做教育家就是要有正确的教育思想、深厚的学识学养、强烈的事业心，能够掌握教育工作规律。虽然不能要求中层干部也达到这种高度，但作为学校推进改革发展和开展工作的中坚力量，在这两个方面也应有较高的标准，这是我们坚持社会主义办学方向和建设世界一流大学的需要。无论是今年的中层干部换届，还是常规的干部选任，都要强调这两个方面要求，选拔出政治上靠得住、工作上有本事、作风上过得硬、师生员工信得过的好干部。另外，学校党委正在研究制订干部队伍建设规划，加强选人用人的前瞻性系统性，特别是要加强政治好、专业精、管理强的复合型干部的培养和储备。

二是要严格干部管理和监督。抓干部队伍建设，一方面要做好培养和选任工作，选拔出好干部；另一方面要严格管理和监督，促使干部严守纪律规矩、认真履职尽责、积极干事创业，做出好成绩。习近平总书记讲过，党要管党，首先要管好干部；从严治党，关键是从严治吏。近几年，学校党委严格执行领导干部个人事项报告制度，严把领导干部因私出国（境）“关口”，加强领导干部经济责任审计，规范领导干部兼职和取酬管理，在加强领导干部廉洁自律、遵守政治纪律和政治规矩等方面取得了很好成效。接下来，学校党委还将着力在领导干部履职尽责、干事创业等方面，加强监督、考核和问责，坚决整治干部庸懒散和乱作为，进一步激发和调动广大干部的积极性，提高干部队伍的执行力。

三、抓基层，夯实党执政办学的组织基础

党的根基在基层，基层党支部担负着直接联系、引导、组织、团结师生的重要职责。要扎实做好抓基层打基础工作，从最基本的东西抓起，从基层组织、基层队伍、基本制度严起，打牢基础，补齐短板，充分发挥师生党支部战斗堡垒和党员先锋模范作用。

一是要加强支部组织建设。首先，要健全组织体系。要按照有利于党组织管理，有利于党员参加活动、发挥作用的要求，合理设置党支部。我们学校在把党支部设置与教师教学科研和学生学习生活有机对接方面进行了积极探索，取得了不错的效果。但我也了解到一个情况，就是有些党支部特别是学生党支部的规模偏大，不利于组织和开展活动，也难以充分发挥作用，要着力加以解决。2017 年 2 月，教育部党组印发了《普通高等学校学生党建工作标准》，从组织领导、教育培养和党员发展、管理以及党支部、党员作用发挥等方面对学生党建工作作出了全面详细的规定，其中明确规定学生党支部党员人数规模一般在 30 人以内，但我们有些学生党支部远远超过这个数，有的甚至有七八十人。为贯彻落实《普通高等学校学生党建工作标准》，学校党委制订了推进表，细化了任务分工，明确了时间要求，也提交了大会讨论。加强学生党建工作是健全组织体系的要求，也是培养锻炼学生干部、提高学生的德才能力、使将来的华工校友更有作为的一项基础性工作，更关系到党的事业后继有人，因此非常关键，非常重要。组织部、学工部、研工部和各学院都要高度重视，积极推进整改落实。其次，要配强支部书记。一方面，要按照中央和教育部党组要求，做好教师党支部书记“双带头人”培育工作，使他们既是党建带头人，也是学术带头人；要注重从优秀辅导员、骨干教师、优秀大学生党员中选拔学生党支部书记。目前，全校共有在职教工党支部 239 个，其中，教授担任书记的仅有 34 个，占 14%；副教授担任书记的也只有 80 个，占 33%。两者合计为 47%，不到一半，差距很大。从今年开始，各个学院要进行试点，选拔一批政治强、威望高的学科带头人担任教师党支部书记，只有这样才能提升基层支部的积极性和战斗力，也才能有号召力和行动力。而如何让那些政治强、威望高的学术带头人担任党支部书记，如何将那些素质高、发展潜力足的党支部书记培养成为学术带头人，组织部、人事处、发展规划处、研究生院、科技处、社科处等部门和各个学院要拿出切实有效的措施，给予实实在在的支持和引导。另一方面，要加强党支部书记培训。组织部要举办党支部书记专题培训班，强化党的基本知识、纪律规矩和党建工作方式方法培训，增强支部书记的责任意识，提高他们开展基层党建工作的能力。总之，要通过抓好选配和培训工作，使党支部书记这支队伍真正强起来，能够带动党支部把活动扎实开展起来，把作用充分发挥出来。再次，要加强规范建设。组织部要建立健全党支部工作的一整套制度，并狠抓落实，推动党支部工作自觉起来、自转起来、经常起来。要每年开展一次排查，对软弱涣散、发挥作用不充分的党支部要及时进行整顿。整顿要留下痕迹，并纳入考核、评价晋升等各个环节。同时，做得好的也要留下记录，在各方面予以支持和鼓励。

二是要加强党员队伍建设。一个党员就是一面旗帜。要把从严要求贯彻落实到党员队伍建设各个环节，引导广大党员把党员身份亮出来，把先进标尺立起来，把先锋形象树起来。在发展党员方面，要注重政治合格、持续培养，端正入党动机，严把党员入口关。各个学院的教师党支部，都要制订教师党员发展计划，这既是中央的要求，也是省里的要求，所以各个学院要有目标任务。在党员教育方面，要持续深入抓好“两学一做”学习教育，加强党性锻炼，使每位党员都做到在党爱党、在党言党、在党为党。在党员管理方面，要建立健全党籍、组织关系、党费缴纳、流动党员等基本管理制度，强化日常管理监督。

四、抓作风，营造风清气正的良好政治生态

党的十八届六中全会审议通过《关于新形势下党内政治生活的若干准则》（下称《准则》）和《中国共产党党内监督条例》（下称《条例》），为新形势下加强和规范党内政治生活、加强党内监督提供了根本遵循。学校党委已经对学习贯彻《准则》和《条例》做出部署安排，各单位要认真落实。我们要以学习贯彻《准则》和《条例》为重要抓手，严肃党内政治生活，加强党内监督执纪问责，深化作风建设，营造风清气正的良好政治生态，推动全面从严治党向纵深发展。

一是要严格党内组织生活。组织生活是党内政治生活的重要内容和载体，是锤炼党性的熔炉。目前，我们学校有些党支部组织生活开展得不如人意，与党员的期待有差距，有的不经常不规范，长期不过组织生活；有的以业务研讨代替政治理论学习，走过场；有的内容不够丰富，形式比较单一，教育效果不理想。总的来说，学生党支部的组织生活还算比较正常，教师党支部存在的问题比较多。接下来，组织部要制定具体的规范和要求，比如多长时间要过一次组织生活，对内容和形式有什么要求，要做好记录等，这些都要明确。各级党组织要严格执行组织生活制度，确保组织生活经常、认真、严肃。“三会一课”要突出政治学习和教育，突出党性锻炼，防止表面化、形式化、娱乐化、庸俗化。要创新方式方法，充分运用互联网、新媒体等新方式新手段，增强组织生活的活力、吸引力和感染力，提升教育效果。

二是健全党内监督体系。学校各级党组织要统筹落实全面监督、专责监督、职能监督、日常监督、民主监督，特别是要把党委（总支）全面监督放在首位，切实担负起主体责任。书记是第一责任人，院长是重要责任人，分管院领导是直接责任人，全体领导班子成员都要履行监督职责。学校和各二级纪委作为党内监督专责机关，要强化监督执纪问责。学校党委各部门要加强职责范围内的党内监督工作，各党支部要加强日常监督，广大党员要积极开展民主监督。要构建多部门联动的工作格局，充分发挥纪监、组织、人事、审计、宣传等部门的作用，形成监督合力。对在党的建设和党的事业中失职失责的党组织和党的领导干部，要按照《中国共产党问责条例》和《中共教育部党组

贯彻落实〈中国共产党问责条例〉实施办法》规定，严肃问责，确保全面从严治党责任从“软约束”真正变成“硬任务”；同时，也要科学免责，按照中央“三个区分开来”（即把干部在推进改革中因缺乏经验、先行先试出现的失误和错误，同明知故犯的违纪违法行为区分开来；把上级尚无明确限制的探索性试验中的失误和错误，同上级明令禁止后依然我行我素的违纪违法行为区分开来；把为推动发展的无意过失，同为谋取私利的违纪违法行为区分开来）要求，完善容错机制，鼓励干部大胆探索、开拓创新，为干事创业的干部提供“护身符”。

五、抓改革，扎实做好统战群团工作

统战和群团事业是党的事业的重要组成部分。要紧紧围绕保持和增强政治性、先进性、群众性这条主线，加强统战工作，推进群团改革，为学校做好改革发展稳定各项工作凝心聚力。

一是进一步加强新形势下学校统战工作。高校党外知识分子集中，是统战工作的战略要地。2016 年 8 月，中央办公厅转发了中央统战部、教育部党组《关于加强新形势下高校统一战线工作的意见》，对加强新形势下高校统战工作提出了明确要求，做出了全面部署。学校党委正在研究制订具体的实施意见，并将以此为契机，创新思路、完善机制、改进方法、配强力量，推动学校统战工作创新发展，强化党外人士思想政治引导，加强党外代表人士队伍建设，充分发挥党外知识分子在建言献策、民主监督、服务学校等方面的作用，开创学校统战工作新局面。

二是扎实推进群团改革工作。党的群团工作是党治国理政的一项经常性、基础性工作，是党组织动员广大人民群众为完成党的中心任务而奋斗的重要法宝。党的十八大以来，习近平总书记多次对党的群团工作做出重要指示，中共中央印发了《关于加强和改进党的群团工作的意见》，召开了党的群团工作会议，对推进群团改革提出了明确要求。2016 年 11 月，团中央、教育部联合印发了《高校共青团改革实施方案》；2017 年 3 月，团中央、教育部又与全国学联联合印发了《学联学生会组织改革方案》，对推进共青团和学联学生会组织改革做出了全面部署。学校正在研究制订具体的实施方案，其中学校共青团改革实施方案也提交了本次会议讨论。近日，中共中央、国务院又印发了《中长期青年发展规划（2016—2025 年)》，这是新中国历史上第一个青年发展规划，将为学校推进共青团和学联学生会组织改革提供有力指导。具体如何推进群团改革，学校党委将会专门研究部署，我在这里就不展开了，只是想强调一点，就是各二级党组织必须负起政治责任，加强对群团组织和群团工作的政治领导、思想领导、组织领导；要把群团建设纳入党建工作总体部署，完善党建带群建制度机制，把党建带群建作为党建工作责任制的重要内容。组织部、校工会、校团委等部门要切实负起责任，主动作为，抓好落实。

第三部分　健全工作机制，狠抓安全防范，努力建设和谐稳定校园

“安而不忘危，存而不忘亡，治而不忘乱。”2017 年 2 月，习近平总书记主持召开国家安全工作座谈会并发表重要讲话，强调要坚持党对国家安全工作的领导，要求突出

抓好政治安全、经济安全、国土安全、社会安全、网络安全等各方面安全工作。刚才，我和王迎军校长与四个学院的书记、院长签订了安全稳定工作责任书，接下来所有的二级单位都要签订，包括机关、直属单位和所有学院。这份责任书的内容比较全面，各单位要进一步细化分解任务，明确负责领导和责任人员，把各项工作落实好，以重点人、重点事、重要节点、重要阵地的全方位管理为关键，坚持抓早、抓小、抓动向，确保不存在任何安全稳定隐患，不发生任何安全稳定事件，保证师生生命财产安全和校园和谐稳定，为迎接党的十九大胜利召开营造安全稳定的校园环境。省委明确要求，各高校安全工作要做到万无一失，一失也就万无，所以我们要从学校发展的整体大局出发，确保各项工作全面安全稳定。

一、狠抓意识形态安全不放松

意识形态关乎旗帜、关乎道路、关乎国家政治安全。党的十八大以来，面对意识形态领域日益错综复杂的形势，习近平总书记围绕意识形态工作发表了系列重要讲话。这些重要讲话被称为“一篇总论、七篇分论”，提出了一系列新思想新论断新要求，为做好新形势下意识形态工作指明了正确方向，提供了根本遵循。中央、教育部和广东省就加强意识形态工作推出了多项重要举措。学校党委非常重视意识形态安全，及时传达学习近平总书记系列重要讲话精神，认真贯彻落实上级各项决策部署，扎实做好各项工作，有力地维护了校园安全稳定。

二、协力建设平安和谐校园

2017 年以来，关于安全工作，我和王迎军校长已经不止一次强调，各单位也都按要求开展了自查，对存在的问题进行了整改。总的来看，学校的安全工作得到了一定程度的加强和改进，但仍然存在一些隐患和薄弱环节。有些可能受客观因素制约，比如设施维护、设备更换等，需要一定的时间周期；但也不排除有个别单位、个别同志重视程度还不够，采取的措施不够有力，整改的效果不够明显。国家和广东省一直特别重视校园安全工作。教育部部长陈宝生在今年全国学校安全工作电视电话会议上的讲话强调，要从讲政治、讲党性的高度，扎实做好学校安全稳定工作。2017 年 1 月，教育部印发了《普通高等学校消防安全工作指南》《普通高等学校食堂安全工作指南》《普通高等学校学生公寓安全工作指南》，对高校消防安全、食堂安全和学生公寓安全作出了规范。省教育厅也下发了一系列通知，对加强学校后勤安全、食品安全、实验室安全等进行了部署。学校认真落实教育部和广东省的各项要求，相关部门作了具体安排，很多方面做了超前部署。这里我再强调两点。一是要完善机制，落实安全管理责任。重点是完善校园安全风险管控机制，形成职责明确、风险可控的管理格局；完善校园周边综合治理机制，加强警校合作，优化校园安全外部环境。二是标本兼治，做好日常管理工作。安全防范，重在平时。要以“防、查、教、督”为中心，扎实做好各项日常管理工作。“防”就是要坚持人防、物防、技防并重，抓好防范能力建设；“查”就是针对消防、交通、食品、宿舍、危险化学品、特种设备等重点领域和“校园贷”等新问题，定期开展安全隐患排查；“教”就是结合日常教育管理，开展主题教育活动，抓好安全教育，增强安全防护意识；“督”就是采取自查和抽查、明察与暗访等形式，加强督导检查，督促责任落实、工作推进。

安全工作无小事，安全工作责任重于泰山。保卫处、实验室与设备管理处、后勤处、学生工作处、研工部等部门和各个学院、各个单位，都要牢固树立“安全是第一责任”的理念，把安全放在首位，把责任担在肩上，深入推进安全工作常态化制度化规范化，切实做好各项安全工作。开学前，我们专门开会部署校园安全工作，本学期又不断进行各项部署。在这里我再次强调：“安全是第一责任，是头等重要的大事，离开了安全的发展都是零!”

第四部分　抓住重点，结合实际，深入学习贯彻省第十二次党代会精神

5 月 22—26 日，中国共产党广东省第十二次代表大会在广州隆重召开。5 月 26 日，大会一闭幕，省委就下发通知，要求全省上下认真学习宣传贯彻省党代会精神，推动各项工作扎实有效开展。5 月 31 日，学校党委召开常委会专题传达学习了省党代会精神。6 月 2 日，学校党委下发通知，对全校学习宣传贯彻省党代会精神做出具体部署和安排。目前，各单位正在按要求开展工作。下面我向大家简要传达一下会议主要情况。

一、党代会情况

（1）大会议程。大会共进行了五项议程，包括听取和审查十一届省委报告，审查省十一届纪委工作报告，选举十二届省委，选举省十二届纪委，选举广东省出席党的十九大代表。

（2）党代会报告。大会开幕式上，胡春华同志代表十一届省委向大会作了题为《深入贯彻习近平总书记治国理政新理念新思想新战略 努力在全面建成小康社会加快建设社会主义现代化新征程上走在前列》的报告，全面总结了省十一次党代会以来广东经济社会发展各项事业取得的重要进展，深入分析了广东发展面临的形势，明确提出了今后五年广东发展的指导思想、主要目标和战略部署，是指导今后五年广东各项事业发展的纲领性文件。这个报告全文已经公开发布，大家要认真学习领会。

（3）选举情况。大会闭幕式上，选举了 70 名广东省出席党的十九大会议的代表，选举了由 92 名委员、17 名候补委员组成的十二届省委，以及由 55 名委员组成的省十二届纪委。

二、省委十二届一次全会情况

5 月 26 日，十二届省委举行第一次全体会议，选出了 12 位省委常委和书记、副书记。胡春华当选为省委书记，马兴瑞、任学锋当选为省委副书记。全会批准了省纪委十二届一次全会的选举结果，施克辉任省纪委书记，陈伟东等 4 人当选省纪委副书记。

新当选的省委书记胡春华在全会上发表了重要讲话，强调新一届省委要坚定不移维护习近平总书记的核心地位，担当起“两个走在前列”的历史责任，坚持以人民为中心的发展思想，奋发有为干事创业，始终坚守清正廉洁的政治本色。

三、聚焦创新驱动发展，深入贯彻省党代会精神

贯彻落实省党代会精神，要紧密结合实际，找准切入点和着力点，就我们学校而言，这个切入点和着力点就是创新驱动发展。省党代会报告强调，创新是引领发展的第一动力，要坚定不移把创新驱动发展战略作为经济社会发展的核心战略和经济结构调整的总抓手。胡春华书记、马兴瑞省长在参加广州、深圳等代表团审议时都对推进全省创新发展提出了明确要求。作为广东高水平大学和高水平理工科大学的领头羊，华工在广东创新发展中具有不可替代的重要作用，引领和支撑广东创新发展，华工责无旁贷！我们要聚焦创新驱动发展这一主题，紧紧抓住广东建设国家科技产业创新中心和珠三角国家自主创新示范区，大力加强科技创新，打造创新人才高地的机遇，以国家“双一流”建设、广东省“双高”建设和广州国际校区建设为契机，深入推进人才培养、科学研究等方面的改革，积极探索和推进“新工科”建设，着力培养高素质创新人才，大力加强科技创新和成果转化，努力为广东创新驱动发展提供强有力的人才和科技支撑。

同志们，加强学校党建、思政和安全稳定工作，既是落实中央、教育部、广东省决策部署的政治任务，也是学校办好中国特色社会主义大学、推进“双一流”和“双高”建设的内在要求。我们要深入学习贯彻习近平总书记系列重要讲话精神和治国理政新理念新思想新战略，认真贯彻落实中央全面从严治党要求和全国高校思政工作会议精神，认真贯彻落实省第十二次党代会精神，落实主体责任，推进改革创新，切实加强和改进学校党的建设，全面提升思政工作水平，维护好校园安全稳定，为坚持社会主义办学方向、建设世界一流大学提供坚强保证！

加快“双一流”建设　培养“三创型”人才*

王迎军

（2017 年 11 月 20 日）

尊敬的王乘组长，各位专家：

早上好！

根据审核评估工作安排，下面我向专家组汇报本科教学和人才培养情况。

首先介绍一下学校的基本情况。

华南理工大学组建于 1952 年院系调整时期，是新中国初期我国四大工学院之一。经过 65 年的办学发展，学校已发展成一所以工见长、理工结合、管经文法医协调发展的综合性研究型大学。现有全日制学生近 45 000 人，其中，本科生近 25 000 人。现有专任教师 2811 人，其中长江、杰青各类人才 200 余人。全职院士 10 人，国家教学名师 6 人。学校整体进入“世界大学学术排名”201—300 区间，其中，工科排名位居全球第 22 名。

学校始终坚持立德树人，以人才培养为根本，锐意改革，形成了人才培养的“华工模式”。从 20 世纪 70 年代的“50177 班”走出的家电三巨头——TCL 总裁李东生、创维集团创始人黄宏生和康佳集团前总裁陈伟荣，以及京信通信系统控股有限公司董事局主席霍东龄、德生通用电器制造有限公司总经理梁伟、七喜电脑集团董事长易贤忠，等等，到今天荣获“小平科技创新团队”称号的与华大基因协同育人的“基因组科学创新班”，华南理工大学为社会培养了一大批德才兼备的创新、创业、科技创新领军人才。

在科学研究方面，学校坚持“顶天立地”，追求卓越，服务社会。学校拥有 185 个国家级和部省级科技研发机构，依托这些平台承担一大批国家级和省市重大重点项目，产生了一大批科研成果，包括研发出我国第一块柔性 AM-OLED 显示屏，研发出能量转换效率世界最高水平的聚合物太阳电池器件等。“十二五”以来，学校共获部省级及以上科技奖 223 项，其中，国家科技奖 20 项。

在社会服务方面，学校发挥自身的学科优势、平台优势和智力优势，努力成为区域发展的新引擎。学校与地方政府建立 5 个研究院，形成以学校为创新源头、辐射华南地区的校地协同创新格局。2016 年学校发明专利公开量排名全国高校第三，专利技术转让指标排名全国高校第一。这些成果的转让实施，有力支撑和引领区域创新驱动发展。近 5 年校企合作项目超过 10 000 项，为企业解决 10 000 多个技术难题，产生的经济效益超过 1000 亿元。

---

* 本文是学校校长王迎军在本科教学审核评估专家见面会上的讲话。

第二部分，我汇报一下本科人才培养和教学改革。

人才培养是一个学校的立校之本和首要任务，也是一项需要久久为功的长期任务。长期以来，学校坚持“立德树人、明确人才目标、加强顶层设计、科学规划路径、持续提升质量”的人才培养路径。

在办学过程中，学校树立了大教育观、大学术观、大工程观、大人才观的教育理念；明确了扎根中国创一流、立德树人谋发展的办学理念；在人才培养过程中坚持以生为本、因材施教、夯实基础、强化实践的培养理念；实施教师主导、学生主体、兴趣驱动、能力导向的教学理念。

在办学过程中，学校牢牢把握社会主义办学方向，主动服务国家战略，培养社会主义合格建设者和可靠接班人。学校发挥地处改革开放前沿和毗邻港澳的地域优势，逐步探索出一条独具特色的创新创业人才培养之路。从建校初期，学校服务新中国建立现代化工业体系，提出“又红又专”人才培养目标；到1999年在全国率先系统提出“三创型”（创新、创造和创业）人才培养目标，2004年提出以培养“研究型工程师”和“科技型企业家”作为主要人才培养方向。新时期，为服务国家创新驱动发展、“互联网+”等重大战略，学校不断提炼人才培养目标，确立要“培养高素质、高层次、多样化，具有社会责任感和全球视野的‘三创型’（创新、创造、创业）人才”。

本科教学改革的顶层设计就是要注重改革的系统性、整体性和协同性。近年来，学校不断优化人才培养顶层设计，在理念层、支撑层、实施层、目标层等四个层面共同发力，保证了改革的同向同行。具体而言，在“理念层”，我们强调“以生为本、因材施教、夯实基础、强化实践”；在“支撑层”，我们通过体制机制创新，实现校内校外优质资源的深度融合；在“实施层”，我们以创新创业教育、产学研合作教育、国际化教育为重点，通过建立主辅修制、转专业制等柔性化管理制度，通过组建各类创新班、卓越班，努力开展人才培养模式改革与探索。在“目标层”，我们为不同类型的学生提供不同的发展空间，实现了“面向全体”和“优才优育”的有机统一。

在本科教学改革方面，我们采取了几项重要举措：

一是通过推进科教深度融合，培养学生的研究型学习能力。学校推进“四个强化”：强化科研渗透教学、强化学科支撑专业、强化科研实践驱动高质量的学习、强化平台建设支撑人才培养，实现了科研与教学的相互开放、深度融合，有效提升了专业、课程、教材、教学内容等要素的建设质量，培养了学生的研究型学习能力，反过来为学科和科研水平的提升提供了强有力的人才资源供给保障。

二是通过深化产学研合作教育，培养学生的实践创新能力。学校积极引入产业、科研院所资源，开展形式多样的产学研合作教育，组建校企、校院合作创新班，共建实验室、实习基地，联合开设校企合作课程，开展基于企业技术需求的学科竞赛，等等。实现了人才、技术、资本、市场的有机结合，达到了产业/企业、大学、科研机构、教师、学生的“多赢”。

三是通过深化创新创业教育，培养学生创新精神和创业意识。学校面向国家重大需求，结合广东区域特点，围绕学校“双一流”建设目标，构建“一条生态链”（培育链、创新链、产业链、政策链、资金链相互衔接、有序对接），创新“三类机制”（人才培养机制、科技创新机制、成果转化机制），建设“五大平台”（教育平台、实训平台、孵化转化平台、国际合作平台、双创研究平台），努力培养一大批精英型创新创业人才、科技领军人才、高端工程师和企业家。2017 年，学校入选国家双创示范基地。

四是通过深化国际化教育，提升学生的国际竞争力和跨文化交流能力。学校坚持“打造中国特色、瞄准世界一流”的国际化发展理念，通过平台、专业、课程、项目、师资、生源等“六位一体”国际化建设，全面提升学生的国际竞争力和跨文化交流能力。

通过以上改革举措，学校在“三创型”人才培养方面取得了一些成效。

一是学校的人才培养质量、学生就业质量获得很高的社会赞誉。①就业率高，毕业生就业率连续多年位列全国高校前列；②就业质量高，每年有三分之一的毕业生进入世界和中国 500 强企业工作；③用人单位满意度高，2016 年第三方调查结果显示，用人单位对我校毕业生满意度评价为“好”和“较好”的比例之和超过 91%。

二是学生有理想信念，有家国情怀，有责任担当。目前全校共有注册志愿者 4 万余人，校内公益团体 40 多个，志愿服务项目 2195 个，累计服务时数 139 万小时。每年近 3 万人次参与社会调研、义务支教、科普宣传、科技扶贫、挂职锻炼等多形式的实践活动。2014—2016 年，学校共有 1142 名毕业生到西部建功立业。学校多次获得由中宣部、教育部、共青团中央等授予的“全国大中专学生志愿者暑期‘三下乡’社会实践活动先进单位”称号。

2009 年，学校 3000 余名学生在 28 个省、区、市进行系统深入调研，形成了“关注中国返乡农民工”调研报告，受到国务院原总理温家宝亲笔批示，称“他们的思想、热情和活动，充分表现了当代大学生对于国家、人民、民族的关心和热爱。”

三是学生敢于创新，勇于开拓。近 5 年本科生共申请专利 387 项，发表学术论文 532 篇，共有 4180 人次在国内外重要科技竞赛中获奖。如美国能源部发起并主办的、100 多所全球一流大学参与的国际太阳能十项全能竞赛，华南理工学子荣获亚军。

学校与华大基因共办的“基因组科学创新班”，8 年中已有 89 人次以并列第一作者和署名作者身份在世界顶尖学术期刊 *Nature*、*Science* 发表论文 71 篇，被国际上誉为“本科人才培养的奇迹”和人才培养的“华工模式”，并入选“2010 年中国科教探路者”。目前，这一批批的毕业生都已成为科技创新的骨干，原创新班学生罗锐邦入选《福布斯》“医疗及科学”领域亚洲地区“30 位 30 岁以下俊杰”榜单。

2010 年 3 月 4 日，Nature 杂志发表社论，认为这种模式“不仅为基因组学、生命科学研究，而且为所有的教育和培训提供了一种可资借鉴的创造性方法，全世界都应该来考虑这个问题”。

四是学生会创造，敢于探索。20 世纪 90 年代，珠三角工程师群体中近 60% 为华南理工校友。新世纪，学校培养大量的研究型工程师服务国家和区域发展需求，有力支撑广东创新驱动发展，成为华南地区经济社会发展的“发动机”。如中国工程院院士、中国馆之父的 1956 级建筑学学生何镜堂；曾任中国西昌卫星发射中心主任、先后参与实施嫦娥工程、载人航天工程的 1978 级自动化控制学生徐宏亮；成功开发出 UC 浏览器的 1994 级计算机学生梁捷；曾获第 38 届日内瓦国际发明展铜奖的 2002 级过程控制学生胡大为等等一大批工程技术人才。

五是华工的学生能创业，敢为人先。据不完全统计，仅在广东，就有华工校友创办和领导的上市企业超过百家。新时期学校涌现出一大批创业新星。如1998级学生袁玉宇，创办广州迈普再生医学科技有限公司，是优秀的海外回国创业人才。2006级学生陈第，在校就读期间就开始与同学创立了有米传媒，是目前国内最大的手机应用广告平台，公司已经登陆新三板，其本人两次入选《福布斯》“中国30位30岁以下创业者”榜单。

学校的这些办学成就得到了社会的广泛赞誉，并发挥了示范辐射作用。2010年3月，时任中央政治局委员、广东省委书记汪洋给予学校“三创型”人才培养模式高度评价，并作出重要批示。

学校“构建产学研协同育人模式，培养高素质创新人才”项目获2014年国家级教学成果一等奖。

《人民日报》《光明日报》《中国教育报》《南方日报》等媒体对学校“三创型”人才培养模式进行全面报道，引起了社会广泛关注。

面向未来，学校将以党的十九大精神为指引，站在新的起点、新的高度，提前谋划，写好本科教育改革和“三创型”人才培养的“奋进之笔”。

一是要全面准确学习领会十九大报告，加快“双一流”建设。党的十九大报告提出，要全面贯彻党的教育方针，落实立德树人根本任务，培养德智体美全面发展的社会主义建设者和接班人。加快一流大学和一流学科建设，实现高等教育内涵式发展。

二是要全面贯彻全国高校思政会议精神，坚持立德树人。高校立身之本在于立德树人，只有培养出一流人才的高校，才能够成为世界一流大学。我们要牢牢抓住全面提高人才培养能力这个核心点，并以此来带动学校其他工作。

三是以本科教学工作审核评估为契机，以评促建，深化改革，提高质量，培养一流人才。这次审核评估是教育部对我校本科教学工作进行的一次全方位的检验，学校将以此为契机，认真剖析、反思、总结，进一步深化教学改革，提高人才培养质量，开创我校本科教育教学工作新局面。

四是在中国特色社会主义进入新时代之际，学校将以“时不我待”的紧迫感，开启新的征程。学校将以立德树人为根本，面向国际科技前沿，面向国家和广东省重大战略需求，通过“四个加快”（加快规划战略布局、加快深化综合改革、加快提升发展质量、加快破解发展难题），推进“四大建设”（“双一流”建设、“双高”建设、广州国际校区建设、国家级双创示范基地建设），实现“四个目标”（成为全球工科顶尖人才汇聚地、国家科技创新重要策源地、国家拔尖创新人才培养重要基地、全球创业人才摇篮）。

最后，再次感谢各位专家！敬请批评指正！

在 2017 年本科教学工作审核评估反馈会上的发言

章熙春

（2017 年 11 月 23 日）

尊敬的王乘校长，尊敬的周爱军主任、王红处长，尊敬的各位专家，老师们、同志们：

刚才，王乘校长代表专家组反馈了评估考察意见，各位专家也反馈了个人的意见。专家组在短短的几天时间里，以认真的态度、严谨的作风、专业的素养，经过高强度、高效率、高水平的工作，对我校本科教学进行了一次全面系统的“中西医结合的体检”。在这里，请允许我代表学校党政领导班子以及全校师生员工，对专家组的辛勤工作和悉心指导表示衷心的感谢！

专家组对我校本科教学工作给予了充分肯定和高度评价，同时针对评估发现的问题和薄弱环节，提出了非常中肯、有建设性的意见和建议。这些问题找得很准，意见提得很好，我完全赞同并全部接受。学校将以此为切入点和工作重点，对本科教学中的一些具体问题，立行立改；对一些深层次问题和改革发展问题，开展专题调研，提出系统性、整体性、前瞻性的解决方案，并尽早尽快落地执行。

从全局看、从长远看，学校将紧密围绕“培养什么样的人、如何培养人、为谁培养人”“办什么样的大学，怎样办好大学”这两个根本性问题，深入落实习近平总书记“高校立身之本在于立德树人；只有培养出一流人才的高校，才能够成为世界一流大学”的指示，按照陈宝生部长“四个回归”的要求，进一步处理好四个关系，着力写好一流大学建设和一流人才培养的“奋进之笔”“得意之作”。

一是进一步处理好建设一流大学与培养一流人才的关系。大学是因培养学生而存在的，大学教育工作者的初心就是培养人才。一流的本科教育是一流大学的重要基础和基本特征。建设一流大学，必须建设一流本科；没有一流本科，称不上一流大学。

长期以来，学校坚持“越是建设世界一流大学，越要加强人才培养”的共识，加大四个投入，夯实本科教育的基础地位，强化教学工作的中心位置。接下来，学校世界一流大学建设将全面提速，学校将在全校上下进一步强化这一共识，把人才培养工作放在学校改革发展的最中心、最前端，牢牢抓住全面提高人才培养能力这个核心点，来打造学科、汇聚大师、推进国际交流合作、改善教学科研条件；反过来，又以更高水平的学科、师资、科研和国际化来推动人才培养质量的持续提高，形成一个良性循环，使我们的世界一流大学建设真正做到“不忘初心”“不辱使命”，回归大学之本，遵循大学之道。

二是进一步处理好“面向全体”与“优才优育”的关系。建设教育强国是中华民族伟大复兴的基础工程。满足人民群众对优质高等教育的需求是中国大学的历史使命和责任担当，其核心和关键还是人才培养。作为国家“双一流”建设的A类高校，学校拥有全国最好的生源，拥有培养一流人才的独特条件和优质资源，各类创新班覆盖近17%的学生，拔尖创新人才培养“华工模式”全球关注。但是，与我们在国家高等教育体系中的位置相比，与世界一流大学建设的目标相比，与学生日益增长的享受更公平更高质量教育的需求相比，我们坚持的优才优育还有很大的提升空间。

学校将进一步强化面向全体本科生的意识，通过完善科教、本研、校内外、国内外协同育人的体制机制，集聚全球优质资源，力争对每一个本科生实施平等、开放、个性、全面的精英教学；进一步强化培养的高标准意识，努力打造一流的课程专业、一流的设施条件、一流的质量保障和一流的教学等，使一流成为一种常态化的表现，促进学生的全面发展，促进全体学生的发展。

三是进一步处理好传承与创新的关系。时代是思想之母，实践是理论之源。从建校初期学校服务新中国建立现代化工业体系，培养大批“红色”工程师；到1999年在全国率先系统提出“三创型”人才培养目标，2004年提出以培养“研究型工程师”和“科技型企业家”作为主要人才培养方向，学校“三创型”人才培养始终聚焦国家战略、服务国家发展。

当前，国家创新驱动发展、“互联网+”等重大战略深入实施，大数据、物联网、人工智能等新经济领域迅猛发展，迫切需要大批新兴工程科技人才和一流创新创业人才。在传承已有的人才培养优势和特色的基础上，学校以更加开放的姿态，更加灵活的机制，正抓紧制订《华南理工大学本科改革行动计划（2035）》，着力培养适应新经济、新产业发展的卓越的“三创型”人才。行动计划的核心内容是通过深化3条主线（创新创业教育、产学研合作教育、国际化教育），推进5项计划（新工科建设计划、优质课程倍增计划、挑战性学习支持计划、国际合作深耕计划、质量管理提升计划），全面提升6大要素（课堂、课程、专业、教师、培养模式、实践平台），形成“五纵六横”的本科教育教学改革实施路径。

四是进一步处理好“育人”与“育才”的关系。学校地处广东、毗邻港澳，处于改革开放和意识形态斗争“两个前沿”。一直以来，学校坚持“越是两个前沿，越要加强思想政治工作”，切实把思想政治工作贯穿教育教学全过程，推进全员、全过程、全方位育人，引导广大学生做社会主义核心价值观的坚定信仰者、积极传播者、模范践行者。我们的学生有理想信念、有家国情怀、有责任担当。新形势下党和国家对高校立德树人提出了更高要求。大学办学，育人为本；德才兼备，以德为先。学校将持续强化“四个服务”意识，坚持“育人比育才更根本”，依托区域红色文化，传承百年“红色基因”，深入实施“思想政治工作提升行动”，切实提高思想政治教育的针对性、吸引力、亲和力，涵养学生的家国情怀和核心价值，着力培养又红又专的一流人才。

老师们、同志们，当前和今后一个时期，是学校发展的重要战略机遇期，“双一流”“双高”、双创基地和广州国际校区建设正全力推进。学校将深入学习贯彻党的十九大精神，不忘初心、牢记使命，不断强化“四个意识”，坚持“四个自信”，做到

“两个维护”，扎根中国大地，培养国家和人民需要的优秀人才，向世界展示一流大学建设的中国方案和中国路径，为实现中华民族伟大复兴的中国梦作出新的更大贡献！

海内存知己，天涯若比邻。尊敬的王乘校长，各位专家，短短的几天，华工人感受到了你们的赤诚之心和关爱之情。我们真诚地希望，未来你们能继续关心和支持华工的发展，有机会经常到华工指导和交流。

最后，再次向各位专家表示衷心的感谢，并祝各位专家返程一切顺利！

协同育人模式培养更多“双创”英才*

王迎军

2017年8月15日，习近平总书记给第三届中国“互联网+”大学生创新创业大赛“青年红色筑梦之旅”的大学生回信，勉励他们扎根中国大地了解国情民情，在创新创业中增长智慧才干，在艰苦奋斗中锤炼意志品质，在亿万人民为实现中国梦而进行的伟大奋斗中实现人生价值，用青春书写无愧于时代、无愧于历史的华彩篇章。我校参加了此次“青年红色筑梦之旅”的同学在看到总书记的回信后深受鼓舞，纷纷表示要把创新创业的梦想融入伟大中国梦，以青春和理想谱写信仰和奋斗之歌。

近5年来，华南理工大学牢牢把握立德树人这个根本任务，大胆改革拔尖创新人才培养模式，创新创业人才培养取得了显著成效。

把握方向，把立德树人作为根本任务

习近平总书记强调，高校思想政治工作关系高校培养什么样的人、如何培养人以及为谁培养人这个根本问题。要坚持把立德树人作为中心环节，把思想政治工作贯穿教育教学全过程，实现全程育人、全方位育人，努力开创我国高等教育事业发展新局面。华南理工大学坚持育人为本、德育为先、能力为重、全面发展，着力增强学生服务国家、服务人民的社会责任感，培育学生勇于探索的创新精神及善于解决问题的实践能力，努力培养德、智、体、美全面发展的社会主义建设者和接班人。

学校按照“大思政”“大党建”思路，搭建了具有“四梁八柱”性质的思想政治工作主体框架，制定时间推进表，实施清单管理，确保取得扎实成效。同时，学校要求各专业遵循“横向联系、纵向贯通、实践驱动、国际协同”的原则开展培养计划修订工作，着力增强学生理想信念教育，培育和践行社会主义核心价值观。此外，华南理工大学深化思想政治课程实践教学改革，新增“马克思主义理论与实践”课程，促使学生在实践中牢固树立马克思主义世界观和人生观。

改革创新，构建协同育人新模式

为进一步提高人才培养质量，华南理工大学积极探索包括科教协同、校院协同、校企协同、国际协同在内的协同育人新模式。

通过科教协同，引入学科资源，构建学术研究型人才培养模式。学校注重科教融合和科研育人，鼓励教师利用科研成果更新教学内容，改革教学方法。学校还整合学科资

---

* 本文刊发在《光明日报》2017年9月11日第6版。

源，推进跨学科交叉培养，引导学生参与课题研究，倡导“寓教于研”和“研中有教”的教学模式。

通过校院协同，引入科研院所资源，构建科学前沿研究学科交叉型人才培养模式。在与深圳华大基因等一流的研究院所合作过程中，通过瞄准国家相关重大战略需求和世界科技前沿，整合学校和科研院所的优质创新团队和科研资源，华南理工大学构建了优质资源平台，形成了优质资源共享、协调合作的体制机制。

通过校企协同，引入产业资源，构建工程创新人才培养模式。华南理工大学是教育部第一批“卓越工程师教育培养计划”实施高校，目前已在电子科学与技术、软件工程、土木工程等专业开展“卓越工程师”培养试点。通过与中广核、腾讯、南航等企业开展多种形式的协同育人，学校让企业参与到人才培养中来，增强学生的实践动手能力，培养出高层次应用型工程人才。

广州国际校区的建设，让学校一流大学建设跨上一个新台阶。通过国际协同，引入国（境）外优质资源，构建国际化人才培养模式。学校遴选全球前200强高校中排名位于世界前50位的学科与相关学院合作办学，开展学位教育、联合培养、交换学习、科研合作和短期交流等各类合作项目，覆盖学校所有专业。

成效显著，“双创”人才如雨后春笋般涌现

五年来，通过在模式创新、政策扶持、环境营造等方面的不断努力，创新创业已在华南理工大学蔚然成风，涌现出大批优秀的“双创”人才，他们在*Nature*、*Science*等国际顶级期刊上发表论文，在“互联网+”大学生创新创业大赛中斩金夺银，在“国际太阳能十项全能竞赛”中代表中国取得历史性突破，获全国大学生机器人大赛总冠军……

服务国家创新驱动发展战略，培育更多更优秀的“双创”人才，是华南理工大学责无旁贷的光荣使命。在新的历史时期，我们将不忘初心，继往开来，以更加优异的成绩服务国家建设发展，为中华民族伟大复兴贡献更大力量。

华南理工大学世界一流大学建设方案

党的十九大报告明确提出“建设教育强国是中华民族伟大复兴的基础工程”，明确要求“落实立德树人根本任务，加快一流大学和一流学科建设，实现高等教育内涵式发展”。这对高等教育提出了新的要求。学校将深入学习宣传贯彻党的十九大精神，以习近平新时代中国特色社会主义思想为指引，扎根中国大地，加快推动世界一流大学和一流学科建设，培养担当民族复兴大任的时代新人，着力满足人民群众对高等教育的新期待，推动高等教育实现内涵式发展。

一、建设目标

将华南理工大学建成全球工科顶尖人才汇聚地、国家科技创新重要策源地、国家拔尖创新人才培养重要基地、全球创业人才的摇篮；在服务“中国制造 2025”、粤港澳大湾区建设等国家重大战略以及“一带一路”建设中发挥重要支撑引领作用，建成国际上有重要影响力和美誉度的世界一流大学。

到 2020 年，4 ～ 6 个学科率先进入世界一流前列，全面建成国内一流、世界知名的高水平研究型大学。学校整体实力在国际主流排行榜中的排名持续稳步提升，进入前 200 强。

到 2030 年，八成以上学科进入世界一流学科行列，初步建成世界一流大学。学校整体实力在国际主流排行榜中的排名显著提升，进入前 150 强。

到 2050 年，全面建成世界一流大学。学校整体实力在国际主流排行榜中的排名进一步提升，进入前 100 强。

二、建设基础

（一）办学理念与定位

秉承“博学慎思 明辨笃行”的校训，弘扬“厚德尚学 自强不息 务实创新 追求卓越”的精神，培养适应时代发展新要求，具有历史使命感、社会责任感、创新实践能力、人文情怀和国际视野的高素质专门人才和拔尖创新人才，成为知识发现和科技创新的源头、优秀人才和先进思想的储备库、经济建设和社会发展的发动机，努力建成世界一流大学，在全球高等教育领域、科技领域、国家经济社会发展中占有重要的一席之地。

（二）优势特色

作为新中国高等工程教育的奠基者之一，学校组建之初举华南、中南地区工科之精粹，集工程专家之大成，汇聚了工程力学家罗明燏、电子学家冯秉铨等一大批知名专家学者，为新中国培养了一大批优秀的工业技术人才。改革开放以来，主动融入经济社会发展大潮，取得了丰硕的办学成果，成为华南地区经济腾飞的重要支柱。20 世纪 90 年代，抓住国家实施“211 工程”“985 工程”建设的重大机遇，成为部省共建、联合办学的先行者。近年来特别是党的十八大以来，学校全力推进综合改革，实现了跨越式发展，以每两年前进 100 名的速度跻身“世界大学学术排名”第 201—300 名区间，许多关键办学指标实现新的突破和跨越，对经济社会发展的服务支撑作用不断增强。

1. 完成“以工见长”的综合性学科布局，建成一批学科高地

学校面向国际学术前沿，主动适应产业发展需求，推进学科结构调整，培育新兴交叉学科，支持引导急需发展学科建设，形成以工见长，理工医结合，管、经、文、法等多学科协调发展的综合性大学学科格局，学科整体实力和水平明显提升。有 11 个学科进入全国前 20%，7 个学科位居前十位；有 9 个学科领域进入 ESI 全球排名前 1%，基本涵盖了学校所有理工类学科，其中，4 个学科领域进入 ESI 全球排名前 1‰，形成了材料、建筑、装备制造、轻工、生物医学工程等以国家级平台为依托、院士领衔、高层次人才汇聚、具有重要国际影响力的学科高地。

2. 汇聚了一批高层次的人才队伍

结合国家和广东省各类人才战略的实施，2011 年启动实施高层次人才队伍建设“三大计划”，加大高层次人才引育力度。启动“引进人才特区”试点，鼓励先行先试，形成充满活力的人才集聚与管理机制。现有包括全职院士 10 人、国家级教学名师 6 人、海外高层次引进人才 36 人、国家杰出青年科学基金获得者 36 人等在内的各类高层次人才 200 余人；拥有 2 个国家自然科学基金创新群体、3 个科技部重点领域创新团队和 18 个教育部创新团队（含滚动支持），入选科技部“国家创新人才培养示范基地”。

3. 形成人才培养的“华工模式”

学校坚持立德树人，创新人才培养模式，确立“三创型”人才培养目标，形成教育界“华工模式”。通过将创新创业教育理念融入人才培养的全过程，培养了一大批行业精英和产业领袖。早期家电二巨头——TCL 总裁李东生、创维集团创始人黄宏生、康佳集团前总裁陈伟荣，“格力之父”格力电器公司原董事长朱江洪、世界海运集装箱龙头老大“中国国际海运集装箱”集团总裁麦伯良等均为华工校友。新时期学校又涌现出一批创业新星，如 2002 届毕业生袁玉宇创立广州迈普再生医学科技有限公司，2010 届毕业生陈第在校期间创立了有米科技，已发展成为国内最大的手机应用广告平台，组建的广州优蜜信息科技有限公司已登陆“新三板”，其本人两次入选福布斯“中国 30 位 30 岁以下创业者”榜单。毕业生就业率多年位居全国高校前列，广东高校第一，每年近 1/3 的毕业生进入世界和中国 500 强企业工作，学校被社会誉为“工程师的摇篮”“企业家的摇篮”。2017 年，学校成功入选“国务院大众创业 万众创新示范基地”，是广东唯一、全国仅有的 19 所入选高校之一。

4. 形成支撑国家和区域重大需求的“华工特色”创新体系

面向科技前沿，优化整合资源，创新科研组织形式，学校构建了雄厚的科技创新平台体系，产出了丰硕的创新成果。现有国家级科研平台 26 个、省部级科研平台 171 个，数量位居全国高校前列。“十二五”以来，累计获省部级以上科技奖励 223 项，包括国家奖 20 项、省部级一等奖 36 项。学校专利申请与授权量一直稳居全国高校前列和广东高校首位，2007—2016 年间获国家专利金奖 1 项、国家专利优秀奖 22 项和教育部专利奖1项，获奖数量居全国高校首位。科技成果应用转化率、专利实施率等指标稳居全国高校前列、华南地区首位，2016年专利技术转让指标排名全国高校第一。

立足国家重大战略和地方产业发展需求，发挥“以工见长”优势，构建了以企业科技特派员为“点”，以产学研创新联盟为“线”，以产学研结合研发基地、专业镇、新型研发机构等为“面”，点线面相结合、华工特色鲜明的“产学研用”合作模式，为区域创新提供直接支撑和发展动力，在服务国家和区域的过程中实现了自我发展。“十二五”以来，共完成企事业单位委托项目1万多项，合同金额超30亿元，为企业解决了上万个技术难题，创造的直接和间接经济效益超过1000亿元。积极推进广州现代产业技术研究院、华南协同创新研究院等新型研发机构建设，在管理模式、人事制度、人才培养、技术服务等方面探索创新并取得了良好成效。深度参与广东战略性新兴产业发展、绿色金融、法制建设、政府绩效评价等重大问题决策，提交决策咨询报告600余份，被政府部门及行业企业采纳500余份。

5. 国际交流与合作向实质性深度合作发展

实施“开放活校”战略，引进优质教育资源，建立中外合作教育平台、中外联合科研机构，开展成建制的国际化人才培养和科研合作。2015年在习近平总书记见证下，与新加坡南洋理工大学签约共建中新国际联合研究院；建设了5个学科创新引智基地和13个国际科研合作平台，组建了中法工程师学院、中美创新学院、中澳学院等具有特色管理机制和创新人才培养模式的国际化教学科研平台，获国家外专局批准建设先进材料国际化示范学院。推出学位教育、联合培养、科研合作、联合设计等项目100多项，与100多所国际著名高校和科研机构建立合作伙伴关系，加入8个高校国际合作联盟。建立了3所孔子学院，促进中华优秀传统文化传播。留学生规模稳步扩大，学历留学生达到61%，来源国增至130个。有2门课程入选教育部首批“来华留学英文授课品牌课程”，1门课程成为内地高校首门全英文MOOC课程，获批建设“中国－东盟工程教育培训中心”国家级人才培养科研合作平台，成功入选全国首批“来华留学示范基地”。

（三）面临的机遇和挑战

当前，世界多极化、经济全球化、社会信息化、文化多样化深入发展，新一轮科技革命在全球范围内孕育兴起，正在引发影响深远的产业变革。中国特色社会主义进入新时代，创新驱动、“互联网＋”、粤港澳大湾区建设等重大战略的实施，以及“一带一路”建设使战略性新兴产业成为经济增长的新引擎。党的十九大报告明确要求“加快一流大学和一流学科建设，实现高等教育内涵式发展”。新时代、新经济、新业态对高校人才培养、科学研究和社会服务等提出了新要求，面临的挑战和机遇前所未有。

2017年3月，教育部、广东省、广州市和华南理工大学四方共建华南理工大学广州国际校区协议在北京签署。广州国际校区将探索“中方为主、国际协同”的国际合作模式，开展拔尖创新人才培养、科学前沿研究、科技成果转化等，全面服务国家、广东和广州的创新驱动发展。如何抓住这一契机，借鉴一流教育理念和管理模式，提升国际化办学水平，需要深入研究和探索。2017年7月，《深化粤港澳合作推进大湾区建设框架协议》在香港签署，旨在将粤港澳大湾区打造成国际一流湾区和世界级城市群。

学校如何更好地服务国家决策，推进粤港澳大湾区建设，同样需要研究并提出可行性方案。

2017 年 9 月，学校进入国家“双一流”建设高校（A 类）行列，标志着学校迈上了新台阶，进入了新阶段。面对新时代赋予的新使命，学校责无旁贷，将在世界一流大学建设新征程中再创辉煌，在服务国家战略和地方重大需求方面做出新贡献。

三、建设思路

以习近平新时代中国特色社会主义思想和党的十九大精神为指导，牢固树立“四个意识”，坚定“四个自信”，做到“两个维护”，全面加强党的领导，秉承“坚持一流标准、彰显华工特色”发展理念，以“立足国际前沿，打造学科优势；聚焦重大需求，增强服务能力”为导向，坚持立德树人根本任务，坚持全面深化体制机制改革，坚持强化特色创一流，坚持融入发展促发展，力争早日建成人民满意的世界一流大学。

以深化综合改革和广州国际校区建设为重要抓手，坚持两手一起抓，两手都要硬：

（1）全面加强党的领导，加快推进以人事制度改革、科研体制机制改革和人才培养模式改革为关键的学校综合改革，加快构建充满活力、富有效率、更加开放、有利于学校科学发展的体制机制，加快中国特色现代大学制度建设，构建以大学章程为统领的现代大学治理体系，探索具有中国风格、华工特色的世界一流大学治理模式，推动大学治理能力现代化。

（2）全力建设好广州国际校区，围绕国家新经济、新产业发展需求，借鉴国际一流的教育理念和管理模式，引进国际一流教育资源，组建面向重大前沿需求的新工科学院，加快发展新工科专业，建设国际一流水准的教学科研团队，开展高水平科学研究、创新创业和成果转化，实现从指标追赶到质量贡献、从跟随式发展到主动引领社会发展的转变，打造学校世界一流大学建设的“新引擎”。

四、建设内容

（一）学科建设规划

1. 总体规划

以建设世界一流学科为引领，推进“工科登峰、理科跃升、文科繁荣、医科跨越”学科行动计划，大力实施“4 +2”重点学科建设计划，促进学科交叉融合与协同创新，全面提升学科水平，打造更多学科高峰。以“化学、材料科学与工程、轻工技术与工程、农学”4 个一流建设学科为基础，重点建设先进材料、轻工食品与生物技术、能源与环境、绿色建筑与智慧生态城市、生物医学工程与生命科学、人工智能与高端制造等 6 大学科群；加大问题导向的跨学科科研团队组织模式探索，率先将材料、化学、轻工、农学、工程学等优势学科建成世界一流学科。

2. 拟建设学科群

（1）先进材料学科群。面向新材料国际研究前沿及我国材料产业发展需求，以材料科学与工程、化学为主干组建先进材料学科群，围绕光电材料与器件、能源材料、软物质材料、绿色建筑材料、高性能金属材料及加工等领域开展研究，争取在光电材料、能源材料、软物质材料等领域实现重点突破，支撑引领国家、区域新材料产业的发展。

（2）轻工食品与生物技术学科群。面向轻工食品行业转型升级以及现代农业和生物产业发展重大需求，以轻工技术与工程、食品科学与工程为主干组建轻工食品与生物技术学科群，围绕绿色造纸技术与高性能纸基材料、生物质高值转化与功能材料、食品生物技术与绿色加工、食品营养与健康等领域开展研究，争取在生物大分子纳微材料、纸质功能材料、食品生物技术、人工合成微生物等领域实现重点突破，支撑国家、区域食品行业转型升级和生物产业发展。

（3）能源与环境学科群。面向新能源开发利用、过程节能与环保科技研究的国际前沿和环境友好型社会建设的重大需求，以化学工程与技术、电气工程、环境科学与工程为主干组建能源与环境学科群，围绕传热强化与过程强化、绿色化学与化工、储能电池、新能源系统与智能电网、资源能源化污染控制技术、环境修复技术等领域开展研究，争取在传热强化与过程节能、生物质资源高效利用、工业废水和废气治理、智慧能源系统等领域实现重点突破，支撑国家、区域能源与环保产业发展。

（4）绿色建筑与智慧生态城市学科群。面向绿色建筑、智慧生态城市研究的国际前沿和粤港澳大湾区世界级城市群建设的重大需求，以建筑学、城乡规划学、风景园林学为主干组建绿色建设与智慧生态城市学科群，围绕绿色建筑及建筑工业化、可持续城乡与区域协调发展、人居环境智慧管理技术、绿色工程材料与可持续工程结构等领域开展研究，争取在绿色建筑与智慧生态城市建设理论与实践、智慧生态人居环境建设理论与实践等领域实现重点突破，推动我国智慧城市和新型城镇化建设。

（5）生物医学工程与生命科学学科群。面向生物医学工程研究前沿和生命健康产业发展的重大需求，以生物医学工程、生物学为主干，组建生物医学与生命科学学科群，围绕生物医学材料、组织工程与再生医学、纳米生物医学、生物医学信息和大数据等领域开展研究，争取在生物医学材料、组织工程与再生医学、纳米生物医学等领域实现重点突破，支撑和引领国家、区域生命健康产业的发展。

（6）人工智能与高端制造学科群。面向人工智能研究前沿和“中国制造 2025”“一带一路”建设、粤港澳大湾区先进制造产业集群的重大需求，以机械工程、控制科学与工程为主干，组建人工智能与高端制造学科群，围绕“互联网 + 智能设计—制造—感知—控制”相关基础理论与关键技术开展研究，争取在电子信息产品典型装备设计与制造、脑机混合智能与脑机协调控制关键技术、计算智能基础理论与算法等领域实现重点突破，支撑国家、区域高端装备制造产业的发展。

（二）建设和改革任务

1. 建设一流师资队伍

借鉴国际通用的人才聘任模式，打造“兴华学者”品牌，构建人才引育体系，营造追求卓越的评价激励环境，加强师德教育，培养和造就一支梯度合理、师德高尚、业务精湛、富有创新精神和国际竞争力的高水平师资队伍。

（1）探索 Tenure Track 制度，提升参与全球人才资源配置能力。树立全球人才观，打造“海青论坛”品牌；以广州国际校区为依托，积极探索与国际接轨的 Tenure Track 与 PI 制，延揽海内外高层次拔尖人才。

（2）打造“兴华学者”品牌，加大力度引育高层次人才。实施“兴华学者人才计划”，针对教师不同发展阶段的成长特点，构建起与国家各级各类人才计划全面对应衔接、相互促进的阶梯式人才引育体系，形成不同层级的人才高地。

（3）创新团队建设模式，引进培养高水平创新团队。以任务为牵引推进“兴华人才工程”团队建设，依托优势学科群及现有科研平台培养孵化一批创新团队。以广州国际校区为关键突破环节，加强人才集约化团队建设与引进，探索国际合作团队建设机制。

（4）改进考核评价机制，努力营造追求卓越的良好氛围。构建教师绩效评价体系，突出标志性成果评价导向，加大对教学的支持力度，强化合同管理，将绩效奖励与考核结果充分挂钩，激发教师教书育人、科学研究、创新创业的活力。

（5）改革人员聘用机制，建设高水平专职科研队伍和博士后队伍。在国家级、省部级重点科研平台（智库）设立科研岗位，向“兴华卓越学者”“兴华杰出学者”“兴华精英学者”等高层次人才倾斜，打造一支高水平专职科研队伍。扩大博士后研究人员队伍规模，进一步提升博士后招收质量，发挥专职科研队伍和博士后队伍的人才“蓄水池”作用。

（6）加强师德教育，着力培养“四有”好老师。围绕立德树人根本任务，将“有理想信念、有道德情操、有扎实知识、有仁爱之心”作为根本价值导向，引导教师弘扬时代精神，培养爱国、爱校、爱生情怀。把思想政治素质作为选聘教师的基本要求，贯穿于教师管理和职业发展全过程。开发师德量化评价管理系统，引入教师互评监督机制，将师德表现作为绩效考核、职称（职务）评聘、岗位聘用和奖惩的首要要求，实行师德“一票否决”制。构建教育、宣传、监督、考核与奖惩相结合的师德建设长效机制。

2. **培养拔尖创新人才**

落实立德树人根本任务，面对新时代对人才培养的新要求，全面提高人才培养能力，深化创新创业教育改革，完善具有华工特色的一流人才培养体系和模式，实现全员全过程全方位育人，提高人才培养质量，着力培养造就一批担当民族复兴大任的时代新人。

一流本科教育：

（1）改革招生选拔机制，提高本科生源质量。坚持科学、严谨、公平、公开、公正原则，改革招生选拔模式，建立多维度评价选拔体系。创新招生录取工作机制，探索在部分中学配备指导教师、举办学术报告、搭建科研平台等，推进招生宣传工作阵地前移、重心下移。

（2）优化专业结构，提高人才培养社会适应性。对工科、理科、经管文法医等学科专业实施分类指导，推进实施“卓越工程师教育培养计划 2.0 版”“卓越法律人才培养计划”等，提升学科专业建设水平。重点推进新工科专业建设计划，加大专业建设和结构调整力度，结合广州国际校区建设，大力发展与国家战略特别是粤港澳大湾区建设紧密结合、反映社会现实和未来发展需求的战略性新兴专业。

（3）打造先进教学体系，创新教学方法与手段。构建多层次、立体化的创新创业教育课程体系，进一步加大新型课程、特色课程建设，实施跨学科课程项目。推行小班教学，开展启发式和研讨式教学，进一步落实教授为本科生授课制度。完善教师分类管理和分类培训机制，实施EMI全英授课教师教学技能培训，提高教师专业水平和教学能力。加强教师的评价研究和绩效管理，在教师职称评定中，实行教学考核一票否决制。

（4）坚持因材施教理念，创新人才培养模式。进一步完善和加强协同育人模式。推进科教协同，培养学术研究型拔尖创新人才；推进校院（所）协同，培养学科交叉型拔尖创新人才；推进校企（政）协同，培养应用型卓越人才；推进学科协同，着力培养复合型人才。

（5）加强本科实践教学，提升学生创新创业能力。重点推进“三创”生态深耕计划，进一步完善“学院—学校—省级—国家”四级学生创新创业训练计划项目体系。构建“验证性—设计性—探索性”三层次的实验教学内容体系。加大本科生学科竞赛支持力度，逐步推进“一院一赛”。推行“服务学习”，加强理论与实践融合，让学生在服务社区、服务社会的实践中，培养分析和解决实际问题的能力，增强学生社会责任感。

（6）推进本科生国际交流合作，培养国际化创新人才。加快全英教学专业建设，试点推进国际专业认证，提升专业国际化水平。加强全英课程和“海外名师讲授学分课程”项目建设，扩大“海外学术大师来访讲学”项目数量，大力开展本科生国际交流项目，建立个人海外访学制度，满足学生个性化需求。

（7）加强本科教学质量监控，完善质量保障机制。根据人才培养目标和人才培养标准，制定课程质量标准，完善课堂教学、实习、毕业设计等教学环节质量监控措施。推进教学管理重心下移，健全校院两级教学管理制度，建立学院评估机制，建立学院本科教学状态数据库。设立“优质专业奖”，引导和支持专业参加专业认证（评估），提升毕业生质量和资质的国际认可度。

一流研究生教育：

（1）改革招生选拔机制，健全研究生招生指标动态调节机制。探索以提高生源质量为核心的人才选拔方式，完善博士生选拔“申请－审核制”，提高硕博连读比例，健全硕士生招生复试制度，赋予导师和学术团队更大的招生自主权。加强招生宣传，提高对优秀生源的吸引力，扩大留学研究生招生规模。构建研究生培养绩效考核体系，建立与培养质量、学科发展及办学特色相适应的研究生招生指标动态调节机制。

（2）改革培养模式，完善研究生分类培养机制。不断优化研究生培养结构，分类推进培养模式改革，对于学术学位研究生，着力探索多学科交叉和国际化培养模式，提升学术创新能力和国际竞争力；对于专业学位研究生，着力探索学科特色与行业需求相结合、理论知识与专业实践相结合的多样化培养模式，提升实践创新力和职业胜任力。

（3）优化研究生培养方案，构建先进的课程和教材体系。完善课程体系，加大全英课程建设，鼓励教师参与教学改革研究和课程教材建设，开展教学优秀奖评选。设立校级精品课程，开设学科前沿课程、交叉学科课程、创新创业类课程及慕课（MOOC）、微课、翻转课堂等新型课程。聘请海外优秀专家短期讲学，开阔师生学术视野。分层分类建设联合培养基地，加大实践课程、案例课程、校企合作课程及行业专家授课比重，构建创新创业教育课程体系。进一步拓宽工程博士招生领域和规模，提升工程博士的培养质量。

（4）提高研究生创新创造能力，完善培育激励体系。继续实施优秀研究生培育计划，优化创新基金激励机制，鼓励博士生探究关键科学问题，开展学科前沿课题研究，产出原创性学术成果；提升硕士生动手能力和科研能力，激励其产出高水平论文、专利、著作权、工程应用等成果。探索拔尖创新人才培养的新途径新方法，进一步完善直博生、创新班、卓越工程师等研究生培养体系，促进课程学习和科研训练、创新创业能力的有机结合。改革授课方式和考核办法，强化专业实践管理，实现对专业实践全过程的实时监控。

（5）拓展研究生交流与合作，构建国际化人才培养体系。推进研究生国际化，推进与国（境）外著名大学和科研机构的实质性合作，充分发挥品牌项目的龙头带动作用。扩大硕士双学位联合培养、交换生、短期访学、暑期学习、海外实习实践等项目数量、选派范围和规模，推进与一流大学博士双学位联合培养项目的实施。引进国外优秀原版教材和研究生课程，推进研究生全英课程和全英项目建设，吸引更多海外学生来校留学，构建国际化人才培养体系。

（6）强化监督保障，健全研究生培养质量保障体系。强化培养过程管理，健全教学责任和教学管理体系，形成教师、学生等多方协同治理模式；完善研究生培养分流机制、淘汰机制和学位论文质量监督机制；强化导师作为第一责任人的意识和责任，强化岗位职责，提升指导能力，实现导师资格向导师岗位的根本性转变；强化导师资格审核制度，健全破格遴选激励机制。

3. 提升科学研究水平

以提高科研产出贡献与质量为重点，整合科研平台的力量，实施“七大提升计划”，推动组织模式、考评机制等方面的改革，利用地处粤港澳大湾区的区位优势，解决一批重大问题，产出一批全局性、战略性创新成果，有力支撑国家和广东创新发展。

（1）原始创新能力提升计划。瞄准世界科技前沿，打造一批面向社会经济发展重大科学问题的基础研究学科高峰群。围绕带动科学重大发现和突破的前沿交叉问题，创新项目组织模式，加大各种资源和政策对重大项目的支持力度，营造良好的基础研究生态环境，引导和支持科研人员在基础研究领域开展原创性研究和自由探索，主动承担国家和地方重大基础研究项目，产出高显示度的原创性重大科研成果。

（2）承担国家重大任务能力提升计划。聚焦国家战略和民生改善需求，针对事关国计民生的重大社会公益性研究、事关产业核心竞争力的关键共性技术以及国家安全的战略性重大科学问题，依托学科和人才优势，凝练科研方向，在智能制造、信息技术、高端装备、生物医用材料、智慧城市、新材料、生物质资源利用、食品健康与安全、软件空间安全、决策咨询研究等方面主动承担国家重大任务，加强习近平新时代中国特色社会主义思想研究，力争在服务经济社会发展、推动文化传承创新方面做出重要贡献。

（3）国际科技合作能力提升计划。以广州国际校区、国家级科研平台、中新国际联合研究院等为载体，聚集国际创新资源，围绕6大学科群建设，与国外一流科研机构、著名大学、企业开展实质性合作，以“项目－人才－基地”相结合的方式全面提升优势学科群国际科技合作的层次和规模。支持学科团队参与国际大科学计划和大科学工程，建立国际合作重大科学研究项目培育机制，承担一批国家和广东省国际合作项目。主动融入全球创新网络，提升国际科技合作能力。积极参与国家“一带一路”建设，结合学科特色，探索与周边国家和地区科技创新合作的新模式。

（4）促进军民融合提升计划。围绕大平台、大团队，培育亮点，发挥优势，参与军民科技融合创新研究，争取重大军工项目。加强政策引导、民技军用，制定适合军工科研发展的规章制度，培养和吸引优秀军工科研人才，构建军民科技融合良好环境，建立军民融合研发机构，构建国防科技创新体系。

（5）科研成果质量提升计划。建立分类评价标准，构建以创新质量和实际贡献为导向的科研分类评价体系。探索实行以代表性成果为重点的评价机制，按照团队类别进行分类绩效评价。发挥科研奖励政策的激励导向作用。加强创新性强的基础研究成果产出，鼓励高质量论文产出，提高有效发明专利、国际专利拥有量。

（6）科技创新平台提升计划。加强科技创新平台和智库建设，构建基础研究、技术研发、工程开发“金字塔”形多层次、全链条布局的科技创新平台体系。依托广州国际校区建设，布局一批国际化示范科研平台，加强国家级平台和重大科技基础设施的培育和建设。

（7）哲学社会科学繁荣发展计划。全面提升哲学社会科学学术影响力、社会影响力、政策影响力和科研服务能力，建立特色优势明显的哲学社会科学创新体系。实施哲学社会科学重大项目研究计划，设立中长期基础研究专项。完善哲学社会科学科研平台体系，着力提升决策咨询服务能力，充分依托公共政策研究院等平台，服务国家和区域重大战略，充分发挥智囊团和思想库作用。加强对“国家哲学社会科学成果文库”等优秀成果的培育力度，做大做强“华工文库”品牌，力争取得一批影响力大、显示度高的理论原创成果。

4. 深化国际交流与合作

深入推进与世界一流大学和学术机构的实质性合作，借鉴和引进国际一流的教育理念、教育模式和管理方法等教育资源，探索“以我为主、1 + 1 + X”的国际合作新模式，提高与世界一流大学平等对话的能力，建立起长期稳定的全球核心伙伴关系；结合“一带一路”教育行动计划，深化与粤港澳大湾区港澳高校的交流合作，助力创新驱动发展，打造国际交流与合作新格局，进一步提升国际声誉和国际影响力。

（1）提升核心合作伙伴数量与质量，完善全球合作网络布局。加强与世界一流大学、一流学科和高水平科研机构的实质性合作，拓宽合作领域，深化合作层次，建立核心伙伴关系。在“一带一路”倡议下，以中英、中俄、中美、中欧等人文交流机制为抓手，提升与中俄工科大学联盟、中欧工程教育联盟、中国东盟工科大学联盟等合作的水平，加强与港澳台高校交流合作，构建新型平台和交流机制。推进先进材料国际化示范学院、中新联合研究院等国际化教学科研平台建设，引进先进的管理机制，提升国际化办学水平。

（2）加强引智和对外交流工作，推动师资队伍和人才培养国际化。加强师资队伍的国际化，推动高水平海外专家引进工作，重点引进诺贝尔奖获得者等具有国际影响力的大师级人物；聘请更多一流大学师资来校讲授学分课程，提高外籍教师在师资队伍中的比例，提升来校讲座人员、合作科研项目、短期外专的整体层次。着力提升教师的综合能力，扩大国际化视野，设立教师派出项目，增强国际交流与合作能力。建立“课程+大师+项目+平台”的国际化人才培养体系，大力开展与国外知名大学的交换交流生项目。

（3）推进广州国际校区建设，力争成为国际合作办学的典范。建设好广州国际校区，打造一流大学中外合作试验田和示范区。探索“中方为主、国际协同”的国际合作办学新模式，充分利用海外合作高校的优质教育资源，鼓励各学科根据自身特点，在师资培训、课程体系、教学模式、学生交流等方面开展创新，使中国学生在国内享受到世界一流的教育理念与教育资源。

（4）大力发展留学生教育，推进跨文化校园建设。加强来华留学教育，完善留学生培养体系，提高留学生教育教学质量。完善教学管理规章制度，建立留学生协同管理机制。开展跨文化研究，增强留学生的跨文化沟通能力；打造中外学生交流平台，促进留学生与中国学生融合培养；加强“全国来华留学示范基地”建设。开拓“一带一路”沿线国家新兴市场，增加留学生来源国别的多样性，提高学历留学生和高层次留学生比例。加强孔子学院建设，促进中华优秀传统文化的传播，为构建人类命运共同体做出新的贡献。

5. 着力推进成果转化

主动对接国家战略和地方需求，推进以实际贡献为导向的科技评价激励改革、科技成果转化机制改革，加强新型研发机构建设，探索构建更加富有成效的产学研协同合作模式，打造科技成果转化和协同创新示范区，支撑国家和广东创新驱动发展。

（1）完善科技成果转化体制机制。实施《华南理工大学促进科技成果转化管理办法》《华南理工大学知识产权管理办法》，完善科技成果转化政策体系，提升科技成果转化及产业化应用水平。建立技术转让、知识产权作价入股激励机制，完善科技成果转化人员考核和职称评审体系，建立科技成果推广、创新创业相关岗位晋升通道。完善科技成果转化融资体系，发挥学校科技创业基金作用，引入社会多元投资主体，吸引有创新实践经验的企业家和企业科技创新人才参与科技成果转化各个环节，以新的体制机制建设科技成果转化服务平台。

（2）打造科技成果转化平台和高端智库。对接产业转型升级和战略性新兴产业发展需求，加强与区域各创新主体的深度合作，加快推动中新国际联合研究院、广州现代产业技术研究院、华南协同创新研究院、珠海现代产业创新研究院等新型研发机构建设，加强工业技术研究院、国家大学科技园建设。创新建设模式和运行机制，直接为经济社会发展与创新体系服务，实现创新与创业相结合，孵化与投资相结合，探索构建更加富有成效的产学研协同合作模式。建设好新型高端智库，围绕中国体制改革、社会政策、中国话语权和国际关系等开展系列研究，做好决策咨询服务。

6. 传承创新优秀文化

落实中国特色社会主义文化的新精神新要求，以社会主义核心价值体系为引领，以“全国文明校园”建设为契机，推进文化传承创新，坚持继承传统与创新发展相结合、科学素质与人文素养相结合、发展共性与尊重个性相结合，以文化人、以文育人，深入开展中华优秀传统文化、革命文化、社会主义先进文化教育，优化校风学风，繁荣校园文化，培育大学精神，建设优美环境，建设体现时代特征、学校特色的大学文化，形成支撑一流大学建设的文化软实力。

（1）加强精神文化建设，提升师生员工和校友的文化认同度。弘扬大学精神，探索大学发展规律，探索文化建设的新思路新举措。挖掘学校历史资源和文化底蕴，加强校史专题研究和国情民情校情教育，凝练宣传办学理念、办学传统、办学特色等精神文化内涵，继承和弘扬优良传统，增强师生员工的责任感和使命感。开展形式多样的中华优秀传统文化宣传教育活动，增强师生员工的民族自信、文化自信和价值观自信。

（2）推进环境文化建设，构筑绿色和谐美丽校园。加强校园自然环境和人文景观建设，推进校园文化环境的使用、审美和教育功能和谐统一。加强四季景观规划和标志性人文景观建设，维护和修缮历史建筑和人文史迹，形成一批校园文化角、文化带。美化自然景观，加强节能环保宣传教育，构建绿色和谐美丽校园。

（3）重视校园文化品牌建设，增强文化的传播力和影响力。构建校、院、班三级校园文化活动格局，开展形式多样、健康向上、格调高雅的校园文化活动，培育和打造一批具有时代特征、华工特色的校园文化品牌。鼓励学院建设和发展特色专业文化，形成"一院一品""百花齐放"的学院文化格局。

（4）推进制度文化建设，建立管理长效机制。以实施大学章程为着力点，完善各项管理制度，提高制度的执行力和约束力。把规章制度内化为师生员工自觉的行为规范和习惯，做到有章可循、有法可依，逐步形成共同的价值取向、向上的清风正气、和谐的校园氛围。

7. 坚持和加强党的全面领导

深入学习宣传贯彻习近平新时代中国特色社会主义思想和党的十九大精神，全面贯彻党的教育方针，坚持社会主义办学方向，坚持"五位一体"总体布局、"四个全面"战略布局，牢牢把握加强党的长期执政能力建设、先进性和纯洁性建设这条主线，牢牢把握意识形态工作的领导权，推进全面从严治党，加强基层党组织建设，提升党建与思想政治工作科学化水平，为推进世界一流大学和一流学科建设提供坚强的政治保证、思想保证和组织保证。

（1）坚持和完善党委领导下的校长负责制。坚持学校党委的领导核心地位，充分履行管党治党、办学治校主体责任，发挥学院党委（党总支）的政治核心作用，强化党对学校工作总揽全局、协调各方的作用。完善学校议事规则和决策程序，严格执行"三重一大"集体决策制度。健全重大决策征询意见制度和专项工作领导小组（或委员会）议事制度。

（2）深化党的基层组织建设。强化二级党委（党总支）主体责任和党委（党总支）书记第一责任人职责及领导班子成员"党政同责、一岗双责"，严格落实学院党政联席会议制度、党员领导干部双重组织生活会制度。以优化党支部设置、选优配强党支部书记、规范党支部组织生活为抓手，全面加强教师和学生党支部建设。深化党建工作品牌建设，发挥党建品牌在基层党建工作中的示范引领作用。推进"两学一做"学习教育常态化制度化。完善校院两级党校工作体系，推进党代表工作室建设。严格发展党员，加强党员教育管理，提高党员队伍质量，发展更多的高职称、高学历人员入党。

（3）加强领导班子和干部队伍建设。健全领导班子建设机制，不断优化班子结构，增强凝聚力和战斗力。坚持正确选人用人导向，落实好干部标准，完善干部选拔任用工作办法，防止干部带病提拔。实施干部能力素质提升计划，健全干部培训体系。加大干部监督管理力度，依法从细从实从严抓好干部监督管理工作。

（4）推进党风廉政建设。推进全面从严治党，贯彻执行廉洁自律准则、党纪处分条例、党内监督条例等党纪党规。坚持以上率下，巩固落实中央八项规定精神成果，继续整治“四风”问题。加强纪律教育，强化纪律执行。落实党委主体责任和纪委监督责任，落实党内监督条例，加强对关键领域和重点环节的监管检查和风险防控。严格追责问责，探索建立容错纠错机制。完善纪检监察工作体系，健全二级纪委工作机制，提高监督执纪问责能力。深化党性党风党纪教育，推进党风廉政建设理论创新，推动校园廉洁文化建设。

（5）加强宣传思想工作。完善学校党委统一领导、党政齐抓共管、宣传部门牵头协调、相关部门和学院共同参与的宣传思想工作机制。推进党组织中心组学习和教职工政治理论学习的制度化、规范化、常态化。加强宣传思想阵地建设和管理，健全新闻发言人制度，加强新媒体平台建设和管理，推进校园网络建设及信息安全管理，构建舆情监控引导体系，营造清朗的网络空间。

8. 完善内部治理结构

遵循一流大学内在规律，坚持放管服相结合，协调好学校与政府、社会之间的新型关系，调整好内部行政权力与学术权力、学校与学院的关系，加快建设中国特色现代大学制度，推进治理体系和治理能力现代化，完善党委领导下的校长负责制，推进教授治学、民主管理协调统一的内部治理结构，为依法自主办学、实现内涵式发展、提高质量水平提供坚实的制度基础和保障。

（1）保障学术组织相对独立行使职权。健全以学术委员会为核心的学术管理体系，支持和保障各类学术组织独立行使职权，积极推进教授治学。修订学术委员会章程，强化学术委员会作为学校最高学术机构的地位，统筹行使学术事务的审议、审定、评定和咨询等职权，保障教授在学术决策、学术事务管理和学校建设发展等重大事项决策中发挥积极作用；加强学术委员会机构建设，完善工作机制。

（2）完善民主管理和监督机制。完善多元参与的内部治理体系。健全教职工代表大会和学生代表大会制度，推进共青团和学生会等组织改革，完善校内协商民主制度，巩固和发展爱国统一战线。推进校院两级党务公开、校（院）务公开和信息公开，保证师生和社会对学校和学院重大事项的知情权。

（3）推进校院两级管理。按照学校宏观管理、学院自主运行的两级管理要求，推动管理向“大部门、大职能、大服务”转变，提高管理效率。健全跨校区联动工作机制，加强校区间管理协同。深化“放管服”改革，推动管理重心下移，突出学院办学的主体地位，理清学校和学院权责关系，完善学院治理结构，提高学院自主决策和治理能力。

（4）推进依法自主办学。探索建立政校分开、管办分离、依法办学、社会参与的现代大学治理体系。推动建设开放型办学体制，完善部省共建办学体制，探索社会参与学校决策、管理和监督的体制机制，形成以大学章程为统领、健全规范统一的内部治理制度体系，推进依法治校，依法行使办学自主权。

9. 构建社会参与机制

构建社会参与机制与资源募集机制，发挥大学理事会、校友会、教育发展基金会的功能，支持学校世界一流大学和一流学科的建设与发展；探索建立社会支持和监督学校发展的长效机制，全面加强对外合作，构建社会广泛参与的新型产学研和校企合作关系。

（1）调动大学相关利益主体参与学校一流大学建设的积极性。建立有效激励机制，提升大学内外部相关利益主体的使命感和担当意识。优化社会参与大学治理的方式，形成合理的参与内容、疏通利益诉求的表达途径，发挥大学理事会、顾问委员会、专家委员会、学生代表、社会力量的作用。开拓社会组织参与大学治理体系建构的通道，搭建一流大学组织战略联盟；增强社会对学校的支持信任度，提高学校的知名度和美誉度。

（2）构建与一流大学相匹配的社会支持监督与资源募集机制。推进大学理事会、校友会和基金会内部建设，建立自我监督与外界监督并行的监督机制。健全理事会提案机制，建立多层次、多元化的联席会议制度，提升理事会在沟通社会需求、开展产学研合作、筹措大学发展基金、审议学校发展报告等方面的指导作用。提供高质量、多层次、全方位的校友服务，建立毕业生就业跟踪调研机制和校友成长反馈机制。完善基金会组织运行机制和规范化的募捐机制，利用社会资源开展主动性、系统性、战略性筹款工作，深化学校和捐赠方的互动与合作，加强对募捐款项的专业化管理，有效发挥捐赠资金的效益。

（3）实现一流的资源共享与协调合作机制。服务社会需求、寻求多方合作，实现大学与政府、企业良性互动和长效合作，打造一流的资源共享与协调合作机制，以理顺产学研协同机制为突破口拓展社会参与大学治理的广度和深度。依托校外高水平科研机构和行业龙头企业，开展“全程设计、分段实施、产学联合、贯穿到底”的产学研紧密合作，探索多方联动、多种形式的社会力量参与办学模式，推动与校友海外投资合作，建设国际科研合作平台等，利用好科研机构、企业资源服务一流大学建设。

10. 实现关键环节突破

（1）深化人才培养模式改革，提高人才培养质量。立德树人，强化创新创业教育理念，深化创新创业教育改革，完善以学生为主体、教师为主导、教学与科研相互渗透的现代教学体系，构建与现代大学制度相适应的学生工作体系。探索多样化协同育人模式，健全学科专业动态调整机制；完善课程体系，创新教学理念、教学方法、考核方式；完善研究生分类培养机制，突出不同类型人才的培养规律和要求；完善教育质量保障机制，健全教学责任和教学管理体系，形成协同治理模式。

（2）推进人事制度改革，建设高水平师资队伍。树立全球人才观，提升参与全球人才资源配置的能力；建设人才特区，引育高水平创新团队；构建高层次人才引育体系，打造“兴华学者”品牌；完善校院两级人事管理体制机制，建立有效集聚人才、高效服务人才的人才工作体系；加强教师思政工作和师德建设，建设“四有”教师队伍。实行全员岗位合同聘用（任）制，完善多元化聘用机制；创新团队建设模式，建设矩阵式、多元化、开放性的创新团队；改进考核评价机制，健全教师绩效评价体系；改革人事薪酬制度，健全协议工资制、项目工资制等多元收入分配体系。

（3）深化科研体制改革，增强科研创新和服务社会能力。整合科研资源，完善协同创新体制机制，建设科研“改革特区”；优化重大项目和成果培育机制，加强科研大团队建设，完善科技成果转化体制机制，建立科技人员以科技成果、专利技术等多种方式入股分红的激励机制，营造争先创新创业的氛围，推进科技成果转化和科技企业孵化；建立科研分类评价标准和开放评价方法，形成促进科研支撑创新人才培养、更好地服务社会经济发展的评价机制；建立健全智库成果转化推广机制，不断提升决策咨询服务能力。

（4）发挥广州国际校区的改革示范作用，使其成为一流大学建设的“新引擎”。采用与世界一流大学“一对一”或“一对多”的合作办学模式，坚持以我为主、国际合作，把国外优质教育资源有效融合教学科研全过程。探索与国际接轨的 Tenure Track 制度、中国特色的“事业编制”以及体制内外并存的人事管理机制；赋予学院、研究院在学科建设、人员选录、研究生培养、经费使用等方面的自主权，构建促进学科交叉融合的体制机制。继续探索“联合共建”新模式新途径，实行“一院一策”，探索“集聚多方社会资源，国内外、部省市共建办学”的体制，共同推进一流大学和一流学科建设。

五、预期建设成效

通过重点建设，到 2020 年，华南理工大学的综合实力进一步加强，学科整体水平、高层次人才队伍数量、自主科技创新能力、创新人才培养能力、国际化办学水平等关键指标全面进入全国高校前列，若干学科率先进入世界一流行列，具有广泛的国际影响力，为国家特别是广东创新驱动发展战略提供有力的人才支撑和智力支持。

体制机制改革取得显著成效。适应学术发展和科学管理要求的现代大学制度体系进一步完善，依法治校能力得到进一步加强，管理水平和办学效益进一步提高，支撑世界一流大学和一流学科建设的制度水平和能力进一步增强。

重点学科水平得到大幅提升。现有 9 个 ESI 学科领域排名百分位不断提升，并力争新增 1 ～ 2 个 ESI 学科领域；4 个左右学科稳居世界一流学科行列，8 ～ 10 个学科位居国际知名高水平学科行列，学科整体水平显著提升。

高水平队伍建设取得新成绩。教职工规模达到 5800 人左右，其中，专任教师 3500 人左右，两院院士、国家教学名师、国家杰出青年基金获得者等高层次领军人才达到 300 人左右，外籍教师人数明显增加，拥有一批活跃在国际学术前沿、满足国家重大战略需求的一流科学家、学科领军人物和创新团队。

创新人才培养质量稳步提高。人才培养体系特色更加鲜明，人才培养质量全面提高，新增国家级教学成果奖 4 项左右、省级教学成果奖 20 项左右；研究生年均发表 SCI 论文 1500 篇（JCR 二区及以上 500 篇）左右；近 2/3 的学生在本科阶段参与课外科研实践活动，每年在国内外各类学生科技竞赛中获奖 1000 人次左右。

科技自主创新和社会服务能力明显增强。科学研究水平跃上新台阶，基地建设、重大项目、重大成果等的数量和质量取得重大突破，力争在优势学科新增 15 个左右国家级、省部级科研平台，建设 3 个左右高端智库，获批国家级重大重点科研项目或课题 40 ～ 60 项，获得 4 ～ 6 项国家级科技奖励；力争实现专利申请数量相对稳定、质量不断提升，有效发明专利总量保持持续增长，争取获国家专利奖 6 项左右。

国际交流与合作迈出新步伐。形成高水平国际交流与合作新格局，国际知名度和国际影响力不断提升，力争与国际一流大学合作建设 2 ～ 3 个实体性办学机构或项目、

2 ～ 3 个学科创新引智基地、8 ～ 10 个国际联合研究中心（实验室）；每年邀请约 200 名世界排名前两百位高校的知名学者来校讲学，每年出国（境）学习和交流的师生人数达到 2500 人左右，留学生达到 2600 人左右。

六、组织保障

（一）突出核心，加强领导

成立“双一流”建设领导小组，由学校党委书记、校长任组长，相关校领导为成员，负责“双一流”建设的顶层设计并对实施中的重大问题做出决定和部署，保证工作的政治定力、战略定力和前进定力。

（二）完善机构，落实职责

设立“双一流”建设工作组，负责“双一流”的总体协调工作；成立“中央高校建设世界一流大学（学科）和特色发展引导专项资金”管理工作领导小组，负责专项资金的统筹安排和组织实施；成立“高水平大学建设项目管理办公室”，负责“双一流”建设项目的组织实施、资金管理、绩效评估等。

（三）健全制度，规范管理

制订华南理工大学“双一流”建设项目管理办法和专项资金管理办法，实施项目负责人负责制，建立责权利相统一的管理体制机制，鼓励建设学院、建设学科及相关职能部门围绕学校总目标，探索实现自我发展和特色发展的新途径。开发“双一流”建设项目信息管理系统，提高管理效率。

（四）绩效导向，动态调整

加强过程管理和绩效评价，构建动态调整机制。建立多部门联动、校院上下互动的项目管理模式，建立以绩效定投入的资源配置方式，让资源向目标任务完成情况好、建设绩效突出、管理规范、引领示范作用强的建设项目倾斜，增强建设的实效性。

（五）统筹资金，合力建设

多渠道筹集建设经费，在“中央高校建设世界一流大学（学科）和特色发展引导专项资金”的基础上，积极争取广东省财政专项资金支持；深入开展政产学研合作，争取政府和企业多渠道投入。充分发挥科技创新和社会服务优势，依托校友会、基金会，拓展社会筹资渠道，合力推进世界一流大学建设。

华南理工大学将牢牢把握国家开展“双一流”建设的重大机遇，不忘初心、牢记使命，坚持“世界一流标准，彰显华工特色”，为早日建成具有重要国际影响的世界一流大学而不懈奋斗，为实现中华民族伟大复兴的中国梦作出新的更大贡献！

华南理工大学改革与发展“十三五”规划（2016—2020年）

前　言

“十二五”期间，学校坚持实施“学术立校、人才强校、开放活校、文化兴校”战略，大力加快学术发展、提高教育质量、推进体制机制改革、提升协同创新能力，核心竞争力不断增强，办学综合实力大幅提升，全面实现了“十二五”改革发展目标，基本建成国内一流、世界知名的高水平研究型大学，为下一阶段建设和发展奠定了坚实基础。

“十三五”时期是我国全面建成小康社会的决胜阶段，是高等教育改革发展的攻坚时期，也是我校全面建成国内一流、世界知名的高水平研究型大学并向着建设中国特色的世界一流大学和一流学科目标迈进的关键时期。为把握好这一关键发展期，在全面总结“十二五”发展成就、深入分析当前面临的机遇和挑战、认真思考所肩负的重要责任和历史使命基础上，学校改革与发展“十三五”规划系统梳理了发展思路，明确了建设目标和举措，突出了全面提高教育质量、全面深化综合改革、全面推进依法治校、全面加强党的建设等内容，更加注重内涵发展、特色发展、创新发展和需求导向，健全了由学校总体规划、专项规划和学院规划构成的规划体系，推动学校实现新一轮科学发展。

规划的编制以党的十八大和十八届历次全会精神、习近平总书记系列重要讲话精神、国家“十三五”发展规划纲要、国家和广东省中长期教育改革和发展规划纲要、国务院《统筹推进世界一流大学和一流学科建设总体方案》、教育部《关于全面提高高等教育质量的若干意见》、《华南理工大学章程》等重要文件为指导和依据，与学校党代会精神、中长期发展战略规划（2009—2020年）、综合改革方案等密切衔接。规划编制经过充分调研论证，按照规范的程序有序推进，凝聚了全校师生员工、社会相关层面的思想和智慧，是学校未来五年建设和发展的重要指导性文件。

第一部分　发展形势

一、坚实的发展基础

“十二五”期间，学校紧紧围绕建设“国内一流、世界知名的高水平研究型大学”奋斗目标，贯彻落实科学发展观，坚持以加快学术发展为主线，以体制机制改革为动力，以提高教育质量为核心，着力推进协同创新，办学实力和整体水平得到明显提升，反映学术水平和整体实力的若干指标进入全国高校前列。从学校在国际高等教育体系中的位置看，我校进入了国际公认的4个全球大学排行榜，在上海交大“世界大学学术排名”中，综合排名由2012年的第401—500名区间跃升至301—400名区间，工科领域排名由101—150名区间跃升至第48名；进入了美国新闻与世界报道“全球最佳大学排行榜”400强，首次进入QS和泰晤士高等教育世界大学排名。在《中国大学评价》排行榜的综合排名上升至第21位，并入选中国一流大学。

回顾“十二五”期间的发展，学校完成了各项建设任务，取得了较好成绩。

（一）党建工作水平进一步提升

学校不断加强和改进党的建设，胜利召开了第十六次党代会，提出“坚持育人为本，突出内涵建设，彰显特色优势，加强协同创新，全面提高质量”的办学思路，明确了“全面建成国内一流、世界知名的高水平研究型大学”的奋斗目标。着力加强思想政治建设，深入开展了创先争优活动、党的群众路线教育实践活动、“坚持从严治党践行三严三实”专题教育活动，加强各级中心组理论学习，深化学习型、服务型党组织建设，提高党员和干部思想理论素质。加强领导班子和干部队伍建设，坚持民主集中制，坚持党委领导下的校长负责制，实行“三重一大”决策制度，完善干部选任政策和程序，全面开展各级干部培训，建设中层后备干部队伍，干部队伍素质和能力不断提高。加强基层党组织建设，深化党员和入党积极分子教育培训，完善党员发展工作，提高了党员队伍素质；推进基层党建工作创新，构建了党建品牌体系，组织实施“中青年教师党员发展‘领航计划’”，建设党代表工作室，加大在中青年教师中发展党员力度，优化党员队伍结构。健全党风廉政制度体系，完善贯彻落实中央“八项规定”各项规章制度，构建了反对“四风”长效机制，开展校内巡视工作，重点加强对干部选任、职称评定、招生、财务、招标等工作的监督检查，着力转变工作作风。加强统战、离退休、教代会工作和工会、共青团、学生会等群团组织建设，充分发挥他们在学校建设和发展中的积极作用，党的领导和建设的科学化、规范化水平显著提升。

（二）制度和文化建设得到深化

学校不断完善管理制度体系，推进体制机制改革。制定了《华南理工大学章程》，并于2014年10月11日正式通过教育部核准发布，为构建依法办学、自主管理、民主监督、社会参与的现代大学制度奠定了基础。依据章程，建立健全了依法治校工作机制、校务公开和信息公开机制、民主管理与监督机制，完善了管理规章制度体系，使各项办学活动有章可循、规范有序；健全以教授为主体的学术委员会，充分发挥学者在学科建设、教学科研、学术监督、职称评审、实验室建设等学术事务中的主导作用。推进校院两级管理体制改革，实行学院任期目标责任制，通过目标引领，鼓励学院学科围绕学校总体目标，明确自身的建设目标、建设任务及相应责权利，实现学院建设目标与学校发展目标的协调统一；优化资源配置，依据学院的发展目标，在资金预算、人力资源等方面给予支持，将引进人才、教师管理、职称评定、导师遴选、财务管理等工作适当放权，明确校院两级管理权限，支持学院自主开展资源配置与管理，调动学院办学的积极性和主动性，引导学院自主良性发展。

坚持文化传承和创新并举，弘扬中华优秀传统文化，培育先进的大学文化，着力建设富有底蕴、形式多样、和谐健康、开拓创新的校园文化。隆重举办了60年甲子校庆，梳理发展脉络，挖掘校史资源，制作了《华南理工大学宣传片》，出版华南理工大学文化建设丛书，在《中国教育报》刊发《科教报国 追求卓越——华南理工大学60年不懈进取的办学之路》等专题宣传文章，与《南方日报》、凤凰卫视等大型媒体联合制作《甲子华章——华南理工大学60周年校庆纪念特刊》、大型电视专题片《甲子华章——华南理工大学60年纪事》，提炼形成“厚德尚学 自强不息 务实创新 追求卓越”的华工精神。将丰富的历史文化资源转化为办学资源和精神动力，扩大了学校的影响力，增强了师生、校友的爱校荣校意识和凝聚力，为高水平大学建设提供了强大的精神动力。

（三）学科建设迈上新台阶

学校坚持以学科建设为龙头推进高水平大学建设，把完善学科体系和提升学科水平作为学科建设的重中之重，推进学科结构调整，创新学科建设机制，大力加强重点学科建设，建成了一批高水平优势学科群和一批处于全国高校前列、国际知名的高水平学科，形成了若干具有国际影响力的学科高地。

1. 学科布局进一步优化

主动适应国家、广东产业结构优化升级，特别是现代产业体系建设和战略新兴产业发展需求，推进学科结构调整，着力培育新兴交叉学科和特色学科，支持和引导急需发展、扶持的学科建设。成立数学学院、物理与光电学院，明确了数学、物理两大基础学科的发展方向；成立了医学院、生命科学研究院，推动生命科学与医学学科的发展，完善了学科布局；组建了环境与能源学院、能源与环境研究院，促进多学科交叉协同，提高了能源与环境学科整体水平。“十二五”期间，共新增11个博士学位授权一级学科，其中，工科一级学科博士学位授权点由13个增加到18个，优势得到进一步巩固；理科新增了数学、化学、生物学、统计学4个一级学科博士学位授权点，实现“零”的突破；文科新增了法学、工商管理2个一级学科博士学位授权点，得到进一步发展壮大。此外还新增了新闻传播学、临床医学等9个硕士学位授权一级学科，以及工程博士、会计硕士等11个专业学位授权类别。学校现有博士学位授权一级学科25个、硕士学位授权一级学科42个，工程博士专业学位授权类别1个、硕士专业学位授权类别17个（工程硕士领域25个），本科专业82个，以工见长，理工结合，管、经、文、法、医等多学科协调发展的综合性大学学科格局进一步优化。

2. 学科水平大幅提升

学校抓住国家实施“211工程”、“985工程”三期建设以及“2011计划”的有利时机，促进学科交叉融合，重点支持轻工食品、材料、建筑与土木、化学与化工、环境与能源、电子信息、生物医学、装备制造、经济与管理等9大优势学科群建设，学科整体实力和水平得到进一步提升。在2012年全国一级学科评估中，16个参评一级学科均取得了较好的成绩，有11个学科进入全国前20%。其中，轻工技术与工程、食品科学与工程、城乡规划学、建筑学、材料科学与工程、化学工程与技术、风景园林学等7个学科位居全国高校前10位。“十二五”期间，新增了农业科学、物理学、生物学与生物化学3个ESI学科领域，总数达到6个，基本涵盖了理工类学科。ESI学科排名不断提升，其中工程学已进入排名前千分之一，材料科学、化学已接近前千分之一。学校形成了材料科学与工程、建筑学、装备制造工程、轻工技术与工程等院士领衔、高层次人才汇聚、具有重要国际影响力的学科高地。

3. 学科建设机制有所创新

出台了授予博士、硕士学位和培养研究生的二级学科自主设置实施细则、人文社科跨学科设置博士学位授权方向管理办法、学位授权点自我评估办法、学位授权点动态调整办法等，构建了学科设置、评估、调整制度体系，提升了学科管理的规范化和科学化水平。推进学科资源配置机制改革，实施学科建设引导经费制度，探索建立以学院为主导、以学科建设绩效为依据的资源配置方式，调动学院学科建设的积极性和主动性，提高学科资源的使用效益。倡导大学科发展观念，创新学科建设组织形式，探索学科公共平台建设，促进学科交叉和协同创新，提升主干优势学科水平，推动相关学科加快发展，并使新兴学科的发展能够依托已有博士点的学科，形成辐射效应。

（四）人才培养质量显著提高

“十二五”期间，学校稳步扩大人才培养规模，调整优化人才培养结构，积极探索招生制度改革、人才培养模式改革、教育教学改革，健全人才培养质量保障体系。一方面精心培养了一批拔尖创新人才，使其成长为攀登科学高峰、领导产业发展、参与国际事务的领军人物；另一方面，加大应用型、复合型人才培养力度，培养了一大批高素质、高层次、多样化的“三创型”（创新、创造、创业）人才，成为经济社会发展的骨干和中坚力量。至“十二五”末，各类在校学生总规模达到 10 万余人，比“十一五”末期增长了 24%。其中，本科生 24 850 人、硕士生 15 685 人、博士生 2793 人、留学生 2208 人、成人高等教育学生 54 494 人，分别增长 -0.8%、18%、31%、76%、40%。人才培养结构进一步优化，研究生与本科生的比例由 1∶2.1 优化为 1∶1.8，专业学位硕士生占硕士生总规模比例从 48% 增长至 57%。

1. 本科创新人才培养成效突出

完善了“分类考试、综合评价、多元录取”的本科招生制度，推进自主选拔方式改革和生源的二次选拔、流动，构建起有利于专门人才、创新人才培养的多元选拔机制。秉承“以学生为中心”的理念，实行优才优育，通过整合优化办学资源，探索构建科教协同、校院协同、校企协同、国际协同等协同育人平台，组建了 30 多个创新班、强化班、教学改革试点班；实施本科生研究计划、“卓越工程师培养教育计划”，成立了创业教育学院、大学生创新创业实践基地等，形成了学术创新型、工程创新型、创新创业型、交叉复合型等人才培养模式；采取导师制、小班上课、个别辅导等个性化教学组织形式，根据培养目标开展教育教学改革。学校涌现出一大批优秀人才，在学术创新方面，基因组科学创新班已有 84 人次以并列第一作者和署名作者身份在 *Nature*、*Science*、*Cell* 等国际顶级期刊发表学术论文 67 篇，该班级团队入选中国首批“小平科技创新团队”；在科技竞赛方面，荣获了世界技能大赛优胜奖、国际太阳能十项全能竞赛亚军、美国大学生数学建模竞赛最高奖、国际遗传工程机器大赛金奖、德国红点设计大奖等；在创新创业方面，2010 届毕业生两次入选福布斯“中国 30 位 30 岁以下创业者”榜单，组建的“广州优蜜信息科技有限公司”荣获中国首届“互联网 +”大学生创新创业大赛亚军。本科质量工程建设成效显著，新增了 1 名国家教学名师、17 门国家级精品资源共享课程、13 门国家级精品视频公共课、19 种“十二五”国家级规划教材、

8 个国家级大学生校外实践教育基地等，“构建产学研协同育人模式，培养高素质创新人才”项目荣获国家级教学成果一等奖，新增了 1 个国家级人才培养基地和 3 个国家级实验教学中心，获批国家级教师教学发展示范中心。

2. 研究生教育水平稳步提高

学校主动适应国家和区域经济社会发展对高层次人才的需求，更新教育观念，调整优化结构，实施研究生分类培养模式改革、研究生教育创新计划，推进培养机制改革，构建了学术型和应用型并重的培养体系，推动研究生教育从以培养学术型人才为主转向以培养学术型和应用型人才并重。改革人才选拔机制，实施“本硕创新班”、“本博创新班”、硕博连读、博士研究生“申请考核制”等多种招生方式，制定与培养绩效挂钩的研究生招生计划分配办法，拓展了优质生源渠道，提高了生源质量。全方位修订研究生培养方案，加强课程与教材体系建设，针对不同类型研究生培养要求，重点建设了一批学科前沿课程、交叉学科课程、全英课程，建立了一批联合培养实践基地，“十二五”期间，共建设了 5 个系列 48 门研究生课程，出版研究生教材 46 本，成为首批教育部批准的研究生课程改革试点单位。加大支持力度，以优秀博士学位论文创新基金为引导，设立重点课程建设基金、优秀论文奖励基金、导师培训基金、研究生国际化教育基金等，完善研究生奖学金评定指标体系和动态管理办法，激发研究生的学习热情和创新精神，强化导师的育人意识和指导责任；鼓励产出原创性学术成果，构建了涵盖招生、培养和毕业 3 个环节的全方位、全过程质量保障体系。健全了包括遴选、培训、激励、约束机制在内的专兼职导师和授课教师队伍建设机制，有效提高了研究生培养质量。近五年，有 5 篇研究生论文入选“中国百篇最具影响国际学术论文”，获得 4 篇全国优秀博士学位论文、15 篇全国优秀博士学位论文提名论文，有 7 位研究生荣获“中国青少年科技创新奖”，研究生发表高水平论文数量逐年增加，学术水平和创新能力显著增强。

3. 学生综合素质全方位提升

学校始终将社会主义核心价值观融入育人全过程，扎实推进思想政治工作，加强学术道德教育，推进学生思想品德、科学基础、人文素养、实践能力协调发展，营造了自由宽松、卓越向上的校风教风学风。不断创新工作方法和载体，推进实施“两工程一计划一行动”，即创先争优“标杆工程”、学风建设“卓越工程”、学术创新“百步梯攀登计划”和“岭南追梦”大学生社会主义核心价值观实践行动，引导学生成长成才，提升科技创新能力；发现并培养了一批素质高、能力强的科技创新人才。近五年获得“挑战杯”全国大学生课外学术科技作品竞赛等省级以上科技竞赛奖励 3000 多项，“两工程一计划一行动”系列成果获教育部全国高校校园文化建设优秀成果特等奖 2 次、一等奖 3 次。

推进实践育人，引导学生主动参与“大学生志愿服务西部计划”、“三下乡”社会实践等活动，形成一系列有影响的调研报告，增强了学生的社会责任感。校外学生社会实践基地近 300 个，连续多年被授予“全国大中专学生志愿者暑期‘三下乡’社会实践活动先进单位”称号。以“金秋木棉”研究生文化节、“笃行杯”研究生学术科技季等校园文化活动为平台，打造了名师大讲堂、校友面对面、博士沙龙、就业导航、科技帮扶等系列品牌活动，学生综合素质得到全方位提升。近年来，学生就业率一直保持在98%以上，毕业生就业竞争力强，每届进入世界和中国500强企业就业的人数占当年签约总数的30%左右，毕业生对就业岗位的满意度平均达90%以上，学校获评“2012—2013年度全国毕业生就业典型经验50强高校”。

（五）人才队伍建设成效突出

学校坚持实施“人才强校”战略，将人才队伍建设与重点学科、新兴交叉学科建设，与国家重大科研项目、重点科研创新平台建设相结合。坚持引育并举，加强高层次人才队伍与中青年教师队伍建设。不断完善人事管理制度，为高水平大学建设提供了人才保障。

1. 高层次人才数量倍增

结合国家和广东省各类人才战略的实施，学校2011年启动实施高层次人才队伍建设“三大计划”[杰出人才（团队）引进计划、杰出人才培养计划和创新团队培育计划]，加大了高层次人才引育力度。启动“引进人才特区”试点，鼓励有条件的学院在引进高层次人才方面先行先试，制定体现学科差异及人才价值的办法，形成充满活力的人才集聚管理机制。近五年，新增两院院士3人、长江学者18人、国家杰出青年基金获得者15人、“973”首席科学家4人、国家优秀青年基金获得者13人、中青年科技创新领军人才8人、广东省领军人才4人、广东省珠江学者特聘教授16人，各类高层次人才队伍规模由80余人发展到120余人，增长了1.5倍；新增了4个教育部创新团队和1个国家自然科学基金创新群体，学校入选科技部“国家创新人才培养示范基地”。

2. 人事制度改革取得实效

深化聘用模式、收入分配、激励约束、绩效评价改革，推进公开招聘和定编定岗、人员分类管理改革和分类评聘，初步建立了“以岗定薪、岗变薪变、以绩定酬”的薪酬制度；探索高层次人才的聘用模式、薪酬制度、聘期绩效考核制度。搭建青年人才特区，推出青年教师破格晋升专业技术职务评审制度，完善先上岗制度，使中青年培养对象迅速成为学科带头人和学术骨干，为培养拔尖领军人才提供强大的储备力量。对高层次人才和优秀青年人才提供特殊人才津贴，提高引进人才、留住人才的吸引力。实施博士后分类招收与管理制度，将青年教师培养与博士后制度有机结合，缩短人才培养周期。设立讲座教授岗位，聘任国际知名学者、海外拔尖人才500余人来校讲学和从事科研工作，聘请了全球顶级物理学实验室——英国剑桥大学卡文迪许实验室以及哈佛大学、加州大学圣巴巴拉分校的世界一流学者10余名；设立名誉教授、顾问教授、兼职教授等岗位，引进外籍专家140余人。一支规模适中、学历结构更加优化、职称结构愈发合理、年龄结构凸显活力、学缘结构逐渐多元的教师队伍正成为教学和科研的主力。

（六）科技创新与社会服务能力明显增强

学校围绕国家和区域经济社会发展的重大需求，坚持开展前瞻性、战略性、基础性、应用性研究，创新科研组织形式，完善以创新和质量为导向的科研评价机制，推进产学研用结合，科学研究整体水平快速提升，科技创新和社会服务能力从适应向支撑和引领转变，若干关键指标进入全国高校前列。“十二五”期间，科研项目实到总经费达到59.4亿元，比“十一五”增长了1倍多。

1. 科研攻关能力大幅增强

主动面向科学发展前沿，优化整合优势资源，创新科研组织形式，建设了一批与国家和广东现代产业发展及战略性新兴产业紧密结合的科技创新平台。新增发光材料与器件国家重点实验室、国家移动超声探测工程技术研究中心、国家高端智库等6个国家级科研平台和53个部省级科研平台，使国家级科研平台达到15个、省部级科研平台达到114个，数量位居全国高校前列。培育了一批协同创新中心，牵头组建的“广东高端制造装备协同创新中心”和“新一代光电材料物理与化学及其应用协同创新中心”获得广东省首批协同创新平台认定。

发挥现有平台的支撑汇聚作用，加大重大项目的组织和标志性成果的培育力度，增强承接国家重大科研任务和解决国民经济与社会发展重大问题的能力，承担了一批国家级和部省级重大重点项目，产出了一系列重大科技成果。作为首席科学家单位承担“973”计划项目3项，牵头承担国家重大科技专项课题、国家科技支撑计划课题、“863计划”课题21项，获得国家自然科学基金项目1000多项，经费超过7.7亿元；获得教育部重大课题攻关项目、国家社科基金重大项目各4项，实现了国家社科基金重大项目“零”的突破；获省部级以上科技奖励190项，其中国家奖17项、省部级一等奖26项；专利申请与授权量稳居国内高校前8位和广东高校首位，2015年发明专利申请量和授权量分别居国内高校第4位和第7位；获中国专利金奖1项、中国专利优秀奖12项，获奖数量居国内高校首位；学术论文被三大索引（SCI、EI、CPCI-S）收录14 799篇次，被SSCI和A&HCI收录论文64篇，被CSSCI收录论文1319篇，其中，2014年度被SCI索引收录1916篇；被EI索引收录2094篇，居国内高校第12位；2015年发表论文总数居国内高校第15位。SCI学科影响因子前1/10的期刊论文375篇，居国内高校第15位；5人入选全球高被引科学家名单，在国内高校中居第4位。

2. 科技成果转化与产学研合作成绩斐然

面向珠三角现代产业体系建设需求，继续坚持“触角前伸、重心下移”，完善多学科协同、多主体参与、多渠道联动、“点－线－面”相结合的产学研用合作模式，密切与地方、企业的联系，促进各方资源共享，拓展成果转化渠道，提升社会服务能力。在全国高校率先出台促进科技成果实施转化的若干意见，明确对科技成果完成人和为成果转化做出重要贡献人员给予奖励的政策，探索科技成果有效转化的新模式、新途径。

学校主动适应广东实施创新驱动发展战略需求，继续推进广州现代产业技术研究院建设，与东莞市政府、珠海市政府分别合作成立华南协同创新研究院、珠海现代产业创新研究院。研究院管理运行日臻完善，各项建设取得较好成效，广州现代产业技术研究院被科技部认定为“国家技术转移示范机构”，华南协同创新研究院获批为广东省新型研发机构并获得专项建设资金支持，有4家企业在国家大学科技园成功孵化上市。

近五年，学校从企业获得各类横向项目经费超过20亿元，为企业解决技术难题5000多项，为地方经济直接或间接创造上千亿收入，企业委托科研项目数和经费数、科技成果应用转化率等稳居广东高校首位。学校深度参与广东战略性新兴产业发展、绿色金融、法制建设、政府绩效评价等重大问题的决策过程，获批省级智库1个，提交决策咨询报告600余份，被政府有关部门及行业企业采纳496份。

（七）办学国际化水平快速提升

坚持实施“开放活校”，加快推进与国（境）外著名大学和科研机构的实质性合作，探索创新中外合作办学模式，与一批世界著名高校发展成为“核心伙伴”，建立了长期稳定的合作关系，进一步扩大了国际影响力。

1. 国际交流与合作向高层次大平台发展

五年来，学校国际化工作由增加合作伙伴数量向与世界一流大学建立合作关系转变，由一般性交流居多向开展高层次、实质性大平台合作转变。积极引进优质教育资源，探索建立中外合作办学实体机构，开展成建制的国际化人才培养。组建了中法工程师学院、中美创新学院、中荷城市系统与环境联合研究中心、先进功能材料国际合作联合实验室等一批具有特色管理机制和创新人才培养模式的国际化教学科研平台，新增了制浆造纸工程、新型生物医用材料及其组织修复2个学科创新引智基地，通过合作承担科研项目、开展成建制本科国际班教育、联合培养研究生、合作举办学术会议等，推动了学科建设和人才培养工作。获批建设先进材料国际化示范学院，创新学院管理模式，引进国际一流团队全面负责教学与学术工作。先后邀请国际一流教授学者来校讲学授课70余次，引进海外知名学者讲授全英课程170多门，聘请各类长短期外籍专家近700人。分别与英国兰卡斯特大学、美国爱达荷大学合作建立了孔子学院，促进中华优秀传统文化的传播，有效提升了学校的国际影响力。

2. 中外合作项目向多样化发展

积极扩大合作规模和层次，与200多所一流高校和科研机构建立长期合作关系，推出了学位教育、联合培养、交换学习、联合设计、短期交流等各类项目80多项。与荷兰代尔夫特理工大学签订双博士联合培养协议，与伯明翰大学、新南威尔士大学开设了双向访学和科研实习项目，与剑桥大学、罗格斯大学、伊利诺伊大学香槟分校等开展各类短期学分课程项目等。近年来每年派出学生1000多人，基本覆盖了所有专业领域，其中部分学生通过海外联合培养项目成功申请到剑桥大学、牛津大学、斯坦福大学等国外名校的硕士或博士学位攻读机会。合作项目逐步由单向派出到双向交流转变，部分项目已形成品牌效应，与罗格斯大学、爱丁堡大学合作的“2+2”本科双学位项目，与昆士兰大学、西安大略大学合作的“3+1+1”本硕连读项目，获得了良好的口碑。实施多层次的派出计划，推进教师教学能力海外培训，设立青年管理干部出国进修项目，鼓励支持教师出国访学、参与国际科研合作与交流等，成为教育部首批“出国留学培训与研究中心”试点建设单位。

3. 留学教育规模和水平稳步提高

留学生规模稳步扩大，2015年达到2208人，是五年前的1.8倍，学历留学生达到61%；留学生来源国由82个增至130个。学校所有专业均招收留学生，建设了100门全英授课课程，2门课程入选教育部首批“来华留学英文授课品牌课程”，并获批建设

“中国－东盟工程教育培训中心”国家级人才培养科研合作平台，成功入选全国首批“来华留学示范基地”。留学生教育质量不断提高，1篇学术论文在化学类国际顶级期刊发表，1篇论文被评为广东省优秀硕士学位论文。积极开展来华留学生文化渗透研究、孔子学院传播研究等跨文化研究，获批广东省人文社科国际创新平台“公共外交与跨文化传播研究基地”，研究成果在国内外享有一定声誉。

（八）办学支撑保障能力日益增强

学校努力拓展建设资金来源，积极争取中央和地方财政拨款，提高科研经费、教育事业收入等增长幅度；创新思路方法，建立健全开放办学机制，发挥校友会和教育发展基金会作用，拓展多元社会筹资渠道，缓解了办学资金紧张状况。近五年，办学经费从23亿元增长到近41亿元，固定资产值由51亿元增长到65亿元，教学科研仪器设备由13亿元增长到22亿元。同时，着力优化资源配置，强化科研经费管理，推进教学科研用房改革，加强校院两级仪器设备共享平台建设，构建合理高效的资源配置体系和机制，提高资源使用效益和管理服务水平。加强图书馆、档案馆、网络资源、公共测试平台等公共服务体系建设，馆藏图书达到373万册，电子图书2.4万GB，馆藏档案资源达到15.5万卷。加强校园规划和建设，以校园文物修缮、道路维修及改造工程为重点优化校园基础设施，新开工建设一批教学实验大楼，五年间校舍建筑面积新增3.3万平方米。坚持以人为本，切实关注民生，调整优化支出结构，改善师生待遇，推进公共租赁房建设，推进平安、和谐、绿色校园建设，营造良好的育人环境；积极参与大学城校区提升计划，努力拓展办学空间，优化办学环境，办学条件得到明显改善。

纵观“十二五”时期的建设与发展，学校着力加强党的建设，推进管理体制机制改革，提高学科水平和人才培养质量，加强人才队伍建设，提升科技创新和社会服务能力，提高办学保障能力，取得了较好的建设成效，实现了主要预定目标。国际一流学科、中青年高层次人才、国家级科研平台、专利申请与授权量等指标超额完成，基本建成了国内一流、世界知名的高水平研究型大学，在国家和区域经济社会发展中发挥了服务支撑作用，在国际科技、教育领域占据了一席之地，为未来的发展奠定了坚实的基础。

二、面临的机遇与挑战

当今世界，人类社会共同面临着人口、资源、环境、贫困、健康等方面的全球性问题，科学技术日新月异并已成为推动经济社会发展的主导力量，新一轮科技革命和产业变革蓄势待发。大学尤其是研究型大学要在快速发展变化的国际环境中实现跨越式发展，必须将解决人类社会和科技发展的重大问题作为自己义不容辞的职责与使命。当前，创新能力成为国家竞争力的核心要素，一流大学成为国家创新体系的重要组成部分，世界各国纷纷加大投入建设世界一流大学，抢占世界教育的制高点，国际高水平大学间的竞争愈加激烈。随着全球经济一体化进程的加快，经济、政治、文化等国际交流与合作日益频繁，高等教育的国际化程度随之不断提高，优秀人才资源和生源的全球流动和竞争更加突出，同时也为学习借鉴先进的办学理念、引进优秀人才资源、开展国际联合培养与科技合作、融入世界高等教育体系带来了良好的契机。

未来五年是我国全面建成小康社会的决胜阶段，是在党中央全面建成小康社会、全面深化改革、全面依法治国、全面从严治党战略布局下，推动实现创新发展、协调发展、绿色发展、开放发展、共享发展的战略机遇期，也是探索中国特色的世界一流大学与一流学科建设之路和高等教育改革发展的攻坚期。随着我国经济发展步入新常态，创新已成为国家发展全局的核心，对先进科技和高素质人才的需求日益增加，这为高等教育发展带来新的机遇和挑战。

“十三五”期间，国家将统筹推进实施世界一流大学和一流学科建设，提出了“坚持以中国特色、世界一流为核心，以立德树人为根本，以支撑创新驱动发展战略、服务经济社会发展为导向，加快建成一批世界一流大学和一流学科”的指导思想，明确了“到2020年，若干所大学和一批学科进入世界一流行列，若干学科进入世界一流学科前列”的任务，提出建成高等教育强国的根本目标，对高校的人才培养、科学研究、社会服务和文化传承创新提出了更高的要求。广东省也启动了高水平大学和高水平理工科大学建设计划，以新的思维和机制推动高等教育发展上水平，着力建设高等教育强省、人力资源强省和全国创新驱动发展先行省。创新型国家建设需要创新型教育，转型升级需要人才和科技的支撑，国家和广东省的一流大学建设计划对学校的高水平大学建设提出了新的更高要求，为学校参与国际、国内高等教育竞争，实现快速、可持续发展带来了新的机遇和挑战。

面对日趋激烈的高等教育竞争和国家建设世界一流大学、一流学科的要求，学校已基本具备了冲击世界一流大学的基础和实力，有信心通过深化办学综合改革，加快发展步伐，大力提升办学水平和综合实力，实现各项建设目标。但从目前的发展基础看，仍然还存在着一些亟待解决的问题：

一是学科体系还不够完善，高水平学科数量不多，学科发展水平参差不齐，有一批学科的水平与学校的发展定位不相匹配，学科布局尚不能很好地支撑高水平大学建设。

二是高层次人才队伍规模偏小，特别是具有国际学术声誉的大师级人才匮乏，学科领军人物不足，高水平创新团队数量不多；高层次人才引育机制尚不健全，青年教师成长和优秀教师脱颖而出的环境有待进一步优化，有利于调动广大教师积极性的考核评价机制需要健全。

三是拔尖创新人才培养的体制机制不够健全，教学内容、教学模式改革创新需要进一步深化，人才培养质量保障体系有待进一步完善，学生教育管理服务体系亟待加强。

四是国际先进水平的原创性科技成果偏少，科技创新能力有待进一步提高，科研组织形式亟待改革，解决经济社会发展重大问题的能力需要进一步提升。

五是国际化办学水平尚不够高，国际影响力和国际办学声誉需要进一步提升，国际交流合作的深度和广度有待进一步拓展。

六是内部管理体制和运行机制还不够健全，校院两级管理改革有待深化，学院办学的积极性和主动性有待加强，学校现代化与信息化管理水平尚需进一步提升，条件支撑保障能力有待进一步增强。

面对新的形势和亟待解决的问题，学校改革与建设任务依然艰巨，需要我们以更加宽广的视野、先进的理念和求真务实的作风来思考和谋划未来的发展，牢牢把握发展机遇，着力解决存在的问题，切实提高办学水平，推动学校快速可持续发展。

第二部分　发展战略

一、学校愿景与使命

秉承“博学慎思 明辨笃行”的校训，弘扬“厚德尚学 自强不息 务实创新 追求卓越”的精神，崇尚学术自由，鼓励创新创造，致力于通过科研与教学创造和传播知识、繁荣和发展学术、传承和创新文化、启迪和激荡思想，培养适应时代发展要求，具有社会责任感、创新实践能力、世界眼光、人文情怀的高素质专门人才和拔尖创新型人才，成为知识发现和科技创新的源头、优秀人才和先进思想的储备库、经济建设和社会发展的发动机，报效国家、造福人类，努力把华南理工大学建设成为世界一流大学。

二、指导思想

“十三五”时期，学校以毛泽东思想、邓小平理论、“三个代表”重要思想、科学发展观为指导，全面贯彻落实党的十八大和十八届三中、四中、五中、六中全会精神、习近平总书记系列重要讲话精神，按照“全面建成小康社会、全面深化改革、全面依法治国、全面从严治党”战略布局，牢固树立“创新、协调、绿色、开放、共享”发展理念，围绕立德树人根本任务，坚持“学术立校、人才强校、开放活校、文化兴校”战略，以提升质量和水平为核心，以综合改革为动力，突出内涵建设，彰显特色优势，力争未来五年在人才培养、科学研究、社会服务、文化传承创新、国际交流与合作等方面实现新的跨越，巩固和加快提升国内一流、世界知名的高水平研究型大学地位，推动学校未来的高质量、可持续发展。

三、战略目标

（一）总体目标

稳固国内一流、世界知名的高水平研究型大学的地位，学校各项事业保持快速可持续发展，力争到2022年暨建校70周年时，若干学科达到国际一流水平，全面建成国内一流、世界知名的高水平研究型大学。再经过10年左右的努力，到2032年暨建校80周年时，一批学科达到国际一流水平，建成具有较高国际影响力的世界一流大学。

（二）具体目标

——建立起与学校“国内一流、世界知名高水平研究型大学”发展定位相适应的学科体系，理、工、文、管、经、法、医等多学科协调发展，各具特色，优势突显；进一步缩小与国际知名学科的差距，一批学科率先跻身于国际知名学科行列或国内同类学科前列，服务国家重大需求和经济社会发展的能力显著提升。到2020年，有10个左右学科进入全国高校前十名，10个左右学科成为国际知名高水平学科，3个左右学科成为世界一流学科。

——优化人才培养类型结构，稳步提高人才培养质量。教育教学改革取得显著成效，多类型协同育人模式和分类培养模式日臻完善，创新创业人才培养机制逐步健全，构建起具有华工特色的人才培养体系。着力培养一批符合经济社会发展需求，高素质、高层次、多样化，具有社会责任感和全球视野的“三创型”（创新、创造、创业）人才。根据学校办学发展的需要，在保持现有人才培养规模的基础上，适时适当扩大本科生和研究生的培养规模。

——高素质师资队伍的培育与引进成效显著，高层次人才队伍规模明显扩大，拥有一批活跃在国际科技前沿领域的一流科学家、在国内外相关学术领域具有重要影响力的学科领军人物和创新团队。人事制度改革有序推进，教师快速成长、脱颖而出的制度环境进一步优化，真正实现人尽其才、人尽其责、人尽其用，形成一支梯度合理、德才兼备、富有创新精神和国际竞争力的高水平师资队伍，学校人才队伍可持续发展能力显著增强。到2020年，两院院士、国家教学名师、长江学者、国家杰出青年基金获得者、科技领军人才、青年拔尖人才等高层次领军人才规模达到200人，新增1～2个国家自然科学基金创新群体或重点领域创新团队。

——创新科研体制机制，构建起新型科研组织形式和科技分类评价体系；创新基础能力明显增强，取得一批处于国际国内先进水平的原创性科技前沿成果；对创新驱动的支撑引领作用不断凸显，解决一批产业发展的关键技术问题和经济社会发展的重大问题；科技成果转化能力显著增强，成功推动一批高水平成果实现产业化；服务国家和区域决策咨询能力不断提升，建成若干具有社会影响力和知名度的高水平智库。“十三五”期间，争取承担60～80项国家级重大重点科研项目，获得8～10项国家奖。

——国际化办学水平稳步提高，与世界一流大学和学术机构的实质性合作不断深入，合作举办若干所中外合作办学机构和一批高水平中外合作办学项目，建立起长期稳定的全球核心伙伴关系；将国外优质教育资源融入教学科研全过程，形成国际化的人才队伍、教学科研环境，国际声誉和国际竞争力得到进一步提升。“十三五”期间，与世界一流大学合作举办1～2所中外合作办学机构，举办5～6个高水平中外合作办学项目。

——中国特色现代大学制度建设取得显著成效，内部治理结构不断完善，基本形成以学校章程为统领的完善、规范、统一的制度体系，建立健全与高水平研究型大学相适应的管理体制机制，办学资源配置得到优化，管理更加顺畅、规范，公共服务体系更加健全、高效，服务保障能力明显增强。民主管理和监督机制进一步完善，学校科学发展水平不断提高。

四、战略重点

未来五年，学校将围绕立足国际前沿、打造学科优势，提升科研水平、培养优秀人才；瞄准重大需求、增强服务能力的发展战略，坚持高水平、有特色、求创新，以创新为核心，着力加强世界一流大学和一流学科建设，力争在解决国际重大科学前沿问题上有所作为，在支撑国家创新驱动发展战略、服务经济社会发展、弘扬中华优秀传统文化方面做出重要贡献，在科学研究、技术创新、思想创新、文化创新等方面取得重要成果，在培养符合社会发展需求的高素质创新创业人才方面做出表率：

（1）提升学科整体水平，打造国际一流学科。瞄准学科前沿和国家重大需求，积极调整优化学科布局，凝练学科发展方向，大力引进培养有重要影响的学科领军人物和青年才俊，提升学科整体水平，促进一批优势学科率先成为国际一流学科。

（2）坚持立德树人，着力培养高素质专门人才和拔尖创新人才。围绕立德树人根本任务，深化本科教育教学改革和研究生培养机制改革，以创新创业教育为核心构建与之相适应的人才培养模式，巩固并完善具有华工特色的创新创业人才培养体系及拔尖创新人才培养模式。

（3）聚焦前沿科学问题、重大工程技术问题和社会发展问题，加强国际一流水准的科研创新平台建设，产出高水平的科技成果并成功转化应用，支撑国家和广东创新驱动战略的实施。以国际知名科学家和学者为领军人物，加强协同创新中心、交叉学科研究中心、国际联合研究中心建设，推进学科融合与交叉，促进国际科研合作，提升自主创新能力；瞄准区域产业发展的重点领域，探索新型研发机构建设，创新科技成果转化新机制，着力打造技术创新、成果转化和引领产业转型升级的示范平台。

（4）全面深化办学综合改革，激发办学活力。以实施章程为抓手，完善内部治理结构，建立现代大学制度，提升管理科学化水平；以中外合作办学实体性机构建设为突破，推进国际化办学，提升人才培养的国际化水平；以人才队伍结构优化和素质提升为重点，深化人事制度改革；以构建科技创新与成果转化体系为导向，推进科研组织形式和科研评价机制改革创新。

第三部分　任务举措

一、创新学科建设机制，构建高水平学科体系

贯彻实施“学术立校”战略，按照“全面规划、突出重点，促进交叉、形成特色，优化结构、协调发展”的建设思路，面向国际学术发展前沿和国家重大发展战略，紧密结合经济社会发展对高层次人才的需求，不断调整优化学科结构，创新学科建设机制，促进学科交叉融合与协同创新，大力增强学科优势，着力提升学科水平，建设一批在国内外有重要影响的一流学科，增强学科整体实力。

（一）进一步优化学科结构

以优化学科结构、促进学科交叉与学科群形成为目标，对相近和相关的学科进行优化重组，促进一级学科内部结构的完善，理顺不同一级学科之间的关系，构建与世界一流大学相适应的学科布局，形成理、工、管、经、文、法、医等多学科相生共长、协调发展的学科体系。

优化学位授权点布局。完善学位授权点设置与管理办法，规范学位授权点新增和撤销工作，鼓励学位授权点按一级学科进行设置和建设。完善学位授权点评估办法，健全学位授权点分类评估与定期评估机制，促进各学位授权点加强内涵建设。完善学位授权点动态调整办法，建立学位授权点能上能下机制，引导各学位授权点根据产业发展需要

和人才培养要求的变化及时调整类别和层次。

培育新的学科增长点。创新学科组织模式，促进学科交叉和融合。重点瞄准智能装备、增材制造、新能源、新材料、移动互联、大数据、生命科学、分子科学、精准医学、营养健康、环境、海洋等新兴前沿领域的发展需求以及全面推进依法治国、“一带一路”等的实施，以国家级和省部级科研平台、协同创新中心、跨学科或交叉学科研究院（中心）、哲学社会科学智库等为载体，重点建设一批以解决重大科学技术问题和重大社会理论问题为导向的大学科平台，开展交叉学科研究和人才培养，争取在若干研究领域形成优势，培育形成新的学科增长点。

（二）着力提升学科整体水平

以建设世界一流学科为引领，突出学科建设重点，促进各种资源要素向优势学科集中，打造更多的学科高峰，实现优势学科更强，特色学科更优，潜力学科凸显特色，在重点突破的基础上实现学科整体水平的提高。

实施工科登峰计划，集中力量打造一批世界一流学科。大力推进轻工技术与工程、食品科学与工程、城乡规划学、建筑学、材料科学与工程、化学工程与技术、风景园林学、信息与通信工程、环境科学与工程、机械工程、控制科学与工程、生物医学工程、电气工程、土木工程、计算机科学与技术等优势学科建设，重点支持其瞄准学科前沿和国家重大需求凝练学科方向，引进培养国际一流的学术带头人和高水平创新团队，着力开展工程科学和工程技术研究，加强与国际高水平大学开展科研合作和人才培养，不断扩大学科的国际影响，全面提升学科的学术竞争力，若干学科进入世界一流行列，若干领域进入世界一流前列。到2020年，工程学保持在ESI排名千分之一行列，材料科学进入ESI排名千分之一行列，农业科学ESI排名进一步提高，计算机科学、环境科学与生态学等学科领域进入ESI排名。

实施理科振兴计划，着力建设有特色的高水平理科。制定符合理科发展特点的评价体系，大力加强人才队伍建设，尤其是学科领军人才的培育和引进，重点发展有相对优势的学科方向，鼓励其瞄准数学、物理、化学、生物学等自然科学发展前沿，积极开展基础研究和前瞻性研究，力争在若干领域取得突破性进展，取得国际高端学术成果，增强理科原始创新能力，促进理科整体水平的提升。进一步促进理科与工科的交叉融合，强化其对工科优势学科发展、高水平科学研究和拔尖创新人才培养的基础支撑作用。到2020年，化学进入ESI排名千分之一，物理学、生物学与生物化学的ESI排名进一步提高，数学进入ESI排名。

实施文科跃升计划，大力发展优势人文社会学科。积极引导人文社会学科面向国家重大战略、广东争当21世纪海上丝绸之路建设排头兵和法治建设先行区中的重大现实问题，开展基础理论和应用研究，着力推进人文社会科学创新基地和国家、省市高端智库建设，服务于繁荣中华民族优秀文化、全面支撑产业转型发展及政府部门决策的需要，发挥思想库和智囊团作用，带动人文社会科学学科水平的快速提升，并逐步达到与学校发展目标相适应的水平。进一步强化工商管理学、管理科学与工程等学科优势，整合和提高法学、应用经济学、马克思主义理论、公共管理、新闻传播学等学科力量，着力推进人文社会科学基地和高端智库建设，重点打造若干国际先进、国内一流水平的学科方向。进一步提升哲学、外国语言文学、教育学、体育学、音乐与舞蹈学、设计学等学科的水平，增强其服务学校人文素质教育和创新创业创意教育的能力。到2020年，管理科学与工程、工商管理学达到国际知名、国内先进水平，法学、应用经济学、马克思主义理论、公共管理学、新闻传播学等学科建成若干国内领先的优势学科方向。

实施医科跨越计划。遵循医学学科发展规律，健全医学学科建设体系，按照“高水平、有特色、国际化”定位，大力发展医学学科，加快建设高水平医学教学科研平台，着力引进培养一批高层次学科带头人和青年优秀人才，积极促进医工结合，显著提高临床医学、药学等学科的建设水平。到2020年，临床医学等学科领域进入ESI排名。

二、深化教育教学改革，提高人才培养质量

围绕立德树人根本任务，稳定人才培养规模，创新教育理念，优化协同育人与分类培养机制，完善知识学习、能力培养与素质养成“三位一体”的创新创业人才培养模式，构建以学生为主体、教师为主导，教学与科研相互渗透的现代教学体系，建立完善的学生教育管理服务工作体系，形成具有自身特色的培养质量评价体系，着力培养符合国家发展需要的高素质、高层次、多样化，且具有社会责任感和全球视野的“三创型”（创新、创造、创业）人才。

（一）完善招生选拔制度

根据国家招生政策，立足学校自身特色，确定招生方案，改革人才评价与选拔模式。建立本科招生多维度评价选拔体系，探索实施“631”录取模式，将高考、高中学业水平考试、学校自主测试等多维度考察相结合，加强对学生综合素质的全面考察，提高生源质量；落实国家中西部高等教育振兴计划，扩大对中西部和农村地区的招生规模，增加贫困地区学生获得优质教育的机会，促进教育公平。完善博士招生申请考核与公开招考“双轨”制，扩大学院自主权；优化研究生招生计划配置，实行预留生源奖励计划，完善招生计划与导师培养绩效挂钩的招生资源分配制度。

创新招生工作机制，招生工作阵地前移、重心下移，探索实施“大学预备生计划”，在部分中学配备指导教师、举办学术报告、开设部分入学先修课程等；组建高质量招生宣传队伍并试点将招生宣传工作纳入教师工作量考核体系。完善招生集体决策和社会监督机制，健全招生信息公开制度，确保招生公平公正公开。

（二）优化本科人才培养机制

完善协同育人机制，整合优质教育资源，实行人才分类培养，构建多样化的创新人才培养体系。推进科教协同，加强科研与教学融合、本科教学资源与研究生教学资源融合，建立校内科研平台向本科生开放制度，完善学生科研教育体系，培养学术研究型拔尖创新人才。推进学科协同，鼓励不同学科专业之间开展交叉协同育人，培养复合型人才。推进校院（所）协同，推广华南理工大学－深圳华大基因研究院“基因组科学创新班”的成功模式，大力引入科研院所资源，联合组建创新班、实验班，培养学科交叉型创新人才。推进校企（政）协同，引进行业企业及政府资源，实施软件工程、土木工程、电子科学与技术、电气工程及其自动化、机械工程等专业“卓越工程师培养

教育计划”，推进“卓越法律人才”培养，启动“卓越新闻人才”培养试点，提高学生工程实践能力和知识运用能力，培养应用型卓越人才。推进国际协同，有效利用国（境）外优质资源，拓展国际交流项目，实施学生海外访学制度，加强工商管理、行政管理、旅游管理、新闻学等国际班建设，培养具有全球视野的国际化人才。

优化本科专业结构与布局，提高人才培养与国家和区域发展战略的契合度。加大专业调整力度，结合国家和广东省社会经济发展对人才的实际需求及专业人才培养质量，构建本科专业评估、预警和退出机制，适度增加理工类专业，严格控制专业数量，拓宽专业口径；加强专业内涵建设，改造升级传统工科专业，依托一流学科、重点学科形成专业品牌、丰富专业内涵，打造一批特色、优质、品牌专业；加强全英教学改革试点专业建设，扩大国际化专业认证，“十三五”期间，在 3 ～ 5 个优势学科专业开展专业国际认证试点工作，打造 4 个国际化优质品牌专业。

打造先进的课程体系。优化各专业课程，结合专业特点及人才培养目标，借鉴国内外一流大学人才培养先进经验，构建具有华工特色、符合国家标准、与世界一流大学接轨的本科课程体系；加大新型特色课程建设，增加新生研讨课、专题研讨课、全英课、校企合作课程数量，满足多样化人才培养需求。到 2020 年，本科课程总门数达到 3000 门以上，其中新生研讨课达到 200 门，平均每个专业 2 门左右；专题研讨课 100 门，平均每个专业 1 门左右；校企合作课程达到 200 门；全英课程实现全覆盖，新建一批跨学科课程。建设本研贯通和本研共享课程，打破本科、研究生培养壁垒，实现优势互补、共同发展，提高教学资源使用效益。至 2020 年，建设本研贯通课程 50 ～ 80 门，研究生共享的本科课程 250 ～ 300 门，本科生共享的研究生课程 150 ～ 200 门，本研共建共享的校外实践基地 50 ～ 80 个。建设 MOOC（大规模在线开放课程）、SPOC（小规模限制性在线课程）和翻转式课程，自建与引进相结合，“十三五”期间建设 100 门 MOOC 课程，为学生自主学习和深入研讨提供优质资源支持。坚持“注重导向、确保质量、打造精品”原则，立项建设 150 种左右校级规划教材，力争国家级“十三五”规划教材达到 20 ～ 25 种。

创新教育理念和教学方法，改进考试制度。推动教育理念从以“教”为中心向以“学”为中心转变，充分调动发挥学生的主动性和创造性。推广小班教学，开展以问题为导引的启发式、研讨式教学，培养学生独立思考、理性批判和终身学习能力，到 2020 年，小班教学比例达到全校授课班的 1/2。加强实践教学，构建“验证性 - 设计性 - 探索性”的实验教学体系，引导教师把科研方法与成果转化为实验教学资源，力争建设 200 项探索性实验项目；加大本科生学科竞赛支持力度，推进“一院一赛”，鼓励学院开展“竞教结合”的教学研究与改革；推行“服务学习”，让教学走出“课室”，使学生在服务社区、社会的实践中，培养分析和解决实际问题能力；建设“实践教学综合管理平台”，对实践教学各环节进行全过程、信息化管理，提升学生实践创新能力，到 2020 年，本科阶段参与课外科研实践活动的学生比例达到 70%。深化考试制度改革，围绕课程目标改革考试形式、考核内容、评价方式，遴选 100 门理论教学课程进行改革，在部分课程中探索非标准答案考试，建立突出学生能力和素质培养的考核评价体系，引导学生自主学习和创造性学习。

加强教学质量监控，完善教育质量保障机制。健全校院两级教学管理制度，充分发挥校院两级教学指导委员会的作用，实行教学管理重心下移；加强基层教学组织建设，专业主干课程实施教授负责制和课程组制度，基础课程实施首席教授和教学团队制度；建立学院本科教学状态数据库，对学院本科教学质量进行评价，评价结果与招生计划、经费投入等资源配置挂钩。加强主要教学环节质量监控，优化学生评教、教师评学、教学督导、同行评议，构建课堂教学、实验教学、实习实践、毕业设计（论文）等教学全过程评价体系。加强教育质量评估，健全学院评估、专业评估、课程评估等专项评估及反馈制度，积极参加本科教学评估、国内国际专业认证等外部评估，定期发布本科教学质量报告。完善毕业生跟踪调查制度，收集社会、用人单位、毕业生对人才培养模式、教学内容和毕业生质量等反馈信息，为提高教学质量提供参考。

（三）推进研究生分类培养模式改革

强化学术型学位与专业学位研究生分类培养。推进学术型研究生培养机制改革，优化培养方案，更新课程体系，突出学术创新能力培养；培养目标反映社会需求并体现学科发展需要，培养过程贯穿加强基础理论、拓宽跨学科知识和国际视野、提升创新能力和创新意识的原则；鼓励追求学术卓越，支持博士研究生瞄准国际学术前沿开展原创性研究。深入推进专业学位研究生培养模式改革，以实践能力培养为重点，以产学结合为途径，突出职业需求导向，加大校企合作力度，搭建教学资源共享平台；强化专业实践环节的管理与评估，建立以职业胜任力为导向的人才培养体系。进一步推进工程博士人才培养试点工作，完善培养方案，建设一批面向前沿的多学科交叉课程，强化工程实践环节，打造工程博士教育品牌。“十三五”期间力争获国家级教学成果奖 1 项。

实施优秀研究生培育计划。继续实施并优化优秀博士学位论文创新基金，根据学科差异，修订评审标准，对人文社科类、新兴交叉学科的博士研究生给予一定支持；鼓励博士研究生探究关键科学问题，开展学科前沿课题研究，产出原创性高水平学术成果，从学术创新、工程技术创新两方面提高博士生培养质量。完善优秀硕士研究生创新基金，鼓励硕士研究生在专业实践、社会实践、科技竞赛中获得更多更好的成绩。探索研究生拔尖创新人才培养的新途径、新方法，实施“寓教于研，贯通式培养”、“协同创新，团队式培养”和“笃学践行，创业式培养”，培育学术英才、造就业界精英。扩大研究生国际交流规模，做好国家公派留学和广州市“菁英计划”留学项目派出工作，实施博士生访学资助项目，鼓励博士生参与国际学术交流，拓宽研究生的学术视野。“十三五”期间，在校研究生平均每年发表 SCI 收录论文 900 篇左右（其中 JCR 分区二区及以上论文 400 ～ 500 篇）。

完善研究生培养方案，优化研究生课程体系。把培养目标和学位要求作为课程体系设计的根本依据，加强对课程建设的系统规划；合理安排培养环节，加强基础性和交叉性课程设置，强化课程的前沿性和系统性，将课程学习和科研训练有机结合；改进教学方法，探索 MOOC 等新型教学方式，运用案例教学、专题研讨、现场研究、模拟训练等教学方法，提高教学质量；将全英文课程纳入培养方案，引进国外重要研究生课程，按模块建设若干具有基础性、前沿性、交叉性且受益面广的共享性全英文课程，提升研究生培养的国际化水平；加大对研究生课程建设、教学改革的常态化投入，完善课程建设成果奖励政策；提升专业学位研究生实践能力和创新能力，完善以职业胜任力为导向的专业实践质量评价体系，侧重职业素养和职业技能的评价；加强联合培养基地建设与管理，健全完善校内外“双导师”联合培养制度，搭建专业实践环节信息管理系统。到2020年，建成80～100门研究生核心课程，编写40～50种高质量研究生教材，新增省级联合培养示范基地15～20个。

加强研究生培养过程监督与保障，健全质量保障体系。建立研究生教学督导工作制度，完善研究生课程评教体系，加大对研究生教学过程和研究生培养各环节的督察力度；完善研究生培养分流机制，修订中期考核办法，畅通分流渠道，明确导师责任；加强学位论文质量监督，逐步提高研究生申请学位的成果要求，完善学位论文评阅制度，继续加强学位论文检测与抽查管理。开展专业学位授权点合格评估，修订专业学位培养方案，提升专业学位研究生培养质量。完善激励与保障相协调的研究生奖助体系，建立健全以国家财政拨款为主、研究生合理分担培养成本、多渠道筹措经费的研究生教育投入机制。强化导师作为研究生培养第一责任人的职责，严格导师招生资格审核，健全研究生导师遴选培养机制、导师责任制、导师项目资助制等，完善导师激励与约束机制，健全优秀副教授破格遴选博士生导师、青年讲师遴选硕士生导师等制度，完善能上能下的导师岗位竞争制度，打造高素质、高水平的导师队伍。

（四）构建服务型继续教育体系

坚持“质量、品牌、规模、效益”协调发展，着力完善继续教育工作机制，提高继续教育办学质量和水平，构建与主体办学声誉相匹配的继续教育质量保障体系与机制，打造继续教育品牌，充分发挥继续教育在学校人才培养体系和社会服务中的重要作用。

稳定现有招生规模，优化办学结构，巩固提升学历继续教育水平，加快发展非学历教育，根据经济社会对人才知识结构的需求，优化培养模式，开办符合人才市场需求的新专业，深化校企合作培养，培育符合经济发展需要的复合型人才。发挥学校学科和师资优势，优化资源配置，开拓多层次、多元化、多类型的非学历教育培训项目；规范课程体系、教学管理、平台服务，推进实施网络远程教学与传统面授教学相结合的“混合式”教学，加速成人教育、网络教育、自学考试的融合衔接，提高教学质量，形成多种教育形式融合的人才培养“立交桥”。加强信息化建设和管理，加快网络课程资源的开发和升级，推进适应各类终端平台和多版本的课程建设，积极参与行业专业MOOC建设，提高教学资源制作水平，每年新制作网络课程资源和对原有网络课程资源进行升级改造不少于20门，满足学生在各类终端平台包括移动终端平台的学习需求。加大职业技能认证和国际认证项目培训，加强国际合作联合培养项目。到2020年，继续教育在校生总规模稳定在5万人左右，其中成人教育学生1.2万人左右、网络教育学生3.2万人左右、自学考试学生0.6万人左右；更新或建设80～100门课程及网络学习电子资源。

（五）加强创新创业教育

完善创新创业教育体系，通过产学研深度融合，将学校科技创新优势转化为育人优势，培养创新创业人才。落实高校毕业生就业促进和创业引领计划，构建“学院—学校—省级—国家”四级学生创新创业训练项目体系，开展创新创业教育培训，鼓励学院设置本科生创新创业项目，力争70%的本科生在读期间至少有1次参与创新创业训练项目的经历，鼓励教师带动学生参与科研项目和成果转化工作；学校结合百步梯攀登计划等学生创新计划，加大支持力度，扩大学生参与面；积极参与国家和广东省大学生创新创业训练项目计划，提高学生的创新意识，激发学生的创业热情，树立创业自信，引导毕业生积极投身大众创业、万众创新。构建多层次、立体化的创新创业教育课程体系，开设覆盖一、二年级本科生的“大众创业、万众创新”专题课程；面向全体本科生、研究生开设“创新创业基础”“思维与方法”“学科导论与前沿”“跨学科交叉课程”“创新创业实践”等5个层次专门课程群并纳入学分管理，到2020年课程群的课程总量达到300门左右。建立创新创业学分积累与转换制度，设置创新创业学分，探索将学生开展创新实验、发表论文、获得专利和自主创业等折算为学分；实施弹性学制，放宽学生修业年限，允许学生调整学业进程、保留学籍休学创新创业。设立大学生创新创业基金，办好创业教育学院，建立大学生创业实践中心和孵化基地，鼓励学生创新成果转化，营造有利于创新创业人才脱颖而出的环境氛围。

（六）完善学生教育管理服务体系

构建与现代大学制度相适应的学生工作体系，完善学生工作与教学科研管理协同机制，促进专业教育和思想政治教育融合相长、专业教师和思政队伍协调互补，推进全员、全过程、全方位育人。建立健全培育和践行社会主义核心价值观教育的长效机制，推进实施“两工程一计划一行动”，将社会主义核心价值观融入教育教学和管理服务的全过程，增强德育工作的针对性和时效性。发挥马克思主义思想政治理论课的主渠道作用，改进教育教学方法，抓好课堂主阵地，推动中国特色社会主义最新理论成果进教材、进课堂、进头脑。强化志愿服务、社会调研等社会实践环节，依托素质拓展计划、爱国主义教育基地、社会实践基地等平台，将文化知识学习与思想品德修养、创新思维与社会实践、全面发展与个性发展有机结合。创新网络思想政治教育，牢牢把握网络阵地的主动权。完善奖、助、贷、补、减多元资助工作体系，实现家庭经济困难学生资助全覆盖。

培育和组织优秀的校园文化活动，加强传统文化教育，开展丰富多彩、健康向上的学术、科技、体育和艺术活动，开展好科技文化节、“金秋木棉”研究生文化节、名师大讲堂、博士沙龙、高雅艺术进校园等品牌活动，打造校园文化活动精品。着力弘扬华工精神，倡导学术民主、学术自由，构建宽松兼容、尊重差异、鼓励创新的学术环境，建立学术行为规范，树立并宣传先进典型，形成厚德崇教的良好风尚。坚持以学生为本，加强人文关怀，关心学生成长成才，健全学生综合服务体系，完善管理规范和综合测评管理系统，加强本科生导师制度、心理咨询制度和就业指导制度建设。加强学生组织建设，充分发挥其自我教育、自我管理、自我服务的主体作用以及在校园文化建设中的积极作用。完善学生工作队伍可持续发展机制，统筹推进学生思想教育与管理干部、思想政治理论课教师、辅导员、班主任和学生干部等骨干队伍建设。继续发挥关心下一代工作委员会的作用，促进学生健康成长。

三、推进人事制度改革，建设高水平师资队伍

贯彻实施“人才强校”战略，围绕学校发展目标和重点发展的学科领域，坚持引进与培养并举，加快造就在国内外具有重要影响的一流科学家、学科领军人物和创新团队，构筑人才高地；以师德建设为引领，以聘用制改革为突破口，以考核评价制度改革为抓手，以分配制度改革为重点，完善校院两级人事管理体制机制和团队建设模式，建立有效集聚人才、高效服务人才的人事工作体系，完善与现代大学制度相适应的人事制度，全面提升师资队伍整体素质，推动形成人尽其才、人尽其责、人尽其用的局面。

到2020年，教职工总规模达到4800人，其中专任教师达到3000人；专任教师队伍结构进一步优化，其中，拥有博士学位教师比例达到80%，拥有高级职称以上教师达到70%，40岁以下教师达到45%，非本校毕业教师比例达到70%。两院院士、国家教学名师、长江学者、杰出青年基金获得者、科技领军人才、青年拔尖人才等高层次领军人才规模达到200人，力争新增1～2个国家自然科学基金创新群体或重点领域创新团队。

（一）健全师德和教师发展长效机制

围绕立德树人根本任务，将“有理想信念、有道德情操、有扎实知识、有仁爱之心”作为师德建设的基本标准，促进教师思想、道德、知识、技能全面发展，建设高素质的教师队伍。充分尊重教师主体地位，健全教育、宣传、考核、监督与奖惩相结合的师德建设工作机制，坚持师德宣传制度化、常态化，培育重德养德、尊师重教的良好风尚。创新师德教育方式方法，将师德教育摆在教师培养首位，贯穿教师职业生涯全过程；依托教师教学发展中心等机构，开展教师职业培训，加强师德规范、学术道德教育，提升教师教学能力和综合素质。建立健全青年教师助教制度和试讲制度，实施“青年教师海外教学能力培训计划”，提升青年教师教学能力。继续实施教师教学水平提升及教书育人奖励计划，提高教学收入在教师薪酬结构中的比例。完善教师评价体系，明确教师岗位职责和工作量标准，完善师德规范和师德考核评价制度，将师德教风作为教师聘任、晋升和奖惩的重要依据，在教师职务（职称）评审、岗位聘用、考核评价、评优评先等环节实行一票否决制，保证教师把更多时间和精力投入人才培养，关心和促进学生全面成长。构建学校、教师、学生、家长和社会多方参与的师德监督体系，完善师德奖惩机制，严格执行教育部关于高校师德行为的“红七条”规定，严肃处理违反师德行为。

（二）完善人才引育体系

加强资源整合和总量投入，构建具有国际视野的人才政策支持体系和以促进学科发展为导向，目标明确、层次清晰、相互衔接的人才引育体系，加大人才引育工作力度，形成合理的人才梯队。坚持引育并举，完善体现不同学科特点、富有弹性的人才引育工作机制，在深入实施高层次人才队伍建设“三大计划”基础上，实施“兴华学者”人才计划，为教师不同阶段的发展提供引导和支持，将其打造成为学校人才队伍建设的品牌工程。加大对中青年教师的培养力度，实施“百步梯青年学者”计划、师资博士后

制度、青年教师导师制，分层次、分阶段、有重点地引进和培养一批青年人才，发挥好博士后制度的人才“蓄水池”作用，充分发挥老教师对青年教师的传帮带作用。增强人才政策的开放度，建立示范型人才集聚研究机构，推进“人才特区”试点工作，形成更为灵活和充满活力的人才集聚管理体制机制。加大高水平外国专家引进力度，探索与国际接轨的引才机制和管理模式，打造国际化人才试验区。完善引才育才校院联动机制，明晰校院两级人才引育工作职责，在学校顶层设计和制度保障基础上，将更多权责下放给学院，发挥学院主动性，做好队伍建设规划、人才选聘和培育等工作。

（三）深化团队建设模式改革

深化“兴华人才工程”团队建设模式改革，瞄准国家和地方重大战略需求，根据学科建设、人才培养、科学研究和社会服务的需要，建设一批高水平教学科研团队。团队建设突出人才培养的核心地位，以学科建设为龙头，以任务为牵引，以团队为载体，凝练方向、集成创新，着力建设多学科交叉协同的高水平创新团队。完善团队管理机制，集中资源、重点支持，分类建设、分级管理，强化优劳优酬为导向的分配制度，建立差异化、个性化的考核评价体系，充分调动团队成员的积极性、创造性。充分发挥学院在团队建设方面的能动作用，坚持学术导向，突出成果产出，以提高教学质量和科研实力为核心，组建实质性有竞争力的团队，并在津贴分配、激励约束、考核等方面发挥主动性。

（四）实施全员岗位聘用制

建立健全全员聘用管理体系，实行全员岗位合同聘任制。学校依法依规与全体教职工签订聘用合同，在教学科研岗位精细化分类的基础上，按照学科发展目标，科学规划教师岗位，针对不同类型层次、不同学科特点、不同岗位要求，明确教师岗位职责任务，强化合同管理与考核，约定合同变更、解除与终止条件。完善多元化聘用机制，探索建立社会服务岗，鼓励部分教师投入创新创业实践，形成固定与流动、长期与短期多种聘用形式相结合的格局。

（五）完善教师考核评价体系

完善人才引进评价、专业技术职务晋升和岗位晋级制度。不同学院和学科在学校基本条件的基础上，根据自身实际制定学院学科教师的进入、晋升、晋级条件，体现学科的特点和岗位职责差异性。强化教师学术水平和业绩的同行评价机制，积极探索并在部分学院学科试点实施教师学术水平和业绩的国际同行评价制度。全面推进合约任务管理，根据合同目标任务实行定量、定性与定位相结合的考核评价，对具有标志性与显示度的指标进行定量评价，对发展潜力、改革创新能力等综合表现进行定性评价。建立大数据绩效评价与管理系统，实现教师绩效实时监控与定位。根据考核评价情况进行奖励与约束，强化绩效考核奖励，对考核不合格的视情况予以岗位流转、降级、解聘。

（六）实行差异化薪酬分配制度

统筹规划薪酬体系，探索规范化的收入分配模式和待遇合理增长机制，充分保障各类岗位人员的合理收入水平。改革人事薪酬制度，建立健全符合教育教学和学术研究规律、以岗位为基础的协议工资制、年薪制、项目工资制等多元收入分配体系，通过适当的差异化薪酬更好地体现各类人才价值，充分发挥薪酬的激励杠杆作用。探索建立重实绩、重贡献，向优秀人才和重点岗位倾斜的分配激励机制，在兼顾公平的前提下实现一流人才、一流业绩和一流报酬。

四、深化科研体制机制改革，增强科技创新和服务社会能力

贯彻落实"学术立校"战略，以国家重大需求为导向，提升高水平科学研究能力，为经济社会发展和国家战略实施作出重要贡献。围绕学科建设和科技工作目标，促进学术发展，瞄准新材料、先进制造、电子信息、清洁能源、生命健康等国际科技前沿领域，开展战略性、前瞻性、全局性问题研究，提高基础研究水平，着力提升解决重大问题的能力和原始创新能力，力争在战略前沿研究领域取得重大突破。推进科研组织模式创新，坚持服务国家战略和鼓励自由探索相结合，深化科研体制机制改革，争取和整合科研资源，推动多学科交叉协作和协同攻关、协同创新。全面推进以实际贡献为导向的科技评价与激励改革以及科技成果转化机制改革，激发创新活力，增强成果转化能力，促进学科、人才与产业互动，更好地服务国家和区域经济社会发展。

（一）推进科研体制机制改革

遵循科研工作规律和科研人员成长规律，以构建科技创新与成果转化体系为导向，以倡导创新质量与实际贡献为核心，以践行科教结合、分类评价、开放评价为重点，全面推进科研评价改革，建立导向明确、激励约束并重的分类评价标准和开放评价方法，形成促进科技支撑创新人才培养、更好地服务社会经济发展的评价机制。健全基地、平台绩效评价指标体系，以综合绩效和开放共享为重点，建立分层分类绩效评价机制。建立和完善科研团队绩效评价体系，实行按团队类别分类评价，由静态定量转变为动态定位，由单一维度转变为多维度。改进哲学社会科学研究评价，完善成果分类评价和奖励制度。

以建设协同创新中心为改革试点，统筹推进人事管理、财务管理、科研组织、资源共享等方面的探索。引入优质创新资源，建立开放式科研协作机制，建立专职与兼职、编内与编外、固定与流动相结合的多元人员聘用方式，形成以创新质量和贡献为导向的人员考核评价制度以及单列的人员职称评聘和导师资格认定制度，完善成果转化收益和股权分配制度，提升协同创新能力。重点推进高分子先进制造装备、新型显示技术、人体组织功能重建、生态环保与新能源等协同创新中心的建设，汇聚和培养一批拔尖创新人才，产生学科增长点。

（二）优化重大项目、平台、成果培育发展机制

围绕学术前沿领域，瞄准国家和地方重大科技创新发展需求，精心整合优势科技资源，加强战略性、全局性、前瞻性问题研究，提升原始创新能力和承担重大科研任务的能力，在学术前沿领域取得一些原创性成果，解决一批经济社会发展面临的重大关键问题，产出一批高水平的科技成果。加强重大项目组织策划力度，发挥专项资金对重大项

目的引导培育作用，加大各种资源和政策对重大项目的支持力度，强化科研预研管理和过程管理，着力在新型显示、生物材料、高端装备、电子信息、环保节能、绿色建筑、大数据与云计算等领域主动承担国家和地方重大研究项目。“十三五”期间，争取承担60 ～ 80 项国家级重大重点科研项目，获批国家自然科学基金项目1000 项以上。

按照“择优、择重、择需”的原则，强化“开放、流动、联合、竞争”的运行机制，构建布局合理、层次分明、资源共享、持续创新的科研平台体系，聚集和培养优秀科技人才，针对学科发展前沿和国民经济、社会发展及国家安全的重要科技领域和方向，开展创新性研究。集中优势资源，建设好现有国家级和部省级科研创新平台，深入推进引智基地等国际科技合作平台建设，试点建设高分子先进制造装备、新型显示、人体组织功能重建等协同创新中心和能源研究院、软物质科学与技术研究院、公共政策研究院等一批以科学问题或科研任务为导向的跨学科、跨学院的交叉科研平台，在场地投入、经费支持、人员聘用、成果认定、考核评价等方面给予支持。“十三五”期间，力争新增1 ～3 个国家级科研平台、20 ～ 25 个部省级科研平台，科研平台总规模达到150 个左右。

完善科研奖励制度，实施科学的分类评价，突出科技创新质量和实际贡献，建立导向明确、激励约束并重的分类评价标准。加强科技成果的跟踪培育，鼓励跨学科交叉研究，推动 SCI、EI 等高水平学术论文数量保持逐年增长，着力提高申请发明专利、授权发明专利、国际专利、有效专利的数量与比重，提升专利的实施和应用水平。“十三五”期间，争取获得8 ～10 项国家奖、15 ～20 项部省级一等奖，获得8 ～10 项国家专利奖，专利申请量与授权数量保持5% 增长，发明专利授权量超过授权总量的50%。

（三）完善科技成果转化机制

强化政策激励，推进科技创新和科技企业孵化，提升科技成果转化及产业化应用水平，提高服务社会能力。完善科技成果转化体系，选取部分重点成果先行先试。完善科技成果转化人员考核和职称评审体系，设置科技创业岗，明确在创业期限内学校保留离岗创业人员原有身份和职称，创业期满后其可回原单位竞争上岗。完善科技成果转化融资体系，发挥学校科技创业基金作用，引入社会多元投资主体，以新的体制机制建设科技成果转化和投融资服务平台；加强对持股孵化工作的支持，建立科技人员以科技成果、专利技术等多种方式入股、分红的激励机制。加强新型研发机构建设，加强市场化运作，充分发挥学校国家大学科技园、广州现代产业技术研究院、华南协同创新研究院、珠海现代产业创新研究院、中新国际联合研究院等在区域经济社会发展与创新体系建设中的平台和桥梁作用，实现创新与创业相结合、孵化与投资相结合，构建更加富有成效的产学研协同合作模式，打造成科技成果转化和协同创新的示范区，为实施创新驱动发展战略提供重要支撑。

（四）提升人文社会科学研究水平

加强人文社会科学基础研究、理论创新，围绕中国特色社会主义建设中的重大理论问题，进一步凝练马克思主义理论学科研究方向，积极参与马克思主义理论研究与建设工程，深化马克思主义基本理论和基本观点研究，产出一批具有重要社会影响的理论成果。加强跨学科研究，以经济社会发展中的重大现实问题为导向，整合研究力量，组建跨学科研究团队，建设跨学科研究平台，探索跨学科协同交流机制。加强人文社会科学研究基地、数据库、案例库等建设。重点培育3～5个跨学科交叉特色优势领域，打造人文社会科学学科发展新的增长点。

加强决策咨询研究，推进高端智库建设，将智库建设作为全面提升人文社会科学服务社会能力的重要阵地。实施新型智库建设计划，以国家高端智库建设试点工作为契机，围绕重大关键问题，设立“智库建设”重大专项，重点培育建设3个左右定位清晰、特色鲜明、成果突出、制度创新、具有较大社会影响力和知名度的高水平智库，形成布局合理、规模适度的“国家－省－校”新型智库体系。探索符合智库运行特点的管理体系、建设模式和运行机制，把智库建设成哲学社会科学综合改革的试点和“科研特区”，在科研模式、组织管理、人员评聘、学术交流、成果转化及成果评价体系等方面深化改革。

五、拓展国际交流与合作，提升办学国际化水平

贯彻实施“开放活校”战略，以国际化视野谋划学校的改革与发展，将国际化建设融入学校办学全过程。加强与国际高水平大学的深度合作，引进和利用优质教育科研资源，汇集一批全球知名学者和学术大师，学习借鉴国际先进的办学经验和模式。着力建设中外合作办学实体性机构，探索国际化办学体制机制。营造良好的国际化教学科研环境，培养具有全球视野和竞争力的优秀人才，增强对外籍优秀人才和高水平留学生的吸引力，促进学校办学质量和办学水平的提升，提高学校的国际竞争力和影响力。

（一）增强国际交流与合作能力

加强与世界一流大学、一流学科和高水平科研机构开展多层次、实质性合作，拓展和增加一批全球核心伙伴，不断拓宽合作领域，深化合作层次，构建起全球合作网络。建立健全以学校为统筹、学院为主体、教师为核心的国际交流与合作机制，着力引进国际优质智力资源和先进的办学理念、管理经验，将国外优质教育资源有效融合到教学科研全过程，推进中外合作办学，提升学校人才培养、科学研究、师资队伍建设和管理工作的国际化水平。

结合学校办学优势和学科特色，着力推进与世界一流大学和学术机构开展合作办学，建设中外合作办学机构，打造合作办学品牌项目。继续推进先进材料国际化示范学院建设，借鉴国际先进办学理念，采取国际先进管理运作模式，为国际化办学体制机制改革积累经验；加快推进华工－罗格斯创新学院和中新国际联合研究院建设。“十三五”期间，力争与世界一流大学合作举办1～2所中外合作办学机构，举办5～6个高水平中外合作办学项目。完善孔子学院的管理与运行体系，推动与德国奥迪公司、英戈尔施塔特市政府、英戈尔施塔特技术大学筹建我校第三所孔子学院。

进一步加强高水平国际化人才培养，拓展联合培养项目的广度和深度。实施本科生国际化培养行动计划，完善研究生国际化培养体系，扩大国际交换生和联合培养双学位等项目的范围和规模，加强全英教学改革试点专业和全英课程建设，推动国际课程引进和建设，实施海外名师讲授学分课程项目，探索建立与世界一流大学互授学位机制。

“十三五”期间，新建2～3个本科全英教学改革试点专业，编写50种全英教材；新建5～10个硕士全英专业和40～50门全英课程；引进海外知名学者来校讲授学分课程累计不少于500人（次）；新增建设80～100个包括学校、学院两个层次，覆盖全校所有专业的国际交换生、联合培养及短期交流项目；充分利用省、部、校各级奖学金资源，累计派出学生赴国（境）外长短期学习达8000人次（本科生6000人次，研究生2000人次）。

加强师资队伍国际化建设，推动高水平海外专家引进工作，以国家重点引智工作为牵引，吸引和汇聚一批高水平科研骨干队伍；聘请更多国际一流大学师资和团队来校讲授学分课程、多方面参与教学与科研工作，提高外籍教师在师资队伍中的比例，增强教师的国际交流与合作能力，提升师资队伍国际化水平。推进国际科研合作，创新合作模式和运行机制，加强国际协同创新，开展科学联合攻关，积极参与国际和区域性重大科学计划，充分发挥高水平科研合作对学校科学研究和学科建设的推动作用。“十三五”期间，新组建联合研究中心或联合实验室5～6个。加强国际化软环境建设，进一步强化各单位各部门国际化建设意识，推动英文网站、英文简介及英文标识等建设，营造良好的国际化教学、科研环境和浓厚的国际化办学氛围。

（二）提高留学生教育质量

加强留学生教学管理，提高留学生教育教学质量。完善教学管理规章制度，建立国际教育学院统筹管理与各学院分散管理相结合的留学生协同管理机制，充分发挥学院和导师在留学生培养过程中的作用；推进留学生教务管理系统建设，对留学生汉语水平和专业学习情况进行监测，建立预警机制。优化汉语国际教育本科、汉语教育与传播硕士专业方向课程设置，开设留学生人文通识课程（中英文）和特色课程，形成以汉语教学为本体、中华文化及跨文化沟通技能为依托、基础宽厚、特色鲜明的课程体系。引进与培养并重，打造一支高素质留学生教育教学队伍，到2020年，力争1/3以上教师具有海外留学或教学经历，形成颇具特色的留学生教学与研究团队，促进教学质量稳步提高。深入开展跨文化研究，培养留学生的跨文化意识，增强跨文化沟通能力；开展留学生与中国学生交流活动，打造中外学生交流合作平台，促进留学生与中国学生的融合培养。

加强全国来华留学示范基地建设，扩展全英国际硕士学位项目，建设3～5个全英国际硕士学位项目。加大留学生奖学金投入，着力改善留学生住宿条件和学习环境，吸引更多海外高素质学生来校留学。积极开拓新兴市场，关注“一带一路”沿线国家，提高留学生来源国别的多样性，提高学历留学生和高层次留学生比例。稳步扩大留学生规模，到2020年，各类留学生规模达到3000人左右，其中学历留学生1800人左右。

六、完善内部治理体系，构建符合学校发展要求的现代大学制度

以《华南理工大学章程》为统领，通过内部体制机制创新和制度建设，构建同政府、社会的新型关系，调整好行政权力、学术权力与民主权力以及学校与学院的关系，建立起比较完善的现代大学制度。全面推进依法治校，构建以章程为核心的健全的制度体系，推进学校治理体系和治理能力现代化，增强发展协调性，形成党委领导、校长负

责、教授治学、民主管理的协调统一的内部治理结构，激发学校、学院、学科和师生的积极性和主动性，为实现依法自主办学、推进内涵发展、提高质量水平提供坚实的制度基础和保证。

（一）完善内部决策机制

以章程为统领，坚持党委领导下的校长负责制，完善议事规则和决策程序，推进学校依法决策、科学决策、民主决策。明确学术事务和行政事务的界限，健全以学术委员会为核心、统一的学术管理体系，修订并落实《华南理工大学学术委员会章程》，强化学术委员会作为学校最高学术机构的地位，统筹行使学术事务的审议、审定、评定和咨询等职权；明确学术委员会的组成结构，提高非行政职务教授委员的比例，保障教授在学术决策、学术事务管理和学校建设发展等重大事项决策中发挥积极作用；加强学术委员会机构建设，设立专门委员会、分委员会和办事机构，完善工作机制，发挥其在学科建设、队伍建设、学术评价、学术发展、教学指导、学风建设等方面的作用。完善教代会、学代会制度和校内协商民主决策制度，发挥各类组织和广大师生在学校内部决策过程中的作用。成立由学校、政府、社会等相关方面代表共同组成的华南理工大学理事会，发挥其在加强社会合作、扩大决策民主、争取办学资源、接受社会监督等方面的重要作用。

（二）推进依法自主办学

协调理顺学校与政府、社会的关系，探索建立政校分开、管办分离、依法办学、社会参与的现代大学治理体系。完善部省共建办学体制，探索建立社会参与学校决策、管理和监督的体制机制，鼓励社会力量支持学校发展，促进学校更好地服务社会。学校依法行使办学自主权，围绕国家战略并结合市场需求，自主开展人才培养、科学研究、社会服务、文化传承创新等各项工作。

强化学校管理的法治思维，深入贯彻落实中央全面推进依法治国的战略部署和推进依法治教、依法治校的要求，推动《华南理工大学章程》实施，完善法人治理模式，切实推进依法治校。依据国家法律法规和学校章程，遵循现代大学办学规律，结合学校实际和综合改革需要，完善教学科研运行基本制度、内部机构组织规则、议事规则、各类办事程序等，形成健全规范统一的内部治理制度体系。依法健全校内权利救济和纠纷解决机制，妥善解决学校内部矛盾、冲突和利益纠纷，健全安全管理及突发事件的应急处理机制。

（三）完善制度及规范运行体系

整合学校管理机构职能，优化权力结构和运行机制，推动学校管理向“大部门、大职能、大服务”转变，完善多校区管理模式和运行机制，提高管理效能和服务水平。加强学校规章制度体系的统筹协调，处理好共性与个性、部门工作与学校整体发展的关系，结合时代要求和学校实际，及时做好规章制度的废、改、立，提高制度的执行力和约束力，构建科学高效的制度体系。加强制度宣传教育，引导师生自觉遵守各项制度，探索提高制度执行力的有效途径与方法。优化办事流程，提高管理服务效率。进一步完善民主监督制度，拓展师生参与学校民主管理和民主监督的渠道，推进党务公开、校务公开和信息公开，保证师生和社会公众对学校和学院重大事项的知情权。完善职能部门的考核评价机制，不断改进机关工作作风，提高管理服务人员队伍的整体水平。

（四）积极推进校院两级管理

加快简政放权，打破条块化管理，下移管理重心，突出学院办学的主体地位，厘清学校和学院的权责关系，健全学院发展绩效评价和奖惩制度，强化学院推进改革发展的责任；加强学院内部建设，完善学院治理结构，提高学院自主决策和治理能力，建立健全学校宏观管理、学院自主运行的两级管理体制和机制，提高管理效能，激发办学活力。

七、加强支撑保障体系建设，建设文明、美丽、和谐校园

推进文化传承创新，优化校园功能布局，加强基础设施建设，拓宽多元化筹资渠道，完善资源配置机制，提高资源的整合能力和利用效率，加强公共服务体系建设，提高后勤管理服务水平和质量，为学校实现内涵式发展提供强有力的支撑和保障。

（一）深化华工特色文化建设

进一步实施“文化兴校”战略，汲取中华优秀传统文化的思想精华，弘扬大学精神，坚持继承传统与创新发展相结合、科学素质与人文素养相结合、发展共性与尊重个性相结合，努力建设体现时代特征、学校特色、在国内外具有较大影响力的华工文化。秉承华工校训，弘扬华工精神，深入挖掘学校历史资源，继承学校优良传统，着力培育以社会主义核心价值观为核心的精神文化，以追求真理、立德树人为核心的学术文化，以民主、平等、协商为核心的制度文化，为高水平研究型大学建设营造良好的文化氛围。

推进与教学科研相配套的文化活动场地设施建设，搭建人文艺术教育平台，加强校史馆、文博馆、展览馆等公共文化设施的软硬件建设。发挥校内人文史迹的育人功能，推进人文史迹标识工作，维护和修缮学校文物建筑群，建设一批反映学校深厚文化底蕴和办学特色的人文景观，形成富有文化气息的校园文化角和文化带。通过与世界一流大学的交流与合作，增进不同文化的交流，营造多元文化氛围。加强校友工作和服务平台建设，培育优秀的校友文化。加强学校文化产品的设计开发和管理，重视学校整体形象的宣传推介，并物化呈现于校园环境中，体现校园文化品格。

加强校史专题研究和国情民情校情教育，利用重大节日、纪念日等开展主题教育活动，形成爱校荣校的价值取向和改革创新的精神动力，增强师生员工和广大校友对学校的认同感、荣誉感和使命感。坚持正确舆论导向，加强宣传载体建设，创新宣传理念和方法，拓展宣传渠道和途径，丰富宣传形式和内容。开展形式丰富、载体多样、内容充实的中华优秀传统文化宣传及教育活动，增强民族自信、文化自信和价值观自信。鼓励发展具有专业特色的学院文化，形成“百花齐放”的学院文化格局，加强不同学院、不同学科文化之间的互相影响、互相支持，促进校园文化整体发展。

（二）加强校园基本建设

着力实施《华南理工大学“十三五”基本建设规划（2016—2020年）》，推动校园的科学合理规划和建设，集约高效利用土地资源，拓展办学空间，改善办学条件，满足学校学科、教学、科研等发展需求。加快基础设施建设，调整优化校园功能布局。五山校区继续延续校园历史格局，根据现状功能分区和自然地理特点，进一步完善“两心三轴”布局结构，重点建设教学及生活配套急需设施，着力建设五山校区北区教学科研中心，完善南区配套服务设施；大学城校区在保持原有大部分自然地貌和生态痕迹的基础上，进一步合理布局、完备功能，着力完善生活配套设施，提高土地利用率，满足各功能区的使用要求和相互关系，形成五山校区与大学城校区两个校区建设布局明晰、功能分区明确、各类用房合理、道路管网规范的校园建设格局。

“十三五”期间，主要开展25项大型基建项目以及相配套的水、电、气、道路等基本条件设施建设，包括教学实验用房、学生宿舍、教工公寓、体育馆、学生食堂、福利及附属用房等，计划建筑面积80.76万平方米，其中续建项目12.68万平方米，新增项目68.08万平方米。到2020年，学校总建筑面积达到270万平方米，将为高水平大学建设提供坚实的基本条件保障，满足学校办学发展的需要。

（三）提高资产资源使用效益

继续完善多元筹资渠道，坚持开源节流，推动政府进一步完善高校办学经费投入稳定增长机制，建立对学校的常态化投入模式，支持学校长远规划和持续建设，并允许学校根据事业发展需要自主编制预算以及根据实际情况合理调整经费使用范围。积极争取政府财政支持和社会各界捐赠，争取国家持续实施高校捐赠配比财政资金政策并提高配比比例。支持校友会和教育发展基金会的建设与发展，不断拓展合作办学、资产经营等多种收入渠道。创新筹资工作方式，调动学院筹资的主动性和积极性，增强学校的社会筹资能力，努力增加学校办学资源。

加强财经管理，建立健全“统一领导、分级管理、集中核算”的财务管理机制，完善校院两级财务公开制度，提高资金使用效益和财务管理水平。加强对资金使用、资产管理的审计监督，深化经济责任审计，完善审计整改，推进结果公开。加强办学资源优化配置，健全以学科建设为导向的办学资源投入产出绩效评价体系，进行校院两级资源配置的效益评价和风险评估，逐步将各学院投入产出评价结果与学院的预算和考核挂钩。编制学校国有资产发展报告，综合分析学校国有资产基础数据，构建国有资产动态监管体系。

（四）加强公共服务保障体系建设

进一步完善图书、档案等教学科研保障体系，打造现代化、综合性的图书档案资源平台，提高服务师生员工学习和工作的质量和水平。不断拓展具有时代特征的新型文化载体，搭建有国际影响力的学术出版平台，多出学术精品。着力统筹推进信息化建设，完善网络和信息安全体系，建设弹性可控的网络空间，提高网络运行速度；加强信息化建设规划，制定学校信息化标准和规范，建设管理信息系统，搭建起教学、科研、管理综合性数据公共服务平台，实现数据共享，消除数字孤岛。加强信息化基础设施建设，优化校园网拓扑结构，大力推动移动应用，实现数字化校园向智慧校园的纵深发展。加强公共教学实验平台建设，为学生提供更多的实践操作机会；加大公共测试平台建设力度，提高实验教学人员队伍的能力和水平，形成可持续发展的公共教学实验平台共享运行机制；建设校级大型仪器设备共享使用信息平台，提高公共资源使用效益。加强水电基础设施建设，实施校园电力增容和供水管网改造工程，保障学校各项工作的顺畅运转。

（五）提高后勤保障服务质量

优化校园管理机制，推进资产集约化管理和校园网格化管理，推进物业管理一体化，提高校园管理和后勤保障服务水平。深化后勤保障机制改革，后勤服务实体实现从实体捆绑向服务性实体与经营性实体分离转变，从以自办实体为主向自办实体与购买服务相结合转变，强化服务意识，提高服务师生的质量。加强教师住房建设与管理，实行公共用房使用合约化管理，完善公有住房租赁管理制度，建立公有住房租住和退出机制，加强房改房售后管理，妥善解决好学校存量房历史遗留问题，改善教职员工的生活条件。着力改善学生住宿条件，加强学生宿舍新建和修缮管理工作，提高运动场馆设施服务和管理水平。稳步提高教职工收入水平，建设广州一流水准的社区卫生服务中心，构建完善的基础医疗与公共卫生服务保障体系；提高附属实验学校的教育质量，办好幼儿园，解决教职工的后顾之忧。加强校园管理和节能减排工作，强化校园安全管理，不断优化校园环境，着力构建资源节约型、环境友好型校园，为学校高水平大学建设提供坚实的支撑和保障。

八、加强和改进党的建设，强化党对学校工作的领导

全面贯彻党的教育方针，坚持社会主义办学方向，加强党对学校工作的领导。落实党建工作责任制，以改革创新精神落实全面从严治党战略部署，进一步加强党的思想建设、组织建设、作风建设、反腐倡廉建设和制度建设，加强学习型、服务型和创新型党组织建设。加强党的民主政治建设，提升学校党的建设科学化水平，激发全体师生推动学校发展的主人翁意识，为建设高水平研究型大学和学校综合改革提供坚强的政治保证、思想保证和组织保证。

（一）深化党的基层组织建设

优化基层党组织设置，抓好基层党组织建设主体责任落实，积极探索在教学团队、科研团队、重大项目组、重点实验室等组织单元中设置教师党支部，有效发挥党支部的作用。推进服务型党组织建设，健全党员联系和服务群众工作体系，充分发挥党组织的政治核心和战斗堡垒作用，充分发挥党员的先锋模范作用。严格党员发展，提高党员发展质量，加强在中青年教师中发展党员工作。强化党员教育，构建多层次、多渠道的党员经常性学习教育体系。创新党内组织生活，探索党委、党支部、党员三方联动创新机

制，把组织生活与研究学习、教学科研、管理服务、实践锻炼有机结合起来。完善校院两级党校工作体系，推进党代表工作室建设，继续深化党建品牌建设。严格党员管理，建立健全不合格党员处置机制。完善学生党建工作机制，明确学校党委研究生工作部、学生工作部分别在研究生、本科生党建工作中的权责，加强学生党建工作。

（二）加强领导班子和干部队伍建设

认真贯彻落实党委领导下的校长负责制，健全集体领导与个人分工负责相结合的制度。严格执行《华南理工大学贯彻落实“三重一大”决策制度实施办法（试行）》，完善群众参与、专家咨询和集体决策相结合的决策机制，构建决策科学、执行坚决、监督有力的权力运行体系。建立健全领导班子建设机制，加强对二级单位领导班子的综合研判和动态调整，不断优化班子结构，增强凝聚力和战斗力。完善干部选拔任用工作办法，实施干部选拔任用工作全程纪实制度，确保程序公平公正公开。实施干部能力素质提升计划，以思想教育、业务培训、实践锻炼为抓手，建立健全干部培训体系。加大干部监督管理力度，依法从细从实从严抓好干部监督管理。建立科学全面的干部队伍建设研判分析机制，提高识人察人用人水平。推进干部管理信息化，不断提高工作质量和管理效能。

（三）推进党风廉政建设

落实党委主体责任和纪委监督责任，践行《准则》、遵守条例，建立健全落实中央“八项规定”、反对“四风”的长效机制，完善惩治和预防腐败体系，持之以恒抓好党风廉政建设和反腐败工作。深入推进纪委转职能、转方式、转工作作风，完善二级党委（总支）纪检监察工作体制。加强反腐倡廉制度建设，完善校内巡视制度，落实巡视报告和整改结果公开制度，加强对二级单位领导班子的监督。创新监督模式，深入推进述责述廉述德和约谈工作，完善对干部选任、招生考试、财务管理、资产和校办企业、采购、基建项目、评审评比评估等重点领域的监督制度，发挥好“监督的再监督”作用。严肃查办领导干部违纪案件，建立健全问题线索主动发现和及时查处机制，落实重要信访举报及案件情况向上级纪委报告制度。推进廉洁文化进校园活动，坚持对党员干部、教师、学生开展党风廉政教育。

（四）加强宣传思想工作和民主政治建设

加强组织领导，完善学校党委统一领导、党政齐抓共管、宣传部门牵头协调、相关部门和学院共同参与的工作机制，建立健全相关部门和学院参加的宣传思想工作联席会议制度。加强意识形态和宣传思想工作。加强党组织中心组学习和教职工政治理论学习，以“华园讲坛”为平台，完善理论学习制度，创新理论学习方式方法，促进理论学习制度化、规范化、常规化。注重正面宣传引导，加强宣传思想阵地建设和管理，建设好学校门户网站、华工新闻网等网络教育主阵地、主平台、主渠道。建立健全新闻发言人制度，加强学校官方微博、微信等新媒体平台建设和管理，加强校园网络建设及信息安全管理，构建舆情监控引导体系。加强统一战线工作，进一步发挥统一战线凝聚人心、汇聚力量的政治优势，发挥好民主党派参政议政、民主监督的职能；加强工会、离退休工作和教代会、共青团建设，充分发挥他们在沟通、联络、服务及营造氛围方面的积极作用，为学校改革发展营造积极向上、宽松和谐的氛围。

第四部分　组织实施

一、加强规划实施的组织领导

在学校党委的领导下，各学院、校直属各单位、机关各部处以学校总体规划为指导，编制好专项规划和学院规划，明确规划的目标、任务和措施；各单位党政正职负责人是推进规划实施的责任人，负责做好本单位年度工作计划与学校总体规划、专项规划的衔接工作，将五年规划的目标和任务进行分解，制定出年度目标，明确重点任务和做好具体工作部署，将规划的实施、任期目标的推进与年度工作协调起来；各单位年度工作总结要分析规划中相关目标的实施进展情况，特别是约束性指标的完成情况。

二、优化落实规划的资源配置体系

规范建设项目和预算审批制度，依据学校总体规划进行建设项目及其预算的论证和审批，做到据规划定项目、以项目定预算，通过项目实施促进规划落实。完善资金、资产、资源配置的全过程管理、控制和审计制度，协调各类资源的配置，提高资源使用效益。

三、健全规划实施监测评估制度

加强对规划实施情况的跟踪管理，坚持以绩效为杠杆，建立激励约束机制。结合学院和机关部处任期目标责任制的实施，对各项主要建设指标完成情况进行年度监测和阶段评价，并完善评价结果使用制度，切实推进学校“十三五”时期发展再上新台阶。

四、建立规划的修订完善制度

在五年规划实施过程中，如遇国内外高等教育形势发生重大变化、国家和区域经济建设和社会发展战略发生重要调整以及学校自身改革和发展的路径需要调整时，需相应对“十三五”总体规划和专项规划进行修订。重大修订应由相关部门提出修订建议并提交学校党委常委会、学校学术委员会、教代会（或其常设机构）审议，最后经学校党委全委会审议通过后实施。

2017 年学校制定的重要文件和规章制度目录

序号	文号	文件或规章标题
1	华南工〔2017〕35 号	关于印发《华南理工大学 2017 年党建与思想政治工作要点》的通知
2	华南工〔2017〕36 号	关于印发《华南理工大学 2017 年工作要点》的通知
3	华南工〔2017〕41 号	关于印发《华南理工大学领导人员兼职及取酬管理办法（试行）》的通知
4	华南工〔2017〕50 号	关于印发《华南理工大学思想政治工作提升行动（2017—2020）》的通知
5	华南工〔2017〕53 号	关于公布学院、机关部处和直属单位机构设置调整方案的通知
6	华南工〔2017〕58 号	关于印发《华南理工大学本科生综合测评及奖励办法（2017 年修订）》的通知
7	华南工〔2017〕64 号	关于印发《华南理工大学组织员管理办法（试行）》的通知
8	华南工〔2017〕72 号	关于公布《华南理工大学党政职能部门和直属单位工作职责（2017 年修订）》的通知
9	华南工〔2017〕73 号	关于公布《华南理工大学党政职能部门科级及以下人员编制精简方案》的通知
10	华南工〔2017〕80 号	关于印发《华南理工大学选拔优秀青年教师到校内机关部处挂职实施办法（试行）》的通知
11	华南工〔2017〕81 号	关于印发《华南理工大学深入学习宣传贯彻习近平总书记给第三届中国“互联网+”大学生创新创业大赛“青年红色筑梦之旅”大学生重要回信精神实施方案》的通知
12	华南工〔2017〕83 号	关于印发《华南理工大学共青团改革实施方案》的通知
13	华南工〔2017〕85 号	印发《关于加强新形势下教师党支部建设的实施意见（试行）》的通知
14	华南工〔2017〕87 号	关于学校党政领导分工和联系点调整的通知
15	华南工〔2017〕88 号	关于印发《关于进一步加强和改进离退休工作的实施意见》等 2 个文件的通知
16	华南工〔2017〕89 号	关于印发《华南理工大学党政职能部门和直属单位职责履行情况监督管理办法（试行）》的通知
17	华南工〔2017〕102 号	关于印发《华南理工大学严格党的组织生活规定》的通知
18	华南工校〔2017〕41 号	关于印发《华南理工大学传染病防治工作管理办法》的通知
19	华南工教〔2017〕2 号	关于印发《华南理工大学新增学士学位授予专业审核工作办法（试行）》的通知

续表

序号	文号	文件或规章标题
20	华南工教〔2017〕11号	关于印发《华南理工大学南光卓越教学奖（本科）评选办法》和《华南理工大学本科教学优秀奖评选办法（2017年修订)》的通知
21	华南工教〔2017〕14号	关于印发《华南理工大学青年教师本科课堂教学竞赛管理办法(2017年修订)》的通知
22	华南工教〔2017〕19号	关于印发《华南理工大学本科课程考试工作管理办法》的通知
23	华南工教〔2017〕33号	关于印发《华南理工大学全日制本科学生学业预警与帮扶实施办法》的通知
24	华南工教〔2017〕34号	关于印发《华南理工大学推荐优秀应届本科毕业生免试攻读研究生管理办法（2017年修订)》的通知
25	华南工教〔2017〕41号	关于印发《华南理工大学全日制本科学生考试违纪作弊处理办法(2017年修订)》的通知
26	华南工教〔2017〕43号	关于印发《华南理工大学全日制本科学生学籍管理办法（2017年修订)》等5个文件的通知
27	华南工教〔2017〕44号	关于印发《华南理工大学教材建设与管理办法》的通知
28	华南工教〔2017〕45号	关于印发《华南理工大学“中国‘互联网+’大学生创新创业大赛”参赛奖励管理办法》的通知
29	华南工教〔2017〕46号	关于印发《华南理工大学“3+2”中澳班管理办法》等3个文件的通知
30	华南工教〔2017〕48号	关于印发《华南理工大学本科教学事故认定与处理办法（2017年修订)》的通知
31	华南工教〔2017〕53号	关于印发《华南理工大学教师教学能力提升计划（2017 2020年)》的通知
32	华南工教〔2017〕69号	关于印发《华南理工大学“优质专业奖”评选办法（试行)》的通知
33	华南工科〔2017〕3号	关于印发《华南理工大学自然科学重点科研基地管理办法》的通知
34	华南工科〔2017〕19号	关于印发《华南理工大学SSCI、A&HCI期刊分类目录（2017)》的通知
35	华南工人〔2017〕2号	关于印发《华南理工大学华南软物质科学与技术高等研究院建设方案》的通知
36	华南工人〔2017〕7号	关于印发《华南理工大学人才引育奖励办法实施细则》的通知
37	华南工人〔2017〕16号	关于印发《华南理工大学公开招聘非教学科研岗位人员实施办法(2017年修订)》的通知
38	华南工人〔2017〕24号	关于印发《华南理工大学教职工公派出国（境）管理办法》的通知

续表

序号	文号	文件或规章标题
39	华南工人〔2017〕35 号	关于印发《华南理工大学岗位设置管理实施办法（2017 年修订）》和《华南理工大学职员制改革实施办法（2017 年修订）》的通知
40	华南工人〔2017〕45 号	关于印发《华南理工大学专业技术职务评审规定（2017 年修订）》的通知
41	华南工设〔2017〕4 号	关于印发《华南理工大学大型仪器设备开放共享管理办法（试行）》和《华南理工大学大型仪器设备使用效益考核评价办法（试行）》的通知
42	华南工设〔2017〕5 号	关于印发《华南理工大学实验室安全管理规定（试行）》等 2 个文件的通知
43	华南工学〔2017〕7 号	关于印发《华南理工大学国家助学贷款管理实施细则（2017 年修订）》的通知
44	华南工学〔2017〕8 号	关于印发《华南理工大学家庭经济困难学生认定与管理办法（2017 年修订）》的通知
45	华南工学〔2017〕10 号	关于印发《华南理工大学本科生档案管理办法》的通知
46	华南工学〔2017〕11 号	关于印发《华南理工大学学生申诉处理办法》的通知
47	华南工学〔2017〕12 号	关于印发《华南理工大学本科生违纪处分规定（2017 年修订）》的通知
48	华南工学〔2017〕13 号	关于印发《华南理工大学“挑战杯”“创青春”系列竞赛奖励管理办法》的通知
49	华南工研〔2017〕16 号	关于印发《华南理工大学南光卓越教学奖（研究生）评选办法（试行）》和《华南理工大学研究生教学优秀奖评选办法（2017 年修订）》的通知
50	华南工研〔2017〕21 号	关于印发《华南理工大学博士研究生招生申请考核制实施办法（2017 年修订）》的通知
51	华南工研〔2017〕23 号	关于印发《华南理工大学研究生参与社会实践纳入培养环节实施办法（试行）》的通知
52	华南工研〔2017〕25 号	关于印发《华南理工大学成人高等教育本科毕业生申请学士学位实施细则（2017 年修订）》的通知
53	华南工研〔2017〕28 号	关于印发《华南理工大学硕士专业学位研究生培养管理办法》等 2 个文件的通知
54	华南工研〔2017〕29 号	关于印发《华南理工大学研究生违纪处分规定（2017 年修订）》和《华南理工大学研究生学术不端行为处理办法（2017 年修订）》的通知
55	华南工研〔2017〕30 号	关于印发《华南理工大学学位授予与管理工作细则（2017 年修订）》的通知

续表

序号	文号	文件或规章标题
56	华南工研〔2017〕31号	关于印发《华南理工大学硕士学位论文抽查评审办法（2017年修订)》的通知
57	华南工研〔2017〕32号	关于印发《华南理工大学研究生管理规定》的通知
58	华南工研〔2017〕33号	关于印发《华南理工大学研究生转学工作实施细则（2017年修订)》的通知
59	华南工研〔2017〕34号	关于印发《华南理工大学研究生新生入学复查办法》的通知
60	华南工研〔2017〕35号	关于印发《华南理工大学研究生学位申请工作管理办法》的通知
61	华南工研〔2017〕36号	关于印发《华南理工大学学术型研究生培养管理办法》等3个文件的通知
62	华南工研〔2017〕39号	关于印发《华南理工大学研究生招生计划管理办法（2017年修订)》的通知

学校机构与负责人

学校机构与负责人*

一、中共华南理工大学第十六届委员会

书　记： 章熙春
副书记： 王迎军（女）　刘琪瑾（女）　余其俊　陶韶菁（女）
常　委： 章熙春　王迎军（女）　刘琪瑾（女）　余其俊　陶韶菁（女）
邱学青　朱　敏　李　正　吴业春
委　员：（以姓氏笔画为序）
王丹平（女）　王迎军（女）　冯小宁　叶汉钧　叶伟雄　刘琪瑾（女）
朱　敏　朱桂龙　邬　智　何剑桦　余其俊　吴　垒　吴业春
吴硕贤　张宪民　李　正　杜小明　苏　成　苏运法　邱学青
陶韶菁（女）　章熙春　彭说龙　彭新一

二、华南理工大学校长、副校长

校　长： 王迎军（女）
副校长： 邱学青　朱　敏　党　志　李　正　吴业春

三、中共华南理工大学纪律检查委员会

书　记： 刘琪瑾（兼）
副书记： 曾学敏
委　员：（以姓氏笔画为序）
丁　勇　司聚民　刘琪瑾（女）　孙连坡　扶　雄　麦均洪
赵永林　梁经锐　曾学敏（女）　谢小鹏　谭　瑶（女）

四、校长助理

张　明　苏　成　房俊东

---

* 机构负责人均为2017年12月31日在任。

五、中共华南理工大学机关委员会

书　记：关春兰（兼）
副书记：曾学敏（兼）　麦均洪（兼）
委　员：（以姓氏笔画为序）
王丹平　叶汉钧　叶伟雄　关春兰　麦均洪　吴树雄
何剑桦　张锅红　曾学敏

六、学校党政职能部门及负责人

1. 党委办公室（学校办公室）
主　任：关春兰　　**副主任：**郑小娟　张　健　梁大为
学术委员会秘书处（挂靠）　　**学术委员会办公室副主任：**郑文杰
机关党委办公室（挂靠）
保密委员会办公室（挂靠）
2. 纪监办公室（纪委办公室、监察处）
主　任：曾学敏　　**副主任：**张卫平
3. 党委组织部（党校办公室）
部　长：麦均洪　　**副部长：**王德林　陈翠峰
党校办公室（挂靠）
4. 党委宣传部（新闻中心）
部　长：张锅红　　**副部长：**张　征　刘才刚
5. 党委统战部
部　长：王丹平
6. 学生工作部（处）（党委研究生工作部、武装部、国防生教育学院）
部（处）长：李卫青
副部（处）长：雷育胜（常务）　林　智　李华兵　温志雄　刘　哲
学生就业指导中心（挂靠）
心理健康教育与咨询中心（挂靠）
学生资助管理中心（挂靠）
后备军官选拔培训工作办公室（代管）
7. 校工会
主　席：刘琪瑾（兼）　　**副主席：**何剑桦（常务）　刘少萍　孙宏志
计划生育委员会办公室（挂靠）
附属实验学校（代管）
幼儿园（代管）
家属委员会（代管）
8. 校团委
书　记：孟　勋　　**副书记：**朱泳媚　梁　劲

9．发展战略与规划处（发展战略与政策研究中心）

处　长：（空缺）

副处长：朱永东（主持工作）　陈小平　付　晔

学科建设办公室（挂靠）

高水平大学建设项目管理办公室（挂靠）

10．教务处

处　长：项　聪　　**副处长：**张星明　林镜亮　赵红茹

教材管理办公室（挂靠）　　**主　任：**张　皓

考试中心（挂靠）　　**主　任：**张　皓（兼）

评估中心（挂靠）　　**主　任：**赵红茹（兼）

教育技术中心（挂靠）　　**主　任：**刘泽奖

教师教学发展中心（挂靠）

11．研究生院

院　长：李　正（兼）　　**副院长：**扶　雄（常务）

专业学位办公室　　**主　任：**熊　玲

培养办公室　　**主　任：**黄志文

学位办公室（挂靠）　　**副主任：**谢文君

大学城校区办公室　　**主　任：**阮向前

国家公派研究生工作办公室（挂靠）

12．招生工作办公室

主　任：周　勤　　**副主任：**魏　昉　谢茂华

13．科学技术处

处　长：林艺文　　**副处长：**许　宏　蒋兴华　杨　杰

军工项目管理办公室（挂靠）　　**主　任：**许　宏（兼）

国防科技研究院（挂靠）

科学技术研究院（挂靠）

14．科技成果转化办公室

主　任：江　海　　**副主任：**葛瑞明

工业技术研究总院（挂靠）

国家大学科技园（挂靠）

专利事务中心（代管）

15．社会科学处

处　长：（空缺）　　**副处长：**李石勇（主持工作）

16．人事处（党委教师工作部）

处长（部长）：吴树雄　　**副处长：**刘晓翔　叶志锋　王　娟

党委教师工作部　　**副部长：**孙　峰

人才交流服务中心（挂靠）

高层次人才工作办公室（挂靠）

院士工作办公室（挂靠）

博士后管理办公室（挂靠）

17. 国际交流与合作处（港澳台事务办公室、中外合作办学办公室）
处　长：王庆年　　**副处长：**黄　非
中外合作办学办公室　　**副主任：**马　宁
引智项目管理办公室（挂靠）
18. 公共关系处（校友工作处）
处　长：刘　俊　　**副处长：**桑成好　赖何季　麦冬宁
教育发展基金会办公室（挂靠）
大学理事会工作办公室（挂靠）
19. 离退休工作处（离退休教工党委）
处　长：谭　瑶　　**副处长：**林　伟　王乐媛
离退休教工党委　　**副书记：**杨　洪
关心下一代工作委员会办公室（挂靠）
20. 保卫部（处）
部（处）长：陈永强　　**副部（处）长：**吴益平　李绍强　陈伟兴（兼）
21. 实验室与设备管理处
处　长：王　健　　**副处长：**殷　姿　姚志民　李　娟
22. 财务处
处　长：马红红　　**副处长：**米卫华　彭晓虹　黄淦元　肖向晨　刘　为（兼）
科研经费管理办公室（挂靠）
23. 审计处
处　长：占友林　　**副处长：**汤贺凤
24. 基建处
处　长：徐　兵　　**副处长：**沈　涛　吴　旭　杨　春
25. 资产管理处
处　长：刘祥富　　**副处长：**李石槟　尹光明　王　虹
26. 后勤处
处　长：叶汉钧　　**副处长：**赵　宏　甘立丕　洪梦晓　张秋琴

七、大学城校区管理委员会及下设办公室和负责人

1. 大学城校区管理委员会
主　任：朱　敏（兼）　　**副主任：**叶伟雄（常务）
2. 大学城校区管委会办公室
主　任：叶伟雄（兼）　　**副主任：**胡　高　林文展　陈伟兴

八、广州国际校区工作机构及负责人

1. 国际事务办公室
主　任：吴招胜

2. 学术事务办公室

主　任：李静蓉

3. 综合事务办公室

主　任：（空缺）　　**副主任：**陈华强

九、学院及负责人

1. 机械与汽车工程学院

党委书记：晋　刚　　**副书记：**周红玲（常务）　李　嘉

院　　长：张宪民　　**副院长：**汤　勇　上官文斌　李　琳　张卫文

2. 建筑学院

党委书记：司聚民　　**副书记：**陈　莹

院　　长：孙一民　　**副院长：**肖毅强　张宇峰　王世福　彭长歆

3. 土木与交通学院

党委书记：郑存辉　　**副书记：**张蔚洁

院　　长：吴　波　　**副院长：**温惠英　季　静　姚小虎　陈　珺（行政）

4. 电子与信息学院

党委书记：陈　艳　　**副书记：**周　军

院　　长：薛　泉　　**副院长：**徐向民（常务）　李　斌　章秀银

5. 材料科学与工程学院

党委书记：张勤远　　**副书记：**吴妙娴（常务）　彭树立

院　　长：彭俊彪　　**副院长：**张广照　殷素红　任　力　欧阳柳章　李碧梅（行政）

6. 化学与化工学院

党委书记：张坚雄　　**副书记：**鲁　明

院　　长：张正国　　**副院长：**李雪辉　李映伟　楼宏铭　胡建强

7. 轻工科学与工程学院

党委书记：朱文建　　**副书记：**谭循恩

院　　长：吕发创　　**副院长：**刘传富（常务）　李　擘　李　军

8. 食品科学与工程学院

党委书记：益瑞涵　　**副书记：**李　昀

院　　长：曾新安　　**副院长：**王永华　娄文勇　李晓玺

9. 数学学院

党委书记：孙国忠　　**副书记：**邹　敏

院　　长：朱长江　　**副院长：**杨启贵　周胜林　温焕尧

10. 物理与光电学院

党委书记：张淑娟　　**副书记：**曾嘉华

院　　长：杨中民　　**副院长：**陈武喝

11. 经济与贸易学院

党委书记：赵　敏　　**副书记**：勾海林

院　　长：（空缺）　　**副院长**：江金波（负责行政工作）　孙坚强　徐　枫　魏冰影（行政）

12. 自动化科学与工程学院

党委书记：郭祥瑞　　**副书记**：刘　博

院　　长：李远清　　**副院长**：王孝洪　俞祝良　罗家祥

13. 计算机科学与工程学院

党委书记：练伟杰　　**副书记**：杨毅仁

院　　长：　　**副院长**：余志文　高　英

14. 电力学院

党委书记：丁　勇　　**副书记**：许中华

院　　长：（空缺）　　**副院长**：唐文虎（负责行政工作）　杨向宇　廖艳芬

15. 生物科学与工程学院

党委书记：吴春年　　**副书记**：易　振

院　　长：林章凛　　**副院长**：林　影（常务）　吴振强　王菊芳

16. 环境与能源学院

党委书记：陈航宇　　**副书记**：吴耀华

院　　长：叶代启　　**副院长**：刘　江　朱能武　林　璋

17. 软件学院

党委书记：钟建华　　**副书记**：詹郁生

院　　长：王振宇　　**副院长**：杨晓伟　吴庆耀　黄　敏

18. 工商管理学院（创业教育学院）

党委书记：胡亦武　　**副书记**：淡瑞霞

院　　长：张卫国　　**副院长**：周永务　李志宏　黄嫚丽　许　治

19. 马克思主义学院

党委书记：李良成　　**副书记**：刘开频

院　　长：解丽霞　　**副院长**：张国启　闫坤如

20. 公共管理学院

党委书记：邬　智　　**副书记**：黄艳华

院　　长：　　**副院长**：李胜会　黄　岩

21. 外国语学院

党委书记：邹　浩　　**副书记**：赵水东

院　　长：钟书能　　**副院长**：蔡金亭　武建国　朱献珑

22. 法学院（知识产权学院）

党委书记：刘应思　　**副书记**：韦　萍

院　　长：蒋悟真　　**副院长**：夏正林　张友好

23．新闻与传播学院

党委书记：冯向阳　　**副书记：**刘　涛

院　　长：苏宏元　　**副院长：**曹智频　蒋建国　陈　娟

24．艺术学院

党委书记：施亚玲　　**副书记：**黄　佳

院　　长：梁　军　　**副院长：**陈刚毅　宋维佳

艺术教育中心（挂靠）　　**副主任：**王丽艳（常务）

25．体育学院

党委书记：张建功　　**副书记：**黄广发

院　　长：樊莲香　　**副院长：**高晓波　唐建佬

26．设计学院

党委书记：欧阳斌　　**副书记：**陈木龙

院　　长：张　珂　　**副院长：**梁明捷　管少平　张瑞秋

27．医学院

党总支书记：何东清　　**副书记：**曹家富

院　　长：庄　建（兼）　　**副院长：**李继承（常务）　刘　佳　廉哲雄　梁长虹　蒋开球（行政）

28．国际教育学院

院　　长：姚　旻　　**副院长：**刘　程　胡贵平　杨浩松（行政）

29．生物医学科学与工程学院

院　　长：王　均

30．吴贤铭智能工程学院

院　　长：杜如虚　　**副院长：**谢龙汉

十、直属单位及其他单位和负责人

1．继续教育学院（公开学院、网络教育学院）

院　长：孙连坡　　**副院长：**王全迪　孙树民　林文岳　吴远东

党委书记：黄国清

2．图书馆（科技图书馆）

馆　长：（空缺）　　**党总支书记：**范家巧

副馆长：乔　丽　童燕青　王丽萍（负责行政工作）　蒋春林（兼图书馆大学城校区分馆馆长）

3．档案馆

馆　长：冯小宁　　**副馆长：**黄　玲

4．分析测试中心

主　任：向兴华

5．校医院

院　　长：（空缺）　　**党总支书记：**吴　垒

副院长：刘　冰（负责行政工作）

公费医疗管理办公室（挂靠）

6. 资产经营有限公司（华工大集团）

总经理：谭志伟　　**党委书记：**许国民

副总经理：符浩剑　张　玲

7. 出版社（出版社有限公司）

社　长：卢家明　　**副社长：**柯　宁

总编辑（总经理）：卢家明（兼）　　**副总编辑：**周莉华

8. 信息网络工程研究中心（信息化办公室）

主　任：季　飞　　**副主任：**潘伟锵

副首席信息官兼学校网络安全和信息化领导小组办公室　**主　任：**陆以勤

9. 学报编辑部（自然科学版、社会科学版）

主　任：张乐平　　**副主任：**刘淑华　潘宜玲

10. 招标中心

主　任：王飞雁　　**副主任：**孙培清

11. 高等教育研究所

所　长：罗　毅　　**副所长：**余新科

12. 公共政策研究院

理事长：莫道明

13. 华南协同创新研究院

院　长：吴业春（兼）　　**副院长：**张　明（常务）　刘　为　苏秋斌

14. 广州现代产业技术研究院

院　长：章熙春（兼）　　**副院长：**赵建仓（常务）

15. 珠海现代产业创新研究院

院　长：章熙春（兼）　　**副院长：**房俊东（常务）　张　凡

16. 附属广东省人民医院

院　长：庄　建　　**党委书记：**耿庆山

17. 附属第二医院

院　长：曹　杰　　**党委书记：**蒋少艾

18. 附属天河医院筹建工作小组

组　长：耿庆山（兼）　　**常务副组长兼办公室主任：**马　强

19. 华南理工大学广州学院

党委书记：张培祥　　**副书记：**曾令涛　杨兆禧

校　　长：邱学青　　**副校长：**曾志新（常务）　李华钢　曾令涛　周诗瑶　林　颖

2017 年学校成立或调整的部分机构

序号	成立或调整的机构名称	成立（调整）时间	批准文号	备注
1	华南理工大学医疗器械研究检验中心	2017 年 2 月 23 日成立	华南工科〔2017〕8 号	
2	华南理工大学附属天河医院筹建工作机构	2017 年 7 月 18 日成立	华南工校〔2017〕14 号	
3	华南理工大学本科教学工作审核评估与建设领导小组专项工作组及迎评工作办公室	2017 年 9 月 7 日成立	华南工教〔2017〕49 号	
4	华南理工大学资产资源管理委员会	2017 年 10 月 12 日调整	华南工资〔2017〕66 号	
5	华南理工大学学生资助管理中心	2017 年 11 月 2 日成立	华南工〔2017〕90 号	
6	学习贯彻党的十九大精神华南理工大学宣讲团	2017 年 11 月 19 日成立	华南工〔2017〕94 号	
7	华南理工大学大学城校区河长制办公室	2017 年 12 月 1 日成立	华南工基〔2017〕5 号	
8	生物医学科学与工程学院、吴贤铭智能工程学院	2017 年 12 月 19 日成立	华南工校〔2017〕35 号	

2017 年学校成立或调整的部分议事机构

一、实验动物管理委员会及实验动物伦理委员会（2017 年 2 月成立）

1. 实验动物管理委员会人员名单

主　任： 党　志

副主任： 王文锦　林镜亮　廉哲雄

委　员： 陈永强　付　晔　蒋开球　吴振强　任　力　王　均　娄文勇　谢水林

挂靠单位： 实验室与设备管理处

秘　书： 龚　婕　曲莉芝

2. 实验动物伦理委员会人员名单

主　任： 庄　建

副主任： 林章凛　李继承　付　晔

委　员： 唐建安　刘　佳　廉哲雄　王　均　温龙平　曲莉芝　王　健　张学武

挂靠单位： 医学院实验中心

秘　书： 谢水林

二、附属医院建设领导小组（2017 年 3 月成立）

组　长： 章熙春　王迎军

副组长： 邱学青　耿庆山

成　员： 陶韶菁　吴业春

财务处、党委组织部、发展规划处、科学技术处、人事处、基建处、实验室与设备管理处、医学院、招标中心、校医院、建筑设计研究院等单位负责人各 1 名

领导小组下设建设协调小组，负责相关具体工作，具体组成如下：

组　长： 马　强

副组长： 张伟山（华南理工大学附属第二医院）　蔡　波（广东省人民医院）

学校办公室 1 人　基建处 1 人　医学院 1 人

成　员： 部分领导小组成员单位指定人员（学校办公室、财务处、基建处、医学院、校医院等，并根据阶段工作任务不同进行调整）

三、广州国际校区筹备领导小组（2017 年 3 月成立）

组　长： 章熙春　王迎军

副组长： 朱　敏　邱学青　余其俊　彭新一　刘琪瑾　彭说龙　党　志

领导小组下设筹备工作小组，组成如下：

主　任： 李静蓉

成　员： 学校办公室、党委组织部、学生工作部（处）、发展规划处、教务处、研究生院、招生工作办公室、科学技术处、人事处、国际交流与合作处、实验室与设备管理处、财务处、基建处、资产管理处、后勤处、建筑设计研究院等单位各 1 人

四、实验室安全专门委员会（2017 年 5 月成立）

主　任： 林章凛

副主任： 王文锦　姚志民　吴益平　李雪辉　马小明

成　员： 冯小宁　傅伟文　付　晔　何剑桦　胡少强　娄文勇　潘伟斌　施亚玲

孙宏志　王　均　辛学刚　熊　玲　叶志锋　张庆园　周小文

研究生代表 3 ～ 4 名　本科生代表 2 ～ 3 名

艾德生（清华大学实验室与设备处）

江　铁（清华大学生命科学学院）

杨　睿（清华大学化学工程系）
黄大荣（广东安全技术职业培训学院）
廖　彤（广东省环境辐射监测中心）
林燕春（广东省环境监测中心）
徐石海（暨南大学生命科学技术学院/实验室与设备管理处）
邹　波（广州市公安局）

秘　书：龚　婕　叶燕锐　谢水林

五、文明校园创建工作领导小组（2017年7月成立）

组　长：章熙春　王迎军
副组长：彭新一　刘琪瑾　余其俊　彭说龙　邱学青　朱　敏　党　志　陶韶菁
成　员：李　正　吴业春　关春兰　张锅红　曾学敏　麦均洪　何剑桦　李卫青
吴树雄　扶　雄　叶汉钧　王　健　陈永强　李石勇
发展战略与规划处负责人

六、本科教学工作审核评估与建设领导小组（2017年9月成立）

组　长：章熙春　王迎军
常务副组长：邱学青　李　正
副组长：刘琪瑾　余其俊　陶韶菁　朱　敏　党　志　吴业春
成　员：关春兰　张锅红　李卫青　朱永东　孟　勋　项　聪　周　勤　林艺文
江　海　李石勇　吴树雄　王庆年　刘　俊　陈永强　王　健　马红红
徐　兵　刘祥富　叶汉钧　叶伟雄　季　飞　范家巧　高晓波　刘　冰

七、第十届学位评定委员会（2017年9月成立）

主　席：王迎军
副主席：邱学青
委　员：（按姓氏拼音排序）
扶　雄　李继承　李远清　林章凛　吕发创　彭俊彪　瞿金平　唐本忠
吴　波　肖毅强　解丽霞　薛　泉　杨中民　叶代启　曾新安　张卫国
张宪民　张正国　朱　敏　朱长江

八、资产资源管理委员会（2017年10月调整和增补）

主　任：王迎军
常务副主任：吴业春
副主任：朱　敏　党　志
成　员：（按姓氏笔画排序）
马红红　王　健　占友林　叶汉钧　叶伟雄　刘祥富　江　海　麦均洪
吴树雄　林艺文　徐　兵　谭志伟
监督员：曾学敏

秘　书： 王　虹

九、扶贫开发领导小组（2017 年 12 月调整）

组　长： 章熙春　王迎军
副组长： 刘琪瑾　陶韶菁
成　员： 党委办公室（学校办公室）、党委组织部、党委宣传部、校工会、校团委、科学技术处、科技成果转化办公室、社会科学处、人事处、公共关系处等单位主要负责人

十、第十届学位评定委员会（2017 年 12 月调整）

主　席： 王迎军
副主席： 李　正
委　员：（按姓氏拼音排序）

扶　雄　李继承　李远清　林章凛　吕发创　彭俊彪　邱学青　瞿金平
唐本忠　吴　波　肖毅强　解丽霞　薛　泉　杨中民　叶代启　曾新安
张卫国　张宪民　张正国　朱长江

党建与思想政治工作

组 织 工 作

【基层党组织建设】 深化党建品牌建设。实施“先锋筑梦”支部书记原创精品微党课建设工程、中青年教师党员发展“领航计划”和“岭南追梦”大学生社会主义核心价值观实践行动等，打造学校党建工作品牌。连续11年坚持开展党建主题活动，构建“一学院一品牌”基层党建工作格局，党建品牌的示范引领作用得到有效发挥。

推进基层党组织建设。截至2017年底，全校共有34个二级党委（党总支），647个基层党支部，其中，在职教工党支部246个、离退休教工党支部76个、学生党支部325个。顺利完成全校二级党组织和党支部换届工作，统一标准建设35个“党员之家”。实行学院党政领导班子成员交叉任职，15个党员院长担任党委副书记，62个党员副院长担任党委委员。制定《关于加强新形势下教师党支部建设的实施意见》，全面落实教师党支部书记“双带头人”要求。制定《严格党的组织生活规定》，严肃党的组织生活。制定《推进“两学一做”学习教育常态化制度化实施方案》，学校2个党支部在全国高校“两学一做”支部风采展示中获奖，2个党支部被评为广东省高校“三型”党支部。

严格党员发展工作。2017年共发展党员1662人，其中，研究生党员485人、本科生党员1169人、教工党员8人。截至2017年底，共有党员13 050人，其中，在职教工党员3268人、研究生党员6181人、本科生党员2483人，分别占同类人员的68.01%、38.89%、10.07%；离退休教工党员1118人。开展党员信息采集、党员组织关系排查等工作，严格党员管理监督。

做好党费收缴、管理和使用工作。2017年，全校党费收入3 686 690.95元，支出2 377 306.28元。

【干部队伍建设】 贯彻落实干部选拔任用新要求，扎实做好中层干部换届和科级干部重新选任工作，综合运用交流提任、同级调整等方式，推动干部交流轮岗。中层干部换届选任305人，其中岗位变动188人，占62%。提拔任用的86人中，交流提任17人，占20%。同级岗位交流任用的102人中，不同类型单位交流44人，占43%。科级干部重新选任硬性规定“20%～30%的科级岗位面向本单位以外的其他二级单位人员选任”，破解多年来交流轮岗不畅等问题，重新选任302名科级干部，其中，提拔任用67人，占22%；同级岗位交流任用105人，占35%；续任原岗位130人，占43%。截至2017年底，学校共有中层干部317人，其中，中层正职102人、中层副职215人；科级干部306人。

优化管理机构设置，新设党委教师工作部、教材管理办公室、科技成果转化办公室等3个机构，整合党委研究生工作部和学生工作部（处），裁撤、合并大学城校区管委会教学与实验室管理办公室等7个机关部处和直属单位。探索在2个规模较大的学院吸收优秀专家担任党委书记，增设常务副书记岗位；在离退休教工党委、马克思主义学院党委增设专职副书记岗位；制定《组织员管理办法》，加强组织员队伍建设。

探索干部储备培养新路径。制定《选拔优秀青年教师到校内机关部处挂职实施办法》，首批选任19名青年教师到机关部处挂职，全部具有博士学历学位，平均年龄不到39岁，80%以上具有高级专业技术职务。统筹做好中央博士服务团、广东科技专家服务团、江苏科技镇长团等各类干部选派工作。积极向外推荐和输送优秀干部，拓宽干部发展通道，1名中层正职干部交流提任省属本科高校副职岗位。

完善干部考核机制。弘扬实干精神，组织完成74个二级单位和307名中层干部任期考核，共评定任期考核“优秀”人员72人，“优秀”二级单位16个。做好贵州、广西等高校4名干部来校挂职工作。做好学校领导班子及其成员年度考核工作。

强化干部监督管理。严格执行领导干部个人事项报告制度，召开专场培训会议，加强政策解读，精准传达要求，提升报告准确率。密切同上级部门的联动，在中层干部换届中，实现第一时间录入数据、第一时间报送信息、第一时间取回结果、第一时间开展比对、第一时间研判汇报。全年共抽查103人次，其中，随机抽查15人次、重点抽查88人次。完善领导干部兼职和取酬管理制度，制定《领导人员兼职及取酬管理办法》，摸查所有中层领导干部的兼职及取酬情况，清理不符合规定的兼职。坚持“摸清底数、堵塞漏洞、杜绝违规、规范管理”原则，严把领导干部因私出国（境）“关口”，从严从实抓好证件管理和审批工作。全年共审批领导干部因私出国（境）申请186人次。将干部任前谈话和日常谈话作为重要工作，坚持近距离、有原则接触干部，对发现的苗头性、倾向性问题及时提醒；对信访、举报及个人有关事项报告核查中反映出的问题，及时组织函询；对虽不构成违纪但造成了不良影响的领导干部，及时给予批评教育，防止小毛病演变成大问题。

【扶贫开发工作】充分发挥学校学科、人才、科研等方面优势，推动教育扶贫、智力扶贫、健康扶贫、文化扶贫、产业扶贫落到实处。全年直接投入资金202万元，帮助引进各类资金232万元，受益建档立卡贫困户2515人；举办各类人才培训班15场，2000余人次接受培训；帮助企业提高生产技术水平，大幅提高技术扶贫项目利润。《中国教育报》等先后刊登、转载学校扶贫经验；学校“‘五位一体’精准扶贫 协调推进乡村治理”帮扶项目，获评教育部第二届直属高校精准扶贫精准脱贫“十大典型项目”；学校“创意文化村落品牌形象塑造”精准扶贫项目成果获中国包装创意设计大赛一等奖。全年累计派出干部担任副县长3人、“第一书记”3人、院长助理1人、驻村工作队队员3人对口扶贫云南省临沧市云县和广东省惠来县孔美村，并选派干部到云南省普洱市孟连县、普洱茶学院挂职锻炼。

【党校工作】强化党员教育和入党培训等党性锻炼。突出党的理论教育和党性教育的主课地位，办好党员教育和入党培训各类主体班次。积极探索“互联网+

培训”模式，优化培训师资，让党课更加“有特色”“接地气”。2017年举办入党培训“领航班”、预备党员培训“先锋班”、正式党员培训“卓越班”和少数民族师生入党培训“特色班”共7期，参训或结业2050人；“入党积极分子在线学习网络平台”网上培训班2期，共有1806名学员在线学习。组织开展干部专题培训。把握重大时间节点和学校工作安排，先后举办各类干部培训班11个班次，培训各类干部815人；共派出24名干部参加上级调训。

教职工思想政治工作和宣传工作

【理论学习与思想教育】把学习宣传贯彻党的十九大精神作为学校首要政治任务和最重要的“纲”，作为思想教育和理论武装工作的重中之重，印发《关于认真学习宣传贯彻党的十九大精神的通知》，制定全校总体方案和任务清单。成立党的十九大精神宣讲团，组织“学习新思想千万师生同上一堂课”活动，编印学习应知应会材料等，掀起学习宣传贯彻党的十九大精神的热潮，引导师生持续在学懂弄通做实上下功夫，推动习近平新时代中国特色社会主义思想深入人心、落地生根。

强化校院两级理论学习中心组和教职工的理论学习。出台《2017年全校各级党组织中心组和教职工理论学习意见》，以及理论学习中心组管理文件，推动理论学习制度化、规范化、常态化。开展《习近平谈治国理政》第一、二卷和习近平总书记“7·26”重要讲话精神，以及《中国共产党章程（2017年修订版）》等学习教育活动。建好校级理论学习平台“华园讲坛”。依托学校党建与思想政治教育研究会，开展广东省高校党建研究课题申报及论文征集遴选报送工作。开展教师思想政治状况滚动调查，及时把握教师思想政治动态。

不断完善意识形态工作顶层设计。建立健全意识形态工作体制机制，把意识形态工作主体责任压紧压实、层层传导，积极构建横向到边、纵向到底的意识形态安全立体防护网络，形成党委统一领导、党政齐抓共管、宣传部门统筹协调、有关部门分工负责的“一盘棋”“大合唱”工作格局，切实维护校园安全稳定。

【宣传工作】拓展宣传平台。持续优化网络媒体，不断完善学校中英文门户网站、新闻网的功能、界面等。创新传统媒体平台，校报以专题（版）报道为立足点，每期一个专题（版）。视频直播的新传播方式逐渐成熟，在头条号、网易号、新浪微博等新媒体平台直播毕业典礼、开学典礼、校友返校日、校庆运动会等活动。拓展新媒体平台，加强校内新媒体管理，新开通华南理工大学网易号、触电号等平台，形成涵盖学校官方微信、微博、头条号、南方号、企鹅号、网易号、触电号以及新闻中心微信等在内的新媒体平台矩阵。学校官方微信用户增长至10.36万人，全年推送359条内容，总阅读量283万人次，平均阅读量达到7890人次；学校官方微博关注人数比2016年翻倍，增长至2.3万余人，全年发布微博3958条。学校头条号全年发布内容185条，总阅读量57万人次。

做深专题宣传。以党的十九大召开为主线，全媒体集中发力。建设党的十九大专题网站，开辟专题专栏专版，使习近平新时代中国特色社会主义思想浸润师生员工心灵，全年刊发相关新闻报道120余篇，在学校网站刊发“大抓党建”“两学一做”等党建专题报道182篇、先进党员事迹39篇，在新华社、《光明日报》、广东卫视等27家媒体刊登各类报道257篇次。校报开辟解读“学习宣传贯彻党的十九大”“一带一路”“广东省十二次党代会精神”等专题专版。

做实重点宣传。聚焦“双一流”建设、广州国际校区建设、本科教学评估等重大专项工作，策划“创新创业”“以评促建”“毕业班故事”“百班合影图”等深度报道。组织专家撰写时评，推出学习宣传贯彻十九大、预防登革热，以及公租房、附属医院、新图书馆建设等系列报道。围绕学校中心工作和工作重点，及时宣传报道学校发展动态和建设成就。全年学校新闻网新闻总量达1700余条，其中，校园新闻942条、媒体报道510条、电视新闻11条；学校英文门户网站更新新闻及动态信息442条。

《华园记者眼》《新视点》《华园聚焦》面向一线教职工广泛取材、角度新颖，分别发布13期、25期、49期。制作学校官方宣传片《不忘初心 砥砺歌行》。认真做好舆论分析引导工作，对招生就业、“双一流”建设等重大舆论关切点主动回应。

【精神文明与校园文化建设】组织文明校园创建工作，梳理学校文明校园建设成绩，获评第一届“全国文明校园”、“广东省文明校园”。做好一流大学建设方案中“传承创新优秀文化”部分的谋划，进一步明确传承创新优秀文化建设内容、建设目标、具体举措等。

配合党和国家及学校中心工作，做好氛围营造和管理工作。做好组织学习宣传贯彻党的十九大精神、习近平总书记对广东工作重要批示精神、本科教学审核评估、迎新、毕业、公益广告等主题氛围的营造，营造文明和谐的育人环境。

【师德师风建设】成立党委教师工作部，制订《教师党支部建设实施意见》《加强和改进教师思政工作实施方案》等系列文件。强化思政和党务人员配备，专职思政和党务人员占全校师生比例超过1%。学校获教育部首批认定的“全国高等学校黄大年式”教师团队1个。实行师德一票否决制和“师德按钮”制。成立教学督导委员会，开展“南光卓越教学奖”“本科教学优秀奖”“感动华园·我最喜爱的导师”等评选，促进形成尊师重教、鼓励先进的良好风貌。

党风廉政建设

【党风廉政教育】以“讲政治、强党性、严纪律、守规矩”为主题，开展纪律教育学习月活动，下发《身边腐败警示录》《从政提醒》等学习资料，通过专题辅导、考学测试、案例研讨、警示教育、廉政文化作品征集等方式，在全校范围内开展党性宗旨教育、党规党纪教育和党内政治文化教育，引导党员干部和师生员工严守纪律和规矩底线。

加强网上教育平台“清风园”建设，全年发布信息200多条，及时宣传中央和上级关于党风廉政建设的决策部署，提醒师生警惕容易触碰的“红线”“底线”；向领导干部推送“清风园”新增主要信息目录。

狠抓节点教育。开展“逢新必教”工作，强化“关口前移”，对229名新上岗教职工开展“敬畏法规纪律，恪守清廉底线”专题教育，对280名新增研究生导师开展“敬畏法规纪律，加强师德建设”专题教育。开展“诚信立德，修身立业”毕业生廉洁教育，通过“离校前的叮咛，就业前的警醒”系列讲座、知识竞赛、理论研讨、观看影片、微视频教育和廉洁承诺签名等形式，将大学生廉洁教育融入学校立德树人和社会主义核心价值观教育之中。活动经验被《教育纪检监察》《广东党风》等杂志刊载。

【作风建设与廉政建设】紧盯中秋节、国庆节、春节等重要时间节点，发布有关正风肃纪、廉洁过节通知，严明各项纪律要求，向党员干部发信号、打招呼、提要求，防止不良风气反弹回潮。在学校新闻网、微信公众号推送廉洁专题文稿，发布违反中央八项规定精神典型案例，教育党员干部规范“八小时以外”生活，杜绝节日腐败。节后梳理排查，形成专题情况报告。

坚持问题导向，严明纪律作风。开展违规公款购买消费高档白酒问题集中排查整治工作，全面开展自查自纠工作，对相关人员进行批评教育和提醒谈话，责令退回已购酒水，并督促相关单位加强和规范管理。查处2起干部违规操办宴席问题，对相关人员进行诫勉谈话、批评教育。

【执法监察与专项治理】加强重点领域和关键环节的再监督、再检查，着力推进选人用人、招生录取、物资采购、职称评审、科研经费使用等工作的规范有效、廉洁高效。全年监督特殊类招生、成人教育招生等20多个类别，现场监督招生录取、职称评审等60余次，对发现的苗头性和倾向性问题及时提醒，纠正不合规现象7起；处置招生、招标等方面信访举报11件，发出监察建议书4份，取消7名作假考生报考资格。约谈提醒相关部门负责人4次，研讨日常监督工作中发现的廉政风险和薄弱环节，化解廉政风险，强化职能部门监管责任。启动规范使用科研劳务费专项教育和检查工作，落实各单位对科研经费使用的监管责任和项目负责人的直接责任，规范科研劳务费的发放和使用。研究起草《采购监督办法》，降低采购领域廉政风险。

做好第四批校内巡察结果反馈工作。组织协调5个巡察组赴16个二级单位反馈巡察意见，要求被巡察单位强化整改责任，建立问题清单，制订整改方案，落实整改措施。对部分第二批、第三批校内巡察单位开展“回头看”，推动巡察整改落实落地。

【信访与案件】运用监督执纪“四种形态”，立足抓早抓小、防微杜渐，加大约谈函询力度，督促党员干部守住纪律红线，及时澄清失实举报。畅通“信、访、网、电”四位一体的信访举报渠道，全年收到和处置各类线索84件，开展谈话231人次。运用第一种形态给予诫勉谈话处理3人、提醒谈话和批评教育12人，运用第二种形态给予党纪轻处分2人。涉案教职工主动上交违规款20.78万元，主动退还款项1.95万元。完成2017年度信访举报情况分析报告。

规范执纪审查工作，制定《线索管理和处置工作规程（试行）》《关于开展谈话函询工作的暂行办法》，修订完善函询情况说明书、诫勉谈话通知书等工作文书 18 份，对线索处置、谈话函询、初步核实、立案审查、案件审理等进行流程再造，划分权限，落实签字背书制度。制作《党风廉政建设工作记录本》，推进党风廉政建设工作。

建立健全干部廉政档案，实现动态更新。加强干部换届监督工作。梳理和制作廉政鉴定流程图，严把党风廉政意见回复关，防止干部“带病提拔”“带病上岗”。全年出具廉政鉴定 45 份，涉及 1381 人次（团队），1 名中层干部被终止提拔使用，2 名教师被取消评优资格。

统 战 工 作

【民主党派建设】学校 7 个民主党派共有成员 511 人，其中，中央委员 4 人、省委副主委 2 人，担任各民主党派省委常委 4 人、省委委员 4 人。2017 年共发展新成员 4 人。俞祝良当选民盟中央委员，倪阳当选民进中央委员，吴克昌、孙大文当选中国致公党中央委员，邓文基、吴克昌分别当选民盟和致公党省委副主委。

打造统一战线学习平台。举办四期“同舟讲坛”，加强理论学习，做好政治引导，提高各民主党派围绕社会主义核心价值体系教育活动的实效。依托广东省社会主义学院举办统一战线骨干培训班，开展“中共十九大关于统一战线的新发展”专题讲座。举办统一战线学习党的十九大报告精神座谈会。

建立定期沟通机制。定期举行座谈会，包括统一战线迎春座谈会暨校情通报会、校领导班子民主生活会征求党外人士意见座谈会、迎国庆贺中秋座谈会等，向党外代表人士传达上级会议精神，通报学校改革发展的情况。协助各民主党派、群众团体对学校统一战线老（80 岁以上）、弱、病、孤寡人员开展慰问工作。

【团体、无党派和党外知识分子工作】学校现有侨联和港澳联 2 个群众团体，共有成员 265 人。通过组织新老会员聚会、探访，慰问老会员，举办纪念活动、专题讲座等方式，进一步增强群众团体的凝聚力和向心力。更新党外知识分子数据库，为进一步开展无党派人士工作做好基础性工作。截至 2017 年底，学校副高级职称及以上的无党派知识分子共 510 人。

【参政议政与建言献策】支持建言献策，推动多党合作事业持续发展，15 位政协委员在省政协第十一届五次会议上提交 12 份提案，省政协常委邓飞其代表民盟省委领取优秀提案奖，省政协常委安然作为对外友好界代表做大会发言。邓飞其提交的“关于强力推进以制造业为重点的实体经济发展”系列提案、邓文基提交的“关于进一步实施精准扶贫，提高扶贫实效”提案获得采纳和督办。

搭建调研平台，组织统一战线专家教授前往梅州市开展科技帮扶的主题调研和科技咨询服务，为企业发展出谋献策。协助各民主党派开展调研工作，民革支部到阳江科协、中山火炬阳西产业转移园就科技创新开展调研，致公党总支在学校开展产学研一体化课题调研，民建支部就大学城的建设和管理现状与大学城管委会座谈研讨，九三学社基层委在东莞开展“校地合作，推动实体经济和创新发展”的专题调研。调研活动发挥了各民主党派成员的专业特长，提升民主党派参政议政能力，以及知识分子主动担当和积极作为的能力。

【综合工作】健全和落实同党外人士联谊交友机制。修订《学校党委常委联系民主党派组织和群众团体及党外代表人士工作安排》，确定学校党委常委各自负责联系的对象、内容和检查办法。

开展社会服务，引导民主党派增强社会责任感。带领“党外专家考察调研团”赴云南省开展精准扶贫调研工作，走访滇西应用技术大学普洱茶学院、普洱市茶企，回访学校定点帮扶对象孟连傣族拉祜族佤族自治县，助力滇西地区实现精准扶贫的目标。民主党派积极参与学校扶贫攻坚工作，继续进行扶贫认助，在揭阳市惠来县隆江镇孔美村开展扶贫助学活动中，“一对一”认助帮扶36户共41位贫困小学生，捐资4万余元。

理论研究统战宣传成果显著。成立广东省政协提案工作研究会华南理工大学研究中心，组织专家申报8项政协理论研究课题，4篇论文获评第十七届广东省高校统战理论研讨会优秀论文，学校获“广东省高校统战理论研究优秀组织单位”。梳理和总结近五年统一战线的工作成效，开展“同心筑梦　继往开来——华南理工大学统一战线近五年风采展”活动。学校获评为广东高校统战理论研究会“信息工作优秀单位”。

资料1　华南理工大学各级人大代表、政协委员、政府参事名单

第十二届全国政协委员

沙振权　民革中央委员、广东省委副主委，工商管理学院教授、博士生导师

张　波　民进中央委员、广东省委副主委，电力学院教授、博士生导师

第十二届广东省人大常委

魏德敏　九三学社中央委员、广东省委副主委，土木与交通学院教授、博士生导师

第十一届广东省政协常委、委员

常　委

杜小明　中共党员

党　志　民革中央委员、广东省委副主委，副校长，教授、博士生导师

邓飞其　民盟中央委员、广东省委副主委，自动化科学与工程学院教授、博士生导师

钟　理　农工党广东省委委员、华南理工大学总支主委，化学与化工学院教授、博士生导师

陈　砺　致公党广东省委常委，化学与化工学院教授、博士生导师

安　然　无党派，华南理工大学归国华侨联合会主席，国际教育学院院长（任期至2017.07），教授、博士生导师

张　凌　无党派，华南理工大学广东省计算机网络重点实验室主任，计算机科学与工程学院教授、博士生导师

莫海鸿　无党派，土木与交通学院教授、博士生导师

委　员

黄国清　中共党员，党委统战部部长（任期至2017.06）

邓文基　民盟广东省委副主委、华南理工大学基层委员会主委，物理与光电学院常务副院长（任期至2017.08），教授、博士生导师

雷　鸣　民建华南理工大学支部主委，工商管理学院教授

倪　阳　民进中央委员、广东省委委员、华南理工大学基层委员会主委，建筑设计研究院副院长，教授、博士生导师

田秋生　民进会员，省政府参事，经济与贸易学院副院长（任期至2017.08），教授、博士生导师

李汴生　九三学社广东省委委员、华南理工大学基层委员会主委，食品科学与工程学院教授

彭俊彪　无党派，材料科学与工程学院院长，教授、博士生导师

李　迪　无党派，机械与汽车工程学院教授、博士生导师

第十五届广州市人大代表

叶　君　民盟华南理工大学基层委员会委员，轻工科学与工程学院教授

第十三届广州市政协委员

刘桂雄　中共党员，机械与汽车工程学院教授、博士生导师

俞祝良　民盟中央委员、华南理工大学基层委员会副主委，自动化科学与工程学院教授、博士生导师

第九届天河区人大常委、代表

常　委

王全迪　民革广东省委委员、华南理工大学支部主委，继续教育学院副院长，教授

代　表

刘琪瑾　中共党员，校党委副书记、纪委书记

第十七届番禺区人大代表

杨雄文　民建华南理工大学支部副主委，法学院教授

第八届天河区政协委员

刘善仕　无党派，工商管理学院副院长（任期至2017.08），教授、博士生导师

第十四届番禺区政协委员

李　平　九三学社华南理工大学基层委员会委员，环境与能源学院副教授

广东省人民政府参事

田秋生　民进会员，广东省政协委员，经济与贸易学院副院长（任期至2017.08），教授、博士生导师

吴建青　无党派，材料科学与工程学院教授、博士生导师

陶　郅　无党派，建筑学院教授、博士生导师

资料2　华南理工大学各民主党派基层组织主要负责人名单

中国国民党革命委员会第六届华南理工大学支部

主　委： 王全迪

副主委： 凌志新　古志平

委　员： 王佩苓　韦曙林　宋慧宇　林　琳

中国民主同盟第二届华南理工大学基层委员会

主　委： 俞祝良

副主委： 叶　君　胡郁葱　付时雨　周智恒

委　员： 宁更新　林　中　张　珂　张伟德　徐　勇　黄凤辉　贾海平

中国民主建国会第五届华南理工大学支部

主　委： 王幼松

副主委： 杨雄文　赖淑华

委　员： 赵　翔　李弘扬

中国民主促进会第一届华南理工大学基层委员会

主　委：倪　阳

副主委：陈　利　左保河　刘仲武　徐昕荣

委　员：杨　灿　李　中　王　波　冼楚华

中国农工党第五届华南理工大学总支

主　委：林章凛

副主委：刘伟铭　李碧梅　王永华

委　员：温丽琦　罗文结　黄　洪　利　锋　钱　奇

中国致公党第六届华南理工大学总支

主　委：吴克昌

副主委：全燕鸣　刘月琴　周锐波

委　员：张　红　刘齐香　赖寄丹　康龙云　周莳文

九三学社第四届华南理工大学基层委员会

主　委：李汴生

副主委：杜群贵　周胜林　何　慧

委　员：李　平　谢笑珍　张　亮　刘美凤　高克昌　梁振兴　孙为正

资料3　华南理工大学群众团体主要负责人名单

第九届华南理工大学归国华侨联合会

主　席：安　然

副主席：陈　玲　汪双凤　王仁曾

秘书长：张立新　曹尚卿

委　员：李　斌　黄向健　张伟德　张学武　赵　毓

第十届华南理工大学港澳联谊会

荣誉会长：姚汝华

会　长：梁基照

副会长：凌志新　倪　阳

秘书长：余志文

委　员：苏　丹　邓超群　吕　锦

发展规划与学科建设

发展规划与学科建设

【学科与学位点建设】 优化调整学科布局。新增马克思主义理论、物理学、力学、动力工程及工程热物理、船舶与海洋工程、公共管理等6个一级学科博士点。经省学位委员会审议批准，主动撤销油气储运工程二级学科硕士点、统计学和系统科学一级学科硕士点。组织应用经济学、公共管理2个学科申报广东省重点学科，其中，公共管理学科获得广东省重点学科（优势重点学科），学校广东省重点学科数量增至25个。截至2017年底，学校一级学科博士点增至25个，一级学科硕士点调整至42个，综合性学科布局得到进一步优化。

在教育部第四轮学科评估中，8个学科获评A类学科，其中，1个学科获得A^+评价、7个学科获得A^-评价。共有18个学科获得B^+及以上评价。

【发展规划】 组织编制10个“十三五”专项规划和28个学院规划，进一步明确学院、学科发展定位和发展目标，理清学科发展方向。

根据教育部等五部门《关于深化高等教育领域简政放权、放管结合、优化服务改革的若干意见》要求，贯彻落实在专业设置、岗位管理、进人用人、职称评审、薪酬分配、经费使用、内部治理、优化服务等8个方面的办学自主权，营造良好的改革环境。

组织完成广东省深化教育体制综合改革项目自评估工作。按照广东省教育体制改革领导小组要求，完成学校11项改革项目的自我评估工作，全面梳理学校教育体制综合改革项目的阶段性进展情况和实施效果，为进一步明确改革方向、完善改革举措、抓好改革落实提供依据。

组织开展学校总体发展状况跟踪研究。完成《我校ESI学科排名情况分析报告》《第四轮学科评估结果分析报告》《完善高校学科专业设置机制》《主动谋划，打造材料学科高峰》《关于我校在2017年中国管理科学研究院〈中国大学评价〉排行榜中排名情况的分析报告》《关于我校在2017年QS世界大学排行榜排名情况的分析报告》《关于我校在上海软科“世界大学学术排名”（2017）的分析报告》《关于我校在泰晤士高等教育“世界大学排名”（2018）的分析报告》《我校在世界最佳大学排名分析报告》《我校在2017年上海软科“中国最好学科排名”中排名情况报告》《关于加快提升我校高被引科学家数量的对策建议》等研究报告，为学校决策提供参考。

做好学校办学数据统计工作。完成“2017年高校快报表”“高等教育基层统计报表（2017/2018学年初）”的统计、上报、归档工作，完成2016年度办学数据统计工作；编印《2017年校情手册》《办学情况数据统计》，统计和整理2013—2016年各学院任期目标部分指标。为广东省地方志资料编制、泰晤士报高等教育、科睿唯安、上海软科等机构提供相关办学数据；为高等教育质量监测国家数据平台数据采集等工作提供数据资料，做好数据共享服务。

【“双一流”建设】科学谋划“双一流”建设。2017年9月，学校正式进入世界一流大学建设高校A类行列，化学、材料科学与工程、轻工技术与工程、农学等4个学科入围一流学科建设名单。编制完成《华南理工大学一流大学建设总体方案》和《华南理工大学一流学科建设方案》，并报教育部备案。

做好“双一流”建设项目申报及预算编制工作。完成2016年中央高校建设世界一流大学（学科）和特色发展引导专项资金绩效自评工作、“双一流”建设项目储备申报工作。完成2017、2018年“中央高校建设世界一流大学（学科）和特色发展引导专项资金项目申报表”“项目支出绩效目标申报表”等相关材料的报送工作。

推进广东省“双高”建设的实施。按时提交“省级财政专项资金绩效自评基础信息表”“高层次人才情况统计表”等；梳理广东省高水平大学建设项目，确保合理高效支出建设资金。

提升高水平大学建设项目管理效率。加强规范化管理，修订高水平大学建设项目管理办法、资金管理办法和配套经费管理办法，推进管理信息化建设；制订《华南理工大学“双一流”建设重大项目论证管理细则》和《华南理工大学“双一流”建设重大项目任务书》；完成2017年建设世界一流大学（学科）和特色发展引导专项资金以及广东省高水平大学建设资金建设项目立项、经费下拨、预算执行等系列工作。专项资金预算总体执行率为100%。

资料1　2017年华南理工大学博士学位授权学科

1. 博士学位授权一级学科

所属门类	序号	学科代码	学科名称	授权时间
经济学	1	0202	应用经济学	2015年11月
理学	2	0701	数学	2011年3月
	3	0703	化学	2011年3月
	4	0710	生物学	2011年3月
工学	5	0802	机械工程	2003年9月
	6	0805	材料科学与工程	1998年6月
	7	0808	电气工程	2003年9月
	8	0809	电子科学与技术	2006年1月

续表

所属门类	序号	学科代码	学科名称	授权时间
工学	9	0810	信息与通信工程	2003 年 9 月
	10	0811	控制科学与工程	2003 年 9 月
	11	0812	计算机科学与技术	2011 年 3 月
	12	0813	建筑学	2003 年 9 月
	13	0814	土木工程	2006 年 1 月
	14	0817	化学工程与技术	1998 年 6 月
	15	0822	轻工技术与工程	1998 年 6 月
	16	0823	交通运输工程	2011 年 3 月
	17	0830	环境科学与工程	2006 年 1 月
	18	0831	生物医学工程	2006 年 1 月
	19	0832	食品科学与工程	2003 年 9 月
	20	0833	城乡规划学	2011 年 8 月
	21	0834	风景园林学	2011 年 8 月
	22	0835	软件工程	2011 年 8 月
	23	0839	网络空间安全	2016 年 1 月
管理学	24	1201	管理科学与工程	1998 年 6 月
	25	1202	工商管理	2011 年 3 月

2. 博士学位授权二级学科（不含一级学科覆盖点）

所属门类	序号	学科代码	学科名称	授权时间
法学	1	030503	马克思主义中国化研究	2006 年 1 月
工学	2	080102	固体力学	2003 年 9 月
	3	080706	化工过程机械	2006 年 1 月
	4	082401	船舶与海洋结构物设计制造	2003 年 9 月

资料 2　2017 年华南理工大学硕士学位授权学科

1. 硕士学位授权一级学科

所属门类	序号	学科代码	学科名称	授权时间
哲学	1	0101	哲学	2006 年 1 月
经济学	2	0202	应用经济学	2011 年 3 月

续表

所属门类	序号	学科代码	学科名称	授权时间
法学	3	0301	法学	2006 年 1 月
	4	0305	马克思主义理论	2006 年 1 月
教育学	5	0401	教育学	2011 年 3 月
	6	0403	体育学	2011 年 3 月
文学	7	0502	外国语言文学	2006 年 1 月
	8	0503	新闻传播学	2011 年 3 月
理学	9	0701	数学	2006 年 1 月
	10	0702	物理学	2006 年 1 月
	11	0703	化学	2006 年 1 月
	12	0710	生物学	2006 年 1 月
工学	13	0801	力学	2006 年 1 月
	14	0802	机械工程	2003 年 9 月
	15	0805	材料科学与工程	1998 年 6 月
	16	0807	动力工程及工程热物理	2006 年 1 月
	17	0808	电气工程	2003 年 9 月
	18	0809	电子科学与技术	2006 年 1 月
	19	0810	信息与通信工程	2003 年 9 月
	20	0811	控制科学与工程	2003 年 9 月
	21	0812	计算机科学与技术	2006 年 1 月
	22	0813	建筑学	2003 年 9 月
	23	0814	土木工程	2006 年 1 月
	24	0815	水利工程	2011 年 3 月
	25	0817	化学工程与技术	1998 年 6 月
	26	0822	轻工技术与工程	1998 年 6 月
	27	0823	交通运输工程	2006 年 1 月
	28	0824	船舶与海洋工程	2006 年 1 月
	29	0830	环境科学与工程	2006 年 1 月
	30	0831	生物医学工程	2006 年 1 月
	31	0832	食品科学与工程	2003 年 9 月
	32	0833	城乡规划学	2011 年 8 月
	33	0834	风景园林学	2011 年 8 月

续表

所属门类	序号	学科代码	学科名称	授权时间
工学	34	0835	软件工程	2011 年 8 月
	35	0837	安全科学与工程	2011 年 8 月
	36	0839	网络空间安全	2016 年 1 月
医学	37	1002	临床医学	2015 年 11 月
管理学	38	1201	管理科学与工程	1998 年 6 月
	39	1202	工商管理	2006 年 1 月
	40	1204	公共管理	2006 年 1 月
艺术学	41	1302	音乐与舞蹈学	2011 年 8 月
	42	1305	设计学	2011 年 8 月

2. 硕士学位授权二级学科（不含一级学科覆盖点）

所属门类	序号	学科代码	学科名称	授权时间
工学	1	082003	油气储运工程	2006 年 1 月

教代会、工会和共青团工作

教代会与工会工作

【教代会工作】召开第九届教代会暨第十五届工代会二次会议，与会代表听取了《2017 年学校工作报告》《学校财务工作报告》《第九届教代会暨第十五届工会委员会工作报告》《第九届教代会提案工作报告》和《华南理工大学教职工申诉处理办法（草案）说明报告》，表决通过《华南理工大学教职工申诉处理办法（征询意见稿）》。会议共征集提案 59 件，其中，15 件为重点督办提案。发挥"两会"各类委员会作用，审定教代会和工会年度工作计划，审议工会经费年度预决算，推选评先评优候选人等。结合学校换届情况，根据《华南理工大学教职工代表大会实施办法（2015 年修订）》，完成基层两会委员的补选和调整工作。

加强理论研究和专题学习。组织"两会"理论研究课题的申报，立项 8 个课题，其中《互联网思维引领下的高校"互联网 + 工会"构建策略》获省教科文卫工会第六届优秀论文一等奖。举办"新时代、新思想、新矛盾、新征程——十九大精神解读"专题报告会。对教代会提案的撰写与办理、部门工会活动经费开支与报销等进行了培训。

【工会工作】加强师德师风建设，组织教职工参加广东省总工会评先评优工作，物理与光电学院杨中民教授和数学学院张梅老师荣获"广东省五一劳动奖章"荣誉称号。

开展形式多样的文体活动。组织校内教职工羽毛球、篮球、运动会和环校跑等传统体育赛事和活动，其中，环校跑活动吸引全校近 5500 名教职工参加。为教职工开设瑜伽、古筝等特色课程；利用妇女节、儿童节、教师节、中秋节组织系列庆祝活动，丰富教职工业余生活。提高工会经费惠及面，增强二级工会积极性，2017 年共下拨经费 133. 79 万元，支持基层工会工作。

加强人文关怀。为 11 位在职教职工办理重大疾病医疗救助基金共 38 万元；为 5 位患重大疾病的教职工办理"职工医疗互助保险"和"女职工安康保险"共 14 万元；为 6 位重疾教职工申请省教科文卫工会专项补助 3 万元。年末为全校近 4700 位教职工送上节日慰问。

关注青年教职工发展。开展"华工青椒生活沙龙"之素质拓展活动；组织单身青年教职工参加省教科文卫工会组织的"共创幸福"青年联谊活动。关爱女教工身心健康，在大学城校区建成"爱心妈妈小屋"，为哺乳期的女教职工提供私密、卫生、舒适的哺乳场所。

【计生工作】宣传贯彻《广东省人口与计划生育条例》以及相关法律法规，认真贯彻落实广州市计划生育工作会议精神，并通过多种形式开展计生宣传，稳妥实施“全面两孩”政策。严格实行计生“一票否决”制度，教职工、学生和流动人口符合计划生育政策的出生人数占同期出生人数之比均达100%。组织开展“三查”（查环、查孕、查病）工作，配合计生局推进唐氏综合征筛查，参与国家免费孕前优生健康检查；组织育龄妇女进行生殖健康检查，其中，在职女教工1090人次、流动人口420人次；做好一年两次的男职工（配偶在外单位）的函调工作，共完成1509人次的函调；办理独生子女综合保险和计划生育家庭保险共818人次；加强属地流动人口的计生服务管理，做好每年查验《流动人口计生证明》工作，共查验计生证2850人；为大学生就业办理婚育证明4501人次。举办“青春健康”系列活动，引导学生树立正确的婚恋观。

【家委工作】围绕“建设和谐华园”，配合五山街道成立华工社区妇女联合会，组织召开华工社区妇女联合会第一次代表大会，9名在职女教工（含合同工1名）当选第一届执行委员会委员。参与各小区住委会改选工作，筹办楼长年会，协助华工社区普法活动；协同华工居委会审核独生子女奖补领申请材料800余份，协助办理居家养老配餐卡1900多份。参与登革热防控工作，派发预防登革热的宣传资料和灭蚊片，配合社区清除公共区域的垃圾、腐叶，对污水、积水情况进行排查。

共青团工作

【思想和组织建设】开展学生创先争优“标杆工程”。评选“感动华园”大学生年度人物、“十大学生共产党员、共青团员标兵”和“十大特色学生社团”。

深化主旋律教育活动。组织师生代表集中观看党的十九大开幕式，组织团委书记、校级学生干部、“青马班”学员集中学习；邀请马克思主义学院专家、团中央学校部副部长专题解读党的十九大报告。开展“寻找身边的感动”“我的梦、青春梦、中国梦”等主题团日活动、团情知识竞赛、征文比赛360余场，组织观看爱国主义影片295场，开展主题海报宣传52期，线上推送272篇；组织校学生会发出争创优良校风学风倡议书，开展“学风建设”主题漫画和壁纸征集等系列优良学风建设活动，选出14件优秀作品制作成海报、桌贴等宣传品。

开展“高举团旗跟党走”青年月系列活动。组织10项校级重点活动、181项院级（院际）活动，立项资助团支部活动236项，立项自筹经费团支部活动153项，推动形成“校级活动出品牌，院级活动强特色，团支部活动重参与”的良好格局。

涌现一批先进集体和个人。5个集体和11名个人获得省级表彰。其中，数学学院团委被评为“广东省五四红旗团委”；2014级机械工程（创新班）团支部被评为“广东省五四红旗团支部”；法学院（知识产权学院）学生会被评为“广东省优秀学生会”；“涌动的红色”研究生志愿者服务队被评为“广东省学雷锋示范点”；KOOK街舞协会被评为“广东省优秀学生社团”；章秀银教授获第十九届“广东青年五四奖章”个人提名奖；

梁劲被评为“广东省优秀共青团干部”；陈健宁、李大伟被评为“广东省百佳团支部书记”；郑裕坤、许雯嘉、童星被评为“广东省优秀共青团员”；綦昆仑、高文娟、刘付鹏被评为“广东省优秀学生干部”。

搭建线上线下深度融合的团员青年管理和教育平台。依托团省委“智慧团建”线上系统，推动实现基础团务、团员管理和团的信息统计网络化。以团委官方公众号“华工青年”为中心，建设“青年之声—华南理工大学”平台，联动各学院团委、各级学生组织公众号，强化团学组织线上宣传矩阵。

探索实施“青马班”精英化培养模式。开展专题讲座、社会实践、考察交流、寒暑假读书会等活动，组织“青马班”学员到井冈山革命传统教育基地参加爱国主义教育活动。

制定实施《华南理工大学共青团改革实施方案》，设置“职能科室＋团工委＋项目办”的工作机构，推行直接联系服务、引领青年制度；改革基层组织机制，构建学校党委领导下的“一心双环”团学组织格局，建设专兼结合的共青团干部队伍；实施基层团支部“活力提升”工程，构建“堡垒团支部—先进团支部—红旗团支部”三级团支部创优建设模式。

【社会实践活动】开展“传承优良家风引领文明风尚”主题寒假社会实践活动和“喜迎十九大·青春建新功”暑期“三下乡”社会实践活动，涌现出“社会实践先进个人”2041名。举办以“有益思”为主题的第五届公益文化节，举办公益沙龙、“关爱系列”、便民服务、“身障体验”、公益项目评比等活动，组织近2000人次参与各类志愿服务，服务对象超过6000人。继续实施“志愿服务西部计划”，18名志愿者奔赴广西开展服务及义务支教工作；春运期间开展321国道“温暖回家路”活动，累计关爱返乡农民工300余人；开展“你是我的阿拉丁神灯”项目，帮助201个留守儿童及贫困生实现心愿。学校多个项目获人民网、中青网等主流媒体的广泛宣传报道。注册志愿者40 000余人，公益团体40余个，志愿服务项目2195个，累计服务时数达188万小时。

组织师生到惠来县孔美村开展精准扶贫、专业扶贫活动和新农村文化建设实践项目，项目成果获2017中国包装创意设计大赛一等奖。“涌动的红色”研究生志愿者服务队和自动化科学与工程学院“星星火”青年志愿者服务队的公益项目分获阿克苏诺贝尔中国大学生社会公益奖银奖和铜奖。学校入选第三批“全国高校实践育人创新创业基地”，《高校志愿服务调研报告》获全国高校志愿服务高校课题报告二等奖。

【校园文化活动】加强学生组织建设与管理。召开第三十七届学生代表大会，学校副校长李正作校情通报；进一步完善《华南理工大学学生会章程》《华南理工大学学生会组织架构调整方案》。已形成校学生会、研究生会、社团联合会、百步梯学生创新中心、青年志愿者指导中心、学生记者团等6大学生组织和166个学生社团。开展“有困难找学生会”“十大提案”调研大赛等，共收到提案452份，得到解决的提案292份，解决率达64.6%。

打造校园文化特色品牌活动。继续举办“科技文化节”，开展11项校级重点活动、225项院级特色活动和372项班团活动，历时近三个月，参与各项活动的学生超过2万人次。举办高雅艺术进校园、书香华园、雕刻时光、西湖之声、“三走”体育嘉年华等文体类活动近150场，参与人数超过4万人次。社团联合会服务166个学生社团和1万多名会员，举办各类社团活动1000余项，参与人数超过3万人次。举行“璀璨2017”华南理工大学建校65周年校长基金颁奖典礼，对“我最喜爱的导师奖”等8个奖项进行颁奖表彰。

【科技创新活动】争取资源资助学生科技创新项目。817支团队申报2017年“百步梯攀登计划”，508个项目获得经费支持；110支团队申报2017年广东大学生科技创新培育专项资金（攀登计划专项资金），25个项目获得资助，累计经费达67.5万元，获批项目总数及资助总经费均位居广东高校第一位。

整合场地资源，扶持学生创新创业。改造五山校区26号楼，已初步建成功能完备的现代化双创孵化基地，可容纳48个创业团队和300余名创业学生。

出台《华南理工大学“挑战杯”“创青春”系列竞赛奖励管理办法》，组织学生参加“挑战杯”“创青春”系列竞赛。在第十四届“挑战杯”广东省赛中获特等奖11项，学校获“优胜杯”奖；在第十五届“挑战杯”全国终审决赛中获一等奖1项、二等奖3项、三等奖2项。组织实施华南理工大学第十届“挑战杯·创青春”创业计划竞赛，遴选出12件作品入围校内决赛。

组织参加国际、国内各项竞赛。在美国大学生数学建模竞赛、全国大学生结构设计竞赛、全国大学生节能减排社会实践与科技竞赛等一系列重要赛事中均取得优异成绩。2017年学生共获得国际、全国和地区大奖814项，其中，国际级奖项118项、国家级奖项362项、省级奖项334项。

资料　共青团华南理工大学委员会

书　　记：孟　勋

副 书 记：朱泳媚　梁　劲

常务委员：王　科　王燕林　申宏宇　石春亮　邝兆明　李卫青　杨　杰　陈浩文　陈继宗　陈　强　徐　红　梁　劲　黄艳华　黄　嘉　熊小兵

委　　员：王艺翔　王延顼　王　荣　王　科　王燕林　邓凤瑛　石春亮　卢朗滢　申宏宇　邝兆明　司　璇　吕　行　吕萱萱　刘伟刚　刘　聪　闫嘉骏　杜微微　李卫青　李思晨　李镇杰　杨　杰　杨怡斐　佘建伟　张　郡　张　楚　张馨元　陈炜强　陈浩文　陈继宗　陈　强　陈　聪　陈　醉　罗树桓　周恒洋　郑　璐　徐　红　黄艳华　黄　嘉　萧浩辉　梁　劲　韩红操　温宇馨　谢丽红　谢燕城　熊小兵　冀早早　穆彦丁　魏　争

教育教学工作

学生思想教育与管理

【思想政治教育和管理】贯彻落实全国高校思想政治工作会议精神，出台《思想政治工作提升行动（2017—2020）》，围绕8个方面，确定了25项任务147个举措，搭建具有“四梁八柱”性质的思政工作主体框架，推动构建全员育人、全过程育人、全方位育人的新格局。坚持思政工作党委书记、校长亲自抓，思政第一课书记、校长主讲。深入开展“我的中国梦”“与信仰对话”、学习习近平总书记回信精神等主题教育，推动中华优秀传统文化和革命文化、社会主义先进文化融入校园文化，开设8门相关课程。“金秋木棉”研究生文化节获全国校园文化成果二等奖、广东省特等奖。

系统加强学科、课程、平台建设。集中力量建设马克思主义理论一级学科博士点。引导教师创新思政课教学方式，选派教师参加教育部“马工程”重点教材示范培训班学习，新增“大学生法治教育”通识课程。整合校内思想政治宣传平台，建设“两微一端”，学校、学院、各级学生组织联动，形成线上宣传矩阵。

统筹推进思想、实践、创新、文化育人。抓住重要节点和重大契机，通过深入开展“青马班”“两工程一计划一行动”、公益实践和志愿服务等重点项目以及青年月、科技文化节、社团活动月、“世纪木棉”学术讲座等品牌活动，引领学生践行社会主义核心价值观。组织351个党支部、870个团支部、661个班集体和2万余名党员团员，到广东各地革命遗址、教育基地、对口帮扶村等62个“点”开展实地见学、研讨座谈、志愿服务等活动。

【学生工作队伍建设】落实教育部43号令《普通高等学校辅导员队伍建设规定》的要求，明确专职辅导员岗位职责，按照师生比不低于1∶200的比例设置专职辅导员岗位，按1∶50设置少数民族专职辅导员岗位；按照专兼结合、以专为主的原则，逐步足额配备到位。截至2017年底，专职辅导员编制合计139人，其中，党委副书记28人、一线本科生辅导员编制81人（“2+3”本科生辅导员25人）、一线研究生辅导员编制28人（“2+3”研究生辅导员11人）、少数民族学生辅导员2人。兼职辅导员主要从优秀在读硕士和博士研究生中选拔，工作量按照专职辅导员工作量的1/3折算，现有兼职辅导员159人。

不断完善辅导员准入标准、选聘程序及考核管理办法等系列管理制度，设立“红棉”工作室等7个辅导员工作室。组织各类辅导员培训180人次，推进辅导员队伍职业化、专业化发展。学生工作队伍获得全国高校辅导员工作优秀论文一等奖、广东省辅导员年度人物、广东省辅导员职业技能大赛一等奖等10多项省级及以上荣誉。其中，2 人分别获全国高校辅导员工作优秀论文一等奖、三等奖；3 人分别获广东高校辅导员优秀案例一等奖、二等奖和优秀奖，1 人获广东高校辅导员优秀论文一等奖；1 人获 2017 年广东高校辅导员年度人物荣誉称号，2 人获提名奖，1 人获入围奖；3 人获广东省辅导员职业技能大赛二等奖，1 人获片区赛三等奖。

【奖助学工作】 成立学生资助管理中心，统筹学生奖助贷工作。555 名家庭经济困难新生通过“绿色通道”办理入学手续，缓交学费、住宿费 460 多万元；发放国家助学贷款 769.848 万元，资助学生 994 人；发放生源地信用助学贷款 1528.9622 万元，资助学生 1819 人；发放本科生国家奖学金、国家励志奖学金、学校奖学金、社会捐赠奖学金 393.59 万元，资助学生 5220 人；做好本科生国家助学金、社会捐赠助学金评审及发放工作，发放助学金 1257.05 万元，资助学生 7240 人次（5457 人）。发放研究生国家奖学金 768 万元，资助学生 338 人；发放研究生学业奖学金、企业捐赠奖学金 12 200.85 万元，资助学生 12 254 人；发放 853 人优秀研究生干部奖励金 99.96 万元；发放 738 人研究生高水平学术论文奖励金共计 116.5 万元。全年发放研究生各类助学金 24 302.11 万元。

发放全校勤工助学 2700 个固定岗位及 2135 个临时岗位补助 1347.11 万元。首次实行“精准资助”原则，分为特殊困难学生、困难学生、非困难学生三个等级发放慰问金。发放本科生临时生活困难补助金、受灾补助金等补贴。为 80 名赴中西部基层就业的 2015 届、2016 届毕业生申请补偿代偿金，总计发放 2017 年补偿代偿金额 54 万元；为 27 名 2017 届毕业生申请学费补偿贷款代偿，申请补偿代偿总金额 61.758 万元；为 18 名退役士兵、服义务兵役学生申请学费补偿，申请补偿金 25.017 万元。完成 363 名校园地国家贷款毕业生的还款协议签订工作和信息采集上报工作。

做好 2018 年寒假“暖胃、暖心、暖身、暖行”专项行动，对经济困难学生发放返乡补助金 12.57 万元；对留校学生发放标准为 200 ～ 500 元不等的慰问金，总计发放慰问金 20.29 万元，提供勤工助学岗位 352 个；组织寒假留校学生座谈会等。

【学生宿舍和学生档案管理】 以全国文明校园创建和本科教学审核评估工作为契机，完善学生宿舍相关管理制度。推进学生宿舍硬件设施建设。完成五山校区西二至西四学生宿舍中央空调启用及验收工作，更换西一、西五和研三学生宿舍 363 间共 966 套家具；完成西四学生宿舍屋面维修改造工作；完成五山校区 1700 间新生房间的门窗、家具等设施的检修。对大学城校区 200 间学生宿舍的渗漏水问题进行维修施工、716 间学生宿舍的墙面进行粉刷翻新，完成大学城校区宿舍门禁系统的安装。

加强宿舍文化建设。开展以学生宿舍治安、消防、卫生等为主题的黑板报“每月一主题”教育活动，以及“星级宿舍”评比、“全校行”宿舍卫生检查、“社区文化节”、安全文明活动月、毕业生文明离校活动和楼长开放日等文化建设活动，丰富学生宿舍文化生活。加强学生宿舍活动室的管理与建设，订阅报纸杂志，发挥活动室在促进学生全面发展方面的作用。

做好宿舍床位调配工作。完成五山校区 1911 名学生的住宿调整工作，安排各类学生住宿人数 8354 人次，为毕业生和交换生办理退宿手续 7090 人次，日常办理退宿 713 人次、住宿调整 746 人次。顺利完成2016级3814名本科生从大学城校区搬迁回五山校区。

制定《华南理工大学本科生档案管理办法》，促进学生档案管理的制度化、规范化、科学化。接收研究生、博士生档案5903份（含1305份定向委培及非全日制专业学位硕士生）。

【国防教育和国防生培养与管理】通过开展党的创新理论学习、重大会议精神学习领会、掌上红段子、读报剪报、读书报告会等，以及充分利用国防生公寓文化氛围和国防生网站、《华园砺剑》等平台，引导国防生积极向上，追求卓越。土木与交通学院国防生党支部获评广东省“三型党支部”；2013级82名毕业国防生全部服从分配，其中，分配到新疆、西藏等艰苦地区工作15人。提升国防生科研创新能力，2014级3人保送国防科学技术大学硕士研究生，11人考取硕士研究生，10人在国内外各项科研比赛中获省级及以上竞赛奖励，2人获国家级竞赛奖励。以“三级培养模式”为核心，国防生三类常规训练（即日常出操、周末训练和月度会操）、国防生专项集中训练（即暑期桂林集训、班长素质集训、当兵锻炼、毕业当兵锻炼和代职锻炼）为抓手，不断提高军政训练实效。2014级70名国防生顺利完成部队实践锻炼，通过总参、总政组织的毕业考核；2016级77名国防生到桂林陆军综合训练基地集训一个月，顺利完成各项训练任务。2017年毕业国防生82人，现有在校国防生225人。

【心理健康教育与咨询】积极开展心理健康教育与咨询工作，2017年咨询总量达到1050人次。开展2017年“健康华园—5·25心理健康活动季”，举办大学生原创心理漫画比赛、心理健康讲座、参观交流、心理委员培训、团体心理辅导等活动。成立16个二级学院心育工作站，建设心理健康人工智能实验室，开设大学生心理健康教育相关课程，提升大学生的心理健康维护意识。心理健康教育与咨询中心获2016—2017年度广东省高校心理健康教育与咨询工作先进集体、2017年度广东省高校心理健康教育与咨询优秀教学团队。

本 科 生 教 育

【教学改革】坚持因材施教，强化优才优育培养模式。设置各类创新班、强化班和教学改革试点班34个，学生1000多人参加。在本博（本硕）创新班实施学生出国（境）制、全程导师（组）制、课外科研制以及小班化教学。新增应用物理学（严济慈英才班），推进与国内顶尖科研机构的深度合作。截至2017年底，基因组科学创新班学生共有89人次在国际顶级期刊发表论文71篇，华南干细胞与再生医学英才班学生共有15人次在国际高水平期刊发表论文14篇。工程力学创新班2010级本科生（2014级直硕生）简武荣发表3篇SCI论文。启动法学专业“卓越法律人才教育培养计划”，推进电子科学与技术、土木工程、软件工程、电气工程及其自动化、机械工程等5个国家级卓越工程师培养计划专业建设，在示范性微电子学院以及环境工程、车辆工程、建筑学、食品科学与工程等专业实施校级

"卓越工程师教育培养计划"，参与卓越计划的学生达600人。2015—2016届土木工程卓越全英班共有19名学生进入世界一流大学深造。加强国际化人才培养，在计算机科学与技术、土木工程、环境工程、工商管理、金融学、材料科学与工程、工程管理等7个全英语教学试点专业推进开展师资、课程、教学方法等方面的改革试点工作。依托先进材料国际化示范学院开展"材料类全英创新班"教学改革，培养具有国际视野和竞争力的研究型拔尖创新人才。新设环境工程、电气工程及其自动化、软件工程等3个"3+2"中澳班，推进优势工科专业的国际联合培养。新增国际交流学生921人，同比增长10.3%。

加强课程、教材与专业建设，完善教学质量保障体系。立项建设全英语教学课程42门，立项建设慕课（MOOC）16门。截至2017年底，共有全英语教学课程231门、自建慕课（MOOC）56门。逐步扩大并完善"创新创业基础""思维与方法""学科导论与前沿""跨学科交叉课程""创新创业实践"等5个层次课程群。根据"注重导向、确保质量、打造精品"原则，确定"十三五"本科教材第二批立项项目24项。加强境外原版教材使用管理，对2017—2018学年新增的88种境外原版教材进行"一本双查"，确保境外原版教材使用无风险。修订2017级本科综合培养计划，强化全过程管理；加强专业认证（评估）工作，环境工程、材料科学与工程等专业通过全国工程教育专业认证。坚持本科教学质量年报制度，编印《华南理工大学本科教学质量报告（2017年）》《2016年学院本科教学质量状况白皮书》。

高质量通过教育部本科教学工作审核评估，专家组一致认为，华南理工大学在本科教学和人才培养方面有亮点、有特色，令人印象深刻。学校入选"全国首批深化创新创业教育改革示范高校""全国第二批大众创业万众创新示范基地"。

【实践教学】完善"国家－省级－校级－院级"四层次本科生创新创业训练计划项目体系，立项学生研究计划项目（SRP）845项、市级创新创业项目13项、广东省大学生创新创业训练项目180项、国家级大学生创新创业训练计划项目232项。成功举办"2017年大学生创新创业宣传展示月"活动。2017年学校本科生在正式期刊、国际会议上发表中、英文论文116篇，同比增长10.5%；申请专利和软件著作权209项，同比增长75.6%。推进以"一院一赛"为核心的学科竞赛资助计划，2017年资助竞赛项目75项，合计资助经费逾300万元。学生在各类重大学科竞赛中表现出色，113人次在国际级竞赛中获奖，533人次在国家级竞赛中获奖，446人次在省或地区竞赛中获奖，获奖总人次达到1092人次，比2016年（1006人次）增长8.5%。获全国"挑战杯"一等奖1项、二等奖2项和三等奖2项；广东省"挑战杯"特等奖11项；共获广东攀登计划专项资金67.5万元，居省内第一。在教育部主办的第三届中国"互联网+"大学生创新创业大赛中获金奖1项、银奖2项、铜奖1项；在第十三届国际遗传工程机器大赛（iGEM）中获金奖2项；在第十六届全国大学生机器人大赛Robomaster中，学校代表队夺得全国总冠军。

【教学管理】依托教师教学发展示范中心，开展教师教学能力培训、教学技能竞赛、教学名师评选等工作。2016—2017学年有77名新教师完成本科教学技能培训，88名拟申报副教授职称的教师获得教学能力培训合格证书。与英国总领事馆文化教育处合作开展“以英语为媒介的教学”培训项目，47 名教师分两期参加培训。组织开展 2016—2017 学年青年教师课堂教学竞赛活动，评出一等奖 1 名、二等奖 2 名、三等奖 7 名、鼓励奖 17 名。做好校级教学奖评选和国家级、省级教学名师推荐工作，评出 2017 年度南光卓越教学奖（本科）获得者 7 名、2015—2016 学年本科教学优秀奖获得者 34 名。数学学院朱长江教授入选 2017 年“万人计划”教学名师，土木与交通学院王湛教授入选 2017 年“广东特支计划”教学名师。

顺利完成全日制普通本科毕业班学生总计 6049 人的毕业资格审查及证书发放工作，实现“零差错率”，其中，本科毕业生 5822 人、结业生 227 人。毕业生中获辅修证的有 180 人，获双专业证的有 124 人，获辅修学位的有 484 人。认真组织并顺利完成全国大学英语四、六级考试，2013 级毕业班学生四、六级考试最终通过率分别达到 92.3%、61.5%，通过率相对平稳。全年印制全日制本科生 3000 多门课程近 50 万份试卷，以及研究生院、继续教育学院 900 多门课程 21 万份试卷，实现安全保密“零事故”。

资料 1　全日制本科专业设置及在校学生一览表

学院	专业	2013 级	2014 级	2015 级	2016 级	2017 级	合计
机械与汽车工程学院	安全工程		0	36	34	45	115
	安全工程（安全管理信息系统）		44	0	0	0	44
	材料成型及控制工程（高分子材料成型及控制）		35	31	35	41	142
	材料成型及控制工程（金属材料成型及控制）		29	25	24	35	113
	车辆工程		103	99	99	136	437
	过程装备与控制工程		37	32	0	0	69
	过程装备与控制工程（化工装备与控制工程）		0	0	25	41	66
	过程装备与控制工程（轻工机械及塑料模具）		28	29	0	0	57
	过程装备与控制工程（轻工装备及塑料模具）		0	0	29	35	64
	机械电子工程		118	107	105	103	433
	机械工程		157	128	118	127	530
	机械工程（创新班）		25	26	28	0	79
	机械工程（卓越双语班）		0	23	29	28	80
	机械类（创新班）		0	0	0	29	29
	能源与动力工程（车用发动机）		31	32	36	0	99
	能源与动力工程（制冷空调）		27	31	33	0	91

续表

学院	专业	2013 级	2014 级	2015 级	2016 级	2017 级	合计
建筑学院	城乡规划	61	53	56	63	58	291
	风景园林	33	29	40	34	34	170
	建筑学	97	133	131	122	124	607
土木与交通学院	船舶与海洋工程		44	45	43	58	190
	工程管理		34	23	39	40	136
	工程力学（创新班）		25	21	27	30	103
	交通工程		25	37	41	39	142
	交通运输		36	35	32	35	138
	水利水电工程		54	56	50	58	218
	土木工程		0	0	0	172	172
	土木工程（道路与桥梁工程）		53	46	53	0	152
	土木工程（地下结构）		31	28	34	0	93
	土木工程（建筑工程）		87	98	100	0	285
	土木工程（卓越全英班）		40	34	37	41	152
电力学院	电气工程及其自动化		306	293	287	209	1095
	电气工程及其自动化（“3＋2”中澳班）		0	0	0	40	40
	电气工程及其自动化（卓越班）		41	39	34	40	154
	核工程与核技术（核电站方向）		28	23	24	30	105
	能源与动力工程		76	65	67	70	278
电子与信息学院	电子科学与技术		53	51	64	78	246
	电子科学与技术（卓越班）		17	26	33	39	115
	信息工程		220	226	233	193	872
	信息工程（电子类联合班）		61	0	0	0	61
	信息工程（冯秉铨实验班）		0	49	47	50	146
材料科学与工程学院	材料化学		26	26	26	27	105
	材料科学与工程（金属材料科学与工程）		31	32	38	36	137
	材料科学与工程（无机非金属材料科学与工程）		56	46	51	57	210
	材料类（全英创新班）		16	21	35	40	112

续表

学院	专业	2013 级	2014 级	2015 级	2016 级	2017 级	合计
材料科学与工程学院	电子科学与技术（电子材料与元器件）		38	40	45	52	175
	高分子材料与工程		123	129	127	108	487
	光电信息科学与工程（光电器件）		48	51	51	44	194
	生物医学工程（生物医学材料）		0	0	0	34	34
	生物医学工程（生物医学电子）		0	0	0	17	17
	生物医学工程		34	33	32	0	99
化学与化工学院	化学工程与工艺		114	99	99	102	414
	化学类（创新班）		21	24	20	24	89
	能源化学工程		76	63	56	74	269
	应用化学		76	72	77	76	301
	制药工程		25	26	27	28	106
轻工科学与工程学院	轻化工程		66	60	60	72	258
	资源环境科学		27	18	27	26	98
食品科学与工程学院	食品科学与工程		77	72	75	109	333
	食品科学与工程（食品营养与健康）		29	24	24	0	77
	食品质量与安全		27	31	22	37	117
数学学院	数学类（创新班）		0	0	0	24	24
	数学与应用数学		46	42	53	113	254
	数学与应用数学（创新班）		23	26	22	0	71
	数学与应用数学（统计学）		53	58	70	0	181
	信息管理与信息系统		55	49	50	52	206
	信息与计算科学		38	38	36	38	150
物理与光电学院	光电信息科学与工程（光电信息）		72	77	73	76	298
	应用物理学		42	47	53	37	179
	应用物理学（严济慈英才班）		0	0	0	25	25
工商管理学院	财务管理		60	60	0	0	120
	工商管理		31	34	0	0	65
	工商管理（国际班）		15	12	28	27	82
	工商管理（体尖班）		34	23	26	21	104

续表

学院	专业	2013 级	2014 级	2015 级	2016 级	2017 级	合计
工商管理学院	工商管理（专业运动员）		2	0	0	0	2
	工商管理类		0	0	155	151	306
	工业工程		33	34	0	0	67
	会计学		86	88	86	79	339
	人力资源管理		35	26	0	0	61
	市场营销		40	33	0	0	73
公共管理学院	公共管理类（国际班）		12	3	0	0	15
	行政管理		90	103	99	89	381
外国语学院	日语		26	27	24	15	92
	商务英语		72	67	75	74	288
自动化科学与工程学院	智能科学与技术		47	51	56	50	204
	自动化		197	184	193	181	755
	自动化（创新班）		25	25	24	24	98
体育学院	运动训练		44	41	45	45	175
计算机科学与工程学院	计算机科学与技术		161	147	138	128	574
	计算机科学与技术（全英创新班）		16	27	29	29	101
	计算机科学与技术（全英联合班）		17	26	27	30	100
	网络工程		73	62	53	48	236
	信息安全		61	53	55	49	218
软件学院	软件工程		254	268	289	219	1030
	软件工程（“3+2”中澳班）		0	0	0	39	39
	软件工程（卓越班）		50	42	50	50	192
经济与贸易学院	电子商务		86	81	83	74	324
	国际经济与贸易		99	89	91	84	363
	会展经济与管理		31	41	31	37	140
	金融学		133	140	135	143	551
	金融学（全英班）		27	29	31	0	87
	经济学		46	42	43	44	175
	经济学（创新班）		19	15	20	24	78
	旅游管理		56	66	37	36	195
	旅游管理（国际班）		12	6	12	10	40
	物流工程		78	69	70	73	290

续表

学院	专业	2013 级	2014 级	2015 级	2016 级	2017 级	合计
环境与能源学院	给排水科学与工程		44	36	33	38	151
	环境工程		37	43	39	39	158
	环境工程（“3+2”中澳班）		0	0	0	29	29
	环境工程（全英班）		23	21	21	16	81
	环境科学		20	20	22	19	81
生物科学与工程学院	生物工程		37	39	39	53	168
	生物技术		35	35	38	41	149
	生物制药		42	37	43	37	159
新闻与传播学院	传播学		99	72	73	64	308
	传播学（国际班）		15	5	15	18	53
	广告学		19	27	30	25	101
	新闻学		0	32	29	27	88
艺术学院	舞蹈学		26	20	30	21	97
	音乐表演		66	81	63	67	277
	音乐学		9	7	7	8	31
法学院（知识产权学院）	法学		139	122	108	107	476
	法学（卓越法律班）		27	31	28	28	114
	知识产权		10	29	26	27	92
设计学院	产品设计		30	50	28	28	136
	产品设计（陶瓷艺术设计）		25	0	27	27	79
	服装与服饰设计		21	24	26	27	98
	服装与服饰设计（服装设计与表演）		4	4	4	0	12
	工业设计（实验班）		0	28	29	0	57
	工业设计		60	60	60	70	250
	环境设计		30	30	28	28	116
	环境设计（公共艺术）		28	21	28	27	104
医学院	医学影像学		0	29	27	31	87

资料2　2017届本科毕业生各专业毕业、结业人数统计表

学院	专业	毕业	毕业学生中			结业	合计
			辅修	双专业	辅修学士学位		
机械与汽车工程学院	安全工程（安全管理信息系统）	38	4	2	5		38
	材料成型及控制工程（高分子材料成型及控制）	28	1		1	1	29
	材料成型及控制工程（金属材料成型及控制）	33		1	2	4	37
	车辆工程	99		2	1	3	102
	过程装备与控制工程	28			1	3	31
	过程装备与控制工程（轻工机械及塑料模具）	32	3	2	1		32
	机械电子工程	96		2	1	9	105
	机械工程	157	7		1	3	160
	机械工程（创新班）	15					15
	能源与动力工程（车用发动机）	27			1		27
	能源与动力工程（制冷空调）	32		1		1	33
建筑学院	城市规划	62	1		1	1	63
	建筑学	93				1	94
	景观建筑设计	29				1	30
土木与交通学院	船舶与海洋工程	40	5	3	5		40
	工程管理	27	1	2	8	1	28
	工程力学（创新班）	20				3	23
	交通工程	31	1	1		3	34
	交通运输	36	1	1		1	37
	水利水电工程	50	3			2	52
	土木工程	175			2	13	188
	土木工程（卓越全英班）	39			2		39

续表

学院	专业	毕业	毕业学生中			结业	合计
			辅修	双专业	辅修学士学位		
电力学院	电气工程及其自动化	276	3	3	5	7	283
	电气工程及其自动化（卓越班）	45					45
	核工程与核技术（核电站方向）	24	1	1		2	26
	能源与动力工程	67	3	2	3	3	70
电子与信息学院	电子科学与技术	49				2	51
	电子科学与技术（卓越班）	18					18
	信息工程	206	1		1	12	218
	信息工程（电子类联合班）	62					62
材料科学与工程学院	材料科学与工程（材料化学）	28	2		2	2	30
	材料科学与工程（创新班）	16					16
	材料科学与工程（金属材料科学与工程）	36				1	37
	材料科学与工程（无机非金属材料科学与工程）	48	1	2	1	3	51
	电子科学与技术（电子材料与元器件）	40	2	1			40
	高分子材料与工程	112	2	2	7	7	119
	光电信息科学与工程（光电器件）	39	1		1	2	41
	生物医学工程	28				5	33
化学与化工学院	化学工程与工艺	99	4	4	6	4	103
	能源工程及自动化	2					2
	能源化学工程	67				4	71
	应用化学	69	3	4	3	5	74
	应用化学（创新班）	16	1		3		16
	制药工程	23	1	1	2	2	25
轻工科学与工程学院	轻化工程	57	2	6	4	6	63
	资源环境科学	27	4	2		3	30
食品科学与工程学院	食品科学与工程	75	1	4	17	1	76
	食品科学与工程（糖工程）	18	1	1		1	19
	食品质量与安全	30	3		3	1	31

续表

学院	专业	毕业	毕业学生中			结业	合计
			辅修	双专业	辅修学士学位		
数学学院	数学与应用数学	59	4	1	2	3	62
	数学与应用数学（创新班）	11	1	2			11
	数学与应用数学（统计学）	50	2	2	8	1	51
	信息管理与信息系统	44	2	1	3	1	45
	信息与计算科学	27	4		1	2	29
物理与光电学院	光电信息科学与工程（光电信息）	72	1	1	2	2	74
	应用物理学	40				1	41
工商管理学院	财务管理	65	1	2	11		65
	工商管理	78	4		7	5	83
	工商管理（国际班）	19					19
	工业工程	33	2	1	5	1	34
	会计学	90	2	2	14		90
	人力资源管理	28			3	2	30
	市场营销	61	1		7	1	62
公共管理学院	行政管理	93	9	4	33		93
	行政管理（国际班）	12	1				12
外国语学院	日语	26	1	2	13		26
	英语	53	8	4	31		53
自动化科学与工程学院	自动化	207	2	2	10	13	220
	自动化（创新班）	17			1		17
体育学院	运动训练	36		2	1	1	37
计算机科学与工程学院	计算机科学与技术	151		2	3	3	154
	计算机科学与技术（全英创新班）	22					22
	计算机科学与技术（全英联合班）	26			1		26
	计算机软件					1	1
	网络工程	61	2		6	1	62
	信息安全	51	4		4	4	55

续表

学院	专业	毕业	毕业学生中			结业	合计
			辅修	双专业	辅修学士学位		
软件学院	软件工程	234	2	1	1	13	247
	软件工程（卓越班）	48	1			2	50
经济与贸易学院	电子商务	76	3	1	14	4	80
	国际经济与贸易	91	6	5	14	1	92
	会展经济与管理	34	1		9		34
	金融学	125	3		9	3	128
	金融学（全英班）	24			2	1	25
	经济学	40	2		1	3	43
	经济学（创新班）	17	1		2		17
	旅游管理	63	3	2	14	4	67
	旅游管理（国际班）	10					10
	物流工程	65	5	1	13	1	66
环境与能源学院	给排水科学与工程	30	2		1	3	33
	环境工程	31	2	2		3	34
	环境工程（全英班）	22	1		4		22
	环境科学	24			7		24
生物科学与工程学院	生物工程	38	5	2	7	2	40
	生物技术	36	1	2	7		36
	生物医学工程					1	1
	生物制药	39	3	1	5	3	42
新闻与传播学院	编辑出版学	26	4	2	8	2	28
	传播学	57	9	1	10	1	58
	传播学（国际班）	8					8
	广告学	34	3	4	2	3	37
艺术学院	舞蹈学	28	1	1	3		28
	音乐表演	61	3	3	15	5	66
	音乐学	8					8
法学院（知识产权学院）	法学	132	1	10	51	2	134
	法学（卓越法律班）	28		3	7		28
	知识产权	15	1	2	3		15

续表

学院	专业	毕业	毕业学生中			结业	合计
			辅修	双专业	辅修学士学位		
设计学院	产品设计	28		1		1	29
	产品设计（陶瓷艺术设计）	25	1	1	1	1	26
	服装与服饰设计	21	2		4		21
	服装与服饰设计（服装设计与表演）	4					4
	工业设计	53	2		1	2	55
	环境设计	26				1	27
	环境设计（综合艺术与材料表现）	25			12		25
总计		5822	180	124	484	227	6049

资料3　国家级教学团队一览表

序号	团队名称	所在学院	获批年份
1	大学英语教学团队	外国语学院	2008
2	建筑设计系列课程教学团队	建筑学院	2008
3	制浆造纸原理与工程教学团队	轻工科学与工程学院	2009
4	工程制图教学团队	设计学院	2009
5	电子信息工程专业平台课程教学团队	电子与信息学院	2010
6	机械基础课程教学团队	机械与汽车工程学院	2010

资料4　广东省教学团队一览表

序号	团队名称	所在学院	获批年份
1	大学英语教学团队	外国语学院	2010
2	建筑设计系列课程教学团队	建筑学院	2010
3	制浆造纸原理与工程教学团队	轻工科学与工程学院	2010
4	工程制图教学团队	设计学院	2010
5	电子信息工程专业平台课程教学团队	电子与信息学院	2011
6	机械基础课程教学团队	机械与汽车工程学院	2011
7	化工原理教学团队	化学与化工学院	2011

续表

序号	团队名称	所在学院	获批年份
8	基础力学教学团队	土木与交通学院	2014
9	计算机基础系列教学团队	计算机科学与工程学院	2014
10	人文通识教学团队	新闻与传播学院	2014
11	公共数学教学团队	数学学院	2014
12	公共体育教学团队	体育学院	2014
13	大学物理教学团队	物理与光电学院	2015
14	光电材料与器件教学团队	材料科学与工程学院	2015
15	思想政治理论课程本科教学团队	马克思主义学院	2015
16	化学系列课程教学团队	化学与化工学院	2017
17	马克思主义理论与实践课程教学团队	马克思主义学院	2017

资料5　国家级人才培养模式创新实验区一览表

序号	实验区名称	所在学院	获批年份
1	电子信息类专业创业型精英人才培养模式创新实验区	电子与信息学院	2008
2	软件人才培养模式创新实验区	软件学院	2008

资料6　广东省人才培养模式创新实验区一览表

序号	实验区名称	所在学院	获批年份
1	电子信息类专业创业型精英人才培养模式创新实验区	电子与信息学院	2011
2	软件人才培养模式创新实验区	软件学院	2011
3	土木工程专业全英卓越人才培养模式创新实验区	土木与交通学院	2011
4	生命科学精英人才培养模式创新实验区	生物科学与工程学院	2011
5	卓越法律人才培养模式创新实验区	法学院	2011
6	材料类本博（本硕）连读人才培养模式创新实验区	材料科学与工程学院	2014

续表

序号	实验区名称	所在学院	获批年份
7	工业工程本科专业2+2人才培养模式实验区	工商管理学院	2014
8	计算机科学与技术人才培养模式创新实验区	计算机科学与工程学院	2014
9	经济学人才培养模式创新实验区	经济与贸易学院	2014
10	大学生方程式赛车队——车辆工程专业创新人才培养实验区	机械与汽车工程学院	2015
11	电气卓越工程师培养实验区	电力学院	2015
12	建筑学创新型人才专门化协同培养实验区	建筑学院	2015
13	环境设计开放性创新人才培养实验区	设计学院	2015
14	高层次复合型工程力学创新人才培养实验区	土木与交通学院	2015
15	工业设计（信息与交互设计）人才培养模式创新实验区	设计学院	2016

资料7　特色专业一览表

一、国家级特色专业

序号	专业名称	所在学院	立项批次（年份）
1	网络工程	计算机科学与工程学院	第一批（2007年）
2	集成电路设计与系统集成	电子与信息学院	
3	机械工程	机械与汽车工程学院	第二批（2007年）
4	轻化工程	轻工科学与工程学院	
5	食品科学与工程	食品科学与工程学院	
6	计算机科学与技术	计算机科学与工程学院	第三批（2008年）
7	信息工程	电子与信息学院	
8	建筑学	建筑学院	
9	材料科学与工程	材料科学与工程学院	第四批（2009年）
10	数学与应用数学	数学学院	
11	自动化	自动化科学与工程学院	

续表

序号	专业名称	所在学院	立项批次（年份）
12	高分子材料与工程	材料科学与工程学院	第六批（2010年）
13	城乡规划	建筑学院	
14	化学工程与工艺	化学与化工学院	
15	生物工程	生物科学与工程学院	
16	工商管理	工商管理学院	
17	核工程与核技术（核电站方向）	电力学院	第七批（2010年）
18	光电信息科学与工程（光电器件）	材料科学与工程学院	

二、教育部“专业综合改革试点”项目

序号	专业名称	所在学院	立项批次（年份）
1	电气工程及其自动化	电力学院	2012
2	电子科学与技术	电子与信息学院	
3	软件工程	软件学院	
4	土木工程	土木与交通学院	

三、广东省名牌专业

序号	专业名称	立项批次（年份）
1	计算机科学与技术	第一批（2001年）
2	信息管理与信息系统	
3	自动化	
4	轻化工程	第二批（2003年）
5	土木工程	
6	信息工程	
7	机械工程	
8	数学与应用数学	
9	工商管理	第三批（2004年）
10	化学工程与工艺	
11	建筑学	
12	机械电子工程	
13	食品科学与工程	

续表

序号	专业名称	立项批次（年份）
14	电子科学与技术	第四批（2005 年）
15	应用化学	
16	城乡规划	
17	工程力学	
18	生物工程	
19	高分子材料与工程	

四、广东省特色专业

序号	专业名称	所在学院	获批年份
1	机械工程	机械与汽车工程学院	2010
2	网络工程	计算机科学与工程学院	
3	计算机科学与技术	计算机科学与工程学院	
4	建筑学	建筑学院	
5	信息工程	电子与信息学院	
6	材料科学与工程	材料科学与工程学院	
7	数学与应用数学	数学学院	
8	自动化	自动化科学与工程学院	
9	化学工程与工艺	化学与化工学院	
10	生物工程	生物科学与工程学院	
11	工商管理	工商管理学院	
12	城乡规划	建筑学院	
13	集成电路设计与集成系统	电子与信息学院	
14	轻化工程	轻工科学与工程学院	
15	食品科学与工程	食品科学与工程学院	
16	高分子材料与工程	材料科学与工程学院	
17	应用化学	化学与化工学院	
18	土木工程	土木与交通学院	
19	环境工程	环境与能源学院	
20	电子商务	经济与贸易学院	
21	核工程与核技术（核电站方向）	电力学院	2011
22	光电信息科学与工程（光电器件）	材料科学与工程学院	
23	能源工程及自动化	化学与化工学院	

五、广东省重点专业

序号	专业名称	所在学院	获批年份
1	建筑学	建筑学院	2011
2	信息工程	电子与信息学院	
3	材料科学与工程	材料科学与工程学院	
4	计算机科学与技术	计算机科学与工程学院	
5	轻化工程	轻工科学与工程学院	
6	机械工程	机械与汽车工程学院	
7	生物医学工程	材料科学与工程学院	2016
8	数学与应用数学	数学学院	
9	应用物理学	物理与光电学院	
10	土木工程	土木与交通学院	2017

六、广东省专业综合改革试点专业

序号	专业名称	所在学院	获批年份
1	建筑学	建筑学院	2012
2	化学工程与工艺	化学与化工学院	
3	工商管理	工商管理学院	
4	计算机科学与技术	计算机科学与工程学院	
5	生物医学工程	材料科学与工程学院	2013
6	信息安全	计算机科学与工程学院	
7	城乡规划	建筑学院	
8	食品科学与工程	食品科学与工程学院	
9	风景园林	建筑学院	2014
10	光电信息科学与工程（光电器件）	材料科学与工程学院	
11	轻化工程	轻工科学与工程学院	
12	网络工程	计算机科学与工程学院	
13	传播学	新闻与传播学院	
14	知识产权	法学院	2015
15	环境工程	环境与能源学院	
16	软件工程	软件学院	
17	数学与应用数学	数学学院	
18	高分子材料与工程	材料科学与工程学院	

七、广东省应用型人才培养示范专业

序号	专业名称	所在学院	获批年份
1	机械工程	机械与汽车工程学院	2014
2	交通运输	土木与交通学院	
3	材料科学与工程（无机非金属材料与工程）	材料科学与工程学院	
4	市场营销	工商管理学院	
5	电子商务	经济与贸易学院	
6	旅游管理	经济与贸易学院	
7	核工程与核技术	电力学院	2015
8	计算机科学与技术	计算机科学与工程学院	
9	光电信息科学与工程（光电信息）	物理与光电学院	
10	材料科学与工程（金属方向）	材料科学与工程学院	
11	运动训练	体育学院	

八、广东省战略性新兴产业特色专业

序号	专业名称	所在学院	获批年份
1	生物医学工程	材料科学与工程学院	2015

资料8　精品课程一览表

一、国家级精品课程

序号	课程名称	所在学院	获批年份
1	大学英语	外国语学院	2003
2	制浆造纸原理与工程	轻工科学与工程学院	2005
3	化工原理	化学与化工学院	
4	机械制造技术基础	机械与汽车工程学院	
5	建筑制图	设计学院	
6	食品加工与保藏原理	食品科学与工程学院	
7	数字信号处理	电子与信息学院	2006
8	机械设计基础	机械与汽车工程学院	2007
9	建筑设计基础	建筑学院	
10	高分子物理	材料科学与工程学院	

续表

序号	课程名称	所在学院	获批年份
11	机械工程材料	材料科学与工程学院	2008
12	材料力学（含工程力学）	土木与交通学院	
13	建筑物理与设备	建筑学院	2009
14	射频电路与天线	电子与信息学院	
15	化工设计	化学与化工学院	
16	食品生物化学	食品科学与工程学院	
17	酶工程	生物科学与工程学院	2010
18	机械制造工程训练	机械与汽车工程学院	
19	数字系统设计	电子与信息学院	
20	建筑设计	建筑学院	
21	企业战略管理	工商管理学院	

二、国家级精品资源共享课程

序号	课程名称	所在学院	获批年份
1	化工原理	化学与化工学院	2012
2	机械制造技术基础	机械与汽车工程学院	
3	食品加工与保藏原理	食品科学与工程学院	
4	建筑设计基础	建筑学院	
5	射频电路与天线	电子与信息学院	
6	酶工程	生物科学与工程学院	
7	建筑设计	建筑学院	
8	企业战略管理	工商管理学院	
9	材料力学（含工程力学）	土木与交通学院	2013
10	大学英语	外国语学院	
11	高分子物理	材料科学与工程学院	
12	化工设计	化学与化工学院	
13	机械设计基础	机械与汽车工程学院	
14	机械制造工程训练	机械与汽车工程学院	
15	建筑制图	设计学院	
16	食品生物化学	食品科学与工程学院	
17	数字系统设计	电子与信息学院	

三、国家级双语教学示范课程

序号	课程名称	所在学院	获批年份
1	机械制造技术基础	机械与汽车工程学院	2007
2	化工原理	化学与化工学院	2008
3	计算机网络	计算机科学与工程学院	
4	机械设计	机械与汽车工程学院	2009
5	食品加工与保藏原理	食品科学与工程学院	2010
6	制浆漂白新技术	轻工科学与工程学院	

四、国家级精品视频公开课

序号	课程名称	所在学院	获批年份
1	文化传承与建筑创新	建筑学院	2011
2	建筑历史	建筑学院	
3	环境与生态	环境与能源学院	
4	计算机网络安全	计算机科学与工程学院	
5	走进交响音乐的世界	艺术学院	
6	管理的认知与行动	工商管理学院	2012
7	走进歌剧的世界	艺术学院	
8	建筑美学	建筑学院	2013
9	绚丽多彩的图形世界	设计学院	
10	中国传统人生智慧	新闻与传播学院	
11	创新思维与竞争超越	经济与贸易学院	2015
12	大学美育	新闻与传播学院	
13	动态条件下的企业战略管理	工商管理学院	
14	材料科学与工程导论	材料科学与工程学院	

五、广东省精品课程

序号	课程名称	所在学院	批准时间
1	大学英语	外国语学院	2003
2	化工原理	化学与化工学院	
3	工程制图（建筑制图）	设计学院	
4	材料力学	土木与交通学院	
5	高等数学	数学学院	
6	电工学	电力学院	
7	机械原理	机械与汽车工程学院	
8	毛泽东思想概论	马克思主义学院	

续表

序号	课程名称	所在学院	批准时间
9	机械设计基础	机械与汽车工程学院	2004
10	食品加工与保藏原理	食品科学与工程学院	
11	物理化学	化学与化工学院	
12	理论力学	土木与交通学院	
13	制浆造纸原理与工程	轻工科学与工程学院	2005
14	机械制造技术基础	机械与汽车工程学院	
15	建筑历史	建筑学院	
16	工业微生物学	生物科学与工程学院	
17	建筑设计基础	建筑学院	2006
18	数字信号处理	电子与信息学院	
19	酶工程	生物科学与工程学院	
20	高级语言程序设计（C ++）	计算机科学与工程学院	
21	基础物理	物理与光电学院	
22	马克思主义哲学原理	马克思主义学院	
23	营销学原理	工商管理学院	
24	食品生物化学	食品科学与工程学院	
25	高分子物理	材料科学与工程学院	2007
26	食品分析	食品科学与工程学院	
27	机械设计	机械与汽车工程学院	
28	刑法学	法学院	
29	自动控制原理	自动化科学与工程学院	
30	机械制造工程训练（金工实习）	机械与汽车工程学院	
31	射频电路与天线	电子与信息学院	
32	机械工程材料	材料科学与工程学院	2008
33	计算机网络/Computer Networks（双语）	计算机科学与工程学院	
34	大学体育	体育学院	
35	混凝土结构理论	土木与交通学院	
36	城市规划设计	建筑学院	

续表

序号	课程名称	所在学院	批准时间
37	建筑物理与设备	建筑学院	2009
38	化工设计	化学与化工学院	
39	结构力学	土木与交通学院	
40	建筑设计	建筑学院	
41	数学分析	数学学院	
42	数字系统设计	电子与信息学院	
43	企业战略管理	工商管理学院	2010
44	钢结构	土木与交通学院	
45	高分子材料成型加工设备	机械与汽车工程学院	
46	交响乐队训练与表演艺术	艺术学院	
47	马克思主义基本原理概论	马克思主义学院	
48	数据结构	计算机科学与工程学院	
49	信号与系统	电子与信息学院	
50	制浆漂白新技术（双语）	轻工科学与工程学院	

六、广东省精品视频公开课

序号	课程名称	所在学院	获批年份
1	计算机网络安全	计算机科学与工程学院	2012
2	中国造纸的历史与文化	轻工科学与工程学院	
3	工程认知	机械与汽车工程学院	2014
4	大学美育	新闻与传播学院	
5	大学计算机基础	计算机科学与工程学院	2015
6	中国文学与文化	新闻与传播学院	
7	岭南文化	新闻与传播学院	
8	东方音乐与文化	艺术学院	
9	英语诗歌选读	外国语学院	
10	日语初级	外国语学院	
11	酒·文化	生物科学与工程学院	
12	电子商务与大众创业	经济与贸易学院	
13	英美音乐与文化	外国语学院	2016
14	互联网金融	经济与贸易学院	
15	材料与社会	材料科学与工程学院	

七、广东省精品资源共享课

序号	课程名称	所在学院	获批年份
1	高分子化学	材料科学与工程学院	2013
2	微生物工程工艺与设备	生物科学与工程学院	
3	城市规划原理	建筑学院	
4	电机及拖动基础	自动化科学与工程学院	
5	思想道德修养与法律基础	马克思主义学院	
6	数学建模	数学学院	
7	结构力学	土木与交通学院	
8	理论力学	土木与交通学院	
9	混凝土结构理论	土木与交通学院	
10	机械原理	机械与汽车工程学院	
11	机械设计	机械与汽车工程学院	
12	高分子材料成型加工设备	机械与汽车工程学院	
13	工业微生物学	生物科学与工程学院	
14	营销学原理	工商管理学院	
15	刑法学	法学院	
16	数据结构	计算机科学与工程学院	
17	计算机网络	计算机科学与工程学院	
18	高级语言程序设计（C ++）	计算机科学与工程学院	
19	建筑历史	建筑学院	
20	城乡规划与设计	建筑学院	
21	数学分析	数学学院	
22	微积分	数学学院	
23	自动控制原理	自动化科学与工程学院	
24	马克思主义基本原理概论	马克思主义学院	
25	毛泽东思想和中国特色社会主义理论体系概论	马克思主义学院	
26	荷载及设计原则	土木与交通学院	2014
27	信号与系统	电子与信息学院	
28	陶瓷工艺原理	材料科学与工程学院	
29	食品微生物学	食品科学与工程学院	
30	计算机组成与体系结构（全英）	计算机科学与工程学院	
31	高性能计算与云计算	计算机科学与工程学院	
32	软件需求分析、设计与建模	软件学院	
33	酒店管理原理	经济与贸易学院	

续表

序号	课程名称	所在学院	获批年份
34	计算机网络（全英）	计算机科学与工程学院	2015
35	数字逻辑（全英）	计算机科学与工程学院	
36	景观规划与设计	建筑学院	
37	计算机组成与体系结构	软件学院	
38	微积分（全英）	数学学院	
39	中国传统文化	新闻与传播学院	
40	压电陶瓷材料与器件	材料科学与工程学院	
41	中国近现代史纲要	马克思主义学院	
42	酒店房务运营与管理（全英）	经济与贸易学院	
43	建筑美学	建筑学院	2016
44	船舶结构力学	土木与交通学院	

八、广东省在线开放课程

序号	课程名称	所在学院	获批年份
1	机械制造工程训练	机械与汽车工程学院	2017
2	大学计算机基础	计算机科学与工程学院	
3	食品生物化学	食品科学与工程学院	
4	酒店管理原理	经济与贸易学院	
5	食品分析	食品科学与工程学院	
6	微积分（上）（全英）	数学学院	
7	3D 游戏引擎架构设计基础	软件学院	

资料9　国家级实验教学示范中心（虚拟仿真实验教学示范中心）一览表

序号	实验中心名称	建设单位	入选年份
1	机械基础教学实验中心	机械与汽车工程学院	2006
2	电气信息及控制实验教学中心	电子与信息学院、电力学院、自动化科学与工程学院	2008
3	工程训练中心	机械与汽车工程学院	

续表

序号	实验中心名称	建设单位	入选年份
4	轻工与食品实验教学中心	轻工与食品学院	2009
5	文科综合实验教学中心	南校区管委会、工商管理学院、公共管理学院、经济与贸易学院、新闻与传播学院、法学院、艺术学院	
6	材料科学与工程实验教学中心	材料科学与工程学院	2012
7	机械工程虚拟仿真实验教学中心	机械与汽车工程学院、软件学院、理学院和设计学院	2014
8	数字建筑与城市虚拟仿真实验教学中心	建筑学院	2015
9	光电材料与器件虚拟仿真实验教学中心	材料科学与工程学院	2016

资料10　广东省实验教学示范中心（虚拟仿真实验教学示范中心）一览表

序号	实验中心名称	建设单位	入选年份
1	化学与化工实验教学中心	化学与化工学院	2006
2	机械基础实验教学与工程训练示范中心	机械与汽车工程学院	
3	电工电子教学实验中心	电子与信息学院	
4	计算机教学实验中心	计算机科学与工程学院	
5	物理教学实验中心	物理与光电学院	
6	工业培训中心	机械与汽车工程学院	2007
7	力学教学实验中心	土木与交通学院	
8	生物科学与工程教学实验中心	生物科学与工程学院	
9	材料科学与工程教学中心	材料科学与工程学院	2010
10	经济管理实验教学中心	工商管理学院、经济与贸易学院	
11	轻工与食品实验教学中心	轻工与食品学院	
12	文科综合实验教学中心	大学城校区管委会、工商管理学院、公共管理学院、经济与贸易学院、新闻与传播学院、法学院、艺术学院	
13	数学技术实验教学中心	数学学院	2012
14	CAD 实验中心	设计学院	
15	大学英语体验教学实验中心	外国语学院	

续表

序号	实验中心名称	建设单位	入选年份
16	土木工程实验教学中心	土木与交通学院	2013
17	环境科学与工程实验教学中心	环境与能源学院	
18	建筑设计技术实验教学中心	建筑学院	2014
19	化学工程与工艺实验教学中心	化学与化工学院	
20	工业装备与控制工程实验教学中心	机械与汽车工程学院	
21	新闻与传播实验教学中心	新闻与传播学院	
22	电子工艺实验教学中心	物理与光电学院	
23	自动化实验教学中心	自动化科学与工程学院	2015
24	交通运输工程实验教学中心	土木与交通学院	
25	车辆工程实验教学中心	机械与汽车工程学院	
26	法学实验教学中心	法学院	
27	交通运输工程虚拟仿真实验教学中心	土木与交通学院	2016
28	数字化设计虚拟仿真实验中心	设计学院	2017
29	建筑全生命周期管理虚拟仿真（BIM）实验教学中心	土木与交通学院	
30	VR 工程教育虚拟仿真实验教学中心	电子与信息学院	

资料 11　国家级大学生校外实践教育基地一览表

项目名称	建设学院	入选年份	备注
华南理工大学－TCL 通讯科技控股有限公司工程实践教育中心	电子与信息学院	2011	负责建设
华南理工大学－珠海金山软件有限公司工程实践教育中心	软件学院	2011	负责建设
华南理工大学－广东省长大公路工程有限公司工程实践教育中心	土木与交通学院	2011	负责建设
华南理工大学－广州汽车集团股份有限公司工程实践教育中心	机械与汽车工程学院	2012	负责建设
华南理工大学－广东唯美陶瓷有限公司工程实践教育中心	材料科学与工程学院	2012	负责建设
华南理工大学－华南理工大学建筑设计研究院工程实践教育中心	建筑学院	2012	负责建设

续表

项目名称	建设学院	入选年份	备注
华南理工大学－深圳华大基因研究院工程实践教育中心	生物科学与工程学院	2012	参与建设
华南理工大学－中兴通讯股份有限公司工程实践教育中心	电子与信息学院	2012	参与建设

资料12　广东省大学生校外实践教育基地一览表

序号	项目名称	建设学院	入选年份
1	电子信息类专业工程教育中心	电子与信息学院	2011
2	华南理工大学－TCL通讯工程实践教育中心	电子与信息学院	2012
3	华南理工大学－道达尔集团工程实践教育中心	化学与化工学院	
4	华南理工大学－广东电视台节目创新大学生实践教学基地	新闻与传播学院	
5	华南理工大学－汉得信息ERP实践教学基地	经济与贸易学院	
6	华南理工大学－南方电网科学研究院工程实践教育中心	电力学院	
7	华南理工大学－腾讯科技（深圳）有限公司工程实践教育中心	计算机科学与工程学院	
8	卓越法律人才培养实践教学基地	法学院	
9	华南理工大学－新会美达锦纶股份有限公司大学生校外实践教学基地	材料科学与工程学院	2013
10	华南理工大学－中兴通讯集成电路工程实践教育中心	电子与信息学院	
11	华南理工大学－深圳华大基因研究院生命科学创新人才校外培养基地	生物科学与工程学院	
12	华南理工大学－广东出入境检验检疫局工程实践教育中心	化学与化工学院	
13	华南理工大学－怀集登云汽配股份有限公司大学生校外实践教学基地	材料科学与工程学院	
14	华南理工大学土木工程卓越工程师培养境内外实践教学基地	土木与交通学院	2014

续表

序号	项目名称	建设学院	入选年份
15	华南理工大学－中航通飞研究院有限公司校外实践教学基地	土木与交通学院	2014
16	华南理工大学－广州视源电子科技股份有限公司大学生校外实践教学基地	电子与信息学院	
17	华南理工大学－广州中国科学院先进技术研究所校外实践教学基地	自动化科学与工程学院	
18	华南理工大学－广东风华高新科技股份有限公司大学生校外实践教学基地	材料科学与工程学院	
19	华南理工大学－广东冠昊生物科技股份有限公司大学生校外实践教学基地	材料科学与工程学院	
20	华南理工大学－森馨色素香料（中国）有限公司大学生校外实践教学基地	化学与化工学院	
21	华南理工大学－东莞出入境检验检疫局检验检疫综合技术中心食品质量与安全大学生校外实践教学基地	食品科学与工程学院	
22	华南理工大学－广州气象卫星地面站大学生校外实践教学基地	物理与光电学院	
23	华南理工大学大－工业和信息化部电子第五研究所大学生校外创新实践基地	物理与光电学院	
24	华南理工大学－微软亚洲研究院工程实践教育中心	计算机科学与工程学院	
25	华南理工大学－丽珠集团新北江制药股份有限公司大学生创业机制下生物制药校外实践教学基地	生物科学与工程学院	
26	华南理工大学－广东环西生物科技股份有限公司生物工程类专业大学生校外实践教学基地	生物科学与工程学院	
27	华南理工大学－广东金融高新技术服务区校外实践教学基地	经济与贸易学院	
28	华南理工大学－陶氏化学（中国）投资有限公司大学生实践教学基地	化学与化工学院	2015
29	华南理工大学－广州白云山中一药业有限公司大学生实践教学基地	化学与化工学院	
30	华南理工大学－广州开发区水质净化管理中心大学生校外创新实践基地	环境与能源学院	

续表

序号	项目名称	建设学院	入选年份
31	华南理工大学－华南理工大学建筑设计研究院大学生实践教学基地	建筑学院	2015
32	华南理工大学－中国对外贸易中心（广交会）大学生实践教学基地	经济与贸易学院	
33	华南理工大学－中国民生银行广州分行大学生互联网金融人才实践教学基地	软件学院	
34	华南理工大学－中国国际期货有限公司大学生实践教学基地	数学学院	
35	华南理工大学－佛山市国星光电股份有限公司大学生创新实践基地	物理与光电学院	
36	华南理工大学－湛江市华铭光电科技有限公司大学生实践教学基地	物理与光电学院	
37	华南理工大学－大学美育课程大学生艺术实践教学基地	新闻与传播学院	
38	华南理工大学－深圳市国泰安信息技术有限公司大学生创新创业实践基地	新闻与传播学院	
39	华南理工大学－广州市珠江水泥有限公司大学生实践教学基地	材料科学与工程学院	
40	华南理工大学－广东三雄极光股份有限公司大学生实践教学基地	材料科学与工程学院	
41	华南理工大学－广东华泰纸业有限公司大学生实践教学基地	轻工科学与工程学院	
42	华南理工大学－广东天露山旅游度假区有限公司大学生实践教学基地	经济与贸易学院	2016
43	华南理工大学－广东新峰药业股份有限公司大学生实践教学基地	化学与化工学院	
44	华南理工大学－唯品会（中国）有限公司大学生实践教学基地	经济与贸易学院	
45	华南理工大学－芯智汇科技有限公司工程实践教育中心	电子与信息学院	
46	华南理工大学－水利工程珠科院大学生实践教学基地	土木与交通学院	2017

续表

序号	项目名称	建设学院	入选年份
47	华南理工大学－松山湖国际机器人研究院有限公司大学生实践教学基地	机械与汽车工程学院	2017
48	华南理工大学－广州明珞汽车装备有限公司大学生校外教学实践基地	机械与汽车工程学院	
49	华南理工大学—中国电信股份有限公司广东无线网络优化中心大学生实践教学基地	电子与信息学院	

资料 13　国家级教师教学发展示范中心及广东省协同育人平台一览表

序号	名称	获批年份	级别
1	国家级教师教学发展示范中心	2012	国家级
2	建筑学科创新人才协同育人中心	2014	省级
3	生命科学创新人才协同育人基地	2014	省级

资料 14　广东省级试点学院一览表

序号	项目名称	获批年份
1	生命科学创新学院	2013
2	建筑学院	2014
3	先进材料国际化示范学院	2016
4	示范性微电子学院	2016

研究生教育

【培养工作】优化研究生培养结构。截至 2017 年底，在校研究生规模 15 862 人，比 2016 年增长 1.1%，其中，学术学位博士生 3058 人，工程博士生 48 人，学术学位硕士生 6666 人，全日制专业学位硕士生 4967 人，同比分别增长 5.5%、9.1%、1.3%、1.8%；非全日制专业学位硕士生 1123 人，学术学位与专业学位研究生比例趋于持平。

推进研究生课程建设。立项建设 14 门全英课程和 3 个全英学科（含 2 个博士学科、1 个硕士学科），现已开设 65 个全英课程和 9 个全英专业。推进改革示范工程建设，建成一批联合培养研究生示范基地案例课程与实践课程、教学案例库和行业专家课程等；8篇案例入选全国专业学位教学案例库，其中2篇获评中国专业学位教学案例中心优秀案例，入选篇数和优秀篇数均为学校历年之最。创新课程教学方式，首次采用在线课程形式开设7门通识教育课程，2892人次通过在线平台完成课程修读和考试；采用线上线下相结合形式开设工程伦理课程并纳入培养方案必修课。鼓励本研贯通培养，向大四本科生开放本研课程704门（其中本博课程90门）。学校入选教育部首批研究生课程建设试点单位。

加强研究生创新能力培养。扩大优博创新基金受益面，资助的383名博士生共发表SCI论文665篇，其中，二区及以上496篇，同比增长17.0%。加大研究生联合培养基地建设力度。“华南理工大学－宁波汽车零部件研发企业群”获批国家级联合培养基地，南方电网科学研究院有限责任公司等6个基地获批省级联合培养研究生示范基地，遴选13个合作基础及前景较好的培养基地成为第三批校级联合培养基地，现有国家级基地2个、省级42个、校级30个，形成“国家－省级－校级”三位一体的基地联合培养模式。研究生依托基地平台参与专业实践，参加实践质量评估，取得良好效果，如机械工程领域学生林浪在专业实践期间获14项专利、发表SCI二区以上论文3篇。

持续推进研究生国际交流与合作。2017年派出研究生535人次。其中，录取国家公派项目94人，录取率达95%；录取“菁英计划”11人，占比33%；录取博士生短期访学项目11人，该项目自2015年启动以来，参与学院达11个，录取38人。国家公派项目4成以上、“菁英计划”近7成研究生赴世界100强高校学习交流。2017年新签研究生层次国（境）外合作协议16个，已开展合作项目达56个，依托项目交流124人；资助47名老师参与海外名师短期讲学、博士生导师短期出国交流等项目。

深化教学改革。制定或修订《华南理工大学研究生学位申请工作管理办法》等11项重要管理文件。继续在车辆工程、电气工程等5个工程领域实施研究生培养模式综合改革项目。获批“广东省研究生教育创新计划项目”14项；完成11项省项目验收，形成教学改革论文及案例库、教学指导书等研究成果25份，推荐为优秀项目8个。9个成果获“第八届校级教学成果奖”，其中，一等奖2项、二等奖7项，“电子信息领域专业学位研究生三段式校企融合培养模式改革与实践”项目同时获“广东省教学成果奖（高等教育类）二等奖”。

加强研究生教学督导。全日制研究生到课率90%以上（占抽查课程91.3%）和网上评教90分以上（占评教课程92.5%）的班级比例稳步提高，学风持续向好，教学质量逐步提升。

【学位工作】2017年共授予博士学位532人、硕士学位4723人，其中，授予工程博士学位9人。完成全部学科博、硕士学位授予标准的外送评审和学院反馈修订工作，初步建立起涵盖全校所有研究生层次、类型的学位授予标准体系。根据学科发展要求，引导学院修订博士研究生申请学位发表学术论文规定。加强学位论文抽检和问责反馈，强化学位论文抽查抽检结果运用，提升研究生学位论文质量。2017年全国博士论文抽检45篇，广东省硕士论文抽检129篇，均无“存在问题学位论文”，其中，广东省硕士论文抽检已连续三年全部通过；校内自检260篇，发现“存在问题学位论文”3篇。强化质量激励，评选校级优秀博士论文10篇、优秀硕士论文19篇。累计入选广东省优博论文66篇、优硕论文97篇，其中，优硕论文入选总数居全省之首。2篇工程硕士专业学位论文获评“全国化学工程领域工程硕士专业学位优秀论文”。

【导师队伍建设】引导学院根据学科发展需要逐步修订导师遴选条件，修订工程博士研究生导师聘任办法，将主导师聘任与重大项目结合并实行动态调整。开展导师年度招生资格审核工作，促进招生资源优化配置和导师队伍的动态管理，其中，正常可招生的博导比例为92.9%、硕导比例为94.1%。组织开展博士生招生绩效指标考核，35名导师获2018年博士生招生绩效指标。开展研究生导师培训工作，完成350余名导师培训。目前共有在岗博士生导师805名，硕士生导师2216名（含博硕导），同比分别增长5.8%和9.5%，博士生师比为3.86，硕士生师比为5.75，与2016年持平。

【学位授权点工作】做好学位授权点评估及调整工作。完成数学、风景园林学等4个一级学科博士学位授权点、外国语言文学1个一级学科硕士点及公共管理硕士、食品工程等10个专业学位类别（领域）授权点的自我评估工作。针对学位授权点自评和前期专项评估发现的问题，审核分析各学位点学科方向、师资队伍、人才培养、科研成果等发展现状，形成《2017年学位授权点合格评估情况报告》。开展授权点调整，优化学科布局，主动撤销哲学1个一级学科硕士点和专业学位工程硕士类别2个领域授权点，增列基础医学一级学科硕士点。

资料1　2017年学校博士生指导教师名单

专业代码	专业名称	导师姓名
020200	应用经济学	郑方辉　巴曙松　丁焕峰　韩胜飞　雷玉桃　庞　春　孙坚强　田秋生　王仁曾　徐　枫　徐淑芳　杨春鹏　张彩江　邓可斌　孙希芳　宋　海　颜　波
030100	法学	曾友祥　关永红　刘国臻　夏正林　张富强　张洪林
030101	法学理论	吴家清
030104	刑法学	胡学相
030503	马克思主义中国化研究	解丽霞　亢　升　李　怡　刘社欣　莫岳云　苏宏元　肖　峰　范　旭　闫坤如　蒋建国　吴国林　张国启　王晓丽　谢加书
070101	基础数学	景乃桓　李　兵　韦华全　温焕尧　郑驻军　周胜林　朱长江
070104	应用数学	陈武华　李群宏　李用声　刘深泉　孙太祥　唐西林　韦增欣　吴　敏　徐尚进　杨启贵　周富军　曾德炉　熊　瑛
070105	运筹学与控制论	潘少华　袁功林
070205	凝聚态物理	吴宏滨　马东阁　彭明营
070207	光学	李国强
070301	无机化学	傅志勇　刘海洋　展树中

续表

专业代码	专业名称	导师姓名
070302	分析化学	胡建强　刘锦斌　王海水　王立世　叶建山　何春茂
070303	有机化学	曹德榕　曾　伟　邓国华　黄精美　江焕峰　李秀华　汪凌云　尹标林　张　珉　祝诗发　马志强　戚朝荣　伍婉卿
070304	物理化学	李映伟　王黎明　袁高清　张伟德　邓远福　李白滔　崔志明　王秀军　梁振兴
070305	高分子化学与物理	丁恩勇　刘　平　彭晓宏　赵俊鹏　程正迪　张　维　董学会　殷盼超　岳　衎
071003	生理学	吴建华　肖波涛　石晓钟
071005	微生物学	郭　俊　李泰辉　林炜铁　林章凛　罗立新　潘　力　隋海心　王　俊　吴清平　杨焕明　李　爽
071010	生物化学与分子生物学	罗晓春　王菊芳　王小宁　张秀清　杜红丽　廉哲雄　凌　飞
0710Z1	医药生物学	张　雷　魏　坤　王　均　温龙平　肖波涛
080100	力学	刘旺玉　臧孟炎　张卫文　邓文君　王荣辉　魏　鹏　黄仕平　上官文斌
080102	固体力学	樊学军　方岱宁　韩　强　贺玲凤　刘逸平　罗胜年　汤立群　姚小虎　张晓晴　蒋震宇
080200	机械工程	张　勤　杜如虚　许　谷
080201	机械制造及其自动化	Sergej Fatikow　邓文君　李伟光　李　勇　廖维新　刘旺玉　屈盛官　全燕鸣　汤　勇　万珍平　王清辉　夏琴香　谢　晋　姚锡凡　张　宏　张宪民　赵学智　周照耀　潘敏强　王念峰
080202	机械电子工程	曹　彪　杜群贵　胡国清　李　迪　李巍华　廖小平　邱志成　石永华　万加富　王振民　谢小鹏　杨永强　张　勇
080203	机械设计及理论	蔡敢为　陈扬枝　何和智　胡青春　黄汉雄　黄　平　李静蓉　涂善东　张　铁　瞿金平
080204	车辆工程	Subhash Rakheja　陈吉清　丁　康　兰凤崇　罗玉涛　臧孟炎　谢正超　上官文斌
0802Z1	制造工程智能化检测及仪器	贺德强　洪晓斌　刘桂雄　薛家祥
080501	材料物理与化学	陈　熹　邓文礼　巩　雄　何　维　孔　纲　李伟善　李志远　宁洪龙　彭俊彪　吴宏滨　徐清华　杨小宝　叶轩立　赵彦明　赵宇军　季小红　马东阁　陈江山

续表

专业代码	专业名称	导师姓名
080502	材料学	G. C. Bazan 曹 镛 曾 钫 曾幸荣 陈军武 陈中华 董国平 黄 飞 姜中宏 解增旗 李光吉 李国强 李开畅 刘 芳 刘 岚 马文石 马於光 彭明营 彭小彬 秦安军 饶平根 任碧野 税安泽 苏仕健 唐本忠 童 真 王燕民 韦江雄 吴水珠 叶 柿 杨中民 余其俊 张安强 张广照 张勤远 张志杰 赵祖金 周时凤 周曦亚 朱旭辉 周 博 殷素红 段春晖
080503	材料加工工程	曾德长 陈维平 陈玉坤 戴洪斌 杜 军 冯彦洪 高 岩 郭宝春 何 慧 胡小芳 康志新 李烈军 李伟洲 李小强 刘 军 刘允中 刘仲武 倪东惠 彭响方 邱定蕃 邱万奇 王 辉 王林格 王 平 吴宏武 肖志瑜 杨 超 姚向东 湛永钟 张大童 张卫文 张新平 张 泽 赵海东 周克崧 朱 敏 刘述梅 袁 斌 赵建青 晋 刚 曹贤武 蒋 果 欧阳柳章 欧阳义芳
080700	动力工程及工程热物理	汤 勇 黄汉雄 张立志 张正国 汪双凤
080706	化工过程机械	陈国华 黄 思 简弃非 罗小平 巫江虹 黄豪中
080801	电机与电器	杨向宇
080802	电力系统及其自动化	蔡泽祥 陈皓勇 管 霖 荆朝霞 李晓华 刘明波 唐文虎 王 钢 吴青华 余 涛 张勇军 钟 庆 周孝信
080803	高电压与绝缘技术	戴 栋 郝艳捧 李立浧 谢从珍
080804	电力电子与电力传动	曾 君 陈艳峰 康龙云 谢运祥 杨 苹 张 波 王学梅
080805	电工理论与新技术（电信）	刘永强
0808Z1	电站系统及控制	蔡杰进 甘云华 廖艳芬 刘金平 陆继东 马晓茜 杨 明
080901	物理电子学	程 静 邓文基 黄学勤 李 锋 李润华 刘正猷 梅 军 王 洪 文德华 於黄忠 黄 丹
080902	电路与系统	谢波荪 杨春玲 刘雄英
080903	微电子学与固体电子学	蔡 敏 李 斌 李国元 凌志远 卢振亚 徐善辉 姚若河
080904	电磁场与微波技术	褚庆昕 谢泽明 陈付昌
081000	信息与通信工程	陈芳炯 杜明辉 傅予力 贺前华 胡永健 黄惠芬 黄庆华 金连文 马丽红 秦华标 史景伦 孙季丰 陶大程 王高才 徐向民 余 华 章秀银 周智恒 贾 奎 王世伟 薛 泉
081001	通信与信息系统	冯穗力 胡斌杰 季 飞 李融林 李陶深 陆以勤 覃团发 韦 岗 潘咏梅

续表

专业代码	专业名称	导师姓名
081101	控制理论与控制工程	胡跃明　李智军　罗　飞　裴海龙　苏为洲　王　聪　吴玉香　肖　兵　谢立华　谢　巍　胥布工　姚智伟　魏　武
081102	检测技术与自动化装置	黄道平　史步海　陈　琳
081103	系统工程	邓飞其　梁家荣　田森平
081104	模式识别与智能系统	高红霞　康文雄　李远清　田联房　杨辰光　俞祝良
081200	计算机科学与技术	蔡宏民　高　英　吴永贤　李拥军　陆　璐　齐德昱　余志文　俞鹤伟　陈伟能　詹志辉　徐雪妙　沃　焱
081201	计算机系统结构	董守斌　刘发贵　张　凌　赵跃龙　钟　诚
081202	计算机软件与理论	邓辉舫　唐韶华
081203	计算机应用技术	陈庆锋　韩国强　李桂清　蒙祖强　文贵华　肖南峰　许　勇　张　平　张星明
081301	建筑历史与理论	程建军　郑力鹏　冯　江　彭长歆
081302	建筑设计及其理论	杜宏武　郭卫宏　何镜堂　李　晋　刘宇波　冒亚龙　孟建民　倪　阳　孙一民　汤朝晖　陶　郅　王　静　王　扬　肖毅强　张春阳　朱小雷　郭昊栩
081303	建筑技术科学	何　江　卢义刚　彭健新　吴硕贤　张宇峰　赵越喆　钟小丽　余光正
081401	岩土工程	曹　洪　房营光　周小文
081402	结构工程	Anil Misra　蔡　健　顾　明　韩小雷　黄炎生　苏　成　王幼松　王　湛　吴建营　谢壮宁　朱位秋
081405	防灾减灾工程及防护工程	吴　波　张海燕
081406	桥梁与隧道工程	王荣辉　颜全胜
081701	化学工程	程　江　邓永红　傅和青　黄　洪　江燕斌　楼宏铭　钱　宇　邱学青　瞿金清　涂伟萍　王海辉　王学重　文秀芳　奚红霞　肖新颜　杨东杰　袁文辉　张会平　张　磊　张心亚　章莉娟　周　健　肖　静　皮丕辉　欧阳新平
081702	化学工艺	陈　砺　董新法
081703	生物化工	叶　勇　刘美凤
081704	应用化学	李　灿　廖世军　李映伟
081705	工业催化	李雪辉　彭　峰　余　皓
0817Z1	能源化学工程	常　杰　樊栓狮　方晓明　方玉堂　高学农　汪双凤　张立志　张正国

续表

专业代码	专业名称	导师姓名
082201	制浆造纸工程	陈　港　陈广学　陈克复　胡　健　李　军　李友明　梁　云　刘焕彬　蒲嘉陵　沈文浩　李海龙　田君飞　赵光磊　曾劲松　李继庚　侯　轶
082202	制糖工程	陈　玲　姜建国　李　冰　李晓玺　山崎伸二　朱思明
082203	发酵工程	韩双艳　黄　和　林　影　吴振强　杨　博　赵树进　郑穗平　朱明军
0822Z2	生物质科学与工程	谌凡更　付时雨　刘传富　吕发创　任俊莉　王小慧　王小英　武书彬　杨仁党　祁海松　陈克复　彭新文
082301	道路与铁道工程	汪益敏　王端宜　徐国元
082302	交通信息工程及控制	刘伟铭　翁小雄　徐建闽　许伦辉　林培群
082303	交通运输规划与管理	靳文舟　温惠英
082400	船舶与海洋工程	季　飞　余　华　杨　萃　曹　燕　冯义志　宁更新　张　军
082401	船舶与海洋结构物设计制造	陈超核　程香菊　黄国如　吴家鸣　朱良生
083000	环境科学与工程	陈元彩　党　志　冯春华　胡勇有　胡　芸　黄碧纯　黄少斌　黄伟林　李芳柏　利　锋　林　璋　卢桂宁　罗汉金　马邕文　石　林　石振清　万金泉　尹　华　袁自冰　张小平　朱能武　牛晓君　汪晓军　韦朝海　吴平霄　杨　琛　邹定辉　叶代启　郑君瑜　邓　洪　昊锦华　张永清　赖森潮　刘则华　朱　云　丘勇才　欧阳自远
083100	生物医学工程	陈晓峰　杜　昶　耿庆山　李继承　梁长虹　宁成云　任　力　吴书林　吴一龙　董　华　钟世镇　庄　建　曹晓东　施雪涛　刘　佳　王　均　廉哲雄　温龙平　申　洪　侯　珺　杜金志　杨显珠　王　键　辛学刚　王朝阳　叶建东　王迎军　卢秉恒　曹　杰　聂玉强　钟惟德　杨显珠　邓春林　李　欣　陈纯波　陆敏强　江新青　高　平　张文清
083200	食品科学与工程	Liu Ruihai　崔　春　任娇艳　孙宝国　孙大文　孙为正　王永华　熊　犍　赵海锋　赵谋明　赵强忠　郑建仙　曾新安　扶　雄　高群玉　何小维　黄惠华　黄　强　李　理　李晓凤　刘冬梅　刘国琴　罗志刚　唐传核　吴　晖　杨晓泉　尹寿伟　游丽君　余　龙　余以刚　张学武　蔡俊鹏　陈　谷　赵振刚　李　宁　宗敏华　娄文勇　魏　东　肖凯军　吴　虹　胡松青　苏健裕　黄泽波

续表

专业代码	专业名称	导师姓名
083300	城乡规划学	刘玉亭　孟庆林　田银生　王世福　肖大威　周剑云　袁奇峰　张宇峰　孙一民　张春阳
083400	风景园林学	郭　谦　陆　琦　唐孝祥　王国光　袁晓梅　赵立华　方小山　梁明捷　李　琼　林广思
083500	软件工程	Oliver Martin Deussen　陈　健　黄　翰　李　东　梁浩锋　刘　琼　闵华清　宋恒杰　王振宇　奚建清　杨晓伟　叶　进　蔡　毅　喻　昕　谭明奎　刘　飞
083900	网络空间安全	董守斌　李拥军　陆　璐　余志文　蔡宏民　陆以勤　胡永健
120100	管理科学与工程	谷　斌　兰继斌　李怡娜　李志宏　刘　芳　牛保庄　祁　明　王爱虎　吴应良　徐维军　杨建辉　叶　飞　张卫国　张智勇　钟慧玲　周文慧　周永务　张振刚　王和勇　杨　磊　张　军　刘勇军　李牧南
120121	工业工程与管理工程	崔耀东
120201	会计学	梁彤缨　万良勇
120202	企业管理	安　然　晁　罡　简兆权　蓝海林　李　敏　李卫宁　刘善仕　沙振权　宋光辉　宋铁波　王雁飞　叶广宇　周建青　曾　萍　葛淳棉
120203	旅游管理	戴光全　江金波　魏　卫
120204	技术经济及管理	樊　霞　许　治　张协奎　周　霞　朱桂龙　王志强
99J1	绿色能源化工与技术	陈少伟　蒋仲杰　康雄武　刘　江　刘美林　唐正华　杨成浩　陈　燕　周伟家　黎立桂

资料2　2017 年招收工程硕士的工程领域

电子与通信工程	电气工程	动力工程	化学工程
建筑与土木工程	机械工程	控制工程	环境工程
计算机技术	轻工技术与工程	食品工程	工业工程
材料工程	软件工程	交通运输工程	生物工程
物流工程	车辆工程	集成电路工程	生物医学工程
仪器仪表工程	安全工程	工业设计工程	船舶与海洋工程

资料 3 2017 年华南理工大学优秀博士学位论文名单

所在学院	专业名称	姓名	指导教师	论文题目
化学与化工学院	有机化学	梁仁校	祝诗发	基于共轭炔烯醛参与的新型串联反应及其在构建多环化合物中的应用
机械与汽车工程学院	车辆工程	何国林	丁　康	复合齿轮传动系统振动响应调制机理及稀疏分离方法研究
材料科学与工程学院	材料物理与化学	刘佰全	王　坚	基于电荷和激子分布调控研究高性能有机白光二极管
材料科学与工程学院	材料学	陈　龙	唐本忠	基于聚集诱导发光单元的有机小分子的合成及其在 OLED 和单分子导线中的应用
电力学院	电气工程（电站系统及其控制）	胡志锋	马晓茜	微波预处理驱动下化学链气化小球藻制取合成气的机理研究
自动化科学与工程学院	模式识别与智能系统	张　瑞	李远清	面向重度残疾人的脑机接口功能辅助研究
建筑学院	建筑技术科学	陈国斌	赵越喆	典型声景信号的时间动态分析及主观评价
化学与化工学院	化学工程	凌子夜	张正国	基于膨胀石墨基复合相变材料的动力电池热管理系统性能研究
食品科学与工程学院	粮食、油脂及植物蛋白工程	刘　付	唐传核	大豆蛋白皮克林稳定剂的构建、表征及应用
工商管理学院（创业教育学院）	管理科学与工程（工业工程与管理工程）	林　强	叶　飞	随机环境下“公司＋农户”型农产品供应链的协调优化研究

继续教育

【招生与教学】优化招生策略与布局，优化学历层次结构，由以专升本与专科层次并重逐步向专升本层次为主转变。规范继续教育办学，完善合作办学准入和退出机制。2017 年新增合作单位 9 个，停止合作单位 24 个，签订学历继续教育合作协议书 89 份，办学单位签订诚信办学承诺书 104 份。加强招生安全防范工作，建立健全招生应急预案，严肃合作办学招生工作纪律，确保招生秩序。2017

年学历继续教育招生 32 004 人，同比增长 50%，其中，网络教育 23 055 人、成人教育 4311 人、自学考试 4638 人。截至 2017 年底，各类学历继续教育在校学生 65 501 人，其中，网络教育 44 842 人、成人教育 12 560 人，自学考试 8099 人。

推进混合式教学模式改革，加大网络学习资源建设力度，学生参与网上学习积累平时成绩的比例超 80%。强化学习过程管理与考试监督。通过明确教师任务、教学过程动态跟踪检查、加强师生沟通等举措加大过程监督管理。全年承担 256 门自学考试统考课程、12 万余份试卷的评卷工作；向广东省自学考试委员会推荐统考命题课程 27 门，命题教师 81 人次；全年组织社会考生参加实践课程及数媒理论课程考试 1000 科次。严抓考风考纪，全年组织网络教育、成人教育期末统考 456 门，派出监、巡考人员 604 名，113 个考点近 24.75 万人次考生参加考试。学籍管理方面，清理学信网退学退费学籍信息，管理更趋精细化。

加强信息技术在教育教学中的应用。2017 年完成 30 门网络课程验收工作，对 18 门课程进行申报立项，全年累计拍摄时间 1791 学时，总制作完成时间 2015 学时。优化网络教育、成人教育教学管理平台，启动自学考试、成人教育缴费管理系统。加强网络信息安全风险防控，门户网站与三大教育管理平台通过信息系统安全等级保护测评，达到 2 级防护等级；升级 VPN 设备，为学生在校外学习提供安全便捷的数字化资源服务；强化数据中心设备维护工作，开展网络安全演练。获“2017 中国最具社会影响力高校网络与继续教育学院”，案例《信息化平台建设助力成人高等教育质量监控创新》入选“2017 中国高校远程与继续教育优秀案例库”。

【培训工作】以发展非学历继续教育为重点，构建非学历培训协同育人格局。2017 年举办各类培训班 284 期，培训人数 14 721 人，培训收入 4014.87 万元，其中，继续教育学院的培训人数、培训收入同比分别增长 10% 和 30%。干部培训校地合作模式深入推进，立足广东覆盖全国 10 个省份，培训品牌深入中西部地区，初步搭建长三角与珠三角合作交流平台，建成一批特色培训项目，涉及国家节能减排、精准扶贫、高校思政、地方产业发展、招商引资等领域。职业技能培训坚持市场导向、校企联动的培养模式，不断优化以岗位实战技能提升为核心的课程体系，着力打造中长期职业培训新项目。出国留学培训项目与中国（教育部）留学服务中心达成战略合作，深入推进与美国门罗大学、加拿大卡纳多学院的“1 + X”项目，以及加拿大圣力嘉“2 + 2”项目合作。

【管理工作】深入推进“校园文化之旅”品牌活动。组织 33 家办学单位 2200 余名业余学生返校参观学习。持续开展校友会建设，广州、深圳、东莞校友会队伍逐步扩大，筹建河源校友会。

依托管理人员、班主任、物业、班干部四支队伍，加强学生思想教育、安全教育、心理教育和日常管理；结合时事和社会热点，对学生开展爱国主义教育、纪律教育、爱校荣校教育以及丰富多样的文体娱乐活动。建立健全校园安全风险防控体系，多部门协同，加大师生心理教育、消防安全、网络信息安全、人身财产安全等方面的教育力度。改善学习生活条件，装修宿舍，更新设备，营造安全舒适环境。

资料1　2017年继续教育学院学生情况一览表

	毕业生数			在校生数			招生数		
	小计	本科	专科	小计	本科	专科	小计	本科	专科
成人教育	4822	2282	2540	12 560	6146	6414	4311	2019	2292
网络教育	8634	3334	5300	44 842	16 886	27 956	23 055	7867	15 188

资料2　2017年公开学院学生一览表

专业	层次	人数
电子商务	专科	43
动漫设计与制作	专科	90
房屋建筑工程	专科	49
广告	专科	21
会计电算化	专科	43
计算机及应用	专科	21
金融管理	专科	18
艺术设计	专科	51
电子商务	本科	19
工程管理	本科	100
会计电算化	本科	30
计算机及应用	本科	26
建筑工程	本科	96
金融管理	本科	27
人力资源管理	本科	50
商务管理	本科	13
数字媒体艺术	本科	47
项目管理	本科	2
艺术设计	本科	232
合计		978

资料3　2017年继续教育学院培训情况一览表

培训班名称	人次
干部培训	2120
职业技能培训	262
出国留学培训	59
合计	2441

国际教育

【招生工作】以国家实施“丝绸之路留学推进计划”为契机，加强“一带一路”沿线国家的招生宣传。重点赴毛里求斯、马达加斯加、孟加拉国、尼泊尔、韩国、印度尼西亚等国家组织形式多样的招生宣传活动。不断拓展招生渠道，通过海内外伙伴高校及优质教育服务机构、各国驻中国的使领馆教育处、孔子学院、海内外主流媒体及各类招生网站等进行招生宣传，提升学校在海外的影响力。2017年，学校与南宁华侨学校合作建立国际学生生源基地。

发挥校友力量，推进学校留学生招生工作。新成立印度尼西亚、越南、泰国海外校友会。聘任2017届校友联络员10名。创新招生模式，设立国际学生校友组织员岗位，利用在校学生假期回国期间协助开展招生宣传。

稳步发展校际合作交流项目。推进与泰国宋卡王子大学、越南河内开放大学、俄罗斯圣彼得堡科技大学等多所大学现有合作项目，全年接收交换生20余名。与法国、韩国、马来西亚、泰国、孟加拉国、巴基斯坦等国10余所高校以及印度商会达成合作意向。

2017年，学校留学生总数达2380人，来自全球124个国家，其中，学历生1285人，占总人数的54%，分布在24个学院。

【教学工作】加强来华留学教育教学能力和课程体系建设。创新教学管理模式，建立课型同头课负责人制度，由同头课负责人统筹管理各项教学活动，举行教学讨论交流与反思活动。深化课程改革，促进课程的模块化、小型化、多样化，将学科发展的前沿性课题成果融入教学过程。优化语言班课程设置，与本科的课程设置进行无缝对接，为短期团打造特色文化课程。成立通识教育教研室，承担全校性的中国概况、中国文化与社会、跨文化适应与传播等国际学生通识教育类教学与研究。“来华留学生思想教育模式的探索与创新”获第八届广东教育教学成果奖一等奖。获批教育部国别与区域研究基地“印度巴基斯坦研究中心”。科研项目立项12项，其中，省部级项目3项。获2017年度华南理工大学出版基金资助项目7项，出版著作9种。发表论文27篇，其中，英文论文2篇、CSSCI论文4篇、中文核心期刊论文10篇、一般刊物论文11篇。

加强来华留学教育学科专业建设。新增全英文授课软件工程硕士专业，全英硕士专业增至4个。依托新闻传播学院开设学术型硕士和专业学位硕士，面向国际学生招生。增设两年制新闻与传播专业学位硕士和汉语国际传播方向硕士，汉语国际教育专业本科新开设国际关系方向。实行小班教学，保证教学质量。

学生培养质量不断提高。2017年全日制各类国际学生毕业209人，其中，本科生145人、硕士生59人、博士生5人。国际学生研究成果丰硕，加纳籍博士研究生 Martin Henry Asare（中文名：亨利）发表高水平论文6篇，其中，在EI发表论文4篇、SCI发表论文1篇，入选美国土木工程协会的认证咨询员。加纳籍博士研究生 Yao Yeboah（中文名：叶遥），在

SCI和EI发表论文5篇。

【孔子学院建设】与德国奥迪集团、英戈尔施塔特市政府、英戈尔施塔特工业技术大学合作共建的奥迪英戈尔施塔特孔子学院正式揭牌。成立兰卡斯特大学孔子学院第二所孔子课堂。美国爱达荷大学孔子学院进入第二个五年合作协议续签阶段。召开学校孔子学院联合理事会，三所孔子学院中外方代表首次齐聚，共谋发展。做好学校孔子学院外派中方院长、汉语教师和汉语教师志愿者的选派工作。选拔中方院长2名，汉语教师2名，汉语教师志愿者9人。

【留学生管理】积极开展留学生系列交流活动、文化活动，组织留学生投身公益服务。举办“一带一路助我圆梦”——第六届留学生征文朗诵大赛，吸引全国15所重点高校的50余名中国政府奖学金留学生参赛，学校作品《探丝路源头，赞“一带一路”》获一等奖。积极组织留学生参与“广东省在粤外国留学生岭南文化名片竞赛”“魅力广东 助我圆梦”等活动。开展“感知中国”系列活动，留学生文化节、新年联欢会、各国文化庆祝活动，促进多元文化交流，增强国际化氛围。

促进国际学生就业创业。通过联系各类具有招收外籍员工资质的企业、组织学生实地考察中国企业，开展以国际学生就业为导向的校园专场招聘会，举办在华创业校友座谈会，为国际学生提供系统性的就业创业服务。

资料　2017年学校春季、秋季留学生情况一览表

学生类别	春季			秋季	
	学生总数	招生人数	毕业人数	招生人数	学生总数
语言生	772	470	676	323	1095
专业生	945	0	210	340	1285
合计	1717	470	886	663	2380

招生与就业

【招生工作】本科生招生工作方面。开展广东省本科综合评价录取模式招生试点工作，优化自主招生、艺术类和体育类招生工作流程，规范本科特殊类型招生，全方位开展招生宣传工作。2017年，学校本科招生计划6300人，实际录取6163人，其中，广东省录取3068人、外省录取3095人；普通类考生4688人，保送生60人，自主招生215人，高校专项“筑梦计划”130人，艺术专业生234人，高水平艺术团11人，高水平运动队21人，运动训练专业生45人，西藏、新疆生66

人，少数民族预科生60人，港澳台生82人，国家专项贫困计划402人，广东省综合评价149人。

学校2017年广东省文科最低录取排名比2016年上升，投档线578分，高出一本线58分，比2016年提高6分，最低排位2335名，比2016年提前168名；理科投档线573分，高出一本线88分，比2016年提高5分，最低排位10 333名，比2016年提高1565名。

广东省外27个理科招生省（区、市）中有23个最低录取分高出当地重点线的分差超过2016年，达85%。21个文科招生省（区、市）中有16个最低录取分高出当地重点线的分差超过2016年，达76%。上海和浙江为实行综合改革省份，其中，上海录取的最低分为539分，比上海本科录取控制分数线（402分）高出137分、比自主招生控制分数线（501分）高出38分；浙江录取的最低分为633分，比浙江普通类第一段分数线577分高出56分。

研究生招生工作方面。2017年，学校博士研究生招生计划720人，其中，全日制学术型700人、全日制专业学位20人，实际录取711人；硕士研究生招生计划5218人，其中，全日制4000人、非全日制1218人，报考人数17 030人，实际录取5181人，其中，全日制学术型硕士录取2287人、专业学位录取1711人，非全日制专业学位录取1183人。

持续提升生源质量。推进招生规范化建设，修订《华南理工大学博士研究生招生申请考核制实施办法》《华南理工大学研究生招生计划管理办法》。实施研究生生源质量提升计划，鼓励学院与导师加入研究生招生宣传队伍，组织研究生招生宣讲团，深入高校开展招生宣讲会。研究生生源质量稳步提升，毕业于“211工程”高校的博士和硕士研究生生源分别占73.83%、58.15%，毕业于“985工程”高校的博士和硕士研究生生源分别占59.07%、34.39%。

【就业指导与管理服务】 加强职业生涯教育和就业指导。25个教学班开设“生涯规划与求职技巧”通选课，举行“职业启航活动月”和“青春逐梦职场活动月”系列活动65场次；指导成立11个学生就业俱乐部或协会，开展就业工作坊、走进名企、学长有话说、模拟招聘等活动，举办各类活动50多场次。

拓展就业市场与实习平台。学校就业在线网站新增注册企业1878家，为985家用人单位发布实习信息；组织安排1075场校园宣讲会，其中500强企业368家，举行15场次行业类、地区类、综合类大中型招聘会，共发布11 086条招聘信息，提供166 197个岗位，供需比达到1∶16；建立“553”就业工作模式，开辟网络职前教育学堂，建设“互联网+就业”平台，开展形式多样的职业辅导活动，与12家企事业单位共建就业实习基地。

加大对就业困难群体的帮扶力度。建立健全就业困难毕业生群体精准帮扶机制，采取领导关怀、资金扶持、求职指导、岗位推荐相结合的措施，确保困难群体就业一个不能少、一个不能掉队。加强对少数民族学生的就业关注，制订加强少数民族学生就业创业服务工作的实施办法，设置少数民族学生奖学金，专门增设少数民族辅导员岗位，引进内派工作人员，聘请少数民族校外导师等，全方位保障少数民族学生就业工作。

2017年，409名毕业生到西部12个省（市、区）工作，9人赴西部及艰苦边远地区重点单位、基层单位就业，20人参加志愿服务西部计划，7名同学光荣入伍。本科生和研究生的总体就业率为99.4%，位居教育部直属高校前列，其中，本科生就业率为99.2%、研究生就业率为99.7%。毕业生专业相关度、就业满意度、起始月薪都超出“双一流”建设高校平均值。2017年毕业生到世界500强和中国500强企业就业占毕业生人数的35.5%。

高等教育研究

【高等教育及相关领域研究】组织实施学校2017年高等教育研究基金项目。新增主持项目8项，其中，省部级项目2项、校级项目5项、其他项目1项，总经费31.5万元，到校经费20.3万元。共发表学术论文11篇，其中在CSSCI期刊及《光明日报》等重要报纸上发表论文7篇。首次开设老年教育研究专项，资助12项。加强《华南高等工程教育研究》组稿和约稿，不断提高办刊质量，完成刊物全年4期的出版及年审工作。积极承担第28期新教工岗前培训和“高等教育学”等课程的教学工作。

以校史研究所为平台，深入开展校史研究。继续完善《广东工业专科学校校史考》的考证与撰写工作，书稿字数从2017年初的72.9万字增至82万字。承担有关校史的咨询或认定、宣传教育等工作。全年接受学校办学史方面咨询10余次。

【教育学一级学科建设】2017年，教育学硕士点共录取14名硕士研究生（含推免生2名），其中，高等教育学专业10人、教育学原理专业4人。2名硕士学位论文答辩成绩优秀，优秀比例达到12.5%。新增硕士生导师1名，具有招生资格的专、兼岗导师达到16名，其中，高等教育学专业10名、教育学原理专业6名。11名导师通过年度招生资格审核。加强对外学术交流与合作，全年派出20人次参加高等教育研究的学术会议，拓宽学术视野，提升学术水平。

科研与科技产业工作

自然科学研究

【科研项目与经费】科研经费持续增长。学校理工类新增科研项目2790项，科研项目实到经费21.72亿元。其中，纵向科研项目实到经费12.31亿元、横向科研项目实到经费9.41亿元。获批国家自然科学基金项目252项，直接经费超3.4亿元；牵头的“分子聚集发光”国家自然科学基金基础科学中心项目获批立项，5年资助总金额达4亿元。应用研究方面，牵头承担国家重点研发计划项目6项，课题20项，经费超过2.7亿元。承担各类省市科技计划项目超400项。

【科研成果与奖励】重大科技成果取得突破。获部省级以上自然科学类科技奖励33项，其中，国家科技进步奖3项。获高等学校科学研究优秀成果奖（科学技术）5项，其中，一等奖3项（自然科学奖2项、科技进步奖1项）。获2017年度广东省突出贡献奖1项。获2017年度广东省科学技术奖24项，其中，一等奖5项、二等奖9项、三等奖10项。获广东省丁颖科技奖2项。

论文数量与质量稳步上升。发表“卓越国际论文”1396篇，较上一年度增长40.44%，占SCI论文总数的56.68%。1篇论文入选2007—2017年我国被引次数最高的十篇论文，累计被引次数达2642次。2016年度，学校论文被SCI、EI和CPCI-S索引共收录5820篇，其中，SCI索引收录2463篇、EI索引收录2720篇，SCI学科影响因子前1/10的期刊论文536篇。

取得更多知识产权工作成果。2项专利获第十九届中国专利奖，2项专利获广东专利优秀奖，1人获广东专利发明人奖，3项专利成果获第二十二届全国发明展览会金奖。申请专利4025项，其中，发明专利申请2914项，发明专利占比超过72%；专利授权2004项，其中，发明专利授权1146项。申请专利合作协定（PCT）149项，41项PCT进入国家阶段，授权国外专利15项。根据世界知识产权组织发布的《2017世界知识产权指标》报告显示，学校跻身全球前100名专利申请人，排名全球第67位，在国内高校中排名第7位。

【科研基地建设】加快发展科研基地建设。新增31个部省级以上科研机构，包括热带特色健康食品国际科技合作基地、半导体显示与光通信器件研发国家地方联合工程研究中心、软物质科学与技术学科创新引智基地、AM-OLED工艺技术国家工程实验室（校企合作）等4个国家级科研基地；获批建设合成生物学与药物制备教育部国际合作联合实验室、大数据与机器人智能教育部粤港澳联合实验室等国际化科研基地。

【产学研合作】提升服务地方产业能

力。在企事业委托项目方面，签订横向理工类技术合同 1888 项，合同金额达到 11.07 亿元。在校企联合研发平台建设方面，与科大讯飞、欣旺达电子、天王电子、利泰制药等规模以上企业共建 24 个校企联合实验室，企业对单个实验室投入超过 200 万元。校企合作建设国家特色农产品深加工产业技术创新战略联盟，包括精准医学、大数据、智能化建筑、工业机器人等 13 个省市级产业技术创新联盟。落实“省部企业科技特派员行动计划”，上报省部企业科技特派员 84 名，全部获批通过，服务超过 50 家科技型企业。2017 年，学校获中国产学研合作创新奖。

【科研交流】学术与科技交流活动活跃。主办或承办了第一届材料基因工程高层论坛、食品非热加工与营养国际会议、第六届极端荷载下结构性能保护及加固国际会议、中国转化医学高峰论坛等大型学术会议 30 余场次。其中，第一届材料基因工程高层论坛聚集了新材料领域的 31 位院士和 500 余专家、学者、企业家代表，中国工程院、科技部、工信部和广东省相关领导出席论坛。

资料 1　2017 年各学院获国家自然科学基金资助情况

单位	批准项目类型										资助项目数	资助直接经费（万元）
	科学中心	杰青	优青	重点	重大研究计划	联合基金	国际合作	面上	青年	其他		
材料科学与工程学院	1			2			3	21	16		43	20 738
化学与化工学院				3			1	17	13		34	2357
机械与汽车工程学院			1	1	1	1		13	7		24	1745
环境与能源学院					1	1	3	6	1	1	13	1283
电力学院						2	1	7	1		11	1218
电子与信息学院		1				1	2	5	6		15	1030
食品科学与工程学院		1						8	4	1	14	945
土木与交通学院								10	8	2	20	846
工商管理学院				1			1	6	1		9	773
建筑学院							2	7	2		11	730
计算机科学与工程学院			1					5	2	1	9	692
生物科学与工程学院								8	1	1	10	533
数学学院			1				1	5	5	1	13	501
医学院								4	6	1	11	385
物理与光电学院								3	2		5	232
自动化科学与工程学院								2	2		4	175
轻工科学与工程学院								2	2		4	167
经济与贸易学院									2		2	37
总计	1	2	3	7	2	5	14	129	81	8	252	34 387

资料2　2016年各单位三大索引论文统计表

单位	SCI			EI	CPCI-S	总计
	合计	其中SCI学科影响因子前1/10论文	其中“卓越国际”论文			
材料科学与工程学院	532	140	354	520	25	1077
化学与化工学院	438	122	304	421	8	867
机械与汽车工程学院	273	38	128	392	67	732
食品科学与工程学院	264	67	175	185	4	453
电子与信息学院	115	13	45	150	146	411
电力学院	86	32	44	209	95	390
土木与交通学院	77	5	29	211	31	319
环境与能源学院	155	46	97	138	8	301
轻工科学与工程学院	129	20	63	120	11	260
自动化科学与工程学院	56	10	30	77	82	215
计算机科学与工程学院	64	11	18	69	53	186
生物科学与工程学院	84	8	38	45	1	130
物理与光电学院	54	4	16	56	15	125
数学学院	72	11	30	33	7	112
工商管理学院	17	4	9	39	13	69
软件学院	17	0	5	20	25	62
建筑学院	8	2	4	14	17	39
经济与贸易学院	11	1	5	14	10	35
医学院	5	0	2	0	0	5
其他	6	2	0	7	19	32
总计	2463	536	1396	2720	637	5820

资料3　2017年各单位科研成果获奖情况

单位	国家科技进步奖	教育部科技奖		广东省科学技术奖			
	二等奖	一等奖	二等奖	突出贡献奖	一等奖	二等奖	三等奖
机械与汽车工程学院				1	1		1（1）
建筑学院			1			1	1
土木与交通学院						1（1）	

续表

单位	国家科技进步奖	教育部科技奖		广东省科学技术奖			
	二等奖	一等奖	二等奖	突出贡献奖	一等奖	二等奖	三等奖
电子与信息学院						2（2）	
材料科学与工程学院					2（1）	1	1（1）
化学与化工学院		1（1）					2（1）
轻工科学与工程学院		1					
食品科学与工程学院	1（1）		1			1（1）	1（1）
数学学院						1	
计算机科学与工程学院							2（2）
电力学院	1（1）				2（2）	1（1）	1（1）
环境与能源学院	1（1）	1				1	
软件学院							1（1）
总计	3（3）	3（1）	2	1	5（3）	9（5）	10（8）

备注：括号内数字表示非第一完成单位获奖数量。

资料4　2017年各单位发明专利及专利出售情况

单位	发明申请量（项）	授权发明量（项）	有效发明量（项）	专利出售金额（万元）
材料科学与工程学院	474	170	742	916
食品科学与工程学院	159	52	433	691.4
化学与化工学院	358	144	614	283.5
机械与汽车工程学院	534	197	802	131
计算机科学与工程学院	135	32	130	48
轻工科学与工程学院	173	71	278	40.5
自动化科学与工程学院	148	46	124	35.3
电子与信息学院	322	130	447	35
环境与能源学院	118	38	221	28
生物科学与工程学院	40	9	68	28
土木与交通学院	136	39	143	10
软件学院	19	15	32	1.7
电力学院	186	137	383	
广州现代产业技术研究院	41	52	124	
物理与光电学院	28	10	67	
设计学院	17	1	12	
建筑学院	14	3	11	
其他	12		3	1
总计	2914	1146	4634	2249.4

资料5　2017年各单位专利申请和授权情况

单位	申请数		授权数	
	总数	其中：发明	总数	其中：发明
机械与汽车工程学院	914	534	515	197
电子与信息学院	452	322	252	130
材料科学与工程学院	543	474	229	170
电力学院	298	186	205	137
化学与化工学院	425	358	175	144
轻工科学与工程学院	193	173	96	71
自动化科学与工程学院	230	148	94	46
土木与交通学院	236	136	87	39
广州现代产业技术研究院	46	41	59	52
设计学院	103	17	59	1
食品科学与工程学院	167	159	56	52
环境与能源学院	139	118	51	38
计算机科学与工程学院	135	135	49	32
物理与光电学院	42	28	28	10
软件学院	20	19	17	15
建筑学院	24	14	13	3
生物科学与工程学院	42	40	9	9
工商管理学院	7	3	6	
医学院	5	5		
其他	4	4	4	
总计	4025	2914	2004	1146

资料6　学校部省级以上科研机构一览表（自然科学类）

类型	序号	科研机构名称	批准部门	所在单位	获批年份
国家重点实验室	1	制浆造纸工程国家重点实验室	国家计委	轻工科学与工程学院	1989
	2	亚热带建筑科学国家重点实验室	科技部	建筑学院	2007
	3	发光材料与器件国家重点实验室	科技部	材料科学与工程学院	2011

续表

类型	序号	科研机构名称	批准部门	所在单位	获批年份
国家工程（技术）研究中心	1	造纸与污染控制国家工程研究中心	国家计委	轻工科学与工程学院	1995
	2	聚合物新型成型装备国家工程研究中心	国家计委	机械与汽车工程学院	1998
	3	国家金属材料近净成形工程技术研究中心	科技部	机械与汽车工程学院	2009
	4	国家人体组织功能重建工程技术研究中心	科技部	材料科学与工程学院	2009
	5	国家移动超声探测工程技术研究中心	科技部	电子与信息学院	2013
国际科技合作基地	1	国家热带特色健康食品国际科技合作基地	科技部	食品科学与工程学院	2017
国家工程实验室	1	挥发性有机物治理技术与装备国家工程实验室	国家发改委	环境与能源学院	2016
	2	塑料改性与加工国家工程实验室（共建单位：金发科技股份有限公司、华工）	国家发改委	机械与汽车工程学院	2008
	3	TFT-LCD 工艺技术国家工程实验室（共建单位：京东方科技集团股份有限公司、清华大学）	国家发改委	材料科学与工程学院	2008
	4	医用植入器械国家工程实验室（共建单位：山东威高集团有限公司、中科院金属研究所、山东千佛山医院）	国家发改委	材料科学与工程学院	2009
	5	小麦和玉米深加工国家工程实验室（共建单位：河南工业大学、吉林农业大学）	国家发改委	食品科学与工程学院	2011
	6	农田土壤污染防控与修复技术国家工程实验室（共建单位：中国科学院南京土壤研究所）	国家发改委	环境与能源学院	2016
	7	AM-OLED 工艺技术国家工程实验室（共建单位：深圳华星光电技术有限公司）	国家发改委	材料科学与工程学院	2017

续表

类型	序号	科研机构名称	批准部门	所在单位	获批年份
国家地方联合工程实验室	1	风电控制与并网技术国家地方联合工程实验室	国家发改委	电力学院	2012
	2	汽车零部件技术国家地方联合工程实验室	国家发改委	机械与汽车工程学院	2015
国家地方联合工程研究中心	1	半导体显示与光通信器件研发国家地方联合工程研究中心	国家发改委	机械与汽车工程学院	2017
教育部重点实验室	1	聚合物成型加工工程教育部重点实验室	教育部	机械与汽车工程学院	2000
	2	传热强化与过程节能教育部重点实验室	教育部	化学与化工学院	2000
	3	生物医学材料与工程教育部重点实验室	教育部	材料科学与工程学院	2003
	4	亚热带建筑教育部重点实验室	教育部	建筑学院	2005
	5	工业聚集区污染控制与生态修复教育部重点实验室	教育部	环境与能源学院	2008
	6	教育部重点实验室（B类）	教育部	机械与汽车工程学院	2008
	7	自主系统与网络控制教育部重点实验室	教育部	自动化科学与工程学院	2009
教育部国际合作联合实验室	1	先进功能材料国际合作联合实验室	教育部	材料科学与工程学院	2015
	2	合成生物学与药物制备国际合作联合实验室	教育部	生物科学与工程学院	2017
粤港澳联合实验室	1	大数据与机器人智能粤港澳联合实验室	教育部	软件学院	2017
教育部工程中心	1	金属材料成形及装备教育部工程研究中心	教育部	机械与汽车工程学院	2006
	2	淀粉与植物蛋白深加工教育部工程研究中心	教育部	食品科学与工程学院	2006
	3	精密电子制造装备教育部工程研究中心	教育部	自动化科学与工程学院	2007
	4	近距离无线通信与网络教育部工程研究中心	教育部	电子与信息学院	2009

续表

类型	序号	科研机构名称	批准部门	所在单位	获批年份
广东省重点实验室	1	广东省汽车工程重点实验室	广东省科技厅	机械与汽车工程学院	1997
	2	广东省高性能与功能高分子材料重点实验室	广东省科技厅	材料科学与工程学院	2001
	3	广东省计算机网络重点实验室	广东省科技厅	计算机科学与工程学院	2002
	4	广东省金属新材料制备与成形重点实验室	广东省科技厅	机械与汽车工程学院	2003
	5	广东省绿色化学产品技术重点实验室	广东省科技厅	化学与化工学院	2004
	6	广东省发酵与酶工程重点实验室	广东省科技厅	生物科学与工程学院	2005
	7	广东省绿色能源技术重点实验室	广东省科技厅	电力学院	2008
	8	广东省生物医学工程重点实验室	广东省科技厅	材料科学与工程学院	2009
	9	广东省短距离无线探测与通信重点实验室	广东省科技厅	电子与信息学院	2010
	10	广东省燃料电池技术重点实验室	广东省科技厅	化学与化工学院	2010
	11	广东省天然产物绿色加工与产品安全重点实验室	广东省科技厅	食品科学与工程学院	2010
	12	广东省创新方法与决策管理系统重点实验室	广东省科技厅	工商管理学院	2011
	13	广东省大气环境与污染控制重点实验室	广东省科技厅	环境与能源学院	2011
	14	广东省精密装备与制造技术重点实验室	广东省科技厅	机械与汽车工程学院	2011
	15	广东省先进储能材料重点实验室	广东省科技厅	材料科学与工程学院	2012
	16	广东省光纤激光材料与应用技术重点实验室	广东省科技厅	材料科学与工程学院	2013
	17	广东省能源高效清洁利用重点实验室	广东省科技厅	电力学院	2013
	18	广东省功能分子工程重点实验室	广东省科技厅	化学与化工学院	2015
	19	广东省计算智能与网络空间信息重点实验室	广东省科技厅	计算机科学与工程学院	2017

续表

类型	序号	科研机构名称	批准部门	所在单位	获批年份
广东省工程中心	1	广东省功能材料工程技术研究开发中心	广东省科技厅	材料科学与工程学院	1987
	2	广东省电力工程技术研究开发中心	广东省科技厅	电力学院	1997
	3	广东省绿色精细化学产品工程技术研究开发中心	广东省科技厅	化学与化工学院	2009
	4	广东省人体组织功能重建工程技术研究开发中心	广东省科技厅	材料科学与工程学院	2010
	5	广东省船舶与海洋工程技术研究开发中心	广东省科技厅	土木与交通学院	2010
	6	广东省金属材料近净成形工程技术研究开发中心	广东省科技厅	机械与汽车工程学院	2010
	7	广东省城市空调节能与控制工程技术研究开发中心	广东省科技厅	机械与汽车工程学院	2011
	8	广东省光电工程技术研究开发中心	广东省科技厅	物理与光电学院	2012
	9	广东省特种光纤材料与器件工程技术研究开发中心	广东省科技厅	材料科学与工程学院	2012
	10	广东省大数据分析与处理工程技术研究中心	广东省科技厅	计算机科学与工程学院	2013
	11	广东省建筑材料低碳技术工程技术研究中心	广东省科技厅	材料科学与工程学院	2013
	12	广东省环境风险防控与应急处置工程技术研究中心	广东省科技厅	环境与能源学院	2013
	13	广东省节能与新能源绿色制造工程技术研究中心	广东省科技厅	机械与汽车工程学院	2013
	14	广东省食品绿色加工与营养调控工程技术研究中心	广东省科技厅	食品科学与工程学院	2013
	15	广东省智能交通信息与控制工程技术研究中心	广东省科技厅	土木与交通学院	2013
	16	广东省生物酶与工业绿色加工工程技术研究中心	广东省科技厅	生物科学与工程学院	2014
	17	广东省航空航天先进材料与结构工程技术研究中心	广东省科技厅	土木与交通学院	2014
	18	广东省汽车检测工程技术研究中心	广东省科技厅	机械与汽车工程学院	2014

续表

类型	序号	科研机构名称	批准部门	所在单位	获批年份
广东省工程中心	19	广东省社会媒体处理与软件开发工程技术研究中心	广东省科技厅	软件学院	2015
	20	广东省热能高效储存与利用工程技术研究中心	广东省科技厅	化学与化工学院	2015
	21	广东省智能系统控制工程技术研究中心	广东省科技厅	自动化科学与工程学院	2015
	22	广东省脂类科学与应用工程技术研究中心	广东省科技厅	食品科学与工程学院	2015
	23	广东省信息访问与传输安全工程技术研究中心	广东省科技厅	计算机科学与工程学院	2015
	24	广东省天线与射频工程技术研究中心	广东省科技厅	电子与信息学院	2015
	25	广东省电子封装材料与可靠性工程技术研究中心	广东省科技厅	材料科学与工程学院	2015
	26	广东省半导体照明与信息化工程技术研究中心	广东省科技厅	材料科学与工程学院	2015
	27	广东省现代建筑创作工程技术研究中心	广东省科技厅	建筑学院	2015
	28	广东省先进储能材料工程技术研究中心	广东省科技厅	材料科学与工程学院	2016
	29	广东省建筑节能工程技术研究中心	广东省科技厅	建筑学院	2016
	30	广东省亚热带道路工程技术研究中心	广东省科技厅	土木与交通学院	2016
	31	广东省可持续建筑与城市设计工程技术研究中心	广东省科技厅	建筑学院	2016
	32	广东省先进涂层工程技术研究中心	广东省科技厅	化学与化工学院	2016
	33	广东省冷链食品智能感知与过程控制工程技术研究中心	广东省科技厅	食品科学与工程学院	2016
	34	广东省能源高效低污染转化工程技术研究中心	广东省科技厅	电力学院	2016
	35	广东省环境纳米材料工程技术研究中心	广东省科技厅	环境与能源学院	2016
	36	广东省人机交互设计工程技术研究中心	广东省科技厅	设计学院	2016

续表

类型	序号	科研机构名称	批准部门	所在单位	获批年份
广东省工程中心	37	广东省人体数据科学工程技术研究中心	广东省科技厅	电子与信息学院	2016
	38	广东省供应链金融工程技术研究中心	广东省科技厅	经济与贸易学院	2016
	39	广东省特种焊接技术与装备工程技术研究中心	广东省科技厅	机械与汽车工程学院	2016
	40	广东省机器人及系统集成工程技术研究中心	广东省科技厅	机械与汽车工程学院	2016
	41	广东省无人机系统工程技术研究中心	广东省科技厅	自动化科学与工程学院	2016
	42	广东省智能能源网微自动化工程技术研究中心	广东省科技厅	电力学院	2016
	43	广东省创新制药工艺和过程控制工程技术研究中心	广东省科技厅	化学与化工学院	2016
	44	广东省过滤与湿法无纺复合材料工程技术研究中心	广东省科技厅	轻工科学与工程学院	2016
	45	广东省交通电子支付工程技术研究中心	广东省科技厅	广州华工信息软件有限公司	2016
	46	广东省生物医学传热工程技术研究中心	广东省科技厅	华南理工大学珠海现代产业创新研究院	2016
	47	广东省特种纸与纸基功能材料工程技术研究中心	广东省科技厅	轻工科学与工程学院	2017
	48	广东省特种酶工程技术研究中心	广东省科技厅	食品科学与工程学院	2017
	49	广东省大数据与计算广告工程技术研究中心	广东省科技厅	新闻与传播学院	2017
	50	广东省智能网络通信与计算工程技术研究中心	广东省科技厅	电子与信息学院	2017
	51	广东省智能无人船与系统工程技术研究中心	广东省科技厅	机械与汽车工程学院	2017
	52	广东省生态透析环境治理工程技术研究中心	广东省科技厅	环境与能源学院	2017
	53	广东省金属材料表面功能化工程技术研究中心	广东省科技厅	材料科学与工程学院	2017
	54	广东省智能传感器与专用集成电路工程技术研究中心	广东省科技厅	电子与信息学院	2017

续表

类型	序号	科研机构名称	批准部门	所在单位	获批年份
广东省工程中心	55	广东省软件开发与服务工程技术研究中心	广东省科技厅	软件学院	2017
	56	广东省电化学能源工程技术研究中心	广东省科技厅	化学与化工学院	2017
	57	广东省风景园林工程技术研究中心	广东省科技厅	建筑学院	2017
	58	广东省柔性 OLED 显示工程技术研究中心	广东省科技厅	材料科学与工程学院	2017
	59	广东省多媒体智能营销工程技术研究中心	广东省科技厅	软件学院	2017
	60	广东省植物纤维高值化清洁利用工程技术研究中心	广东省科技厅	环境与能源学院	2017
	61	广东省香蕉精深加工与综合利用工程技术研究中心	广东省科技厅	食品科学与工程学院	2017
	62	广东省智慧城市规划工程技术研究中心	广东省科技厅	建筑学院	2017
	63	广东省智能焊接制造装备及机器人工程技术研究中心	广东省科技厅	机械与汽车工程学院	2017
	64	广东省人工智能中医工程技术研究中心	广东省科技厅	计算机科学与工程学院	2017
	65	广东省智能与康复装备工程技术研究中心	广东省科技厅	机械与汽车工程学院	2017
	66	广东省能源材料表面化学工程技术研究中心	广东省科技厅	环境与能源学院	2017
	67	广东省金属增材制造工程技术研究中心	广东省科技厅	机械与汽车工程学院	2017
	68	广东省生物制药工程技术研究中心	广东省科技厅	生物科学与工程学院	2017
	69	广东省水利工程安全与绿色水利工程技术研究中心	广东省科技厅	土木与交通学院	2017
广东省工程实验室	1	广东省印刷 OLED 材料及显示技术工程实验室	广东省发改委	材料科学与工程学院	2010
	2	广东省电动汽车整车技术工程实验室	广东省发改委	机械与汽车工程学院	2010
	3	广东省风电控制与并网工程实验室	广东省发改委	电力学院	2011
	4	广东省功能结构与器件智能制造工程实验室	广东省发改委	机械与汽车工程学院	2015

续表

类型	序号	科研机构名称	批准部门	所在单位	获批年份
广东省教育厅重点实验室	1	高性能橡胶塑料与复合材料广东普通高校重点实验室	广东省教育厅	材料科学与工程学院	2001
	2	计算机网络广东普通高校重点实验室	广东省教育厅	计算机科学与工程学院	2001
	3	工业生物技术广东普通高校重点实验室	广东省教育厅	生物科学与工程学院	2005
	4	农产品资源绿色加工广东普通高校重点实验室	广东省教育厅	食品科学与工程学院	2006
	5	精密制造技术与装备广东普通高校重点实验室	广东省教育厅	机械与汽车工程学院	2007
	6	污染控制与生态修复广东普通高校重点实验室	广东省教育厅	环境与能源学院	2008
	7	无线通信网络与终端广东普通高校重点实验室	广东省教育厅	电子与信息学院	2008
	8	新能源技术广东普通高校重点实验室	广东省教育厅	化学与化工学院	2008
	9	表面功能结构先进制造广东普通高校重点实验室	广东省教育厅	机械与汽车工程学院	2009
	10	能源高效清洁利用广东普通高校重点实验室	广东省教育厅	电力学院	2010
	11	风工程广东普通高校重点实验室	广东省教育厅	土木与交通学院	2011
	12	清洁能源材料广东普通高校重点实验室	广东省教育厅	材料科学与工程学院	2011
广东省教育厅工程中心	1	广东高校半导体照明工程技术研究中心	广东省教育厅	物理与光电学院	2008
	2	广东高校现代道路工程技术研究中心	广东省教育厅	土木与交通学院	2008
	3	广东高校大气污染控制工程技术研究中心	广东省教育厅	环境与能源学院	2009
	4	广东高校现代交通工程技术研究中心	广东省教育厅	土木与交通学院	2010
	5	广东高校音视频图文智能信息处理工程技术研究中心	广东省教育厅	电子与信息学院	2010
	6	广东高校绿色校园节能与控制工程技术研究中心	广东省教育厅	机械与汽车工程学院	2011
	7	广东高校工业废弃物资源化利用工程技术研究中心	广东省教育厅	化学与化工学院	2012
	8	广东高校海量大数据的智能信息处理与安全工程技术研究中心	广东省教育厅	计算机科学与工程学院	2013
	9	广东高校脂类研发与应用工程技术研究中心	广东省教育厅	食品科学与工程学院	2014

续表

类型	序号	科研机构名称	批准部门	所在单位	获批年份
广州市重点实验室	1	广州市景观建筑重点实验室	广州市科信局	建筑学院	2013
	2	广州市机器人软件及复杂信息处理重点实验室	广州市科创委	软件学院	2015
	3	广州市脑机交互关键技术及应用重点实验室	广州市科创委	自动化科学与工程学院	2015
	4	广州市人体数据科学重点实验室	广州市科创委	电子与信息学院	2016
	5	广州市能源材料表面化学重点实验室	广州市科创委	环境与能源学院	2017
广州市工程研究中心	1	广州纳米生物材料与技术工程研究中心	广州市科技局	材料科学与工程学院	2005
	2	广州市有色金属铸造行业技术研究中心	广州市科技局	机械与汽车工程学院	2007
	3	广州市平板显示行业工程技术研究中心	广州市科信局	材料科学与工程学院	2010
	4	广州市智能无损检测行业工程技术研究中心	广州市科信局	电子与信息学院	2012
	5	广州市水资源与水环境行业工程技术研究中心	广州市科信局	环境与能源学院	2012
其他	1	乐百氏－华工大植物蛋白工程研究中心	国家计委	食品科学与工程学院	2002
学科创新引智基地	1	高分子塑料光电材料研究学科创新引智基地	教育部、国家外专局	材料科学与工程学院	2006
	2	建筑物理环境与建筑节能创新引智基地	教育部、国家外专局	建筑学院	2007
	3	制浆造纸工程学科创新引智基地	教育部、国家外专局	轻工科学与工程学院	2011
	4	新型生物医用材料及其组织修复创新引智基地	教育部、国家外专局	材料科学与工程学院	2012
	5	食品营养与健康学科创新引智基地	教育部、国家外专局	食品科学与工程学院	2016
	6	软物质科学与技术学科创新引智基地	教育部、国家外专局	材料科学与工程学院	2017

人文社会科学研究

【研究项目与经费】 高级别项目获批数量显著增加。获批哲学社会科学类项目764项，合同经费8365万元，实到经费9262万元。其中，纵向项目554项，合同经费4028万元，实到经费4442万元；横向项目210项，合同经费4337万元，实到经费4820万元。获批国家级社科重大项目6项，其中，国家社科基金重大项目2项、教育部哲学社会科学重大课题攻关项目4项。获批国家社科基金项目23项，其中，重点项目1项、一般项目12项、青年项目6项、后期资助项目1项、教育学单列项目2项、艺术学单列项目1项。获批教育部人文社会科学研究项目22项。

【研究成果与奖励】 高水平理论成果和决策咨询成果取得新成绩。获广东省第七届哲学社会科学优秀成果奖20项，其中，一等奖5项、二等奖10项、三等奖5项。“英汉虚拟位移构式的二语习得研究”成为学校首个结题获评优秀的国家社科基金项目。在《中国社会科学》等权威期刊上发表论文20多篇，《新华文摘》转载论文3篇，2016年发表CSSCI论文403篇，发表SSCI论文51篇；出版人文社科类著作60多种。组织开展“第五届华南理工大学哲学社会科学研究优秀著作奖”的申报及评审工作，评选出优秀著作6种。完成决策咨询报告764篇，被采纳711篇。

【基地建设与学术交流】 基地建设数量和质量实现长足发展。学校哲学社会科学领域新增省级研究机构8个，其中“印度巴基斯坦研究中心”“印度洋岛国研究中心”首次获批成为教育部批准备案建设的国别和区域研究基地；“广东省社会治理研究中心”“政府绩效评价中心”获批成为广东省重点智库；“哲学与科技高等研究所”“国家治理研究中心”“习近平新时代中国特色社会主义思想研究中心”获批成为广东省社会科学研究基地；“重大科技项目与平台实施效果第三方评估智库”获批成为广东省科技智库。国家高端智库公共政策研究院入选中国社科院“中国智库综合评价核心智库榜单”。

举办40多场次哲学社会科学学术讲座和学术会议，包括“发展与贫困：中国和世界经验”国际学术研讨会、第二届中外会展大讲堂、变化环境下的人才管理创新学术会议、2017中国国际经济法年会、学术名刊谈学术高层论坛、首届应用语言学国际前沿课题高端研讨会等。

资料1　2017年各单位哲学社会科学类新增科研项目及实到经费情况

单　位	实到经费（万元）	项目数（项）
工商管理学院	1259.4	70
经济与贸易学院	1349.4	88

续表

单　位	实到经费（万元）	项目数（项）
法学院	626. 3	72
新闻与传播学院	442. 9	35
公共管理学院	955. 0	79
设计学院	274. 5	37
马克思主义学院	439. 2	70
体育学院	92. 0	13
外国语学院	160. 0	25
国际教育学院	103. 7	12
艺术学院	31. 1	11
公共政策研究院	2198. 7	44
建筑历史文化研究中心	192. 2	13
高等教育研究所	49. 6	7
其他学院及机关部处	1088. 0	188
合计	9262. 0	764

资料2　2016年各单位CSSCI论文情况

序号	单　位	论文数（篇）
1	工商管理学院	90
2	经济与贸易学院	67
3	马克思主义学院	35
4	法学院	52
5	新闻与传播学院	35
6	建筑学院	11
7	公共管理学院	41
8	设计学院	4
9	体育学院	1
10	艺术学院	5
11	高等教育研究所	3
12	外国语学院	19
13	其他学院及机关部处	40
合计		403

资料3　2016年各单位SSCI论文情况

序号	单　位	论文数（篇）
1	工商管理学院	18
2	经济与贸易学院	10
3	国际教育学院	1
4	外国语学院	2
5	体育学院	1
6	高等教育研究所	1
7	理工类学院和其他单位	18
合计		51

资料4　学校部省级以上科研机构一览表（哲学社会科学类）

序号	科研机构名称	批准部门	获批年份
1	公共政策研究院	中宣部	2015
2	印度巴基斯坦研究中心	教育部国际交流与合作司	2017
3	印度洋岛国研究中心		2017
4	广东省社会治理研究中心	广东省委宣传部	2017
5	政府绩效评价中心		2017
6	中国企业战略管理研究中心	广东省教育厅	2003
7	建筑历史文化研究中心		2005
8	金融工程研究中心		2006
9	广东地方法制研究中心		2006
10	政府决策与绩效评价研究所		2009
11	广东省新媒体与品牌传播创新应用重点实验室		2013
12	公共外交与跨文化传播研究基地		2015
13	互联网行为科学重点实验室		2016
14	广东省中小企业研究咨询中心	广东省中小企业局	2003
15	广东省技术创新评估中心	广东省经信委	2004
16	广东省体育产业发展研究中心	广东省体育局	2005
17	广东现代服务业研究基地	广东省发改委	2011
18	广东省软科学研究基地	广东省科技厅	2011
19	科技革命与技术预见智库		2016
20	重大科技项目与平台实施效果第三方评估智库		2017

续表

序号	科研机构名称	批准部门	获批年份
21	广东省非物质文化遗产研究基地	广东省文化厅	2013
22	广东省地方立法研究评估与咨询服务基地	广东省人大常委会	2013
23	哲学与科技高等研究所	广东省社会科学界联合会	2017
24	国家治理研究中心		2017
25	习近平新时代中国特色社会主义思想研究中心		2017
26	法治评价与研究中心	广东省法学会等	2016

资料5　广东省第七届哲学社会科学优秀成果奖获奖名单

序号	成果名称	获奖级别	成果类型	所在单位	第一作者
1	智慧城市建设理论与实践	一等奖	著作	工商管理学院	朱桂龙
2	中国企业的融资约束：特征现象与成因检验	一等奖	论文	经济与贸易学院	邓可斌
3	Optimal Uniform Pricing Strategy of a Service Firm When Facing Two Classes of Customers	一等奖	论文	工商管理学院	周文慧
4	Pricing and Alliance Selection for a Dominant Retailer with an Upstream Entry	一等奖	论文	工商管理学院	周永务
5	广东省战略性新兴产业发展专项资金LED与新能源汽车项目绩效第三方评价报告	一等奖	调研报告	公共管理学院	郑方辉
6	绿色金融的发展与创新——基于广东的实地调研	二等奖	著作	经济与贸易学院	徐　枫
7	李维汉与马克思主义中国化研究	二等奖	著作	马克思主义学院	莫岳云
8	我国多层次科技资本市场的重构与对策研究	二等奖	论文	经济与贸易学院	麦均洪
9	以刑释罪：一种可行的刑法实质解释方法——以对“组织卖淫罪”的解释为例	二等奖	论文	法学院	徐松林
10	批评性话语分析：诠释与思考	二等奖	论文	外国语学院	武建国
11	大型体育场馆的空间布局和功能定位及政府决策	二等奖	论文	体育学院	高晓波
12	A Multi-period Fuzzy Portfolio Optimization Model with Minimum Transaction Lots	二等奖	论文	工商管理学院	刘勇军

续表

序号	成果名称	获奖级别	成果类型	所在单位	第一作者
13	Price, Capacity and Concession Period Decisions of Pareto-efficient BOT Contracts with Demand Uncertainty	二等奖	论文	工商管理学院	牛保庄
14	Maximizing System Availability Through Joint Decision on Component Redundancy and Spares Inventory	二等奖	论文	工商管理学院	谢　维
15	间段均衡理论与中国公共政策的演进逻辑——兰州出租车政策（1982—2012）的变迁考察	二等奖	论文	公共管理学院	文　宏
16	网络位置、独立董事治理与公司并购——来自中国上市公司的经验证据	三等奖	论文	工商管理学院	万良勇
17	Forecasting Energy Consumption Using a New GM-ARMA Model Based on HP Filter: The Case of Guangdong Province of China	三等奖	论文	工商管理学院	徐维军
18	清末学堂学生的读报活动与观念变革	三等奖	论文	新闻与传播学院	蒋建国
19	The Development of Asymmetric Trust in Cooperation Between Large Firms and SMEs: Insights from China	三等奖	论文	工商管理学院	王红丽
20	提高水平加快发展　推进幸福广东建设——2011 年建设幸福广东综合评价报告	三等奖	调研报告	工商管理学院	杨建辉

资料6　第五届华南理工大学哲学社会科学研究优秀著作奖获奖名单

序号	著作名称	出版单位	第一作者
1	中国进出口制造业企业外汇风险测定与管理	经济管理出版社	张卫国
2	广东经济社会转型期企业劳动关系——劳资政三方 37 年的博弈	科学出版社	李　敏
3	中国惩罚性赔偿制度研究	北京大学出版社	陈年冰
4	量子技术哲学	华南理工大学出版社	吴国林
5	科学解释模型与解释者信念研究	中国社会科学出版社	闫坤如
6	广州话语法变异研究	商务印书馆	单韵鸣

科技产业与成果转化

【科技产业工作】学校资产经营有限公司拥有二、三级下属企业共45家（全资企业18家、控股企业4家、参股企业23家）；其中，二级企业20家（全资13家、控股1家、参股6家），三级企业25家中（全资5家、控股3家、参股17家）。全民所有制企业5家，均为二级企业。2017年实现合并营业收入130 526.96万元，同比增长5.36%；税前利润10 107.13万元，同比增长39.51%；所有者权益106 898.19万元，同比增长约9.55%。持有万孚生物公司5.07%股份共892.06万股，年底市值约6.45亿元；持有中国高科（股票代码：600730）174.0816万股，年底市值约1159.38万元；远正智能（股票代码：838486）2015年挂牌新三板，持有4.50%股权；华金科技（股票代码：870031）2016年挂牌新三板，持有4.27%股权，实现国有资产的保值增值。上交财政部国有资本收益522.86万元；上交学校投资收益120万元；上交学校房屋租金769.51万元；返纳学校事业编制人员工资3781.59万元。

国资整改收尾工作扎实推进。3家企业完成清算注销工作，1家企业股权转让的评估备案材料已报教育部审批，1家企业完成取消冠校名，10家企业正在进行清算注销或股权转让工作。

科技成果转化工作取得新成效。10家全资（控股）高新技术企业享受国家和地方相应的优惠政策和支持资金，获得研发补助、补贴、退税等约500万元；4家省级工程技术研究中心获得财政补助约700万元；新授权发明专利20项、实用新型专利11项、计算机软件著作权26项，新获高新技术产品18项，获得省市级及其他奖项共146项。

【国家大学科技园建设】国家大学科技园在企业孵化、成果转化和园区拓展等方面取得新业绩。截至2017年底，科技园资产总值（含在参、控股企业的所有者权益）10 092万元，净资产9761万元；参控股企业共22家（含创华孵化基金参股企业）。

深耕孵化，扶持企业发展。孵化企业广州远正智能科技股份有限公司成功挂牌新三板；广州华工环源绿色包装技术股份有限公司引进国际产业战略投资；广州晶品压缩科技有限公司、广州潮徽化工有限公司等4家企业获利退出。

科技园发展开创新局面。学校将国家大学科技园纳入整体科技发展体系，由学校科技成果转化办公室进行统一管理。2017年7月，佛山市顺德区人民政府与学校签约共建华南理工大学科技园顺德创新园区，选址广州大学城卫星城产业社区、顺德区陈村镇，分五年投入2亿元扶持资金和4万平方米场地，支持顺德创新园区发展。科技园公司于10月启动了一期1万平方米场地装修，并制定了《顺德创新园区企业（创新创业团队项目）入园管理办法》《顺德创新园区在孵企业及毕业企业认定管理办法》，吸引了一批创新创业团队入驻园区。

【广州现代产业技术研究院建设】获首批广州市技术转移示范机构，成为广州市南沙区博士后科技创新公共研究中心发起单位和南沙区知识产权发展促进会副会长单位。获批国家重点研发专项2项，广州市科创委国际合作项目1项，南沙区科技计划项目5项；获国家专利优秀奖1项。建成研发中心9个，示范基地9个，中试生产线15条，功能实验室37个。累计推广科技成果36项，3项成果被认定为广东省高新技术产品。在孵企业累计20家，其中，2家企业被认定为高新技术企业、2家企业被认定为高新技术企业培育企业、1家企业被认定为广州市企业研究开发机构、1家企业通过知识产权管理体系认证（贯标）。

【华南协同创新研究院】获批国家自然科学基金申请依托单位资质、国家级孵化器培育单位、东莞市“倍增计划”专业服务资源池专业服务机构，获批广东省创业团队1支、东莞市创新团队2支。完成东莞市大学创新城A2大楼交接、搬迁和基础建设，投入约1.2亿元启动建设创新中心8个、院企研发中心7个。组织推送专利奖项目培育计划2项，获批博士后基金2项。获批国家级孵化器培育单位（即省级孵化器）。投资公司（孵化器）以5000万元作为种子，与政府和社会资本组建3支投资基金，规模超过2亿元；已投资企业8家，在孵企业28家，毕业企业6家。

积极参与行业联盟建设，组建3D打印行业联盟、广东省橡胶制品产业技术创新联盟。组织“2017年东莞市国际合作周暨第二届国际个人护理品及化妆品论坛”“2017橡胶实用技术研讨会”“生物转化与酵素行业发展论坛”等，开展各类培训10余次，服务企业近300家，培训人员超1000人。

【珠海现代产业创新研究院】获批“广东省高性能光纤激光技术与装备工程技术研究中心”“广东省先进电动汽车电源及热控系统工程技术研究中心”。获批2017年广东省科技发展基金1项，承担国家、部省级重大重点项目20余项。增加注册企业8家，注册资金近1亿元。新增改造实验场地4000平方米，建成万级（局部千级）超净室1个、十万级（局部万级）超净室1个，建成符合国家保密要求的创新实验室200平方米，新增价值600万元的仪器设备。与珠海出入境检验检疫局联合开展进出口公共技术服务平台（IETP）科技成果转化推介会，与高栏港经济区管委会联合举办“高栏港经济区·华工珠海研究院产学研合作交流会”；提供技术服务及技术咨询活动累计超过30次，服务企业超过10家；累计产学研合作企业超过20家。

【中新国际联合研究院】2017年3月正式注册成立，完成单位组建和管理团队组建，制定一系列管理制度。启动场地装修和实验室建设工作，建成16个实验室，采购价值1000多万元的科研仪器设备；围绕广州重点发展的IAB、NEM产业，建设了新能源、生物医用材料、人工智能等6个研发平台，引进23个产业化项目，其中，国际合作项目17个；入驻人员达到120多人，吸引了包括中科院院士、新加坡工程院院士在内的一大批高层次人才。

【中山现代产业技术研究院】承担各类科技项目17项，合同经费累计4480.8万元，成果转化收入655.81万元；申请专利33项（其中发明专利17项），授权发明专利2项。组织校政企对接50余次，技术培训超过100人次，服务中山企业近100家。受聘为中山市光电产业协会顾问单位，孵化企业“广东正德材料表面科技有限公司”被评为中山市服务业新兴业态企业；获“热喷涂工程施工及技术服务一级证书”。

队伍建设与人事管理

队伍建设与人事管理

【高层次人才队伍建设】不断加大高层次人才引进力度。依托广州国际校区加大力度引进国际顶尖人才，已（拟）引进院士 6 人。引进国家杰青 2 人、“973”项目首席科学家 1 人、“海外高层次引进人才”9 人；引进“十大青年法学家”1 人；引进医学院“发育生物学与再生医学团队”。

提振人才培养工作。获教育部首批认定“全国高校黄大年式教师团队”1 个；获享受政府特殊津贴 6 人；入选“万人计划”青年拔尖人才支持计划 1 人；通过广东省“珠江学者计划”12 人，其中，特聘教授 4 人、青年珠江学者 8 人；入选广东省“南粤创新奖”1 人。

【人事管理改革】人事管理制度持续完善。制定《华南理工大学第五期“兴华人才工程”教师绩效考核办法（试行）》，实现考核指标全方位覆盖，考核结果与绩效奖励充分挂钩。制定《华南理工大学教学科研岗位人员选聘标准（试行）》，对符合选聘标准的人选，按“绿色通道”进行审批。改革非教学科研人员公开招聘办法，修订《华南理工大学公开招聘非教学科研岗位人员实施办法》，引入第三方机构组织命题、改卷、统分，增加校级面试环节。制定《华南理工大学专业技术职务评审规定（2017 年修订）》，完善专业技术职务评审与岗位聘任制度。制定《华南理工大学岗位设置管理实施办法（2017 年修订）》，完善专业技术人员岗位晋级条件。制定《华南理工大学职员制改革实施办法（2017 年修订）》，优化管理职员的晋级条件。修订《华南理工大学讲座教授聘任办法》，建立高层次引进人才年薪正常增长机制。

2017 年申请晋级专业技术人员 525 人，聘用 291 人。2017 年专业技术职务评审，各单位共推荐 338 人，其中正高 103 人、副高 164 人；评审通过 215 人，其中正高 55 人、副高 92 人。青年教师专业技术职务破格评审通过正高 7 人、副高 13 人。

【博士后工作】博士后招收与培养工作成效显著。共招收博士后 193 人，在站博士后达到 456 人。流动站博士后 5 人入选人社部博士后创新人才支持计划项目，5 人入选广东省人力资源和社会保障厅珠江人才计划项目。博士后共获得 155 项基金，其中，38 项国家自然科学基金、21 项广东省自然科学基金、77 项中国博士后科学基金面上项目、19 项中国博士后科学基金特别项目。

【教职工培训与交流】举办第二十八期新教职工岗前培训班，共有 229 人参加。在广东省教育厅组织的统一考试中，教工通过率85.5%。加大对出国人员的支持力度，公派出国留学人员98人，其中，国家公派出国人员65人、单位公派出国人员33人。

资料1　2017年全校教职工人数统计表

单位：人

	总计	专任教师	行政人员	教辅人员	工程技术人员	科研机构人员	工勤人员	其他附设机构人员	校办企业职工
教工数	4793	2724	949	551	48	138	111	196	76
其中：女	1989	882	534	303	11	31	32	165	31
正高级	936	890	22	6	6	5	1	2	4
副高级	1366	1058	78	102	12	56	2	35	23
中级	1638	655	446	303	19	68	8	114	25
初级	451	17	289	95	3	6	5	26	10
其他	402	104	114	45	8	3	95	19	14

资料2　2017年专任教师学历结构情况表

单位：人

	总计	博士研究生	硕士研究生	本科
专任教师数	2724	2139	471	114
其中：女	882	616	217	49
正高级	890	815	60	15
副高级	1058	861	141	56
中级	655	362	250	43
初级	17	8	9	0
其他	104	93	11	0

资料3　2017年专任教师年龄结构表

单位：人

	总计	30岁及以下	31～35岁	36～40岁	41～45岁	46～50岁	51～55岁	56～60岁	61岁及以上
专任教师数	2724	131	367	580	539	439	481	139	48
其中：女	882	39	110	234	203	153	114	23	6
正高级	890	3	40	97	147	184	269	103	47
副高级	1058	23	148	280	253	172	154	27	1
中级	655	42	140	193	134	82	57	7	0
初级	17	8	5	0	4	0	0	0	0
其他	104	55	34	10	1	1	1	2	0

离退休工作

【党建工作】认真学习贯彻党的十九大精神，扎实开展“畅谈十八大以来变化 展望十九大胜利召开”系列活动，6个退休教工党支部参与老少支部结对共建活动。抓好党组织建设和党的干部队伍建设，完成离退休教工党委换届选举工作，选举产生9名党委委员和5名纪委委员；指导党支部完成换届改选工作，选任195名老党员任支部书记和委员。

【服务工作】全年探望生病住院离休干部26人次，上门家访96人次，协助去世离休干部家属处理后事7人次；组织全体离休干部外出参观和年度体检。现有离休人员59名，平均年龄88岁。

申请发放困难补助26人次，共计5.2万元；申请“大病救助”70人次，共计128.24万元；为全体70岁以上离退休人员购买银龄安康老年人意外险，协助发放银龄安康意外保险152人。走访慰问重病、生活困难的老党员、老同志140余人次。开设健康讲座4次，为老同志协调增设体检项目，开设3个“老年大配餐”华工社区提餐点。协同五山街家庭综合服务中心开展80岁以上老人生活情况调研工作，共摸查380人，调研“独居老人需求”34人。举办老同志“三八”妇女节活动、老年节、老年运动会等，引导老同志参与社区公益活动。167名退休人员获天河区五山街公益之星奖，离退休教工协会获优秀公益单位奖。现有离退休人员3341人，其中，80岁以上807人、90岁以上52人。

【关工委工作】组织纪念学校关工委成立25周年系列活动，对全校14个先进集体和74名先进工作者进行表彰。深入开展党史国史校史教育，举办党史讲座、校史讲座、老少支部座谈，开展缅怀先烈、“传承红色基因 弘扬优秀家风”图片展等活动。加强组织队伍建设，指导二级关工委完成人员调整工作，配合做好第三期特邀党建组织员聘任工作，其中，校级11人、院级69人。曾惠典、刘树道、黄石生、郑璟、伍德昌、黄凯、彭志英、何笑评、朱文坚等9位老同志荣获学校“校长基金最无私关爱”称号。

资料1 2017年离退休人员结构情况表

共计（人）		按人员类别		按职称级别		按技术级别		按年龄划分		
离退休人员	其中：中共党员	退休人员	离休人员	厅级干部	处级干部	正高职称	副高职称	70岁以上	80岁以上	90岁以上
3341	1126	3282	59	22	208	332	1090	2224	807	52

注：以上数据按离退休时兑现待遇的职称职级统计。

资料 2　2017 年离退休人员变化情况

项目与内容	离休干部	退休人员	合计
2017 年内增加数	0	89	89
2017 年内减少数	7	102	109
2017 年比 2016 年增减人数	-7	-13	-20

资料 3　2017 年老年大学情况一览表

项目与数量	专职教师（人）	兼职教师（人）	开设课程（门）	学员数（人次）
2017 年上学期	5	27	86	3650
2017 年下学期	5	27	86	3753
2017 年全年	5	27	172	7403

对外交流与合作

国际交流合作与港澳台工作

【国际合作】扩大全球合作交流。2017 年，共派出各类因公临时出国（境）人员 2317 人次、赴 20 多个国家和地区参加各类型国际交流活动，其中，教师出国（境）861 人次、本科生项目派出 921 人次、研究生派出 535 人次；增加本科生海外学习项目 26 项，新签署各类合作协议、备忘录等共 46 份。

深度参与国际高校联盟交流与合作。学校加入“中英工程教育与研究联盟”“中国－东欧工科大学联盟”，正式接棒“中俄阿斯图工科大学联盟 2017—2019”轮值主席单位。

【因公派出与外事接待工作】双向交流不断推进。学校共有教职工 800 余人次出国（境）参加国际会议、国际比赛、合作科研等。举办国际会议 15 场，参会人数 500 余人。澳大利亚西澳州教育部部长代表团、新加坡南洋理工大学校长代表团、英国布里斯托大学副校长代表团、加拿大多伦多大学副校长代表团、英属哥伦比亚大学院士代表团等来访学校，全年共接待国外来访 162 批次 352 人次，其中，校级团组及高层次来访 32 批次。

【引智工作与外籍专家工作】打造高水平国际化科研合作平台，共有 5 个引智基地、14 个联合研究机构，获中国高等教育学会引智分会 2017 年度“最佳组织奖”。

全年聘请外籍专家 800 多名，包括 40 位海外高层次引进人才、3 位“高端外国专家”入选者、3 位“广东省领军人才”入选者，61 位全职高层次外籍教师。海外名师讲授全英学分课程 100 余门，海外学术大师来校短期讲学或访问 50 余人次。

【港澳台交流与合作】各类因公赴港澳台师生 612 人次，来校港澳台师生 974 人次。新签署合作协议 6 份。依托“万人计划”共接待香港教师 23 人次、学生 250 人次，获批经费逾 200 万元。依托省部级 4 个对台重点持续性滚动项目，吸引约 130 名台湾师生来校交流。举办两岸暨港澳会议 4 场，其中，联合香港大学、澳门大学举办首届粤港澳“一带一路”论坛，邀请 180 余名来自内地及港澳的学者探讨大湾区建设。深化与香港城市大学的全面合作，启动联合培养博士研究生双学位项目。与香港科技大学签订本硕联合培养项目，推动华南理工大学－香港科技大学联合研究院建设。

制定《华南理工大学招收和培养香港特别行政区、澳门特别行政区及台湾地区学生管理办法》。首次开设国情教育课以及召开港澳台生座谈会等，提高港澳台生培养质量。

校友工作与国内交流合作

【校友工作】校友组织不断完善。召开华南理工大学校友会理事会换届大会，171 名校友当选新一届校友会理事，授予香港校友会、珠海校友会等24 个校友组织“2017 年优秀校友工作组织”称号。推动成立新三板校友企业家俱乐部、加拿大温哥华校友会等4 个校友分会及俱乐部；推动澳门校友会、四川校友会等 8 个校友分会完成换届工作。更新校友信息 10 000 余条，收录校友信息增至38 万余条。

稳步推进校友资讯发布及宣传工作。出版《华工人（2017）》，编印 4 期《校友会、基金会会刊》，编制《华南理工大学优秀校友汇编》，印制《至美青春 如梦华园》校友返校日纪念画册。举办“创新·发展”科技创新项目成果展，推送17 期《科技服务周刊》。完善“招贤纳才”“微福利”“创业帮”等线上服务项目，为近 30 家校友企业发布免费宣传信息 70 余条。

校友品牌活动丰富多彩。成功举办第五届校友返校日活动，组织开展讲座论坛、主题展览、球类竞赛等活动 30 余项，吸引百余个毕业班级近 9000 名校友及家属返校聚会。组织 40 余位校友走进校友企业，开展校友创投分享会、“‘创’响华园——校友与在校创业团队面对面”“SAF2 校友群英晚餐会”等活动。举办“杰出老校友回母校活动”暨世纪木棉学术系列讲座，邀请朱江洪校友回母校分享人生经验。举办第九届校友企业招聘会，130 多家校友企业到场招聘，提供 3500 余个就业、实习岗位。

积极开展校友走访工作。走访广东森岛集团、信立泰、大壮集团、侨益集团、三浦车库、广州通达汽车电气股份有限公司等百余家校友企业，拜访郭建基、廖清清、谢斌、黄一笃、苏农、王培森等百余名杰出校友，推动校企合作深入开展。

【教育发展基金会工作】召开基金会理事会换届会议暨新一届理事会会议，审议并产生第三届理事会成员、监事、财务总监。加强捐赠宣传工作，公开发布捐赠项目使用情况。举办 10 余场捐赠仪式、颁奖和揭幕仪式，包括王杏生校友 800 万元、张澍生校友 500 万元、温氏股份 268 万元、张弢李芬伉俪 200 万元、欣旺达 150 万元、华赉谭志宏伉俪 50 万元等个人和企业的捐赠仪式。开发爱心基金、院系腾飞基金、学生创业基金等微捐赠项目，抓住校友返校日等契机，开展小额筹款活动。截至 2017 年底，新增捐赠协议 90 份，新增立项 59 份，捐赠合同金额 4209 万元，到账 2309. 8 万元。2017 年，学校教育发展基金会获评为“中国高校教育基金工作先进单位”。

【大学理事会工作】正式启用大学理事会工作办公室印章。加强与理事会成员的沟通与联系，定期通报学校发展重大进展，听取理事会成员意见建议。

【对口支援工作】开展受援高校教师和管理干部进修锻炼项目，2017 年共接收广西大学、贵州民族大学进修教师和挂职管理干部 12 人；实施交换生、联合培养本科生及定向培养名额单列博士生项目，2017 年接收广西大学、贵州民族大学联合培养本科生 26 人、本科交换生 28 人、定向博士生 17 人。

条件建设与后勤保障

实验室建设与设备管理

【实验教学中心建设】数字化设计虚拟仿真实验中心、建设全生命周期管理虚拟仿真（BIM）实验教学中心、VR 工程教育虚拟仿真实验教学中心被认定为省级虚拟仿真实验教学中心。开展省“教学质量与教学改革工程”建设项目验收工作，化学工程与工艺实验教学中心、工业装备与控制工程实验教学中心、新闻与传播实验教学中心、电子工艺实验教学中心通过验收。组织 2017 年学校本科教学实验室建设项目申报，完成 9 个专题建设项目、22 个日常更新项目，支出建设经费 4765.47 万元。

【实验室管理】完善实验室安全管理体制机制。制定《华南理工大学实验室安全管理规定（试行）》《华南理工大学实验室安全责任追究办法》，成立学校实验室安全专门委员会，建立由学校领导、职能部门负责人、院级单位负责人和实验室负责人构成的四级管理体系，形成由校实验室安全专门委员会、学院实验室安全领导小组联动的安全管理运行机制。

开展实验室安全检查。按照教育部检查指标完成 9 大类、337 项内容的实验室安全档案整理工作。顺利通过教育部检查组对材料科学与工程学院、化学与化工学院、电子与信息学院等单位进行的安全管理情况现场检查。

加强实验室安全条件建设。配套专项经费用于实施实验室条件安全提升计划，为实验室选配通风橱等 8 大类 21 种规格的实验室急需设施。完成各学院台式双目、壁挂式、复合式洗眼器的配备工作，总支出 32.5 万元；PP 酸碱柜、易燃液体防火柜完成合同签订，总费用 103.08 万元。为 31 号楼配备 15 个医疗急救箱、95 台事故应急柜，补充 3M 通用化学品吸附棉、酸碱中和剂和化学品垃圾袋及危废标签。建成国内高校首个个人防护实验室，为学校各类实验操作、实验人员培训、知识普及提供专业的平台。开展安全生产月系列活动，包括“强化主体责任，筑牢安全防线”主题海报展，专题讲座、实验过程风险辨识及防控等培训，生物安全应急演练等活动，制作“危险化学品事故应急处置教育视频”等安全教育视频。

加强危险化学品安全管理。开展气瓶专项整治，确保实验用气安全。严审气体供货商资质和备案机制，加强对气体供应商经营资质、运营车辆和人员操作证等 20 多种国家规范的资质证明材料核验，对成功备案的供应商进行公示。完成 8 个学院近 400 个废旧气瓶集中回收处置工作。按照广州市公安局加大对易制爆化学品管控的要求，及时报送人员信息、储存场所等资料，完成两个校区备案工作。易制毒化学品合同采取一季度一签模式，预估季度采购量，申请易制毒化学品购买备案证；易制爆化学品合同采取一年一签模式，严格执行“五日内备案登记”制度；设计制作实验室废弃物暂存地警示标识、自配试剂标签、化学废液分类标签；定制600个专用回收桶，并在回收指引中明确标签粘贴要求。全年共回收处置废弃化学品193.87吨，出车133次，累计金额430万元。

加强实验室用房管理。组织完成31号楼本科实验教学中心改造和搬迁工作，总投入约1795万元，建筑面积约18 000平方米，使用面积约7500平方米，共76个自然间实验室。完成各学院2016年度用房使用费测算和费用划扣工作，全校13个超面积学院缴纳用房使用费611万元，其中，20%返还学院。完成五山校区计算中心修缮后的回迁工作和10号楼，南新村油库，北区化机4号楼、3号楼，北区科技园2号楼、23号楼、3号楼、4号楼等用房的调配及搬迁。

【实验队伍建设】完成2017年度实验系列人员公开招聘核编和安全员的面试工作。组织学校实验系列人员2016年度考核，全部考核合格。完成2016年3月—2017年2月实验系列考核奖励分配工作。截至2017年底，学校共有实验系列人员403人，其中，副高以上职称88人，硕士及以上学历人员占70%。

【仪器设备购置与管理】推动大型仪器设备共享，接受《国务院关于国家重大科研基础设施和大型科研仪器向社会开放的意见》（国发〔2014〕70号）落实情况的现场督查。作为首批接受考核的高校之一，接受科技部和财政部实施的大型科研仪器开放共享试点评价考核。督察组、考核组对学校工作给予充分肯定。对学校账面原值50万元及以上的大型科研仪器（共计555台套）开放共享情况进行统计分析，编撰开放服务典型案例，形成《科研仪器运行服务成效汇总表》。制定《华南理工大学大型仪器开放共享管理办法（试行）》《华南理工大学大型仪器设备使用效益考核评价办法（试行）》，初步建立仪器设备开放共享工作机制和体系。

加强仪器设备论证和购置管理。完成107项单价40万元及以上的仪器设备购置论证工作，论证总金额达1.47亿元；完成1443份设备合同的签订工作，合同总金额约4.1亿元。办理254台进口设备免税工作，免税金额2653万元。完成进口仪器设备开箱点货301台，10万元及以上贵重仪器设备验收673项。

2017年底，学校共有仪器设备241 985台件，总金额33.29亿元，其中，单价10万元以上教学科研仪器设备共3098台件，金额14.47亿元；2017年新增固定资产28 869台套，价值3.80亿元。

资料1　2017年学校实验室设置一览表

依托单位	序号	实验中心（室）
机械与汽车工程学院	1	机械基础教学实验中心
	2	工程训练中心
	3	机械工程实验教学中心
	4	工业装备与控制工程实验教学中心
	5	汽车工程实验教学中心
	6	聚合物实验教学中心
	7	国家金属材料近净成型工程技术研究中心（金属材料成形及装备教育部工程技术研究中心、广东省金属新材料制备与成形重点实验室、广东省金属材料近净成形工程技术研究中心）
	8	塑料改性与加工国家工程实验室（聚合物新型成型装备国家工程研究中心、聚合物成型加工工程教育部重点实验室）
	9	汽车零部件技术国家地方联合工程实验室（广东省汽车工程重点实验室、广东省电动汽车整车技术工程实验室、广东省汽车检测工程技术研究中心）
	10	广东省城市空调节能与控制工程技术研究开发中心（广东高校绿色校园节能与控制工程技术研究中心）
	11	广东省精密装备与制造技术重点实验室（精密制造技术与装备广东普通高校重点实验室）
	12	广东省节能与新能源绿色制造工程技术研究中心（广东省功能结构与器件智能制造工程实验室、表面功能结构先进制造广东普通高校重点实验室）
建筑学院	13	建筑学院实验教学中心
	14	亚热带建筑科学国家重点实验室（亚热带建筑教育部重点实验室、广东省现代建筑创作工程技术研究中心）
土木与交通学院	15	土木与交通学院实验教学中心
	16	力学教学实验中心（示范中心）
	17	土木工程实验教学中心（示范中心）
	18	广东省船舶与海洋工程技术研究开发中心
	19	风工程广东普通高校重点实验室
	20	广东省航空航天先进材料与结构工程技术研究中心
	21	广东省智能交通信息与控制工程技术研究中心（广东高校现代交通工程技术研究中心）
	22	广东高校现代道路工程技术研究中心

续表

依托单位	序号	实验中心（室）
电力学院	23	电力学院实验中心（电力、电工）
	24	广东省绿色能源技术重点实验室（广东省风电控制与并网工程实验室、风电控制与并网技术国家地方联合工程实验室）
	25	广东省电力工程技术研究开发中心
	26	广东省能源高效清洁利用重点实验室（能源高效清洁利用广东普通高校重点实验室）
电子与信息学院	27	信息工程实验中心
	28	电子教学实验中心
	29	国家移动超声探测工程技术研究中心（近距离无线通信与网络教育部工程研究中心、广东省短距离无线探测与通信重点实验室、无线通信网络与终端广东普通高校重点实验室）
	30	广东高校音视频图文智能信息处理工程技术研究中心
	31	广东省天线与射频工程技术研究中心
计算机科学与工程学院	32	计算机教学实验中心
	33	计算中心（五山校区）
	34	广东省计算机网络重点实验室（计算机网络广东普通高校重点实验室）
	35	广东省大数据分析与处理工程技术研究中心（广东高校海量大数据的智能信息处理与安全工程技术研究中心）
	36	广东省信息访问与传输安全工程技术研究中心
自动化科学与工程学院	37	自动化实验教学中心
	38	精密电子制造装备教育部工程研究中心
	39	自主系统与网络控制教育部重点实验室
	40	广东省智能系统控制工程技术研究中心
材料科学与工程学院	41	材料科学与工程实验教学中心（含光电材料与器件虚拟仿真实验教学中心）
	42	广东省高性能与功能高分子材料重点实验室（高分子材料广东普通高校重点实验室）
	43	广东省功能材料工程技术研究开发中心
	44	国家人体组织功能重建工程技术研究中心（医用植入器械国家工程实验室、广东省生物医学工程重点实验室、广东省人体组织功能重建工程技术研究开发中心、生物医学材料与工程教育部重点实验室）

续表

依托单位	序号	实验中心（室）
材料科学与工程学院	45	发光材料与器件国家重点实验室（TFT-LCD 工艺技术国家工程实验室、广东省印刷 OLED 材料及显示技术工程实验室、先进功能材料国际合作联合实验室）
	46	广东省光纤激光材料与应用技术重点实验室（广东省特种光纤材料与器件工程技术研究开发中心）
	47	广东省先进储能材料重点实验室（清洁能源材料广东普通高校重点实验室）
	48	广东省建筑材料低碳技术工程技术研究中心
	49	广东省电子封装材料与可靠性工程技术研究中心
	50	广东省半导体照明与信息化工程技术研究中心
化学与化工学院	51	化工原理实验中心
	52	化工专业实验中心
	53	基础化学实验中心
	54	广东省绿色化学产品技术重点实验室（广东省绿色精细化学产品工程技术研究中心）
	55	传热强化与过程节能教育部重点实验室
	56	广东省燃料电池技术重点实验室（新能源技术广东普通高校重点实验室）
	57	广东省功能分子工程重点实验室（广东高校工业废弃物资源化利用工程技术研究中心）
	58	广东省热能高效储存与利用工程技术研究中心
食品科学与工程学院	59	食品科学与工程学院实验教学中心
	60	小麦和玉米深加工国家工程实验室（淀粉与植物蛋白深加工教育部工程研究中心、广东省天然产物绿色加工与产品安全重点实验室、乐百氏－华工大植物蛋白工程研究中心、农产品资源绿色加工广东普通高校重点实验室）
	61	广东省脂类科学与应用工程技术研究中心（广东高校脂类研发与应用工程技术研究中心）
	62	广东省食品绿色加工与营养调控工程技术研究中心
轻工科学与工程学院	63	轻工科学与工程学院实验教学中心
	64	制浆造纸工程国家重点实验室
	65	造纸与污染控制国家工程研究中心
环境与能源学院	66	环境科学与工程实验教学中心
	67	工业聚集区污染控制与生态修复教育部重点实验室（污染控制与生态修复广东普通高校重点实验室）
	68	广东省大气环境与污染控制重点实验室（大气污染控制广东高校工程技术研究中心）
	69	广东省环境风险防控与应急处置工程技术研究中心

续表

依托单位	序号	实验中心（室）
生物科学与工程学院	70	生物科学与工程教学实验中心
	71	广东省发酵与酶工程重点实验室（工业生物技术广东普通高校重点实验室、广东省生物酶与工业绿色加工工程技术研究中心）
数学学院	72	数学技术实验中心
物理与光电学院	73	物理实验教学中心
	74	电子工艺实验教学中心
	75	光电专业实验室
	76	应用物理专业实验室
	77	广东省光电工程技术研究开发中心（广东高校半导体照明工程技术研究中心）
工商管理学院（创业教育学院）	78	工商管理学院实验中心
	79	广东省创新方法与决策管理系统重点实验室
	80	互联网行为科学广东普通高校重点实验室
公共管理学院	81	公共管理学院实验中心
体育学院	82	体育学院实验中心
软件学院	83	软件学院实验中心
	84	广东省社会媒体处理与软件开发工程技术研究中心
法学院（知识产权学院）	85	法学院实验中心
经济与贸易学院	86	经济与贸易学院实验中心
新闻传播学院	87	新闻与传播学院实验中心
艺术学院	88	艺术学院实验中心
设计学院	89	设计学院实验中心
	90	CAD 实验中心
医学院	91	医学院实验教学中心
大学城校区教学与实验室管理办公室	92	大学城校区电工电子教学实验中心
	93	大学城校区化学化工教学实验中心
	94	大学城校区物理教学实验中心
	95	大学城校区计算中心
	96	大学城校区 IBM 主机系统教育中心
教务处	97	教育技术中心
分析测试中心	98	分析测试中心
信息网络工程研究中心	99	信息网络工程研究中心

资料 2　2017 年教学科研仪器设备增减变动情况

金额单位：万元

单位名称	上年度末实有数				本年度增加数				本年度减少数		本年度末实有数			
	合计		其中 10 万元以上		合计		其中 10 万元以上		合计		合计		其中 10 万元以上	
	台件	金额	台件	金额	台件	金额	台件	金额	台件	金额	台件	金额	台件	金额
全校	110 878	223 796. 34	2827	132 244. 52	14 809	24 968. 27	291	13 060. 66	1151	1298. 49	124 536	247 466. 12	3098	144 679. 91
材料科学与工程学院	10 759	42 544. 16	579	31 831. 08	1593	4813. 51	55	3396. 20	96	99. 40	12 256	47 258. 27	632	35 146. 69
电力学院	5884	8992. 53	104	4406. 35	702	613. 06	10	237. 94	24	5. 88	6562	9599. 70	115	4669. 70
电子与信息学院	6116	7763. 19	96	2987. 31	910	1252. 83	15	539. 38	102	36. 63	6924	8979. 39	111	3524. 30
法学院	392	216. 60	0	0	24	10. 09	0	0	2	9. 80	414	216. 89	0	0
公共管理学院	379	221. 98	0	0	51	32. 82	0	0	0	0	430	254. 80	0	0
国际教育学院	324	193. 13	2	31. 44	39	30. 39	0	0	3	16. 67	360	206. 85	1	15. 21
工商管理学院	2086	1846. 41	12	254. 49	276	292. 01	1	32. 60	17	75. 98	2345	2062. 44	11	247. 54
化学与化工学院	9007	16 115. 60	243	8843. 73	1223	1699. 31	22	590. 06	25	10. 31	10205	17 804. 60	263	9387. 76
环境科学与工程学院	3633	7730. 16	126	4346. 65	553	1200. 39	12	646. 40	4	35. 60	4182	8894. 95	136	4973. 06
经济与贸易学院	2110	1692. 44	18	402. 33	166	81. 11	0	0	69	118. 46	2207	1655. 09	17	382. 83
机械与汽车工程学院	9992	25 894. 57	387	16 163. 37	1206	2402. 12	40	1325. 23	82	146. 69	11116	28 150. 00	425	17 403. 45
计算机科学与工程学院	4870	12 864. 69	85	9100. 15	418	462. 41	3	53. 36	105	55. 12	5183	13271. 98	87	8923. 88
建筑学院	4291	6011. 41	85	3031. 75	468	1539. 20	14	1185. 71	45	90. 53	4714	7460. 08	85	3587. 57
数学学院	1051	659. 53	1	11. 80	84	21. 60	0	0	0	0	1135	681. 13	1	11. 80
物理学院	4264	4671. 38	37	1888. 40	477	847. 35	14	486. 36	0	0	4741	5518. 73	51	2374. 76
轻工科学与工程学院	3186	14 584. 37	195	6685. 48	375	1592. 65	28	1163. 74	109	24. 79	3452	16 152. 23	227	12 052. 19
食品科学与工程学院	3821	10 305. 33	200	10 895. 74	494	741. 99	12	335. 17	42	45. 24	4273	11 002. 08	207	7003. 64
软件学院	5769	3773. 36	20	316. 39	306	492. 13	4	83. 02	64	70. 40	6011	4195. 08	26	649. 95
设计学院	1122	847. 25	4	105. 58	177	109. 12	0	0	19	7. 35	1280	949. 01	4	105. 58

续表

单位名称	上年度末实有数				本年度增加数				本年度减少数		本年度末实有数			
	合计		其中10万元以上		合计		其中10万元以上		合计		合计		其中10万元以上	
	台件	金额	台件	金额	台件	金额	台件	金额	台件	金额	台件	金额	台件	金额
生物科学与工程学院	2692	7327.96	104	4380.91	236	262.96	4	68.71	137	105.63	2791	7485.28	106	4428.35
马克思主义学院	274	146.26	0	0	55	36.81	0	0	0	0	329	183.07	0	0
土木与交通学院	6003	14312.87	158	8031.05	754	1186.59	13	564.21	72	84.25	6685	15415.21	182	9119.95
体育学院	784	1048.77	8	533.34	153	220.74	3	163.41	8	2.04	929	1267.46	10	597.11
外国语学院	410	243.72	2	119.18	30	21.58	0	0	1	0.91	439	264.39	0	0
新闻与传播学院	1009	1167.78	6	250.39	160	100.54	0	0	7	24.72	1162	1243.61	6	250.39
艺术学院	700	934.14	12	181.78	118	85.43	0	0	2	4.52	816	1015.06	12	181.78
医学院	267	134.60	0	0	509	601.01	6	143.30	0	0	776	735.61	6	143.30
自动化科学与工程学院	4529	5997.39	68	1812.22	815	1483.89	11	851.78	0	0	5344	7481.27	79	2663.99
测试中心	310	7173.60	48	6906.59	32	76.45	1	42.21	11	2.47	331	7247.59	49	6948.80
教育技术中心	5100	3985.76	36	664.56	925	749.21	0	0	42	77.78	5983	4657.19	36	664.56
教育技术中心大学城分中心	2113	1268.77	5	148.61	5	2.46	0	0	0	0	2118	1271.23	5	148.61
网络中心	5836	8962.43	119	5526.33	1455	1892.60	23	1151.87	63	146.32	7228	10 708.70	139	6593.02
产研院	1728	4112.40	67	2387.54	9	7.35	0	0	0	0	1737	4119.75	69	2480.15
大学城 IBM 主机系统教育分中心	67	51.81	0	0	11	5.58	0	0	0	0	78	57.39	0	0

财务工作

【财务收入】2017 年总收入 475 132. 95 万元，同比增加 50 987. 74 万元，同比增长 12. 02%。其中，财政补助收入 173 399. 73 万元，同比增长 2. 25%；事业收入 197 784. 57 万元，同比增长 10. 98%；其他收入 103 948. 65 万元，同比增长 36. 14%。

【财务支出】2017 年总支出 451 480. 53 万元，同比增加 60 554. 92 万元，同比增长 15. 49%。按支出功能分类，一般公共服务支出 241. 06 万元，教育支出 415 881. 89 万元，科学技术支出 6175. 46 万元，文化体育与传媒支出 300 万元，住房保障支出 28 882. 12 万元；按支出性质分类，基本支出 277 370. 59 万元，项目支出 169 363. 56 万元，对附属单位补助支出 4746. 38 万元。

【财务管理】严格预算管理。提高预算编制的科学合理性，加强预算执行力度，科学配置校院两级财务管理权，构建和完善以绩效为导向的预算执行激励机制。2017 年，学校连续两次在教育部直属高校预算执行中排名第一，获得教育部财务管理改革绩效奖励 3076 万元，其中，预算执行绩效奖励 1600 万元。广东省国库资金预算执行进度达 96%，比 2016 年提高 26 个百分点。

防范财务风险。优化出纳岗位设置，提高报账效率；规范各类收费行为，加大欠费催缴力度，欠费率持续保持较低水平；推进“营改增”相关工作，顺利完成过渡。完善内部控制，修订内控手册及制度汇编 4 册。贯彻落实中办发〔2016〕50 号文件要求，制定或修订《华南理工大学科研项目间接费用管理办法》等 11 项科研经费管理相关制度，科研经费管理“放管服”落实执行情况获得教育部通报表扬。获教育部财务管理状况评价 A 档（优秀）。

加大民生投入。通过住房改革补贴补发、公积金缴存基数调整等各项措施提高教职工收入，2017 年人员经费总支出达 20. 07 亿元。提高对学生的资助，2017 年学生奖助金支出 3. 14 亿元，比 2016 年增加 0. 21 亿元；安排改善办学基本条件支出 1. 47 亿元，改善师生员工学习、工作和生活环境。

积极争取办学经费。争取 2018 年中央和广东省“双一流”建设资金 4. 53 亿元，增幅 30. 55%。筹备 2018 年度改善基本办学条件项目的评审工作。2018 年学校改善基本办学条件申报项目 26 项，申报总金额 2. 32 亿元，申报教育部、财政部评审的项目通过率 93. 5%，创学校历史新高。

提高资金收益。积极与银行商谈，最大限度地提高学校理财收益。2017 年学校利息收入比 2016 年增加 132 万元。

开展财经自查和接受专项检查。复查 2013—2015 年公务接待和会议费检查所发现问题的整改落实情况；重点检查 2016—2017 年公务接待、会议费、出国经费的支出情况，发现问题及时整改。按教育部专项治理检查要求，逐条逐项深入自查自纠，并按时向教育部报送自查报告。接受教育部财务专项治理检查、教育部捐赠配比检查、教育部修购专项检查等三次专项检查。

推进财务管理信息化建设。开通财务

微信公众号，方便师生随时查询个人收入、科研来款，及时掌握项目收支、发票真伪、网上报账进程等财务信息。率先完成高校核算软件与省财政系统的对接，简化省国库零余额账户支付流程。打破财务信息孤岛，实现数据共享，完善学工、教务、人事、科研、设备等系统对接功能，实现信息的实时交互传输。2017 年学校成为教育部首批推行财政电子票据的试点单位，取消手工票据。

审 计 工 作

【工程审计】开展建设工程管理审计。制定《华南理工大学建设工程管理审计实施办法》。2017 年开展基建工程预结算审计（二审）项目 131 份，审计金额 14 426.65 万元，审计核减金额 319.9 万元；完成修缮工程结算审计项目 90 项，送审额 10 386.03 万元，审计核减额 1134.14 万元，审减率 10.92%；完成基建工程过程跟踪审计 5 项，审计金额 1195.84 万元；完成工程合同审签 22 份，审计金额11 674.26 万元。

【经济责任审计】深化经济责任审计。开展对学校原副校长和党委办公室(学校办公室)、教务处、经济与贸易学院有关负责人的经济责任审计，审计金额 47 933.54 万元。制订学校二级单位有关负责人经济责任审计方案，实现经济责任审计全覆盖。

【预决算审计】以预决算审计为抓手，推进资金审计全覆盖。制定《华南理工大学预算执行与决算审计实施办法》。完成学校财务预算执行情况、资金使用的效果和财务决算的真实性、完整性、合法性的审计，项目金额 403 700 万元。加强预算管理审计，安排审计人员提前介入预算评审会、列席学校财务预算编制有关会议，实现预算管理全过程监督。

【内部控制审计】开展内部控制审计。把内部控制列为日常审计工作，制定《华南理工大学内部控制评审办法》，结合学校预算执行审计和经济责任审计等工作，对学校层面重大事项议事决策机制及相关业务层面的内部控制进行评审与整改。

【其他审计】开展科研经费等专项审计。继续开展 4 个重大科研项目的过程审计，加强对国家社科基金、教育部博士点基金、广东省社科基金等科研项目的审签，制定科研经费决算审签流程。全年审签科研项目 65 项，项目金额共计 568.54 万元。开展学校“海外高层次人才计划”外专项目和“领军人才”项目的财务收支审计。

【审计队伍建设】加强审计队伍建设。重视审计人员的业务学习和培训工作，组织审计人员参加教育部直属高校审计人员培训班、中国教育审计学会培训班和学校会计人员继续教育培训等。选派审计人员参加教育部中央高校捐赠配比专项资金核查工作以及广东省教育厅扶贫资金专项检查工作。

资产管理

【资产管理工作】 加强国有资产发展报告编制、数据统计、产权和房屋资产登记、设备处置备案以及校办企业资产管理等工作。编制完成2014年度、2015年度学校国有资产发展报告和教育部直属高校事业资产发展报告，启动2016年编制工作。完成2016年度“国有资产年度决算报表”“行政事业单位资产报表”“政府资产报表”的编报工作。开发学校国有资产发展报告自动编制系统。

加强房屋及构筑物固定资产管理。推进房屋信息系统建设以及相关信息系统间的对接工作，逐步完善学校房屋信息化管理。2017年，共办理房屋报增业务13笔，价值增加3742.24万元；办理构筑物报增业务2笔，价值新增157.73万元；免办报增业务124笔，金额合计1379.50万元。根据大学城校区不动产权证的办理情况，调整33栋房屋的账面建筑面积，其账面面积共减少6147.16平方米；调整大学城校区占地面积，调整为976 302.00平方米，比原占地面积减少143 552.00平方米。

理顺校内审批流程，完成一批房屋附属设施拆除报废工作，向教育部报备核减房屋价值654.32万元；组织房屋附属设施的残值拍卖工作，2017年共公开拍卖3批次已报废房屋附属设施，处置净收入37.84万元。做好仪器设备类资产处置的报批报备工作，向教育部报备处置设备仪器12批，共9229台件，金额6852.10万元。拆除处置北一学生宿舍等9栋房屋并上报教育部备案，合计建筑面积6262.86平方米，账面原值合计311.15万元；启动广州市科技图书馆选址相应房屋构筑物的拆除报废工作。

加强学校经营性国有资产管理。2017年共收取上缴任务1550.47万元，其中，资产经营有限公司及下属单位889.51万元（含租金769.51万元），校内宾馆660万元，电话所0.96万元。收取返纳工资4225.96万元，其中，资产经营有限公司及下属企业共3812.72万元，后勤处管理各中心395.12万元，电话所18.12万元。推进所属企业的清理，完成广州华图信息中心和广东华欧焊接工程研究中心的清算注销工作。其中，广州华图信息中心于2017年7月办妥产权注销手续，广东华欧焊接中心于2017年6月完成工商注销。广州华南自动化工程有限公司清算已完成资产处置，预计2018年上半年完成清算注销工作。

完成2016年度企业财务会计决算编报工作；完成国有资本收益申报及国有资本预算项目申报，对学校投资一级企业进行全面申报；完成华工电脑网络公司资产评估事项的复核及评估备案工作；组织申报国有资本预算项目3项；协助学校出版社申请文化产业专项资金，获300万元拨款；办理科技园下属的广州华工环源绿色包装技术股份有限公司等4家公司产权登记。

【房地产工作与土地管理】 开展全校房屋、土地出租出借专项清查工作，深入摸查具体情况并建立详细数据。理顺学校出租出借的审批备案流程，规范各单位出租出借权限，规范招租模式、租金价格的确认方式及审批备案流程，明确租金收入须全部纳入学校财务预算，统一核算、统一管理。完成10家企业16 205平方米房屋及6963平方米场地出租事项的合同签订工作，并分2批报教育部备案。36项对外出租出借事项完成租金评估及招租工作，均签订有效租赁合同并报教育部备案。截至2017年底，共报教育部备案事项9批，资产价值合计251.93万元，出租出借房屋、场地面积1432.80平方米。

做好各类补贴的申请及发放工作。将住房货币补贴转换为住房改革补贴，2017年，共完成学校住房改革补贴新申请事项审批303人。完善公有周转住房的档案资料，分类建立周转住房的纸质住房信息卡。完成全校3000余套房改房公摊面积出售及后续工作。推进电梯加建工作，已建成并投入使用的电梯井共148个、已取得建设工程规划许可证并准备施工5个、已完成规划公示4个、已完成校内审批9个，约占学校已售住宅楼满足加建电梯单元总数的86%。规范公用房管理，拟定公用房的维修流程、装修改造审批程序、年度维修需求申报流程等。利用航拍摄影技术，建立五山校区建筑物数字档案，全面筛查校区建筑乱搭乱建等现象，及时排除隐患。

开展广州国际校区500套公共租赁住房和人才公寓的前期申请工作，签订298套公共租赁住房合同，协助开展广州市新就业无房职工公共租赁住房、人才公寓以及顺德区领贤公馆人才专用房申请工作。做好土地边界日常巡查工作，及时发现并维修边界围墙4处；巡查、走访北区长江东路附近多个地块，针对乱搭乱建、不规范使用等情况进行清理，督促百骏汽车修理厂用地、百川实验室用房、驻地工程队1号地块进行整改，并收回部分房屋。

制定按区域分步办理土地红线确权的实施方案。启动橡胶厂地块确权工作，推动橡胶厂地块用于建设公共租赁住房工作；开展附属实验学校（小学部）地块的边界协调工作，维护学校利益；勘察、明确油库地块的边界红线，完成地块废旧物资回收仓库及废旧设备、危险品存储器的搬迁及地块范围7处共737平方米房屋的鉴定，为广州市科技图书馆建设的顺利进行提供保障。

资料　2017年房屋固定资产情况一览表

分　类	栋　数	建筑面积（万平方米）	资产价值（万元）
教学科研用房	101	70.98	164 901.40
行政办公用房	7	9.54	21 951.04
学生宿舍	65	42.07	77 316.46
食　堂	9	5.43	11 496.22
教工宿舍（含教工住宅）	262	54.37	53 577.42
其他用房	67	11.43	24 256.13
合　计	511	193.82	353 498.67

基建工作

【**基建项目与工程**】2017年施工总建筑面积60 957平方米，包括工管实验大楼、36号实验楼、图书馆修缮工程、五山校区校级实验教学云平台，总投资3.654亿元。年内竣工工程总建筑面积4503平方米。完成图书馆、9号楼、计算机云平台、西区幼儿园等修缮工程。取得大学城校区的土地证与区内33栋楼的产权证。成立大学城校区河长制办公室。持续推进广州市科技图书馆、北区学生宿舍、幼儿园、游泳馆、亚热带建筑科学Ⅲ号实验楼（27号楼）改扩建，大学城校区过渡性用房等工程的立项、规划与报建工作。完善五山校区和大学城校区基建规划，编制《五山校区历史文化保护专项规划》。确定广州国际校区用地范围，完成签署征地拆迁协议。广州地区规划及城市设计专业委员会第二次会议通过《国际校区控制性详细规划》，明确广州国际校区总用地面积为114.70公顷，总建筑量为140万平方米，毛容积率为1.22，教育科研功能建筑面积90万平方米，配套功能建筑面积50万平方米，预留综合发展用地3.15公顷。

【**基建管理**】编制完成2017年基建投资调整计划和2018年基建投资建议计划。申报中央高校2018年修购专项资金，总金额为1179.89万元，资金用于古建筑修缮三期工程（12号楼）。修订学校“十三五”基建规划，做好基建工程相关项目的预算审核工作，完成工程预算编制2项，金额12 332.598 8万元，2017年审核工程预算28项，送审金额13 194.64万元，审核后金额12 840.57万元，核减率为2.7%。组织施工图会审，做好施工现场通水、通电、通路和场地平整工作。协调设计、勘察、监理、施工单位对工程质量、进度和投资三控制，做好消防、规划、环保、白蚁防治等专项验收及工程质量验收工作。2017年审核工程结算121项（内审96项、外审25项），送审金额14 483.06万元，审核后金额12 902.58万元，核减率为10.91%。

安全保卫

【**治安综合管理**】2017年学校总案情146宗，其中，单车、电动车被盗111宗，与上年同期相比下降约7%，无恶性案件发生，治安秩序较为平稳。开展“猎鹰行动”（打击电动车偷盗）、“狮鹫行动”（打击违法传教）和“飞虎行动”（打击入室盗窃）等专项整治行动，抓获各类嫌疑人30名。

加强报警处置及安保服务。报警服务中心接听和拨打电话21 000余次，处理治安报警108宗、消防火警6宗、交通报警45宗，处置突发事件6宗、校内纠纷6次。派出安保人员1056人次，处理违停车辆485辆。

完善安防设施。五山校区大洪山路新装高清摄像探头10个，西区幼儿园新装摄像探头56个。五山校区公共区域共有摄像探头714个、学生宿舍共有摄像探头436个，基本实现校园干道和主要楼宇的监控全覆盖。

【交通消防管理】 加强交通管理。搭建“校园交通服务平台”，实现车辆电子化管理；实施车辆“黑名单”制度，将600余辆校外车辆列入黑名单；海丽文体中心等4个园中园停车场车道门禁系统投入使用，实现车辆区域化管理；规范和清理校园内“五类车”，治理超标电动车，对外来电动车进行登记备案；配合广州市交警进校执法，开展路面清查行动，截获超标电动车93辆。

做好消防管理。开展消防管理记录填写规范培训。加强消防监管工作，2017年共审批购买危险化学药品310单。17台消防自动报警主机实现联网，提高消防自动报警平台运行效率。成立微型消防站，按技能型专业标准建设，安排专人24小时值班，提高消防应急处置能力。开展全校范围内的消防安全隐患监督检查工作4次，检查单位（部门）54个。

【窗口服务工作】 2017年学校集体户口总人数7490人，全年办理入户190人次，办理户口卡借出2763人次、办理零散迁出610人次，发放集体户口身份证480人次。办理报备人员出入境审批220人次，开具无犯罪记录证明329份，开具学生政审材料104份。更换粤通卡、车辆缴费等服务3000余人次，办理临时停车证4900余份，办理新车注册528辆，大巴进校审批600余辆，处理交通事故46起，实施交通管制14次。

【校园安全教育】 “华工安全卫士”微信公众号新增粉丝4087名，推送文章36篇，重点增加防诈骗宣传教育内容。组织师生参加“全民国家安全教育”讲座、到中共“三大”会址参观国家安全教育展，为2017年出国留学人员开展行前国家安全知识讲座，开展“对邪教说不”反邪教签名活动。开展消防安全培训、应急疏散及灭火演练73场次，邀请消防部门专业人员进校指导消防培训和灭火与应急疏散演练。开展青少年“红棉”行动系列毒品预防教育活动，举办“奇设妙计”海报设计大赛，建设“无毒校园”。

图书馆建设

【文献资源建设】 在五山校区、大学城校区设三个馆舍，总面积约6.6万平方米。其中，五山校区图书馆总面积2.3万平方米，阅览座位2300个；五山校区图书馆北区分馆总面积855平方米，阅览座位159个；大学城校区分馆面积4.2万平方米，阅览座位2150个。

图书馆馆藏总量约707万册，纸质文献约352万册，电子文献约355万册。2017年新增各类文献资料（包括电子文献）27万册，其中，纸质中外文图书5.6万册，纸质中外文期刊3827册。学校现有文献数据库164个，自建数据库42个，基本能满足教学科研需求。

加强文献资源建设，完成纸质文献和电子资源的三年评估评价分析，基本形成购前评估、用后评价、纵横对比三级论证的文献资源建设评估体系和采编制度。

【读者服务】2017年图书馆共接待各类读者约157万人次，其中五山校区约53.4万人次、大学城校区约103.6万人次，同比增长40%，图书借还量约39.53万册。

积极开展学科服务。开展各类学科分析评估，完成《2016年华南理工大学ESI学科分析报告》等多项分析报告。深化专利信息服务，逐步打造“图书馆专利信息服务中心”。开展信息素养教育，完成多门信息检索课的授课、信息检索培训。开展学位论文学术不端检测5372人次。完成全校硕士、博士毕业生学位论文（5430册）的收集和管理。加强查新服务和论文检索服务，强化馆际互借和文献传递工作。2017年完成科技查新报告582项、大型检索课题1055项，提供收录论文记录4.4万条、论文引用27.6万次和文献传递242件。

【内部建设与管理】全面加强党的领导和建设，落实党建责任清单，加强中心组理论学习，落实党风廉政建设责任制。完成党总支、纪委换届，党总支下辖两个党支部调整为三个党支部，完成了各支部换届选举。贯彻落实“三重一大”决策机制，完善图书馆的发展规划和制度建设，制定和修订《图书馆场地使用审批制度》等9项规章制度。2人晋升图书资料系列副高级研究馆员，2人晋升图书资料系列馆员，7人调入。

成立安全稳定工作小组，落实意识形态工作责任制；加强网络信息安全，加强防火墙的建设；构建图书馆安防体系，图书馆消防、安防监控系统接入学校整体安防系统。

顺利完成五山校区图书馆回迁并正式开馆。完成图书馆标识系统、信息发布系统的建设；完成大学城图书馆的灯光改造工程。

推进图书馆文化建设。设立“习近平新时代中国特色社会主义思想”图书专柜；举办《习近平讲故事》读书会。加强典藏文献建设，加快对特藏典籍的全面清理造册，修复保护。打造“求真书会”“启真讲坛”和“藏真文阁”等文化品牌活动，引导学生“求真理、探真源、养真性、达真知”。

资料1　2017年图书馆概况

	五山校区	大学城校区
业务机构	馆长室　流通部　信息咨询部 办公室　采访部　阅览部　编目部 技术部　数字资源部　发展规划与文化建设部	办公室　文献资源服务部 参考咨询服务部　信息技术服务部

续表

工作人员情况	行政业务人员	职　称	五山校区	大学城校区	学历情况	学历层次	五山校区	大学城校区	硕士以上学历人员占正式职工总数比例39.84%
		研究馆员	3			博士	2	1	
		副研究馆员	21	2		硕士	39	7	
		馆员	53	24		本科	42	19	本科以上学历人员占正式职工总数比例88.62%
		助理馆员	15	1		专科	8		
		管理员	1			中专以下	4	1	
		工人	2	1					
		小计	95	28		小计	95	28	
	临时工				五山校区				6
	职工总数（正式工+临工）		129		五山校区				101
					大学城校区				28
馆舍情况（平方米）	五山校区图书馆建筑面积								23 000
	五山校区图书馆北区分馆建筑面积								855
	大学城校区图书馆面积								42 300

资料2　2017年图书馆文献经费、文献资源建设情况一览表

文献购置费			五山校区、大学城校区实际支付经费			1741.0704万元
馆藏纸质文献			当年进书量		馆藏累积量	
	中文图书	五山校区和大学城校区	27 774种	54 678册	76.9472万种	271.0522万册
	外文图书	五山校区和大学城校区	1669种	2190册	17.4486万种	24.9149万册
	中文报刊	期刊	636种	2811册	0.4711万种	17.6274万册
		报纸	31种	520册		
	外文报刊	期刊	220种	1016册	0.4472万种	22.0089万册
		报纸	1种	40册		
	非书资料		0种	0册	1.8995种	5.4387万册
	学位论文		4476种	4476册	6.1738万种	10.8167万册
	当年入藏文献：3.4807万种6.5731万册[①]（不含院系资料室）					
	馆藏文献总量：121.8582万种388.0265万册[②]（含院系资料室18.2762万种35.9227万册）					

续表

			当年入藏量		电子馆藏累积量	
馆藏电子文献	电子图书		0 种	0 册	1 212 181 种	1 277 799 册
	电子期刊		0 种	0 册	37 895 种	37 895 册
	电子学位论文		205 615 种	205 615 册	2 232 087 种	2 232 087 册
	会议论文		21 374 种	21 374 册		
	合 计		226 989 种	226 989 册	3 482 163 种	3 547 781 册
	引进	续购	国外数据库	32 个	国内数据库	8 个
		新增	国外数据库	0 个	国内数据库	1 个
	当年新增数据库		1 个	图书馆数据库总计数		164 个
	本校学位论文数据库			文摘		62 839 条
				全文		55 121 条

备注：①当年入藏文献量为图书、期刊合订本、学位论文、非书资料等所有文献的种数及册数之和；

②馆藏文献总量为图书、学位论文、非书资料的种数及册数之和＋期刊合订本新增种数及册数。

资料3　2017 年图书馆读者服务情况一览表

				五山校区	大学城校区
基本服务	接待读者	进馆人数（万人次）		53.4696	103.6381
		合 计（万人次）		157.1077	
	书刊年流通量（万册次）			39.5261	
	阅览座位数（加自修位）（个）			2459	2150
	最大周开放时数（小时）			96	96
	图书预约处理（册次）			246	1230
	通借通还服务（册次）			500	6163
	办理读者借阅证（张）			249	149
	装订册数（册）			2700	1444
参考咨询服务	解答读者咨询（人次）			8040	245
	专/定题服务			单位（个）	5
				项目信息数（条）	210
	信息检索	论文收录查询	个人（人次）	4700	
			大型收录引用（课题）	1050	
		论文收录引用	论文收录（篇次）	44 360	
			论文引用（次数）	275 828	
	编制二次文献	期数（期）	11		
		信息量（条）	1127		
	科技查新		国内 /国外（次）	478/104	
	文献传递（条）	242	文献传递量（篇/册）	205	

续表

			五山校区	大学城校区
用户教育	文献检索课教学、实习	班次/学时	5/160	6/134
		人次	320	681
	读者培训（含大学城校区馆）	场次/人次	11/7360	
	嵌入式教学	班次/人次	0	
网络信息服务	访问本馆主页（万人次）		287.2672	
宣传展览	专题图片展（期）		2	
	各类大型展览（含大学城校区馆）（项）		2	
	新书展览（含大学城校区馆）（期）		2	
	讲座培训（场次）		18	

出 版 工 作

【出版业务】2017 年，出版图书 627 种，基本与上年持平；其中新版 265 种、重印 362 种。图书生产码洋 4516 万元，发行码洋 4922 万元，库存码洋 5110 万元；实现销售收入 2450 万元，实现净利润 350 万元；所有者权益总额 4850 万元，比上年略有增长。

编辑业务取得丰硕成果。“广东省非物质文化遗产传统音乐研究丛书”等 7 种图书获得 2017 年广东省重点出版物暨“百部好书”扶持项目资助，品种数位居全省首位。“基于知识服务的中国客家文化原创数据库建设”获得 2017 年文化产业发展专项资金（重大项目方面）300 万元资助。“跨学科视野下的易学丛书”（第一辑）获得国家出版基金资助，顺利出版并结项。《中国特色社会主义大学文化选择研究》入选教育部 2017 年全国高校出版社主题出版书目。“中国工业遗产丛书”（共 27 卷）、《画说典故——悦读核心价值观》等列入广东省委宣传部原创精品资助项目。《好事一箩筐：改革开放 40 年 40 事》、“广东改革开放决策者思想系列丛书”（4 卷）列入广东省纪念改革开放 40 周年重点选题目录。中标广东省地方志办公室《全粤村情》编审校工作，成为该项目的五个供应商之一。

被广东省新闻出版广电总局授予 ISLI 标准及其关联技术产业化应用试点单位，承担了该项目示范性重大课题。卢家明同志于 2017 年 5 月被国家新闻出版广电总局评为中国政府出版奖优秀人物。《二王书学丛考》被中国文学艺术界联合会、中国书法家协会评为第六届中国书法兰亭奖理论组优秀作品。《温北英的伊甸园梦》2017 年 10 月被广东省作家协会评为广东省有为文学奖第二届“有为杯”报告文学奖。

【内部建设与管理】2017 年度召开社务会 46 次，召开选题论证会、营销专题会、年中经营分析会、重大项目协商会等专题会议 16 次。制定、修订并通过《出版社返销图书管理办法》《出版社考勤与劳动纪律管理办法（修订版）》等 6 种管理办法。有 2 人分别通过编审、副编审的职称评审，有 5 人通过中级职称（编辑）考试。组织参加学校教职工羽毛球比赛、教职工运动会、教职工环校跑活动，在教职工运动会上，取得 C 组第一名的好成绩。

资料 1　2017 年出版社图书分类统计表

分类	本版图书种类（种）	
	合计	其中：新出
总数	627	265
A. 马克思列宁主义、毛泽东思想	9	3
B. 哲学	15	7
C. 社会科学总论	19	9
D. 政治、法律	20	15
E. 军事理论	3	1
F. 经济	99	44
G. 文化、科学、教育、体育	96	47
H. 语言、文字	18	9
I. 文学	12	6
J. 艺术	35	17
K. 历史、地理	24	10
N. 自然科学总论	1	0
O. 数理科学和化学	25	5
Q. 生物科学	17	10
R. 医学、卫生	7	2
S. 农业科学	5	1
T. 工业技术	192	66
U. 交通运输	14	7
X. 环境科学、安全科学	7	4
Z. 综合性图书	18	2

资料2　2017年出版社获奖项目

序号	授奖部门	奖项名称	获奖项目	获奖人员	获奖时间
1	广东省新闻出版广电局	2016年广东省图书编校质量检查合格单位		华南理工大学出版社	2017.3
2	全国机械职业教育学会、机械工业教育发展中心	首届全国机械行业职业教育优秀教材	汽车制动系检修	兰新文 袁　泽	2017.4
3	新闻出版广电总局	第四届中国出版政府奖优秀出版人物奖		卢家明	2017.5
4	新闻出版广电总局	2017年农家书屋重点出版物推荐目录	党员领导干部“八小时以外”活动监督管理图说	袁　泽	2017.7
5	新闻出版广电总局	2017年农家书屋重点出版物推荐目录	平安小精灵：不可不知的儿童安全知识	龙　辉 毛润政	2017.7
6	新闻出版广电总局	2017年国家农家书屋推荐书目（少儿类）	我是数学侦探王	李良婷	2017.7
7	新闻出版广电总局	2017年农家书屋重点出版物推荐目录	孩子的“毛病”是你教出来的	李良婷	2017.7
8	广东省出版业协会、广东省美术家协会、广东省出版业协会装帧艺术工作委员会	第二届广东省书籍设计艺术双年展优秀作品	天空与镜子：广州文学十二家	吴俊卿	2017.8
9	中国文学艺术界联合会、中国书法家协会	第六届中国书法兰亭奖理论组入选作品	二王书学丛考	王　磊	2017.10
10	广东省作家协会	广东省有为文学奖第二届“有为杯”报告文学奖	温北英的伊甸园梦	李　欣 周　芹	2017.11

档 案 管 理

【**档案业务**】2017年底，档案馆馆藏档案总量201 644卷。全年新增接收档案71 416卷（件），新增立卷20 098卷，新编档案目录29册，新增案卷排架长度852.98米，新增数码电子照片近8000张，接收电子文件333 627件。征集各类档案史料电子版105GB，包括名人珍贵档案史料、人文馆展览资料、各类纪念画册等。

继续推进特色档案收集。新增名人档案立卷214卷，征集华贲、罗承萍等多位名人实物、手稿、著作、照片等1711件；名人档案案卷总数1118条，卷内条目10 586条。完成学校主页媒体报道的采集、保存和整理归档工作，下载媒体报道5000条，其中，2009—2017年的媒体报道全部整理编号、录入归档，录入案卷级电子条目102条、文件级条目9693条，上传电子原文9693条。

加强档案信息化建设。馆藏档案案卷级电子条目221 708条、文件级条目1 596 314条、案卷级电子原文88 190个、文件级电子原文544 778个。新增扫描照片6092张、纸质档案扫描37.724万页、PDF文件44 086个，新增目录35 477条，馆藏传统数字化档案升至405.3122万页。接收OA系统电子文件数15 303件。开展电子目录导入及学籍、学位、招生录取、毕业生名册、科研专利、科研项目等档案的信息补录工作，共处理、导入2017年归档的硕士与博士学位材料、科研专利、软件版权、科研项目、已故人员档案、媒体华园等各类电子条目约1.8万条，补录1970—1990级的全日制本科学籍2447条、科研专利7951条、软件版权1661条。开发设计档案管理新系统，新增电子原文及元数据的捕获与归档、全文检索、公共服务利用平台、知识库配置等功能。完成新版校史馆网站的系统功能建设及上线工作，制作首页及8个二级页面的页首图及漫步华园栏目地图阴影；制作档案馆校史一馆、校史二馆、无线电电子博物馆、电视机工业博物馆四个展馆的三维实景图，应用在新版校史馆网站。

完善日常档案利用服务。2017年提供档案利用人次为2742人次，调阅27 050卷（件），复印（打印）及拍照50 699张，发送电子版及拷贝20 575张，外借47件，网上在线浏览3件。向广州市番禺区房地产交易中心报送大学城49栋建筑的基建档案原件1200份，办结房产证30余本。

加强档案编研及校史文化建设。校园文化建设丛书《口述华园（第二辑）》正式出版，收录34位老华南理工人的访谈实录。开展全校范围内的文物藏品普查工作。举办第二届“寻找校史达人”校史知识竞赛；派出解说员参加全国高校讲解交流论坛暨讲解风采大赛，获全国高校首届讲解风采大赛一等奖。2017年接待校史馆参观者7140人次、博物馆参观者884人次、校园人文景观参观者2186人次、人文馆参观者629人次，共计10 839人次，其中集体预约参观92批次。

【内部建设与管理】学校2017年度档案工作被广东省档案局评定为优秀等级。

加强信息安全管理。定期备份馆内数据，做好病毒的防御（补丁升级等），加强对服务器补丁更新、杀毒软件病毒库升级和特定端口禁用设置等工作，做好移动硬盘基本信息的管理与维护。

开展学术研究与学习交流。获批广东省档案局科研项目1项、校级项目1项；发表学术论文3篇，其中，《华园文物与原国立中山大学石牌校园“钟”形轴线图腾研究》荣获“第六届中国档案职业发展论坛”优秀论文二等奖。赴北京大学、清华大学、中国人民大学调研档案工作，参加广东省高校档案工作协会组织的西南地区高校档案馆调研活动，以及广东省高校档案工作协会第七协作组年会暨学术研讨。做好全校专兼职档案人员的培训工作。

学报编辑出版

【学报编辑出版业务】 加强刊物规范化建设，规范组稿、审稿、编辑、校对等工作流程，全部实行双向匿名审稿，严格执行“三审制”。

学报（自然科学版）全年载文245篇（校内来稿占60%），出版页码1780。学报（自然科学版）2016年度总被引频次5555，影响因子0.838，基金论文比100%，影响因子和影响力指数的学科排序较上一年度有所提升。被美国EI Compendex、Scopus、英国INSPEC等30余个数据库或文摘刊物收录，获“2017年度中国高校科技期刊优秀团队”“广东省精品科技期刊”等荣誉。

学报（社会科学版）全年载文84篇（校内来稿占54.8%）。2016年度影响力指数49.972，复合影响因子0.586，综合影响因子0.343，人文社科影响因子0.279，均比2016年有明显提升。6篇论文被人大报刊复印资料全文转载，比上年增加2篇。

【内部建设与管理】 完成支部换届工作。加强支部理论学习，开辟专门学习园地，组织党员观看党风廉政教育专题片，到广东省廉政教育基地开展现场学习。加强内部管理和部门建设，开展财经纪律、国有资产、科研经费等的自清自查工作，未发生责任事故。贯彻落实《党政职能部门和直属单位职责履行情况监督管理办法（试行）》，明确部门职责和岗位职责、办事流程等，严格执行“一公开二悬挂”制度，进一步完善录用证明开具等服务事项流程。加强编辑能力建设，组织编辑参加继续教育培训、全国性行业会议等，提升业务水平。1人通过出版专业技术人员职业资格考试（中级），9人次获得中国高校科技期刊研究会、广东省高等学校学报研究会等颁发的优秀编辑、南粤笔耕奖、优秀论文奖等各类奖项。

后勤管理与服务

【后勤管理】 加强后勤管理制度和内部规范建设，编制《后勤服务实体内部控制管理手册》，进一步梳理校园、物业、维修、水电、合同管理等工作流程，推动后勤服务管理制度化、精细化、规范化，稳步提升后勤服务质量。

加强安全生产管理，确保后勤服务运行平稳。设置后勤实体安全管理主任，专职负责后勤安全生产监管工作。强化员工安全意识，层层落实安全工作责任。加强食堂食品卫生安全工作，抓好食品采购、储存、加工等现场管理的关键环节，开展食品安全事故应急演练和食品安全培训，持续改进食品安全量化检查标准。加强施工安全生产管理和员工安全生产培训，定期开展施工安全检查。

加强信息化建设，打造后勤服务信息化平台，提高后勤服务的便捷性。推进“华南理工大学水电支付平台”项目建设，实现水电费在线支付；建设“我的e校园”和“华园U味”平台，增设网上报修、投诉和订餐等服务；开设后勤服务咨询大厅，实行24小时值班制度，设立后勤服务热线，一站式解决师生报修、咨询、查询、投诉等问题。

【校园服务】持续改进餐饮服务。完成五山校区中区饭堂、南区饭堂、西区教工餐厅（西区饭堂四楼）、西区饭堂一楼、西区饭堂五楼餐厅、东区饭堂一楼、北区一饭堂二楼（北区教工饭堂）、大学城校区一食堂三楼饭堂的装修改造。每季度推出8至12个新菜式，增加服务项目，为师生提供更丰富的饮食供应。传统节日期间开展饺子、粽子、年夜饭、爱心蛋糕等免费派送活动。推出“华园U味”食堂网络订餐配送服务，探索“互联网+餐厅”新模式。举办美食文化节，宣传饮食知识，举办烹饪培训班和烘焙培训班，丰富师生课余生活。在东区、西区和北区学生饭堂开设“长者午餐”专窗，为学校退休教工提供养老配餐服务。

提升交通保障服务质量。车辆安全行驶约40万公里，派遣1.3万余车次，往返大学城校区的交通车全年累计4400余班次，小车班组出车6200余次；乘坐校园穿梭巴士约75万人次，运输约3万车次。为会议接待、学生参观实习、大型活动提供交通保障服务，全年无安全事故。

加强酒店管理服务。西湖苑宾馆全年完成约230个各类型会议团体接待，接待用餐约30万人次，毕业餐接待4000多人次。大学城中心酒店2017年接待635个会议团体，接待用餐17万人次。

拓展校园商业服务。出租房屋共67处，出租房屋面积4966.43平方米，出租土地面积838平方米，收取租金536万元，租金回收率100%。完成20间商铺的公开招标工作，招标引入新的校园超市和桶装水供应商，提升服务质量。完成综合楼市场、北区商铺升级改造，加强综合楼市场食品卫生安全监督。

【校园管理】加强环境整治工作。全年清运校园垃圾6720吨，完成五山校区30万平方米的绿化面积维护和近20万平方米公共道路的日常清扫与保洁。推动“垃圾不落地”工作，规范垃圾存放、垃圾中转站管理等工作。改造校园7个垃圾房排污系统，建立可回收资源分类中心，对校园600余个沟盖板进行专项清理；实施垃圾房监控改造项目，开展校园“灭四害”工作。完成学校报废资产搬运3000多单，处理化学药品16万多公斤。提升校园环境品位，制定《校园绿化景观整体规划》，有序开展校园绿化景观改造工作。完成一号楼广场绿化等改造项目88项，改造绿化面积2.35万平方米，补缺补植和修剪枯、危树木4000多株，处理突发应急树木约150棵。

【水电和基础设施管理维护】保障校园水电供应。全年五山校区供电量7839万kW·h，与2016年持平；供水541万吨，比2016年节水15万吨，比上年增长6.98%；学校新增电源容量6500 kV·A；安装主干道路灯182支、景观灯208盏，路灯节能效率达到60%以上。完成五山校区中心区、北区和学生宿舍空调供电增容，完成一类学生宿舍电控设备和系统的购置和安装，完成水平衡测试、供水阀门调整、节水改造和中长期供水管网改造以及路灯与景观节能控制改造，为图书馆安装高压电缆及各大楼远程智能电表。协助广州天河供电局完成教工住宅区供电“一户一表”改造工程，改造住宅楼230

余栋，改造电表6400余个，为住宅区新增负荷2.5万kV·A。

创新维修管理模式。日常维修实行“三级响应”的管理模式，有效提高维修工程的响应速度，实现一站式报修服务。全年完成维修工程项目44 826项，其中日常维修工程项目44 695项（包括49栋学生宿舍的日常巡查及维修、公共区域的零星小修及管道清理工作，以及水电检修、抢修等维修工作），完成单项维修项目127项，专项维修工程项目4项。

【节能减排工作】 创新节能工作方式，推广公共绿色出行。创设华工专属的共享单车——校园公共自行车，采用站点借还的方式，分布在学校划定的50个自行车停放点内。将南北方向行驶的校园穿梭巴全部更新为清洁能源LNG空调大巴。

开展节能改造工程。将五山校区路灯及景观照明灯更换为新型节能灯具，配备路灯节能控制系统，实现对路灯的远程控制。对高压电房进行升级改造，将高压室内的高压电柜设备进行更新和升级，配备电房自主监控及智能报警系统。积极推进校园供水管网改造，对学校加压站进行调频改造，大大减少水管网的爆管和渗漏故障，推广使用节水型水龙头和节水器具。

传播绿色发展理念。开展“绿色校园、节能华工”的校园节能减排系列活动，包括节能减排宣传、讲座、策划大赛以及课外科技学术竞赛等多项活动。组织学生开展拒绝使用一次性餐具、反对食品浪费的活动，倡导文明、节约、绿色、低碳的消费模式。

信息化建设

【信息化建设规划与发展】 加强信息化建设的全面统筹，在全国高校率先设立专职副CIO。发布《华南理工大学业务信息标准》，建立信息数据共享标准。完成《广东省教育管理基础数据字典》研究工作。

完成校内公共服务云平台建设，获中国教育网络“2016高等教育信息化创新奖”网络投票票数第一名，被评为教育部典型案例。实现校园卡的微信充值与自动充值功能。

开展基于数据共享的流程重构，完成学校22个业务系统的数据集成和共享，以及业务流程重构工作。上线数字离校系统，接待办理离校手续的学生由往年的8万余人次降低至2.5万余人次；上线数字迎新系统，新生整体排队办理时间从人均10分钟缩短为2分钟，受到中央电视台新闻频道报道。

升级网站群管理系统，超过280个采用网站群的网站均支持移动端展示。上线新版统一认证和门户。上线全国首个向6个移动终端同步推送消息的统一消息推送平台（华工信使）。

【信息网络服务与管理】 扩展校园宽带，校园网出口从原来的3.5G扩大为18G。完成五山校区27栋教学大楼的综合布线改造和9栋教学大楼网络设备升级工作。完成五山校区34栋学生宿舍无线WiFi覆盖，全校学生宿舍无线覆盖率达90%。

加强重要节点网络安全保障工作，建

立广东省网络安全罩教育分罩防护平台，对37家院校505个网站进行防护，共拦截各类网络攻击79.19万次，日均拦截攻击2.17万次。承办首届广东省“红帽杯”网络安全攻防大赛，全国有209支战队参加比赛，国内30家新闻媒体进行了专场采访报道。

【教育技术条件建设】建成首间“智慧研讨室”，支持跨校区直播和远程教学互动；升级改造教学基础设施设备，新建微课制作室1间，更新语言实验室2间，升级配音室1间，更换教学扩音设备238套、投影机52台、计算机140台、无线双咪80套。改进教学信息化服务，在教学楼加装内线报障电话、开通“微信报障”等。截至2017年底，学校共建有公用多媒体课室339间，总座位数38 399个，其中常规多媒体课室286间、交互式电子白板课室28间、可移动平板一体机课室4间、多功能录播课室19间、泛在学习室1间、智慧研讨室1间；语音室33间，总座位数1972个。

做好教学服务工作。更新“教学在线”平台，注册用户达16.5万人，累计访问量超过3962万人次，开展线上线下混合教学的课程达到1071门。完成2门MOOC课程制作，6门省级资源共享课录制；完成本科优秀示范课、青年教师讲课比赛、新教师教学诊断、全英教学项目培训等757课时的视频录制任务；完成开学典礼、毕业典礼、万人计划教学名师、全国教师网络培训、广东省第五届大学生艺术展演活动等26场次直录直播任务。

启动华南理工大学教育技术“创新应用工程”项目建设，33项本科精品微课项目和34项基于微课的翻转课堂教学改革项目立项。开展“互联网+”教师教学能力提升培训，全年完成培训12期，共培训教职工755人次，帮助教师提高信息化教学能力。

招 标 工 作

【招标业务】完成各类采购项目4812项，中标及成交金额77 126.81万元，节约资金4951.97万元，节约率6.03%。完成41个工程项目的招标工作，全力推进重点工程项目招标工作，包括北区学生宿舍工程、36号实验楼及2号楼修缮工程、工管实验大楼附属道路工程，学生宿舍西五、西一、研三维修改造工程，西区幼儿园修缮工程等7项重点工程。完成货物和服务项目采购工作，拓展采购方式，提高采购效率，其中招标类项目344项，网上竞价类2390项，电商直采类1693项，集中采购类344台套。完成大学城校区中央空调维修保养服务、信息系统安全等级保护定级测评服务、数据中心扩容节能改造项目等重点项目招标工作。

【招标管理】完善制度体系与管理机制，深化政府采购“放管服”改革。对科研仪器设备的采购项目采取灵活有效的采购方式；丰富工程项目采购方式，加大政府采购限额标准以下小额工程项目采取竞争性谈判、竞争性磋商、单一来源等方式采购的比例；对委托校内后勤服务实体自行实施的施工项目、华南理工大学建筑设计研究院设计的工程设计项目、广东华工工程建设监理有限公司监理的工程监理项目实行备案制；适当放宽工程施工项目采用综合评分法的范围，严格控制商务技术与价格分占比；规范单一来源采购程序。推进招投标信息化建设，修缮工程电子开评标系统通过初步验收，电商直采平台正式上线。推行《华南理工大学2017—2018年通用采购目录实施方案》；严格规范采购资料存档工作，指定专人负责招投标项目存档资料的归集、整理和立卷归档管理。

学校获全国高校竞价网颁发的“网上竞价工作积极分子奖”；电商直采平台获中国政府采购报及中国政府采购新闻网联合主办的“中国政府采购年度创新奖”；占友林获中国教育会计学会高校政府采购分会“2017年度高校政府采购杰出贡献奖”。

资料1　2017年完成的采购项目情况

项目	物资类	服务类	工程类	竞价类	集中采购	电商直采
完成项目数（个）	291	53	41	2390	344（台套）	1693
预算金额（万元）	27 629. 87	4137. 32	32 425. 26	15 331. 42	1496. 06	—
实际成交金额（万元）	25 819. 34	4029. 66	30 865. 54	13 916. 82	1436. 60	1058. 85
节约金额（万元）	1810. 53	107. 66	1559. 72	1414. 60	59. 46	—
节约率（%）	6. 55	2. 60	4. 81	9. 23	3. 97	—

资料2　2016年与2017年完成各类采购项目对比情况

年份	2016年	2017年	对比上一年变化情况
完成项目数（项）	4724	4812	+88
预算金额（万元）	64 306. 01	82 078. 78	+17 772. 77
实际成交金额（万元）	60 744. 02	77 126. 81	+16 382. 79
节约金额（万元）	3561. 99	4951. 97	+1389. 98
节约率（%）	5. 54	6. 03	—

分析测试工作

【分析测试业务】分析测试中心2017年接受送检测试样品107 774件，校内测试收入679万元，同比增长10%，大型仪器设备大部分处于满负荷运行状态，平均使用机时超过1400小时/年。面向社会开展分析测试和技术服务工作，为华南地区的高校、科研院所和企业提供1503批次的测试服务，全年检测及时率98. 96%，检测差错率 0.23%，取得良好的经济和社会效益。

加强分析检测能力建设，加快构建"物质组成、结构与性能"分析测试通用平台。积极推进大化类学科公共平台建设，其中食品分平台完成 150 平方米实验室的装修，完成多功能酶标仪、圆二色光谱仪、三重串联四级杆气质联用仪、梯度半制备液相色谱仪、高效液相色谱仪等 13 台仪器设备的购置安装调试与验收工作，完成平台仪器设备预约使用系统软硬件的安装和调试。制定《大化类平台食品分平台运行管理办法》《分平台设备管理实施细则》《学生大型仪器设备使用上岗证核准发放办法》及收费标准等管理办法。确定化工分平台设备采购计划，全自动比表面与孔隙度分析仪、顺磁共振波谱仪、X 射线衍射仪和 500 兆核磁共振波谱仪等 5 台设备进入招投标采购环节。完成红外显微镜、3D 轮廓仪、离子研磨抛光仪、洗瓶机、同步热分析仪和热重分析仪的采购工作；大学城校区分中心有大型仪器设备 8 台（套）。按照标准化实验室的要求对相关实验场地进行改造装修，保证精密仪器设备的正常运行。分析测试中心现有大型仪器设备 44 台（套）。

【内部建设与管理】 加强实验室管理，制定《日常工作管理规定》《设备管理实施细则》《关于申请外出培训及参加学术会议的管理规定》等制度，建立健全每月安全检查和日常防范相结合的安全管理制度。

积极开展各类仪器设备讲座，举办"电感耦合等离子体发射光谱仪（ICP - OES）在各领域中的应用技术"等技术讲座 9 场。积极开展仪器设备上机培训工作。积极参加能力验证和实验室间比对工作，有机室 5 台设备参与认监委组织的未知物解析，电子探针、热分析等仪器参与高校评审组组织的实验室间能力比对工作。认真开展质量体系年度内部审核和管理评审工作。

加强业务交流。2017 年共 42 人次参加技术培训及学术研讨会，26 人参加国家认监委组织的内审员培训并通过考试，获得内审员证；1 人被广东省质监局聘为"缺陷消费品召回技术专家"。主持制定和参与起草行业标准 11 项，参与国家实验室认可合格评定委员会评审工作 10 余次。

医 疗 保 健

【医疗服务】 2017 年诊疗总量 256 035 人次，其中，急诊 31 211 人次、住院 334 人次；体检业务总计 46 486 人次，其中，教职工（含退休）体检 5327 人次（发现恶性病 6 例），学生体检 38 101 人次，社区各类居民体检 1800 人次。为学校运动会、军训、学生体质测试、大型会议、大型考试、体育比赛等活动 414 场次提供医务保障。落实国家有关基层医疗卫生机构深化改革的精神，从 2017 年 1 月 1 日起，率先实行药品零差率，同时将退休教职工药费自付比例全部调整为 10%，让医疗改革成果惠及师生员工。

【预防保健工作】 开展家庭医生签约式服务。组建以全科医生为主，中医医生、药师、社区护士参与的家庭医生团队及全科护理团队，针对高血压病、糖尿病、冠心病等重点人群，设立签约特色服务包。截至2017年底，家庭医生共计签约居民15 694人，其中，普通人群签约13 104人、重点人群签约2590人；全年共上门进行护理治疗服务16人次。

做好校园内传染病防控工作。制定《华南理工大学传染病防治工作管理办法》。2017年确诊、报告并管理肺结核病人22例，处理1起幼儿园手足口病聚集疫情、1起附属小学水痘聚集疫情、1起大学校园登革热突发公共卫生事件。作为教育部和中国疾控中心指定的广东省高校艾滋病防治试点单位，学校积极开展艾滋病预防的宣传教育，在新生入学时对全体新生举办艾滋病防治知识宣讲；在世界艾滋病防治日，协同天河区卫计局、天河区疾控中心、天河区健康教育所等单位在校园内举行防治艾滋病健康教育义诊宣传活动。

建立居民健康档案29 395份，建档管理辖区65岁以上老人1656人。建立高血压档案1699份、糖尿病档案598份；管理辖区内严重精神障碍患者129人、0～6岁儿童1003人、孕产妇244人、肿瘤患者267人；开展儿童计划免疫接种3663人次。开设大学生健康教育选修课36学时，举办老年大学健康教育课及社区不同人群的健康教育讲座14次，健康咨询和义诊12次。开展50～74岁辖区居民的大肠癌筛查460人，发现大肠癌3例、肠息肉26例。开展六龄童窝沟封闭公益项目，窝沟封闭的保留率及完好率均达标，在天河区36家定点医疗机构中名列前茅。

【医疗管理】设立医院服务热线电话，为患者提供优质、安全、满意的医疗服务，收到患者赠送锦旗2面、表扬信6封，患者的满意度不断提高。

加强公费医疗管理。2017年重大疾病医疗救助人数85人，总救助金额1 730 120元。全年共接待公费医疗报销教职工8080人次，公费医疗支出约5000万元，同比增长20%。加强学生医保管理，完成2018医保年度35 152名学生、2017年29名困难学生的参保工作。2017年学校学生广州市居民医保参保率为97.3%，在广州市大中专院校中名列前茅。

中小幼教育

【附属实验学校】2017年，附属实验学校先后获得“天河区民办学校年检优秀单位”、教育部“一师一优课，一课一名师”活动优秀组织奖、“全国青少年足球特色学校”“2017年广东省基础教育教学成果一等奖”等荣誉称号。

附属实验学校中学部上学期教职工46人，12个教学班，在校学生456人；下学期教职工45人，12个教学班，在校学生464人。

中学部以“智慧课堂教学改革”为核心，以教师队伍建设为基础，积极开展教育信息化的创新应用，打造高效课堂；加大各学科竞赛的支持力度，营造良好的校风、学风。2017年获得国家级奖励4项、省级4项、市级3项、区级14项。教师在各级各类比赛中获奖83人次，在各类刊物上发表论文13篇。有省市区立项课题 8 项、校级课题 13 项。4 名教师被评为广州市骨干教师，6 名教师被评为天河区骨干教师，2 名教师被聘为天河区特约教研员。学生在各级各类比赛中共计 132 人次获奖，其中，国家级竞赛奖 1 人、省级竞赛奖 3 人、市级竞赛奖 86 人、天河区竞赛奖 52 人。

2017 年中考成绩总平均分 658 分，比天河区公办学校高出 35 分，超广州市平均分 109 分，获得天河区初中教育绩效评估一等奖。中考成绩 700 分以上的有 45 人，占毕业生总数的 33%；超过示范性高中录取分数线 103 人，占总人数的 75%。最高分 753 分。

附属实验学校小学部上学期教职工 65 人，24 个教学班，在校学生 1045 人；下学期教职工 73 人，26 个教学班，在校学生 1108 人。

深化核心素养的培育，修订《华南理工大学附属实验学校小学部至善少年评价方案》，采用多元化的评价手段，对学生综合表现进行评价。加强校园文化建设，保持每月一主题德育活动特色，开展各类评选活动，搭建班级特色平台，促进一班一特色的文化建设。深挖育人资源，开展“科学家进校园”“社团进校园”活动，“爸爸妈妈进课堂”科学启蒙教育，打造多元化课堂，开阔学生视野。

师生获奖方面，26 名教师参加“2017 年新媒体新技术教学应用研讨会暨第十届全国中小学创新（互动）课堂教学实践观摩活动”，24 节课例获奖。教师获国家级奖项 14 人次、省级 22 人次、市级 20 人次、区级 14 人次，发表论文 16 篇。3 位教师获首届广东省中小学青年教师教学能力大赛三等奖。学生获国家级奖 7 人次、省级 60 人次、市级 33 人次、区级 109 人次。

【幼儿园】幼儿园教职工 75 人，其中，一级教师 16 人、二级教师 19 人。设 16 个幼儿班，在园幼儿 444 人。新增西区幼儿园园区，完成天河区第二期三年行动计划督导验收工作，办园硬件和软件水平持续提升。

加强师资队伍建设。6 名教师获得“南粤优秀心理教师”称号，1 名教师被聘为广州市幼儿教育教学研究会社会领域成员，8 名教师被聘为天河区中心教研组成员。在各类优秀论文评选活动中获奖 10 人次。

加大教研力度。扎实开展各类教学活动，不断探究“以游戏为基本活动”的课程模式，进行区域环境创设评比、家长进课堂、区域活动案例分析等活动，为幼儿提供“支架型”的学习环境。加强心本课程的开展力度，提升教师的心理学理论水平和实操能力。开展区域活动、自主游戏等方面教研活动 25 次，参与学习 363 人次。开展“国旗下表演”等活动，对幼儿进行爱国主义、文明行为、传统节日教育。严格执行保教管理制度，做好每日生活常规管理工作。将保护幼儿安全放在工作首位，整理细化安全教育活动内容，分主题做好防校园意外、交通安全等安全教育，提高幼儿自我保护意识。

广州国际校区建设

广州国际校区建设

2017年3月15日，教育部、广东省人民政府、广州市人民政府、华南理工大学共建华南理工大学广州国际校区协议在北京签署。教育部、广东省、广州市和学校紧密协作，广州国际校区建设工作快速推进，取得了阶段性成果。

【基本建设】 2017年3月29日，印发《关于成立华南理工大学广州国际校区筹备领导小组的通知》（华南工校〔2017〕4号），成立由章熙春书记和王迎军校长任组长的广州国际校区筹备领导小组，全面统筹推进广州国际校区的相关筹备工作；9月15日，印发《关于广州国际校区工作机构设置的通知》（华南工校〔2017〕25号），在广州国际校区成立综合事务办公室、学术事务办公室和国际事务办公室等3个办公室；12月19日，印发《关于成立生物医学科学与工程学院、吴贤铭智能工程学院的通知》（华南工校〔2017〕35号），成立生物医学科学与工程学院、吴贤铭智能工程学院。3月29日，教育部林蕙青副部长来校视察；5月4日，广州市人民政府组织召开工作会议，专题研究广州国际校区事宜，成立由温国辉市长担任组长的推进华南理工大学广州国际校区建设工作领导小组；5月15日，马兴瑞省长来校视察；5月18日，省教育厅景李虎厅长在市政府主持召开由广州市和学校相关负责人参加的国际校区工作会，明确各方职责。学校领导多次向教育部和广东省汇报工作，包括与广州市住房和城乡建设委员会、市国土资源和规划委员会、市教育局等单位座谈，落实广州国际校区建设事宜。此外，学校多次召开会议，论证广州国际校区设计方案，并初步确定了由中国工程院院士何镜堂总牵头、中国工程勘察设计大师倪阳总负责的校区规划方案。

【人才引进】 初步形成广州国际校区队伍建设方案及人员聘用模式的基本框架设计，将在国际校区创新人事机制体制，与国际接轨，采取长聘制为主、专兼职结合的灵活聘用机制，参与全球人才资源配置，提高队伍效能，确保发展活力。深化“大师+团队”的队伍引进模式，形成了一批由科学家领衔的高水平创新团队。积极与广州市教育局对接，共同形成《华南理工大学广州国际校区人才引进专项支持方案》，对广州国际校区引进人才，视同广州市市属单位，享受广州市现有及未来各类人才政策。对广州国际校区引进的国内外顶尖人才，在享受市人才政策的基础上，对引进经费不足部分另予以专项资金支持。

【学科建设】 学科专业设置瞄准世界科技前沿，面向国际前沿基础研究和国家区域发展重大战略需求，坚持以“高精尖缺”为导向，发挥现有学科优势，初步拟定多学科交叉的新工科布局与专业设置。启动 2018 年新专业的申报工作。首期建设重点打造先进材料、人工智能与高端制造、生物医学工程与生命科学等三大学科群，启动筹建材料基因工程创新中心。以学科为龙头，着力建设 10 个“新工科”学院和若干研究院，首期建设 3 个学院。先进材料国际化示范学院、生物医学科学与工程学院、吴贤铭智能工程学院已挂牌成立；成立华南理工大学－香港科技大学联合研究院、软物质科学与技术高等研究院 2 个研究院。

【国际交流】坚持立足中国、面向世界、服务国家、贡献全球，坚持“国际化、高水平、研究型和理工特色”的办学理念，采用“中方为主、国际协同”的合作机制，瞄准国际科学发展前沿，聚焦国家和区域重大战略需求，围绕校区“新工科”学院建设，探索“一对一”或“一对多”合作模式，大力推动与全球排名前 100 或学科排名前 50 的世界一流大学的实质性合作。5 月，与澳大利亚西澳大学签署共建海洋科学与工程学院的合作协议。7 月，先进材料国际示范学院与英国牛津大学数理与生命科学部达成合作协议，正式开展华工－牛津暑期学生研修交流，已派遣 25 名创新班本科生赴牛津大学进行为期 3 周的暑期研修交流。9 月，生物医学科学与工程学院与美国南加利福尼亚大学就联合培养博士后人员等开展合作研究；先后与美国哥伦比亚大学、密西根大学、约翰霍普金斯大学、北卡州立大学等高校洽谈合作。12 月，与美国密西根大学吴贤铭基金会暨吴贤铭制造研究中心签订合作共建吴贤铭智能工程学院的协议，拟在人工智能、高端装备、制造工程等领域就学科和课程建设、师资互派、校企合作及科技成果转化等内容开展合作。

党政综合管理

党政综合管理

【重大专项工作】 推动“大党建”“大思政”落地生根。制定学习宣传贯彻党的十九大精神工作方案，梳理形成6大类90项任务清单，明确负责部门，层层压实责任，确保党的十九大精神在学校落地生根。组织开展“大学习”“深调研”“真落实”系列活动，深入推动习近平新时代中国特色社会主义思想落地生根，结出丰硕成果。制定《华南理工大学思想政治工作提升行动（2017—2020）》，实施“1234”系统工程，形成8个方面28项任务147条举措的任务清单。召开学校思想政治工作暨党建与党风廉政建设工作会议，出台《2017年党建与思想政治工作要点》，确定8个方面37项工作，明确牵头单位和协办单位。

积极组织文明校园创建工作。对照文明校园创建指标，认真收集归纳整理迎评材料，形成30余万字的迎评报告和基本材料，整理佐证材料150多盒，充分展示学校文明校园创建工作的思路、方法及成效。学校于2017年9月获评广东省文明校园，11月获评第一届全国文明校园。

扎实做好迎接教育部本科教学工作审核评估工作。高质量参与完成相关文稿撰写工作，包括学校本科教学评估报告，本科教学评估见面会、反馈会上的校长讲话及PPT修改等；高效规范做好会前筹备工作，周密细致做好会务工作。专家组认为，学校在本科教学和人才培养方面，有亮点有特色。11月，学校顺利通过教育部本科教学工作审核评估。

【公文管理与服务】 进一步规范公文办理。2017年制发规章制度类公文78份，比2016年减少12份；严格控制公文发文数量，共审核印发编号党政公文1003份，增幅为8%。通过OA制发的公文数占发文总数的70%；文印室共编辑打印文稿1761份，印制学校各类会议材料、资料768份。办理普通外来公文2956份，同比增长10.2%，其中，OA线上签阅2611份，同比增长34.2%；转发外来公文13 700余份次，同比增长52.2%。

全力做好大型文稿、重要材料起草工作。共起草或修改、整理各类文字材料（含PPT）230篇，约90万字。其中比较重要的文稿有“两办”任期（2013—2016）工作报告及PPT、2017年学校校情通报材料（面向离退休、统战和老领导）、2017年学校工作报告及PPT、2017年学校双代会工作报告及PPT、2017年学代会校情通报材料及PPT、2016年开学典礼和毕业典礼校长讲话稿及PPT、卓越大学联盟2016年校长论坛校长报告PPT和卓越大学联盟办公室研讨会议材料、校长接受《南方日报》采访的访谈稿、本科教学评估自评报告及本科教学评估专家见面会校长讲话稿等。完成一批一般性文稿和礼仪性文书的起草工作，包括向部省市提交的学校办学基本情况材料、中国教育年鉴供稿、致各地各校的贺信、节假日致辞、校内慰问信、学校宣传册等文字材料。完成学校年鉴2014的出版工作，启动学校年鉴2015、2016编撰工作。

启动《高教动态周报》编写工作，主题和内容涉及高校党建、“双一流”建设、新工科建设、青年工作等。2017年编写《高教动态周报》共17期，其中，“高教视点”11期，有效发挥决策参谋作用。

【会议管理与服务】提高会议服务质量，组织完成各类会议和活动200余次，协助校内单位办会50余次。协调校领导出席各类会议活动300余次。扎实做好后勤保障，更新维护会场设备，改善会场条件，完成全校1500余场会议活动的场地保障工作。严格执行公务接待标准，巩固拓展落实中央八项规定精神成果，坚决反对“四风”，在各项公务接待活动中厉行节约、力求规范。2017年接待国内高校考察交流团、党政代表团、校地合作来访团体60余次，协助校内各单位完成各类接待共20余次。

【综合事务管理与服务】加强印章管理，严格执行《华南理工大学印章管理办法（2016年修订）》，坚持“用前审批、用后登记”，2017年加盖学校各类印章约46万次，出具学校介绍信26份，使用组织机构代码证或法人证书复印件超3000份，刻制印章30枚，废止旧印章7枚。保证机要文件交换正常运行，2017年交换信件约16 800件，其中，编号文件366件。加强励吾科技楼、逸夫科学馆、西湖厅、博士后公寓及1号楼等办公用房管理，强化功能使用效率。

【信访督办与维稳工作】加强信访工作，完成信访工作制度改革措施落实情况自查报告，积极回应师生反映的问题。2017年共收到群众来信、来电、来访15件，比2016年减少25件，同比减少62.5%，办结15件次，办结率100%；校长信箱来信72封，比2016年减少50封，同比减少40%，办结率100%；安排校领导接待日36次，接访群众11批次。抓好督办工作，开展“互联网+校务服务中心”专项督办工作、2号楼及36号楼建设专项工作。及时处理上级单位来文督办，对学校党委常委会和校长办公会议的决策事项进行督办。2017年重点工作督办立项5项，已完成3项，有明确完成时间2项。组织做好节假日、特殊时期的维稳工作和突发事件处置工作，确保校园安全稳定。全年向教育部、广东省教育厅报送突发事件6件，无迟报、漏报和错报状况。学校获得教育部“教育信息工作先进单位”，1名同志获先进个人。

【保密工作】制定《华南理工大学涉密计算机、通讯和办公自动化设备定点维修维护管理规定》等8项制度，指导保密单位制订保密二级制度；召开保密委员会年度工作会议，组织涉密人员参加业务培训；严格涉密人员出入境审查，开展行前保密教育，明确出国（境）时间。严格保密管理，办理保密文件423份；复制、借阅、交换保密文件487份，同比增长139.9%；接收传递机要文件、内参资料、档案共2145份，同比增长2.7%。开展保密专门检查，组织22个保密要害部门（部位）自查自评与考评，在省保密局现场督查中获评优秀；制定军工认证复查工作的实施方案和工作细则，确保军工保密资格审查认证顺利通过；清查互联网门户网站、政务微博、微信公众号等456个，未发现违规发布、处理涉密信息。

【法律事务工作】 实施《华南理工大学合同管理办法（试行）》，理顺教师个人出版合同审核流程；加强合同归口管理和审核，共审核修订合同260余份，涉及学校重大事项或重大利益合同24份，出具重大合同法律意见书8份。妥善处理法律事务，处理民事诉讼、行政诉讼及仲裁案件5件，涉及金额合计约49万元，其中，胜诉4件、1件正在审理。加强普法宣传，开展知识产权日普法活动，营造浓厚的法治校园文化氛围。

【信息公开工作】 推进二级单位信息公开，通过日常监督和专项检查相结合的方式，加强信息的精准推送，提升信息公开的及时性、有效性和针对性。2017年，通过学校信息公开网主动公开各类信息156条，受理信息公开申请6件，均于法定期限内予以答复。加强学校信息发布管理，对学校网站发布的22 807条内容进行审查，发现存在问题的内容299条，100%完成整改。

【机关党委工作】 修订《华南理工大学党政职能部门和直属单位工作职责》，出台《华南理工大学党政职能部门和直属单位职责履行情况监督管理办法（试行）》，实施“清单责任制”“首问负责制”“限时办结制”等制度，确保各单位职责严格履行。开通监督电话，按照服务对象反映的事项，对机关部处、直属单位职责履行情况进行监督，推动各级干部转变作风。

组织全体党员开展党的十九大精神专题学习，认真开展“学省党代会精神，迎十九大召开”“两学一做”学习教育考学。顺利完成机关党委换届，选举产生9名党委委员和5名纪委委员，各党总支（党支部）均完成换届改选工作。机关党委下属35个党支部，党员648人。做好党员管理工作，完成新旧党务管理信息系统数据对接，共吸收新党员2名，预备党员转正12名，转入转出党员33人次。履行主体责任，明确各二级单位主要负责人党风廉政建设第一责任，做到业务工作和廉政建设工作同部署同落实；引导党员筑牢防腐拒变的思想防线。

【大学城校区建设与管理】 推进大学城校区综合改革，以“延伸管理、加强属地保障”为思路，确立综合协调、后勤保障、校园管理、安全保卫四大工作模块。设立校园管理科，明确制订部门职责，提高校区管理水平。强化校区制度建设，建立大学城校区管委会议事制度，定期组织召开管委会会议及扩大会议，讨论校区“三重一大”等事项。

做好属地保障工作，改善校区办学条件，启动教学楼、音乐厅、艺术学院琴房、公共实验课教师休息室等装修改造项目。开展基础设施维修，实施房屋渗漏水维修工程。单体楼墙面及地面砖修补22栋，翻新各类发霉、脱落等墙面近3000平方米及维修图书馆顶棚钢化玻璃。

推进重点项目建设，启动国家重点实验室大楼周边电力增容项目，完成校区道路改造（二期）工程项目，完成医学院及相关单位教学、科研、办公场地调整与建设工作，协调档案馆、广东省计算机网络重点实验室搬迁工作。解决大学城建设的遗留问题，推进校区民居改造工程结算审核。推进“双创”工作，启动双创基地硬件（A2架空层）改造工程，推动大学城校区孵化格局的形成。实施河涌整治工程，完成5个重点部位的河涌治理工程，启动清除河涌淤泥及加固美化河堤项目。

加强对外交流，协助完成校地协调项目。加强与番禺区人民政府、大学城管委会、大学城内各高校以及社会各界的联系，大力推进大学城校区提升计划的实施。积极对接大学城卫星城项目，推动各学院与佛山市顺德区开展科研合作，实现顺德人才住房项目在学校顺利落地。打造校企合作典范，推动学校与广州富力足球俱乐部合作成立“华南理工大学富力足球青训学院”，共建足球训练基地。

学　院

机械与汽车工程学院

【党建与思想政治工作】 2017 年共发展党员 190 人，其中，本科生 126 人、研究生 64 人。学院共有党员 1063 人，其中，教工党员 221 人，教工党员的比例为 69.28%；学生党员 842 人（研究生 631 人，本科生 211 人），研究生党员的比例为 48.54%，本科生党员的比例为 8.62%。优化基层党组织设置，将原 33 个学生党支部调整为 26 个；选优配强新一届党支部委员会，8 个教师党支部书记由具有高级职称的专业负责人担任，支部委员由具有良好群众基础、教学科研能力突出的学术带头人或优秀骨干教师担任。重视基层党组织工作，严格执行“三会一课”制度；规范党员管理，做好失联党员组织处置；强化出国党员管理，开展多层次多类型理论学习教育和党员考学。强化思想政治工作，利用学院网站、微信公众号、学院主办公楼电子屏等多种形式和手段，宣传党的十九大精神和社会主义核心价值观，表彰先进事迹及个人，弘扬正气，凝聚人心。

【学科与队伍建设】 强化科研和教学成果申报和管理，精准分析学科评估中的优势和短板，制定强优势补短板的措施，促进学科发展。在全国第四轮学科评估结果中，学院一级学科机械工程评估结果为 A⁻，在全国参评的 189 所高校中并列第 10 位。

学院引进高层次人才 3 人，Ⅱ类博士后 3 人，新入职教工 12 人，其中，教学科研岗位 6 人、实验系列岗位 4 人、管理系列辅导员岗位 2 人。组织申报海外高层次引进人才 5 人，青年珠江学者和珠江学者特聘教授各 1 人；组织接待海内外优秀青年学者论坛学者 3 人。组织青年教师破格申报专业技术职务，1 人获批副高职称；在专业技术职务晋升中，16 人晋升、4 人转评。

【教学工作】 围绕本科教学审核评估，以课堂教学质量、本科教学材料规范化为重点，全面深化教学管理工作。完善学生培养知识结构，修订 2017 级本科生培养方案。加强创新型人才的培养力度，统筹优化本科深改工程建设经费的使用。加大对机械工程卓越班、车辆工程专业改革试点、机器人和方程式赛车等学生创新创业训练基地的投入力度，拓展本科生参与国际交流、创新实践的覆盖面。

11 个项目纳入教育部本科深改工作建设项目，2 个项目获批广东省高等教育教学改革推荐项目，1 名教师获首届南光卓越教学优秀奖（本科），3 个项目获省级教学成果奖。华南理工大学机械与汽车工程学院－宁波汽车零部件研发研究生联合培养示范基地获批全国工程专业学位研究生联合培养示范基地。2017 年，获校级优秀博士学位论文 1 人、校级优秀硕士学位论文 2 人，研究生教学优秀奖 1 人。

【科研工作与对外学术交流】 以提高

科研成果质量为核心，全面改善科研条件和科研环境，强化科研项目申报与管理。新增纵向科研项目409项，合同经费17 020.7万元，其中，国家重点研发计划5项，资助经费647.3万元；国家基金项目29项，资助经费1991.1万元；广东省科技计划项目、省部产学研等各类省级项目50项，资助经费6333.8万元；广州市科技攻关项目32项，资助经费1806.7万元。新增横向科研项目223项，资助经费4962万元。学院实到科研经费13 558.3万元，其中，纵向经费10 259.6万元、横向经费3298.7万元。申请专利921项，其中，发明专利545项、实用新型专利373项、外观设计3项；授权专利519项，其中，发明专利205项、实用新型专利312项、外观设计2项；软件版权登记53项；出版专著和教材4种；发表三大索引论文732篇，其中，SCI收录273篇、EI收录392篇、CPCI-S收录67篇；中文期刊论文388篇，其中，核心期刊329篇、统计源期刊25篇、其他34篇。获得科技奖励3项，其中，瞿金平院士获广东省科学技术突出贡献奖，汤勇教授团队项目获广东省科学技术一等奖。

完善运行和管理机制，出台各项奖励措施，科研配套奖励达235.7万元。加速培养现有科研力量，吸引高层次科研人才，培养中青年学术骨干，全面整合优化科研队伍，袁伟教授获2017年国家优秀青年科学基金，王迪副教授获2017年广州市珠江科技新星专项。加强科研基地建设，汤勇教授团队成功获批建设国家级“半导体显示与光通信器件研发国家地方联合工程研究中心”。邀请国内外知名专家、学者、教授举办各层次学术报告会26场，营造浓厚学术氛围，提升广大师生的科研素养。

继续保持与一批世界一流大学及核心伙伴高校的合作关系，与加拿大多伦多大学续签“3+2”本硕连读双学位合作项目等。71名学生参加学校或学院的联合培养或交流项目，其中，本科生45名、研究生26名。组织32人次的教师出国（境）参加学术交流、国际会议或学术培训，其中，赴港澳台地区14人次、赴国外18人次；邀请境外专家学者10人次来校讲学，邀请境外专家全英授课4人次；积极参与国外交流项目，联合开展科研项目7项。

【综合管理】升级改造楼宇公共空间环境，改善师生教学环境；加强学院“软环境”建设，通过强化制度建设、开展文体活动等多种方式，营造学院和谐共进氛围。积极拓展校友资源，促进校友与母校的情感交流，广泛争取校友资源支持学院建设和发展。加强实验室基础设施建设，完善实验室管理规章制度，开展实验室消防安全监督检查、实验室安全事故应急演练、实验安全培训、安全生产宣传咨询等系列活动。2017年度新增设备895台件，总价值29 539 986.5元，现有设备总台件数14 615台件，总价值323 989 249.5元。

建筑学院

【党建与思想政治工作】2017年共发展党员50人，其中，本科生30人、研究生20人。学院共有26个党支部，党员总数589人，其中，教工党员77人，学生党员512人（研究生425人、本科生87人），研究生中党员的比例为63%，本科生中党员的比例为9%。加强基层党组织建设，召开学院第五次党员代表大会，选举产生新一届党委和学院纪委；开展支部换届及调整工作，优化学生党支部设置，选优配强教师党支部书记，教师党支部书记均由教授、博导担任。依托专业特色，开展“岭南追梦”“两工程一计划一行动”、青年活动月、建筑文化节等品牌活动，打造丰富多彩的校园文化。3名学生分别获学校“十大三好学生标兵”“十大共产党员、共青团员标兵”和“十大‘感动华园’大学生年度人物”。参与科技扶贫工作，选派教师参与省科技专家服务团、云县县域规划、韶关地区示范村整治创建规划审定等工作；派出70名师生参加团省委组织的“美丽乡村”村庄整治规划志愿服务活动，调研孔美村及周边7个村庄，编制完成孔美村整治规划，助力孔美村申报传统村落。

【学科与队伍建设】在全国学位与研究生教育发展中心第四批学科评估中，建筑学一级学科进入A^{-}行列，城乡规划学、风景园林学位列B^{+}。编制学校“双一流”重点建设的六大学科群之一“绿色建筑与智慧生态城市”学科群的建设方案，3个一级学科均纳入整体建设范围。

新增专业教师4人。学院现有教工150人（不含建筑设计研究院），其中正高职称35人、副高职称50人。

【教学工作】本科教学方面。获批教育部“本科深改工程”项目1项、广州市高校创新创业教育项目3项、广东省“新工科”研究与实践项目1项。完成住房和城乡建设部高等教育城乡规划专业评估委员会对学院城乡专业本科及研究生教育的中期督察检查。12种教材入选住房和城乡建设部“十三五”规划教材选题，6种教材获华南理工大学“十三五”本科教材建设项目第二批立项。获广东省教育教学成果奖（高等教育）一等奖1项，获学校首届南光卓越教学奖1项（本科），获评全国高校建筑设计教案/作业观摩和评选优秀教案1项；指导本科生参加各类学科竞赛，获奖56项，包括2017亚洲建筑师协会学生建筑设计竞赛银奖、2017国际高校建造大赛二等奖、WA中国建筑奖社会公平优胜奖和第十四届“挑战杯”广东大学生课外学术科技作品竞赛特等奖等。

研究生教学方面。全年授予博士学位21人、全日制硕士学位185人、工程硕士专业学位35人。新增博士生导师7人、学术型硕士生导师7人、专业学位导师6人。获第十五届“挑战杯”中国银行全国大学生课外学术科技作品竞赛一等奖，获学校首届南光卓越教学奖1项（研究生）；6名博士生获校级优博基金。

【科研工作与对外学术交流】新增各类科研项目181项（纵向48项、横向133项），其中，国家自然科学基金重点国际地区合作项目1项、面上项目7项，青年基金2项、国际合作交流项目1项；国家重点研发计划子课题2项、广东省科技厅及省哲学社科项目7项。新增科研项目合同总经费9673.5万元（纵向1526.4万元、横向8147.1万元），全年实到科研项目经费7836.3万元（纵向1041.3万元，横向6795万元）。出版各类专著13种，发表各类论文236篇，其中，中文核心期刊64篇、科技核心刊物31篇、EI及SCI收录论文31篇；申请专利12项，授权专利10项（其中发明专利3项、实用新型专利7项）。吴硕贤院士获广东省科学技术突出贡献奖，获广东省科学技术奖一等奖1项，获高等学校科学研究科技进步奖二等奖和广东省科技进步二等奖各

1 项。在 2017 年度全国优秀工程勘察设计行业奖评选中，获一等奖 1 项、二等奖 3 项、三等奖 1 项。《南方建筑》连续 6 年被评为中国科技核心期刊，获“第六届广东省优秀科技期刊”奖，2017 年入选 RCCSE 核心学术期刊。

加强对外学术交流，派出 7 名博士研究生攻读联合培养博士，8 名学生赴意大利都灵理工大学进行“1 +3 +1”模式联合培养学习。邀请教育部海外名师计划密歇根大学 Roy Strickland 教授、代尔夫特大学 Vincent Nadian 教授进行短期讲学并参与城市设计教学及学术交流活动。主办海峡两岸都市设计联合工作坊，举办 2 场国际学术会议和“UIA－霍普杯 2017 国际大学生建筑设计竞赛”评审大会等国际学术交流活动。加强交流互访，邀请国内外知名专家学者举行学术讲座 80 余场。获批 6 项国外及港澳台地区知名专家短期讲学项目，13 项校级引智项目。

【综合管理】规范教学和教师管理，制定《建筑学院实践教学经费管理办法(试行)》，修订《博士研究生申请学位发表学术论文的规定》《建筑学院博士生导师遴选条件》《建筑学院硕士生导师遴选条件》《建筑学院导师招生资格审查标准》等制度。组织校友返校活动，促进校友与母校的联系和交流。

土木与交通学院

【党建与思想政治工作】2017 年共发展党员 103 人，其中，本科生 84 人、研究生 19 人。学院共有党员 726 人，其中，教工党员 149 人，学生党员 577 人（研究生 410 人、本科生 167 人），研究生中党员的比例为 29.6%、本科生中党员的比例为 9.5%。加强领导班子理论素养和作风建设，落实廉政建设责任制，发挥二级纪委监督作用，推进廉洁教育常态化。落实意识形态工作责任制，牢牢把握学院各种宣传阵地，巩固壮大主流舆论。结合“两学一做”学习教育活动，开展党校专家专题报告会、“迎接十九大，做合格学生党员”征文活动等党建主题活动；获学校党建主题活动立项 2 项。国防生党支部获广东省高校“学习型、服务型、创新型”党支部称号。

【学科与队伍建设】编制学院“十三五”发展规划。全面总结分析“十二五”建设成绩与存在的问题，瞄准国家和广东省经济社会发展的重大需求，围绕高水平学科群建设、高层次人才队伍建设、高起点创新基地建设、高素质创新人才培养，以及高水准国际交流与合作等建设目标，完成学院“十三五”规划编制工作。组织申报并获批力学、船舶与海洋工程学科一级学科博士授权点。完成学位点合格评估整改以及船舶与海洋工程专业学位点自评估，启动华南岩土工程研究院建设，推进省部级科研基地和产学研基地建设。

规范青年教师招收和考核管理，制定学院《青年教师招收及考核管理办法》。加强师资队伍建设，推荐申报高层次引进人才 2 人、教育部青年长江学者 1 人，引进青年教师 6 人。举办华南理工大学“海内外优秀青年学者论坛”分论坛 6 场次。做好专业技术职务评审和导师遴选工作，晋升正高3人、副高6人、中级2人，博士后副研究员1人。新增博士生导师5人，学术型硕士生导师14人，专业学位硕士生导师13人。1名教师获评为学校第八届“我最喜爱的导师”。

【教学工作】 本科教学方面。修订2017级本科综合培养计划和教学大纲，推进土木工程专业评估（认证）工作。3个专业获批本科深改工程项目6项，1个专业获批省级重点专业，1个专业获批校级“新工科”建设专业项目。承办和参与多项校内外科技竞赛和各类研究项目，获国家级竞赛大奖27项，获奖人数74人次；获省部级竞赛奖项30项，获奖人数38人次。参与各类研究项目160余项，其中，国家级大学生创新计划项目53项、SRP项目82项。

研究生教学方面。强化工程管理硕士的过程管理，提高培养质量，成立工程管理硕士（MEM）教育中心；完善研究生招生工作机制，博士研究生招生实施“申请+考核制”和统考双轨制；注重提高研究生论文质量，2017年获批学校优秀博士研究生学位论文创新基金4项，获批学校优秀硕士研究生学位论文创新基金3项；研究生发表三大索引论文142篇，其中，SCI论文52篇、EI论文70篇；申请专利34项，授权69项（发明专利28项、实用新型41项）。

全年招收研究生425人，其中，博士研究生37人、全日制学术型研究生155人、全日制专业学位硕士研究生106人、在职工程硕士研究生127人；招收本科生473人。

【科研工作与对外学术交流】 新增科研项目257项，其中，国家级项目29项（含国家基金面上项目10项、青年项目8项）、省部级项目24项。科研实到经费7883万元，教师人均实到经费43万元。申请专利和软件著作权272项，其中，发明专利138项、实用新型专利96项、软件著作权36项、外观专利2项。获专利授权114项，其中，发明专利授权36项、实用新型专利授权42项、软件著作权36项。出版专著3种，发表论文321篇，其中，三大索引收录论文254篇（2016年入库）。

推进国际联合培养和国际交换生项目。全年选派学生42人参加国际联合培养或交换项目，其中，参加美国伊利诺伊州立大学香槟分校“3+2”本硕连读项目4人、澳大利亚昆士兰大学“3+1+1”本硕连读项目2人、英国爱丁堡大学“2+2”本科项目2人、英国伯明翰大学交流项目1人、澳洲新南威尔士大学交流项目6人、加拿大Mitcas交流项目2人、加拿大西安大略大学“3+1”本科交换生项目3人、美国加州大学圣地亚哥分校（暑假课程）17人、美国宾夕法尼亚大学（暑假课程）4人、日本寒假项目1人；加强与港澳台地区的交换实习项目，其中，土木全英班澳门实习34人、力学创新班香港实习21人、工程管理班香港实习13人、台湾交换1人。另外，接收加拿大西安大略大学交换生5人。拓展国际交流合作空间，新增暑期培训项目2个。加强国际交流，邀请海内外学术大师、国际著名学者来访50人次，举办高层次学术讲座近50场，承办2场共240人参会的国际学术、3场200多人参会的国内学术会议。

【综合管理】 完善学院管理规章制度，落实综合治理、消防安全以及计划生育责任书的各项指标，强化宣传和网络管理工作，做好网络安全运营维护。加强办公室内部管理，明确岗位职责，优化办公环境。重视校友工作，依托校友资源拓展就业渠道及产学研合作，与鼎信东方集团有限公司等多家校友企业建立合作平台。组织校友返校日活动，做好返校参加毕业周年庆祝活动的校友服务工作。2017 年共接待举办各种纪念活动的班级 10 余个，校友 300 余人次。推动校友工作信息化建设，做好校友工作网站运行与维护。

电子与信息学院

【党建与思想政治工作】 2017 年共发展党员 119 人，其中，学生党员 117 人、教工党员 2 人。学院共有党员 621 人，其中，学生党员 520 人、教工党员 101 人；党支部 28 个，其中，教工党支部 6 个、本科生党支部 5 个、硕士生党支部 13 个、博士生党支部 4 个。完成学院党委换届，选举产生党委委员 5 人。完成党支部换届，改选后教工党支部以学术团队为主，教授担任支部书记。持续推进党风廉政建设和“两学一做”学习教育活动，加强教工和学生思想政治教育。

【学科与队伍建设】 在第四轮全国学科评估中，“信息与通信工程”获 B⁺（并列 14），“电子科学与技术”获 B（并列 22）。

创新人才队伍建设机制，完善师资队伍引培体系。继续推进“人才特区”政策，加大人才引进力度，引进高层次人才 1 人；注重拔尖教师的培育，在科研奖励、经费、招生等方面给予政策鼓励，培育国家杰青 1 人。2017 年，新进教工 8 人，教工总数达到 166 人。

【教学工作】 获批国家示范性微电子学院“微电子科学与工程”本科专业。修订本科生、研究生培养方案。卓越工程师班学制由 2 年改为 3 年，新增 4 门全英课程；5 门全日制专业学位课程邀请行业专家讲授部分学时；3 名博士研究生参加 2017 年校级秋季优博基金的答辩，2 名研究生获一等奖、1 名研究生获二等奖。完成首届全英专业 2016 级 ICE 研究生班的专业课授课；4 名研究生获国家建设高水平大学公派研究生项目；29 名研究生出国（境）参加国际会议，其中，博士生 18 名、硕士生 11 名。开设专门面向留学生的全英实验课程；1 门实验课获 2017 年教育部本科深改工程立项。获广东省教学成果奖一等奖 3 项、二等奖 2 项；获 2017 年度学校首届南光卓越教学奖 1 项、校长基金年度纪念“杏坛”奖 1 项、校长基金最具科研潜质奖 1 项，1 人获评为学校第八届“我最喜爱的导师”。

加强基地建设，新增校企共建实践基地 1 个，获批广东省联合培养研究生示范基地 1 个；与深圳鼎阳科技有限公司共建的“现代电子测量联合实验室”成功挂牌，与 OpenStack 基金会完成在线平台的资源共享工作。承办和参与多项校内外科技竞赛和各类研究项目，获省级以上荣誉 82 项，其中，国际级奖项 5 项、国家级奖项 45 项、省级奖项 32 项；两个项目获广东大学生科技创新培育专项资金（省攀登计划）资助。

2017 届毕业本科生 346 人，总体就业率 100%，其中，攻读硕士研究生 96 人、出国 37 人；毕业研究生 262 名，其中，硕士 241 人、博士 21 人。毕业生到世界 500 强、中国 500 强、军政系统、高校及科研院所等就业比例达 50%。

【科研工作与对外学术交流】2017年，实到科研经费总数3239.54万元，其中，横向经费719.54万元、纵向经费2520万元。发表三大索引论文200篇；获授权专利217项，其中发明专利114项、实用新型专利103项。国家移动超声探测工程技术研究中心通过科技部验收；新增省部级科研基地2个。徐向民教授获国家重点研发计划课题，陈芳炯教授获国家自然科学基金委员会－广东联合基金重点项目，金连文教授团队获2017年度广东省自然科学基金研究团队项目。薛泉团队、贾奎团队分别申报2017年“珠江人才计划”团队项目及青年团队项目，已完成答辩；章秀银教授获2017年度国家杰出青年科学基金。

获批广州市对外合作科研项目4项。新增与香港科技大学、香港大学、香港中文大学的夏令营交流访问项目。继续推进与美国罗格斯大学合作暑期项目和“3＋2”项目，与美国密苏里大学合作“2＋2”本科项目、“3＋2”本硕项目及3周的暑期项目，与澳大利亚昆士兰大学合作“3＋2”本硕连读项目。参加各种国际交流或联合培养本科生50人、硕博研究生26人，4名研究生获批国家建设高水平大学公派研究生项目。承办首届暑期“华南理工大学海外学术大师来访计划”系列讲座，邀请海内外著名学者、杰出校友做学术报告44人次。举办第十二届全国高校电子信息类学院院长工作交流会，召开NSFC“水下通信与探测”重点项目群2017年度交流会暨海洋信息技术研讨会；举办IEEE电路与系统会议区域论坛。

【综合管理】完成31号楼5楼微电子学院实验平台基本建设。修订《电子与信息学院办公室人员岗位职责》，健全岗位目标责任制，规范办公室日常管理。制定《华南理工大学电子与信息学院财务管理办法》《华南理工大学电子与信息学院公务接待管理内控办法》。2017年共接待5批次300多名校友返校，走访优秀校友企业10余家，新增校友企业捐赠款16万元。

材料科学与工程学院

【党建与思想政治工作】2017年共发展党员96人，其中，教工1人、本科生51人、研究生44人。学院共有党员873人，其中，教工196人、学生677人（研究生564人、本科生113人）。履行党建主体责任，探索与佛塑科技集团、东鹏陶瓷等行业龙头企业共建优秀党组织的“党建＋”模式，树立“党建＋优势”和“党建＋创新”理念，推动企业与学院工作有效对接，实现双方在人才培养、科研攻关、产学研合作等方面的强强联合。召开学院第五次党代会，顺利完成换届选举工作。优化党支部设置，将教工党支部建在系所等组织上，将本科生党支部按照专业纵向设置；选优配强党支部书记，定期开展党支部书记培训和交流，加强对党支部工作的指导与帮助，严把发展党员质量关。加强政治理论学习教育，深入学习宣传贯彻党的十九大精神，持续推进“两学一做”学习教育常态化制度化，落实中央“八项规定”精神、严肃党内政治生活。学院关工委获评学校“关心下一代工作先进集体”。

【学科与队伍建设】 材料科学与工程一级学科入选“双一流”学科建设名单。“材料科学”ESI全球排名进入前0.65‰，成为国际顶尖学科 。

坚持引育并举的教师队伍建设模式。4位教授入选材料学科全球高被引科学家；2人入选“珠江学者”特聘教授；4人入选“珠江学者”青年学者；1人获“广东省青年五四奖章”；1人获第十四届广东省丁颖科技奖；3人入选国家“万人计划”科技创新领军人才；3人获广东省杰出青年基金。2名博士后入选广东省首批“珠江人才支持计划”。

【教学工作】 持续推动教学研究和教学改革。2017年获教育部本科深改工程项目2项，获广东省高等教育教学成果奖2项，获校级各类教研教改项目11项、校级教学成果奖3项；“材料科学与工程”专业获学校优质专业奖。推进人才培养模式改革，先进材料国际化示范学院完成2项国际交流项目；材料科学与工程专业按大类招生，学生入学后分为金属材料、无机非金属材料2个方向培养；生物医学工程专业增加招生指标至50人，并首次按大类招生，学生入学后分为生物医学材料、生物医学电子2个方向培养。学生获“国家级大学生创新创业训练计划”23项，“百步梯攀登计划”项目36项，学生研究计划（SRP）46项，参与本科生人数约525人，占学院本科生人数的46.5%。

继续深化研究生招生制度改革，建立健全科学公正招生选拔机制，优化导师招生资格审核、博硕士招生计划分配等制度。推进招生宣传工作常态化、系统化，加强学科介绍和推免宣讲。深化专业学位研究生教育综合改革试点工作，扩大联合培养研究生示范基地建设。开展国家高水平大学建设公派研究生项目和广州市“菁英计划”留学项目，倡导双语教学和外语教学。2篇博士学位论文获2016年校级优秀博士学位论文，10篇硕士学位论文获2016年校级优秀硕士学位论文。

【科研工作与对外学术交流】 获科研合同项目290项，合同总经费达3.66亿元，实到科研经费2.56亿元。2017年申报国家自然科学基金103项，获批38项，合同经费2.03亿元，其中，基础科学中心项目1项，资助金额1.8亿元。获批国家重点研发计划项目10项，其中，项目牵头1项、课题牵头4项，合同经费3718万元。申请专利544项，获授权专利230项，转化专利19项。发表三大索引论文730篇，其中，SCI论文619篇（一区197篇、二区239篇）、EI论文111篇。

邀请近百位国内外知名专家来校讲学，包括俄罗斯科学院院士Evgeny M. Dianov，荷兰皇家科学院院士Andries Meijerink，中国科学院院士、国家自然科学基金委化学学部主任、清华大学教授张希，中国科学院院士、北京航空航天大学教授江雷，中国科学院院士、中国科学院金属研究所研究员成会明等，不断拓展师生学术视野。

【综合管理】 全年召开党政联席会议19次，集体研究决定“三重一大”等关系学院发展的各项事务。积极稳妥开展校友工作，2017年获学校“优秀校友工作组织奖”。

化学与化工学院

【党建与思想政治工作】 2017年共发展党员79人，其中，本科生44人、研究生35人。学院共有党员767人，其中，教工党员139人、学生党员628人（研究生572人、本科生56人）；研究生中党员的比例为52.3%，本科生中党员的比例为4%。开展“两学一做”学习教育活动，组织教工参加实践活动16场，到教育基地现场学习培训2次。学院教工第三党支部被评选为广东省委教育工委“三创型”党支部。完成基层党组织换届选举工作，成立新一届党委和纪委，教工党支部由10个调整为5个并选优配强党支部书记，教工党支部书记实现由“党建带头人、学术带头人”双带头人担任。

加强和改进思想政治工作，以“岭南追梦”“两学一做”为抓手，开展“传承优良家风　引领文明风尚”主题寒假社会实践活动、“喜迎十九大青春建新功”主题暑期‘三下乡’社会实践活动、“高举团旗跟党走”系列主题教育活动等形式多样的活动，以社会主义核心价值观引领学生成才。

【学科与队伍建设】 编制“能源与环境学科群”建设方案。化学学科入选国家一流学科建设名单。在全国第四轮学科评估中，化学工程与技术一级学科获评 A^-，排名全国第8。

加强师资队伍建设。2017年引进6位专任教师，海外高层次引进人才5人。1人获评“广东省特支计划科技创新领军人才”，1人入选广东省珠江青年学者。

【教学工作】 本科教学方面。完成本科生教学任务并顺利通过教育部本科教学审核评估。获批国家大学生创新性实验计划项目资助10项，获广东省教育教学成果奖特等奖1项、一等奖2项，在“卓越杯”大学生化学新实验设计及化学实验技能竞赛中获一等奖1项、二等奖1项、三等奖2项。

研究生教学方面。获批行业专家上讲台计划资助项目2项，通过中期检查研究生全英文课程2门，获2017年度学校首届南光卓越教学奖（研究生）1项。博士研究生论文质量大幅提高，75名博士生获学校优博论文创新基金资助，同比增长25%，其中一等资助10名、二等资助41名、三等资助24名。11名博士生获国家奖学金。

【科研工作与对外学术交流】 2017年总立项项目260项，项目经费12 198.67万元。纵向科研项目158项，资助经费8377.4万元，其中，国家自然科学基金项目33项，立项经费2355.1万元。1人获国家重点研发计划项目资助，经费5404万元；1人获国家重点研发计划国际科技合作项目资助，经费228万元。军工项目取得突破，2人获资助，项目经费均为100万元。广东省自然科学基金方面，12个项目取得立项，立项经费860万元。1人获得广东省自然科学基金团队项目300万元的资助，1人获得广东省自然科学基金基础培育项目100万元的资助。全年立项经费超过100万元的横向合同16项。2017年申请专利422项，同比增加52%。获第十八届中国专利优秀奖2项。

对外学术交流活跃，邀请41位国际知名专家来院进行学术交流。聘请1名境外专家进行全英授课。选派7位教师出国（境）进修，80余位教师出国（境）参加学术会议或进行短期学术培训。选派12名研究生、3名本科生到美国、英国等7个国家11所高校进行联合培养。

【综合管理】加强内控制度建设，出台《化学与化工学院2018博士研究生招收申请考核制度实施细则》《化学与化工学院科研实验室安全管理的规定》《关于非工作时间开展科研实验规定》《化学与化工实验室安全/卫生管理台账》，修订《化学与化工学院研究生导师招收资格审核实施细则》《化学与化工学院研究生国家奖学金、新生奖学金评选办法》等。持续改善民生，完成15、16号楼及逸夫工程馆各楼层厕所的全面改造、公共区域的修缮和绿化，16号楼大厅及四楼会议室翻新、基础化学教学实验室更新改造。开展实验室专项整治，添加洗眼器、紧急喷淋设施、事故应急柜、剧毒品柜、无线烟感、消防泵等实验室安全设备，推动16号楼401、402室的集中供气试点工程，通过教育部实验室安全检查。加强校友联系工作，筹募校友捐赠款800万元，举行“恒化楼揭幕暨王杏生校友捐赠签约仪式”。

轻工科学与工程学院

【党建与思想政治工作】2017年发展学生党员25人，教工党员1人。学院共有党支部14个，党员287人，其中，教工党员70人、Ⅲ类博士后党员4人、全日制学生党员213人（研究生184人、本科生29人）。研究生中党员的比例为48%，本科生中党员的比例为9%。推动“两学一做”学习教育活动常态化，认真学习贯彻党的十九大精神和习近平新时代中国特色社会主义思想。制定《轻工科学与工程学院党政联席会议议事规程》，规范会议纪要以及对会议决定的监督和执行。

【学科与队伍建设】完成第四轮学科评估数据反馈、评估数据异议项处理、声誉调查及问卷调查等工作。完成轻工技术与工程学术学位与专业学位授权点的自评估工作。在全国第四轮学科评估中，轻工技术与工程获评A^+。

加大师资队伍建设力度，加强中青年教师的培养，持续改善教师队伍的职务、年龄、学历、学缘结构。2017年引进国内外优秀青年人才4人。获批海外高层次引进人才1人、广东特支百千万工程青年拔尖人才1人、广东特支科技创新青年拔尖人才1人、广东省杰出青年基金1人、广州市珠江科技新星1人。

【教学工作】本科教学方面。完成2017年本科生培养计划制定和2017年本科教学审核评估。获“国家级大学生创新创业训练计划”立项5项，学校SRP项目38项，学校教研教改一般项目立项1项；获“探索性实验”教学项目2项（国家级和省级各1项）。获批校级“十三五”规划教材和轻工联合会“十三五”规划教材3种，本科全英语教学课程立项2项，新增本科生实习基地2个，获批MOOC项目2项，本科精品微课建设项目1项。2017年本科毕业生99人、研究生毕业生80人，就业率100%。

研究生教学方面。研究生教学改革成效显著，研究生学术水平不断提升。研究生发表高水平论文117篇，其中SCI收录80篇（二区及以上9篇）、EI收录37篇，人均发表篇数为0.44。研究生参与发明、实用新型等专利66项，18人申报优博创新基金，16人获资助，资助率为88.89%。

【科研工作与对外学术交流】2017年实到科研经费5512.8万元，其中，纵向科研项目4646.3万元、横向科研项目866.5万元。新立项项目130项，合同经费9043.9万元，其中，纵向项目82项7951.9万元、横向项目48项1092万元。

2017年获科技奖励5项，其中，教育部科技进步一等奖1项、广东省科学技术二等奖1项、中国包装联合会科学技术奖二等奖1项、测绘科技进步奖二等奖1项、中国产学合作创新成果奖优秀奖1项。三大索引收录论文158篇，其中，SCI论文141篇、EI论文10篇、CPCI-S论文7篇。

2017年共申请专利188项，其中，发明专利168项、实用新型专利20项；获授权专利145项，其中，发明专利122项、实用新型专利23项。出版《造纸过程控制与维护管理》图书1种。获批广东省“植物纤维高值化清洁利用工程技术研究中心”。

加强对外学术交流。选派1名本科生参加美国纽约州立大学－ESF分校的合作“3＋2”本硕连读项目，1名本科生赴英国交流学习，4人入选国家公派研究生联合培养博士项目。博士生国外短期访学资助1人。邀请来自美国、英国、德国、日本、澳大利亚等国的知名学者开展学术报告，拓展师生视野；7名研究生参加短期国际学术会议。

【综合管理】规范实验室建设，制定《轻工科学与工程学院实验室突发安全事故应急预案》，对管制类化学品和气体钢瓶开展专项整治。持续改善民生，组织教工参加学校运动会，慰问离退休老同志等活动。积极稳妥开展校友工作，走访优秀校友企业，建立良好的合作基础；主动联系校友，办好校友返校日接待。2017年学院共接待3批次200多名校友返校。

食品科学与工程学院

【党建与思想政治工作】2017年共发展党员41人，其中，本科生党员24人、研究生党员17人。学院共有党员510人，其中，教工党员87人、学生党员423人（研究生359人、本科生64人）。研究生中党员的比例为70.3%，本科生中党员的比例为13%。完成党委和纪委换届，选举产生新一届党委和纪委领导班子；完成教工党支部换届，选拔中青年骨干教授担任教师党支部书记。调整和完善学生党支部设置，在学生党支部建设中施行“三全四组”工作法。继续推进“岭南追梦”教育实践行动和“领航计划”；以党建带群建，调整关工委分会架构和人员组成。

【学科与队伍建设】编制《轻工食品与生物技术学科群建设方案》。“农业科学”“轻工技术与工程”2个学科入选国家一流学科建设行列，农业科学进入ESI前1%。在全国第四轮学科评估结果中，食品科学与工程获评A^-、参与建设的轻工技术与工程获评A^+。在最新的ESI国际排名中，农业科学学科在进入前1%的785个单位中位列第81位，进入1‰。在

2017软科世界一流学科排名中，食品科学与工程学科位列世界第4。完成食品工程专业学位点自我评估，参与轻工技术与工程一级学科学位点合格评估，完成食品科学与工程一级学科学位点评估整改方案。

人才队伍建设坚持引育并举。2017年新增国家杰出青年基金获得者1人，海外高层次引进人才1人，珠江学者特聘教授1人，广东特支计划科技创新青年拔尖人才1人，广东特支计划百千万工程青年拔尖人才1人。

【教学工作】本科教学方面。完成2017级本科综合培养计划和教学大纲的修订及教育部组织的本科教学审核评估工作；启动食品科学与工程专业IFT国际认证工作；与华大基因达成共建精准营养创新班的意向。获批教育部本科深改工程建设项目2项，广东省教育教学改革项目1项，新工科专业建设和新工科研究项目1项，校级教学教改项目15项、SRP项目50项。在第十三届国际基因工程机器大赛（iGEM）中，本科生团队获金奖1项，获“最佳新应用项目”提名，获“璀璨2017”华南理工大学建校65周年校长基金最具青春活力奖。

研究生教学方面。修订各类硕士、博士培养方案；通过扩大推免生接收比例、加大研究生招生宣传、举办夏令营、优化招生指标分配等措施，提高研究生招生质量。在全国“互联网+”大学生创新创业大赛中，研究生团队获银奖1项；在广州市“天青杯”暨天英汇青年科技创新创业大赛中，获一等奖；在“盐商杯”第四届“创青春”中国青年创新创业大赛中，获铜奖；在第四届杜邦营养与健康两岸学生创新竞赛中，获三等奖和最佳创意奖。

【科研工作与对外学术交流】2017年获科研项目立项186项，合同经费7595万元，实到科研经费5785万元；新增国家重点研发计划项目课题和子课题（含参与）7项、国家自然科学基金项目12项。申请国际专利5项、国内专利179项，获授权专利72项。获2017年度国家科技进步二等奖1项（排名第二），中国专利优秀奖1项，高等学校科学研究优秀成果奖（科学技术）自然科学二等奖1项，广东省科学技术奖励二等奖1项、三等奖1项。牵头申报分子酶学与工程国际科技合作基地获得立项资助，新增2个广东省工程技术研究中心。新增广东省现代农业科技创新中心。三大索引收录论文447篇，SCI论文单篇引用率11.7，在全国食品类研究单位中位列第一。

加强对外交流与合作。资助来自美国、英国、芬兰、丹麦等国的30余名一流学者来院讲学，资助20多名教师、优秀研究生参加高水平国际会议或学术交流。公派7人出国进修，11人获学校海外名师引智项目资助。10余名境外短期专家讲授全英课程50余次。主办2017食品非热加工与营养国际会议、第一届国际生物被膜与食品安全控制论坛、第一届国际脂类科学与生物技术研讨会、第二届现代食品工程国际研讨会等高水平国际会议。

【综合管理】完成化机4号楼修缮工程，13号楼部分实验室搬迁进入化机4号楼。大化类学科公共平台食品分平台正式投入使用，全面改造食品加工工艺本科平台。制定《食品科学与工程学院实验室安全管理办法》。积极开展校友工作，召开食品科学与工程学院新一届校友理事会筹备会。

数 学 学 院

【党建与思想政治工作】2017年共发展党员36人，预备党员转正32名，其中，发展本科生党员29人，发展研究生党员7人。学院共有党员221人，其中，教工党员64人，占教工总数的56.6%；本科生党员52人，占本科生总数的5.9%；研究生党员105人，占研究生总数的48%。组织开展学习宣传贯彻党的十九大精神系列活动，开展“两学一做”主题教育活动，组织班子成员和全体党员认真学习习近平总书记系列重要讲话精神，专题学习习近平总书记对广东工作提出的“四个坚持，三个支撑，两个走在前列”重要批示精神。组织全体教师学习《关于进一步加强和改进师德建设的意见》和《高等学校预防与处理学术不端行为办法》，加强师德师风建设。完成学院“两委”换届工作，召开学院党员大会，选举产生学院新一届党委委员和纪委委员。优化党支部设置，完成学院党委下辖党支部改组和换届工作，选优配强党支部书记，教工党支部书记全部由“高学历，高职称”教师担任；严格落实“三会一课”的组织生活规定，积极探索教师党支部参与学院各项工作决策的机制。学院团委荣获“广东省五四红旗团委”，1名学生获评“广东省优秀学生干部”，华南理工大学“青春做伴，逐梦同行”广西龙胜暑期社会实践夏令营团队荣获广东省大中专学生暑期“三下乡”社会实践活动先进集体称号，2016级信息管理与信息系统班获评校园“十佳班集体”，1名学生获校级“十大学生共产党员、共青团员标兵”称号。

【学科与队伍建设】在全国第四轮学科评估中，数学学科获评B^+，位居全国参评高校并列第19位；数学学科ESI表现增幅明显，门槛差值比例从2015年5月的34%缩小到2017年9月的11%。开展数学一级学科博士学位授权点自评估工作，通过听取汇报、师生座谈、现场考察、查阅资料等方式，全面了解学科情况，顺利通过数学一级学科博士学位授权点评估。

加强师资队伍建设。全年共引进海内外青年人才3人；新增国家“万人计划”教学名师1人、国家自然科学基金优秀青年基金获得者1人，实现学校理科学科领域零的突破。目前，学院共有教师94人，其中，教授27人、副教授40人，形成了一支年龄、职称、学缘结构合理的高水平师资队伍。

【教学工作】完成全校9门本科生和12门研究生公共数学课程（近33 000人次）的教学任务，其中，公共课平均分4.706分，专业课平均分4.732分。1人获评广东省教学名师，1人获评学校首届南光卓越教学奖（本科）；获得广东省教学成果奖一等奖1项，第八届校级教学成果奖3项（特等奖1项、一等奖1项、二等奖1项）。主持广东省高等教育教学改革推荐项目3项，校级各类教研教改项目16项、学生研究计划立项22项。发表教研教改论文2篇，4人获得学校本科教研论文优秀奖（一等奖1项、二等奖1项、三等奖2项）。积极组织青年教师参与学校课堂教学竞赛，1人获得2016—2017学年度青年教师本科课堂教学竞赛奖、3

人获得本科教学优秀奖本科论文优秀指导教师、10人被评为科技创新优秀指导教师（一等奖2名、二等奖7名、三等奖1名）。组织教师指导学生参加科技创新活动，承担大学生数学建模美国赛、全国赛等的组织、培训工作。2017年度获数学建模美国赛特等提名奖1项、一等奖12项、二等奖70项，获数学建模全国赛一等奖3项、二等奖6项，获大学生数学竞赛非数学专业预赛一等奖35项、二等奖21项、三等奖31项，获数学专业预赛一等奖10项、二等奖7项、三等奖11项，获数学竞赛全国决赛一等奖1项、二等奖3项、三等奖1项。1名学生荣获全国大学生机器人大赛Robomaster 2017全国赛团体一等奖。研究生和本科生的就业率分别为100%和99.48%。

【科研工作与对外学术交流】2017年新增纵向科研项目21项，其中，国家自然科学基金项目13项、省部级项目8项；新增合同经费657.8万元，实到经费716.4万元。发表论文154篇，其中SCI收录116篇；出版专著1种。获软件著作专利3项，获广东省自然科学二等奖1项。

继续推进与世界知名高校建立联合培养合作机制，与加拿大西安大略大学、英国伯明翰大学、英国爱丁堡大学建立“3+1+1本硕连读”“2+2本科联合培养”的合作培养项目。2017年派出5名本科生赴加拿大西安大略大学、12名本科生赴英国伯明翰大学、7名本科生赴英国爱丁堡大学学习。积极组织优秀学生开展短期访学活动，2017年暑期分别组织创新班学生和博士生赴香港城市大学、香港中文大学等高校进行访问交流。开展对外学术交流，邀请国内外专家讲学166场次，其中，举办系列学术报告4场次、小型学术研讨会2场次，短期讲学2场次，引智项目短期讲学5场次，高端外国专家系列讲学1场次；定期举办各类学术讨论班24个。教师参加国内外学术会议185人次，应邀做学术报告24场，赴境外学术交流10人次。

【综合管理】加强学院内控制度建设，提高学院管理水平。完善学院网站校友专栏，依托新媒体平台，扩大宣传。加强与校友之间的联络，2017年共有80多位校友返校聚会，开展友谊球赛和主题班会等活动。

物理与光电学院

【党建与思想政治工作】2017年共发展党员48人，其中，研究生党员9人、本科生党员39人。学院共有党员203人，其中，教工党员67人，占教工总数的59.29%；本科生党员66名，占本科生总数的13.15%；研究生党员70人，占研究生总数的48.28%。开展“两学一做”学习教育活动，组织策划相关系列活动20场次，包括组织全院党员参加“学党代会精神，迎党的十九大召开”和“学报告，学党章”党员考学活动。推进“岭南追梦”大学生社会主义核心价值观实践活动，打造“博物洽闻，知行践理”党建大课堂活动。2014级本科生党支部的《“两学一做”之中山纪念堂宣誓》作品荣获学校微视频优秀奖。2015级光电信息科学与工程（光电信息）2 班获学校“校园十佳班集体”称号。

【学科与队伍建设】修订学院“十三五”发展规划。开展物理学一级学科博士点的申报工作，调整物理学一级学科下设的二级学科硕士点布局，参与共建材料科学与工程一流学科。

坚持“用好现有人才，引进拔尖人才，培养未来人才”原则，大力引进高层次人才。1 名博士入选第二批国家“博士后创新人才支持计划”，1 个科研团队入选广东省“珠江人才计划”引进第六批创新创业团队。学院现有教职工 113 人，其中，专任教师 83 人，在岗专任教师中教授 32 人、副教授及其他副高职称 33 人；教师中具有博士学位者 66 人，占教师总数的 80%。拥有“双聘院士”1 人，国家杰出青年科学基金获得者 2 人，广东省珠江学者特聘教授 1 人，教育部新世纪优秀人才计划 1 人，广东省杰出青年科学基金获得者 1 人，南粤优秀教师 2 人，广东省高等学校优秀青年教师 2 人。

【教学工作】本科教学方面。结合社会需求，修订本科专业培养方案，优化课程设置。完成大学物理、大学物理实验、电子工艺实习三门公共基础课（年修读约 2 万人次）的教学任务；开设 56 门本科课程和 3 门全校性通识课。2016—2017 学年度两个学期学生网上评教优秀率分别为 87.62%、88.24%，平均分为 4.623 和 4.633。2017 年共获得校级本科深改工程项目 4 项、教研教改项目 3 项、第四批探索性实验教学项目 2 项、第三批 MOOC 项目 1 项、新工科研究与实践推荐项目 1 项、第七批教育技术创新应用工程项目 3 项，本科精品微课建设项目 1 项、第四批通识教育课程 1 门；获广东省教育教学教改项目 2 项；获校级教学成果奖 2 项、本科教学优秀奖 1 项，青年教师本科课堂教学竞赛奖二等、三等各 1 项；1 人被评为学校学生科技创新优秀指导教师，2 人被评为学校本科毕业设计（论文）优秀指导教师。

研究生教学方面。深化拔尖创新人才培养，由华南理工大学与中国科学院物理研究所、东莞中子科学中心合作创办的高层次本硕、本博创新人才培养实验班——应用物理学（严济慈英才班）获批并招收首届学生，生源质量显著提升。2017 年招收硕士研究生 49 名、博士研究生 11 名。

【科研工作与对外学术交流】新增各类科研项目 32 项，其中，国家基金 5 项获研究经费 760 万元。主持或承担各类在研项目 226 项，合同经费 9086 万元。发表研究论文 97 篇，其中，三大索引论文 64 篇（SCI 55 篇、EI 9 篇）。申请专利 123 项（发明专利 73 项、实用新型专利 50 项）；获授权专利 50 项（发明专利 9 项、实用新型专利 41 项）。2 名教授及其团队成员在 *Nature* 杂志子刊发表高水平论文，为学校首次在 *Nature Physics* 以第一单位发表论文。2 名教授在美国化学会主流杂志 *Journal of the American Chemical Society* 上发表高水平研究论文。

加强对外学术交流。主办国际、国内学术研讨会各 1 场，邀请专家讲学 29 场次，教师参加国际学术会议 18 人次，参加国内学术会议 71 人次，教师参加国际国内学术报告 26 场次。选派 5 名学生到天津大学等交换培养。

【综合管理】严格执行学院党政联席会议制度，会议决策以会议纪要形式成文。成立实验室安全工作小组，确定学院和实验室两级安全管理组织架构，建立实验室月度安全自查和定期开展消防演练制度。开展群众性文体活动，组织教工参加学校篮球赛、运动会、环湖跑和爬山等活动，增强教职工凝聚力。重视关工委工作，设立“物苑爱心基金”，关心帮扶老同志，开展慰问帮扶100人次。加强环境与条件建设，对18号楼公共墙体进行粉刷、机房搬迁和网络改造。

经济与贸易学院

【党建与思想政治工作】 2017年发展党员145人，其中，本科生115人、研究生30人。学院共有党员584人，其中，教工党员98人、学生党员486人（研究生173人、本科生313人）。研究生中党员的比例为35.6%，本科生中党员的比例为64.4%。召开学院第三届党员代表大会，完成学院党委、纪委换届，完成基层党支部的换届选举，选配政治素质好、业务能力强、群众威信高的专任教师担任教师党支部书记，7个教师党支部书记均由教授担任，11个研究生党支部书记均由青年教师担任，低年级本科生党支部书记由辅导员担任，高年级本科生党支部书记由综合素质强的本科生优秀党员担任。组织召开4次全体党支部工作会议，交流工作经验，解决工作难题。各支部定期开展组织生活，以“两学一做”为契机，严格落实“三会一课”制度，培育特色党建项目，结合专业特点开展党建活动。通过书记讲党课、党员考学、微党课等线下线上相结合的形式，做好党员教育工作。加强价值引领，建立“三进”长效机制，落实“岭南追梦”系列教育实践活动，开展揭阳市惠来县隆江镇井美小学支教、国家烈士纪念日烈士墓扫墓祭奠、“学雷锋”主题青年志愿者活动等系列特色志愿活动，引导青年学生自觉践行社会主义核心价值观。

【学科与队伍建设】 专题研讨国际商务专业硕士和应用经济学博士点评估工作，制定完善的工作方案，扎实推进学科建设。联合昆士兰大学、东莞市人民政府申报广东省重点学科（应用经济学）。

加强师资队伍建设，新引进教师4名。现有专任教师119名，其中，教授26人、副教授52人，高级职称比例达到65.5%。1名青年教师破格晋升为教授。积极推荐教师海外进修学习，3人获批公派出国研修项目，4人在美国麻省理工学院、英国杜伦大学等海外知名高校访问进修。

【教学工作】 本科生教学方面。完成本科人才综合培养计划修订和本科教学审核评估工作，最大限度实现平台课程、实验与实践教学体系、交叉选修课程资源共享。完善国家级实验教学示范中心机构建设。2017年获广东省教学成果二等奖1项、广东省微课竞赛三等奖1项，获校级南光卓越奖1项、教学优秀奖1项。2017年立项国家创新创业计划21项、SRP项目50多项。指导学生参加全国专业大赛获二等奖1项，获首届“跨界创新”大学生会展大赛优秀奖1项。

研究生教学方面。制定《经济与贸易学院研究生“创新之星”奖励办法》，重点培养研究生科研能力。健全研究生学位论文质量监控体系，完善流程和加强日常教学管理。截至2017年底，学院拥有各类研究生522人，其中，博士研究生

79 人、全日制学术型硕士研究生 276 人、全日制专业学位硕士研究生 131 人、非全日制专业学位硕士研究生 10 人、在职专业学位硕士研究生 26 人。

【科研工作与对外学术交流】2017 年获省部级及以上项目 30 余项，其中，国家级 3 项。新增科研合同经费 1345 万元，实到经费约 1200 万元。发表各类期刊文章 227 篇，其中，SSCI/SCI 索引 27 篇、EI 索引 8 篇、CSSCI 索引 63 篇、A 类论文 13 篇。出版专著 5 种；获省级奖励 4 项，其中，省哲学社会科学一等奖 1 项、二等奖 2 项，省科学技术二等奖 1 项。18 份研究报告、咨询报告获政府部门和企业等单位的批示和采纳；应用型新型智库"广州国家创新型城市发展研究中心"的系列成果受到好评。

深化对外学术交流，办好"经贸学术论坛""经贸实务论坛"等院内品牌，2017 年举办"经贸学术论坛"13 次、"经贸实务论坛"3 次；举办 4 期"英才论剑——研究生学术沙龙"。增设昆士兰大学（经济学院）经济学本科"2 + 2"和旅游管理"2 + 2"两个国际化人才培养项目。与昆士兰大学、香港城市大学等高校建立科学研究合作机制。

【综合管理】完善资产管理，规范设备购置、招标竞价、设备报增和报废等资产管理程序，编制资产设备核查情况汇总清单，完善固定资产电子档案和纸质档案，确保现有 4199 台件、价值约 2020.5 万元的固定资产"账物相符"。建立健全经费使用及审批制度，制定《经济与贸易学院财务审批办法（试行）》，确保经费支出合理、规范和财务安全。修订完善学院奖酬金管理办法，做好业绩考核与津贴统计核算及发放工作，确保公开透明、公平公正。改版英文网站，完善英文标识。

自动化科学与工程学院

【党建与思想政治工作】2017 年共发展党员 56 人，其中，教工党员 1 人、本科生党员 42 人、研究生党员 13 人。学院共有正式党员 363 人，其中，教工党员 72 人、博士生党员 58 人、硕士生党员 131 人、本科生党员 102 人；预备党员 59 人。研究生中党员的比例为 34.2%，本科生中党员的比例为 14.7%。定期召开学院领导班子、党委理论学习中心组会议和学院党委扩大会议，集中学习党的十九大报告、习近平新时代中国特色社会主义思想；积极参加领导干部培训、华园讲坛，完成党员干部在线理论学习，积极开展各项党建活动；组织开展专项教育活动，包括"两学一做"学习教育活动、纪律教育学习月活动等。加强党支部建设，严格落实"三会一课"等组织生活制度。开展"岭南追梦"教育实践活动，推进中青年教师党员发展"领航计划"，打造学院党建活动品牌。

加强大学生思想政治教育，强化师风学风建设。深入开展理想信念教育。在重要时间节点，通过网络平台对广大党员、团员青年进行理想信念教育。坚持不懈强化师德师风和教风学风建设。以教育部本科教学评估作为党建工作的重要契机，坚持"以评促建、以评促改"，强化师德师风和教风学风。通过召开"迎评促建”动员大会、师德师风主题教育大会、建设优良学风主题系列活动等，形成“课堂－实验室－宿舍”齐抓共管的长效机制。

【学科与队伍建设】在全国第四轮学科评估中，控制科学与工程学科获评B^+。《控制理论与应用》和 *Control Theory and Technology* 分别获评“2017 中国国际影响力优秀学术期刊”和“2017 中国最具国际影响力学术期刊”。

加强师资队伍建设。1 人获得广东省杰出青年基金。学院现有教职工 108 人，其中，双聘院士 3 人、IEEE Fellow 1 人、国家自然科学基金杰出青年基金获得者 3 人、海外高层次引进人才 4 人、中青年科技创新领军人才 2 人、珠江学者特聘教授 1 人、广东省拔尖人才 1 人、广东省南粤优秀教师 2 人，教育部创新团队 1 个。组织教师参加全国智能车大会、工程认证培训、EMI 培训。

【教学工作】本科教学方面。完成自动化、智能科学与技术本科专业的评估工作。启动自动化、智能科学与技术 2 个专业的教学计划修订工作；探索新工科环境下的实践教学模式、控制理论系列课程中的人才培养模式的研究与实践。加强对学生科技创新活动、开放性实验项目和科技竞赛创新实践建设的资助以及大学生创新实践基地、机器人创新平台的指导，成绩显著。在智能车竞赛中获国家一等奖 2 项、二等奖 2 项，华南区一等奖 5 项、二等奖 1 项；在全国大学生机器人大赛中获全国一等奖 1 人次、二等奖 5 人次，教师获学校年度学生科技创新优秀指导教师 4 人次。学生获批国创项目 9 项，“中央高校基本科研业务费本科生自主选题项目” 2 项通过验收。获第十四届“挑战杯”广东大学生课外学术科技作品竞赛特等奖 1 项，新增教育部本科深化改革项目 1 项，获广东省高等教育教学成果奖一等奖 1 项，广东省“教学质量与教学改革工程”课题通过验收，获校级本科教学优秀奖 1 人次、本科毕业设计优秀指导教师 4 人次、本科教学优秀论文二等奖和三等奖各 1 篇。全年学生获得国家级奖项 12 项、省级竞赛奖项 15 项。

研究生教学方面。推进研究生课程与教学改革，新增全英研究生课程 2 门；推进专业学位研究生与企业、行业及产业的交流，开展“行业专家上讲台”活动 2 次；进一步加强研究生创新意识和科研能力的培养，全年获校级优秀硕士学位论文 2 篇，获批全日制硕士专业学位研究生联合培养基地 1 项；2017 年招收 ECE 全英硕士专业学生 17 人，全英博士留学生 3 人；2017 年获批全英专业建设项目 1 项。2017 年招收博士生 23 人；招收全日制硕士生 147 人，其中，学术型 73 人、专业学位 74 人。现有博士生导师 27 人，兼职博士生导师 2 人，硕士生导师 63 人；全年新增硕士生导师 1 人、博士生导师 2 人，专业学位校内指导教师 2 人。

【科研工作与对外学术交流】2017 年新增科研项目经费 4739 万元，同比增长 1.6%。三大索引收录论文 185 篇，同比增长 66.7%；申请发明专利 91 项，同比增长 78.4%；获授权专利 90 项，同比增长 60.7%。获批国家重点研发计划项目 2 项，国家自然科学基金重点项目 1 项；获广东省科学技术奖一等奖 1 项。组织国内外专家开展学术讲座 30 余场，选派多位教师参加境外学术会议和学术交流。

【综合管理】发挥工会、教代会和关工委等组织与成员的主观能动性，开展爬山、跳绳、羽毛球、乒乓球等全民健身活动，增强凝聚力。发挥民主党派和无党派教师的监督指导作用，听取他们对学院工作的意见和建议。积极联系校友，开展2017年校友返校日系列活动，返校人数超过200人。校友企业设立学生企业奖学金23万元，新增“镇泰基金会”奖学金。做好消防安全工作，各团队实验室消防安全工作分级落实到位，组织全院师生进行消防演练，全年零事故。完成学院网站升级和改版工作。

计算机科学与工程学院

【党建与思想政治工作】2017年发展党员66名；77名预备党员转正。现有党支部19个，其中，教工党支部6个，党员64人；学生党支部13个，党员400人。组织开展政治理论学习，组织全院师生集中观看党的十九大开幕式；学院党委召开理论学习中心组会议和学院党委扩大会议，集中学习贯彻党的十九大会议精神和习近平总书记系列重要讲话精神，研读党章和学校规定的学习内容。党员干部自觉参加各类干部培训，完成干部在线理论学习、十九大网上考学，参与率达100%。积极推进中青年教师党员发展“领航计划”，3名青年教工递交了入党申请书。

开展思想政治教育。结合“两学一做”主题教育活动和“岭南追梦”社会主义核心价值观主题教育活动，将党建活动与工会活动结合，组织开展健康骑行、参观社会主义新农村、参观南海舰队“玉林舰”、重温入党誓词等活动，引领广大师生党员提高思想政治素养。

【学科与队伍建设】在教育部第四轮学科评估中，计算机科学与技术学科获评B^+。1个团队入选科技部重点领域创新团队，获批1个广东省计算智能与网络空间信息重点实验室和1个广东省工程中心。

引进专职教师2人。学院现有教工110人，其中，专任教师84人（教授30人、副教授41人）。学院培养国家优青1人、广东省杰青1人、青年珠江学者1人、吴文俊人工智能优秀青年奖1人。

【教学工作】本科生教学方面。顺利完成本科教学审核评估工作。强化产学研合作实习基地建设，与三星、华软等28家公司建立校外实习基地；创新“工程师讲堂”课程建设，腾讯模块课程“移动终端开发进阶版”由腾讯委派工程师授课；与唯品会、中国电信合作，企业指定课题和导师，三方联合完成软件工程课程设计。加强实践教学改革，实施“计算机组成与体系结构”课程“软硬结合”教学模式。实施本科生导师制。加强课程教学模式改革，修订教学培养计划，在全校非计算机专业实施“大学计算机基础”MOOCs课程改革，实施5门基于MOOCs的“翻转课堂”教学模式改革。创新班和联合班必修课程全部实现全英教学。2017年，共开设全英课程31门，新增校级全英课程3门，建立20余人的全英教学师资队伍。教师获各级教学科研项目24项，其中，国家级5项、省级2项、校级17项。

研究生教学方面。举办暑期研究生夏令营，首次采用“公费生＋自费生”方式，效果良好。加强研究生创新意识和科研能力的培养，2篇论文获校级优秀硕士学位论文。完成研究生招生录取工作，招收硕士研究生177人、博士研究生26人。

【科研工作与对外学术交流】2017年获批纵向合同经费2863万元，横向合同经费530万元。申请专利135项，获授权发明专利32项、实用新型15项，软件著作权114项。1人获国家自然科学基金优秀青年项目和国家自然科学基金重点项目，1人获广东省杰出青年人才基金项目，1人获广东省青年珠江学者。获批建设“广东省计算智能与网络空间信息重点实验室”和“广东省人工智能中医工程技术研究中心”。教师发表SCI、EI论文150篇（SCI论文100篇），其中，发表SCI一区论文26篇、SCI二区论文27篇。

对外学术交流方面，组织校级交换生联合培养项目45人次，举行“图灵之光”系列讲座。

【综合管理】2017年学院实验室承担实验教学工作总计124 338人时。完善安全防火制度，明确责任，落实到人；每月定期进行一次消防安全检查，消除消防安全隐患。完成B3栋大楼门禁系统安装和室内外景观绿化工作，升级改造接待室2个。组织开展计算机学科建设60周年系列活动，完成校友返校的接待工作。

电力学院

【党建与思想政治工作】2017年培养青年教师入党积极分子2人、青年学生入党积极分子361人。发展党员127人，其中，本科生97人，研究生23人。现有教职工党员108人，占教职工总数的77.7%；研究生党员344人，占研究生总数的48.86%；本科生党员199人，占本科生总数的11.90%。加强基层党组织建设，选举产生新一届学院党委和纪委，完成党支部调整和换届工作，选优配强党支部领导班子，选配教学科研骨干进入支部委员会。开展“两学一做”学习教育主题活动，推进支部联建工作，积极与联建的企业支部开展形式多样的学习活动。加强党员的教育和管理，开展以“讲政治、强党性、严纪律、守规矩”为主题的纪律教育学习活动，认真开展“岭南追梦”“领航计划”等党建主题活动。认真落实党风廉政建设责任制和中央“八项规定”精神。坚持民主集中制，凡“三重一大”事项都通过党政联席会集体讨论决策。加强大学生思想政治教育，在重要时间节点、重要会议等，通过网络平台进行宣传，积极弘扬正能量，对广大党员、团员青年进行理想信念教育。

【学科与队伍建设】现设有电力工程系、电力电子工程系、动力工程系和电工理论新技术中心4个教学科研机构，有风电控制与并网技术国家地方联合工程实验室、广东省绿色能源技术重点实验室等8个高水平研究平台，有电气信息及控制国家级实验教学示范中心等7个科研教学实验中心。现有教职工139人，其中专任教师107人（教授38人）；中国工程院院士、国家优青各1人，霍英东青年教师基金获得者2人。修订《电力学院教师招聘和人才引进工作实施办法》《优秀青年教师培育办法》等规章制度。

【教学工作】本科生教学方面。强化产学研合作实习基地建设，新增和续签16个本科教学实习基地；完善公共实验室、本科教学实验室建设，建立模块化、多维度的校内实验基地。结合新工科建设，积极参与各类教学教研改革，获学校本科教育产学研合作项目和教研教改项目共6项；获得教育部高校能源动力类教指委“新工科”研究与实践重点项目和面上项目、学校第一批新工科研究项目各1项。改革课堂教学模式，建立2门微课程。提高教师教学能力，23位教师获得学校本科课堂教学质量优秀教师奖，1位教师获学校青年教师本科课堂教学竞赛三等奖。学生参与创新创业项目数94项、参与竞赛获奖197人次；本科生发表论文12篇，申请专利27项。在第十届广东省大学生节能减排工业设计大赛中，2个作品获一等奖，7个作品获得二、三等奖。

研究生教学方面。加强全日制工程硕士实践环节的建设，以联合培养为纽带，与南方电网科学研究院、广东省电力设计研究院等单位建立第一批省级专业学位研究生培养基地，首批派出9位学生联合培养。完成2门本硕贯通课程的建设，安排8人次行业专家上讲台授课。研究生发表学术论文63篇，其中，SCI论文21篇、EI论文42篇；14人获优秀博士学位论文创新基金。1人获评为广东省优秀研究生，5人获评为校级专业实践优秀研究生，11人获评为校级优秀研究生干部。

【科研工作与对外学术交流】新增科研项目104项，合同经费3837.64万元，合同经费同比增长33%；实到科研经费4660.79万元。获授权发明专利142项、实用新型专利67项。教师发表SCI论文86篇，EI论文112篇，其中，ESI高被引论文4篇；CPCI-S论文92篇。2人获批国家自然科学基金委－国家电网公司智能电网联合基金重点支持项目，1人获批国家自然科学基金委与巴基斯坦科学基金会国际合作研究项目。7人获批国家自然科学基金面上项目；1人获批国家重点研发计划子任务；获批广东省自然科学基金自由申请项目3项、重点项目1项、研究团队项目1项，博士科研启动项目2项。加强对外学术交流，邀请多名海外一流大学的学者开展学术讲座。

【综合管理】完成学院学术委员会、教学指导委员会人员调整工作。加强制度建设，制定团队本科教学工作量考核标准及超工作量梯度酬金标准等。积极联系校友，开展2017年校友返校日系列活动。

生物科学与工程学院

【党建与思想政治工作】2017年发展学生党员37名，其中本科生16人、研究生21人；预备党员转正50名。学院共有党员265人，其中，教工党员50人，占教职工总数的65.8%；学生党员215人，其中，本科生党员37人，占本科生总数的8.9%，研究生党员178人，占研究生总数的48.7%。加强政治理论学习，以党委中心理论组集中专题学习和自主分散学习相结合的形式，重点学习党的十九大精神和习近平总书记系列重要讲话精神。抓好基层党组织建设，教职工党支部由原来的5个调整成4个，学生党支部由原来的7个调整为10个，选举产生新一届党委委员和纪委委员。设立学生党建工作委员会，统筹学院学生党建工作，打造学生党建"红色基因工程"。

加强思想教育阵地的管理，强化师德师风和教风学风建设。运用谈心谈话等方式，增强教师教书育人、开展科技创新的自觉性和责任感。将青年学生廉洁修身教育与社会主义核心价值观教育、理想信念教育和素质教育充分结合，引导学生坚定理想信念。

【学科与队伍建设】生物学与生物化学ESI学科排名百分位由2016年的55.06%提升为45.53%。在全国第四轮学科评估中，生物学获评B^-。启动生物学一级学科学术学位授权点自我评估工作。

获批海外高层次引进人才1人，引进教师4人。学院现有教职工76人，其中专任教师55人，副高以上职称人数占专任教师总人数的89%；教师中具有博士学历人员占专任教师总人数的98%。

【教学工作】本科生教学方面。完成2017级本科生教学改革方案制订和本科教学审核评估工作。获批生物工程（生物大数据）新工科专业；继续加强"基因组创新班"建设，采取有效措施保证学生连续培养，2017年"基因组创新班"报名人数增长170%。获学校本科教学优秀奖"科技创新优秀指导教师"专项奖励三等奖1名、本科教学优秀奖1名。强化本科生科技创新活动，按照普及型"本科创新项目"、对科研有兴趣的学生开放有学分的"自主科研项目"，聚焦两个赛事（iGEM和"挑战杯"）进行引导，学生在"iGEM"中连续三年获得金奖。

研究生教学方面。提升研究生的培养质量，制定《关于加强研究生培养过程监管的若干措施》，组建研究生工作指导小组。首次启动研究生学术节，营造浓厚的学术氛围；启动研究生招生夏令营，扩大宣传，提高学院生源质量。11名博士生获学校优秀博士学位论文创新基金、2名硕士生获学校优秀硕士研究生创新基金。

【科研工作与对外学术交流】学院承担各类项目79项，其中，国家级项目11项、省部级科研项目9项；组织完成国家基金申报工作，2017年获批10项；获批"国防科技创新特区"项目1项。全年实到科研经费1576.05万元。申请专利41项，其中发明专利39项、实用新型专利2项；授权9项。获第十九届中国专利优秀奖1项、广东省专利优秀奖1项。发表论文132篇，其中，SCI论文90篇。获批教育部"合成生物学与药物制备国际合作联合实验室"。

举办中国生物工程学会第二届青年科技论坛，举办2017微生物化学－生物学国际会议，举办SCUT-HKUST学术交流活动2次，举行学术报告会22场。获选广东省生物产业协会副会长单位。

【综合管理】定期召开党政联席会议，会议内容以通报的形式向教职工公布。修订《学院资源分配的若干框架措施实施细则（第一批）》《单干教师的整合方案（试行）》等制度。完善《教工调动或离职申请标准程序》。梳理学院领导班子及办公室人员的分工。实施实验室安全准入制度，完成全院所有实验室的《实验室实验安全分析报告》。丰富教职工业余生活，组织4次文体活动。修正学院英文名为School of Biology and Biological Engineering。

环境与能源学院

【党建与思想政治工作】2017 年发展学生党员 43 人，其中，本科生 21 人、研究生 22 人。学院共有党支部 19 个，其中，教工党支部 5 个，学生党支部 14 个。学院共有党员 406 人，其中，教工党员 61 人，占教工总数的 60%；本科生党员 43 人，占本科生总数的 8.6%；研究生党员 302 人，占研究生总数的 57%。学院党委认真履行党建主体责任，严格贯彻落实各项规定，夯实党建工作基础。顺利完成学院党政领导班子换届以及学院支部调整和换届工作，进一步优化基层党组织架构。积极开展党建主题活动，充分发挥基层党组织战斗堡垒作用。定期开展专题会议研究党政廉政建设，落实党风廉政建设责任制。

加强思想政治教育，做到“两学一做”学习教育的常态化、制度化，组织实施“我爱我家——党员示范岗”系列活动，提升党员的政治思想素养，增强党员的党性观念及服务意识，充分发挥党员在本职岗位上的先锋模范作用。

【学科与队伍建设】学院学科建设工作按照“全面规划、突出重点，促进交叉、形成特色、协调发展”的思路，面向国际学术发展前沿和国家重大发展战略需求，紧密结合国家和地方经济社会发展对环境与能源技术及专业人才的需求，充分发挥基础优势，走内涵和特色发展道路。制订学科发展规划，成立学科发展指导委员会，聘请知名专家为学院学科发展指引方向，抓准学科定位，明确学科发展目标。环境科学与生态学进入全球 ESI 前 1%。在教育部第四轮学科评估结果中，环境科学与工程跻身 A⁻行列，从上一轮的并列第 14 提升至并列第 8，跃居全国第一梯队。成立“双一流”建设工作组，积极推进“双一流”建设，能源与环境学科群列入学校“双一流”重点建设学科。加强环境生态等新学科方向建设，在 ESI 论文奖励、招生指标等方面向环境生态方向倾斜，支持申报生态领域重大项目，促进环境与能源的交叉融合与协同创新。

重视选拔和培养青年教师，引进高水平人才，加强人才梯队建设和培育工作。2017 年，共举行 7 场海内外青年学者论坛，邀请优秀青年学者 17 人做学术报告。引进海外高层次人才 7 人（含申报通过 1 人）、教授 3 人、副教授 1 人。学院教师队伍中有欧盟科学院院士 1 人、国家杰出青年基金获得者 1 人、教育部新世纪（跨世纪）人才 8 人、珠江学者特聘教授 1 人、广东省杰出青年基金获得者 4 人，在培养的广东省“千百十工程”国家级培养对象 1 人、省级培养对象 2 人。

【教学工作】本科生教学方面。以迎接本科教学工作审核评估为契机，深入开展评建工作，深化教育教学改革，加强教学建设和规范管理，全面提高人才培养质量。环境工程专业第三次通过全国工程教育专业认证，并入选校级第一批新工科专业建设和新工科研究项目立项项目。获教育部本科深改工程项目立项 1 项，校级第四批探索性实验项目立项 2 项，学校本科教育产学研合作项目（校企开放实验专项）立项 4 项，校级教研教改立项 1 项，本科全英语教学立项建设课程 1 门。教师获2017年度学校首届南光卓越教学奖1人、2015—2016学年度本科教学优秀奖1人、2016届本科毕业设计（论文）优秀指导教师2人、2016年度本科教学优秀奖“科技创新优秀指导教师”2人、2017年本科优秀教研论文奖3人。学生获SRP立项项目30项，国家级大学生“创新创业训练计划”立项14项。

研究生教学方面。完善研究生教育制度，严把研究生学位论文质量关，提高研究生培养质量。硕士研究生实现一级学科招生。2017年获校级优秀硕士学位论文1篇，优秀博士学位论文创新基金资助24人，获国家建设高水平大学公派研究生资助项目5人，获评专业实践优秀研究生1人，获学校聘请国外及港澳台地区知名专家短期讲学资助项目1项；获得2017年研究生重点课程建设和学位与研究生教育改革研究资助项目2项。

【科研工作与对外学术交流】2017年获各类科研项目136项，合同总经费1.21亿元，实际到校经费9343.30万元。其中，国家重点研发计划项目1项、国家重点研发计划课题7项、国家自然科学基金项目14项、省市科技项目21项。获授权专利42项，其中，发明专利33项、实用新型专利9项。发表论文394篇，其中，SCI论文258篇；出版学术专著1种、教材2种。获2017年度国家科学技术进步奖二等奖（第二完成单位）1项；获教育部2017年度高等学校科学研究优秀成果奖自然科学一等奖1项；3个工程技术研究中心获得广东省科技厅立项建设，1个重点实验室获广州市科技创新委员会立项建设。

积极开展对外学术交流活动。全年开展国外知名高校、院所访学和交流30余人次，接待国（境）内外专家学者访问40余批次，举办学术报告50余场，学院教师作为国家公派访问学者出国进修6人。

【综合管理】加强教师考核与激励，通过发放国家自然科学基金项目奖和SCI论文奖、评选年度杰出贡献奖和优秀奖、发放日常考勤奖等多种方式，充分调动教师的积极性。工会组织各类文体活动，进一步提高教职员工的凝聚力。加强实验室的消防、安全管理工作，制定并实施《环境与能源学院实验室安全管理与责任追究细则（试行）》，明确实验室安全准入、实验室安全教育、实验室安全责任认定和追究等条款。

软件学院

【党建与思想政治工作】2017年共发展本科生党员52人，转正预备党员53人。学院共有党员287人，其中，教工党员40人、学生党员247人。推进“两学一做”学习教育常态化、制度化，采取集中学习与自学相结合等方式，组织师生党员认真学习贯彻党的十九大精神、《中国共产党章程》《习近平总书记系列重要讲话读本》等；夯实基层党组织建设，合理设置基层党组织，下设3个教工党支部、11个学生党支部；选优配强党支部书记，挑选政治觉悟高、有正高职称的教师党员担任教师党支部书记，辅导员担任相关年级的学生党支部书记；规范落实

“三会一课”、组织生活会等基本组织生活制度，提升组织生活质量。积极开展“岭南追梦”系列教育实践活动，开展扶贫支教、青年志愿者活动等系列特色志愿实践活动，引导青年学生自觉践行社会主义核心价值观。

【学科与队伍建设】学院共有教职工78人，其中，专任教师47人（含教授12人、副教授及其他副高职称17人）。教师中具有研究生学历的比例为100%（博士学历占86%）。现有软件工程理论与方法等4个学科方向和大型软件开发方法及应用等5个团队；软件工程学科在教育部第四轮学科评估中获得B^+。高层次人才体系进一步完善，获批海外高层次引进人才1人、广州市珠江新星2人；积极组织引进海外优秀人才相关工作，引进副教授1人。

【教学工作】本科生教学方面。加强课程建设和课程教学模式改革，深化产学研合作，不断提升教学水平和质量。推进“企业联合共建”课程建设，与苹果公司共同开发“IOS应用开发（初级）”等3门课程；完善“软件需求分析、设计与建模”等6门慕课课程；积极参与2017年教育部与华为、IBM等企业的产学研合作协同育人的新工科建设项目，获立项6项；获批2017年广东省新工科研究与实践项目1项；开展创新创业实践项目，自筹资金40万元支持20项本科生创新创业实践项目，实现80%的卓越班学生加入科研团队，参与项目实践和专业比赛。在“2017年CCF大数据与计算智能大赛”中，学生获二等奖2项、三等奖2项；在ACM竞赛中获奖24项，其中，ACM-ICPC亚洲区域赛金奖1项、银奖3项、铜奖1项。获得国家级教学项目6项，校级教研项目1项；本科生获校学生研究计划项目21项。学生发表论文2篇，申请发明专利6项，获得计算机软件著作权4项。

研究生教学方面。修订学术型硕士研究生和博士研究生的培养方案。与广州中国科学院软件应用技术研究所建立联合培养软件工程硕士研究生基地。通过网络、推送宣传材料、暑期夏令营、招生宣讲等方式进行招生宣传，多元化招生，吸引优秀生源。积极组织研究生参加科技竞赛，获得国家级一等奖3项、二等奖1项、三等奖1项，省级三等奖1项。

【科研工作与对外学术交流】2017年新增科研项目60项，总经费1605.74万元，实到科研经费1434.09万元。获批成立教育部大数据与机器人智能粤港澳联合实验室，新增广东省工程技术研究中心2个。发表SCI论文22篇、EI核心期刊论文27篇、EI核心会议论文32篇。获授权专利16项，其中发明专利15项、实用新型专利1项；获批计算机软件著作权122项。

推进国际交流，全年共派出40人分赴美国匹茨堡大学和卡内基梅隆大学、密苏里大学等进行学术交流；聘请国外高校专家来校授课4人次，邀请国外著名专家、学者（IEEE Fellow等）来校进行学术交流。

【综合管理】加强实验教学中心建设，改善学生的实验环境；依据消防安全管理规范，定期开展消防安全检查，消除消防安全隐患，做好教学、办公、实验区域的消防安全。做好校友返校日等活动的工作。

工商管理学院

【党建与思想政治工作】2017年发展党员106人，其中，教工党员1人、学生党员105人（本科生党员81人、研究生党员24人）。学院共有党员595人，其中，教工党员100人；本科生党员164人，占本科生总数的13.5%；研究生党员331人，占研究生总数的85.1%。严格落实中央“八项规定”和执行民主集中制，认真贯彻落实“三重一大”决策制度，学院重大事项决策由党政联席会议研究决定并进行院务公开。2017年，学院召开党政联席会议21次、党委会议5次、全院教职工大会6次，开展中心组理论学习3次，讨论学院“三重一大”决策事项122项。开展党建主题创新活动和特色活动，组织教工党员参观红色景点，并立项3项学校党建主题活动。严把教师党支部书记选配关，7个教师支部书记均为教授，其中，6人兼任系主任，实现教师党支部书记“双带头人”全覆盖。建立支部书记例会制度，抓好“关键少数”党员干部的学习教育，学院党委书记上党课7次，开展党内骨干培训活动1次。

推进思想政治教育和师德师风建设工作。召开教师代表、离退休人员等座谈会5场次，听取意见建议，解决教职工关注的切身利益问题。以本科教学评估为契机，加强师德师风建设，教育引导教师一心向学，自觉摒弃不良习气。建立定期走访宿舍制度，定期走访学生宿舍。召开学风建设表彰大会2次，表彰学风建设优秀班级和个人，营造良好学习氛围。

【学科与队伍建设】在教育部第四轮学科评估中，管理科学与工程学科获评A^-，在国内高校中并列排名第10位；工商管理学科获评B^+等次，并列排名第25位。

高层次人才取得新突破，入选“珠江学者”特聘教授1人、青年学者2人，入选“香江学者”1人。引进青年教师3人，其中，调入1人、二类博士后2人。学院专任教师共118人，其中，拥有博士学位教师100人，占教师总数的84.7%；45岁及以下教师占全院教师的50.85%，35岁及以下教师占全院教师的14.41%。

【教学工作】本科生教学方面。顺利完成教育部专家组对学院的本科教学评估工作。开展优秀示范课和课堂教学竞赛活动，邀请教学名师讲授教学示范课，组织教师参加学校青年教师课堂教学竞赛，通过示范引领和教学竞赛，进一步提升教师的教学水平。1名教师获评广东省特支计划教学名师，2名教师获评学校本科教学优秀奖。学生积极参与各类科技创新竞赛，获国家级奖项26项、省市级奖项20项。

研究生教学方面。学术型研究生获国家公派出国留学计划资助6人，交换国外学习8人。获学校优秀博士论文创新基金资助9人，获学院优秀博士论文创新基金资助15人。获评校级优秀博士学位论文1篇、优秀硕士学位论文5篇。稳步推进专业学位教育和培训教育，2017年MBA、MPAcc、ME项目共录取学生431人，EMBA项目录取35人，“高级管理人员工商管理全课程”项目招生33人。加强学员交流和学习平台建设，共举办大赛、论坛讲座、沙龙等78场次。高级管理培训中心全年举办培训班40余场，培训学员超3000人次。

【科研工作与对外学术交流】 获批国家级项目10项（含重点项目2项、教育部重大项目1项），省部级项目28项（含研究团队项目1项、智库项目1项）。学院到校经费合计2279万元，其中，纵向经费1774万元、横向经费505万元。教师发表论文400多篇，其中，在MS、POM、TR、MSOM等国际顶级A+期刊发表论文4篇、三大索引收录论文187篇（SSCI论文50篇、SCI论文51篇、EI论文86篇）。获广东省哲学社会科学优秀成果奖10项，其中，一等奖3项、二等奖3项、三等奖4项，1篇学术论文获评“中国百篇最具影响国内学术论文”。

继续推进AACSB等国际认证工作，与美国、法国等7所海外商学院签订合作协议，获批开办工商管理全英班和MBA国际班。成功举办5次学术交流活动，邀请国内外知名学者40余人（境外学者22人）来校开展学术交流。资助师生参加国内外学术会议43人次。

【综合管理】 坚持密切联系群众，通过教职工大会、教师代表座谈会、民主党派教师座谈会、离退休教师座谈会、新教师座谈会等方式，听取意见建议。增强行政人员服务意识和服务能力，举办党政管理人员培训班2期。组织全院教职工免费体检，为全院教师租订羽毛球等运动场地；全年探访离退休教工、慰问患病教工16人次，教师节期间慰问老中青教师代表9人，进一步增强教职工幸福感、获得感。成立学院校友工作委员会，组织开展一系列校友活动，其中，校友返校日活动1次，走访校友及校友企业12次并开展面对面采访。加大学院宣传力度，撰写发布新闻稿件101篇，被学校采用16篇，学院微信公众号推送新闻稿件82篇。做好学院资产管理，共拥有设备7091件次，固定总资产3400万元，图书中心馆藏中外图书合计46 099册。

公共管理学院

【党建与思想政治工作】 2017年共发展学生党员40人，其中，本科生党员29人、研究生党员11人。学院共有党员178人，其中，教工党员44人，占教工总数的75.86%；本科生党员40人，占本科生总数的10.1%；研究生党员94人，占研究生总数的55.62%。按照“固信念、聚人心、强队伍、促发展”的党建工作思路，坚持党建工作与学院中心工作一起谋划，认真贯彻落实中央重大决策部署和学校党委工作部署，推进“两学一做”学习教育，积极营造学习宣传贯彻党的十九大精神的良好氛围。持续推进“把教师党支部建在各研究中心上”的党支部设置模式，选优配强4个教师党支部书记，其中，3位党支部书记是学院班子成员、1位党支部书记是系主任。以学生党建为抓手、全媒体为依托，不断加强学生思想教育工作，积极开展内容丰富、形式多样的组织生活，带领学生党员开展“岭南追梦”红色基地参观学习活动、党章学习、党团知识竞赛等。

【学科与队伍建设】 全力推进学科建设，积极申报公共管理博士点和公共管理广东省重点学科。在全国第四轮学科评估中，公共管理学科被评为 B^-。在队伍建设方面，引进1位“兴华启航学者”（教授）、1位教授、1位副教授和2位二类博士后；校内调动教授2人，其中1人为“教育部新世纪人才”。学院有教职工58人，其中专任教师45人（教授18人、副教授17人）。积极开展引智工作，聘任3位国内外知名学者担任学院兼职教授。举办大型高层次学术会议6场、“公共管理大讲堂”10场，开展“公共管理学术工作坊”10期。

【教学工作】本科教学方面。创新人才培养模式，出台《公共管理学院本科教学管理规定（试行）》，明确小班教学、试卷评阅、教师调停课等方面的内容；制定《华南理工大学公共管理学院本科学生学业导师管理办法（试行）》，在2017级新生实施学业导师制，切实发挥专业教师在大学生学业成长过程中的指导、引领作用。

研究生教育方面，组织全国优秀大学生“明志”夏令营，择优选拔一批优秀大学生入营，促进研究生生源质量提高。牵头成立卓越大学MPA联盟，共享校际资源，提高MPA培养质量。学院MPA自评估获全国公共管理专业学位研究生教育指导委员会专家评审通过。组织开展各类创新学生项目申报工作，百步梯攀登计划获批67项，其中，4项获批广东大学生科技创新培育专项资金（攀登计划专项资金）。2017年，学生项目获得国家级奖项2项、省级奖项7项，其中，获第十五届“挑战杯”全国大学生课外学术科技作品竞赛三等奖1项，获全国高校公共管理学科研究生学术前沿辩论赛一等奖1项。

【科研工作与对外学术交流】2017年，获批国家级、省部级项目20项，其中，国家级重大项目4项（“社会稳定风险及其对策研究”“中国大气环境污染区域协同治理研究”“我国教育经费绩效评价与提升研究”“‘一带一路’沿线国家劳动政策与产业结构调整研究”），省部级项目16项。全年实到科研项目经费832万元。获批省级科研基地3个，其中，“广东省社会治理研究中心（华南理工大学）”和“华南理工大学政府绩效评价中心”入选广东省重点智库，“国家治理研究中心”获批广东省哲学社会科学研究基地。2017年，郑方辉教授和文宏教授分别获广东省哲学社会科学优秀成果奖一等奖和二等奖，阳义南教授获2017年全国首届社会保障优秀科研成果三等奖。教师以第一作者发表的D类及以上论文69篇，其中，A类重要1篇、A类一般3篇、B类11篇、C类20篇、D类34篇。

加强对外学术交流与合作，与香港教育大学亚洲与政策研究学系联合举办“亚洲公共管理的创新与转型国际学术研讨会”，选派1名教师到香港岭南大学参加博雅教育研修班学习；选派2名教师分别前往美国罗格斯大学及美国克利夫兰州立大学做访问学者。邀请近50名国内外高水平大学知名学者、权威学术期刊主编来校进行学术交流。鼓励学生开展境外交流，9名学生去美国、英国、韩国等地进行短期交换交流，2015级国际班学生有2人在罗格斯大学就读、1人在克利夫兰州立大学就读。

【综合管理】加强和谐公管建设，不断完善工作机制。坚持事关师生切身利益的政策出台应广泛征求意见的原则，做到科学制定规章制度；坚持主动回应与深入基层相结合，做好沟通协调；坚持公开透明，做到党政联席会议决策公开、学院财务公开、重要工作进展公开。

马克思主义学院

【党建与思想政治工作】2017年发展研究生党员17人，预备党员转正13人。学院共有党员149人，其中，教工党员61人（占教工总数的86%）、研究生党员88人（占研究生总数的67%）。落实“两学一做”学习教育常态化制度，开展学习宣传贯彻党的十九大精神活动，组织全体党员集中收看党的十九大开幕式以及专题学习研讨活动；以华南人文论坛为载体，组织开展理论学习活动。加强党风廉政教育，开展以“讲政治、强党性、严纪律、守规矩”为主题的纪律教育学习月活动。积极组织各党支部开展组织活动，创新活动载体，提升组织活力。强化育人责任，组织开展师德师风宣讲会活动。

加强思想政治工作，举办第九次研究生团员代表大会暨研究生代表大会，完成换届选举工作。制定学院团总支、研分会量化考核方案，健全各项学生活动制度。组织学生干部进行素质拓展活动，结合时政热点开展形式多样的主题教育。开展学院特色活动，举行学院第四届“争鸣杯”辩论赛，承办学校“宏辞论道”研究生辩论赛等。

【学科与队伍建设】加强马克思主义学院建设，与广东省委宣传部共建，获扶持建设专项经费50万元。学院共有1个二级学科博士学位授权点（马克思主义中国化研究）、2个一级学科硕士学位授权点（马克思主义理论、哲学）、1个专业学位硕士授权点（社会工作）。

2017年新增教授1人、副教授1人，新进教师2人。学院有专任教师61人，其中，教授17人（占比28%），副教授22人（占比36%）；具有博士学位47人（占比77%）。学院共有博士生导师19人、学术型硕士生导师37人、专业学位硕士生导师14人；其中，新增博士生导师3人、学术型硕士生导师2人、专业学位硕士生导师5人。

【教学工作】加强思想政治理论课教风学风建设，以学校本科教学工作审核评估为契机，积极开展学习研讨，推进党的十九大精神、习近平新时代中国特色社会主义思想进教材、进课堂、进头脑。承办2017年广东省高校马克思主义基本原理概论课骨干教师培训班，举办学习习近平总书记在全国高校思想政治工作会议上的讲话精神研讨会。获广东省第七届哲学社会科学优秀成果奖（著作类）二等奖1项，第五届华南理工大学哲学社会科学研究优秀著作奖2项。获第八届华南理工大学教学成果奖一等奖1项，学校优秀教研论文二等奖、三等奖各1项。1名教师被评为学校第九届“我最喜爱的导师”。

推进教育教学改革。获学校重点课程建设项目1项、教学教改项目3项、教育技术“创新应用工程”项目1项；获批校级学生研究计划（SRP）项目10项；新增“大学生法治教育”通识课，全年开设通识教育课程57个教学班。2017年获批“百步梯攀登计划”项目58项，比2016年增加9项；结项42项，其中，22项获评优秀。在学校第十五届“挑战杯”大学生课外学术科技作品竞赛中，1项作品获评二等奖、2 项作品获评三等奖。修订硕士、博士生培养方案，规范研究生课程考试考核方式，进一步完善培养体系；强化研究生培养的过程管理，提升研究生培养质量。2017 年，学院共有 48 名研究生毕业，其中，博士生 7 名、硕士生 41 名。学院在校研究生 298 名，其中，博士生 50 名、硕士生 248 名。新录取研究生 145 名，其中，博士生 11 名、学术型硕士生 39 名、专业学位硕士生 95 名（全日制 17 名、非全日制 78 名）。

【科研工作与对外学术交流】获得省部级以上项目 27 项，其中，国家社会科学基金项目 2 项、教育部人文社科项目 3 项、广东省社科规划项目 8 项、广州市社科规划项目 14 项。全年签订科研合同总经费 720.9 万元，实到科研经费 183.1 万元（横向经费 139.7 万元、纵向经费 43.4 万元）。新增省级科研基地 2 个，分别为“华南理工大学哲学与科技高等研究所”“习近平新时代中国特色社会主义思想研究中心”。发表核心期刊以上论文 66 篇，其中，A 类重要论文 1 篇、A 类一般论文 3 篇、B 类论文 2 篇、C 类论文 15 篇、D 类论文 19 篇、E 类论文 26 篇。

【综合管理】充分发挥工会和教代会的作用，听取工会委员和教代会代表的意见和建议，提高学院的民主管理和服务水平。扎实推进工会工作，组织参加学校教工运动会、环湖跑、校友返校日、离退休教师春秋游等活动；慰问长期患病的老教师。落实消防安全责任制，完善消防档案，坚持每月消防安全巡查，举行消防安全培训和疏散灭火演练。

外国语学院

【党建与思想政治工作】2017 年发展学生党员 25 人，其中，本科生党员 17 人、研究生党员 8 人。学院下设党支部 11 个，其中，本科生党支部 2 个、研究生党支部 3 个、教工党支部 6 个。学院共有党员 142 人，其中，教工党员 55 人，占教工总数的 45.8%；本科生党员 36 人，占本科生总数的 9.47%；研究生党员 51 人，占研究生总数的 46.36%。坚持以思想政治教育为统领，将思想政治教育融入师德师风和教风学风建设，切实提升师生思想政治素质、党员宗旨意识和服务意识。组织开展“喜迎党的十九大，感受羊城新变化”“‘两学一做’知识问答”“‘争鸣思辨’党支部辩论赛”“诵读红色经典·回首铿锵岁月”“外语公益党员先行”等党建主题教育活动。“迎十九大忆旧址　不忘初心跟党走”获学校 2017 年“两学一做”党建主题项目。

【学科与队伍建设】加强学科建设，完成本科教学工作审核评估、外国语言文学一级学科硕士学位授权点自我评估；获批教育部国别与区域研究备案建设中心（印度洋岛国研究中心）1 个。

2017 年新增教师 4 人，共有教职工 116 人。其中，正高职称 13 人、副高职称 25 人、中初级职称 66 人。人才引育方面，引进正高 1 人，学院培养晋升正高 1 人、副高 1 人；聘请外籍教师 24 人。获广东省哲学社科优秀成果二等奖 1 项，获华南理工大学 2015—2016 学年度本科教学优秀奖 1 项。

【教学工作】探索教学教改新思路，促进复合型创新人才培养。鼓励学生提高专业知识的应用能力，推动英、日专业学生积极参与专业实践活动，如“外研社杯”全国英语演讲大赛、“卓越杯”英语演讲大赛、日语配音大赛、广州地区大学生日语辩论赛等。成功举办广东省第四届“联盟杯”本科高校英语写作大赛和首届“卓越杯”大学英语演讲比赛。学校多名学生参加上述各类比赛并荣获佳绩。开展通选课、慕课课程建设，充分发挥外教和中教的潜能与专长，整合教学资源，优化课程设置；积极开展全校研究生公共英语教学改革，优化大学英语期末计算机化考试，完善研究生公共英语考试评价体系。

【科研工作与对外学术交流】获得省级科研成果二等奖1项。主持国家社科项目2项，教育部重大攻关课题1项，教育部项目5项，省级科研项目11项，省级教研项目3项，校级项目11项；全年科研经费共242万元。1项国家社科项目以优秀结项，钟书能教授获批教育部哲学社会科学重大课题攻关项目并担任首席专家（经费80万元）。2017年学院教师发表论文37篇，其中，SSCI论文1篇、CSSCI论文23篇；A类一般论文2篇、B类论文3篇、C类论文3篇、D类论文12篇、E类论文7篇、一般论文10篇；出版专著2种、教材4种。

大力推进国内外学术交流，举办“语言表达蕴含研究”高端论坛、“首届全国翻译学研究前沿论坛”“首届应用语言学国际前沿课题高端研讨会”“互联网+时代的大学英语教学”等4次全国性大型学术会议；邀请海外知名专家讲学4人，组织高级别学术讲座10场。选派教师到国外一流高校进修4人次，选派教师赴英国、德国、美国等开展孔子学院工作10人次。

【综合管理】加大投入，改进教学设施，维护商务英语语言实验室和翻译硕士语言实验室；规范管理，提高办公仪器设备使用效率。完善校友工作体系，推进校友会换届、校友返校交流和校企合作等工作；整合校友资源，加强校友工作与学生工作在学生生涯规划、就业创业等方面的对接。

法学院

【党建与思想政治工作】2017年发展党员52人，其中，本科生党员38人、研究生党员14人。学院共有党员274人，其中，教工党员57人，占教工总数的79.16%；本科生党员66人，占本科生总数的11%；研究生党员151人，占研究生总数的48.7%。学院共有党支部16个，其中，本科生党支部2个、研究生党支部6个、教工党支部8个。以党的十九大精神为引领，进一步加强和改进党建与思想政治工作，成立法学院学习党的十九大精神名师宣讲团，组建党的十九大精神及习近平新时代中国特色社会主义思想理论研究写作组，开展“法学院师生深入学习十九大精神征文比赛”等活动。

【学科与队伍建设】加强顶层设计，成立法学院学科规划建设委员会，开展学科建设规划工作；以博士点申报为核心目标，强化与国内法学界主流评价体系接轨，突出法学学科导向性，开展科研服务与引导工作。加大力度引进知名教授和有潜力的青年优秀人才，引进全国十大杰出青年法学家1名。

【教学工作】 本科教学方面。以本科教学工作审核评估为契机，完善3个专业的本科培养方案，修订98门中英文课程教学大纲以及一批教学管理文件。加强实践教学环节，构建创业内容、实践内容和竞教结合的实践教学课程体系。开设法律方法系列课程，采取庭审观摩、案例研讨等教学方式，将庭审等法律实践搬入课堂，增加实践性、应用性环节。加大实践教学设备的投入，完成民事模拟法庭升级改造，创建“同步实践教学”模式。开展法律服务活动，依托学院法律援助中心和社会各界力量，组织卓越班学生开展各种法律援助和宣传互动。组织本科生开展课外竞赛，申报“百步梯攀登计划”项目19项，获第十五届“挑战杯”广东大学生课外学术科技作品竞赛终审决赛特等奖1项。

研究生教学方面。加强法律硕士分类教育，增设“模拟法庭训练”等5门实践课程，优化法律硕士人才培养方案和课程体系，组织编写案例库，举办“经世致用·华工法律硕士学子论坛”，为法律硕士研究生提供展示自我的平台。新增广东省联合培养研究生示范基地1个（佛山市顺德区人民法院）。加强教改研究，以法律硕士人才培养综合改革为主题的“广东省研究生教育创新计划项目”获批为2017年广东省学位与研究生教育改革研究重点项目。

【科研工作与对外学术交流】 2017年新增科研项目67项，其中，国家社科基金项目6项、省部级项目14项（含教育部项目1项、司法部项目1项），新增合同总经费575万元。获第七届广东省哲学社会科学优秀成果奖二等奖1项。广东省地方立法研究评估与咨询服务基地完成省人大委托的《广东省职业教育条例（草案专家建议稿）》等专项项目3项，提交38项地方立法草案修改建议和表决前评估报告。广东地方法制研究中心继续推进“三个一”（一个地方法制大数据平台、一个地方法制文丛、一个地方法制评论书刊）科研规划，正式发表基于地方法制大数据平台的《广东省2016依法行政青年调查》，出版《地方法制文丛》4辑，完成《地方法制评论》第三辑的出版工作。教师发表期刊论文108篇，包括A类一般3篇、B类3篇、C类7篇、D类17篇，其中，CLSCI类8篇。加强智库建设，提升服务社会能力。学院共有广东省人大立法顾问18人，广东省人民政府决策咨询委员3人，广东省法院、检察院咨询专家6人，广东省法官、检察官遴选委员会委员1人。

对外交流方面，全年赴英国、美国、泰国、印度尼西亚等国，以及港澳等国（境）外学术交流教师20余人次。其中，2人获聘英国法学院研究员，赴香港访问学者3人、美国访问学者3人、俄罗斯访问学者1人，在美国攻读博士学位1人。全年出国（境）交流学生近50人次，其中，赴香港、澳门交流学生30人，美国伊利诺伊留学项目4人。新增香港城市大学法学院本科交换生项目（交流学生4人）。接待香港城市大学法学院师生20人代表团和亚洲法学院学生联合会30人代表团；举办海外学者学术论坛10余场；聘请英国、美国的知名高校教授来校讲授学分课程和讲座，为师生提供接触国际前沿法学知识的机会。承办“中国国际经济法学会2017年年会”“第十四届南方财税法高层论坛暨财税法学研究会学术年会”等9场次大型学术会议。

【综合管理】 成立法学院发展顾问委员会，开展学院发展建设规划工作；成立教学、科研、知识产权、外事及外联等六个中心，开展学院各项业务工作。举办知识产权服务业高级管理人员研修班、湛江市检察机关入额检察官培训班（两期）、上市公司知识产权高管班等9个培训班，培训学员726人次。

新闻与传播学院

【党建与思想政治工作】 2017年共发展党员40人，其中，本科生党员33人、研究生党员7人。学院共有党员142人，其中，教工党员44人，占教工总数的69.84%；本科生党员40人，占本科生总数的0.07%；研究生党员58人，占研究生总数的31%。学院共有党支部10个，其中，本科生党支部2个、研究生党支部3个、教工党支部5个。学院党委扎实推进“两学一做”学习教育常态化、制度化，积极创新形式开展党建主题活动。开展学院党委委员集中学习、召开党支部书记例会、书记讲党课等活动；结合专业特点邀请行业专家做专题报告，申报“对标看齐强使命 结对创先谋新篇——离退休教工支部与学生支部结对共建”重点建设项目，并组织师生党员前往中共三大会址纪念馆、历史文化名村开展主题教育活动。学院顺利完成基层党组织换届，并建立党员之家。加强思想政治教育工作，学院党委通过与教工谈心、开展志愿服务、开展工会活动等多种形式积极践行社会主义核心价值观，进一步增强学院师生的凝聚力。

【学科与队伍建设】 新闻传播学在教育部第四轮学科评估排名中等级为B^-。推进学术平台建设，成立广东省大数据与计算广告工程技术研究中心；推动成立中国高等院校影视学会纪录片专业委员会，推选为副主任和秘书处单位。加强人才引育工作，重点引进具有较强影响力的学科带头人以及成果突出的杰出青年人才，教师队伍职称、学历等结构不断优化。截至2017年底，学院共有教职工62人，其中专任教师50人。专任教师中，教授（含正高）19人，占38%；副教授17人，占34%；讲师14人，占28%；具有博士学位的教师37人，占74%。聘请兼职教授3人，聘请讲座教授1人。大力支持教师进修，提升教师队伍整体素质。2017年派出4名教师赴国外或境外做访问学者，1人在国外做博士后，2名博士在读。

【教学工作】 本科生教学方面。以本科教学工作审核评估为契机，整顿教风学风。成立学风建设工作领导小组，启动课堂督查行动，使学生提高对学风建设重要性的认识；举办专业学习、科研竞赛及出国交流学习主题经验分享会，学院教师每周固定答疑，发挥传帮带作用。更新和完善课程结构，创新人才培养模式，提升学生专业实践能力。鼓励教师以课程建设为基础指导学生开展专业实践活动。创新创业中心组织教师指导学生运营“燧石村”“V大学”等微信公众号。网络传播系教师带领学生以数据可视化媒体产品为载体，对社会舆论热点问题进行分析，为政府机构和企事业单位科学决策提供依据。纪录片创作与研究中心承办“‘读懂中国’2016 中国（广州）国际纪录片节大学生纪录片大赛”，推动视听传播本科专业方向的建设。在 2017 年第九届全国大学生广告艺术大赛中，共获得全国优秀奖 1 项，广东赛区一等奖 4 项、二等奖 7 项、三等奖 2 项；在广东省广播电视精品公益广告采购项目中，共获得一等奖 2 项、二等奖 3 项、三等奖 6 项。学生新闻报道作品《裸贷风云：消费主义狂潮下的互联网意淫》，在第二届广东省大学生新闻作品评选中获得文字类（深度报道单元）一等奖。

研究生教学方面。加强导师团队建设，按照学科研究方向组建导师团队，开展研究生培养环节和学位申请环节的各项工作。修订《新闻与传播学院年度招生资格审核工作实施细则》，强化导师的业务能力和职责意识。提高学术型研究生发表学术成果的期刊级别要求，鼓励导师指导研究生发表高水平学术成果。2017 年，1 篇论文被评为校级优秀硕士论文。举办 2017 年优秀大学生夏令营活动，稳步提升生源质量。

【科研工作与对外学术交流】2017 年新立项科研项目 39 项，其中，国家级 2 项、省部级 10 项，实到科研经费约 260.7 万元。教师发表论文 76 篇，其中，Ⅱ类以上论文 9 篇，CSSCI 以上论文 34 篇。

积极开展学术交流与合作。邀请美国阿拉巴马大学、宾州州立大学、肯特州立大学等大学的专家开展讲学讲座活动。2017 年度，5 名本科生参与“2 + 2”联合培养学位项目，16 人通过其他短期交换项目赴国（境）外交流，2 人赴英国兰卡斯特大学孔子学院开展专业实践活动。2 名学生荣获密苏里大学优秀毕业生称号。

【综合管理】学院多次召开党政联席会议以及学术委员会、学位评定分委员会、教学指导委员会会议。制订《新闻与传播学院教师参加国内外学术会议管理办法》《新闻与传播学院教职工在职非学历进修学习管理办法》等规章制度，服务于学院的规范化管理和长远发展目标，提高学院管理水平。

艺 术 学 院

【党建与思想政治工作】2017 年发展党员 54 人，其中，本科生党员 27 人、研究生党员 27 人。学院现有党员 92 人，其中，教工党员 38 人，占教工总数的 65.5%；本科生党员 27 人，占本科生总数的 6.6%；研究生党员 27 人，占研究生总数的 54%。学院共有党支部 4 个，其中，本科生党支部 1 个、研究生党支部 1 个、教工党支部 2 个。全面贯彻落实党的十九大精神，推进“两学一做”学习教育常态化。完成基层党组织换届选举。开展党建带团建活动，充分发挥教工党支部的战斗堡垒作用和党员的先锋模范作用，引导学生践行社会主义核心价值观，促进学生争做新时代合格团员。2014 级舞蹈学团支部获校级“五四红旗团支部”，2015 级舞蹈学团支部在华南理工大学“学习总书记讲话　做合格共青团员”班级团支部风采大赛决赛中获“最佳人气奖”和“优胜奖”；2015 级舞蹈学班获评“校园十佳班集体”；1 名学生获评 2016 年度“十大学生共青团员标兵”及“2016—2017 学年度十大三好学生标兵”称号。加强师德师风建设，将师德表现作为教师年度考核、岗位聘任、职称评审、评优奖励的首要标准，实行师德“一票否决”制。

【创作展演与队伍建设】鼓励师生原创艺术作品，原创作品《四月初八》（金雷编创）在第十二届广东省大中专舞蹈大赛上获得专业组一等奖；受邀参加由文化部与陕西省人民政府共同主办的第四届“丝绸之路”国际艺术节，获文化部颁发的“丝路文化贡献奖”。在广东省教育厅主办的广东省第五届大学生艺术展演活动中，共获艺术表演类一等奖 3 项、二等奖 3 项，艺术教育科研论文二等奖 2 项、三等奖 1 项。

2017 年，晋升教授 1 人、副教授 3 人。学院共有教职工 62 人，其中专任教师 51 人。专任教师中，教授 6 人、副教授 22 人、讲师 20 人、助教 3 人；具有博士学位 6 人、硕士学位 28 人。

【教学工作】以本科教学工作审核评估为契机，开展老教师传帮带活动，提升教育教学水平。组织教学检查工作，确保教学工作有序进行。1 名教师获学校 2015—2016 学年度本科教学优秀奖。开设“粤剧表演基础”课，并在广州粤剧院设立“华南理工大学教学实习基地”。改善教学条件，“小剧场”项目纳入 2018 年教育部修购专项；开展钢琴维修保养工作，完成民乐课室的装修工程和琴房翻新工程；为音乐制作创作室、华南理工大学青年交响乐团购置一批教学乐器。注重学生能力的锻炼，华南理工大学室内乐团完成 3 场“高雅艺术进校园”演出任务，艺术学院合唱团完成大型交响史诗《赵佗》演出 2 场；舞蹈团参加广州艺术节闭幕歌剧《阿依达》演出，并在东莞玉兰大剧院举办“舞集灼辉”师生舞蹈专场。

【科研工作与对外学术交流】学院教师发表 CPCI-SSH、CSSCI 期刊收录论文 4 篇，出版著作 6 种，“中国传统音乐形态分析基础术语运用解析研究”获批 2017 年度国家社科基金艺术学项目。申报教育部“普通高等学校创建中华优秀文化艺术传承基地——广东粤剧艺术传承基地”项目并获批。

开展国际学术交流活动，邀请海外学术大师周龙，海外名师 Maehle Ann、Carl Donakowski、解敏、魏晶、余怀民等来校授课和讲座，举办音乐会；与美国爱得荷大学合作举办交流音乐会；参加中国－东盟音乐周，演奏梁军教授的木管三重奏作品《幕善之靥》。与美国卫斯理学院的学生交换项目入选国家留学基金管理委员会 2017 年优秀本科生国际交流项目。加强国内学术交流，与上海音乐学院共同举办学术论坛，在大学城校区音乐厅举办交流音乐会。

【综合管理】规范招生制度，改进音乐表演、舞蹈类本科招生工作，制定相应改革措施，做好文件汇编工作。严格执行“三重一大”制度，定期召开党政联席会议，讨论党建工作计划、党委换届、本科教学工作审核评估、教师引进、财务预算等重要事项。承办广东省第五届大学生艺术展演活动。

体育学院

【党建与思想政治工作】2017 年共发展党员 11 人，其中，本科生党员 7 人、研究生党员 4 人。学院共有党员 95 人，其中，教工党员 56 人，占教工总数的 67%；本科生党员 24 人，占本科生总数的 38%；研究生党员 15 人，占研究生总数的 9%。学院共有党支部 6 个，其中，本科生党支部 1 个、研究生党支部 1 个、教工党支部 4 个。坚持民主集中制，履行"一岗双责"制度，严格执行党政联席会议制度。推进"两学一做"学习教育常态化、制度化，通过学原著、党员网络考学、书记讲党课、邀请专家讲学、赴红色基地实地学习等形式，学习贯彻党的十九大精神和习近平新时代中国特色社会主义思想。创建特色品牌活动，结合学院专业背景，倡导全体党员为广大师生提供体育健身服务。

加强思想政治工作，坚持以育人为根本，深化思想引领和成长服务，认真组织开展"五四青年月"、科技文化节以及寒暑假社会实践和主题调研等教育活动，增强青年学生历史使命感、责任感，丰富校园文化，服务青年需求，助力青年成长。

【竞技体育与队伍建设】2017 年，学校高水平运动队运动员和部分项目大学生运动员参加全国各级大学生大型体育竞赛，共获得 41 个冠军、20 个亚军和 3 个季军。其中，全国大学生单项体育赛事共获得 5 个冠军、7 个亚军、8 个季军。2017 年第十二届全国学生运动会共获得 3 个冠军、8 个亚军、9 个季军，打破 3 项纪录。新增游泳项目为高水平运动队项目。

2017 年，1 名教师获广东省教学名师称号。学院共有专任教师 71 人，其中，教授 11 人、副教授 30 人；具有博士学位 16 人，占 23%，具有硕士学位 29 人（1 人在读博士），占 41%；硕士生导师 19 人（含博士生导师 1 人）。

【教学工作】保障公共体育课教学顺利进行，完成全校 12 000 多名本科生 785 门共计 25 120 学时的教学基本任务。坚守游泳教学考试"零事故"底线，强化特色教学，完善测试环节，完成两个校区近 2.5 万名本科生，8 个项目、20 万人次的学生体质测试和数据上报等工作。改善教学条件，更新大学城校区健身房健身设备。完善运动训练专业本科生培养计划，科学反映本科生培养规律。

研究生教育方面，拓宽招生渠道，提升生源质量，2017 年研究生招生 29 人。提升研究生科研能力，组织参加国内外学术会议 14 人次。

【科研工作与对外学术交流】2017 年学院新增各类科研项目 13 项，其中，国家级项目 1 项、省部级项目 5 项、校级 6 项、其他 1 项；合同总经费 130.82 万元，实到经费 122.7 万元。CSSCI 收录论文 4 篇。学院设有海外实习基地 1 个，2017 年派出 2 名学生到该基地实习。

【群众体育工作】通过调整工作分工，加强策划宣传，指派专任教师和裁判参与各学院体育群体活动等形式，开展丰富多彩的群众体育活动。与校团委合作组织院际篮球赛、排球赛等赛事，打造 HBL 校园篮球和 7 人制足球品牌赛事。校庆期间，组织举办全校学生田径运动会。全年共派49名教师指导了26个学院举办院运会，为全校33个体育协会安排14名指导老师。开展校园迷你马拉松、阳光冬季长跑、2018年耐克高校精英公路接力跑选拔赛等体育活动，营造良好的校园体育文化氛围。

【综合管理】建章立制，修订《华南理工大学青少年俱乐部管理办法（试行）》《体育学院会议室管理办法》《关于在读硕士研究生校内教学实践兼任公共体育课的暂行规定》以及教职工请假、津贴分配、学习交流等管理办法和规定，进一步促进学院管理工作科学化、规范化。

设计学院

【党建与思想政治工作】2017年发展党员31人，其中，本科生党员25人、研究生党员6人。学院共有党员165人，其中，教工党员49人，占教工总数的58.3%；本科生党员42人，占本科生总数的5%；研究生党员74人，占研究生总数的38.5%。学院共有党支部8个，其中，本科生党支部1个、研究生党支部3个、教工党支部4个。坚持民主集中制度，全年共召开党政联席会议（含扩大会议）21次，集中研究讨论和决定“三重一大”事项。加强教职工思想政治工作，深入贯彻落实党的十九大精神，以习近平新时代中国特色社会主义思想为指导，在全院开展思想政治理论学习。结合学科特色，开展具有鲜明特点的党建活动。抓好党风廉政建设，加强对招生录取、职称评审、科研项目等重点领域的监察工作。紧密围绕学校精准扶贫工作，组织师生参与对口扶贫工作。其中以孔美村为元素的设计获中国包装设计一等奖。学院党员实践团队的暑期社会实践成果在广东省委教育工委工作简报上刊发。

【学科与队伍建设】强化工业设计和环境设计学科建设，推动学科交叉融合和特色发展，不断丰富和提升“健康与可持续设计”“设计与人因技术”“设计趋势与文化”等交叉研究学群的理论和实践内涵。

注重人才的外引内育，2017年晋升教授1人、副教授2人。学院共有教职工84人，其中专任教师69人，分属工业设计、环境设计、信息与交互设计和服装与服饰设计等4个系。专任教师中具有正高职称16人、副高职称23人。教师中具有博士学历人员占专任教师总人数的比例达到36%。

【教学工作】以教育部本科教学工作审核评估为契机，进一步完善教学相关规章制度，为构建创新工作坊、校企联合培养、竞赛与能力培养相融合的教学模式提供制度保障。开展教学课程改革，指导教师积极申报教学改革项目。2017年申报省级教学项目1项、校级教学项目2项，发表教学论文4篇；新开通识课4门，新生研讨课5门，开设MOOC上线课程2门，出版教材1种。加强国际化教育，派出国际交流学生26人，接收国际生1人。积极营造良好教风学风，邀请业内知名学者举办讲座13次，举办具有设计特色的教学成果展2次。1名教师获学校南光奖，1个教学模式探索与实践项目获2017

年省级教育教学成果奖一等奖和校级一等奖。

【科研工作与对外学术交流】2017年获批国家级项目1项，省部级项目12项；发表核心论文27篇；获授权专利59项，其中，发明专利1项、实用新型专利7项。邀请海外著名专家学者来院讲座和授课20余次，组织工业设计实验班15人赴英国拉夫堡大学进行互访互学活动。

【综合管理】完善各类规章制度，制定学院《学术报告厅管理办法》《教职工考勤与请假管理办法补充规定》《公务用章管理办法》《大型活动申报与管理办法》《外聘教师管理办法》等。持续推进校园文化建设，成功举办广东省第五届大学生艺术展演、第二届“陶埏新语”中国当代陶瓷艺术家作品三年展、广东省“高雅艺术进校园”系列活动——“水墨乡愁·陈其和教授美术作品展”等一系列展览活动。加强实验室管理，完善实验室使用、耗材申请等多项服务措施。深入实施责任制管理办法，落实网络安全责任人、消防安全责任人工作任务，定期对专业教室、实验室进行巡查，发现问题立即整改。加强财务管理，开源节流，提高经费使用效益。

医学院

【党建与思想政治工作】2017年发展党员6人，其中，本科生党员4人、研究生党员2人。学院现有党员85人，其中，教工党员28人，占教工总数的33%；本科生党员4人，占本科生总数的4.6%；研究生党员53人，占研究生总数的62%。学院共有党支部5个，其中，学生党支部3个、教工党支部2个。加强政治理论学习，组织党员干部认真学习贯彻习近平新时代中国特色社会主义思想和党的十九大精神，参加“学省党代会精神、迎党的十九大召开”“学报告学党章”等考学活动，领会“健康中国2030”规划纲要精神以及国家省市关于医疗教育人才培养的系列文件精神。创新方式方法，抓紧抓实党的组织生活，组织参观周文雍陈铁军烈士陵园、梁启超先生故居。开展“心系孔美师生同行”扶贫送医活动。

【学科与队伍建设】扎实推进学科建设，临床医学进入ESI全球排名前1%，成为学校第9个ESI学科。医学影像技术（专业代码：101003）作为新增备案本科专业获得教育部批准，授予理学学位，学制四年。临床医学一级学科硕士点专业招生方向由原来的4个增加至10个。医学院进入2017中国最佳医学院校综合排行榜，位居全国第45位。

师资力量不断增强，新增海外高层次引进人才1人，学院共有基础医学教学专任教师40人，其中，正高职称16人、副高职称7人、讲师6人，博士后11人。

【教学工作】加强本科教学工作，实施精英教育理念，推进小班授课、双语教学、启发教学、探究教学，聘请国家级教材主编、副主编讲授基础医学。成立教学督导组，保证教学质量。实施“基础+临床”和“医学+理工”的双导师制，与广州精科生物科技有限公司合作建立大学生创新实践基地。与西澳大学签署学生短期交流项目合作协议书和医学院合作意向书。2017 年招收医学影像学专业本科生 31 人，临床医学专业硕士研究生 50 人，生物医学工程专业硕士研究生 16 人，博士研究生 20 人。学院各类在校生总数 250 人，其中，本科生 87 人、研究生 163 人。新增临床医学硕士研究生导师 9 名、生物医学工程博士研究生导师 2 名；学院共有硕士生导师 146 名、博士生导师 27 名。2017 年共有 4 个项目 15 人次获得百步梯攀登计划资助，3 个项目 17 人次获得学生研究计划（SRP）资助，1 个项目 5 人次获得国家大学生创新性实验计划资助。

【科学研究】 2017 年共获国家自然科学基金项目 9 项，广东省杰出青年科学基金项目 3 项，广东省自然科学基金与粤港澳联合项目 6 项。2017 年科研总经费 3390 万元。王均教授的“基于肿瘤微环境调控的纳米颗粒药物”项目获科技部国家重点研发计划“纳米科技”重点专项资助，专项经费 2840 万元。附属广东省人民医院和附属第二医院分别获得国家自然科学基金项目 17 项、11 项。举办以“3D 打印技术在先天性心脏病中的应用”为主题的第四期“医工结合”学术沙龙和 2017 中国转化医学高峰论坛暨广东省转化医学年会。

【附属医院】 2017 年 1 月，广东省人民医院正式获批为“华南理工大学附属广东省人民医院”，成为华南理工大学第一家直属附属医院；2 月，广州市第一人民医院正式挂牌“华南理工大学附属第二医院”。

【基础设施建设】 学院投入 2000 余万元，建设完成 SPF 级实验动物中心（1100 平方米），并顺利通过广东省实验动物检测所的动物实验设施检测和广东省科技厅组织的实验动物使用许可现场评审。投入 7000 万元完成了 800 平方米的公共仪器平台的建设，平台包含基础仪器中心、影像中心、蛋白组学中心、病理和免疫学研究平台、代谢组学中心五个仪器实验室。投入 700 万元完成 5500 平方米的科研实验室一期建设；投入 560 万元购置基础医学教学实验设备，投入 290 多万元购置医学影像学临床教学实验室仪器设备；投入 220 万元完成 B2 大楼 2500 kW 的高压电力增容改造。投入 150 万元完成 6 套自主调节冷气空调改造。投入使用 B2 大楼和 B12 教学实验室门禁系统。医学院综合楼项目可行性研究报告通过教育部专家组评审。

【综合管理】 规范集体决策机制，坚持院务（财务）公开透明，广泛依靠教授专家智慧，充分调动和发挥学院专家教授的力量，参与科研实验室一期和二期建设；实现青年教师创新实验平台的自我管理，在理论教学、实验教学和临床教学安排等环节充分听取助教和受教学生的意见。2017 年共召开党政联席会议 7 次，工作例会 20 次。加强与学校职能部门、附属医院的沟通，积极解决学院办学过程中新遇到的、亟须解决的问题，管理与服务不断提质增效。

资料 2017年各学院情况一览表

序号	学院名称	学科与专业（个）					教职工（人）				在校生（人）			
		博士后流动站	一级博士学位授权点	博士学位授权点	硕士学位授权点	本科专业	教授（正高）	副教授	高级工程师或其他副高	教职工总数	博士生	硕士生	本科生	学生总数
1	机械与汽车工程学院	1	1	7	9	6	93	68	18	319	301	988	2487	4096
2	建筑学院	3	3	3	3	3	35	48	2	150	243	1198	937	2378
3	土木与交通学院	4	2	2	7	7	50	79	11	223	210	1517	1781	3300
4	电子与信息学院	2	2	2	2	4	34	52	14	166	147	872	1440	2511
5	材料科学与工程学院	2	2	4	4	6	109	89	2	223	465	1017	1570	3052
6	化学与化工学院	2	2	10	10	4	87	33	33	244	277	817	1179	2273
7	轻工科学与工程学院	1	1	2	2	2	31	16	29	111	105	271	356	732
8	食品科学与工程学院	1	2	6	6	2	49	20	17	128	192	563	523	1278
9	数学学院	1	1	1	1	3	27	40	1	113	67	150	886	1103
10	物理与光电学院	0	0	1	5	2	32	30	3	113	16	130	502	648
11	经济与贸易学院	0	2	3	6	7	26	52	1	150	67	491	2162	2720
12	自动化科学与工程学院	1	1	1	1	2	25	23	8	108	101	552	1057	1710
13	计算机科学与工程学院	1	2	2	3	3	30	41	14	123	113	521	1229	1863
14	电力学院	2	1	7	9	3	38	39	11	139	139	1185	1676	3000
15	生物科学与工程学院	1	1	6	8	3	22	26	1	76	111	339	484	994

续表

序号	学院名称	学科与专业（个）					教职工（人）				在校生（人）			
		博士后流动站	一级博士学位授权点	博士学位授权点	硕士学位授权点	本科专业	教授（正高）	副教授	高级工程师或其他副高	教职工总数	博士生	硕士生	本科生	学生总数
16	环境与能源学院	1	1	2	2	3	46	21	5	98	134	468	500	1102
17	软件学院	1	1	1	1	1	12	16	1	78	32	489	1259	1780
18	工商管理学院	2	2	4	4	6	46	40	1	118	175	1791	1219	3185
19	马克思主义学院	0	0	1	3	0	17	22	1	70	50	248	0	298
20	公共管理学院	0	0	0	7	1	18	17	0	58	0	983	396	1379
21	外国语学院	0	0	0	1	2	13	25	0	116	0	380	110	490
22	法学院	1	0	0	9	2	19	24	0	71	63	660	682	1405
23	新闻与传播学院	0	0	0	2	3	19	17	1	62	0	226	550	776
24	艺术学院	0	0	0	1	3	6	22	0	62	0	50	405	455
25	体育学院	0	0	0	1	1	11	30	0	83	0	64	175	239
26	设计学院	0	0	0	2	4	16	23	0	84	0	192	847	1039
27	医学院	0	0	0	1	1	16	6	1	76	26	137	87	250

注：统计时点为2017年12月31日。

表彰与奖励

2017年获得市级以上表彰或奖励的部分单位和个人

一、获得表彰与奖励的单位

授奖部门	获奖称号	获奖单位
中央文明办	第一届全国文明校园	华南理工大学
教育部办公厅	全国高校实践育人创新创业基地	华南理工大学
	深化创新创业教育改革示范高校	华南理工大学
	教育信息工作先进单位	华南理工大学
广东省精神文明建设委员会	第一届广东省文明校园	华南理工大学
共青团广东省委员会	广东共青团工作先进单位	共青团华南理工大学委员会
	广东省五四红旗团支部	机械与汽车工程学院2014级机械工程（创新班）团支部
	广东省五四红旗团委	数学学院团委
	全国高校“活力团支部”	SCUT-ICEM团支部
广东省学生联合会	广东省优秀学生会	法学院学生会、知识产权学院学生会
	广东省优秀学生社团	KOOK街舞协会
中共广东省委教育工委	广东省“三创型”党支部	化学与化工学院教工第三党支部
中山市人民政府	2016年度中山市新型研发机构优秀奖	中山市华南理工大学现代产业技术研究院

二、获得表彰与奖励的个人

授奖部门	授奖称号	获奖者
教育部办公厅	教育信息工作先进个人	赵　楷
教育部思想政治工作司、教育部学位与研究生教育发展中心	全国高校“百名研究生党员标兵”	廖锡豪
共青团广东省委员会	广东青年五四奖章个人提名奖	章秀银
	广东省优秀共青团干部	梁　劲
	广东省百佳团支部书记	陈健宁　李大伟
	广东省优秀共青团员	郑裕坤　许雯嘉　童　星
广东省学生联合会	广东省优秀学生干部	綦昆仑　高文娟　刘付鹏

2017 年获得学校表彰或奖励的部分单位和个人

一、获得表彰与奖励的单位

华南理工大学 2016—2017 学年度“校园十佳班集体”

机械与汽车工程学院
2014 级车辆工程 2 班

材料科学与工程学院
2015 级光电（光电器件）班

数学学院
2016 级信息管理与信息系统班

物理与光电学院
2015 级光电信息 2 班

经济与贸易学院
2014 级旅游管理班

自动化科学与工程学院
2015 级智能科学与技术班

电力学院
2015 级电气工程 6 班

生物科学与工程学院
2015 级生物制药班

工商管理学院
2015 级财务管理班

艺术学院
2015 级舞蹈学 1 班

2016—2017 学年度先进班集体

机械与汽车工程学院
2015 级机械电子 2 班
2015 级安全（安全管理信息系统）班

2015 级车辆工程 2 班
2015 级机械创新班
2015 级能源（制冷空调）班
2016 级材控（金属）班
2016 级材控（高分子）班
2016 级机械电子 1 班

建筑学院

2015 级城乡规划 1 班
2015 级建筑学 2 班
2016 级风景园林班
2016 级建筑学 1 班

土木与交通学院

2015 级土木卓越全英班
2015 级工程管理班
2015 级土木工程 1 班
2015 级土木工程 2 班
2015 级交通运输班
2016 级土木工程 3 班
2016 级工程管理班
2016 级交通运输班

电子与信息学院

2015 级信息工程 3 班
2015 级电子科学与技术卓越班
2015 级电子科学与技术 1 班
2015 级信息工程冯秉铨实验班
2016 级信息工程 5 班

材料科学与工程学院

2014 级材料科学（材料化学）班
2014 级光电信息科学与工程（光电器件）班
2015 级高分子 3 班
2016 级材料科学（无机非金属）班
2016 级高分子 2 班

化学与化工学院

2014 级化学类创新班（本硕博连读）
2014 级能源化学 1 班
2015 级化学类创新班（本硕博连读）
2016 级化学类创新班（本硕博连读）
2016 级能源化学 1 班

轻工科学与工程学院

2015 级轻化工程 1 班
2016 级资源环境科学

食品科学与工程学院

2015 级食品科学 1 班
2015 级营养与健康班
2016 级食品科学 1 班

数学学院

2015 级信息管理与信息系统班
2016 级数学与应用数学 1 班

物理与光电学院

2015 级光电信息 1 班
2016 级光电信息 1 班

经济与贸易学院

2014 级经济学类本硕连读创新班
2015 级电子商务 2 班
2015 级物流工程 2 班
2015 级金融学 1 班
2015 级会展经济与管理班
2015 级金融学 2 班
2016 级会展经济与管理班

自动化科学与工程学院

2014 级智能科学与技术班
2015 级自动化 4 班

2016 级自动化 1 班
2016 级自动化本硕连读创新班

计算机科学与工程学院

2014 级网络工程班
2015 级网络工程班
2016 级计算机全英联合班
2016 级计算机全英创新班

电力学院

2014 级电气工程 5 班
2014 级电气工程 1 班
2015 级电气工程 3 班
2016 级电气工程 4 班
2016 级电气工程 2 班

生物科学与工程学院

2015 级生物技术班

环境与能源学院

2015 级环境工程全英班
2016 级环境科学班

软件学院

2015 级软件工程卓越班
2015 级软件工程 1 班
2016 级软件工程 2 班
2016 级软件工程卓越班

工商管理学院

2014 级人力资源管理班
2014 级工业工程班
2015 级会计学 2 班
2015 级工商管理类 2 班
2016 级会计学 1 班

公共管理学院

2015 级政管 1 班

外国语学院

2015 级商务英语 3 班
2016 级商务英语 2 班

法学院

2015 级法学 2 班
2016 级知识产权班
2016 级法学 2 班

新闻与传播学院

2015 级新闻学班
2015 级传播学 1 班
2016 级新闻学班

艺术学院

2014 级音乐表演 1 班
2015 级音乐表演 1 班

体育学院

2016 级运动训练班

设计学院

2015 级工业设计实验班
2015 级产品造型与设计班
2016 级公共艺术与设计班
2016 级环境艺术设计班

医学院

2016 级医学影像学班

华南理工大学2016—2017年度共青团组织先进集体

先进团委

机械与汽车工程学院团委
建筑学院团委
土木与交通学院团委
材料科学与工程学院团委
数学学院团委
计算机科学与工程学院团委
电力学院团委
生物科学与工程学院团委
软件学院团委
工商管理学院团委
外国语学院团委
新闻与传播学院团委
设计学院团委
研究生团委

表扬团委

电子与信息学院团委
化学与化工学院团委
轻工科学与工程学院团委
食品科学与工程学院团委
物理与光电学院团委
经济与贸易学院团委
自动化科学与工程学院团委
环境与能源学院团委
公共管理学院团委
法学院团委
艺术学院团委
国防生教育学院团委

表扬团总支

华南理工大学附属中学团总支
华南理工大学后勤处团总支

五四红旗团支部

机械与汽车工程学院2014级材料成型及控制工程（高分子材料成型及控制方向）团支部
机械与汽车工程学院2014级机械工程创新班团支部
机械与汽车工程学院2014级机械工程第三团支部
建筑学院2014级建筑学第一团支部
建筑学院2014级风景园林团支部
电子与信息学院2014级信息工程第一团支部
电子与信息学院2014级信息工程第五团支部
材料科学与工程学院2014级高分子材料第一团支部
材料科学与工程学院2014级光电材料与器件团支部
材料科学与工程学院2014级材料化学团支部
数学学院2014级信息与计算科学团支部
物理与光电学院2014级光电信息科学与工程第一团支部
经济与贸易学院2013级国际贸易专业第二团支部
经济与贸易学院2014级经济学专业团支部
自动化科学与工程学院2013级自动化第四团支部
自动化科学与工程学院2014级自动化第五团支部
计算机科学与工程学院2014级计算机科学与技术全英创新班团支部
电力学院2014级电气工程及其自动化第一团支部
生物科学与工程学院2014级生物工程团支部
环境与能源学院2014级环境工程全英团支部
软件学院2014级软件工程卓越班团支部

工商管理学院 2014 级财务管理团支部
工商管理学院 2014 级人力资源团支部
公共管理学院 2014 级行政管理第二团支部
外国语学院 2014 级商务英语第一团支部

先进团支部

机械与汽车工程学院

2014 级车辆工程第二团支部
2014 级机械电子工程第一团支部
2015 级制冷空调班团支部
2015 级机械类创新班团支部
2015 级机械电子工程第一团支部
2015 级车辆工程第二团支部

建筑学院

2014 级城乡规划专业第二团支部
2015 级风景园林专业第一团支部
2015 级建筑学专业第一团支部
2014 级风景园林专业第一团支部
2015 级城乡规划专业第二团支部

土木与交通学院

2014 级工程管理班团支部
2015 级工程管理团支部
2015 级建筑工程 1 班团支部
2015 级土木卓越全英班团支部
2015 级地下结构工程 3 班团支部
2015 级交通运输团支部

电子与信息学院

2015 级信息工程第一团支部
2015 级信息工程第四团支部
2015 级电子科学与技术卓越班团支部
2015 级信息工程第二团支部
2015 级冯秉铨实验团支部

材料科学与工程学院

2014 级电子材料与元器件团支部
2015 级电子材料与元器件团支部
2015 级无机非金属材料团支部
2014 级高分子材料科学与工程第二团支部
2015 级光电材料与器件团支部
2015 级高分子材料科学与工程第三团支部

化学与化工学院

2014 级应用化学创新班第一团支部

食品科学与工程学院

2014 级食品科学与工程专业食品营养与健康团支部
2015 级食品质量与安全专业团支部
2015 级食品科学与工程专业第一团支部

数学学院

2014 级信息与计算科学团支部
2015 级信息与计算科学团支部
2015 级信息管理与信息系统团支部

物理与光电学院

2015 级光电信息科学与工程第一团支部
2015 级光电信息科学与工程第二团支部

经济与贸易学院

2014 级会展经济与管理专业团支部
2014 级物流工程专业第一团支部
2015 级金融学专业全英班团支部
2014 级经济学专业创新班团支部
2015 级金融学专业第一团支部
2015 级物流工程专业第一团支部

自动化科学与工程学院

2014 级自动化第一团支部
2014 级自动化第五团支部

计算机科学与工程学院

2015 级计算机科学与技术全英联合班团支部
2015 级计算机科学与技术全英创新班团支部
2015 级计算机科学与技术第一团支部
2015 级网络工程第三团支部

电力学院

2013 级电气工程及其自动化卓越班团支部
2014 级电气工程及其自动化第六团支部
2014 级电气工程及其自动化第五团支部
2015 级电气工程及其自动化卓越班团支部
2015 级电气工程及其自动化第三团支部

生物科学与工程学院

2014 级生物技术团支部
2015 级生物工程团支部

环境与能源学院

2014 级环境工程团支部
2014 级给排水科学与工程团支部

软件学院

2014 级软件工程第一团支部
2014 级软件工程第三团支部
2014 级软件工程卓越班团支部
2015 级软件工程卓越班团支部

工商管理学院

2013 级会计第一团支部
2014 级财务管理团支部
2015 级工商管理类第一团支部
2015 级会计第一团支部

公共管理学院

2015 级第一团支部
2015 级第二团支部

外国语学院

2015 级商务英语第一团支部
2015 级商务英语第三团支部
2015 级日语团支部

法学院

2015 级法律卓越班团支部
2015 级法学第一团支部
2015 级法学第二团支部

新闻与传播学院

2014 级传播学第二团支部
2015 级新闻学团支部
2015 级广告学团支部

艺术学院

2014 级音乐表演第一团支部
2015 级舞蹈学团支部

体育学院

2015 级运动训练 1 班团支部

设计学院

2014 级环境设计专业第二团支部
2015 级产品设计专业第一团支部
2015 级产品设计专业第二团支部
2015 级工业设计专业第三团支部

医学院

2015 级医学影像学第一团支部

研究生团委

机械与汽车工程学院 2015 级硕士 2 班团支部
机械与汽车工程学院 2015 级硕士 3 班团支部
机械与汽车工程学院 2016 级硕士 3 班团支部
建筑学院 2015 级建筑学学硕班团支部
土木与交通学院 2015 级硕士第六团支部
电子与信息学院 2016 级硕士 3 班团支部
材料科学与工程学院 2015 级硕士第四团支部
材料科学与工程学院 2015 级硕士第五团支部
材料科学与工程学院 2015 硕士第二团支部
化学与化工学院 2015 级硕士第二团支部
化学与化工学院 2015 级硕士第五团支部
轻工科学与工程学院 2015 级造纸与生物质硕士团支部
食品科学与工程学院 2015 级制糖工程硕士团支部
自动化学院 2015 级硕士研究生团支部
工商管理学院 2015 级硕士第一团支部
公共管理学院研究生 2016 级团支部
马克思主义学院 2015 级硕士研究生团支部
经济与贸易学院 2015 级硕士第二团支部
计算机学院 2015 级硕士第一团支部
生物科学与工程学院 2015 级研究生团支部
环境与能源学院 2015 级硕士研究生团支部
新闻与传播学院 2015 级硕士研究生团支部
医学院 2015 级硕士研究生团支部

二、获得表彰与奖励的个人

2015—2016 学年度本科教学优秀奖

机械与汽车工程学院　徐　晓　李　旻　孙建芳
土木与交通学院　甄晓霞
电子与信息学院　余翔宇
材料科学与工程学院　彭成红　张安强
轻工科学与工程学院　叶　君　戚穗坚
物理与光电学院　梁文耀
马克思主义学院　彭小兰
外国语学院　周建新
计算机科学与工程学院　陈百基
环境与能源学院　马伟文
新闻与传播学院　孙　珉
建筑学院　施　瑛　李敏稚
电力学院　梁　梅
自动化科学与工程学院　邓晓燕
化学与化工学院　葛华才　叶　勇　陶　佳
数学学院　张　梅
工商管理学院　王红丽　刘　洋
公共管理学院　叶　托
体育学院　万发达
软件学院　陈俊颖
生物科学与工程学院　李　杉
艺术学院　沈云芳

法学院	黄旭东	**经济与贸易学院**	周锐波
设计学院	陈　亮　胡小平		

2017年华南理工大学"研究生教学优秀奖"

机械与汽车工程学院	陆龙生	**材料科学与工程学院**	龚湘君
土木与交通学院	申琪玉　林培群	**电子与信息学院**	宁更新
马克思主义学院	覃辉银	**工商管理学院**	简兆权
建筑学院	林广思	**外国语学院**	武建国　程　杰
数学学院	郑驻军	**法学院**	杨雄文
新闻与传播学院	罗韵娟	**物理与光电学院**	邓华秋

2017年南光奖卓越教学奖（本科）

机械与汽车工程学院	李　琳	**建筑学院**	肖毅强
化学与化工学院	钟　理	**数学学院**	郭　艾
环境与能源学院	银玉容	**经济与贸易学院**	田秋生
设计学院	陈锦昌		

2017年南光卓越教学奖（研究生）

建筑学院	何镜堂	**电子与信息学院**	褚庆昕
化学与化工学院	李　忠		

华南理工大学2017年"招商蛇口·感动华园"大学生年度人物

机器人创新基地	机械与汽车工程学院
郭履星	电力学院2014级电力系统及其自动化专业硕士研究生
吴炜生	马克思主义学院2016级马克思主义中国化研究专业硕士研究生
SCUT-iGEM团队	生物科学与工程学院
胡　骏	国防生教育学院2013级车辆工程专业本科生
数学学院兼职辅导员团队	数学学院
邱杰东	材料科学与工程学院2016级材料学专业硕士研究生
张元新	工商管理学院2013级财务管理专业本科生
王梦斐	建筑学院2012级建筑学专业本科生
徐飞宇	化学与化工学院2016级能源化学工程专业硕士研究生

2016—2017学年度十大三好学生标兵

机械与汽车工程学院	海　云	**建筑学院**	李媛媛
土木与交通学院	陈丽娟	**电子与信息学院**	谢裕麟
材料科学与工程学院	李妙姿	**自动化科学与工程学院**	林灿光
电力学院	卢治霖	**工商管理学院**	刘付鹏
艺术学院	黄若宾	**设计学院**	谢雨锟

2016—2017 学年度本科生三好学生

机械与汽车工程学院

陈熹　刘萃　宋存江　冯泽锋　高琦　林泽南　谢延旭　刘雄　郑益谦　王桂南　范启伟
关杰鸿　黄禹　王泽寒　王志彬　文浩彬　吴观平　贝泾浩　陈磊　程仁杰　冯秉潜　何宝添
李远政　叶学麟　陈鑫　徐磊　徐思颖　曹健豪　曹凯　傅钊恒　郭泽辉　刘林青　余林峰
李显超　罗子仁　茹科　叶光照　陈锴彬　黎应豪　梁俊文　林金帆　毛广扬　潘保有　邵琰杰
王业平　徐沛恳　曾得志　郑少武　陈炳喆　陈家恩　胡海鹏　黄梓田　李卓豪　罗佩瑶　许婷
尹民博　朱坤财　陈子健　何晓妍　胡宇虹　姜荔　康中强　匡鸣宇　赖鸿轩　李国峰　李洋洲
秦文韬　苏凌丰　苏晓晴　吴国权　张志康　刘有为　张锦辉　李健生　唐邕涛　王灿烨　肖海飞
姚侠楠　陈焕球　蓝睿　廖才磊　廖中源　刘兴松　吴鹏弟　杨金水　张帆　张佳豪　黄峰庆
魏伟和　陈铭　黄钺　李叶辉　梁子轩　徐开明　张华才　张建亮　庄庭达　杜凌皓　黄梓鹏
李诗成　梁兴湖　杨生　冼君琳　黄波　范东强　祖帅飞　蒋娅莉　颜世露　游晓薇　章小敏
谯雪　郭钰均　林诗峰　伍佳佳　徐珊　赵婉婧　邹慧娴　陈广　蔡潍锶　张雨阳　郝永志
高明阳　赖威　蓝楠　李涛　林忠彦　麦茂瑜　袁铮　张涵真　孟俊　陈海文　陈宇翔
黄金豪　霍盛增　石紫娴　王志皓　徐书恒　赵婷　杨远生　晋青杨　陈淑玲　黄家骏　梅祥祥
方晓琳　叶胤桐　陈浚彬　冯睿东　庞业忠　宋品皓　王浩楠　王梓荧　杨镇坡　陈浩宇　陈家泳
陈有栋　程伟毅　李成杰　唐华杰　肖世雄　余炳寰　周琳　蔡锦权　蔡中斌　林耿亮　区子健
赵世杰　方梓帆　张菁　姜一帆　姜祥钰　黄书慧　黄哲鑫　刘琪　刘智恒　吴展纯　黄展凌
钱泽宇　邱悦　赵永豪　赖立炫　李松彬　梁建荘　潘星谕　佘佩健　孙偲恺　许锦盛　魏贤忠
黄俊霖　廖奕　宋春雨　王志杰　张峻铭　赵启良　梁洁琳　冼浩岚　杨东悦　杨智琪　陈锦鹏
龚云坤　郭郑道　蒋心平　邓子健　贺聪　吴焱桐　许少峰　姚望洁　游文杰　杨逸鑫　林冬凌
冉诗宇　许益元　蒋鑫婕　张子阳　周子强　黄健　杨万胜　何锡渠　蒋檬　李健霖　孙宇冲
陶阿邦　王森　杨轩　钟喜明　陈楚华　陈梓毅　刘方圆　王德利　高宗　奉明东　黄子盈
林宏彬　汤恺　陈彪　冯柯　郭俊锋　赖建豪　林景新　任海林　谢海亮　辛锐辉　邓嘉威
傅裕燊　古经纬　纪淮宁　江俊岐　李锦钊　吴盛红　陈宇锋　何宝茵　何苑榕　刘德培　周依行
刘明熙　刘涛　陈良玮　胡啸　刘盛豪　宋琦　韦官　吴壮辉　刘昊丰　文振武　刘宏毫
刘静怡　杨阳　于涛　周柏李　董健　谢鹏程　李杰鑫　李怡欣　李泽泓　张梓豪　杨文静
杨懿　陈晓敏　李海明　潘泽炜　杨远海　张宇　李俊强　李岳峰　利崇彬　麦海锋　邹旭书
张润德　陈茗萱　肖天乐　许浩涛　许培生　袁航　蔡锐楷　鄞伟杰　李锦广　廖钰洲　徐阳阳

建筑学院

贾姗　苏章娜　刘雪冬　徐妍　周一慧　陈舒熳　王逸慧　梁杰麟　张宛馨　赵丽洁　黄丽丹
王桑　徐赫言　曾哲笙　解丹　吴嗣铭　胡沁欢　方素　廖岳骏　邓逸凡　张晴　谢雨吟
许琳　魏易芳　陈佩谦　韩咏淳　卢逸伦　陈欣如　陈诗婳　黄海琪　郑佳佳　曾宇健　胡阳芷
何欣然　齐放　张文豪　方翔　张慧丰　王润娴　董哲义　冯欣　黄悦　孙灿　李皇龙
梁雅捷　张艺菡　陈凌凡　马小月　庄筠　陈铭熙　顾嘉欣　黄一杰　李瓅得　尹亚森　陈健聪
伍沛璇　朱瑞琳　朱梓曼　皮若瑾　吴逸欣　陈宬宇　包嘉敏　白杨　卢镛汀　李子力　吴佳丽
吴其聪　许泽冰　李巧　刘悦　王土坤　黄益锋　雷于萱　叶鸿任　曹林熹　程倩彤　蒋若旻
黎瀚霜　李佳雨　卢奕　范子钿　郭璞若　麦洁鸣　万琪　伍兆琳　修文文　徐凌芷　闫瑾
钟镇炽　方文靖　傅振荣　李颖玥　罗雨然　林璐

土木与交通学院

郭思炫　黄松兴　李冠霖　梁炳贤　梁浩铭　刘小萌　谢惠媚　杨钦晖　赵亮　黄文耀　林垲航

苏泊雅　钟丽娜　吴若青　褚海涛　黄智凝　李浩祖　卢昭明　孙浩伦　吴卓恒　张宁泊　余戴君玥
黄一铭　庞崇浩　吴　蔚　肖林炜　李雨恒　文敏郦　夏宁馨　杨蕤铜　何远威　黎江明　李一然
郑纯玲　余水灵　陈家超　林宇涛　王博宇　肖耿锋　杨　浩　姚晓庆　蔡晓涛　贺玉婷　黎堉杨
李之吉　刘伯达　邱智育　苏　延　唐永锋　许泽佳　杜秀丹　郭俊辰　李绮玉　欧焕聪　王俊杰
郑凯翔　冯天奇　刘中欢　郑振光　李　杨　林浩帆　卢健东　马铭骏　唐梓棋　张文博　冼健棠
黄国忠　连维越　梁冠超　罗宇蕃　马泽志　吴孝明　杨钰炜　林桂欣　欧媛媛　叶丽盈　张仕华
陈雅娇　陈彦霖　林玉燕　王家英　包皓凌　黄庆洋　李展锋　莫泳晖　谢卓成　赵胤新　欧阳楠茜
左泽宇　陈　曦　邓绮雯　何艺涛　江书妍　梁健中　罗芷晴　谢沅琪　李耀辉　林译峰　曾　理
祝旭乾　张　艺　陈佩琪　冯丽娟　何思静　余澜心　周树津　梁曼琳　蓝天立　李珊珊　廖向华
刘韦均　陆兆锦　彭晓铭　郭煜斌　黄　涛　李健聪　林家全　刘　威　苏金鸿　郑　鑽　陈钰萌
刘夏玮　蔡燕飞　陈连佳　陈启健　陈颖芝　黄晓鸣　黄宇鹏　林静聪　王斯雅　郑仲荣　朱睿懋
胡映勋　蔡　磊　林子琪　彭润杰　熊真健　王云鹏　张天宇　陈广韬　陈庆寅　郭俊标　廖炳烈
林焕杰　茅思奕　苏建安　吴　毓　杨锦松　何斯华　卢健元　陈珊珊　陈万昕　蔡良怡　窦苗元
郭颖豪　何国梁　李泽玉　林翰彬　徐小帆　徐　哲　吴之骁　胡兆轩　许　竞　杨益钦　余经伟
蔡梓淇　曾理菁　范子燕　罗子媛　温　诚　姚　瑶　龚安琪　管　雪　汤文轩　杨　杰　曾　俊
范程凯　奉兰西　席　妮　洪佩鑫　吕端雅　朱淑芳　何梓琦　石凌云　张柏林　赵　敏　曾　坤
赵崇毓　陈志威　宦炜鹏　廖耀星　罗　熠　莫键豪　潘宗泽　荣　华　熊景华　曾衍衍　陈观钠
高嘉欣　何展超　吴伟建　周文鋆　陈海标　甘智聪　郑敦聪　陈友明　关竣尹　具天浩　沈可夫
王彤岸　姜　霖　苏家杰　曾锦开　褚　晟　冯伟浩　李欣悦　梁晋升　王福鑫　陆小凡　谭仲德
陈扬文　陈英强　冯诗艺　李光舜　李辉庭　梁　锐　庞振浩　彭泳辉　周欢阳　陈培锋　张　程
钟伟恒　高　榛　徐　荧　詹建潮　张晏铭　赵师煊　王炎佳　胡正涛　李小雨　王自豪　曹慧璇
程　宇　陈　振　何　俊　梁国立　罗翼锋　马平川　王博宇　王瑞轩　吴智辉　杨　阳　张　超
陈百曦　郭侯佐　郑钰洁　宋紫微　戴　亮

电子与信息学院

刘堃钤　庄镇州　安　娜　陈晓雪　戴土旺　邓锦灿　董庆州　冯浩翔　黄俊阳　李　锐　李文俊
王金龙　王　龙　王　瑞　杨　逍　余　钰　张志杰　张圳畅　郑淇尹　朱远志　向凯燃　王　皓
林立明　潘柏晓　唐佳鹏　余泽熙　赵恒辉　林炳如　王怡凡　周迅丞　冯　帅　郭德鑫　李　松
廖奕松　苏梓鑫　张键驰　陈钊汶　李思敏　颜琦锐　薛声银　杨镇川　黎宝柱　吕　喆　曾泽楠
周　颖　陈欣煌　张海彬　李翠雯　陈增群　何志强　黄晓萍　杨代辉　陈子威　陈梓庆　黄三伟
李泽婷　刘佳佳　王　晴　许纯燕　陈崇彦　梁家炎　余泽琼　廖皓琳　毕伟康　黎子杰　唐　慧
张丹丽　林渲翔　马文鑫　薄少飞　于小涵　陈奕毅　范　洁　禤韵怡　郭悦婧　黄玲玲　卢　铤
彭政夫　王胜光　杨　恬　曾　志　詹育权　江泽群　胡庭旭　丘　天　伍　勇　易锐韬　陈生畅
黄思敏　廖远达　陈艺荣　陈靖康　周泽鑫　李鹏飞　吴子莹　王　琪　张莹莹　曹俏钰　陈镜培
林宏辉　刘洁锐　卢伟锐　莫子昊　沈梦萍　柳宇非　陈光科　陈敏园　李鹏乾　彭一鸣　宋　欢
苏雅诗　谢楚倩　徐冰妍　杨志发　叶健豪　邱　臻　苏军羽　吴海唯　吴俊壕　谢晓娜　张河锁
张宇轩　戴荣超　古瑞滨　黄　铤　李锦彬　林晓程　罗雄耀　叶木超　印　博　张梦片　郑敏芬
梁荣国　莫鸿彬　范兆权　张浩健　孙思萌　林　霄　刘伟锋　余思妍　柏　杨　蔡子瑞　柴　铎
陈梓蓉　贾　雪　李　昱　林梓尧　刘亦旸　吕玲玲　马伟洪　孙梓凯　唐高中　巫朝政　伍思航
肖睿彤　谢倩扬　杨思敏　袁紫烟　詹艺宇　柯嘉聪　樊昊宇　李子怡　李宗霞　姚林荣　许建城
梁思聪　余美依　杨明玥　姜　帅　谌绍泉　邓云天　胡晓峰　江世杰　林中卡　蔺　举　刘剑苇
祁家豪　王　浩　王　彤　吴羽航　叶长青　袁　纯　钟有轩　高　山　贺浸林　刘　博　欧阳瑾瑶
陈伟斌　韩欣洋　李瑞莛　林　榆　王竟成　付　正　郭少慧　惠笑非　江佳佳　林逸彬　刘欣然

吴金哲　许颖锋　敖梓茗　陈永炜　胡天翊　黄惠锦　廖媛媛　程　铎　赵　帅　陈邦栋　陈楷彬
丁旭桐　刘孜路　文耀立　刘汉燕　高　帆　何儒燊　李祖龙　林晓涵　刘雪莹　谭咏雯　阳欣怡
胡国华　彭裕成　陈　雯　张志豪　陈泽彬　程嘉乐　耿家锴　何　铮　金万淇　李杰章　李育勤
李志豪　阮荣钜　王怡明　魏泽伟　吴鑫杰　尹虹艳　张咏薇　周万义　朱泓芊　曾雅艺

材料科学与工程学院

胡绮倩　黄裕贤　林晓彬　吴乐耀　庞　杰　张校士　杜星阳　毛宇晨　唐　悦　王启祥　黄　容
练镜扬　彭易凯　王媛婧　代俊峰　王　嘉　张　鑫　唐浩然　彭子兴　邢晔彤　许　可　许　琦
袁　东　赵铎凯　郑昱林　冯　旭　陈家浩　林早阳　庞雅文　吴癸金　张钊泽　周镓杰　吴兴邦
黄玉章　黄振强　刘志鹏　杨志鹏　冼晓欣　缪艳娟　袁中润　庄梦迪　陈振江　黄世锋　黄仕文
黄雅琪　彭嘉晖　王　闯　陈晓婵　孔晓磊　姜　峰　毛天骄　甘展慧　李泽坤　吴晗鑫　邢舒婷
张伊雯　钟绍信　张　悦　陈心雅　李志航　梁依倩　刘鑫妍　庞培元　温诗雅　周尚雄　黄瑞怡
陈　芳　孔令茵　梁敏铧　谭晓君　郑凌翔　黄筱航　马春杰　雷淑仪　倪震宇　陈思婷　达　珊
赵尉铭　方民俊　林梓宇　柳容平　王　格　俞　航　陈　鹏　王芳芳　叶倩妮　王　伟　肖慧思
钟文韬　刘　苍　谢灿宇　顾欣然　黄进波　江钟杰　李方杰　孟庆港　张铁林　赵　攀　朱剑超
马一瑗　冯家瑞　何乐为　王志坚　余　腾　郑龙珠　刘　涛　刘泽林　付　莹　包江桥　胡映荷
廖轩伟　姚中麒　罗娟娟　白峻晨　张　笛　陈继庭　陈家董　邓乐坚　刘　敏　汤以勖　姚书南
朱润瑶　刘韫聪　肖　毅　阮映枫　陈妍如　柯　敏　彭　淇　翁子淳　左　欣　王洒洒　张　蒙
余羿叶　乔垣方　叶小慧　张晓园　周　元　柯鹏飞　孔晶晶　曾　俊　姚诗言　周　良　徐梦蕊
朱元基　曾慕雪　李耀华　陈健濠　段　瑞　李延希　王闰南　吴柠伶　吴　琼　吴王婷　尹博钊
钟凯铭　符　晓　杨　童　钟　心　周佳宁　徐茂凯　胡乐箫　王卓容　马鑫鑫　柴华卿　何铭震
林键颖　刘　昊　闫梦真　杨　婕　张　妮　张鹏飞　张　煜　周颖芝　白原青　宋时杰　龚雨晴
许啸天　陈泽材　李柱铭　孙梦园　杨豫婷　陈德润　冯腾燕　刘恒志　程情情　曹逸鹏　冯秋语
何国睿　胡帮耀　孔展涛　赖坤锐　陈明珺　高宇红　邓燧楠　胡京涛　梁明韫　梁文雅　罗恺楹
张晓晴　林兆海　唐周纳　姚冠妃　吴婉华　朱吉权　李雨萱　梁明珠　张槐洋　张家鑫　朱筱珂
郑方仪　侯一曼　刘俊宏　蔡泽鑫　陈丙昌　黄怡萱　林颖欣　全悟秀　杨晶晶　周炜璇　王　之
李建清　刘慧君

化学与化工学院

陈聪怡　陈美俊　冯婉仪　郭　浩　李慧静　骆奇贤　王文韬　王媛媛　杨文龙　卢　珊　傅永铭
郭灿鸿　洪细鲁　黄梦蝶　刘泽珊　卫子蓥　叶丽萍　叶芳芳　郑歆来　陈　聪　陈昭丹　李　航
张鑫宇　冼钰怡　李德保　戴之易　代　雄　邓　洁　邓俊杰　方　畅　李穗敏　梁阳彬　冯锦新
冯雪清　黄江常　李璋怡　邱锦丽　郭　欣　金　硕　李泽宇　黄文杰　刘丽莹　吴丹霞　杨泽凡
郑　航　卓楷升　周丝雨　蒋国星　廖哲慧　张明慧　黄炳豪　李非凡　刘　炽　杨亚平　索米杨子
李　栋　曾　浩　刁　威　丁收香　姬　兵　李焕升　罗家柱　万　芳　魏　娇　文思斯　郑佳蓉
周文晨　王　帆　蔡楚玥　李　钰　刘思聪　陆燕玲　温和杰　杨可欣　周晓丽　张靖瑶　王　洒
李梓瑜　林少敏　吕露茜　沈子榕　苏国城　谢心怡　张巧钰　罗晓曦　陈颖娴　杜芷晴　李　祎
罗明昀　张龙海　覃成强　凌　坤　邱浩新　吴志强　朱　卉　陈梓洋　董嘉伟　黄圣欣　徐志文
袁奈惠　冯木材　陈春应　伍倩清　郑佳芬　陈润琳　劳苏琳　李欣玉　张丽珠　徐小清　李志强
孙　可　王唯嘉　邱文华　姚晋泽　毕子欣　何健彬　梁伟洁　林伟腾　李前跃　程泰然　褚福建
邓月华　耿碧君　贾寓凯　闫春晓　叶礼铭　张一帆　郭敏诗　过新雨　江泽鹏　吴卓颖　袁　芳
谢兆楠　殷　璇　王玉琴　张一航　段凌霏　于淳旭　张艾程　汪建萍　杨志怡　黄夏基　潘显凯
何毅宁　梁华润　王佩瑶　薛晓琪　张思华　杨恬乙　曹海燕　严琪琪

轻工科学与工程学院

陈镇松　陈贵娴　刘　鑫　曾　玫　张礼慧　李　悦　张　洁　邓皓月　金旭宸　吴　俊　梁俊豪
韦岚升　曾大亮　谢宝珊　洪莺珊　林晓宇　苏　莉　张海珊　黄　颖　雷智惠　许展豪　罗青松
高紫婷　景　俊　李润卓　李胜超　徐勇康　詹何君　刘志尚

食品科学与工程学院

林　琪　岑月妍　李楚倩　李穗君　王艳婷　张尚微　邝嘉华　蔡　洁　黄嘉仪　黄钰雯　李芷珊
梁婉玲　陈慧凌　施译琳　向　楠　许樱川　严诗琪　曾咏欣　王雯童　黄　纯　李时晴　练颖仪
罗思琦　潘　琪　许　佳　梁晓欣　李宜伦　王靖雯　张　颖　陈伟明　闫婉琳　杨　晓　陈　熙
陈晓琦　黄欣颖　凌嘉艳　吴晓涵　赵文珂　余青紫　蔡鑫泽　李蔚偲　欧阳桐　王文欣　郝　欣
黎蕙心　周子茵　闫宇微　李治康　沈碧寒　魏　莹　邢旭普　薛松绿　杨韵仪　牛志程　沈倍乐
王枫淇　余泳薏　周湘萍　郭　峰　潘　祥　黄陈会　王圳娴　徐文仪　肖兰芳　欧阳绮鸿

数学学院

梁桂明　梁展航　廖冰慧　吴乔茵　李伟贤　曹希雯　梁远鹏　林影娴　龙　游　陆潇潇　谭丰林
许海城　杨晋泺　俞　聪　向　涛　陈致宏　高一鸣　金晓娜　王宇琳　余志辉　张伯豪　赵　曼
周淑姿　郭焕玲　贺孝祖　刘曼婷　谭艳鸿　吴楚帆　姚　彬　张　婷　丁菲依　高　歌　廖家奇
许荣贵　余钊慧　陈翔宁　邓淦森　郭　莉　郭　政　李　璇　林　鸿　林　涛　吴卓虹　冼成谦
叶　欣　赵珈珈　周敏静　周浦楠　陈嘉兴　廖至楠　吴汝婷　姚若凡　张静仪　成　斌　张凤达
陈　坚　陈煜钊　房依璐　陶希远　林　晨　谢伦伟　刘嘉欣　陈　曦　陈梓杰　董晓帆　黄锦威
黄哲楷　丘皓怡　陶　露　陈钰莹　高　晗　何奕萱　谭媛媛　王雨奇　蔡　婕　岑杰东　贺婉莹
李宗广　赖梓维　张曼娴　张亦弛　曾华锋　彭炼云　张天爱　杨玥敏　孙　娜　戴　芙　陈椿晓
陈　缘　潘晓彤　詹曼玲　张晓怡　邓艾西　甘桃菁　王潇乐　范儒杰　蔡志强　陈焕滨　陈晓艳
胡皓然　黄　凤　刘佩嘉　马晨骁　宋亚轩　沈子凡　王奇军　蓝　昊　凌灿城　孙弋淼　王梦洁
谢忠锴　杨颖一　高　海

物理与光电学院

陈鑫源　孙远发　项宇銮　陈子豪　葛　凡　刘　贵　李广伟　谢子敬　钟润梓　周昀璐　覃琪淋
索亚伦　耿忠江　李晓群　梁晓敏　莫建威　潘裕利　马守然　陈晓凯　陈秀莺　黄佳祺　林楚湘
田芮华　温佳玉　张晓茜　陶若文　胡乘驹　黄楚坤　黄馨锜　黄钰淇　林惠敏　刘　基　何　斌
兰　予　刘泽楠　沈子松　文晓晓　杨嘉嘉　关广豪　刘　芸　卓思超　徐　捷　胡宇航　王　深
邓瑞娟　黄伟濠　雷国盛　王　鑫　黄浩轩　孔德鸿

经济与贸易学院

蔡媚媚　梁洁枝　梁卓晖　彭静纯　孙秀滢　王可欣　林勋莉　陈艳红　陈润宇　陈晓双　陈奕健
戴　宇　黄枫璇　李静雯　王靖雯　魏绮珊　伍紫颖　周晋昭　吴彦涵　郑文婕　卜祎力　丁培媛
肖凤珍　赵嘉琳　周丽丽　鲁倩倩　王　晗　修佳钰　叶文康　郑忠飞　朱智成　刘　韦　石章文青
杨吉安　郑立勋　张宇婷　崔添伊　邓肖娟　冯小涛　侯鑫颖　麦颖欣　丘彦强　唐清澜　文洁滢
曾文君　张晓华　周碧莹　刘彬彬　谢璐璐　廖伟睿　杜家欣　黄丹霞　金子琰　林　琳　陆　欣
汤　玥　吴静发　阚星辰　杜　婧　陈丌琛　黎可妍　周　莹　冀冬雪　李丽娟　李思娴　刘圣婕
刘叶子　徐晓欣　冯　慧　郭颖聪　梁　林　韦雨田　张世泽　钟景雯　王雅露　李承致　李惠敏
李建辉　任芷君　韩冰晨　黄　榕　郑茜云　谭诗琪　洪晓琪　刘怀志　潘楚红　王　东　周敏玲
甄颖晖　陈斯敏　胡子玮　黄锦昌　黄至言　王　艳　谢松阁　范晗馨　何泳怡　黎颖彤　马可盈
丘心心　谢玉杰　王　强　郑敏达　林灿鑫　卢淑霞　杨家琦　尤文灿　金　鹏　蒋聪聪　叶　蕾
丁　毅　黄子茵　李敏珊　罗晨靖　罗雅婷　张纪凡　朱珍梅　王婕妤　喻　莹　林诗诗　刘雨欣
刘　钊　王佳莹　吴宇佳　叶　遥　吴晓雯　陈胜林　方嘉嘉　魏沁怡　蒋栩枫　曹　昱　岑诗雅

陈浩鹏 邓尚沅 洪佳薇 黄静萍 江奕 焦天一 梁柏淇 苏钰棚 曾奕航 詹伟键 赵洁芳
郑梦媛 谭昊 金今 罗小聪 涂芷珊 王霖钰 吴锦茹 于诗卉 张星 林茵 林展宇
陈佳蕙 黄洁 卿瀛 杨楠 张娜 洪艺 李剑雷 李杰欣 李伊玲 杨卓文 钟美玲
胡际豪 黎明钰 余慧伦 陈妙芳 陈宛霞 梁涣铃 刘露 刘明慧 容旖晨 王志慧 范庭炜
瞿春珲 李琳丽 许多艺 董晓旭 胡文婷 黄韵怡 梁紫堃 林虹虹 刘吉萍 陈文华 郭纯华
郭泓滟 林学基 刘蓓萱 隆攀攀 吴华亮 许雯嘉 闫欣 杨敏 古龙 曾余凡 蔡铭
陈曼莲 韩磊 方俊 曹婷婷 曾韵华 林钰 王璐 曾柳青 陈烨珩 李奕锦 石步超
王楚萱 李雨航 曾旭铭 林冰冰 吴泽良 吴梓豪 庄唯 唐侃 周超冉 余伟芳 曾晓娟
邝颖琪 刘苗苗 刘熙钰 卢苇 王妍沣 周仕彬 徐浩洋 陈思敏 黄海童 黄钰雯 李诗怡
李欣莎 李雪旗 林浩晖 林珊 龙瑞文 罗秋萍 魏潇天 陈镜如 叶淑瑜 饶玉蕾 王清
许彬钦 许毓智 杨建旭 杨志龙 叶欣 郑嘉榆 邱康石 黄颖平 吴心玥 黄浩 安然
方洪 黄楚文 黄雯欣 梁健婷 吴映君 肖坤然 应奇航 陈启轩 陈彦彤 何恺茜 邱奕锋
叶祎珏 曾艺林 黄集辉 秦梓月 汪文韬 张少喆 刘絜 傅雪怡 黄安琪 黄雅洁 高琳诗恩
刘钰 王璐瑶 杨瑞棋 应煜珂 喻莹 黄颖嘉 田宛蓉 张业坤 陈玉莺 李靖康 彭狄钦
徐远扬 袁浩轩 张钰港 郑聪 高冲 曾维彬 郜家珏 杨汐然 范芳芳

自动化科学与工程学院

陈成杰 陈希洋 甘敏 黄宇坤 李伦坤 卢烨筠 陆玉恒 倪妙玲 涂思强 张骞月 朱瑾颐
陈沛豪 甘军保 高熠 任闯 苏树鹏 吴铭潮 吴应鑫 殷侃悦 赖剑 黎肯迪 丁新尧
朱释靖 邓远志 李文路 林秀曼 丘嘉乐 郑雅迪 蔡珠清 陈旭梁 李振铭 潘文俊 宋逸凡
周琼怡 陈岳钦 范稼宝 康愫愫 卢欢鹏 郑春斌 周翔 齐嘉欣 黄墉 戴磊 何顺展
黄迪臻 黄理广 林汇丰 罗威 吴梓聪 杨少基 邝东海 潘春文 袁嘉伟 陈卓明 何杰
侯宜君 刘桂强 毛适 牛雅儒 施翔宇 张政锋 李志鹏 郜泉凯 黄海棋 李佳琪 李睿
连枫钊 马荣华 余锦伟 张家霖 蔡烨 陈乐 潘树良 杨湖广 曾一鸣 付志平 陆子霖
夏德强 谢勇坚 张广滔 王佳佳 黄观钦 刘梓辰 吕锦泉 罗捷 翁卓荣 萧华希 云雪
许练濠 黄阳灿 李日红 刘智锋 罗家健 区家荣 王雨 翁创鸿 李嘉慧 任晴宜 蔡小格
陈雨嫣 廖宏宇 林佳敏 龙永灏 谢发文 陈春 吴威振 虞龙辉 黄谋潇 蔡佳鑫 陈增鸿
邓筠钰 邓树乐 范智博 冯雪纯 李娴 刘松 马钰儿 钟濠安 孙浩然 陈迪 陈庆
林熙 刘锐涛 刘梓璇 沙煜 肖卅 黄海真 贾斓 王子涵 徐立林 杨德华 杨淋尹
赵威 郑钊宇 李竞宜 冯镜儒 郭翊 李国城 林德强 林浩敏 谢苗苗 郑梅义 陈凌希
邓羡知 韩思玮 梁炳祥 梁智灏 刘汉中 刘泽勇 施贤 王略权 叶鉴聪

计算机科学与工程学院

郭晓琦 洪发挺 梁裕宏 林钦杰 刘可欣 刘洋量 彭昊 王庆 王皓平 钟佩绚 周璇
黄士心 高钊 柯昭武 劳宇轩 李博洋 李晓彤 肖萌 陈佳超 陈家兴 李嘉泳 林文根
孙博宇 谭尹杰 唐炎 张正昊 滕寰 黄至行 陈培滨 樊建业 林继强 林思洁 沈婕
要利娇 袁文广 邹浩阳 陈燕娇 黄鑫 李文卿 梁文欣 秦文辉 赵康楠 肖睿洋 郑佳炜
陈可可 何杏萍 胡景铨 李智豪 吴松树 赵菲苑 赵伟杰 郑晓燕 应澄粲 陈雅欢 简俊荣
刘嘉意 王亚权 余忠忠 邹秀鸿 邓广昌 李崇宇 林安琪 马锴豪 巫威 余博西 郑柏伦
杨晨曦 黄志敏 魏凤凤 谢欣言 程田田 谈力滔 尤瑞 尹思媛 叶舒泉 陈子鹏 成奕彬
黄家锐 梁锦涛 廖晓媚 王博 伍兆韬 肖楚烽 钟燕榕 卓阳东 陈晨 马一宁 郑镇境
池慧珏 邓壮杰 胡千雪 胡心怡 李欢梓 麦宇平 欧昭婧 叶咏欣 郑咏佳 王贤为 陈炳林
黄仕嘉 谢东霖 邓瀚 曾瑞华 陈泳良 黄智祥 霍晓阳 李伟珊 李逸楷 林晓彬 文毅鸿
张桂江 钟旭东 周凯茵 李杰宁 陈泽君 戴全健 黄振邦 刘真 翁跃 颜子翔 姚旭真

周文秀 杨慧婷 郑滨雄 朱 翼 叶俊朗 黄梦雨 方雨瑄 艾 琦 陈星宇 陈梓彤 任菁菁
秦欣然 罗奉志 谭钧升 林锐鑫 吴思琦 郑 海 钟汉兴 陈文龙 李圳凯 陈海斌 曾翰麟
陈建彰 陈诗颖 黄冰琪 姜云朋 赖录坤 杨晓雯 姚家慧 吴 越 罗晓春 韦 玮 陈圳源
刘雨晨 崔婧楠 周宇梁

电力学院

李富春 李 坤 马创鑫 魏棉鑫 吴卓伦 杨宇航 朱惠玲 卓佩怡 卓映君 李富盛 李培辉
林 丹 刘雨铮 刘泽扬 陆展辉 王润鹏 肖 莹 姚蔚琳 陈厚任 陈泽铭 黎浩庭 李堉鋆
刘海欣 彭家荣 阮立兴 谭展鹏 唐国庆 文兆新 熊 能 詹浩钦 董 昊 杜沛康 蓝超凡
梁高闻 林浩庆 罗梓聪 沈楚生 孙宇嫣 王胜寒 许子嘉 郑伟彬 唐管政 梁颖琪 陈健宁
陈 娴 李泽华 林满豪 凌勇明 夏 铭 俞 涵 李维维 黄 伟 陈鑫全 陈锦涛 李文矛
程东鹏 陈关锋 吕宇桦 陈智豪 蔡俊锋 蔡一鸣 陈泽鑫 陈重辰 李中兴 梁雅珺 毛健琨
张经纬 张文倩 何健明 荣 超 邹丽昌 黄铁生 陈稼茜 宋 健 陈嘉乐 陈世楷 赖琪峥
梁宝耀 林伟江 张德建 陈思如 李复翔 林言泰 陈丽尧 冯清影 朱丹丹 陈镇煌 董诗华
洪语蔚 胡燕春 黄国权 黄静仪 李 捷 苏洁莹 苏 晓 仲礼鹏 刘润泽 陈旭涛 郭梦轩
黄培城 林泓宏 刘子鹏 潘文豪 宋 颖 陶勇星 田美君 邢益辉 杨景旭 叶耀聪 钟力文
陈嘉俊 陈文权 陈泳安 甘子莘 黄剑平 赖承中 林鸿业 王康敏 吴秋媚 曾东明 张志康
江链涛 林银鸿 毛敏冬 宁炳文 王璨珉 王 瑾 王梓耀 肖瑞庆 谢金彤 张艺妮 李和阳
刘 琪 陈星宇 李思琪 梁悦薇 叶运铭 张良权 张芷嫣 赵柏宁 左冠林 朱子恺 李雨桐
孙浩贤 谢煜铨 杨星韵 余天宝 段胡敏 檀金亮 谢楷俊 杜默涵 陈浩文 陈柏任 姜雨滋
黄济宇 黄文靖 纪 超 江 婕 柯明彬 李土焕 邱培程 佟佳弘 邬 霄 杨 成 曾凯林
林育庆 林文智 吴滋坤 谢 东 韦乾龙 孙启政 王 壮 魏敬弘 杨春邦 朱世佳 杜颖君
贺菡琰 林昊斌 罗江诚 张 栩 江泽坤 王书伶 吴俊晔 辛世荣 余银豪 曾 磊 代心芸
韩鸣宇 陈楚豪 陈晓璇 胡竞文 蓝 盾 黎俊文 刘 楠 罗辉全 莫凯雯 尚文辉 宋晓维
覃志城 邬仕权 张港华 孙航宇 郭泰亨 容语霞 苏秀涵 宛传捷 熊谈政 徐展鹏 赖界亨
冯帅松 何润泉 黄焕傑 李 妮 林荣锐 温志文 吴巨豪 朱志锋 陈鑫沛 陈泽明 范梓麒
何芊雅 黄钦雄 林泽康 罗钰魁 杨家俊 张林婷 董嘉锐 曾 翔 陈杰隆 陈伟国 方进浩
方浪森 梁炜焜 唐远华 杨青帆 张正刚 张子涵 邱皓萌 周瑾葳 陈晓玥 叶汉芳 钟文政
阮迪航 林译涵 官裕达 何德宇 谭俊丰 唐哲人 王诗雨 王雪毅 奚圣羽 朱思婷 李雨轩
白雁驰 梁日乾 李玉坤 陈法丞 陈远庚 付 炜 何锐金 李浚杰 支嘉琦 朱 飒 梁金冰
谭庆澎 王晓洲 肖梓恩 易文俊 张子文 郑晓腾 朱翠英 夏璆钰

生物科学与工程学院

陈永安 陈梓晴 黄怡琳 李文杰 林 婷 彭思琪 范浩霖 江秋悦 赖佳韩 刘 阳 刘政宇
骆怡帆 陈婷婷 刘晓琳 邱韵静 徐子砚 蒙红芳 邓家茵 倪梦姣 吴 仪 梁梓甄 王孔文
汪凯婷 曾敏非 郭小春 戴伟霖 霍薪宇 王俐茜 吴柏华 叶方开 袁才媚 卞振华 黄 源
李秋霞 熊一娇 张展华 陈超然 陈玲伽 叶子钰 朱志翰 周雨欣 陈 亮 陈彦权 唐思媛
向慧敏 赵颖颖 周林付 程 丽

环境与能源学院

侯奕伶 李慧琴 卢泳珊 黄嘉俊 刘铭明 刘倩玉 蔡文婷 程晓薇 吴逸生 张芷琪 李慧春
黄静怡 王欣楠 温嘉怡 黄 舒 梁铭珅 吴多多 袁颖枝 梁丽敏 高 权 古昀冬 梁经纬
张柔柔 周 煜 邓翠兰 邓郁蓉 甘 琪 黄晓佳 颜秋怡 张慧中 段琬阁 朱 文 麦茵茹
莫思琦 卫晓蓉 余晓芹 黄礼艳 黄若琳 马 伟 丁跃飞 刘自敏 陈志乐 胡佳敏 莫耀钧
钟 杰 陈 朗 李智博 马嘉欣 冼金婵 吴依真 刘子毅 梁杰彬 麦嘉琳 孔思澜 王邵婕

吴兆基

软件学院

陈婕妤 郭嘉豪 梁竞文 杨晓婷 周伟洪 陈纬驰 付懿轩 龚 政 洪 吟 林伟强 陈子贤
李佳楠 孙郡瑶 郑家伟 彭 禺 何徐昊 贺小刚 杨杰华 张小贤 吴 双 纪梓楠 李长春
杨穗珠 钟玉生 李 坤 林 捷 郑昌萌 胥雅雯 刘广源 唐子齐 刘雨瑶 梁展宁 张炳寅
钟志成 洪海滨 胡日扬 黄飞勤 林恒锐 刘晓涛 王佳晨 王圣杰 谢咏雪 覃伟达 许杨俊
符家馨 林梓龙 严淑敏 吴 霖 江丽娜 孔俊生 林兆桃 刘卓伦 张华奎 张子伟 李东昌
蔡健聪 潘楷乐 饶浩聪 汪 威 文 威 文永亮 陈安妮 刘海旭 吴泽恩 郑铭莉 陈金健
方赞杰 李嘉明 林俊钦 潘文杰 阮子琦 汤家强 伍瀚杰 叶珂男 蔡鸿钦 黄俊聪 黄启琛
雷 雪 林泽俊 莫朗元 苏俊鹏 王泽众 谢培卓 邢正颖 唐镇溢 陈梓轩 李林键 高语真
卢俊宇 吴潘安 谢方圆 谢旻珊 曹瑞东 林安然 罗 凡 魏 芸 张 媚 陈桂博 陈佳烁
刘凯婷 区颖俊 张 昶 杨润钊 胡可怡 李克奉 李铭豪 连木明 秦 华 邹鹏宇 宗文智
陈丹燕 邱宏鑫 陈俊伟 贾宇然 宁雪琴 祝鹏富 陈泓宇 范峻铭 解 坤 汤晓岚 王业超
周 凯 黄 捷 刘 旭 张 扬 蔡思凯 桂宇翔 胡玮文 贾学雨 刘 畅 卢健威 苏江科夫
石望华 肖悦灏 罗宇成 陶子卓 黄明月

工商管理学院

董晓彤 何健恒 简晔珠 李秋雨 秦 今 王凤淞 叶晓丹 范 锐 黄钰昕 梁 毅 罗舒萍
田 珊 尹姝一 张娜娜 张晓君 张 璇 汪宇萱 古韵阳 邬心悦 石 毅 单志峰 曾浩泓
张泉先 周逸玲 邓筱颜 陈田怡 罗 犇 马 也 宋英楠 夏之阅 周莉媛 朱家铨 陈培锋
蔡明明 陈培贤 李静雯 林昭玥 王 帆 吴茵茵 曾芷晴 吴芷君 林媛峰 吴子莹 蔡 榕
陈佳娜 李 芸 麦靖林 徐沅彤 张倩琳 张心怡 朱诗睿 柴小涵 胡 婧 韩钰琪 江欣怡
金嘉怡 蓝茜静 温碧仪 文 静 吴晓霜 张晓晴 庄添羽 陈树坚 廖琳端 杨海欣 廖 望
庄俊伟 陈嘉翊 敖卓然 陈晓艺 梁雅茵 张颖妍 陈惜玉 刘 添 王 静 方舒林 唐晓晓
王金生 刘晨阳 陈娉杭 陈 烁 黎洁婷 梁 爽 王 靖 严家妹 杨晓玲 游必易 陈海娣
黄羽绵 李金璇 刘 姮 罗必奇 钟亚衡 徐雅婕 蓝宇菲 伍淑妍 姚子怡 王路遥 李雯瑶
林仲晨 马弘寅 彭千航 王泊凝 杨 茗 姚宇思 邓倩莹 郭霭明 郭鹤存 李忻洮 刘 欢
莫丙琦 谭学雯 杨思诗 曹靖仟 陈可欣 孙 艺 王 萌 王 青 杨靖宇 杨静钰 郑泽敏
周咏琪 侯祎然 胡非儿 劳紫裕 梁钰怡 罗昭金 王静坤 吴 言 周志敏 吴雨璐 陈文庆
陈怡聪 方吉薇 顾煜菲 王 蕊 余银漩 周依婧 刘 倩 刘郁菲 黄泳桐 黄 铖 刘欣宜
吴家惠 徐 梵 周佳倩 乐 雨 陈熠灵 蔡丹华 李莉萍 罗盈盈 杨 丽 袁雅静 赵雨果
梁钊羽 王 建 李 维 王 翠 赵福臣 马若男 梁 洁 曹冰倩 邓惠如 邓一诺 余绮岚
郭皑馨 陈淇淇 范宗伟 陈依颖 梁欣然 谭佩琪 梁瑞洁 潘 敏 潘秋运 杨诗婳 周 锐
冉林瓒 高佳玲 张 玲 刘思敏 陈 怡 赖晚露 龙 漂 卓建茹

公共管理学院

陈仪瑛 陈旖恒 邓心怡 洪 帅 黄煜华 刘洋戈 罗 楠 孙文萱 张倩茹 龚丽霞 卢小凤
王畅欢 王 惠 吴 津 杨妍琪 张嘉文 叶 露 陈佩瑜 冯少环 何裕捷 李玉玲 王 欢
魏倩诗 周博文 白晓玲 吴桃龙 郭慧伦 蔡嘉茹 方雨婷 符 蓉 黄 安 麦靖仪 杨茗惟
杜静静 黄惠敏 黄钰清 江苗苗 李风山 刘 璐 刘宇博 薛雨浓 邹含章 高灿玉 陈佳慧
戴 恭 李丽萍 卢琳静 罗绮颖 祁湘月 文婉慧

外国语学院

冯楚娴 后淑芬 高 尚 侯雅璐 张茗沁 吴启锐 朱文涵 陈 晴 陈彦均 任 艺 田 野
张鸿浩 庄晓莹 郑嘉倩 贾蕊蕊 李蔓玉 郭静雯 任一铭 张漠寒 邓浪楚 申 琦 谢雨桐

徐　晗　张眺眺　龙凌芸　余　晴　徐偲睿　马宏伟　张斯琦　方思蕴　郝珠琳　徐天怿　杨雯馨
刘一霏　杨博文

法学院

茹秋乐　王　凡　谢子仟　辛怡聪　许昭琪　郭苑薇　李羽绮　廖晓仪　罗晓玲　谢柳萍　叶萍花
葛　璇　梁浩晖　毛梓先　彭欣雨　杨　乐　兰琪琪　吴文君　伍指康　曾烨华　周笑阳　陈　颖
林宇婷　庞　镛　吴昊迪　周梅坚　冉雨晴　曹　萱　林草原　林丹滢　汪　翌　王浩楠　王雨宸
徐　菲　余菁菁　庄梦婷　常　娟　练卓琦　冯丽珊　胡临天　黄　涛　李梦园　彭灏岳　王倩莹
王沁茹　徐晓珊　钟海燕　钟　琰　朱姝一　陈柳汐　黎绮玲　梁　婕　马志伟　颜　森　于　瑶
何柳汝　李浩宇　李轶妮　莫素卿　丘伟豪　石一然　王梓宇　闫丹雅　嵇薇薇　江欣洋　赖金晶
刘湘婷　麦彩云　谢　琴　杨志勇　吴依璇　詹锐程　何佳霖　胡锦亚　黄金玲　刘惠惠　刘梦婷
谭　力　陈丽琳　邓思宁　李宇豪　郑璐瑶　郑志聪　张雨萌　郭泓杉　何林翀　廖　洋　林秀英
周鸿雁　周　茜　周欣琦　陈雪雯　邓雅慧

新闻与传播学院

雷月媚　邢　卉　曾　羽　周永飞　厉　敏　李金旭　罗冠华　汪冰蟾　肖子昕　姜　姗　景　恬
苗靖茹　黄怡晗　梁嘉颖　张　璐　胡婉歆　陈冠延　岳傲南　马燕柔　黎苑君　李　莎　秦钰雯
张文馨　邱渝茵　刘入豪　胡云华　刘　颖　任宇华　石云霞　苏　君　叶子怡　张舜琪　曹承资
杜宇星　潘雨荷　谭复子　战瑾元　赵绮晴　麦鑫琳　闫中慧　曹　悦　卢莹莹　潘春燕　王懿宁
余芳婧　张小芳　李书婷　陈倩楠　陈泳澜　柳春连　徐敏晔　余秋苗　陈恺璇　柯晓姗　冼楚桥
于北辰　周雪涵

艺术学院

范　牧　李斯媛　向舒婷　吴　晔　赖　静　刘沛然　温昊星　郭君宇　亢鸿志　苏子璇　孙中琦
向馨怡　钟宝儿　何沁蕊　刘紫芸　徐聪慧　詹　敏　辜　琴　温佳妮　周岐荣　周雨薇　高艺源
郝昱捷　刘夏菁　申雨恬　王乙翕　郭雪洋　黄于桐　李策畅　任宏阳　杨红韵　杨倩如　喻希雅
高占鸿　李枝蔓　陈彩凤　陈俊霖　赖奕璇　毛清璇　邓邹玉娃

体育学院

何紫茵　黄晓杰　吉　锐　孙秋鹏　王碧蓉　张文德　张洹铭　张　戬　何健明　何　玮　林靖恩
彭俊瑶　商燕桦　王泽凤　张婉秦　张智建　关天颖　胡家杰　廖文俊　刘含煦　许春蕾　周立冈

设计学院

代育齐　刘　昳　袁慧莹　曾　敏　王　馨　杜诗筠　李　旭　邓杏仪　肖　婕　陈烁瑜　陈逸菲
洪悦妮　冯培仪　林思远　王敏娟　曾雯君　钟毓秀　庄宇宁　竺玲杰　陈诗冰　单远娴　邓一珊
郭必考　李春彬　麻少梅　阮丽敏　成晨昱　刘思妤　刘潇晗　谢　盈　魏　霄　吴玮萱　张培婷
谢舒溦　张卢鑫　彭　颢　于欣平　张　月　周丹萍　孟令文　黄晓琳　陆秋婵　文若愚　蔡楠伟
汤韧洁　刘　杰　张超男　陈昱君　马　驰　朱碧锋　黄献慧　林　岚　彭春霞　谢　瑜　赵慧琳
陈泰嘉　何珏瑜　黄皓庭　黄晓岚　万嘉敏　庄宇睿　刘诗聪　杨雨彤　赵楚伊　廖　峭　荣　蓉
王熙然　刘雯姝　胡亚茹　庄武淇　宋方力　陈　瑾　陈沛玲　陈艺鎔　黄一诺　那嘉洱　龙婷薇
俞奇娟　沈丹丹　吴梦慧　张婉倩　蔡奇翰　姜坤佳　李舸源　李广兰　李佩璇　林杨丹　沈　锐
陈梓栋　马菁菁　田中宇　王　鼎　王　景　曾竣慧　何丹晨　龙思颖　卢彦君　苏　芊

医学院

李夙芸　刘秀锋　揭光灵　林丹琳　王金华　蒋振鹏　潘　杰　宋锦冰　王冠璎　王蔓雯　吴　越
杨丽芳

2016—2017 学年度优秀学生干部

机械与汽车工程学院

刘　萃　高　琦　林泽南　曹健豪　李显超　罗子仁　叶光照　陈锴彬　陈炳喆　陈家恩　尹民博
匡鸣宇　黄　波　章小敏　郭钰均　赵婉婧　邹慧娴　高明阳　赖　威　蓝　楠　陈宇翔　徐书恒
赵　婷　晋青杨　陈淑玲　梅祥祥　周　琳　蔡中斌　方梓帆　刘智恒　潘星谕　佘佩健　孙偲恺
许锦盛　赵启良　梁洁琳　龚云坤　吴焱桐　李健霖　陈楚华　林景新　邓嘉威　纪淮宁　周依行
刘静怡　杨文静　杨　懿　陈晓敏　李锦广

建筑学院

王逸慧　陈欣如　李媛媛　孙　灿　李皇龙　陈凌凡　庄　筠　陈铭熙　黄一杰　尹亚森　朱瑞琳
曹林熹　范子钿

土木与交通学院

梁浩铭　林垲航　钟丽娜　吴若青　张宁泊　文敏郦　杨蕤铜　黎江明　林宇涛　姚晓庆　苏　延
张文博　连维越　梁冠超　林桂欣　欧媛媛　叶丽盈　陈雅娇　陈彦霖　李展锋　莫泳晖　欧阳楠茜
何艺涛　李耀辉　祝旭乾　张　艺　冯丽娟　何思静　蓝天立　刘韦均　郭煜斌　黄　涛　李健聪
林家全　陈连佳　林静聪　郑仲荣　林子琪　王云鹏　许　竞　罗子媛　洪佩鑫　吕端雅　朱淑芳
何梓琦　张柏林　曾衍衍　高嘉欣　沈可夫　梁国立

电子与信息学院

郑淇尹　王　皓　余泽熙　赵恒辉　郭德鑫　薛声银　杨镇川　黎宝柱　梁家炎　余泽琼　黎子杰
张丹丽　禤韵怡　黄玲玲　江泽群　周泽鑫　王　琪　曹俏钰　刘洁锐　卢伟锐　莫子昊　谢楚倩
徐冰妍　吴海唯　吴俊壕　张河锁　张宇轩　林晓程　罗雄耀　余思妍　柏　杨　贾　雪　李　昱
林梓尧　刘亦旸　谢倩扬　杨思敏　袁紫烟　许建城　杨明玥　邓云天　蔺　举　袁　纯　林逸彬
吴金哲　胡天翊　刘孜路　林晓涵　阳欣怡

材料科学与工程学院

黄裕贤　杜星阳　唐　悦　吴兴邦　庄梦迪　黄仕文　黄雅琪　彭嘉晖　陈晓婵　吴晗鑫　邢舒婷
张　悦　梁敏铧　马春杰　雷淑仪　倪震宇　俞　航　陈　鹏　叶倩妮　王　伟　肖慧思　孟庆港
张铁林　赵　攀　冯家瑞　何乐为　王志坚　余　腾　付　莹　包江桥　陈家董　朱润瑶　陈妍如
王洒洒　乔垣方　周　元　孔晶晶　姚诗言　周颖芝　李柱铭　刘恒志　林兆海　郑方仪　杨晶晶

化学与化工学院

邓俊杰　方　畅　邱锦丽　郭　欣　杨亚平　丁收香　周文晨　陆燕玲　杨可欣　罗晓曦　李　祎
覃成强　陈梓洋　黄圣欣　陈润琳　劳苏琳　李欣玉　贾寓凯　张一航　黄夏基　梁华润

轻工科学与工程学院

金旭宸　梁俊豪　曾大亮　洪莺珊　张海珊　雷智惠

食品科学与工程学院

王艳婷　邝嘉华　蔡　洁　陈慧凌　施译琳　曾咏欣　罗思琦　李宜伦　陈晓琦　吴晓涵　余青紫
沈碧寒　王枫淇

数学学院

谭丰林　俞　聪　高一鸣　赵　曼　吴楚帆　张　婷　高　歌　郭　政　吴卓虹　叶　欣　张静仪
成　斌　陶希远　陈梓杰　何奕萱　赖梓维　邓艾西　王潇乐　陈晓艳　宋亚轩　王奇军　凌灿城

物理与光电学院

陈鑫源 刘 贵 钟润梓 李晓群 潘裕利 陈晓凯 陶若文 林惠敏 刘 基 文晓晓

经济与贸易学院

梁洁枝 陈润宇 赵嘉琳 朱智成 杨吉安 邓肖娟 丘彦强 廖伟睿 金子琰 黎可妍 石章文青
冀冬雪 梁 林 张世泽 李承致 李惠敏 周敏玲 黄锦昌 黄至言 范晗馨 丘心心 杨家琦
黄子茵 罗雅婷 刘 钊 陈胜林 陈浩鹏 黄静萍 苏钰棚 郑梦媛 王霖钰 陈佳蕙 钟美玲
余慧伦 王志慧 许多艺 梁紫堃 林学基 许雯嘉 古 龙 曾余凡 曾柳青 吴泽良 刘苗苗
陈思敏 李诗怡 林 珊 王 清 许彬钦 许毓智 吴映君 肖坤然 曾艺林 秦梓月 汪文韬
杨瑞棋 黄颖嘉 郑 聪 范芳芳

自动化科学与工程学院

陈希洋 甘军保 潘文俊 周 翔 何 杰 毛 适 施翔宇 黄海棋 李佳琪 杨湖广 曾一鸣
陆子霖 张广滔 刘梓辰 翁卓荣 黄阳灿 区家荣 翁创鸿 林佳敏 虞龙辉 黄谋潇 蔡佳鑫
陈 庆 林 熙 黄海真 贾 斓 郭 翊 林浩敏 梁炳祥 刘泽勇 施 贤

计算机科学与工程学院

洪发挺 刘洋量 彭 昊 李晓彤 要利娇 邹浩阳 胡景铨 赵菲苑 陈雅欢 王亚权 林安琪
魏凤凤 谈力滔 陈子鹏 黄家锐 廖晓媚 胡心怡 郑咏佳 曾瑞华 李伟珊 钟旭东 周凯茵
刘 真 叶俊朗 艾 琦 陈星宇 陈梓彤 罗奉志 吴思琦 曾翰麟 赖录坤

电力学院

陈镇煌 黄国权 刘润泽 黄培城 宋 颖 钟力文 黄剑平 林鸿业 宁炳文 王 瑾 肖瑞庆
谢金彤 张艺妮 李思琪 张良权 赵柏宁 左冠林 朱子恺 陈浩文 姜雨滋 纪 超 江 婕
佟佳弘 孙启政 王 壮 朱世佳 杜颖君 贺菡琰 罗江诚 张 栩 吴俊晔 辛世荣 余银豪
刘 楠 宋晓维 郭泰亨 容语霞 何润泉 林荣锐 林泽康 罗钰魁 方浪森 张正刚 钟文政
林译涵 谭俊丰 王诗雨 肖梓恩 郑晓腾

生物科学与工程学院

林 婷 刘政宇 蒙红芳 邓家苗 梁梓甄 汪凯婷 曾敏菲 王俐茜 袁才娟 张展华 陈玲伽

环境与能源学院

吴逸生 黄静怡 张柔柔 卫晓蓉 陈 朗 麦嘉琳 孔思澜 刘子毅

软件学院

李佳楠 郑家伟 贺小刚 杨穗珠 刘广源 谢咏雪 江丽娜 蔡健聪 陈安妮 吴泽恩 伍瀚杰
叶珂男 蔡鸿钦 高语真 谢方圆 林安然 张 媚 陈佳烁 李铭豪 连木明 宗文智 陈丹燕
陈俊伟 祝鹏富 解 坤 黄 捷 刘 畅

工商管理学院

何健恒 梁 毅 张娜娜 单志峰 周逸玲 夏之阅 周莉媛 朱家铨 陈培贤 王 帆 吴茵茵
蔡 榕 张倩琳 朱诗睿 金嘉怡 文 静 廖琳端 陈 烁 黎洁婷 杨晓玲 游必易 蓝宇菲
伍淑妍 王泊凝 姚宇思 顾煜菲 黄 铖 刘欣宜 刘付鹏 李莉萍 梁钊羽 王 翠 邓一诺
陈依颖 梁欣然 周 锐 刘思敏

公共管理学院

陈旖恒 卢小凤 何裕捷 魏倩诗 周博文 吴桃龙 方雨婷 黄 安 刘 璐 文婉慧

外国语学院

陈彦均 贾蕊蕊 李蔓玉 任一铭 申 琦 徐偲睿 方思蕴

法学院

王　凡　郭苑薇　葛　璇　兰琪琪　周梅坚　余菁菁　王倩莹　王沁茹　徐晓珊　黎绮玲　于　瑶
何柳汝　石一然　何佳霖　陈丽琳　李宇豪　林秀英　周　茜

新闻与传播学院

雷月媚　厉　敏　肖子昕　胡婉歆　陈冠延　张文馨　刘入豪　苏　君　王懿宁　陈泳澜　陈恺璇
于北辰

艺术学院

李斯媛　吴　晔　钟宝儿　詹　敏　黄若宾　温佳妮　任宏阳　毛清璇

体育学院

吉　锐　王碧蓉　林靖恩　张智建　周立冈

设计学院

刘　昳　陈逸菲　林思远　王敏娟　陈诗冰　吴玮萱　文若愚　刘　杰　谢雨锟　黄献慧　彭春霞
赵慧琳　刘诗聪　赵楚伊　李佩璇　沈　锐

医学院

李夙芸　王冠璎　吴　越

2016—2017 学年度“标杆工程”之十大共青团员、共产党员标兵

徐赫言　刘晓琳　孙弋淼　刘可心　闫志国　卢治霖　张文博　廖立胜　刘兴松　黄若宾

2016—2017 学年度优秀共青团干部

机械与汽车工程学院

邓智超　梁俊文　郭超强　钱泽宇　赵永豪　张伟业　贝泾浩　刘冬新　陈家泳　林炜坚　陈家恩
贺小宇　张　越　陈宇林　林凯东　陈志通　高　琦　文志荣　林楚键　许　婷　李东阳　李嘉兴
沈腾达　方文锐　张雨阳　赵　婷

建筑学院

李浩卓　尹　君　肖　倩　李亮稷　魏文翰　谢光源　梁杰麟　邓逸凡　王晴怡　李东柱　胡阳芷
曾宇健　黄　悦　许智熙　陈铭熙　陆楚杰　陈健聪　王土坤　王佳蕙　林思仪　王严晞　马亦鸣

土木与交通学院

马泽志　赵　亮　苏楚恒　苏　延　林垲航　苏泊雅　肖　婧　罗　筱　郭天昭　罗凯丹　夏宁馨
杨蕤铜　曹睿冲　张　艺　任　杰　郭煜斌　邱俊明　林静聪　何俊毅　李东亚　冯丽娟

电子与信息学院

薄少飞　庄镇东　张志杰　杨镇川　苏梓鑫　李思禹　李新鹏　吴敏意　陈　佳　陈汉标　禤韵怡
郭悦婧　贾浩阳　刘洁锐　徐冰妍　张宇轩　罗雄耀　张添博　郝　翊

材料科学与工程学院

胡泽隆　李晓庆　耿　一　胡杭坷　黄裕贤　吴兴邦　廖潇涵　贡子元　张　悦　彭嘉晖　黄瑞怡
刘鑫妍　冉合迎　张　鑫　叶倩妮　顾欣然　余佳毅　何乐为　徐楚斌　柯　敏　孔晶晶　李明佳

化学与化工学院

肖　阳　周丝雨　陈昭丹　李穗敏　吴锦儿　袁奈惠　李　钰　侯竣升　谢心怡　王熙瑞

轻工科学与工程学院

吴　俊　吴锡鹏　熊洁怡

食品科学与工程学院

林　琪　罗思琦　闫婉琳　郑　虹　范义华　练颖仪　王　莎　许　佳　黄梓桑　陈伟明

数学学院

谢梦颖　宋亚轩

物理与光电学院

陈晓凯　陈晓鹏　陈鑫源　葛　凡　黄锦婷　李晓群　梁春娟　梁晓敏　林　湘　马守然　潘裕利
孙远发　杨媛惠　钟润梓

经济与贸易学院

伍紫颖　宛姣姣　许　悦　陈晓仪　廖伟睿　冯　慧　周敏玲　王　铮　龙　钰　李晓萍　王佳莹
陈　畅　谢思珞　李德仁　林晓滢　毕梦雨　陈浩鹏　陈　羲　吴雨桐　张臻旸　李观琴　张　萱
林泽铨　杨卓文　范庭炜　梁涣铃　柳新钰　王志慧　林学基　杨睿琳

自动化科学与工程学院

郑陆楠　陈锦朝　何锦荣　张志宏　潘文俊　周琼怡　周　翔　黄　墉　陆玉恒　李　睿　曾一鸣
赵紫暄　敖佩珊　翁创鸿　黄德东　吕锦泉　区家荣　陈锐坤　何　杰　林秀曼　刘梓晨　黄少嫣
高　熠　仇泽峰　李志豪　牛雅儒

计算机科学与工程学院

魏含玉　杨文星　洪发挺　要利娇　龚韵晴　魏凤凤　林安琪　郑佳炜　廖晓媚

电力学院

卢治霖　王胜寒　杨宇航　杨昕陆　陈嘉乐　吴洁璇　尹　文　吴俊晔　王璨珉　吴万靖　穆俊宇
李富盛　林　丹　李堉鋆　冯贵勤　奚伟钦　陈健宁　李富春　范苏纯　沈楚生　冯清影　陈梦圆
龙嘉健　陈浩文　陈旭涛　苏俊源　张晓林　钟诗恩　林满豪　杨荣照　张艺妮　邬　霄　俞　涵
郑志铭

生物科学与工程学院

刘晓琳　李文杰　彭思琪　张光明　吴伯华　陈思韵

环境与能源学院

吴逸生　李欣桃　梁经纬

软件学院

冯曦蒙　林　捷　杨杰华　杨晓婷　张钰莹　邹　彬　曹　晋　陈安妮　陈文慧　丁　可　黄俊聪
李　蓉　林艾琳　刘卓伦　宋　凯　王松盛　伍瀚杰　谢咏雪

工商管理学院

陈意真　陈墨莹　刘思奇　罗盈盈　梁　毅　汪宇萱　赖晚露　杨睿琳　金嘉怡　杨晓玲　邹锐洁

公共管理学院

周博文　邱海坤

外国语学院

刘燕华　周斯佳　邹　昕　李蔓玉　唐洁栩　张眺眺　田　野

法学院

王　凡　兰琪琪　任　玮　谢淑贞　徐　菲　黄龄娇　刘东钰　于　瑶

新闻与传播学院

刘入豪　厉　敏

艺术学院

刘沛然　游　欢　秦　娅　张一勃　王乙翕

体育学院

吉　锐　张怡宁　黄晓杰

设计学院

胡静怡　单远娴　赵　爽　赵楚伊　黄　琰　赵慧琳

医学院

罗宇悠

研究生团委

李洪硌　钟惠婷　刘蒙蒙　吴柏禧　杨　威　白石根　宋　璐　夏静婧　朱博雅　鄢　然　鲁　岳
魏沐杨　范　泽　胡　瑶　马美娜　师婷婷　蔡少芝　杨丽娟　刘昳阳　刘思琦　邱晓忠　夏亚琴
陈国良　王　菊　廖明锐　郑湘君　杨永涛　李　靖　张亚萍　汪雨亭　李天琪　李　青　邓秀方
陈　璇　李岿林　卿婷婷　李晨迪　郑文坚　柯少佳　施泽宇　赵艳敏　李若兰　商桠维　阎宇番
李丽娜　宋丹丹　马真容　雷　飘　何嘉欢　赵争艳　严晓朦　周姝熠　周　旋　涂逸欣　张声超
彭伟华　李玲芳　黄　涛　龚玲婷　梁丽琨　林鸿裕　王冠华　黄日萍　陈诗云　陈　瑾　费伯成
李媛媛　荆梦婷　余　娟　侯姣蛟

国防生教育学院

吴友贤　蔡淦鸿

2016—2017 学年度优秀共青团员

机械与汽车工程学院

梁兴湖　李育萍　曾　博　李家全　潘星谕　孙偲恺　刘　萃　陈　磊　何宝添　李显超　张智敏
骆文宾　黄城坤　姜俊杰　庄庭达　张峻铭　李愈坤　鲜　婷　陈树坚　徐　珊　邹慧娴　蔡潍锶
梁洁琳　冼浩岚　陈浚彬　杜俊杰　李梓棋　庞业忠　宋百哲　宋品皓　王浩楠　杨镇坡　郑雅威
吴观平　钟凯帆　陈宇翔　范光涛　龚云坤　李　威　王志杰　郭泽辉　林媛峰　姚庚成　郑益谦
陈翔宇　徐书恒　王志皓　刘兴松　杜凌皓　张华才　罗子仁　林泽南　梁铸强　匡鸣宇　黄　波
刘琪玥　黄宏滔　万六杰　陈伟臻　罗　卓　廖琳端　高明阳　李　涛　陈树坚　张智敏　刘兴松
杜凌皓

建筑学院

温　丽　赖慧杰　朱嘉懿　唐　帅　莫海彤　郑涵頔　许植桐　刘　祺　许明锐　曾哲笙　李剑萍
萧靖童　张　靖　郑佳佳　杜尉鹏　冯　欣　单诗涵　林健成　沈晨如　李皇龙　马小月　伍沛璇
尹亚森　朱瑞琳　陈豪焱　刘　悦　李　彤　侯思佳　雷于萱　黎翰霜　卢　奕　张玥琪　林思仪
徐赫言

土木与交通学院

杨钦晖　周植鹏　李冠霖　钟素晓　周　伟　文敏郦　肖诗豪　冼健棠　刘舒诣　蔡晓涛　李之吉
邱智育　许泽佳　谢伟胜　唐永锋　李绮玉　梁锦华　刘思辰　郑振光　吴若青　黄文耀　褚海涛

黄晓芬 庄缘源 黄国忠 何 俊 王自豪 吴智辉 郑钰洁 陈 振 郭侯佐 罗翼锋 余戴君玥
王博宇 张 超 陈家超 周振峰 林 越 王哲轩 陈钰萌 洪书涛 黄 涛 纪文瀚 李健聪
林家全 刘 威 刘夏玮 苏金鸿 吴博俊 向璐佳 谢金伦 余梅霞 张锦枫 张志伟 郑 鑽
郑仰东 黄思见 陈飞达 余克鹏 陈雅娇 陈彦霖 黄 棉 王家英 赵尚可 伍健波 欧阳楠茜
朱子轩 黎俊廷 李崇奕 刘德铭 史向前 李昊波 陈 诚 王子琛 陈骏超 周锦鸿 李展锋
吴 珊 谢卓成 张仰镛 吴 毓 莫泳晖 张天宇 陈百曦 张文博 曹江昱 欧焕聪

电子与信息学院

李松华 邓锦灿 张圳畅 赵恒辉 王翔宇 邹睿明 刘佳佳 王 晴 陈静虹 廖皓琳 黎子杰
马学东 陈奕毅 欧炜滨 李翠雯 杨 恬 陈艺荣 廖远达 唐珩膑 冯永森 刘楚钊 吴海唯
印 博 郭沛榕 胡粤华 张圳畅 梁志坚

材料科学与工程学院

黎振超 刘晓珺 汤强强 王楠熙 李华艺 赵碧波 王国宏 钟 骏 谈琼轩 张钊泽 李 健
吴癸金 万宇欣 李 颖 张漳敏 易冬林 叶明伟 杨志鹏 温绍飞 缪艳娟 张志煌 毛天骄
许 琦 汪 洋 周尚雄 张 帅 楚高杰 孔令茵 马春杰 陈 芳 罗 浩 代俊峰 王媛婧
钟文韬 倪震宇 李方杰 黄进波 刘 敏 刘韫聪 冯家瑞 陈嘉翊 张 笛 白峻晨 陈妍如
左 欣 余羿叶 张颖妍 柯鹏飞 乔垣方 王 格 陈 鹏 俞 航 李妙姿 陈 昊 庄梦迪

化学与化工学院

吕露茜 戴之易 梁阳彬 郭伟聪 丁收香 叶丽萍 马樱芷 吴子莹 黄圣欣 李 航 刘丽莹
柯展帆 冼钰怡 袁素英 彭诗蕴 马 强 金 硕

轻工科学与工程学院

张礼慧 邓皓月 李 悦 曾 玫

食品科学与工程学院

黄钰雯 李芷珊 沈鹏辉 李蔚偲 郝 欣 岑月妍 姚登洋 余青紫 薛倩然

数学学院

李敏丽 谭丰林 熊 艳 高一鸣 蔡志强 胡皓然 郭 政 林 鸿 林 涛 叶 欣 房依璐
陶希远 高 歌 许荣贵 余钊慧 张诗文 孙弋森

物理与光电学院

陈秀莺 陈子豪 邓淇安 黄钰淇 李炎明 梁杰辉 林惠敏 林凯彬 刘泽楠 邱艺娴 汤云青
温佳玉 文晓晓 伍斯佐 冼仲濠 项宇銮 谢子敬 严文翔 杨嘉嘉 张丽霞 陈晓凯 潘裕利

经济与贸易学院

伍莹莹 赵小樱 蔡媚媚 陈艳红 杜珊珊 梁卓晖 彭静纯 王 晗 郑忠飞 范炯铵 黄慧婷
杨吉安 郑立勋 金子琰 阚星辰 汤 玥 陈彦汝 邓肖娟 唐清澜 童 瑶 张晓华 韦雨田
钟景雯 李惠敏 陈斯敏 翟可璇 王 东 甄颖晖 刘静蓉 马可盈 田炜瞳 张雯倩 刘 钊
商宴铭 陈明仁 邓依凌 陶斯茹 于诗卉 张国林 曹 昱 洪佳薇 江 奕 梁柏奇 苏钰棚
詹伟键 赵洁芳 马佳伟 卿 瀛 谢小咪 洪 艺 霍婷卉 刘 露 陈文华 郭泓滟 吴华亮
闫 欣 杨 敏 董晓旭 梁紫堃 刘 添 周 铜 王 娟 石章文青 欧阳南天君

自动化科学与工程学院

陈沛豪 李 俊 殷侃悦 邓远志 丁新尧 刘思军 陈旭梁 魏毓文 范稼宝 康愫愫 谭 莉
杨少基 邝东海 陈成杰 林灿光 朱瑾颐 连枫钊 李志鹏 黄海棋 陈 乐 骆杰豪 潘树良
吴泽璇 贺新国 张钰滢 翁卓荣 王 雨 毛 适 施翔宇 黄宇坤

计算机科学与工程学院

郑超达　王楚然　许卓佳　于　涵　陈家兴　曾　行　郭晓琦　余智星　李展华　刘可欣　刘洋量
王　庆　邹颖茵　林思洁　林继强　沈　婕　罗文锋　秦文辉　张　佳　黄　奕　薛　进　谢欣言
李崇宇　余博西　陈浩鑫　冯嘉昌　胡景铨　黄凯博　黄　明　邱子昀　王亚权　谢林森　陈嘉健
陈雅欢　马一宁　成奕彬　高楚杰　胡心怡　曾佳尉　高雨晴　池慧珏　陈梓仪　林安琪

电力学院

卓佩怡　陈军宏　陈鋆凯　陈智豪　马旭聪　王润鹏　于俊杰　范官盛　许子嘉　林浩庆　夏　铭
于金雨　陈锦涛　林伟江　郎　兵　黄　杰　纪　超　黄文靖　姜雨滋　陈镇煌　李　捷　黄培城
苏子钊　林鸿业　吴洁聪　吴秋媚　林银鸿　王　瑾　赵柏宁　李思琪　陈星宇　洪锐媛　谢楷俊
余银豪　王泽嵩　孙启政　庄长杰　谢金彤　王梓耀　马创鑫　陈思如　朱业铭　喻子彧　宋　健
张良权　张德建　甘子莘　李圳豪　郑楚鹏　江里舟　陈　戈　陈丽尧

生物科学与工程学院

林　婷　陈永安　郭智杰　江秋悦　蒙红芳　刘　阳　骆怡帆　程　丽　李玉坤　王　瑞　周林付
倪梦姣　梁梓甄　曾敏菲　李思潼　倪佳俐　汪凯婷　钟颖雯　姬彦儒　王俐茜　冯怡婷　戴伟霖

环境与能源学院

郑如婷　梁　晨　李镇涛　李俊鹏　张芷琪　廖青莹　吴多多　王艺璇　袁颖枝　熊岳城　王欣楠
黄静怡　吴欣然　梁思颖　周　煜　陈小宁　朱　瑶　沙浩鹏　廖敏劼　马　伟　丁跃飞　卫晓蓉
莫思琦　伍兆基

软件学院

杨浩雁　易川焜　付懿轩　郭嘉豪　洪　吟　李长春　刘雨瑶　阮羽彬　吴　双　胥雅雯　徐　雪
严伊彤　杨　添　杨泽宇　易冰倩　张焕明　朱本金　董　骞　黄班班　孔俊生　李锐泳　林俊钦
林梓龙　阮子琦　覃伟达　文永亮　吴泽恩　许杨俊　张子伟　牛　哲　郑家伟

工商管理学院

霍孜睿　陈锦璇　李景嫦　邱源臻　汪　远　李晨炜　吕晓慧　林　璇　许芷慧　黄钰昕　李巧玲
潘昕澄　钟梨婷　冯苗苗　马靖雯　王冬梅　张　玲　卓建茹　陈培锋　陈培贤　黄庭民　吴秀慧
陈佳娜　詹敏敏　朱诗睿　张心怡　陈启诗　韩钰琪　蓝茜静　陈衍宁　陈希哲　高雨辰　谭　珮
陈欣琪　罗必奇　徐雅婕　陈田怡　蔡乐熙　陈合兴　刘　欢　陈思思　左锦达　郑鸿升　劳紫裕
梁钰怡　孟彦兵　王　浩　顾煜菲　菅泽华　肖　烨　吴家惠　肖振华　刘欣宜　姚宇思　朱　俊
郑裕坤　张元新

公共管理学院

陈芷晴　杨　璇　颜　安　陈婉莹　李洋帆　朱昌文　张嘉文　梁宇鑫　冯少环　魏倩诗　何裕捷
杨茗惟　刘志明　王妍曼　张倩茹

外国语学院

张文博　周斯迪　徐　畅　颜逸颖　朱丽艳　郑嘉倩　蔡润泽　张思哲　郭静雯　何伊芝　谢雨桐
邓浪楚　徐　晗　陈彦均　张鸿浩　刘燊楠　田　静　冯楚娴　吴彩萍　韩家欣

法学院

杨晓娴　陈　卓　郭　瑶　许昭琪　叶萍花　彭欣雨　包淑贤　吴文君　张馨元　彭　榕　冯文芳
蒋一帆　林亿楠　黄　易　王倩莹　王沁茹　何柳汝　丘伟豪　黎绮玲　颜　森

新闻与传播学院

叶蕴彤　翁颖霓　叶子怡　杜宇星　邱渝茵　苏　君　张文馨　肖子昕　韦蓝锋　陈佳楠　李世民

艺术学院

何沁蕊　刘紫芸　周岐荣　辜　琴　滕　淦　候欣汝　刘贝贝　高艺源　温昊星　陈　蔚　黄静婷
李斯媛　吴　晔　郑鑫垚　徐聪慧　黄若宾

体育学院

陈炜誉　何　玮　王雪婷　张智健　彭俊瑶

设计学院

张嘉敏　邓一珊　郭必考　宋海龙　陈昱君　冯颖颖　郭佳和　郭子萱　陶玉棠　吴玮萱　袁佳尔
黄晓岚　庄宇睿

医学院

揭光灵　游　莹

研究生团委

和锐亮　邹志杰　李小珍　彭嘉林　邹文朗　赖文林　林庆宏　杨　嵩　戚龙飞　袁　周　张　洋
王　瑾　张梦迪　陈　灿　孙佳伟　郑东泽　陈昱帆　关洁茹　郭方洁　蓝素雯　彭小京　张晓阳
贾博雅　肖栋梁　梁仲铭　刘　灶　王兆阳　罗凯文　张晓荣　何湘杰　林　朗　林　龙　闫　岑
朱振杰　朱江颖　马博康　金招华　麦炜伦　汪思聪　曾燊平　杨朝煜　宋玲娜　包仁智　郑炳龙
陈公云　孟淑娜　黄仕文　王羊洋　李鹏飞　李　香　洪　源　吴岱丰　张　鹏　郭燕霞　黄帅玲
周超群　郭倩怡　李秋玲　罗　政　谭振华　周学宏　李晓曼　宋凯强　徐志魁　郭雅容　林文胜
吕　磊　孙　锐　王冰冰　郑雁芬　贺冬琳　龚灿腾　黄小敏　刘亚萌　史耀振　汤冰雪　周　枫
庄丽彬　赵　雨　刘宝联　刘　超　齐亚楠　陈东霞　陈秋宏　戴宏杰　蔡欢欢　苏芳萍　谢　芳
董竹平　陈　亚　黄嘉艳　李改改　张文博　温泳梅　范小邦　陈仲佳　马鹤鸣　韩芳墨　张孝顺
陈　耿　郭　然　曾玉凤　贲　成　刘黎鸣　刘丽媛　金永越　吴文玲　李舒容　李洪发　崔小雨
黎子森　杨艳君　黄怡茵　曹雪琴　刘怡辰　陈惠莲　邓艳梅　杨伟桦　朱文娟　汤禹瑶　陈聪颖
王文晓　龚寒影　陈晓琪　林丽清　刘婷婷　杨　柳　陈渊博　戚潇明　李　雯　李梦溪　谢敏珊
管宇男　谢仁杰　皮思远　柏朋成　赵　菁　李丽阳　李雪晴　齐昊楠　谢艳香　李业成　杨颖茵
陈伟仡　郝金蕾　陈小方　武士川　王冠雯　陈文航　陈　航　袁　阳　陈丹青　王　骏　罗茜方
刘金丽　朱薇薇　石铭铭　莫丽桐　钱　鑫　覃　玲　赵宇佳　苏　婉　吕　笑　王一淋　庞启玲
廖　辉　杨玉玲　尹　婕　吴　磊　何　兰　王奥宇　龚　斌　林　焰　廖立胜　刘可心　王倩楠
黄丽婷　刘利锋　闫志国　张苏姗

国防生教育学院

曾浩泓　王　闯　庄哲鑫

2017年获得省级以上奖励的部分教学科研成果

一、获奖的部分教学成果

中国专业学位教学中心优秀案例

单位名称	案例名称	完成人	专业学位类别/领域
华南理工大学	我若为鱼，你便为水——财务分析对会计分析的告白	邵希娟	会计硕士
华南理工大学	济河焚舟：ST舜船破局债务危机	廖明情　邓　路 张俊玲　苏道启	工商管理硕士

中国专业学位教学中心入库案例

单位名称	案例名称	完成人	专业学位类别/领域
华南理工大学	税收制度与企业组织形式的优化——基于和晶科技对外投资设立苏州兆戎空天创业投资合伙企业	曹晓丽	会计硕士
华南理工大学	M&J公司的退货事件	李映照	会计硕士
华南理工大学	巨人的征途——巨人网络私有化与再上市之路	廖明情	会计硕士
华南理工大学	名副其实还是事出有因？——康美药业营运能力分析	邵希娟	会计硕士
华南理工大学	二三四五是借壳海隆软件上市吗？	肖　万	会计硕士
华南理工大学	万科控制权争夺战	谢　军	会计硕士

全国工程专业学位研究生联合培养示范基地

单位名称	联合培养基地名称	联合培养单位名称	负责人姓名
华南理工大学	华南理工大学－京信通信技术（广州）有限公司全日制工程硕士专业学位研究生联合培养实践基地	京信通信技术（广州）有限公司	李　斌

续表

单位名称	联合培养基地名称	联合培养单位名称	负责人姓名
华南理工大学	华南理工大学宁波汽车零部件研发研究生联合培养示范基地	宁波拓普集团股份有限公司、宁波宏协股份有限公司、宁波丰茂远东橡胶有限公司、宁波雪龙集团股份有限公司	上官文斌

2017 年广东省研究生教育创新计划项目

单位名称	项目（基地）名称	项目类别	负责人姓名
华南理工大学	广州新视界光电科技有限公司	广东省联合培养研究生示范基地项目	彭俊彪
华南理工大学	工业和信息化部电子第五研究所	广东省联合培养研究生示范基地项目	李　斌
华南理工大学	南方电网科学研究院有限责任公司	广东省联合培养研究生示范基地项目	杨向宇
华南理工大学	佛山市顺德区人民法院	广东省联合培养研究生示范基地项目	殷继国
华南理工大学	广东正中珠江会计师事务所（特殊普通合伙）	广东省联合培养研究生示范基地项目	李志宏
华南理工大学	广东顺德环境科学研究院有限公司	广东省联合培养研究生示范基地项目	冯春华

二、获奖的部分科技成果

2017 年国家科学技术奖

奖种名称	等级	项目名称	所在学院	主要完成人
科技进步奖	二等奖	流域水环境重金属污染风险防控理论技术与应用	环境与能源学院(2)	党　志(3)　易筱筠(10)
科技进步奖	二等奖	干坚果贮藏与加工保质关键技术及产业化	食品科学与工程学院(2)	宁正祥(3)
科技进步奖	二等奖	特大型交直流电网技术创新及其在国家西电东送中的应用	电力学院(5)	蔡泽祥(9)

注：括号内数字为我校完成单位或完成人的排序，下同。

2017 年高等学校科学研究优秀成果奖（科学技术）

奖种名称	等级	项目名称	所在学院	主要完成人
自然科学奖	一等奖	污染水体中重金属高效吸附材料研制及应用基础研究	环境与能源学院	党　志(1)　吴平霄(2) 尹　华(3)　郑刘春(4) 曹　威(5)　黄　飞(7) 易筱筠(8)　卢桂宁(9) 郭楚玲(10)　黎淑贞(11)
科技进步奖	一等奖	造纸行业清洁生产和末端治理相结合的水污染全过程控制集成技术	轻工科学与工程学院	陈克复(1)　徐　峻(2) 李　军(5)　莫立焕(7) 冯郁成(9)　曾劲松(10)
自然科学奖	一等奖	多孔介质内含相变过程多相多组分输运机理	化学与化工学院(2)	樊栓狮(2)　王燕鸿(8)
自然科学奖	二等奖	植物蛋白质功能性质的分子基础及修饰调控机理	食品科学与工程学院	唐传核　尹寿伟　孙为正 赵谋明　刘　付　王显生
科技进步奖	二等奖	亚热带大型公共建筑可持续营建技术研究	建筑学院	孙一民(1)　陶　郅(3) 肖毅强(4)　王　静(5) 张春阳(7)　郭昊栩(8) 孙文波(10)　汪奋强(11) 陈子坚(12)　熊　璐(13) 杨　定(14)　苏　平(15)

2017 年广东省科学技术奖

奖种	等级	项目名称	单位	完成人
突出贡献奖			机械与汽车工程学院	瞿金平
技术发明奖	一等奖	氧化物薄膜晶体管技术及其在柔性有机发光显示中的应用	材料科学与工程学院	彭俊彪(1)　兰林锋(2) 徐　苗(3)　王　磊(4) 王　坚(7)　吴为敬(8) 姚日晖(9)　宁洪龙(10) 许　伟(13)
科技进步奖	一等奖	半导体发光器件跨尺度光功能结构设计与制造关键技术	机械与汽车工程学院	汤　勇(1)　李宗涛(2) 余彬海(3)　丁鑫锐(6) 李家声(7)　余树东(8) 袁　伟(14)
科技进步奖	一等奖	动力用煤降损与环境污染治理关键技术研究及工程应用	电力学院(2)	马晓茜(3)　余昭胜(15)

续表

奖种	等级	项目名称	单位	完成人
科技进步奖	一等奖	高品质电子陶瓷元件关键技术及大规模产业化	材料科学与工程学院(2)	凌志远(3) 胡 星(7) 符小艺(8)
科技进步奖	一等奖	50MW级生物质直燃发电技术研究及工程示范	电力学院(5)	廖艳芬(8)
自然科学奖	二等奖	量子理论及其在量子信息中的应用	数学学院	郑驻军(1) 费少明(2) 朱学娜(3) 王艳玲(4) 李茂生(5)
科技进步奖	二等奖	新型图形化衬底上芯片级封装的大功率发光二极管及其产业化	材料科学与工程学院	李国强(1) 高芳亮(5) 王海燕(6) 王文樑(7) 刘玫潭(10)
科技进步奖	二等奖	亚热带地区可持续城市设计关键技术	建筑学院	孙一民(1) 周剑云(2) 肖毅强(4) 张春阳(5) 夏 晟(6) 王 静(7) 王成芳(8) 苏 平(9) 黄烨勍(10)
科技进步奖	二等奖	造纸工业排水安全保障关键技术研发与集成应用	环境与能源学院	万金泉(1) 马邕文(2) 王 艳(4) 关泽宇(5) 武书彬(6) 黄小慧(8) 李 璧(9)
科技进步奖	二等奖	大宗油脂生物炼制高值化关键技术及产业化示范	食品科学与工程学院(2)	赵强忠(2) 赵谋明(6)
科技进步奖	二等奖	大规模直流输电馈入广东电网稳定运行的关键技术研究与应用	电力学院(2)	管 霖(5)
科技进步奖	二等奖	数字媒体云服务平台创新及应用	电子与信息学院(2)	金连文(3) 黄双萍(4) 李 磊(5)
科技进步奖	二等奖	超高层建筑若干施工关键新技术	土木与交通学院(2)	蔡 健(2) 陈庆军(7)
科技进步奖	二等奖	基于汉语加工机制的语言障碍精准评测及康复应用	电子与信息学院(3)	贺前华(4) 李艳雄(8)
技术发明奖	三等奖	高性能聚合物乳液制备新技术及其在水性木器涂料中的应用	化学与化工学院	瞿金清(1) 张心亚(4) 沈慧芳(5) 曹树潮(6) 夏正斌(7)
科技进步奖	三等奖	广东省标准《高层建筑混凝土结构技术规程》	建筑设计研究院	方小丹(1) 韦 宏(3) 苏 成(7)

续表

奖种	等级	项目名称	单位	完成人
科技进步奖	三等奖	恒匀火高能效电磁炉关键技术研究和产业化	材料科学与工程学院(2)	刘仲武(3)
科技进步奖	三等奖	基于泛在对象交互技术USIP的钞币流转服务平台	计算机科学与工程学院(2)	齐德昱(1)　熊　江(4)　李　剑(6)　齐启豪(7)
科技进步奖	三等奖	以创意机器人为载体的青少年科技创新能力培养模式研究及应用推广	软件学院(2)	朱金辉(2)　张　梅(7)
科技进步奖	三等奖	汽车湿热环境气候老化试验技术研究与应用	机械与汽车工程学院(2)	兰凤崇(4)
科技进步奖	三等奖	水产加工副产物蛋白资源高值化利用关键技术研究与应用	食品科学与工程学院(3)	尹寿伟(2)
科技进步奖	三等奖	定制家具板件柔性加工生产线关键技术研究与产业化	计算机科学与工程学院(3)	张　平(4)　李　方(7)
科技进步奖	三等奖	含储能和多类型电源的万千瓦级孤立海岛微电网关键技术研发与应用	电力学院(4)	郭红霞(5)
科技进步奖	三等奖	玩具及儿童用品高风险原料安全标准及产业应用	化学与化工学院(5)	

2017 年度专利成果奖

类型	专利名称	主要完成发明人	所在学院
中国专利优秀奖	超声协同养晶的果汁冷冻浓缩方法与设备	曾新安　于淑娟　曾　杨	食品科学与工程学院
中国专利优秀奖 广东专利优秀奖	南极假丝酵母脂肪酶β基因及其在酵母展示中的应用	林　影　韩双艳　苏国栋　郑穗平　黄登峰	生物科学与工程学院
广东专利优秀奖	一种处理废水的两相两阶段厌氧生物反应器	万金泉　马邕文　王　艳　陈　云　黄明智	环境科学与能源学院
广东专利发明人奖		汤　勇	机械与汽车工程学院
全国发明展览会金奖	高光谱计算机成像与食品快速无损检测技术及其装备	孙大文　蒲洪彬　朱志伟　韩　忠　曾新安　李汴生　成军虎	食品科学与工程学院

续表

类型	专利名称	主要完成发明人	所在学院
全国发明展览会金奖	再生混合混凝土结构关键技术及工程应用	吴　波　刘琼祥　许　喆　刘　伟	土木与交通学院
全国发明展览会金奖	有机废气的净化技术	叶代启　付名利　关绣娟	环境与能源学院

广东省第七届哲学社会科学优秀成果奖

成果名称	获奖级别	第一作者	所在单位
智慧城市建设理论与实践	一等奖（著作类）	朱桂龙	工商管理学院
中国企业的融资约束：特征现象与成因检验	一等奖（论文类）	邓可斌	经济与贸易学院
Optimal Uniform Pricing Strategy of a Service Firm When Facing Two Classes of Customers	一等奖（论文类）	周文慧	工商管理学院
Pricing and Alliance Selection for a Dominant Retailer with an Upstream Entry	一等奖（论文类）	周永务	工商管理学院
广东省战略性新兴产业发展专项资金 LED 与新能源汽车项目绩效第三方评价报告	一等奖（调研报告类）	郑方辉	公共管理学院
绿色金融的发展与创新—基于广东的实地调研	二等奖（著作类）	徐　枫	经济与贸易学院
李维汉与马克思主义中国化研究	二等奖（著作类）	莫岳云	马克思主义学院
我国多层次科技资本市场的重构与对策研究	二等奖（论文类）	麦均洪	经济与贸易学院
以刑释罪：一种可行的刑法实质解释方法——以对“组织卖淫罪”的解释为例	二等奖（论文类）	徐松林	法学院
批评性话语分析：诠释与思考	二等奖（论文类）	武建国	外国语学院
大型体育场馆的空间布局和功能定位及政府决策	二等奖（论文类）	高晓波	体育学院
A Multi-Period Fuzzy Protfolio Optimization Model with Minimum Transaction Lots	二等奖（论文类）	刘勇军	工商管理学院
Price, Capacity and Concession Period Decisions of Pareto-efficient BOT Contracts with Demand Uncertainty	二等奖（论文类）	牛保庄	工商管理学院
Maximizing System Availability Through Joint Decision on Component Redundancy and Spares Inventory	二等奖（论文类）	谢　维	工商管理学院

续表

成果名称	获奖级别	第一作者	所在单位
间段均衡理论与中国公共政策的演进逻辑——兰州出租车政策（1982—2012）的变迁考察	二等奖（论文类）	文　宏	公共管理学院
网络位置、独立董事治理与公司并购——来自中国上市公司的经验证据	三等奖（论文类）	万良勇	工商管理学院
Forecasting energy consumption using a new GM-ARMA model based on HP filter: The case of Guangdong Province of China	三等奖（论文类）	徐维军	工商管理学院
清末学堂学生的读报活动与观念变革	三等奖（论文类）	蒋建国	新闻与传播学院
The Development of Asymmetric Trust in Cooperation Between Large Firms and SMES: Insights from China	三等奖（论文类）	王红丽	工商管理学院
提高水平加快发展 推进幸福广东建设——2011 年建设幸福广东综合评价报告	三等奖（调研报告类）	杨建辉	工商管理学院

2017 年华南理工大学学生课外学术科技创新竞赛成果

2017 年学生课外学术科技创新杰出贡献奖

序号	竞赛（评选）名称	获奖等级	获奖者姓名	指导老师
1	第三届中国“互联网＋”大学生创新创业大赛	金奖	黄　冠　陈　劢　刘艺璇　罗　晶　陈　婧　林　焰　罗凌杰　毛雨思　王钊越	龚　振　张星明
2		银奖	阁霄艳　陈　颖　陶金轩　孟令晗　梁咏琪　李铁城　单志峰　孙秀利	龚　振　余　龙　刘宏生
3		银奖	林钟杰　丘心心　李静雯　陈得然　刘文杰　张玉琨　陈培锋　汪　翌　龙　钰　何昕蔓	龚　振

续表

序号	竞赛（评选）名称	获奖等级	获奖者姓名	指导老师
4	第十五届“挑战杯”全国大学生课外学术科技作品竞赛	一等奖	王慧芹　莫海彤　梁永雄　张　弘　梁景宇　黄俊浩　郭振松	赵渺希
5		二等奖	明思逸　何嘉皓　严俊芳	陈　港　方志强
6		二等奖	田龙伟　肖焕侯　刘玉德　洪冬梅　宁培阳　王桂鸿　邱　威	史景伦
7		二等奖	周文杰　陈钊书　刘　嵩　谢培达　张　闽	李　勇
8	第十六届全国大学生机器人大赛 Robomaster 机甲大师赛	一等奖	方文锐　赵世杰　吴伟锋　陈泽达　黄金豪　禤俊鹏　王佳佳　唐华杰　郑蓝翔　梁建荘　成　斌　陈文辉　刘相乾　禤俊鹏　林诗峰　林　城　徐　珊	张　东
9	第十六届全国大学生机器人大赛 ROBOCON 赛事	二等奖	成　斌　禤俊鹏　梁建荘　陈泽达　赵世杰　吴伟锋　方文锐　唐华杰　林诗峰　王佳佳　黄金豪　陈文辉　刘相乾　林　城　徐　珊	张　东
10	第十三届国际遗传工程机器大赛（iGEM）	金奖	陈南杜　吴柏华　胡日荣　张　杨　廖沛林　倪梦姣　吴　仪　钟颖雯　李浩健　郭智杰	李　爽
11		金奖	李慧娴　黄梓桑　刘晓嘉　潘　琪　乔治祎　何祺鑫　张德润　陆楚杰　邹志伟　叶　宁　陈致宏　区晓阳　周志伟	陈　谷　徐振波
12	“盾安环境杯”第十一届中国制冷空调行业大学生科技竞赛	一等奖	黄　杰　卢　炯　罗嘉奇	许雄文　刘金平
13		一等奖	刘家尧	
14		二等奖	井　悦	
15		二等奖	林伟江　陈世楷　梁宝耀	刘雪峰

续表

序号	竞赛（评选）名称	获奖等级	获奖者姓名	指导老师
16	“华为杯”第十二届中国研究生电子设计竞赛	一等奖	朱焕升　徐天源　姚粤汉　林小颖　张文卓	舒　琳
17		一等奖	殷林飞　郑宝敏　洪玲玲	刘深泉
18		二等奖	刘逸爽　苏学英　钟玮仪　刘奥运	黄文浩
19		二等奖	陈伯达　王　武　张智敏	刘深泉
20		二等奖	刘伯东　谢沛民　熊　亮	
21		二等奖	许　扬　陈婉娇　梁聪垣	
22	“蔚来杯”中国大学生电动方程式大赛	二等奖	王志杰　黎子田	
23	“一带一路·未来之星”青少儿国际华语演讲大赛	一等奖	光其克加甫·欧丽扎提	阿米娜
24	“卓然杯”第八届全国大学生过程装备实践与创新大赛	一等奖	余林峰　肖世雄	陈松茂
25		一等奖	庄庭达　赖松锐　赵世杰　黄书慧　蒋心平	张　东
26	2017 ACM-ICPC 国际大学生程序设计竞赛亚洲赛区总决赛	银奖	张　政	陈俊颖
27	2017 ACM-ICPC 国际大学生程序设计竞赛（南宁站）	金奖	孙宇鹏	
28		银奖	胡日扬　朱国富　邢正颖	郭　芬
29		银奖	卢健杰　朱世靖　宗文智	陈俊颖
30		银奖	谢伟锟	钟竞辉
31		银奖	张　政	陈俊颖
32	2017 ACM-ICPC 国际大学生程序设计竞赛（西安站）	金奖	邵逸臻	
33		金奖	孙宇鹏	
34		金奖	张　政	陈俊颖
35		银奖	胡日扬　朱国富　邢正颖	郭　芬
36	2017 CCF 大数据与计算智能大赛	一等奖	李雨龙　曾泽权	蔡　毅
37		一等奖	林　炯　胡志斌　骆家焕　罗永盛　李植鹏	陈　健
38		二等奖	梁肖剑　阮子琦　许杨俊	蔡　毅
39		二等奖	邱　威　何　颖　吴　涛	
40		二等奖	赵文哲　郭紫娟　黄伟燃　邹　帅	张平健　刘艳霞

续表

序号	竞赛（评选）名称	获奖等级	获奖者姓名	指导老师
41	2017 IBM 区块链技术黑客马拉松大赛	二等奖	郭　锐　梁肖剑	王振宇　林镜亮　许　可
42		二等奖	黄品超　刘子凡　阮子琦　闫明远	许　可　王振宇
43	2017“批改网杯”高校英语写作大赛全国总决赛	一等奖	张茗沁	马　荟
44	2017“园冶杯”大学生国际竞赛	二等奖	苏　涛	陈　一　王　霞
45	2017 CCPC 中国大学生程序设计竞赛（广州）	二等奖	胡日扬　朱国富　邢正颖	郭　芬
46		二等奖	司马驰骏	刘　捷
47	2017 CCPC 中国大学生程序设计竞赛（哈尔滨）	银奖	孙宇鹏	
48		银奖	张　政	陈俊颖
49	2017 CCPC 中国大学生程序设计竞赛（杭州）	银奖	胡日扬　朱国富　邢正颖	郭　芬
50		银奖	胡顺宏	冼允廷
51	2017 CCPC 中国大学生程序设计竞赛（长沙）	金奖	陈　晨	钟竞辉
52		金奖	胡日扬　朱国富　邢正颖	郭　芬
53		金奖	胡顺宏	冼允廷
54	2017 第十五届亚洲设计学年奖（更新　改造与转型）	金奖	谭健岚	吴庆洲　禤文昊　刘　晖
55	2017 第十五届亚洲设计学年奖（居住建筑与空间）	金奖	李浩卓　李婉婷　裴灵婧	肖毅强　徐好好
56	2017 第十五届亚洲设计学年奖（生态　健康可持续）	银奖	聂　聪　龙　越　陈　迪	陈　坚　萧　蕾　周剑云
57	2017“高教社杯”全国大学生数学建模竞赛	一等奖	房依璐	
58		一等奖	苏晓鹏	刘小兰
59		一等奖	伍思航　房依璐　孙梓凯	黄　平
60		一等奖	姚　瑶　雷泳涛	茅新晖
61		一等奖	张浩健　沈世福　詹敏敏	
62		一等奖	张焕明	茅新晖
63		二等奖	陈镜培　陈　建　杨昕格	刘深泉
64		二等奖	何　杰	
65		二等奖	胡景铨	冼允廷
66		二等奖	毛　适	
67		二等奖	杨尚择	文小兰
68		二等奖	郑振光	谢　波
69		二等奖	朱子恺　谢煜铨　杨星韵	谢　波

续表

序号	竞赛（评选）名称	获奖等级	获奖者姓名	指导老师
70	2017 国际高校建造大赛	二等奖	张文豪　赵浩嘉　薛加伟　张慧丰　陈雄飞　卢镛汀　徐嘉迅　宣旻君　刘可欣　伍沛璇　陈健聪　胡　蝶	熊　璐　钟冠球　冷天翔　孙一民
71	2017 年“光威杯”中国大学生高性能复合材料科技创新竞赛	二等奖	贾雲超　彭晓冬　耿　一	何　慧
72		二等奖	章红科　刘贤哲　卢宽宽　李晓庆　张啸尘	姚日晖　宁洪龙
73	2017 年“神雾杯”第十届全国大学生节能减排社会实践与科技竞赛	一等奖	刘雨铮　刘泽扬　洪　慎　王润鹏　刘达贤　欧抒昱　周　宇	肖文勋
74	2017 年第七届“华为杯”中国大学生智能设计竞赛	一等奖	张钰莹	李静锴
75	2017 年美国大学生数学建模竞赛暨交叉学科数学建模竞赛（MCM/ICM）	一等奖	陈鑫全　蔡志强　陈焕滨	程永宽
76		一等奖	雷　啸	
77		一等奖	黎志豪　陈晓艳　王奇军	覃永安
78		一等奖	梁桂明	刘　清
79		一等奖	刘彬彬	刘小兰　冼楚华
80		一等奖	彭嘉晖	
81		一等奖	谢勇坚	覃永安
82		一等奖	禤韵怡　陈智豪　张志杰	
83		一等奖	张　晨　张景尧	
84		二等奖	陈子恒	
85		二等奖	成　斌	
86		二等奖	邓诗雨	
87		二等奖	董　昊	刘　清
88		二等奖	房依璐	
89		二等奖	高　海　凌灿城　陈恺霖	黄　平
90		二等奖	高　琦　龚瑾洁	
91		二等奖	韩文婷	
92		二等奖	何宝添　李伟健　刘东新	
93		二等奖	黄　河	刘　清
94		二等奖	黄　媚	

续表

序号	竞赛（评选）名称	获奖等级	获奖者姓名	指导老师
95	2017年美国大学生数学建模竞赛暨交叉学科数学建模竞赛（MCM/ICM）	二等奖	赖承中	
96		二等奖	黎　枫	
97		二等奖	黎炜敏　曹哲豪	茅新辉
98		二等奖	李　流　梁宝耀	
99		二等奖	梁洁琳	
100		二等奖	刘锐安　廖禹纶　翟羽佳	Yongan Qin
101		二等奖	卢建元	
102		二等奖	卢治霖　黎　枫　叶光照	
103		二等奖	马守然　李晓群　邓伟峰 陈晓凯　余泽世	
104		二等奖	沈子凡　陈奕冲　蓝　昊	覃永安
105		二等奖	宋　欢　姚　澜　陈嘉俊	刘　清
106		二等奖	苏晓鹏	刘深泉
107		二等奖	孙弋淼　谢梦颖　吴　双	
108		二等奖	王梓耀	
109		二等奖	吴嘉铭　邵逸臻	
110		二等奖	吴泽恩　王泽众　刘　静	刘小兰
111		二等奖	冼浩岚　梁洁琳	
112		二等奖	向凯燃　杨　逍　林渲翔	官权升
113		二等奖	谢延旭　薛　伟	
114		二等奖	谢裕麟	
115		二等奖	徐书恒	覃永安
116		二等奖	薛声银　杨柠瑞　赖展晴	茅新晖
117		二等奖	姚若凡　廖至楠	
118		二等奖	叶学麟	
119		二等奖	张心怡	
120		二等奖	张圳畅　李宇威　李　锐	刘　清
121		二等奖	朱子恺　谢煜铨　杨星韵	丁为建
122	2017年全国大学生工程训练综合能力竞赛	二等奖	陈　鑫	
123	2017年全国大学生数学建模竞赛	二等奖	陈　耕　梁荣国　汪嘉鹏	刘深泉

续表

序号	竞赛（评选）名称	获奖等级	获奖者姓名	指导老师
124	2017年首届“卓越杯”大学生物理实验竞赛	一等奖	王　琪　谭希超　刘　基	梁文耀
125		二等奖	姚　睿　谢煜铨　王璨珉	於黄忠
126	2017年中国高校计算机大赛	亚军	吴　欣　钟志成　林　捷	蔡　毅
127	2017年中国建筑院校境外交流作业展	二等奖	陈碧琳	孙一民
128	2017全国大学生电子设计竞赛	二等奖	黄灿群　向凯燃　郑雅迪	黄　平　甘伟明
129		二等奖	杨代辉　叶文滔　林晓惠	甘伟明
130	2017全国高校软件定义网络（SDN）应用创新开发大赛	一等奖	廖皓琳　陈裕鸿　梁家炎　黄　韬　林沛斐	黄　平
131	2017“外研社杯”全国大学生英语演讲赛	一等奖	朱寅皓	马　荟
132	2017亚洲建筑师协会学生竞赛	银奖	孙延莉　张海玲　李雪颖	王国光
133	ICDAR 2017 Competition on Multi-lingual scene text detection and script identification	task1：一等奖；task3：一等奖；	刘禹良　张　胜　罗灿杰　李兆海　孙增辉　谢乐乐　曾庆贺	金连文
134	ICDAR 2017 Competition on Reading Chinese Text in the Wild	task2：二等奖	刘禹良　孙增辉　罗灿杰　李兆海　谢乐乐　杨　帆	金连文
135	第21届GMC国际企业管理挑战赛（中国赛区）	一等奖	陈伟宏　李浩诚　姚　浩　周廷彦　吴芷君	李卫宁
136		一等奖	裴华飞　刘晓阳　胡泽森　朱子晟　杨　丽	
137	第八届全国高校“斯维尔”BIM应用技能大赛	一等奖	钟丽娜　林垲航	邓逸川　吴　凡　李弘扬
138	第21届GMC国际企业管理挑战赛（中国赛区）	二等奖	曾芷晴　蔡明明　陈静谊　柯　涵	
139		二等奖	何薇薇　梁　爽　陈　烁　刘旭涵　陈衍宁	
140		二等奖	梁　洁　梁钊羽　王　建　李秋璇　李莉萍	
141		二等奖	盘　颖　冯鹤鸣　黄紫薇　夏秀云　夏家弯	李卫宁
142		二等奖	唐元佑　黄观来　谢　丽　毛雨思　傅志红	李卫宁
143		二等奖	周滋妍　陶晓彤　梁世帮　吕小琳　梁　毅	

续表

序号	竞赛（评选）名称	获奖等级	获奖者姓名	指导老师
144	第八届中国大学生物理学术竞赛	二等奖	张观广　黄钰淇　林楚湘　林惠敏　梁杰辉	叶晓靖　彭健新　高亚尼
145		最佳正方奖	张观广	
146	第二届“尖峰时刻”酒店管理模拟全国大赛	二等奖	刘苗苗　赵丹阳　卢志杰　郑　浩	魏　卫　冼楚华
147	第二届阿里云安全算法挑战赛	冠军	刘博翰　林少文　佘焕波	
148		亚军	邱　威　何　颖　吴　涛	
149	第二届全国大学生岩土工程竞赛	二等奖	李　杨　卢健东　冼健棠	丁小彬
150	第二届卓越大学联盟高校大学生数学竞赛	一等奖	郭　政	
151		一等奖	简昌彪	
152		一等奖	姚立鹏	
153		二等奖	李小龙	
154		二等奖	张天爱	
155	第二届卓越大学联盟高校大学生数学竞赛（非数学类）	一等奖	潘建辉	陈志辉
156		一等奖	郑钊宇	
157		二等奖	檀金亮	
158	第九届大学生房地产策划大赛暨首届全国大学生房地产专业能力大赛	二等奖	林玉燕　熊　桂　林伟江　黄　棉　欧阳楠茜	李弘扬　闫　辉　吴　凡　王幼松　张　雁
159	第九届全国大学生数学竞赛（非数组）	一等奖	张圳畅	陈文革
160	第九届全国土木工程专业本科生优秀创新实践成果竞赛	一等奖	马平川　郭朱屹　陈丽娟　卢健元	虞将苗
161		一等奖	苏　延　邱智育　谢宇曦　郑凯翔　刘伯达　赵茂伶　陈百曦　罗翼锋　张文博　李之吉　宋紫微　甘梓宏　冯乃聪　杨　阳	杨医博
162		二等奖	陈连佳	李　静
163	第九届“认证杯·数学”中国数学建模网络挑战赛	一等奖	马守然　邓伟峰	
164		二等奖	李晓群　陈晓凯	

续表

序号	竞赛（评选）名称	获奖等级	获奖者姓名	指导老师
165	第六届全国海洋航行器设计与制作大赛	一等奖	谢惠媚　梁浩铭　丁刘辉　张　硕　潘春文	叶家玮
166	第六届“数学中国”数学建模国际赛（小美赛）	一等奖	黄锦鹏　王梓旭　陈伟明	
167	第七届“视友杯”中国高校电视赛	一等奖	秦钰雯　邱渝茵　欧　婷　钟懿龙　张　卓	周　煜
168		二等奖	张铭兰　张　璐	张步中
169		二等奖	钟泳欣　吴晓亚	张步中
170	第七届“远华杯”全国大学生会展创意大赛	特等奖	徐敏行　曾小航　李熙彬　孟丽华　王抒悦	庞　华
171		二等奖	魏沁怡　翟文韬　陈胜林　章子薇　端木利琬	吴志才
172	第七届全国高校电子商务“创新创意与创业”挑战赛	一等奖	陈　旭　刘　赫　皮颖鑫　潘卓齐　陈浩然	廖俊峰　徐剑彬
173	第三届工业4.0－国际大学生3D打印机设计邀请赛（速度与精度组）	特等奖	肖世雄	陈松茂
174	第三届工业4.0－国际大学生3D打印机设计邀请赛（新原理新结构组）	一等奖	肖世雄	陈松茂
175	第十二届全国大学生“恩智浦”杯智能汽车竞赛	一等奖	胡庭旭	
176		一等奖	任　闯	陈　安　邓晓燕
177		二等奖	陈沛豪　洪锦烽　赖　剑	陈　安　邓晓燕
178		二等奖	张祖士　韩　澍	
179	第十届“高教杯”全国大学生先进成图技术与产品信息建模创新大赛	一等奖	林景新	张瑞秋　张续冲　潘鲁萍　李　淼
180		一等奖	刘静怡	张续冲　张瑞秋　潘鲁萍　李　淼
181		二等奖	梁富业	陈　亮
182		二等奖	潘泽炜	张续冲　张瑞秋　潘鲁萍　李　淼

续表

序号	竞赛（评选）名称	获奖等级	获奖者姓名	指导老师
183	第十届“中国电机工程学会杯”全国大学生电工数学建模竞赛	二等奖	张经纬　黎　枫　卢治霖	
184	第十届建设工程与管理创新竞赛	一等奖	黄旭辉　黄　婧　李劲珉 李梦圆　黄典业　钟丽娜	李弘扬　闫　辉 吴　凡　王幼松 张　雁
185	第十一届全国大学生化工设计竞赛	二等奖	洪晓亮　何俊僮　卓楷升 陈嘉宇　蔡育铨	龙新峰
186	第四届卓越联盟高校“卓越杯”大学生化学新实验设计及化学实验技能竞赛	一等奖	郭伟聪　黄兴鹏　孙栋梁	梁向晖
187		二等级	曹炜桥	刘建宇
188	第五届全国大学生化工安全设计大赛	一等奖	李　钰　周文晨　文思斯 张　涛　冯柄豪　黄敏佳	龙新峰
189		二等奖	陈禹莹　詹翔智　吴荣城 戴嘉德　温绮琳　黄家俊	龙新峰
190		二等奖	赵佳俊　廖安妮　劳苏琳 杨灵芬　班熊骏　刘泽林	龙新峰
191		二等奖	丁收香　万　芳　李　祎 魏　娇　程　祥　张龙海	龙新峰
192	第五届全国大学生水利创新设计大赛	二等奖	蓝天立　廖向华　郑嘉璇	黄国如
193		二等奖	唐　喆　李珊珊　陆兆锦 梁曼琳	周小义
194	第五届中国大学生高分子材料创新创业大赛	一等奖	明思逸　何嘉皓　梁　洁 沈煜鑫　朱家添	陈　港　方志强
195		一等奖	彭晓冬　贾雲超　耿　一 林昭玥　夏珮琳	何　慧　陈　明
196		二等奖	徐楚斌　何乐为　付　莹	赖学军
197	第五届中国公益慈善项目大赛	二等奖	陈雅轩	廖俊峰
198	第一届（2016—2017）全国大学生集成电路创新创业大赛全国总决赛	二等奖	杨建新　严耀锋　黄培裕	郑彦祺
199	企业经营模拟大赛	一等奖	张心怡	

续表

序号	竞赛（评选）名称	获奖等级	获奖者姓名	指导老师
200	全国大学生节能减排社会实践与科技竞赛	二等奖	卢治霖　陈重辰　黎应豪 杨宇航　吴郭烽　潘思睿	
201	全国大学生金相技能大赛	一等奖	丁　彤	彭成红　朱伟恒
202	全国大学生数学竞赛	二等奖	王　鑫	
203	全国大学生统计建模大赛	二等奖	林　焰　朱建华　贾毅凡	丁为建
204	全国大学生统计建模大赛	二等奖	刘艺璇　钟甘霖　旷鹏程	贺建风
205	全国大学生先进成图与产品建模创新大赛	二等奖	胡　啸	
206	首届全国高校房地产创新创业大赛	二等奖	何湘杰　王秋婧　骆媛婷 杨倩楠　黄旭辉　黄　婧 钟丽娜	吴　凡　李　欣
207	首届卓越大学联盟大学生英语演讲比赛	二等奖	麻赢心	荣　榕
208	中国高校 SAS 数据分析大赛决赛	二等奖	麦炜琪　陈婉娇	龙卫江
209	首届公共管理青年说——全国高校公共管理类相关学科研究生学术前沿辩论赛	一等奖	彭　睿　金宏蕊　陈　醉	文　宏　范　旭 李文彬
210	全国第十三届学生运动会广东代表团大学组乙组男子 4×100 米接力	第一名	张瑞轩　梁劲生	梁嘉鸿　袁国强
211	全国第十三届学生运动会广东代表团大学组乙组男子 4×100 米接力	第二名	杜　深　黄良盛　卢志权	谭国衡
212	全国第十三届学生运动会广东代表团大学组乙组男子 400 米	第三名	黄良盛	谭国衡
213	全国第十三届学生运动会广东代表团大学组乙组女子 100 米	第三名	梁小静	钟少婷
214	中华人民共和国第十三届学生运动会游泳大学乙组男子 100 米自由泳	第一名	余贺新	陈秀君等
215	中华人民共和国第十三届学生运动会游泳大学乙组男子 4×100 米自由泳接力	第一名	王小川　余贺新	陈秀君等
216	中华人民共和国第十四届学生运动会 300 米障碍赛	第二名	郭　涛	黄炜皓

续表

序号	竞赛（评选）名称	获奖等级	获奖者姓名	指导老师
217	第二十二届全国大学生乒乓球锦标赛乙组女子团体	第二名	洪　瑶　王慧娟	何　琼　刘　思
218	第五届全国 Nike 高校接力总决赛	第二名	郭　涛	黄炜皓
219	全国 Nike 高校第八届田径精英挑战赛	第三名	郭　涛	黄炜皓
220	2017 年国际西樵山马拉松赛	第三名	郭　涛	黄炜皓
221	2017 年全国大学生乒乓球锦标赛乙组男子团体	第一名	张　戬	何　琼　刘　思
222	2017 年全国大学生网球锦标赛混双	第一名	马蕴歆　易　朗	岑国斌
223		第二名	孙秋鹏　耿瑞苑	岑国斌
224	2017 年全国大学生网球锦标赛男单	第三名	邹耀聪	岑国斌
225	2017 年全国大学生网球锦标赛男双	第一名	郑健朗　李彦樟	岑国斌
226		第二名	郑健朗　孙秋鹏	岑国斌
227	2017 年全国大学生网球锦标赛女双	第一名	刘芷若　赵　玏	岑国斌
228	2017 年全国大学生网球锦标赛团体	第二名	耿瑞苑　马蕴歆　刘芷若　赵　玏	岑国斌
229	2017 年首届全国大学生无线电测向锦标赛	一等奖	候佳林　杨凯帆　廖志扬　张亦勋　刘文尧　张庭钰　林斯琪　蔡洁慧　陈丽椿　黎颖梅	扶健华
230	2017 年中国乒乓球乙 A 第二站	第一名	洪　瑶　何　玮　王慧娟　童海苗	刘　思　宋绍兴
231	第十三届全国学生运动会羽毛球赛女子团体	第二名	欧力晶	余　曦
232	第四届香港国际音乐节	金奖	黄若宾	李　茵

2017 年学生课外学术科技创新优秀贡献奖

序号	竞赛（评选）名称	获奖等级	获奖者姓名	指导老师
1	第三届中国“互联网＋”大学生创新创业大赛	铜奖	张文卓　陈苗臻　陈娉杭　王　帆　姚粤汉　刘晨阳　林紫君　朱焕升　谢锦烟　蔡博仑	龚　振　徐向民
2	第三届中国“互联网＋”大学生创新创业大赛广东省赛	金奖	阎霄艳　孟令晗　孙秀利　单志峰　梁咏琪　李铁城　陶金轩　陈　颖	余　龙　龚　振
3		金奖	张文卓　陈苗臻　陈娉杭　王　帆　姚粤汉　刘晨阳　林紫君　朱焕升　谢锦烟　蔡博仑	龚　振　徐向民
4		银奖	陈国强　王诗卉　陈培贤　常赛超　莫小慧　刘卓蔓　刘嘉亮　蓝漫涵	
5		银奖	黄馨锜　杨伟儒　卢健元　陈丽娟　彭枢曜　李智霖　赵福臣　张心怡　古颖妮	
6		银奖	林钟杰　丘心心　李静雯　陈得然　刘文杰　张玉琨　陈培锋　汪　翌　龙　钰　何昕蔓	龚　振
7		银奖	张炳寅　张耀欣　陈锦辉　幸　盈　潘树良　李映娴　容佳琪　李浩诚　胡晓婷　雷浩杨　张　婷　卢星宇　郑子杰　陈岳钦	
8	第十五届“挑战杯”全国大学生课外学术科技作品竞赛	三等奖	马平川　卢健元　郭朱屹　苏国城　罗　晗　李雅坤　杨伟儒　王卓炜　陈丽娟	虞将苗
9		三等奖	王妍曼　朱昌文　陈晓衡　陈佳琳　叶　露	范　旭　刘海陵

续表

序号	竞赛（评选）名称	获奖等级	获奖者姓名	指导老师
10	第十四届“挑战杯”广东大学生课外学术科技作品竞赛	特等奖	陈　松　王萍萍　刘书奇　董旭初　刘海州　巫运辉　魏　勇　彭　健	刘　岚
11		特等奖	李媛媛　魏易芳　蔡浔琪　陈诗婳　古倩华　刘海涛　贾锐澜	赵渺希
12		特等奖	梁观伟　庄宝山　陈凯航　李　志　陈钧驰　王卉玉　林庆宏　李家声　卢汉光　颜才满	汤　勇　李宗涛
13		特等奖	邱佛梅　谢良洲　罗　骁　谭　玮　黄怡茵　周礼仙　廖逸儿　费　睿　刘国歌	郑方辉　滕宏庆
14		特等奖	田龙伟　肖焕侯　刘玉德　洪冬梅　宁培阳　王桂鸿　邱　威	史景伦
15		特等奖	王慧芹　莫海彤　梁永雄　张　弘　梁景宇　黄俊浩　郭振松	赵渺希
16		特等奖	王妍曼　朱昌文　陈晓衡　陈佳琳　叶　露	范　旭　刘海陵
17		特等奖	颜子毅　林裕峻　黄永前　郑陆楠　陈思远　毛　适	张智军
18		特等奖	周　泉　邱杰东　林冬梅　郭燕霞　苏媚兰　谢华理　翟广敏　谢华理　吴桐毅	曾幸荣　赖学军
19		特等奖	周文杰　陈钊书　刘　嵩　谢培达　张　闽	李　勇
20		特等奖	周子键　李金荣　庄镇州　邓锦灿	黄双萍
21		一等奖	陈重辰　黎应豪　卢治霖　杨宇航　吴郭烽	杨　苹　杨日福
22		一等奖	邓思浩　韩家琪　冯　欣	林　佳
23		一等奖	乐　涵　王金平　殷　越　刘国歌　雷勇新　杨峥宇　颜　悦　杨玥敏　何子莹　涂峻源	陈　明　白争辉

续表

序号	竞赛（评选）名称	获奖等级	获奖者姓名	指导老师
24	第十四届“挑战杯”广东大学生课外学术科技作品竞赛	一等奖	雷振超　陈家超	冯春华
25		一等奖	马平川　郭朱屹　罗　晗　杨伟儒　陈丽娟　卢健元　苏国城　王卓炜	虞将苗
26		一等奖	明思逸　何嘉皓　严俊芳	陈　港　方志强
27		一等奖	卓　浩　童　星　胡艺洁　陈镇松　王尧尧	钟林新
28		二等奖	陈建秋　刘贤哲　章红科　李晓庆　卢宽宽　张啸尘　郑泽科　杨财桂	宁洪龙　姚日晖
29		二等奖	程　茜　黄纯西　李　钰	陈　砺
30		二等奖	李海欣　王雨嫣　张东冉　许耀钊	胡郁葱
31		二等奖	钟素晓　庞崇浩　区俊锋　罗　筱	李　智
32	“华为杯”第十四届中国研究生数学建模竞赛	三等奖	黄煜林　龚　学　黄　彦	
33		三等奖	欧　斌	
34		三等奖	潘雪勤	
35	第十四届全国高等学校建筑与环境设计专业美术教学研讨会学生美术作品大奖赛（水粉类）	铜奖	陈冠宇	王义明　程子华
36		优秀奖	朱　域	王义明　程子华
37	“盾安环境杯”第十一届中国制冷空调行业大学生科技竞赛	三等奖	陈尔健	李泽宇
38		三等奖	阮建高	刘金平
39	“哈希杯”第十二届全国环境友好科技竞赛	三等奖	沈　栋　李富盛　林　丹　陆展辉　邹泽宇　李培辉　于俊杰　姚蔚琳	王克英　肖文勋
40	“华为杯”第十二届中国研究生电子设计竞赛	三等奖	靳鹏飞　刘育洋　郑骏翔	李　斌　吴朝辉
41		三等奖	韦　天	李　锋
42	“华为杯”第十二届中国研究生电子设计竞赛（广东赛区）	二等奖	李春田　陈慧敏　戴知宇　况丹妮	杨荣骞
43		二等奖	刘逸爽　钟玮仪　苏学英　刘奥运	黄文浩

续表

序号	竞赛（评选）名称	获奖等级	获奖者姓名	指导老师
44	“华为杯”第十四届全国研究生数学建模竞赛	三等奖	潘雪勤　刘柏基　欧　斌	
45		三等奖	关倩仪　卢丽容　黎伟豪	
46		三等奖	黄煜林　龚　学　黄　彦	
47		三等奖	颜木泉　袁　娜　李　涛	刘深泉
48	“杰瑞杯”第四届全国研究生石油装备创新设计大赛	三等奖	叶嘉坤　占树言　李茂青　谢文华	刘亚俊　马小明
49	“南网杯”第七届广东大学生节能减排工业设计大赛	一等奖	卢治霖　陈重辰　黎应豪　杨宇航　吴郭烽　潘思睿	
50	“南网杯”第十届广东大学生节能减排进校园系列活动之节能减排创意赛	二等奖	董　昊	
51	“蔚来杯”中国大学生电动方程式大赛	三等奖	李雨桐	
52		三等奖	王志杰　黎子田　宋春雨	
53	“卓然杯”第八届全国大学生过程装备实践与创新大赛	三等奖	梁建莊	张　东
54		三等奖	苏佳莹　余慧伦　张　萱	贺建风
55	2017 ACM-ICPC 国际大学生程序设计竞赛（上海站）	铜奖	胡日扬　朱国富　邢正颖	郭　芬
56	2017 ACM-ICPC 国际大学生程序设计竞赛（沈阳站）	铜奖	胡日扬　朱国富　邢正颖	郭　芬
57	2017 CCF 大数据与计算智能大赛	三等奖	陈锦辉　陈若男	陈俊颖
58		三等奖	苏俊鹏　黄启琛　金成能	蔡　毅
59	2017“外研社杯”全国英语阅读大赛	三等奖	钟焕春	马　荟
60	2017“邦华·一创社”全国高校建造大赛	二等奖	林志航　何松伦　蔡云龙　沈晨如　李珊得　古靖龙　李皇龙　庄　筠	
61	2017“外研社杯”全国英语阅读大赛（复赛）	二等奖	王路遥	马　荟
62	2017 CCPC 中国大学生程序设计竞赛（秦皇岛）	三等奖	林安然　余信志	黄　翰
63		三等奖	卢健杰　朱世靖　宗文智	陈俊颖

续表

序号	竞赛（评选）名称	获奖等级	获奖者姓名	指导老师
64	2017 第二届“译国译民杯”海丝翻译大赛英译汉组	二等奖	刘燕梅	
65	2017 第三届中国人居环境设计学年奖（城市设计类）	铜奖	黄银波　赖惠杰　危昭婷　何　唯　吴　鸣	周剑云　戚冬瑾　陈　坚
66	2017 第三届中国人居环境设计学年奖（建筑设计类）	入围奖	谭健岚	吴庆洲　禤文昊　刘　晖
67	2017 第十届全国大学生信息安全竞赛	三等奖	吴嘉铭	
68	2017“高教社杯”全国大学生数学建模竞赛	三等奖	段东旭	刘　青
69		三等奖	李　沛	
70		三等奖	林　越	
71		优胜奖	陈永炜	郭　艾　陈志辉
72		优胜奖	朱兴楼　赵　威　姚迪聪	谢　波
73	2017“高教社杯”全国大学生数学建模竞赛（广东赛区）	一等奖	关永航　赵威程　邹亚军	刘深泉
74		一等奖	李柏儒	刘深泉
75		一等奖	李　捷	刘深泉
76		一等奖	林银鸿	
77		一等奖	卢伟锐　刘洁锐　柳宇非	
78		一等奖	罗毅锋	
79		一等奖	潘厚霖	
80		一等奖	苏　晓	刘深泉
81		一等奖	王哲轩	
82		一等奖	余一海	
83		一等奖	袁家瑜	
84		一等奖	张鹏飞	茅新晖
85		一等奖	林文智　纪　超　陈柏任	
86		二等奖	何奕萱　谭双翼	
87		二等奖	胡景铨　柯皓文　池慧珏	
88		二等奖	李尚晋	
89		二等奖	林晓婉	
90		二等奖	王方正	

续表

序号	竞赛（评选）名称	获奖等级	获奖者姓名	指导老师
91	2017“高教社杯”全国大学生数学建模竞赛（广东赛区）	二等奖	王兆纶	
92		二等奖	王梓耀	
93		二等奖	吴楚鹏	茅新晖
94		二等奖	吴宋标	
95		二等奖	谢金彤	
96		二等奖	徐立林	
97		二等奖	张良权　刘润泽　赵柏宁	茅新晖
98		二等奖	张曼娴　刘　冰　曾华锋	
99		二等奖	仲礼鹏	谢　波
100		二等奖	朱明睿	谢　波
101		二等奖	朱思婷	刘小兰
102		二等奖	朱耀概	
103	2017“谷雨杯”全国大学生可持续建筑设计竞赛	三等奖	陈雄飞　王润娴　韩家琪	遇大兴　王　朔
104		三等奖	郑志校　洪宇东　刘思威	刘穗杰
105		优秀奖	冯　欣　张慧丰　董哲义	王国光　盛日照
106		优秀奖	张海玲　孙延莉　李雪颖	王国光
107	2017广东第七届大学生材料创新大赛	一等奖	徐伟业　陈　凌	陈维平
108	2017海峡两岸机器人技术邀请赛	一等奖	冯里千　郑国飞　张　粤 张英杰　刘云达　王永兴 邱伟锋　胡　宇　杨文星	毕　盛　朱金辉 闵华清
109	2017华为软件精英挑战赛	二等奖	陈仲恒　谭纬城	
110		二等奖	祁亚茹　林　霖　齐嘉杰	
111	2017年“光威杯”中国大学生高性能复合材料科技创新竞赛	三等奖	明思逸　何嘉皓　张佳明	陈　港　方志强
112	2017年“普译奖”全国大学生翻译比赛	优秀奖	贾蕊蕊	

续表

序号	竞赛（评选）名称	获奖等级	获奖者姓名	指导老师
113	2017年“神雾杯”第十届全国大学生节能减排社会实践与科技竞赛	三等奖	陈凯航　梁观伟　钟桂生　庄宝山　冯思洋　李　志　陈钧驰	汤　勇
114		三等奖	陈旭涛　孙启政　陶勇星　卢旭彬　宾　斌　付博雅	王智东
115		三等奖	刘　嵩　周文杰　陈钊书　张　闽　谢培达	李　勇
116		三等奖	叶耀聪　刘子鹏　徐浩庭	朱　林
117	2017年“数创杯”全国大学生数学建模挑战赛	三等奖	陈承隆　徐聪聪	
118		优秀奖	许皓钧　薛又天　黄观禹	
119	2017年第六届“数学中国”数学建模国际赛（小美赛）	三等奖	张　媚　魏　芸	
120	2017年第十届全国大学生信息安全大赛创新实践能力赛	三等奖	林泳光　吴嘉铭　蔡健聪　霍思贤　杨晨曦　顾芳铭　林汤山　杨志昊　卢楚斌	唐韶华
121	2017年度（首届）全国高等院校城乡规划专业大学生乡村规划方案竞赛	三等奖	吴秋虹　徐　键　肖婉婷　陈伟聪　梁卓华	杨晓春
122		佳作奖	贾　姗　苏章娜　张晓茵　赵浩嘉　陈雄飞　阮宇超　朱　蕾　李淑桃	叶　红　陈　可　李　腾
123	2017年度广东省广播电视精品公益广告采购项目	音频类二等奖	陈佳楠　李锐鸿	
124	2017年广东省CAD机械设计职业技能大赛	一等奖	潘泽炜	张续冲
125		二等奖	林景新	张瑞秋　张续冲　潘鲁萍　李　森
126		二等奖	刘静怡	
127	2017年广东省大学生程序设计竞赛	一等奖	胡顺宏	毛新辉
128		一等奖	谢伟锟	
129		二等奖	陈家鸿	冼楚华
130		二等奖	邵逸臻	刘　婕
132		二等奖	苏伟轩	刘　捷
132		二等奖	颜子翔	
133		二等奖	印泓博	刘　捷
134		二等奖	余信志	黄　翰
135		二等奖	祝　叶	冼楚华

续表

序号	竞赛（评选）名称	获奖等级	获奖者姓名	指导老师
136	2017年华为软件精英挑战赛（粤港澳赛区）	二等奖	祝　叶	
137	2017年美国大学生数学建模竞赛暨交叉学科数学建模竞赛（MCM/ICM）	三等奖	陈锦涛　吕宇桦　袁　晨	谢　波
138		三等奖	陈可莹	
139		三等奖	陈　磊　张　越　程仁杰	
140		三等奖	陈学鹏	
141		三等奖	陈泳安	
142		三等奖	冯秉潜　周国飞　李远政	
143		三等奖	付　莹	
144		三等奖	高一鸣　吴乔茵	
145		三等奖	胡菁菁	侯东曼
146		三等奖	江金旺　林泽南	
147		三等奖	靳雅茹	
148		三等奖	李嘉东　罗嘉林　夏云睿	程永宽
149		三等奖	李尚晋	
150		三等奖	李昕怡　黄　凤	程永宽
151		三等奖	林炫佑	刘深泉
152		三等奖	马东鹏　张博崴　陈抒扬	黄　平
153		三等奖	沈　璐	
154		三等奖	陶希远　陈煜钊	刘深泉
155		三等奖	王方正	
156		三等奖	吴高洁　廖　杨　陈柏彤	
157		三等奖	武新天　曾佳纯　曹　睿	刘小兰
158		三等奖	杨代辉　朱瑾颐　潘志广	覃永安
159		三等奖	杨婉怡	
160		三等奖	杨颖一　游若鱼	
161		三等奖	张耕维	谢　波
162		三等奖	章捷敏	李　清
163		三等奖	赵紫暄	谢　波
164		三等奖	郑伟彬　黄　伟　陈致宏	程永宽
165		三等奖	庄彦斌	
166		优秀奖	林梓东	

续表

序号	竞赛（评选）名称	获奖等级	获奖者姓名	指导老师
167	2017年全国大学生电子设计竞赛（广东赛区）	二等奖	胡庭旭　谢裕麟　刘俊杰	甘伟明　晋建秀
168		二等奖	林宏辉　刘洁锐　柳宇非	甘伟明　晋建秀
169	2017年全国建筑设计教案/作业观摩和评选活动	优秀作业	余　韬　许哲嘉　彭天奕　廖岳骏　邓绍斌	肖毅强　王　静
170		优秀作业	张锦玉　温舒婷　吴嗣铭　胡沁欢	肖毅强　王　静
171	2017年亚太地区大学生数学建模竞赛（APMCM）	三等奖	陈映镟	
172		三等奖	饶浩聪	
173		三等奖	谢延旭　薛　伟	
174	2017年中国（小谷围）“互联网+交通运输”创新创业大赛之紫光杯·中国大学交通运输创客大赛	三等奖	江书妍	林永杰
175		三等奖	汤左淦　任　倩　吴璐帆　卢德佑	温惠英
176		三等奖	夏弋松　林泽峰　李耀辉　冯文杰　谭海威	马莹莹
177		优胜奖	曹睿冲　刘　彬　马　检　任　杰	胡郁葱
178		优胜奖	邓绮雯　罗芷晴　张天文　徐永川	林永杰　林培群
179		优胜奖	刘　彬　陈　曦	胡郁葱
180	2017年中国建筑院校境外交流作业展	入围奖	张舒瑶　林　婧　范兴雷　Ryuhei Suzuki　Shota Nemoto	孙一民
181	2017全国高校竹设计建造大赛	三等奖	徐赫言　余光鑫　朱嘉懿　陈崇文　林健成　黄　悦　凌　乐　张书培　郑凯翔　邓绍斌　张文豪	钟冠球
182	2017首届全球华人网络安全技能大赛	优胜奖	吴嘉铭	曾　兵
183	2017中国大学生方程式赛车大赛	三等奖	陈宇翔　丁肇元　区霆钧　陈金静　赵　婷　杨　坤	丁　康　李巍华
184	2017中国网络安全技术对抗赛	优胜奖	吴嘉铭	
185	第七届艾景奖	铜奖	邢启艳	陈立朝　赵海涛

续表

序号	竞赛（评选）名称	获奖等级	获奖者姓名	指导老师
186	创行世界杯中国站社会创新大赛（全国赛）	三等奖	陈雅轩	廖俊峰
187	创行世界杯中国站社会创新大赛（全国赛）	三等奖	黎蕙心　潘芷君　陈效威　何恺茜	陈启翀
188	创行世界杯中国站社会创新大赛（区域赛）	二等奖	陈雅轩	廖俊峰
189	第二十一届 GMC 国际企业管理挑战赛（中国赛区）	三等奖	蔡嘉立　强崇峻　谢洁仪　王　珊　张　恩	
190	第二十一届 GMC 国际企业管理挑战赛（中国赛区）	三等奖	陈佳娜　张心怡　杨　茜　罗泳琪　李泠然	
191	第二十一届 GMC 国际企业管理挑战赛（中国赛区）	三等奖	陈熠灵　邹萍萍　王　玉　蔡丹华　王翠婷	
192	第二十一届 GMC 国际企业管理挑战赛（中国赛区）	三等奖	邓靖川　杨雪峰　路顺驰　温龙彪　温馥蔚	龚　振
193	第二十一届 GMC 国际企业管理挑战赛（中国赛区）	三等奖	韩钰琪　江欣怡　邓　勤　佟佳弘　赵振南	
194	第二十一届 GMC 国际企业管理挑战赛（中国赛区）	三等奖	何炜国　梁瑞洁　林嘉颖　邹燕燕　许芷慧	
195	第二十一届 GMC 国际企业管理挑战赛（中国赛区）	三等奖	刘子莨　林昭玥　黄杰文　邓一诺　郑裕坤	
196	第二十一届 GMC 国际企业管理挑战赛（中国赛区）	三等奖	谭玉琼　王可心　王舒华　宋宗晏	
197	第二十一届 GMC 国际企业管理挑战赛（中国赛区）	三等奖	文雄辉　林海雁　金　朝　黄洁明　李铁城	
198	第二十一届 GMC 国际企业管理挑战赛（中国赛区）	三等奖	许宋玉　潘秋运　张启迪　肖圣宗　吴皓鋆	
199	第二十一届 GMC 国际企业管理挑战赛（中国赛区）	三等奖	许　昕　门晓会　黄佳信　王丽璇　王浩桐	李卫宁
200	第二十一届 GMC 国际企业管理挑战赛（中国赛区）	三等奖	张庆铭　黎嘉诚　徐艺宁　赵雨果　郭钧益	
201	第二十一届 GMC 国际企业管理挑战赛（中国赛区）	三等奖	张甜珂　陈家鑫　曾雅圆　蘇志楷	
202	2017 年广东省大学生结构设计竞赛	一等奖	胡坚彬　林静聪　王斯雅	陈庆军　季　静
203	2017 年广东省大学生结构设计竞赛	二等奖	曾衍衔	韦　锋

续表

序号	竞赛（评选）名称	获奖等级	获奖者姓名	指导老师
204	第二届全国安全科学与工程研究生论坛	三等奖	黄孔星	陈国华
205	第二十三届中国日报社“21世纪可口可乐杯”全国英语演讲比赛（广东省决赛）	一等奖	任一铭	马　芸
206	第九届广东省大学生数字图像图形创作大赛	一等奖	李晨阳　林延域	张　鑫　金连文
207	第九届全国大学生数学竞赛（非数组）	三等奖	程东鹏	
208		三等奖	苏军羽	甘伟明
209	第九届全国大学生数学竞赛（非数组，广东赛区）	一等奖	陈永炜	刘深泉
210		一等奖	陈智颖	
211		一等奖	陈熙统	
212		一等奖	谌绍泉	
213		一等奖	段胡敏	
214		一等奖	付　炜	
215		一等奖	耿家锴	
216		一等奖	郭俊锋	
217		一等奖	黄灿彬	
218		一等奖	金万淇	
219		一等奖	李玉坤	
220		一等奖	梁炜焜	
221		一等奖	潘建辉	陈志辉
222		一等奖	檀金亮	
223		一等奖	王雪毅	
224		一等奖	吴泽恩	
225		一等奖	奚圣羽	
226		一等奖	于　博	茅新晖
227		一等奖	余天宝	
228		一等奖	张　媚	
229		一等奖	张之远	

续表

序号	竞赛（评选）名称	获奖等级	获奖者姓名	指导老师
230	第九届全国大学生数学竞赛（非数组，广东赛区）	一等奖	郑家龙	
231		一等奖	郑伟彬	
232		一等奖	郑钊宇	
233		一等奖	周柏李	
234		二等奖	黎子建	
235		二等奖	李柏儒	
236		二等奖	刘斯宇	
237		二等奖	刘雪莹	
238		二等奖	牟　冲	
239		二等奖	尚文辉	
240		二等奖	叶余辉	
241		二等奖	于　涛	
242		二等奖	仲礼鹏	
243	第九届全国大学生数学竞赛（数学组，广东赛区）	一等奖	高　晗	
244		一等奖	郭　政	
245		一等奖	简昌彪	
246		一等奖	李小龙	
247		一等奖	危俊达	
248		一等奖	姚立鹏	
249		一等奖	张天爱	
250		二等奖	曾华锋	
251		二等奖	陈观了	
252		二等奖	何奕萱	
253		二等奖	吴育冷	
254		二等奖	邢益传	
255	第七届广东大学生节能减排工业设计大赛	一等奖	罗立中　赵　晶　黄　碧	简弃非
256		一等奖	沈　栋　李富盛　林　丹　陆展辉　李培辉　于俊杰　姚蔚琳	肖文勋
257		二等奖	冯锦新　金　硕　黄江常　郭　欣	方利国
258		二等奖	李思琪	谢　帆
259		二等奖	叶耀聪　刘子鹏　徐浩庭	朱　林
260		二等奖	袁豪哲　陈　聪　洪细鲁　郑歆来　林　俊	方利国

续表

序号	竞赛（评选）名称	获奖等级	获奖者姓名	指导老师
261	第七届全国大学生电子商务“创新　创意及创业”挑战赛（广东选拔赛）	特等奖 最佳创新奖 最佳创意奖	刘梓诚　金　鹏　王　铮 杨家琦　尹裕敏	陈艺云
262		一等奖	刘逸爽　苏学英　钟玮仪 刘奥运	毕凌燕
263		二等奖	程潇潇　刘苗苗　周涉宇 黄　斌　曹　越	汪秀琼
264	第三届金经昌中国城乡规划研究生论文竞赛	佳作奖	陈玉兰	赵渺希
265		佳作奖	吴凯晴	王世福
266	第三十三届全国中学生物理竞赛	三等奖	冯宇梁	
267	第十八届广东大学生物理实验设计大赛	二等奖	林楚湘　陶若文　梁杰辉 黄楚坤　杨芮牧　李栋美 谭希超　刘　基　郭勇帆 林志城	叶晓靖　於黄忠
268	第十二届广东省大中专舞蹈比赛	第一名	李经伦　麦彦仁　武永浩 林道暄等 15 人	金　雷
269	第十二届全国大学生“恩智浦杯”智能车竞赛（华南赛区）	一等奖	黄观钦　翁卓荣　陈德琤	陈　安
270		二等奖	林亮洪	陈　安　邓晓燕
271	第十届“中国电机工程学会杯”全国大学生电工数学建模竞赛	二等奖	黎　枫	
272		三等奖	袁　娜　颜木泉	刘深泉
273	第十届广东大学生广告节	音频类 二等奖	陈佳楠　李锐鸿	
274	第十届建设工程管理与创新竞赛	三等奖 优胜奖	靳博林　彭绮琪 余戴君玥	闫　辉　吴　凡 李弘扬
275		三等奖	罗德焕　戚明远　王如钰 贺　迪　林垲航　于辞渊	邓逸川
276	第十五届“理律杯”全国高校模拟法庭竞赛	优秀辩手奖	王浩楠	张继承　黄旭东
277	第十一届全国大学生化工设计竞赛（华南赛区）	一等奖	洪晓亮　何俊僮　卓楷升 陈嘉宇　蔡育铨	龙新峰

续表

序号	竞赛（评选）名称	获奖等级	获奖者姓名	指导老师
278	第十一届全国大学生结构设计竞赛	优秀组织奖	林静聪　胡坚彬　陈颖芝	陈庆军　何文辉
279	第十一届全国大学生周培源力学竞赛	三等奖	陈　磊	
280		三等奖	林梓东	
281		三等奖	莫泳晖　谢卓成　黄庆洋　张思帆　方　淦　包皓凌　左泽宇　郑振光　杨　浩	
282		优秀奖	陈启健　洪书涛　王泽楷　张宁泊	
283		优秀奖	刘舒诣	曾庆敦
284		优秀奖	徐书恒	
285	第十一届全国大学生周培源力学竞赛（广东赛区）	二等奖	陈　磊	
286	第四届“广厦杯”粤港澳高校结构设计信息技术大赛	二等奖	郭俊辰	陈庆军
287	第四届中国研究生智慧城市技术与创意设计大赛	三等奖	潘耿政　方林普　刘宏达　陈国春	康文雄
288	第四届卓越联盟高校“卓越杯”大学生化学新实验设计及化学实验技能竞赛	三等奖	蒋国星　詹伟腾　戴之易	刘建宇
289		三等奖	汤锦辉　郭　琛	刘建宇
290		三等奖	李穗敏　刘子贤	梁振兴　宋慧宇
291	第五届“泰迪杯”数据挖掘挑战赛	三等奖	陈煜钊	
292		三等奖	李育萍	
293	第五届“泰迪杯”数据挖掘挑战赛（广东赛区）	二等奖	陈煜钊	
294	第五届全国大学生化工安全设计比赛	三等奖	黄　广　罗家柱　张　聚　张　娅　陈湘华　王　帆	龙新峰
295		三等奖	王心睿　石　为　辛荣凯　温和杰　陈润琳　徐小清	龙新峰
296	第五届世界趣味数学挑战赛	铜奖	李梓棋	
297	第一届（2016—2017）全国大学生集成电路创新创业大赛（全国总决赛）	三等奖	韦胜昌　叶彦斌　王子甲	黄　沫
298		三等奖	吴永科　罗　聪　陈程俊	贺小勇
299		三等奖	许华杰　潘伟锋　李永祥	吴朝晖　李　磊

续表

序号	竞赛（评选）名称	获奖等级	获奖者姓名	指导老师
300	第一届广东省大学生力学竞赛	二等奖	卢建元　周振峰	
301	广东大学生金融建模大赛暨粤沪两地联谊赛	二等奖	黄煜林　龚　学	刘　锐
302	广东大学生预防医学实验技能大赛（创新实验竞赛）	一等奖	李德保　胡腾鑫　劳苏琳	何道航
303	广东第七届大学生材料创新大赛	一等奖	李晓庆　卢宽宽　章红科　郑泽科　邓宇熹	姚日晖
304		二等奖	陆体文　徐伟业　陈　凌	陈维平
305		二等奖	卓　浩　胡艺洁　童　星	钟林新
306	广东省大学生程序设计竞赛	一等奖	马锴豪	
307		二等奖	艾　琦	
308	广东省大学生数字图像图形创作大赛	一等奖	林延域	黄　平
309	广东省第二届“中信杯”大学生物联网和大数据创新应用大赛	一等奖	尹思媛	冼楚华
310	广东省第十八届大学生物理实验设计大赛	一等奖	冯　柯	
311		一等奖	苏博杨	邓柏昌
312		一等奖	赵崇毓	邓柏昌
313	广东省第四届“联盟杯”本科高校英语写作大赛暨2017“百万同题英语写作”活动	二等奖	郑嘉倩	马　芸
314	美国 Little free library 小型图书馆设计竞赛	入围奖	李岩　孙倩　谭茜　张晓婧	
315	“南网杯”第十届广东大学生节能减排进校园系列活动之四校辩论邀请赛	冠军	禤文烨	
316	全国大学生工程训练大赛	三等奖	吴展纯	
317	全国大学生广告艺术大赛	优秀奖	颜　熙　黄怡晗　丁姝心	周　可　余传鹏

续表

序号	竞赛（评选）名称	获奖等级	获奖者姓名	指导老师
318	全国大学生广告艺术大赛（广东赛区）	一等奖	劳嘉信　郑梓芬	郑　重
319		一等奖	刘相利	韩　镁
320		一等奖	秦钰雯　冯林哲　佘　垒　石云霞　李雨航	周　煜　周建青
321		一等奖	汪　涵　程雯卿	焦　维
322		二等奖	柏诗曼	韩　镁
323		二等奖	蔡芊烨	韩　镁
324		二等奖	陈泳澜　冯林哲　冯修儒　石云霞　王　珊	郑　重
325		二等奖	叶蕴彤　潘静瑶　罗冠华　雷月媚	韩红星
326		二等奖	叶子怡	韩　镁
327		二等奖	张嘉欢　胡婉歆　叶蕴彤　李　缘　陈姝晴	韩红星
328	全国大学生统计建模大赛	三等奖	陈茜儒	贺建风
329	全国高等学校城乡规划学科2017城市交通出行创新实践作业评优	三等奖	魏文翰　陈昕玮　邱　璜　陈兆凯	刘　晖　戚冬瑾　魏宗财
330		佳作奖	陈　伟　周曦明　伍敏安　丁春雨	阎　瑾　黄诗贤
331		佳作奖	张嘉明　逄浩廷　于　点　苏荣强	赵渺希　黄俊浩
332	全国高等学校城乡规划学科2017城乡社会综合实践调研报告评优	三等奖	林焯炜　邱彦琦　李家琦	戚冬瑾　蓝素雯
333		三等奖	杨　乙　叶东豪　殷佳婧　郑太善	赵渺希　黄俊浩
334		佳作奖	郭焕金　陈沛健　陈　仲　蔡俊杰	阎　瑾　黄诗贤
335		佳作奖	贾　姗　苏章娜　周一慧　莫海彤	阎　瑾　李　昕　魏宗财
336	全国高等学校城乡规划学科2017年城市设计课程作业评优	三等奖	卢培俊　陈丹彤	戚冬瑾　阎　瑾　姚　圣
337		三等奖	谢光源　徐　妍	陶　杰　曾天然　刘　晖

续表

序号	竞赛（评选）名称	获奖等级	获奖者姓名	指导老师
338	首届卓越大学联盟大学生英语演讲比赛	优秀奖	徐天怿	荣　榕
339	园冶杯	荣誉奖	邢启艳	陆　琦　潘　莹
340	中国大学生机械工程创新创意大赛	三等奖	陈泽达	张　东
341	2017 广东省打击乐展演赛	一等奖	高艺源	王晓菁
342		小军鼓一等奖	叶青原	王晓菁
343		二等奖	吴　越	王晓菁
344	2017 华南地区管乐·打击乐展演 马林巴	一等奖	陈彩凤	林　剑
345		一等奖	陈俊霖	王晓菁
346		二等奖	卢依恒	王晓菁
347	广东省第五届大学生艺术展演	一等奖	易竹春	温　玲
348		二等奖	秦　娅　詹　敏　徐聪慧 薛盛英　赵怡婧　林　鸿	刘　波
349		合唱一等奖	黄若宾等 40 人	梁　军　张自晔
350		器乐一等奖	邱智森　王经仪　赵　薇 亢鸿志　陈健禾　余威升 梁懿琦　郝昱捷	钟活明　王匡一 刘　建
351	激扬青春旋律，唱响校园	一等奖	王　睿	李　茵
352		一等奖	温翠娜	吴国玲
353	2017 广东省大学生田径锦标赛 1500 米	第一名	郭　涛	杜鹏远
354	2017 年 CUBA 中国大学生篮球联赛（广东赛区基层赛）	第一名	邱雯杨　姜卓孜　车　萌 连非宇　辛博薇	赵　彤
355	2017 年广东省大学生健美操啦啦操锦标赛乙组自选爵士舞啦啦操	第一名	宋亚超　杨姗姗　马　雪 彭俊瑶　冯玥斐　刘含煦	丁　文
356	2017 年广东省大学生乒乓球锦标赛（乙 B 组男单）	第一名	廖若辰	何　琼　刘　思
357	2017 年广东省大学生网球锦标赛（男单）	第二名	卢智伟	

续表

序号	竞赛（评选）名称	获奖等级	获奖者姓名	指导老师
358	2017 年广东省大学生羽毛球锦标赛（乙组男子双打）	第一名	高天宇　曾俊玮	佘　曦　罗思宁
359	2017 年广东省大学生羽毛球锦标赛（女子双打）	第一名	欧力晶　刘纤羽	佘　曦　罗思宁
360	2017 年广东省大学生羽毛球锦标赛（女子双打）	第一名	欧力晶	佘　曦
361	2017 年广东省大学生游泳锦标赛（男子乙 B 组 50 米蝶泳）	第一名	胡家伟	陈秀君
362	2017 年广东省大学生游泳锦标赛（女子 B 组 50 米仰泳）	第一名	叶子欣	陈秀君
363	2017 年广州大学城路跑挑战赛（10 公里）	第一名	郭　涛	黄炜皓

2017 年学生课外学术科技创新贡献奖

序号	竞赛（评选）名称	获奖等级	获奖者姓名	指导老师
1	第三届中国“互联网 +”大学生创新创业大赛（广东省赛）	铜奖	黄　冠　陈　劢　刘艺璇 罗　晶　陈　婧　林　焰 罗凌杰　毛雨思　王钊越	龚　振　张星明
2	第三届中国“互联网 +”大学生创新创业大赛（广东省赛）	铜奖	李伟鹏　甘　敏　马若男 蓝伟滨　陈　敏　肖鑫鸿 蔡　榕　黄浩群　陈卓伟	
3	第三届中国“互联网 +”大学生创新创业大赛（广东省赛）	铜奖	刘译文　陈宗淦　罗彭婷 谭达昭　陈军贤　刘　煜 黄　婷　罗雄文　柳亚男	
4	第三届中国“互联网 +”大学生创新创业大赛（广东省赛）	铜奖	郑子杰　陈岳钦　周　威 王　斐　刘　君　张炳寅 何盛泓　黄骐云　卢星宇	
5	第三届中国“互联网 +”大学生创新创业大赛（广东省赛）	优胜奖	陈　旭　皮颖鑫　陈浩然 潘卓齐　刘　赫	
6	第十四届“挑战杯”广东大学生课外学术科技作品竞赛	三等奖	蔡晓明　冼健棠　官闻达 邹扬忠	容亮湾
7	第十四届“挑战杯”广东大学生课外学术科技作品竞赛	三等奖	冯　晨　安　琪　梁铸强 吴锐成　冯睿东　苏凌丰	万珍平
8	第十四届“挑战杯”广东大学生课外学术科技作品竞赛	三等奖	马一宁　胡心怡　黄家锐 肖楚烽　胡雨薇	龚月姣

续表

序号	竞赛（评选）名称	获奖等级	获奖者姓名	指导老师
9	第十四届“挑战杯”广东大学生课外学术科技作品竞赛	三等奖	史传超 吴湘屿 何子莹 岑月妍 涂峻源 任洁柔 麻斯亮 刘晓嘉 林 琪	任娇艳
10		三等奖	肖泽恒 吴 昊 张 晶 谢敏奇 余光鑫	钟冠球
11		三等奖	郑裕坤 罗 楠 张 榕 陈佳娜 吴晓霜 邱源臻 邱海坤 吴蓓欣	陈 明
12	“华为杯”第十二届中国研究生电子设计竞赛	三等奖	韦 天 曾伟森 肖 杨	李 锋
13	“南网杯”第十届广东大学生节能减排进校园系列活动之节能减排创意赛	三等奖	张芷盈	
14	2017“外研社杯”全国英语写作大赛（复赛）	三等奖	朱彦霖	
15	2017 CCPC 中国大学生程序设计竞赛（广东）	三等奖	惠 洁	
16	2017“高教社杯”全国大学生数学建模竞赛（广东赛区）	三等奖	曾凯林	
17		三等奖	陈鹏旭 邓 杨 陈 缘	
18		三等奖	成 斌	茅新晖
19		三等奖	戴泰绵 黄庆洋 付 莹	黄 平
20		三等奖	韩思玮	
21		三等奖	黄 登	覃永安
22		三等奖	李思琪 黄健宁	覃永安
23		三等奖	林延域 彭政夫 卢 铤	
24		三等奖	宋 欢 陈嘉俊 王 倩	刘深泉
25		三等奖	吴子莹 唐冠越 陈梓蓉	程永宽
26		三等奖	伍曦明 丁菲依 章惟诚	程永宽
27		三等奖	杨明玥 李子怡 文耀立	
28		三等奖	叶俊棋	刘深泉
29		三等奖	张展华 吴宇晴	程永宽
30		三等奖	郑钊宇	
31		三等奖	钟雨滢	

续表

序号	竞赛（评选）名称	获奖等级	获奖者姓名	指导老师
32	2017“高教社杯”全国大学生数学建模竞赛（广东赛区）	优胜奖	陈　曦	刘深泉　刘　捷
33		优胜奖	丁佳彦	刘小兰
34		优胜奖	王雪毅	
35		优胜奖	吴锦涵	
36		优胜奖	谢裕麟	
37		优胜奖	朱　飒	谢　波
38		优秀奖	丁　雪	
39		优秀奖	吴卓虹	
40	2017 广东“互联网 + 旅游”创新创业大赛	三等奖	张诗文　张芷盈　李依伦	魏　卫　冼楚华
41	2017 华为软件精英挑战赛	二等奖	金协杰　胡　聪　王　黎	
42		三等奖	罗　晴	
43	2017 华为软件精英挑战赛（粤港澳赛区）	三等奖	曹高雄　吴桂龙　曾晓辉	
44	2017 年中国高校计算机大赛－团体程序设计天梯赛（华南赛区）	三等奖	林安然	黄　翰
45		三等奖	罗　凡	陈俊颖
46		三等奖	吴潘安	郭　芬
47		三等奖	余信志	黄　翰
48	2017 年度广东省广播电视精品公益广告采购项目	视频类三等奖	陈佳楠　李锐鸿	
49		音频类三等奖	李锐鸿　陈佳楠	
50	“版辩羊城，权论新篇”2017 广州大学生辩论邀请赛	一等奖	赖慕越　于　瑶　石一然　王梓宇	孟祥娟　李春芳
51	2017 年广东省 CAD 机械设计职业技能大赛	三等奖	利崇彬	陈　亮
52	2017 年广东省大学生数学建模比赛	优胜奖	王诗雨	刘小兰
53	2017 年广东“众创杯”大学生启航赛暨“赢在广州”第六届大学生创业大赛	创新奖	邵晗咏　韩国韬　彭鹏飞　黄梓堃	程思慕

续表

序号	竞赛（评选）名称	获奖等级	获奖者姓名	指导老师
54	2017 年全国大学生数学建模竞赛	优胜奖	郭沛榕	黄　平
55	2017 年天河区第四届大学生创业大赛	三等奖	吕　锋　麦子豪	
56	2017 全国大学生信息安全竞赛（广东赛区）	三等奖	顾芳铭	
57	2017 首届全球华人网络安全技能大赛	四等奖	蔡健聪	唐绍华
58	“常平杯”第四届“创青春”广东青年创新创业大赛	三等奖	纪执立　孟令晗　冯明月 张少波　李巧玲　李子康	余　龙
59	第八届“蓝桥杯”全国软件和信息技术专业人才大赛（广东赛区）	三等奖	张凤达	
60	第二届广东省大学生结构设计竞赛	三等奖	杨益钦　潘昊瑾	何文辉　陈庆军
61	第九届大学生房地产策划大赛暨首届全国大学生房地产专业能力大赛	三等奖	温　诚	闫　辉　李弘扬 吴　凡
62	第九届广东大学生生物化学实验技能大赛	三等奖	李芷珊　梁丽雯	陈　谷
63	第九届全国大学生数学竞赛（非数组，广东赛区）	三等奖	冯帅松	陈志辉
64		三等奖	何宝茵	
65		三等奖	李嘉华	
66		三等奖	廖钰洲	
67		三等奖	卢佳亮	
68		三等奖	潘世贤	
69		三等奖	孙宇冲	熊　巍
70		三等奖	谭欢恒	
71		三等奖	王炎佳	
72		三等奖	余梅霞	高文华
73		三等奖	张展华	程永宽
74		三等奖	赵　鼎	陈志辉
75		三等奖	祝旭乾	

续表

序号	竞赛（评选）名称	获奖等级	获奖者姓名	指导老师
76	第九届全国大学生数学竞赛（数学组，广东赛区）	三等奖	陈钰莹	
77		三等奖	成　斌	
78		三等奖	黄哲楷	
79		三等奖	林昱璀	
80		三等奖	卢健民	
81		三等奖	桑　田	程永宽
82		三等奖	许荣贵	杜晓明
83		三等奖	张诗文	
84	第六届中南地区结构力学竞赛	三等奖	伍伟翰	
85		三等奖	郑振光	
86		优秀奖	刘舒诣	
87	第七届广东大学生节能减排工业设计大赛	三等奖	黄俊钦　段胡敏　杜颖君　梁悦薇　谢俊学	刘定平
88		三等奖	黄文靖　刘润泽　杜默涵　姜雨滋	
89		三等奖	李　捷　苏　晓　谢裕麟　赖承中　庄庭达　戴泰绵　陈智豪	杨金明
90		二等奖	林浩庆　孙宇嫣　韦乾龙　华振豪　陈　润　岁梓聪　黄楚源	张玉秋
91		三等奖	林映溪　陈鑫全　杨浩宗　刘　漂　韩　银　庄　正　杨智斌	王智东
92		三等奖	宋　颖　黄培城　田美君　邢益辉　严芯华　杨景旭　解　正	谢从珍
93		三等奖	张建亮　陈浩圳　卢泓宇　胡世宇　潘星谕	
94		三等奖	张经纬　潘厚霖　唐管政　许亦冉	
95		三等奖	张曼婷　黄蕴丛　马榕一　严钰杰　叶智豪　和　峰　张叶冰清	

续表

序号	竞赛（评选）名称	获奖等级	获奖者姓名	指导老师
96	第七届广东省高校统战理论研讨会	优秀论文奖	周挺之	韩莹莹
97	第七届全国大学生电子商务“创新 创意及创业”挑战赛（广东选拔赛）	三等奖	李嘉禧 杨 铭 周斯好 李立夫	陈 羽 胡军燕
98		三等奖	李永强	刘深泉
99	第十八届广东大学生物理实验设计大赛	三等级	李 沛	
100		三等奖	林子琪	梁志强
101		三等奖	刘宇恒	王 达
102		三等奖	姚 睿 谢煜铨 王璨珉	於黄忠
103	第十二届中华全国日语演讲比赛（华南赛区）	优秀奖	田 野	张黎黎
104	第十届广东大学生广告节	视频类三等奖	陈佳楠 李锐鸿	
105		音频类三等奖	陈佳楠 李锐鸿	
106	第十五届广东省大学生程序设计竞赛	铜奖	黄仕嘉	
107		铜奖	巫 威	冼楚华
108	第十一届 iCAN 国际创新创业大赛（华南分赛区选拔赛）	三等奖	刘雨铮 刘泽扬 洪 慎 王润鹏 刘达贤 欧抒昱 周 宇	肖文勋
109		三等奖	沈 栋 李富盛 林 丹 陆展辉 邹泽宇	王克英 肖文勋
110	第十一届全国大学生周培源力学竞赛（广东赛区）	三等奖	钱泽宇	
111		三等奖	谭欢恒	
112		优秀奖	孙亚林	
113	第四届“广厦杯”粤港澳高校结构设计信息技术大赛	三等奖	陈连佳	石开荣
114		三等奖	李 杨 马铭骏 冯天奇	周林仁
115		三等奖	卢健东 冼健棠 黄诗惠	赵新宇
116		三等奖	杨 浩	熊 焱
117		优胜奖	陈健锋	周 靖
118	第四届“世安杯”广东省大学生网络安全大赛	成功参赛奖	张一鸣	齐德昱
119		优胜奖	杨晨曦	冼楚华
120	第五届“泰迪杯”数据挖掘挑战赛（广东赛区）	三等奖	杨言浩	高文华

续表

序号	竞赛（评选）名称	获奖等级	获奖者姓名	指导老师
121	第一届广东省大学生力学竞赛	三等奖	王泽楷	
122	广东第七届大学生材料创新大赛	三等奖	耿　一　彭晓冬　马源彬	何　慧
123		三等奖	廖晓凤　苏晓竞　赵　潇 高天元　吴菁菁	李红强
124		三等奖	熊　隽　尹　航　梁世濠 杨冰娜　徐　培	娄文勇
125		三等奖	余佳毅　张榆钲	胡蓉蓉
126	广东省 2017 年高等学校应急救护大赛	优秀奖	卢伟健	
127		优秀奖	饶玉蕾	李春云 欧阳就红
128	广东省数学建模六校联赛	三等奖	段东旭	刘　青
129	广州大学生电影节电影配音大赛	优秀奖	李莎　冯越	刘海玲
130	联想全国高校 AI 精英挑战赛（华南赛区）	三等奖	沈　栋　李富盛　林　丹 陆展辉　邹泽宇　李培辉 于俊杰　姚蔚琳	肖文勋
131	全国大学生广告艺术大赛（广东赛区）	三等奖	丁姝心　颜　熙　黄怡晗 刘心宇　宛姣姣	周　可　余传鹏
132		三等奖	战瑾元　姚　浩　程可心 罗晓莹　刘润琪	戴世富
133	首届广州市城市更新设计竞赛	一等奖	麦嘉雯　吴燕巍	
134		二等奖	龙　晓　蔡宜君　黄慧婷 李泳妍　王筱宇	刘　晖
135	首届“红帽杯”网络安全攻防大赛	优胜奖	吴嘉铭	曾　兵
136	第十八届广东大学生物理实验设计大赛	三等奖	高伟光　董熔康	
137	腾讯社交广告高校算法大赛	全国十强	余焕波　刘博翰　林少文	
138	智慧航空 AI 大赛	全国第 11 名	袁书聪　曹高雄　曾晓辉 林　霖	
139	2017 年广东省“省长杯”足球赛	第三名	洪悦涛　牛阳阳　谢超宇 潘耀昊　胡宇晨　区伟韬 韩治成　蒋坤志	彭锦波

续表

序号	竞赛（评选）名称	获奖等级	获奖者姓名	指导老师
140	2017 年广东省大学生篮球联赛	第三名	邱雯杨　姜卓孜　车　萌　连非宇　辛博薇	赵　彤
141		第三名	张洹铭　崔子昊　沈子登	徐国翀　谢超杰
142	2017 年广东省大学生羽毛球锦标赛（女单）	第三名	吴文莱	佘　曦　罗思宁
143	2017 年广东省大学生游泳锦标赛（男子乙 B 组 100 米自由泳）	第三名	刘金游	陈秀君
144	2017 年广东省大学生游泳锦标赛（男子乙 B 组 4×100 米自由泳）	第三名	胡家伟　刘金游　朱明哲　郭　昊	陈秀君
145	2017 年广东省大学生游泳锦标赛（混合乙 B 组 4×100 米自由泳）	第三名	胡家伟　叶子欣　刘金游　叶婉芬	陈秀君
146	2017 年全国大学生网球锦标省赛（女单）	第三名	徐　溧	岑国斌
147	2017 年云南白药全国路跑联赛（广州站）	第三名	郭　涛	黄炜皓
148	第十三届全国学生运动会羽毛球赛	女双第四	欧力晶	佘　曦
149	2017 年广东省大学生乒乓球锦标赛	单打第八名	邹泽宇	宋绍兴

毕业生名单

2017 届博士学位获得者

经济学博士

应用经济学

梁汉超　刘心怡　周丽云　周艳霞

法学博士

法学

谢　郁　许健聪　胡彦涛　李晓波　彭向阳　王影航　李　波　谭　玮　陈　磊

马克思主义中国化研究

窦畅宇　倪新兵　林润燕　李岁科　曾丹凤　董星辰　金光磊　PHAM THI CHAU HONG（范氏周红）

法学理论

王文琦

理学博士

基础数学

詹小秦　马海涛　肖运龙　李　刚　梁洪雪

应用数学

房路路　任园园　朱　平　陈怡仕　汪　净

运筹学与控制论

沈　力

无机化学

胡树枝　汪华华　张　召

分析化学

周心慧　王焯强　黄彬彬　蔡伟华

有机化学

陈　训　廖建华　余　跃　马　骏　刘建超　熊　彪　高　杨　李嘉伟　崔　巍　赖胤龙

物理化学

陈立宇　苏凤云

高分子化学与物理

张晓远　徐　宁　彭　沣　尚京旗　陈桂庭　胡黎文　金耀城　周　为　董　升　贾　涛　刘　婷

生理学

武　杰　张宪瑞

微生物学

潘媛媛　谢章彰　许　璐　黎　攀　连英丽　刘　骥　朱牧孜　丁银润　古其会　涂　翔

生物化学与分子生物学

倪　超　刘伯宁

工学博士

固体力学

张宏龙　李春雷　谢倍欣　张泳柔

机械制造及其自动化

熊　巍　吴　衡　谢颖熙　王瑞洲　刘　敏　李永湘　李　辉　李　刚　甘金强　陈为林　徐　腾　王道勇　朱宁远　黄云翔　麦青群　彭艳华　全思博　叶国强　张仕伟

机械电子工程

吴杰文　彭庆红　陈　鑫

机械设计及理论

祝胜光　李剑英　陈首彦　方燕飞　刘环裕

车辆工程

冯　骁　马聪承　刘霏霏　柴　牧　陈俊杰　王琼瑶　熊　飞　郑国峰

制造工程智能化检测及仪器

朱　强　唐文明　陈　辉

材料物理与化学

李祥龙　胡展豪　林振国　刘旭东　孙　圣　薛启帆　韩　伟　钟知鸣　赵小苗　杨小军　许　伟　李小岗　许志平

材料学

陈　智　陈亦皇　陈丽娟　冯胜雷　甘田生　韩　滔　何佰蓉　何本钊　胡志诚　花开慧　李卫昌　梁天祥　林　勇　林云昊　刘　超　刘　明　孙　辰　唐国武　王海涛　王　佳　魏荣妃　魏鑫峰　魏　勇　吴永伟　谢锐浩　徐海军　许国智　于天成　常　欢　张桂传　张春晖　王立莹　张芳腾　陈宛涓　李丽仪　刘坤坤　刘迅成　刘　银　聂　汉　王伟超　张晓闻　赖天奇　李智鸿　林　巍　沈宏芳　许体文　张智深　邹永昆

材料加工工程

唐　鹏　孟凡生　马文婧　马鹏涛　刘　杰　刘灿森　林勇强　梁　勇　况太荣　曹志杰　祝　闻　朱志华　周超兰　张俊逸　吴　显　王锐坤　胡启耀　黄江南　康利梅　李望云　李媛媛　牛少鹏　孙　威　王　为　伍雪花　喻　鹏　鲍贤勇　桂　艳　刘定福　卢彦杉　吴枚霞　赵利忠　周　凌　朱继元

化工过程机械

钟　辉　刘超鹏　贾梅生　邱光琦　王良旺

电机与电器

司　萌

电力系统及其自动化

郑杰辉　张孝顺　王勇超　刘　洋　黄振琳　陈　旭　尉　峰　郭建龙　李　波　李　峰

高电压与绝缘技术

袁　超　黄之明

电力电子与电力传动

赵卓立　王月武　王　灿　黎　敏　孙标广　胡　维　王东东　王映品　王　磊

电站系统及其控制

徐　青　蔡梓林

物理电子学

刘荷蕾　荆珍珍

电路与系统

赵　智　任子良

微电子学与固体电子学

杨俊锋　徐　肯　夏　江　胡云峰　李嘉辉　工　昆

电磁场与微波技术

杨颖颖　钱雅惠　林娴静

信息与通信工程

姚剑萍　潘　沿　林晓帆　黎相成　郭锴凌　邓　敏　李建中　胡春筠　李新超　胡　瑞　孙友明
张荣锋　张　勰

控制理论与控制工程

赵志甲　骆仁波　邓木清　付有瑶　刘晓丽　程福亨　刘方军　王加朋　林　鹏　赵素娜

系统工程

莫浩艺　归伟夏　任红卫　邢玛丽

检测技术与自动化装置

汪兆栋　肖红军　蔡泽凡

模式识别与智能系统

汪方毅　王　斐　YAO YEBOAH（叶遥）　何盛鸿　陈勇斌　齐菲菲

计算机科学与技术

徐庸辉　魏　航　彭峙酿　颜学明　杨　曦　张志洁

计算机系统结构

曲　超

计算机软件与理论

白伟华　KUTLUMURATOV ASSYLBEK（阿斯力别克）　邹才凤

计算机应用技术

胡镜林　黄毅然　汤　峰　韩　冬　陈　伟　张夏衍　刘翔宇　鲁顶柱　齐铿泉　杨　进　姚　宏
周娜琴　周　腾

建筑学

王　东　陈　丹　陈　珏　贾　超　万丰登　吴　杰

建筑历史与理论

罗　军　陈峭苇

建筑设计及其理论

张振辉　张　伟　韦浥春　刘　骁　邹　东　张　翼　邓孟仁　姜　帆

建筑技术科学

刘妍华　杨延萍

城市规划与设计

郑剑艺

岩土工程

高会强

结构工程

ASARE MARTIN HENRY（亨利）　孙　威　何　岸　崔济东　袁亮亮　胡智强　秦忠山

防灾减灾工程及防护工程

张　硕

化学工程

梁振华　李东东　何飞强　陈燕舞　林绪亮　刘　鉴　王艳杰　吴　魁　肖　抗　谢绍朐　杨庆春　赵道辉　陈　民　朱国典　崔培哲　雷　鸣　卢　明　全学波　朱淮军　黄　山　彭开美　魏东伟　吴　颖　谢慧琦　熊　迪　杨　声

化学工艺

臧云浩　余希文

生物化工

刘立苹

应用化学

党　岱　侯三英

工业催化

李伏坤　彭　超

能源环境材料及技术

李　淇　许书瑞

能源化学工程

王婷玉

制浆造纸工程

王瑞彬　杨焕磊　姚运振　张　静　张优茂　赵媛媛　王　青　何　亮　李　伟　刘尚军　田晓俊　童　欣　龚　杰　刘　洋　王　娜　王雅婷　袁洪友　石先城　宋　虹

制糖工程

陈　旭　熊丽娜　刘　光　杨华峰　黄　凯　张恬恬　洪　静　梁明华　刘思源　谭小燕　赵　迪　李富华　王宏伟　张智宏

发酵工程

周鹏飞　石　侃　汪秀妹　陈　功　夏晚霞　廖瑜玲

淀粉资源科学与工程

王燕斐

生物质科学与工程

周万鹏　张雪琴　程　皓　徐曼曼　周子丹　余成华

道路与铁道工程

邹　超　李多奇

交通信息工程及控制

翟　聪　刘树青　龚华炜　宋明磊

环境科学与工程

易晓辉　许伟城　赵春虎　郑锋华　王立开　秦彦哲　林学明　李欢旋　李　成　亢春喜　梁旭军
李静华　黄志炯　陈峻峰　樊银明　方　铮　琚丽婷　卢俊彩　彭若斯　石超宏　吴　灿　杨陆峰
郑　垒　陈功宁　陈　炜　刘沙沙　涂志红　周　凯

环境工程

黄国富　舒小华

生物医学工程

周正难　吴婷婷　陈军建　刘文平　潘　婷　王春宝　黄　冰　李丹荣

食品科学

朱　勇　郑　杨　辛瑞璞　王旭苹　雷芬芬　程丽娜　周　瑢　董庆亮　李会品　李文治　王　宏

粮食、油脂及植物蛋白工程

刘　春　陈小威　朱俊友　陈飞平

农产品加工及贮藏工程

刘智钧

食品质量与安全

李丽丽　孙崇臻　王　光　武文佳

软件工程

许　波

风景园林学

陈意微　李坤明

医学博士

生物医学工程

张　文

管理学博士

管理科学与工程

石　松　沙　金　李云健　万　强　黄家良　刘俊文　庄云蓓　陈晓丽　令狐大智　王选飞

管理科学与工程（工业工程与管理工程）

蒋兴华　温宗良　郑艳芳　黄建辉

管理科学与工程（管理决策与系统理论）

李　佳

金融工程与经济发展

肖勋勇　周宇亮　乔印久

管理科学与工程（物流与供应链管理）

黄秋萍　匡桂华

企业管理

关翩翩　宋一晓　周瑜胜　孙　影　刘晓琴　刘　学　朱信贵
BLUSZCZ MARIUS ALEXANDER（马利乌斯）

旅游管理

王晓敏

技术经济及管理

张　艺

工程博士

电子与信息

詹益旺　陈康先　黄文有　宋芳芳　张永忠　周忠伟

能源与环保

欧开健　陈炯聪　温柏坚

2017 届硕士学位获得者

哲学硕士

马克思主义哲学

李亚辉　戴英豪　罗淑彦　徐　冉　兰秋红　罗晓成

中国哲学

常　柳　高　宁　李依睿　郭　祥

美学

刘　强　马孟夏　赵　曼　赵艳洁　郑宗敬

科学技术哲学

何芬芳　黄祥刚　李　晨　李　金　刘　丹　王道成　赵雅静

经济学硕士

国民经济学

刘　洋　邱　谦　唐　蕾　王　智　张奥蕾

区域经济学

韩莉娜　黄小婷　刘艳敏　宋艳玲　苏　莉　张亦瑶　周钰玲

金融学

曾　健　陈泽伟　李　媛　林东翔　穆　羽　沈　盼　唐　镭　王　迪　谢春清　熊　彪　杨　能
余楚楚　赵锦洲　邹秀玲

产业经济学

杭　爱　洪绵绵　吴　盼　杨　霄　杨雪琪　杨镇标

国际贸易学

毛程成　王朋亮　赵彦萍

统计学

何　婷　赖思宁　梁　珊　赵　靓

数量经济学

陈佳平　费慧芳　李艺芳　温嘉瑜

金融硕士

陈必轩　陈明晖　陈艳红　邓旭婧　董若兰　奉颖香　傅建芬　关天浩　洪莹莹　姜雨亭　李美婵
李书璇　李正意　林逸帆　刘　策　刘毓斌　龙忆文　彭　韵　王文娟　夏创乾　熊　宓　许浩东
许琼英　许欣全　杨　梓　郑志喜　段紫薇

法学硕士

法学理论

罗晋航　马慧丹　彭　凰　吴贺霞　俞一之

法律史

梁东文　支峭原

宪法学与行政法学

陈　月　冯景禧　王　骏

刑法学

陈　可　郝韩伟　张亚林　朱红松

民商法学

蔡　俊　曹亚君　陈　驰　陈　健　陈瑞琦　丁先发　何能文　黄文婉　蒋珊珊　蓝　洋　李广鹤
李茂利　李乾韬　刘嘉颖　刘荣耀　麦应华　覃　朗　王廷杰　文翠碧　吴雯仪　谢焕文　熊　芬
熊群芳　叶惠贤　袁木玲　苑晓欢　张燕群　张爻晟　丁　璨　林佳思

诉讼法学

洪文慧　胡伟超　李淑嘉　刘艺坤　张烁坤

经济法学

李日熙

马克思主义基本原理

梁曙光　马志红

马克思主义中国化研究

金　微　刘思聪　李艳平　刘洪利　刘　璐　潘孝松　戚晓东　王　峥　夏　雪　张　鹏

思想政治教育

曾石梅　胡　晨　李晨曦　马　芮　马　洋　王丹丹　张　琦

中国近现代史基本问题研究

李旺强

知识产权

陈伊君　陈志敏　邓钰玮　黄筱璐　姬德华　刘　恋　邱　翠　吴永祺　伍敏欢

法律硕士

陈　婕　刘丹妮　陈乐章　陈琳倩　陈　忠　单炜庭　黄晓旭　雷佳林　黎奕麟　李建宇　李星寰
梁继红　宁冬琼　潘　滨　戚杏花　饶浪环　汪雪华　文　娟　吴燕婷　夏　曼　夏潘攀　谢竹青
杨晓焱　岳凌云　张冠男　张　乐　张　路　张馨元　赵　娜　朱　娟　蔡梅华　陈　伟　崔福初
崔天珍　戴天璐　邓敏儿　刁　飞　丁胜康　杜　斌　龚晓娟　郭翰若　何　柳　胡瑶玲　黄佳玲
黄秋艳　金　潇　匡建国　兰　昊　冷协凡　李圣博　李晓旭　李　赟　廖少安　刘金丽　刘亚举

罗茜方　吕夏勋　毛亚玲　孟　洋　牛小慧　彭　静　彭觅叶　汤　易　唐昊凝　王朝阳　王江涛
王晶晶　王　前　王娓娓　王志萍　吴金波　谢明慧　谢　阳　徐坤宇　徐通禅　薛　磊　杨　颖
杨泽光　张　婧　张梦琪　张昭琴　赵　丹　赵　双　郑　俏　周胜兰　朱　琴　朱薇薇　高璐璐
梁　敏　聂　凯　蓝　蓉　潘丽芳　任　刚　石燕根　王玉龙　许　辉　张智焕　朱继旺　陈榜华
陈俊超　陈　龙　陈敏婷　邓振中　樊倩倩　傅敬海　高　莹　葛　洋　古育宽　侯　峰　侯晓恒
黄　慧　黄永新　蓝思航　李颖莉　林嘉伟　林峻永　林秋敏　罗小莉　任耀权　谭　伟　王钰洋
王　渊　温立自　吴文锋　肖西祥　谢俊贤　阳汉章　杨　芳　叶银顺　占伟彬　张迪楠　张　芬
张子恒　周威鹏　朱碧霞　邹丽娜　杨键铭　欧阳素珍　欧阳俊胜

教育学硕士

高等教育学

陈明芳　董姗姗　段丹阳　蒋丽霞　李建强　李俊峰　唐飞燕　吴嘉欣　张　驰　张　曼　赵晋国

体育学

赵东升　韩振波　李　靓　刘星玉　苏　锐　唐　荣　薛梦交　于永刚　张振宇　王若菲

教育学原理

陈荣荣　邓慧君　刘　捷　柳一超　王玉倩

文学硕士

英语语言文学

陈佳妮　霍婷婷　李光杰　李　妍　宋章华　温　强　杨　瑞　张丹丹

外国语言学及应用语言学

刘　欣　董佩芸　傅舒雅　黄泽文　李于丹　龙　琦　肖　晓　谢继彬　俞　婷

新闻学

唐　钦　赵建楠

传播学

VERONIKA CHIRKOVA　ALEXANDER MOROZOV　NGUYEN THI HA（阮氏河）
ANGKANA PREMSURIYANAN（林伊玲）　DONG THI THU HUONG（童氏秋香）
LE HOANG ANH（黎黄英）　MAC HA BANG（莫河冰）　OLGA SAMUSENKO
PAVLOGRADSKII VLADISLAV　PHAM THI THU HUONG（范氏秋香）　SIRINTIP JARIYAKUN（苏慧茹）
TA PHUONG HA QUYEN（谢芳河娟）　NGUYEN GIA KHOA（阮嘉科）　YUNI BURHAN（王秀玲）
荆淮侨

新闻传播学

黄蕴韵　刘敛眉　曾彦婷　代　玲　黄雨彤　姜文静　李奉慈　卢佳雯　牛腊梅　潘昊颐　彭舒韵
沈　佳　宋易倩　苏　婉　覃　玲　唐　鑫　汪金刚　王俊伟　王　敏　王思逸　吴泽霞　吴　哲
胥雨晨　闫济民　张付伟　张晓阳　赵　凌　赵宇佳　郑书琴　钟夏泉　宗志远

翻译硕士

英语笔译

杨梦迪　冯　婷　黄　阳　冷丽芬　李梦颖　李天智　李昕蒙　林曼曼　陆雨瞳　宋一帆　苏　梦
苏伊达　汪燕迪　王　萍　王　燕　韦静雯　吴丽珍　武　品　徐　芳　薛书绢　于　乐　袁碧怡
张琳琳　赵佳慧　郑文慧　周敏丽

日语笔译

韩　慧　彭永涛　汤禹瑶　万　婷

理学硕士

基础数学

陈楚荣　刘　燕　刘燕娜　孟建钊　王贝军　王　培　吴　微　杨　珊　张　颖

计算数学

陈方方　陈凤坤　陈　皋　霍倩倩　李改改　罗　卉　苏树周　张　艳　张颖芳

概率论与数理统计

程雪宁　高立才　何海霞　江璐瑶　李茂昌　李琼阳　陆　峰　石　好　孙全德　刘付林娟
陶　淑　陶玉琪　王　凯　姚　丽　张英驰　张　莹　李　杰

应用数学

白美丽　陈凤仪　付抒晗　惠慧慧　江慧敏　江文超　金昆萌　李晓丹　谭锦梅　田延国　徐晓杰
杨春梅　杨雨潼　张聪聪　张文博　张艳红

凝聚态物理

程善敬　邓小林　聂　丹　冼慧敏　张银燕　王昭毅　温明明

声学

林慧镔　马朝丽　彭聪聪　伍玉叶

光学

陈　丹　何燕清　贺　军　胡永禄　刘道柳　罗　蝶　汪思敏　王　珊　谢　鑫　张建华　张　景
张明明　赵齐来　周子睿

无线电物理

耿琳琳　黄荣泽　刘丹丹　王　璨

无机化学

黄丽婷　林陈能　刘　彦　吕丽花　唐玲芝　袁慧清

分析化学

罗　歆　马　乐　申晓雷　苏文锋　苏绪贤　王　燕　余敏行　周小红　朱玉丹

有机化学

徐小兵　白斯怡　陈　哲　龚　明　郭天佐　胡晓寒　李九一　李　雪　李　尊　吕　湾　彭建文
彭优斌　谭振达　王海彬　易松健　张珍辉　郑　敏　朱林辉　祝　栋　何洁云　罗和江

物理化学

常利娜　赖俊依　李爱琴　李小花　刘　娟　刘　敏　谭　萍　王金翠　吴　欣　杨春香　张易楠
赵晓灿

高分子化学与物理

曹仙丽　丁　勇　甘欣欣　何炬新　柯　康　王　莉　夏亚琴　徐　州　杨丽娟　杨宗鹏　赵　雷
赵世鹏　郑展平　梁锦宁

微生物学

廖梓鹏　刘肖凯　谢景毅

生物化学与分子生物学

关宇佳　何　丹　何丹丹　李青瑞　李泽翔　梁剑青　王　伟　余结莹　张蓓蕾

系统分析与集成

谷　岳　林舜成

医药生物学

曾然然　陈淑敏　戴　曦　吕南英　庞小倩　尚瑾玲　苏　浩　肖巧玲　于子桐　张　睿　韩　婷
陈岱琳　吴芳萍

生物医学工程

何慧敏　陈炯润　陈　威　陈秀文　褚明磊　郭炜煌　郭晓恒　何丽泳　黄育铭　柯金环　赖春任
林耿伟　钱　磊　吴水平　游柏浩　余雪萍　赵　亮

生理学

谢旭斌　张　力

生物化学与分子生物学

陈　新

运筹学与控制论

张景发　陈星文

工学硕士

力学

陈靖文　丁　铁　蒋　旭　赖宇锋　雷志鹏　李　稳　梁仲铭　饶东海　陶辰亮　吴康宁　杨　迟
喻　源　张楠丽

机械工程

曾　健　龚小龙　江宇宁　林武文　周立奎

机械制造及其自动化

曾　磊　陈婵媛　陈永辉　邓振杰　杜　飞　方礼华　何嘉华　和锐亮　洪海生　侯朝睿　简智聪
江小勇　李健强　刘二辉　刘良伟　秦　杰　吴　江　吴竞飞　吴秋瑜　吴宇璇　夏　刚　谢培达
杨　鑫　叶景杨　张　宾　张亚运　邹水平　邹志杰

机械电子工程

曾家铨　邓诗诗　何广栋　何祖伟　黄俊森　林　辉　林锐安　刘　畅　吕建宏　田　丽　汪先锋
王　敏　杨　杰　张自勉　SVIATOSLAV PELESHENKO（郭毅帆）　莫秋兢

机械设计及理论

曾小英　陈汉飞　陈祥辉　陈　怡　高哲鑫　龚文涛　黄锦洲　李　赛　林志生　倪建龙　帅高鹏
苏杰汶　王　翔　王研博　温嘉祺　邢　月　徐　培　杨全鹏　杨　松　杨　杏　喻钟鸣　张　蒙
周恩德

车辆工程

陈成峰　侯文擎　黄培鑫　刘朝阳　刘诗嘉　罗国海　丘华川　孙利昌　王　策　吴文波　夏慧腾
熊春明　熊　冬　徐　满　徐小琴　喻桂华　章雪华　叶　鹏

测试计量技术及仪器

何永奎　林沛嵩　张　坤　张天夏　钟　浩

材料物理与化学

曹祖军　曾　勇　陈公云　陈颖聪　邓　森　邓施列　李炎平　李　源　刘贤哲　马乐晗　彭浩棠
阮崇鹏　宋二龙　宋　威　吴　双　吴义灿　邢　倩　薛　浩　赵恒涛　邓依依　黄晓娟

材料学

陈　巧　方一文　胡松涛　吉　旖　黎兴美　叶　升　陈冬俊　陈宁宁　陈　鹏　陈琦峰　陈梓健

戴际强 方　凯 付伟伟 甘世丰 何　畅 何厚刚 贺佐正 胡德超 胡杰奇 胡银阳 胡忠亮
黄丽婷 黄仕文 蒋明建 雷雨风 李海洋 李鹏飞 李　榕 李　欣 李燕萍 李泽伟 梁　涛
梁晓明 林　峰 林秋旺 林子锋 刘　昶 刘凤娇 刘　昊 刘金菊 刘婷婷 卢秋影 鲁登辉
马迎运 倪　萌 牛向原 潘凌翔 彭　进 彭　帅 彭文财 乔　栩 施　永 司自卫 苏　军
孙艳晓 唐洁吟 唐小娟 王　俊 王　松 王　鑫 王羊洋 危　博 吴晓丽 吴烨飞 萧　烨
谢　豪 谢倩旎 许　标 许伟鸿 杨美娟 杨苏邯 殷　姝 余良兵 余生荣 袁进芳 袁　雪
张海东 张　琳 张婉露 张炜杰 张文程 张影影 张振华 赵　飞 赵　静 赵　森 郑江波
郑梓聪 钟春婷 周　成 周　伟 周兴邦 朱　娜 朱　胖 朱运农 朱宇晨

材料加工工程

陈春阳 陈韩江 陈莉蓉 陈　伟 程书文 程天宇 歹利宾 丁　霞 董春雷 杜明艺 段俊鹏
方　苗 高　伟 耿江江 黄明鸿 黄文成 黄　曦 黄殷辉 蒋武斌 金　虹 郎程广 李　蓓
李春涛 李飞飞 李翰模 李　浩 李　洛 李　香 李小博 李小珍 林建安 林　君 刘恒林
刘红玉 刘路生 刘庆渊 骆文锋 吕晓明 毛宇龙 孟淑娜 莫达光 彭嘉林 彭　翔 沈小艳
石裕同 宋凯强 谭景焕 谭梦颖 汪　鹏 汪友红 王记中 王梦凡 王　爽 王　腾 王　巽
吴炳勇 吴　杰 吴明坤 夏晓建 杨　兵 杨　璐 杨　硕 叶伟文 叶希望 余伟泳 张　驰
张　艳 张振扬 赵　楠 赵婷婷 赵中森 郑婷婷 周小龙 祝　星 邹伟健 袁俊逸 张　涌

工程热物理

曾碧凡 陈　耿 陈小文 刘爱琼 罗伟乐 饶雨舟 田浩臣 田世城 田照华 汪　烨 王　玲
余权恒

动力机械及工程

陈　方 高继胜 姜　峰 司二伟 肖金平 徐梦杰

化工过程机械

邓家华 杜　强 李　文 梁艳辉 刘国强 吴　迪 喻　凡 张　霖 张金武

电机与电器

刘智城 鲁忠沛 陶方方 徐　旭 周龙飞

电力系统及其自动化

刘　飞 席　禹 安晓华 蔡颖倩 陈东新 陈　天 陈兴望 冯汉中 葛海麟 郭俊宏 何楚瑶
胡　鑫 黄科维 吉　祥 江昌旭 靳文娟 寇燕妮 蓝海文 李章允 李子林 梁华彬 梁年柏
刘翠平 刘　洋 龙翩翩 区寿松 盛启亮 石梦洁 孙舒逸 童晋方 王学健 王　妍 吴嘉琪
吴裕生 徐　豪 徐茂鑫 杨雨瑶 易江文 张　皓 张　然 邹延生

高电压与绝缘技术

刘　颖 王振华 甘永叶 郭　然 蒋晓蓝 张　飞 张　杰 周　露

电力电子与电力传动

陈凌宇 方赞峰 李晨迪 李　甜 李文彪 李　姿 柳志飞 聂　雄 沈瀚云 孙伟华 谭斌冠
汪绪彬 谢兴琅 叶　超 张晓慧 张晓宇

电工理论与新技术

曹馨予 陈　力 成振华 李　政 汪昺粲 魏峥嵘

物理电子学

何奇傲 齐赵毅 徐紫洋 张远飞

电路与系统

胡　丹 胡　劼 李　兵 李　波 马景法 万　千 魏晓群 徐春燕 杨景林 陈　伍

微电子学与固体电子学

蔡抒枫　付志伟　龚　奇　谷专元　郭珊山　何俊良　胡宇峰　黄　山　江训洋　金世遇　李嘉川　李文彬　李　潇　林少龙　罗　飞　罗建国　王程锋　魏　锴　温　强　杨博新　袁星范　张丹丹　赵高位　郑艳蓉

电磁场与微波技术

陈达阳　胡豪涛　刘潮勇　柳炎炎　张史轩　郑东泽

通信与信息系统

艾　佳　陈国豪　陈　康　陈天宇　陈鑫源　陈泽冰　陈志之　程高庆　邓小娇　丁超文　范嘉胜　范伟龙　符　哲　胡诗玮　黄晓宇　黄毅超　黄裕权　李　骏　李梦茹　李首贤　李相思　廖厚碧　廖启俊　林杰凯　刘　丹　刘　辉　刘树杰　刘孝睿　刘芷含　罗霄军　罗　欣　马海城　聂成果　牛　耀　秦亚楠　孙光华　谭　妥　田　远　涂成栋　汪　亮　王　进　王　琴　王燕芳　项　来　肖　纯　肖敬轩　肖亮乾　肖书光　谢多睿　谢巍巍　杨文圣　叶　恒　余志剑　翟　静　张福伟　张佩玉　张　硕　赵明权　甄　晨　吕　丹　冷晶晶　刘一强　KULIEV YURY（尤瑞）

信号与信息处理

黄振豪　蔡梓哲　曹智阳　陈永东　程俊杰　方　杰　和志杰　黄炳坤　黄卓彬　蒋　洁　邝沛江　李洪滔　李　炼　李　鹏　梁富文　林旭斌　马成越　饶钦程　王　淼　吴博文　吴美玉　吴泽泰　许浩均　许　杰　许泽柯　叶卓贤　郑健彦　钟福平　SALMAN FARES DAMMAG ALHAMIDI

控制理论与控制工程

邓超锋　王　超　曾德伟　曾东明　昌　晶　陈广森　邓文凯　黄智聪　江智能　雷超文　雷　鹏　黎楚熙　李康婧　梁俊元　林畅赫　林子键　刘　海　阮润学　谈志军　谭敏哲　田建超　王炳南　吴安涛　谢　浩　阳春分　杨安乐　姚志强　叶春台　叶健豪　詹鑫泰　张献强　张　洋　张忠阳　郑　兵　郑佳泰　郑建弟　郑童嘉　钟松锦　周思霖　庄辉平　陈泳锟

检测技术与自动化装置

李小宇　谭健胜　鄢海舟　陈奕峰

系统工程

曹海航　丁伟杰　黄　璐　李德健　赵春辉

模式识别与智能系统

乔　聪　蔡芷茵　曹　帅　陈柱兵　龚诗雨　黄志安　黄志星　李丽玲　林春伟　苏启奖　汤　磊　童天涯　王俊杰　吴梓灵　余　朋　张伟锋　林　程

电气与计算机工程

DENNIS OWITI MIYARE　JAMES OKAE　KSHEETIZ PAUDEL　TAN WILLIAM CHOA　LYIMO MARTHA DONALD

计算机科学与技术

周晓辉　陈爱芬　陈海潮　陈佳浩　陈建豪　陈　驹　陈丽华　陈佩华　陈书波　陈伟健　丁　娟　杜雪丽　范伟梅　冯炜君　高旻健　郭慧峰　侯　潇　侯　志　胡　波　胡　钧　黄杰锋　黄俊贤　黄鑫龙　黎灿灿　李诚胜　李　德　李浩波　李　平　李巧巧　李世群　李作权　梁健明　梁俊杰　林文钊　刘迪兆　刘　丰　刘皓熙　刘红成　刘少荣　刘　翔　卢理军　毛铁峥　邱隆庆　沈琳焘　宋江帆　谭小宏　王弘剑　王茗乐　王树锋　魏文杰　魏向前　吴梦溪　夏俊锋　谢稳文　谢晓超　徐　光　徐健成　徐思尧　徐洋洋　薛梦婷　姚佳文　余信威　袁赞杰　张　慧　张铃启　赵幸运　赵卓雄　郑华锋　郑耀辉　钟彩金　钟翩宇　周偲昊　周先成　周子健　朱小康　宾志豪　丛子涵　黄　淦　李湘宁　梁　倜　罗培楠　舒　滢　覃亨锐　温涵泳　吴嘉茜　徐　灿　张　勇　周　乐　申　立　王誉东

计算机软件与理论

黄俊礼　肖文海

建筑学

白　雪　陈　怡　顾雪萍　李晓歌　刘丹枫　罗中良　马　冲　麦锦博　莫馥任　杨家强　张　龙
张学严　赵安强　谢智帅　谢中慧

土木工程

黄兆亮　李希迪　潘泽华　袁　辉

城乡规划学

蔡　萌　曹　璨　段泽坤　郭婉翌　郭振松　纪晓玉　李榕榕　林铭祥　刘洁敏　刘　玲　罗　意
汪晓涵　王　璐　王飘逸　王　龑　吴　迪　谢　凯　张平成　周嘉礼　罗　圆

岩土工程

谢有月　陈　聪　雷　凯　李　俊　李　康　梁天河　林捷昂　林伟波　彭占淇　史　恬　王　建
许　凯　郑月昱　邹　育

结构工程

于程熙　蔡应杰　陈海巨　陈思煌　陈岳川　程　明　邓艺聪　黄昌辉　黄锦炫　黄孝良　江碧莹
李凤武　李　松　李玉萌　李祖宇　林金樾　欧秋望　彭明辉　普永强　邱凯祥　石盛沛　宋　欢
孙煜坤　谭高托　田克顺　涂家明　汪明波　王　葵　王勇辉　韦洁莹　吴睿聪　夏少军　肖　艳
谢华深　蚁原野　易珏飞　余远林　张黎飞　郑旭东　欧阳业伟

市政工程

温俊杰　赵　静

供热、供燃气、通风及空调工程

李绪凯　张欣欣

防灾减灾工程及防护工程

洪　晨　花立春　黄子斌　梁永攀　刘　璐　沈鹏程　万丹丹　谢舜光　徐　浩　周富威

桥梁与隧道工程

陈子俊　林　彬　张文龙　陈　翀　陈　凯　杜南刚　何光曦　江传彬　姜贻平　林远池　刘陆东
刘胜重　乔　攀　王家辉　王学义　王一帆　张建强　邹广林

水利工程

刘文辉　黄友龙　林　俊　温家声　吴海春　杨玄阁　张　朋　郑志勤
SOPHIA HAMMOOD NASER JALLAWEE

化学工程

陈仁序　蔡　猛　蔡元浩　蔡志辉　陈绵锋　陈秀丽　程　刚　崔　航　杜小林　方峻祺　方　丽
郭　丽　侯　昆　胡　进　胡仁腆　冀唯妮　姜林峰　李　波　李成武　李　浩　李　巧　李晓雅
李照文　梁嘉能　梁婉珊　林　晨　刘双恩　刘雄威　龙小军　罗　灿　吕　冉　梅　亮　闵文凤
欧春松　申　政　王　波　王　刚　王　军　卫　孟　温小燕　文铭杨　吴祥武　谢　玮　邢　征
徐　三　杨雄军　余丽璇　余　伟　詹志新　张　翔　张小桃　张晓芳　张　雄　赵华军　钟锐生
钟晓雯　周常艳　周黎斌　周昭露　朱　媛　苏运祥　朱子飞

化学工艺

郭邦晨　李小康　马丽宁　王力芳　吴明月　余素庄　张　立　马金霞

生物化工

何　碧　夏高辉　徐　红　闫雪孟

应用化学

杨　帆　柴　广　常立明　陈佩文　程浩亮　丁　伟　杜　瑶　冯和山　甘金朝　何珍珍　胡俏衍　黄伟豪　李迎新　刘　波　刘庆芳　孙仲娟　万　星　谢　欣　徐赛玉　徐旭辉　许慧丽　颜春苗　杨春桃　袁晓杰　张　冉　赵艺超　周杭翕　乐　希

工业催化

董宝强　侯萌萌　黎英文　刘宝安　吕瑞景　石　卓　王秀杰　温俊磊　杨寒玲　杨钧淇　袁　媛

能源化学工程

鲍爱兵　陈才星　陈雷雷　郭姝君　郭雅容　何振斌　李雪晴　梁嘉达　刘　钧　马　平　时　濛　王炳淇　王　曦　王雪银　魏　浩　熊凡凡　张　华　钟国添

油气储运工程

陈军荣　柯甜甜　邹文朗

制浆造纸工程

贺营哲　洪明珠　李易蔚　刘建祥　刘　瑞　刘　章　宋天雄　白静静　蔡　威　曹雪鸿　陈　娇　陈田田　程　凡　杜　超　付艳艳　龚逸仙　胡志娟　华　文　稂雄妃　李　姣　李　伟　刘　鹏　刘　萍　刘全祖　刘　薇　刘　玉　潘丹红　谈金强　王晨晨　王凤丽　王潇霜　王学琴　徐　慧　阳玉琴　张德志　张　明　张　杨　赵　晨　朱红玲　朱雪换　钟宏先

制糖工程

曹　佩　陈聪聪　崔玉娇　郭潇潇　胡伟红　胡艳娜　胡　怡　李仕良　刘鹏展　任贝贝　申超群　石嫚嫚　孙婧雯　吴丽华　吴　萍　熊小雅　薛璐璐　杨馥溪　杨　欢　阴永泼　张　立　张书艳　张　涛　张文琪　张晓利　郑　瑞　朱子沛

发酵工程

范　森　侯赣生　胡均亮　刘　芳　秦玲丽　屈春云　瞿晓苏　唐　锐　汪梅花　徐燕杉　张　腾　樊吴迪

淀粉资源科学与工程

马喜春　肖小明　杨银洲

生物质科学与工程

代晴晴　高　仿　靳欣欣　李卫兵　廖龙飞　刘　丽　文晓翔　吴鸿楼　叶伟杰　张秀东　钟浩权　周彦斌

道路与铁道工程

田恒辽　艾建文　陈　颗　邓志刚　方　帅　郭继幸　林俊勇　马艳玲　秦杰君　舒立恒　王东明　谢伟伟　徐忠正　杨思琪　张　旺　朱洪磊

交通信息工程及控制

康擎彪　李松松　秦筱然　宋聪聪　吴　焕　伍　帅　姚凯斌　占俊杰

交通运输规划与管理

陈　栩　焦志强　史煜阳　吴亚平　杨锐烁　叶钦海

载运工具运用工程

陈　康

船舶与海洋工程

陈　彬　庞国良　饶　伟　王胜勇　王正敏　吴梓峰　张恩伟　张　清　张球球　郑　晓　钟　乐

环境科学

陈　璋　刁　习　黄　莺　蒙园园　莫少婷　童　乐　王　丽　王龙乐　游志强　袁素芬　袁　薇

朱先强　肖　恒　MAHENDRA DWI PUTRA

环境工程

曹雅娟　曹亚亚　陈建东　程　思　党亚攀　丁江铃　丁　洁　韩　彬　何　冲　胡国威　黄皖唐
黄小琴　黎良浩　李　姣　李　楠　李时卉　林柱东　刘　吉　刘　明　刘小平　刘鑫彤　马萧萧
蒲嘉懿　商　儒　隋欣恬　孙西勃　唐　荣　王蓓蓓　王海攀　王敬平　王　旎　王晓强　危　浩
武恒平　夏　莉　夏泽群　萧志豪　谢彬彬　谢贵婷　徐汉江　徐　姮　许明熠　杨邻静　于可可
张丽红　张　婷　张伟文　周　俊　周　倩　MARKUS WONGGOR MIRINO JR　刘　林　张　艳
朱凤霞

食品科学

曹　永　陈丽娟　周海媚　陈　曦　冯银杏　黄俊伟　康小燕　李江林　李星星　李　印　林晓慧
刘　丹　刘　雷　刘向前　卢　敏　牛培阳　齐宏超　任颖朗　谭允冰　王智荣　阳　倩　杨清韵
易晓敏　张晓波　赵　龙　周　康

粮食、油脂及植物蛋白工程

蔡若纯　曹文君　曾　涛　程芬芬　冯纪璐　高亚奇　李　茹　林　媛　刘倩茹　刘清霞　南　阳
潘　斐　孙　宁　孙颖恩　王灵利　朱雪峰

农产品加工及贮藏工程

欧　赟　肖　旰

食品质量与安全

陈秋妍　陈瑜楠　林平舟　林晏因　罗　梦　唐诗潮　王慧平　吴丽英　张　婷　庄　平　邹彦桐

风景园林学

陈伟智　安柯潼　陈　群　陈淑群　苏晓燕　王珊珊　吴安格　游亚昀　余小元　李　露　田嘉进

软件工程

蔡礼权　陈韶华　方　辰　方乐林　甘士成　黎　珉　李旭冉　李　宜　李昭玥　李卓颂　梁　超
梁振宇　林浩楠　刘本俊　牟　帅　吴泽森　徐家燕　杨传华

安全科学与工程

康　逊　梅淑琴　裴小萌　祁　帅　周　阳　李今鑫　吴　丹　谢婉晨

管理科学与工程

陈伟洲　陈欣亮　冯　莎　顾李丹　郭　倩　胡世畅　黄　欢　赖小锋　李佳音　李俊仁　李义华
梁海燕　林茂仙　卢　媚　吕　樱　万　婷　谢杰文　谢钦伟　张　鹏　赵　雁　朱晓昱　陈华珠
刘录平　王　欢　张　华

设计学

雷尚仲　林　琳　林　颖　吴楚洲　胡雪冰　阮立俊　申　婧　王超然　王萍红　杨　雪　叶茂腾
周　雪　彭　筠　陈　昭　梁卓谦

建筑学硕士

陈伟杰　刘啸尘　王　熹　张　斐　蔡深圳　陈　都　程晓菲　封昊阳　甘健佐　龚程超　郭尚敏
何健伟　贺　楠　胡伟航　胡志鹏　黄承杰　黄力藜　蒋娅琴　蒋　佐　李东东　李冠豪　李露瑶
李梦然　林淑静　刘彬艳　马冰洋　马　也　马　源　任思阳　唐雅冰　滕　琦　王　骥　王　倩
王忆新　谢凌昊　谢肇宇　许浩生　杨蕊菲　杨晓波　杨　鑫　杨泳雯　尹　怡　余泉武　詹峤圣
张书原　郑　舰　郑晓慧　周梓建　祝学雯　龚思婷　艾　扬　曹　幸　车　轩　陈路路　陈梦君
陈雪婧　陈泽弘　方正媛　郭夏清　韩润松　黄思嘉　孔维檀　李　达　李婷婷　刘　海　刘佳丽
刘亚娇　刘志超　卢耀星　吕颖仪　马佳怡　宁慧超　邱　天　宋振磊　孙丽君　涂　文　王　佶

文　璋　吴思文　肖江辉　肖劲光　徐奕洋　颜婷婷　杨洁丰　杨　梦　袁志华　张　聪　赵超楠
郑艳凤　郑岳柱　周延柳　邹煜凯　韦　昇　李　岳　黄松松　邹隆峻　陈亚洁　党天骐
YING HUANG（黄颖）

工程硕士

机械工程

荆忠凯　李靖雯　骆　涛　邱林冬　任水华　吴健生　张孙亚　林树玲　刘正道　方淑君　侯兆强
金　巍　邝禹聪　李建平　林冠堂　陆　俞　史卫党　肖锋杰　尹志宏　张　雄　袁志敏　蔡杨华
柯广震　罗　欣　刘叶归　余　鹏　周　冲　韩浩宇　凌璐祥　王时畅　温万昱　殷乐惟　吴锐奇
郑沐嘉　吕　强　李家声　黄　勇　冯彦科　张飞跃　夏彰阳　梁焯永　刘云明　冯志焯　胡进溢
郑相立　刘　鑫　王　凯　陈家晓　张艳杰　陈　丘　周浩朋　张晓清　陈日东　王娇娇　胡　博
刘中山　尹　嵘　齐　明　吴书传　华路延　刘宝山　赵　猛　区智明　陈启科　陈卫东　赵宝冬
阳淇合　宫　琳　俞显佳　曹剑君　梁中科　佘东升　陈东青　何艳兵　黄慧雯　黄良发　黎耀伟
林华钊　卢敬铭　谭启天　杨　剑　朱鹏安　曹闻强　方化攀　黄　海　卢　永

仪器仪表工程

龚　普　李海全　李和深　李　翔　梁昕瑜　曲雯洁　杨华新　朱小和　谢烁熳　马杨炀　陈秋华
严　婉　王鹏飞　汪　倩　陈冬雪　徐　欢　黄雯锦　陈　辉　陈　卓　王宗兵　黄爱民　孙　晋

材料工程

陈宇超　郝　珅　黄瑞丽　黄文鉴　贾鹏飞　贾善权　康世亮　李远扬　廉卫珍　梁城江　卢　布
罗韦逊　马发谦　欧文敏　阮　威　孙嘉恒　谭林玲　唐宇鑫　谢华理　谢世明　杨丹丹　杨哲宇
叶　超　张远兵　甄永辉　朱坤学　庄裕浩　邹姝颖　岑　爱　曾　平　陈炜鑫　党玺芸　何　毅
蒋　星　李积德　王　果　王海龙　杨志雄　姚　灵　张义乐　朱晓翔　邝文意　张文韬　邓　阳
赵浩彬　韩　伟　雷洛奇　李逢兰　杜江华　蔡宏杰　王　荟　邓　晶　叶　琳　陈　剑　林源江
乔俊霞　李建林　廖忠淼　向昌明　夏文明　熊　敏　李飞羽　颜　健　夏细桃　周盛文　王锦霞
李要山　吴桃泉　张　顺　单秀杰　封小亮　梁小容　张　顺　林　凯　刘国荣　王朋飞　刘雪莲
谭　旭　孙　航　马国臻　周　力　唐　杰　刘　威　柯丁梦　曹学阳　丁　智　杨　帆　关　模
雷　波　张河健　张克梁　王苗苗　邱浩孟　陈彩琴　陈小惠　陈岳振　陈仲仁　邓明锋　秦红江
周满辉　周　勇　ALVIANTO WIRA SAPUTRA（廖朝安）

电气工程

刘卫星　罗鸿轩　蔡东阳　陈　聪　陈　聪　郭子轩　何智荣　贺　哲　胡江华　黄心怡　贾京龙
李世波　李瑶佳　李　臻　刘思源　龙海超　罗文豪　毛炽祖　钱　瞳　孙　毅　覃　理　田得良
王思橦　王振华　吴立珠　肖鸣晖　许　佳　余子彬　张义彬　郑明月　郑炜楠　曾　铮　陈　旭
代　雄　邓刘毅　丁　益　董跃周　范昊澄　黄国欢　黄海林　黄庆春　金　石　邝东海　赖伟坚
赖长江　李铭锋　李荣琳　林　超　林湛超　凌　静　刘思敏　刘莹莹　柳晓春　卢思敏　卢永全
罗　毅　潘国元　彭云华　沈亮亮　宋通川　孙志清　汤艳龙　汪锦东　王大获　王花蕊　王锦鹏
王　平　温志琼　吴　蓉　吴少琰　萧嘉荣　谢景锋　谢培成　谢香志　叶　林　尹照新　张宏亮
张志超　赵永强　郑力维　周未来　朱李平　祝水根　张安琪　罗　龙　张　磊　张海鹏　杜晓岩
秦　川　陈柏熹　王颖凯　侯光华　雷　佳　冯东豪　杨　鑫　李　清　李　威　唐　铖　丘映丹
马　纪　苏海林　关远鹏　尹一江　盛建兰　朱红飞　师留阳　王程嘉　刘　意　郜幔幔　王宏益
陈欣晖　李　猛　陈　鹏　许海林　詹富均　郑群儒　温先佳　梁　益　胡　锡　舒　放　叶会锦
冯　雯　谢开兴　钟道宽　白旭光　梁妍陟　李　浩　罗胜胜　冯洁雅　蔡春育　曾　光　曾维勇
曾　伟　曾祥智　陈　博　陈浩超　陈江添　陈锦华　陈乔敬　陈炜煜　邓　琨　邓卓华　冯兆安

傅瑶 何健宇 胡耀方 黄国聪 黄国泳 黄浩 黄薇蓉 黄炜达 蒋诗敏 郎怡文 李齐森
李倩 李坦 李沃林 李雅丹 李泳姗 梁永超 梁钊 林崇峥 林炜 刘汉国 刘慧贞
刘奕湘 龙翔 卢智能 陆宝喆 马健 庞华勇 彭志彪 邱国伟 邱杏坡 宋永超 汪静
王建邦 王健华 王玉姬 韦义锋 吴超 吴镇 吴正航 谢琼波 谢云秋 熊杭 熊志武
晏政 杨浩德 杨威 姚珺玉 尹文俊 袁鼎发 张玲 张伟平 张鑫 郑建涵 周安
朱迪 朱锐钦 曹欣 车海波 陈晓儒 戴圆圆 郭怡青 黄世昌 李斌 李兰浩 李享
廖肇毅 林树青 刘军 罗吕锋 吕婷 庞鹏 彭汉华 许桂梅 张杰群 张俊成 钟彬
朱万浩 慕容建辉

电子与通信工程

廖才满 蔡成加 蔡梓文 曾纪均 曾令科 曾睿 陈超 陈士心 陈舒乐 陈伟杰 陈伟杰
陈晓鹏 丁民翰 杜佳媛 冯有龙 甘伟焜 高晓娜 郭富祥 郭宇双 何煦 侯俊科 胡楠
黄碧龙 黄建煌 黄帅凯 纪强 柯兢 雷文康 李程炎 李剑荣 李龙 李莎 李婷
李文豪 李笑涵 李奕浩 李振辉 廖伟胜 林志勇 刘龙坡 刘淼淼 龙红星 陆湛 罗太杰
罗智勇 莫特 聂冬琴 聂雪琴 潘浩 彭嫔 彭扬 饶敬松 佘翰笙 孙洪杰 唐大津
王超 王磊 温亿明 乌寅戎 吴含 吴贤凯 辛红艳 熊成 熊子川 徐敏 徐书燕
薛狄 杨达 杨杰 杨贤涛 杨宇 易婷 詹禹震 张盼盼 张星伟 赵伟健 郑尚镇
钟嘉慧 钟英文 钟宇翔 周斌 周丽 周涛 庄晓槟 邹游 邓泽阳 丁榕 郭科
贺柳杰 梁冠明 梁侃 龙斌 龙达柱 马源彬 沈文明 王淑燕 吴泽萍 伍小鹏 杨中威
郑超 蒋顺风 张培升 黄鋆 吴标 陈晓仕 陈志涵 梁子健 谭江慧 黄梓淳 李达港
胡思健 冯世芬 陈伟纲 邱理权 林俊斌 郑珂珂 禹凤 杨洁 欧伯盛 王春川 吴宗清
伍伟明 谢键 陈宏纳 陈华 冯永强 何希 胡晓钢 金瑜 旷可嘉 黎力行 李春秀
李凤琴 李俊耀 梁国晖 林晓峰 刘娟 卢思佳 莫广安 谈皓 魏菊香 殷良栋 张雨沐
肖志 禹强 蓝振潘 王肃 吴钻

动力工程

张驰 林瀚 袁燕明 李海鸽 尹盛晖 余建华 蒋婷 汪曌 任洪运 崔静 田芳
张灿 武万强 白凯杰 张亚曦 陈肖依 张贵香 李家锋 袁宏伟 甘同昌 刘顺泳 卢晓斌
陈润发 冯少山 贺栋红 黄良进 黄云鸿 梁郁超 林铖志 林举文 刘明涌 刘坡军 卢安
孙晓建 王沛沛 王枢 吴捷彪 徐斌超 许峰 尤兆爽 张春生

集成电路工程

刘凯 马衡禹 涂家川 王晓岩 燕慧 庄甘霖 冼鹏伟 王静 林少奎 李杰 陈文凯

控制工程

刘守松 潘鑫 帅邈 苏威霖 孙岩丹 徐杰斌 杨涛 郑杭 陈广博 廖雄飞 陆杰
曹俊杰 陈龙骧 董炫良 江昊芳 李祖鹏 卢宇帅 温焱明 杨铭轩 杨云帆 郑凯 周小壮
邱诗元 黄紫健 刘斌炜 熊文元 魏腾龙 颜刚 徐少承 雷爽 贺乐 申文波 吕剑飞
胡英柏 骆伟宾 谌俊异 骆英浩 张友强 张晶 曹景 周飞舟 林宪晖 龙瑛 邹学平
张璐璐 瞿鹏憧 孙庆华 李远辉 欧德苗 刘洋 于亚军 毛孙迪 章隆彬 王和平 董万里
施睿 谭正宇 刘跃跃 熊召龙 李董董 何景鹏 谭帅 倪晓晔 熊晨雨 李凯 蔡焱
陈健柯 陈兆铭 冯伟翔 黄一川 黎德源 李杰浩 李文杰 李智 林生佐 刘卓娅 潘燕玲
彭书陵 邵学亮 王丽萍 肖镇铭 叶仕生 周永洪

计算机技术

鲍怡 陈文浩 杜春河 费凡 洪建喜 李晓宇 廖岩 林枫 刘宇 陆野 时媛媛
王齐 吴启亮 吴沃亮 肖琪 肖仕昶 徐凯硕 张贵旭 周伟杰 左珍德 李磊 陈敏媚

何海生 黄文达 李志毅 麦　聪 孙　龙 王树发 吴小妹 谢　欣 杨振峰 张　婷 魏玉凯
洪　芸 沈佳照 桂刘冰 王　意 常宜斌 张长胜 黄　浩 艾如鹏 肖　坚 袁光辉 牟致敏
黎　晶 田　凯 叶露瑶 张　丹 吴伟立 程　念 刘　豫 刘有君 刘　阳 金培根 曾海彬
万　腾 张子龙 梁竞雅 段珊珊 李桂英 周　瑞 滕　菲 何芦微 卢乐炜 陈海棋 蔡　湃
陈　磊 葛隆文 黄桂锐 黄力文 黄凌云 黄宇生 柯锡汤 赖建评 李寿松 李燕仪 李　越
林崇科 刘舜鑫 龙锦才 潘　明 邵琛越 石昭仲 苏益冰 翁政夫 肖品辉 谢艳霞 姚　明
易　豪 袁安云 张　浩 郑　希 梁加明 彭雄冠

软件工程

程　永 黎　坚 潘一佩 丘　熹 曾越凡 陈奕男 方春林 冯振飞 郭明伟 贺智超 胡　军
李小健 李英晗 李祖立 林悦邦 林钊生 刘　俊 潘　杉 谭　亮 王　琥 杨　楷 杨青梅
袁天宇 张戴克 张凯华 何华烨 李俊钊 彭飞龙 吴丹琴 蔡泽沛 曹　雄 陈东亮 冯恺殷
黄　沛 冷国宁 李成龙 李立波 梁锦文 廖永行 彭召龙 阮伟标 吴伟彬 吴小红 徐　航
张智文 赵　瑞 朱碧波 焦晴阳 吴铭荃 彭东新 林世杭 余丽雅 林　琪 占长浩 王振菊
周泽栩 范灿华 邓泽航 梁富云 贺琳琳 廖泳新 蔡淑存 聂四品 利广杰 许秋劲 吕　吕
孙　凛 朱忠宁 李　伟 吕俊毅 吴浩坤 林政树 黄家栋 李靖楠 袁慎溪 杨　博 杨炯鑫
黄东平 黄键华 殷士龙 罗林峰 谢悦鸿 姜坎骞 包乾华 陈柳飞 陈升权 邓　芳 邓　朗
方晓洪 冯嘉颖 黄海生 蓝华林 李　阳 梁承坤 梁　健 刘从兵 龙志强 罗家欣 潘　瑜
彭宁峰 彭先贵 彭　鑫 全陈友 汤　超 王勇锋 温少宏 吴　泱 肖培根 徐龙泉 许苏瑾
叶剑陶 叶奕鑫 张飞来 张　晗 张俊杰 钟志荧

建筑与土木工程

陈丹雯 陈蕙诗 陈启光 程　勇 郭奕婷 何锦权 侯喆辰 胡湘锋 李道业 梁敬敏 林楚雄
林乐斌 刘伯洋 刘小伟 刘育维 蒙何彬 潘洲池 唐宇轩 吴海杭 许　饶 杨　馨 袁振生
詹朝敬 赵泽亚 支　兵 朱明星 朱仕耀 陈惠玲 傅永华 黄必虎 黄　波 梁智均 邱广泉
王可丹 曹赢丹 高天霞 何朗杰 雷　旷 李　操 李树春 李远禧 林　登 林　颖 刘耘东
刘志刚 罗佳俊 莫健勋 潘少文 宋慧斌 宋秋红 唐柳丽 韦世玲 卫建彬 徐　培 易　斌
郑佳锌 周素华 邹荣彬 左　韫 李天程 何少雯 沈凯旋 陈建刚 张俊强 艾武波 何　源
胡民逸 黎秉林 许晓峰 龙卫飞 秦　勇 袁　媛 钟月红 曾　斌 陈小涵 孔武辉 金思漾
王英行 吴青青 曾思颖 陈潮达 陈华开 陈　庆 陈文广 冯靖文 黄　欣 李贝宁 梁达伟
林海平 王　霖 韦燕娜 夏泽伟 徐桢平 许　洄 严锐锋 曾维杰 陈　键 丁　川 董碧满
杜　凯 丰珺珺 何韵仪 黄恒儒 梁余定 潘琦睿 田光志 汪丹松 王礼强 王曙珲 谢　丹
於永东 岳远征 郑朝炜 钟巨全 柏媛珺 林俊超 刘苑婷 仝柏青 余就荣 郑雪影

化学工程

骆锦辉 宋程龙 杨晓博 康贺娟 莫嘉昕 李玄武 朱　文 张　立 李斯陶 王懿光 袁　强
王会春 耿丽霞 王慧敏 黄高能 李　婷 陈　仲 何嘉杰 马东辉 张　佩 陈宏彬 冯嘉玲
彭俊瑛 黄嘉宝 张德银 钟曼丽 汤　洛 陈梅锋 胡　曼 崔志萍 魏瑞金 刘道峰 张明徽
罗文凤 李　媛 梁林姣 廖凌元 吴少如 杨召令 肖静丽 邱珂贤 朱明丽 高颖兰 张　进
张　青 徐　星 徐鸿虹 康文烈 陈　晨 陈永录 黄房生 刘　斌 毛晶晶 覃远斌 田　勇
王　静 夏　冰 杨韶冬 杨耀鸿 张建霞 赵　劼 周启动 杨　倩

轻工技术与工程

胡　康 张兵兵 蔡攀福 曾　谛 陈楷航 陈晓枫 单洪琛 冯慧敏 高欣欣 邝其通 李艳梅
梁伟鹏 林东瀚 吴定梅 闫怀锋 杨家喜 张会贞 张　森 赵金琴 钟怡平 邹　竞 邹永杰
李子伟 梁家明 万　里 孙起慧 胡亚成 董长城 王春艳 黄　琴 胡　蝶 李卓凡 马仲才

纪小宾　陈　阳　袁长龙

交通运输工程

李绍杰　曾令宇　韩广广　何佳利　黄建武　靳　辉　李少龙　李耀华　李　莹　林秋松　刘佳辉
刘　敏　刘文涛　孟　伟　彭超杰　邵恒新　苏尚武　汪　晖　王　鹏　王　鹏　王　野　卫妮娜
熊学堂　张腾月　赵　超　周浩浩　刘　燕　罗建国　姚赛君　陈中杰　林晓青　龙艳飞　闫航宇
张佶军　钟婉珠　胡建伟　张　坤　熊春龙　陈振侃　冯　旭　顾　华　何　军　黄慧坚　赖嘉华
李　珊　梁淼森　钟振威　宗廷箫　刘有志

安全工程

陈国英　陈勇俊　代启兵　韩正山　贾晓川　刘　斌　刘　洋　卢冠鹏　宋博达　王国伟　王　磊
吴　涛　张增广　朱慧慧　官　平　胡春松　李　军　李志新　刘　芳　粟　晗　韦刘洋　陈　宇
吴　凡　甘　兵　陈晋凯　李梦雅　居　涛　李　君　李田成　刘　丹　邱庆瑞　任耿召　万井江
徐国虎　赵智键　郑良佳　周　飞　周　剑　朱均煜　陈怡茵　曾高彬　陈利民　黄　恺　黄琳云
廖　城

环境工程

曾　桃　陈梓晟　范小莉　姜晓露　梁小明　刘吕刚　马杰文　宋天丽　杨萍萍　钟家炜　林显增
许文卿　郑进熙　朱海敏　曾庆洋　周东方　屈　璐　赵　印　袁金鹏　阳宇恒　单振华　白照杲
潘梦岚　马　林　王　杰　张　振　殷晓鸿　王　健　林维佳　段美娟　朱亚茹　刘　帅　刘　炜
王煜杰　马　龙　范笑笑　杨　佳　赵宇翔　刘书四　易　立　陈　煜　林丽霞　王永宁　温国强
熊春晖　杨森林　张丽芳　杨文尉　杨和茵　郑凤宜

食品工程

李劲劲　刘　玮　吴欣蔚　郑金德　朱悦夫　陈竹兵　董红竹　范荣栋　冯静文　高　海　顾伟樑
季德胜　李　海　李小月　刘思利　刘云珍　汪玉洁　辛　璇　杨林江　郑亚美　周篇篇　周全兴
周盛楠　朱东奇　胡勇刚　李伟明　王　珊　杨明辉　钟　蓓　张　倩　苏向荣　黄　娟　陈雅君
丁　琦　高　云　李　斌　骆晓敏　郑玉玺　杜高发　杜伟锋　张俊浩　周丹丹

车辆工程

曾文铭　曾子聪　陈　琪　董泽庆　郭　威　李国盛　李瑶瑶　刘　金　罗　丹　张　琳　丁海君
方彦奎　江秋仪　刘　卓　王智颖　阎建新　董豪哲　朱富贵　韦　毅　龚定旺　黄树程　鲜　柳
岳　凯　黎　帆　袁　旺　陈奥林　潘登辉　余红涛　常晶晶　吴　健　毛　茜　陈　涛　张涵宇
胡红成　李云飞　冼鸿威　陈友亮　程　力　邓雄志　傅鹤川　李宁琳　江广辉　雷超群　曹　熠
陈学劲　关靖雯　霍钧礼　贾泰华　刘草金　粟振灿　孙功锐　王学鹏　杨　旭　朱伟华　黄俊育
江　珠　雷源春　李延勇　陆继宏　岳　鹏　郑淳允

工业工程

郭明明　刘志伟　郑天进　曹志强　刘志磊　陆　利　孙　辰　许　鹏　杨海波　尤建军　朱　恒
梁宝鋆　陈明发　陈晓波　邓志强　郭泽锋　黄杰勋　黄旭源　黄振强　蒋重喆　李　捷　梁晓飞
吕开厂　吕晓梅　孙定禹　孙汉威　吴红波　邢　媛　许仲林　杨大发　杨大朋　杨太卫　张重刚
任永超

工业设计工程

陈嘉欣　梁权攀　梁希松　罗　欣　叶宋斌　张　峥　樊　思　范佳伟　谷士德　黄志辉　李婷玉
罗妙妙　庞宛婷　田嘉慧　吴春霞　荀宇阳　杨涛清　张　宁　陈　磊　吴小锋

生物工程

李朋非　刘国新　吴晓壬　赵泽鑫　关晴辉　侯军亮　黄健发　李南南　李振忠　全冰华　饶　斌
郑小乐　朱肖磊　朱　俊　王圣海　吕二盟　高士鹏　孙婷婷　杨海燕　张　瑶　黄　立　杨　青

黄　奎　黄晓燕　王晓雯　王　平　赖林辉　刘　雄　姜二岗　刁周剑　龚美义　林志龙　刘生茂　宋学花　曹建军　何新柳　姬晓勇　李映霞　梁翠谊　林莉娅　龙丽娟　彭友雄　薛文斌　张宏达　章　琛　周远清　詹舒瑶　林秋霞　王光杓

项目管理

昂卉慧　陈　殷　胡瑞飞　黄从良　黎云峰　卢健销　罗　浠　罗志珩　张树国　张伟勋　曾祥山　曾旭洲　邓子杰　耿素芳　黄　程　黄国盛　简　飚　柯　静　雷　凡　李丹丹　李　江　李炜雄　李志红　龙　鑫　卢健华　卢颖璇　陆国艺　潘小华　苏晓源　苏增豪　孙凡嘉　万　涛　温志华　伍敏屏　谢　顺　谢文成　谢梓聪　徐　超　杨晓东　伊炳昆　郑松鹤　郑宇峰　朱　晋　朱旭辉　朱　政　曹海宁　陈结常　陈佩佩　陈小庆　陈勇超　陈宇杰　崔晶也　邓蔼仙　邓令君　邓晓聪　杜　军　杜伟昌　古舒敏　郭　曦　何敏儿　侯　洁　黄　超　黄达林　黄华生　黄　辉　黄双春　黄文炜　蹇　菲　金晓梅　邝尚立　郎东良　李慧娟　李　岚　李敏滢　李晓文　李元元　李长林　梁翠翠　梁智然　林　朝　罗振城　吕荣华　马　宝　秦际书　区志娴　王思扬　王雨哲　吴纯泳　吴伟杰　吴晓佳　吴裔骋　熊　婧　严竞煌　阳海辉　于　汭　张晋敏　张　科　张　文　招明镜　郑奕鹏　周小丽　周耀祥　朱月平　邹　凡　程　刚　孙　伟

物流工程

陈曙权　陈宇帆　何凯迪　靳　玉　李东枫　向　涯　余子洋　张呐道　苑俊丽　文炜烽　严　畅　吕嘉欣　陈硕果　林常贵　吴　杰　王欣妮　吴晓桦　唐瑞红　付　琳　陈鹏辉　陈琼敬　陈思远　甘爱芬　邝云英　李燕菲　李　叶　梁　琦　刘萍欣　吴赛花　吴文婕　吴镇况　向娟娟　胥光剑　徐焕辉　闫　非　尧冠娟　张堂海　张懿慧　蓝永联　刘智慧　孙文健　王健宇　李一鹤

生物医学工程

肖　梦　赵　地　罗金根　马　婷　江行军　何精才　王珍高　胡　欢　董亮亮　肖伟虎　吴志钢

风景园林硕士

苏明妍　李　桐　刘　玲　覃巧华　唐思文　汪礼文　许小健　游亚晔　何芙莲　叶晓燕　曾　琼　李　慧　凌玉梅　聂隽怡　严绿萱　杨　冰　陈婷婷　连一航　刘阳桥　郑　军　唐昊玲　雷燕宜　祝文婕　李芷欣　杜　毅　郭洁雯　黄丽君　安陆禄　曹阳艳　陈小梅　黄溪南　李三喜　裴　力　裴晓燕　汪乐勤　钟勉丽　钟燕芬　郭劲恒　何海燕　黄志超　林文君　刘妙娟　刘诗慧　王　成　王　亮　赵　阳　宫华慧子

城市规划硕士

曹飞杨　迟　龙　邓海萍　邓舒珊　何　燕　李欣建　李颖龙　梁秋燕　刘华东　苗　凯　莫文彬　任慧斌　苏　彦　唐钰汗　王　凌　韦灵琛　熊　浩　熊　琪　叶　凯　殷　永　张梦雨　赵　洁　熊安昕　李嘉妍　周昊天　谢　雯　张珊珊　刘　帅　刘祥春

管理学硕士

管理科学与工程

蔡玮莎　蔡小翡　常　娜　陈华琼　陈俊君　陈黎明　陈倩聆　程　裕　崔琰琰　方　彬　付　余　韩学良　何伟康　洪　明　胡　欣　黄　芬　黄　媛　嵇　凯　姜　恒　雷静纯　李　璐　李鹏斐　李淑华　李　伟　李文豪　林　宁　林晓婷　林钊展　刘龙华　刘　巳　刘晚军　龙小娇　卢　楠　卢媛媛　罗永豪　吕聪聪　倪　丽　潘焕雯　漆国怀　孙海龙　孙中涛　王　星　王　忠　魏　超　魏云磊　吴海平　向梦云　徐翠璐　徐剑彬　徐　丽　徐　伟　薛玮炜　杨凇晓　叶东阳　余　涛　袁斯帆　张　硕　张意楠　张震宇　仉学红　朱　丹　庄永锐

行政管理

安建国 高　欣 姜晓晖 梁　慧 梁临利 张伟华 曾定波 陈兴菊 范世民 耿艳芳 官淑妍 黄永航 金世章 李　东 李嘉莉 李启智 李　伟 李学文 李子森 林红明 林婧庭 林　燕 刘欣欣 马　俊 莫伟琼 欧　梅 王　创 王　珂 王　月 魏　铭 杨丰溶 杨　勇 于　童 张　鑫 张　燕 周丹丹 周礼仙

教育经济与管理

陈永祥 黄丽娟 舒伊娜 谢　龙

会计学

付　婷 甘日香 梁婵娟 刘四娟 汤丝语 杨珺莹 赵佳苗

企业管理

李明璇 莫翔天 蔡佩儿 曹桂玲 曾　琳 曾穗媛 陈美燕 陈　燕 戴凯亮 郭文生 黄文瑜 黄岳陵 黄梓莹 蒋　宁 亢　永 雷　雪 李　璐 李　露 李晓丹 廖春霞 林冬萍 刘朝宇 刘　艳 刘子成 罗嘉欣 任佳伟 谭嘉欣 唐海凤 田立民 童金花 王登阁 王格格 王伟豪 王杏珊 王远昕 吴春强 吴建齐 吴梦涛 吴　茜 徐　盛 杨菲菲 杨瑞锋 袁　媛 占靖宇 张慧如 张良彩 赵　铭 周丽敏 朱钦厂 朱银波 AIBALA KASSYMBAYEVA（爱芭拉） ORATHIP PRAISAKULDECHA（林惠莉） SOLONGO GANBOLD（索愣格） 海力皮提木·艾比卜拉 THI THU HA NGUYEN（阮氏秋霞）

旅游管理

陈润泽 黄仙花 李　欢 廖梓维 倪文瑶 王龙杰 张春焕 张芸祯 赵晓棋 黄琳祺 刘孟琼 禹　玲

技术经济及管理

ARIUNCHIMEG SHATAR（艾伦娜） EKATERINA PRINTCEVA（凯特） KIRILL UZLOV（凯瑞） 崔利旗 白夏梦 陈双丽 黄菊霞 黄　妍 林振阳 王书升 温祖求 肖　婵 薛永业 杨东鹏 赵瑞杰 罗凌峰

社会保障

司文晴 熊　璨 杨　芳

土地资源管理

林仕婷 唐正乔 熊建华 杨　莹 张　钧

工商管理硕士

MANUCHEHR RAJABOV　MASUM HAKIMOV　ABDULLAH DOST　ADAMA MAMANIE FORNAH　BARAKA MAHMOUD KINGWANDE　DANIEL BEKELE TESSEMA　DINESH CHANDRA PANTHY　DUURIIMAA SER-OD　ESKINDER AHMED MOHAMMED　JAGRIT ACHARYA　KHENTHONG PHENGVONGSA　KONGKHAM SAYPOMPANH　MAITY SIRIRATH　MD SHAHIDUL ISLAM FAKIR　MESELECH TESFAYE KEBEDE　MR. UTHAI SALANGAM　OMEGA MUMBA　OUK SIDET　ROTSOTHEA PHOUNG　SAMNANG KIM　SISAKDA BOULOM　SOMSOUK PHANGTHAVONG　TSEGAYE MELESE AWLACHEW　TUGSJARGAL DORJDAN　DIARRA IWANZA YOUNOUS（尤努斯） 曾　倩 高　瑜 郭　恒 胡　薇 黄建颖 吕亚琴 满　庞 颜沂漭 游军辉 张舒心 甄天蔚 钟小燕 周广祥 白国超 别　森 蔡　敏 蔡　婷 蔡文玮 曾文明 陈承哲 陈传波 陈辉鑫 陈　清 陈　伟 陈　源 陈左建 程　月 戴　聪 邓诗彗 邓　伟 董维良 杜钦然 方倩娴 冯雪娜 冯　跃 付雅萍 高　晶 辜乐韵 郭国勃 郭乾坤 郭晓虹 郭绪辉 韩　涛 何焕德

何泠 何为 胡群英 胡泰峰 胡贞桃 花丽 黄昌江 黄聪平 黄冠勉 黄立 黄韬
黄羿 贾娜姣 江沛琳 蒋华 金习之 匡正 邝贤芳 赖道南 劳剑昀 雷袁 李蓓
李慧 李若岚 李应龙 李友健 梁丽珍 梁莉 梁瑞麟 廖林方 林嘉蕙 林静 林可
林思明 林智捷 刘方 刘广丽 刘海峰 刘明星 刘士加 刘天伟 刘伟杰 刘秀娟 刘艺
刘颖庆 刘宇飞 陆静 罗治国 梅阳早 莫昌灵 潘岱 潘俊圭 潘俊莹 彭科 彭育生
邱旭勉 区咏曦 屈湘琴 全妍 任强 施盛莹 石坤 史晓红 宋晖 宋谋菊 谭凯
唐宝强 唐操 涂杰 万丽 王静霞 王倩 王莹 王植 王子安 韦朝社 韦梁俊
韦书锦 魏国 魏晓佳 魏一诚 文科 闻书 吴楚浩 吴广 吴嘉欣 吴姝 吴伟标
夏毅 谢聚鹏 谢玉莲 徐晶 徐莹 徐志勇 许涛 许秀差 严浚侨 杨飞龙 杨美玲
杨涛 姚峰 姚亮 姚诗洋 叶鸿 叶萌 叶志鹏 殷启邯 尹竞杰 尹林清 游思亮
于航 于藜铭 余婷婷 余威 余湧锋 詹华金 詹永辉 张斌 张卉 张慧静 张靓
张拼搏 张童非 张显义 张晓源 张彦 张永恒 张永平 赵翎 赵玥 郑国弘 郑智勇
支小会 钟耀荣 周聪亮 周芹 周霞 周岳霞 朱夏术 朱小明 朱晓华 祝志元 卓彦会
邹海莉 杨照军 曾剑红 陈鹏杰 范茹波 胡蓉 胡永生 蒋云龙 连华 林佩雯 陆亚玲
佘苏南 唐海红 万成 王茜 翁冠文 谢艳 郑邦林 郑晓利 曹铭 邓锦娟 黄俊
宋有文 谭家斌 王晓燕 谢欢 徐思冰 张铨满

公共管理硕士

陈昱锜 陈哲妮 仇少贤 丁可 丁一 郭翀 何慧燕 胡宁 胡平 黄淑英 黎俊鸿
梁明生 梁韫琛 林键玲 刘哲 龙虹池 马小姗 马晓彦 沈鑫皓 滕昊 王琨 吴玉洁
吴中海 谢昌菊 熊雍 杨广悦 杨鸣 袁穗满 张文宇 郑志乐 曹梓婷 曾令瑜 柴林恒
陈焕生 陈慧芳 陈嘉怡 陈建平 陈伟 陈伟强 陈晓峰 陈晓鹏 谌艳梅 单小街 邓文权
邓远妮 范玉婷 高丹丹 韩晓琳 何金文 何炜 何晓菲 洪力 侯红磊 侯睿 黄德利
黄淦元 黄华添 黄惠娟 黄慧慧 黄建凯 黄铭豪 黄婉珊 黄文锐 黄雯婷 黄小引 黄旭
黄学武 柯哲 蓝瑶 雷达 黎宇菲 李宝江 李嘉冠 李嘉辉 李建林 李晶晶 李鹏飞
李天校 李玮 李贤浩 李欣 李雪花 李燕清 李莹莹 李裕荣 李锃 梁楚雄 梁嘉明
梁建业 梁斯豪 廖军 廖英 林丽霞 林泗霭 林文周 林晓洁 林雅 刘炳勤 刘宏
刘佳玲 刘金林 刘凯东 刘凯琳 刘敏艳 刘攀 刘绮雯 刘文瑜 刘宇峰 刘旹飞 卢雄昌
卢耀君 罗丽君 罗艳 罗自力 马玉玲 莫宝楠 欧浩华 欧添宁 欧阳珊 潘壮锐 庞燕妮
彭晓洲 丘凯文 邱慧娜 邱芸婕 任尔菲 邵璐 沈力 石宏伟 苏红茵 苏金成 孙朝赞
谭国文 唐杏茹 唐园 田岚 田甜 涂东一 万雅欣 王纯毅 王芳 王玲 王铭诗
王豫 王职奕 王中书 韦向宇 魏昌平 温菲 吴丹 吴玉玲 夏联喜 肖华玲 肖敏
肖翩翩 肖映泽 徐东亮 严冬 严俊文 杨丽娇 杨少波 杨玉莲 姚达 叶丽杰 尹薇
袁帆 袁卫根 岳蕾 臧春华 张恭元 张慧莹 张晋 张慕华 张天红 张旖 张自江
章桂林 赵磊 赵利鹏 赵晓佳 赵炎 郑枫 郑锐丽 钟昊之 钟妍 周楠 周舒心
周钊逸 朱波 朱伯城 邹肖 秦聪 陈鹏 陈志丹 吴峰号 陈志造 甘超 黄亚楠
江楠 廖珍 马映华 苏舜波 吴鹏轩 谢宗琦 徐耀文 杨小星 朱佳 成兴伟 崔亚男
冯理聪 关超莹 胡博 黄滢滢 江洁芳 林海平 彭婷祯 孙治仁 汪玮 伍世东 许孟赤
张静 赵一明 钟绮娜 钟月恒

会计硕士

陈俊君 陈淑扬 黄小红 李欢 李鹏程 连浩澜 萧华 许枫林 张聪 毕露琳 曹铭珺

陈惠文 陈思云 陈志浩 程 虹 丁思琪 干文彬 高燕梅 韩 冰 何斯欣 何汀滢 赫会斌
黄之哲 贾 琦 贾勤文 柯朱颖 寇小飞 李梦茜 梁家莉 廖贝贝 刘辉霞 刘佳嘉 刘龄怿
卢志轮 罗庆媛 罗晓婷 吕 杰 吕千颖 马 鹤 潘红霞 戚美连 邱晓华 沈思琦 谭蕴心
唐楚雯 王 奥 王津堰 王凯璇 王梦婷 王思宇 王雅琼 韦 玮 吴嘉仪 吴素丹 熊敏帆
杨凤娇 姚龙欢 詹纯良 张嘉怡 赵丽英 赵 洋 朱敏红 张艳霞

工程管理硕士

陈婧涵 段湘萍 顾 程 贺 婷 陈 亮 陈 鹏 陈 芊 黄瑜琳 李佳楠 李启豪 李倩西
李 清 刘烈华 杨 豪 张 颢 张 敏 张泽生 陈柳青 陈中钻 邓睿丽 范维杰 林伟才
刘洪滨 彭良英 邵明辉 孙有恒 吴建权 熊嫣君 余玫芳 周子毅

艺术学硕士

音乐与舞蹈学

蔡龙龙 蔡 苗 邓圣男 封心怡 高 妍 古 赟 韩 蕊 黎师言 杨慧君 郑 劼 钟 婷

设计学

韦 慧 陈 伟 高 阳 胡向淇 焦 唯 孔欣颖 雷 丽 刘千羽 莫志勋 任晓学 商玉婷
余 娟 赵含钰 赵雨淋

艺术硕士

音乐

邓义冬 葛律律 耿子津 龚洪敏 龙梦秋 路若渲 王艺瑾 张思斯 赵 昭

美术

龚莺莺 蔡 雄 陈 乔 官滢君 李哲楠 罗秋洋 孙 悦 张良宇 张 硕

高级管理人员工商管理硕士

陈丽微 蓝裕民 楼钟雁 阮华宁 谭茜琛 蔡炳惠 陈 飞 陈 君 陈清柏 陈松辉 陈晓群
丁绍江 樊秀香 范宇彬 何玉容 黄达昌 况 嘉 冷亚伟 黎志坚 梁 水 林耀建 刘 斌
骆茂昱 任伶甡 阮月梅 佘雨原 苏常青 孙 颖 唐以尧 伍世锋 徐胜广 杨贤穗 于 敏
张凯歌 张 伟 钟 昶 周 涛 邹子文 董海平 卞伟涛 陈 雄 陈志华 程妍君 崔美坚
丁新华 杜兴满 高乾贵 郭嘉承 郭卫兵 黄曼玲 贾 良 蓝永锋 李 辉 李建周 梁宇亮
梁中凯 廖泽晖 林伟斌 刘连生 刘佩娟 刘 鹏 明 红 潘华楷 平 彦 覃斯玮 谭 恒
田 松 王 灿 王 东 王韶华 魏聖卜 魏志雄 吴 军 伍 兰 肖 锋 谢金兴 徐少尉
姚伯桃 叶晓春 尹 力 张勤学 张体贵 张 玥 周锡福 朱志刚 邹 伟 刘剑锋 欧阳涌泉

新闻与传播硕士

黄星谱 卢会意 张 宁 贝 楠 丁师军 黄千谦 刘 航 刘 晖 刘 烨 圣娇娇 田 静
王发强 王干丽 杨 素 张 艳 周春林 祝琳婷 李 娜

社会工作硕士

洪徐平 黄思敏 李 鑫 梁梓颖 谭 琼 尹 磊 张翠婷

2017 年同等学力硕士学位获得者

经济学硕士

金融学

董小轶　周　琳　陈伟卿　张丽贞　李　彬　梁宇杰

产业经济学

胡东波

国民经济学

江良月

管理学硕士

技术经济及管理

黄振宇　李绍权　覃　兴　张文雅　郑少芬　丁德高　李冰翌　刘舒婷　肖娜萍　陈抒捷

企业管理

曾莉莎　邓海毅　梁　璐　林小敏　周品贤　范晓虹　付天娥　林美希　卢文俊　孟振东　王娟虹
吴国财　徐志武　姚士鸵　钟康沛　陈炯远　陈　琳　陈伟君　郭倩婷　黄高能　罗沛璋　谭银凤
应　越　张　湛　钟　羽　刘诗阳子

会计学

麦凯明　谢周平　林素媚

管理科学与工程

谢文谦

2017 届全日制本科毕业生名单(含结业生)

机械与汽车工程学院

李刚　李健　林安　罗宇　祁灏　王金　王肖　韦雯　肖亮　杨辉　张涛
赵熹　何馆　李滢　任杰　田径　王奔　陈涛　高雪　胡龙　胡宸　黄誉
罗杨　王杰　郑义　陈卓　龚雪　何航　何飘　胡骏　秦川　石晟　王浚
王兆　熊亮　杨旭　喻伟　张超　张冠　张鹏　耿洋　李根　马严　任炜
詹赞　张权　陈欢　陈军　高鑫　韩博　李壮　任健　曾宇　张弛　张逍
蔡源　陈劼　丁钏　甘露　柯钿　李成　李程　刘朝　陆庭　苏翔　王任
王志　吴雾　肖乐　谢颉　严格　杨格　张霄　张琛　周游　邹铭　陈浩
陈涛　邓栋　董帅　杜霖　冯浩　高岩　郭茜　何超　黄浩　焦庆　李星
刘晨　卢阔　陆竑　毛亮　孟琰　莫雄　潘雄　裴阳　彭杰　施汶　王天
王炜　谢宁　杨鑫　张建　张宽　张闽　张政　钟政　周奇　朱浩　鄢然

陈恭　黄斌　黄涛　林敏　刘珲　王海　何倩　邱宁　唐鑫　喻锟　郑磊
陈思遐　陈雪萍　陈煜辉　黄嘉明　黄裕斌　黄泽伟　江培武　蒋国海　李楚君　李统煜　李云昊
李兆鑫　李昕源　陆乐怡　王佩妮　王志豪　乌亚汗　吴荣华　许文逸　杨建广　杨申海　杨潇漫
曾繁超　张心语　张瑛楠　朱蔷谕　宾宇中　曹汉富　陈凤朗　陈洪辉　何开森　胡敬豪　黄俊鑫
黄兴鸿　黄镇乐　简昱颖　江金辉　李远豪　廖智成　农松俭　王雨浓　吴荣星　席壮壮　袁成刚
赵云峰　郑晓淇　朱士裴　朱世超　庄楚健　左梦迪　郭睿然　黄嘉敏　兰雪侠　李东宇　李开沥
林拱立　林浩滨　林忆浪　刘明晖　陆道鑫　牛冬鑫　史佳伟　涂润东　王康健　王晓晶　王由香
王煜辉　肖垂丰　谢伟枫　许清培　杨晓媛　印智阳　袁建东　袁铧霈　张聪国　张景晨　郑启凡
周欣晔　闫宝辉　白劭文　包麒麟　蔡流笋　陈国庆　陈佳滨　陈建敏　陈荣斌　陈小童　戴永刚
邓华华　冯华渊　冯庆贵　何霖彦　何旺明　洪逸伦　黄朝东　黄品超　黄彦龙　黄卓楷　黄卓坤
江远兴　蓝力生　雷新宇　黎铭浩　李松岩　李伟涛　李希华　李洋洋　李鹉亨　梁露聪　林方平
林弘立　林少凡　刘纪赐　刘忠泽　刘铨垒　卢俊墙　卢珏炜　陆伟麒　罗富文　罗建伟　骆济焕
蒙子漾　牟南沙　潘德志　邱慕阳　区良锋　沈玄坤　沈远壮　孙杰棋　汤声波　唐倡福　唐高校
唐沁骁　卫振海　吴锦兆　吴俊杰　谢沛民　许庆林　许维生　许新悦　薛铭俊　薛志豪　杨发明
杨佳慰　杨泽锐　杨正亮　叶冬乐　余彦君　詹伟奇　詹云寒　张弘弧　张梦迪　张伟业　张义峰
张滕飞　赵海彤　甄伟明　职永毅　钟佳均　钟亮宇　钟为沐　周华辉　周天阳　周勋桂　周志华
朱盈璇　陈杰斌　崔少伟　郝彦淇　黄锦山　李灿宇　李嘉浩　廖俊伟　廖奎敬　刘人松　刘晓钢
庞剑坤　屈钧源　时孟晨　孙康力　唐舒聪　王国勤　王家燊　王家辉　王龙江　王顺栋　杨正权
于永澎　张雄涛　钟嘉威　周裕东　陈嘉业　范显琪　郭瀚阳　黄冠华　黄宇杰　孔祥颖　梁广达
梁周柱　刘文卓　吕慧春　吕继亮　罗予希　麦浚华　孟繁初　庞水全　彭代彦　汤传刚　王俊豪
吴骄任　周煜豪　朱静漪　朱子敬　庄泽帆　蔡锶颖　陈呈禧　陈广浩　陈彦霖　陈镇枫　陈志通
董海涛　樊义晓　范昊南　冯展翊　刚斯祺　高玉燕　葛厚飞　谷潇潇　郭承旺　郭文静　韩瑞光
何建军　贺小宇　胡俊杰　胡振东　黄富华　黄凯伦　黄秋霖　黄诗敏　黄泽湧　江志安　蒋晨杰
李鸿潘　李坤胜　李奇锋　李熙尧　梁家豪　梁儒斌　梁卓文　林浩辉　林耀声　林志宇　林壮彬
凌国饶　刘承台　刘世杰　刘思洋　刘泽坤　刘志强　刘子乐　陆林青　陆永朗　麦敵东　莫明钊
牟俊其　欧阳琰　沈伟贤　汤永健　王鼎昌　王海阳　王明帆　王依琦　王艺锰　韦雄瑞　韦振东
吴祖南　贤子楼　肖景镗　肖文君　严钟耿　杨艾琳　尹穗锋　尹艺升　詹雄玉　张杰善　张凌风
张启宇　张小明　张志鹏　张子祺　郑俊贤　周安泰　周家齐　周锦标　周荣鑫　朱俊毅　子文江
邬文静　蔡帅敏　常亮亮　陈必成　陈灿杰　陈广浩　陈佳洲　陈杰辉　陈锦涛　陈新宇　陈颖锋
陈祺森　仇礼钦　范汉民　方逾阳　冯俊筌　高海彬　古仕鹏　郭文武　郭雄伟　郭宇佳　郭泽士
韩福昌　郝梦杰　何炽健　何高伟　何一鸣　洪吉飞　洪景东　黄国威　黄嘉濠　黄家都　黄建铁
黄荣炜　黄伟明　黄耀坤　黄志豪　黄志坚　黄熠尘　纪晓俊　姜子亮　康登跃　赖涌丹　赖颢方
黎嘉豪　李灿然　李冠强　李鹏和　李绍林　李文博　李玉鑫　李莅钦　李梓扬　梁名凯　梁伟盛
刘传发　刘沛锋　刘伟江　刘永贺　刘志浩　刘卓宇　刘子迪　卢汉光　吕文标　罗丽玲　罗伟健
罗育杰　马培鑫　宁永龙　牛远航　农文斌　潘浩鑫　潘志廷　区耀辉　全盛超　苏小清　孙锐辉
谭杰灵　汤达洪　汤伟津　唐安特　唐云偲　田鹏飞　田小勇　汪慎梁　王桥梓　王伟权　王修源
韦岱佑　温伟健　吴达宏　吴建谂　吴锦波　吴上新　谢德权　谢福兆　谢根华　谢小满　邢泽阳
幸加敏　严子林　颜才满　杨鸿超　杨志杰　姚勇文　姚卓杰　余炳尧　袁宇廷　曾昭源　张超予
张国明　张新浩　张雪婷　张煜锐　张锞晗　郑友昌　钟俊武　钟梦雨　钟鹏飞　周俊贤　朱伟杰
庄梓煜　邹绍军　冼智濠　邝舜仪　臧浩延　滕佳弈　陈伯扦　陈厚源　陈钧驰　黄乐登　黄培辉
黄钰浩　柳俊城　龙锦川　魏新勇　肖小平　曾志豪　张抱日　钟桂生　钟育坚　陈汉平　陈俊坤
陈俊全　陈俊源　陈思航　刁吉祥　冯朝伦　蓝庆生　李昶玮　刘安春　刘盛涛　刘新宇　刘星宇
刘毅正　陆泳君　庞世炫　钱远治　吴向科　乡子瑜　赵朝杰　郑世熙　朱传庆　陈继明　陈佳书

陈翔宇 陈亚楼 邓智超 冯伟锋 洪玉刚 黄振鹏 李嘉星 李志珍 梁康森 廖宗明 刘心怡
刘泽宇 刘子玮 宁振强 邱鸿志 邱志强 汤文超 王淳煜 吴锐成 许乃夫 杨栋楸 曾培豪
曾庆华 赵高威 周一帆 朱智科

建筑学院

段阳 顾沁 胡均 胡悦 黄楠 姜楠 李玥 李静 李莹 龙越 麦晟
沈娉 王晶 王玮 温丽 肖倩 陈迪 何唯 马驰 聂聪 谭茜 尹君
张卉 卜菊 陈达 陈琳 戈晓 贺谌 黄健 金钊 李坚 李悦 卢宇
唐帅 魏薇 吴鸣 谢飞 陈东炜 陈世炜 邓成汝 董子翀 何慧灵 胡祥祯 黄俊杰
黄晓莹 黄银波 贾镜雪 贾锐澜 赖惠杰 黎羽龙 李亮稷 李卓骏 梁景宇 梁强辉 梁伟研
凌芷茜 刘海涛 卢悦莹 罗浚朗 苏伊珩 汪小琦 王如越 王舜奕 危昭婷 魏聿铭 吴江月
许诚敏 许子玉 杨田甜 杨子遥 余慕凤 元沃延 曾伟图 曾馨仪 张雨萱 赵伟奇 赵楠楠
钟文亮 周健莹 朱天意 卓诗佳 陈心慧 陈一芃 何曦彤 侯珮瑶 金立晗 梁颖诗 刘欣玥
潘沛松 钱勇豪 邱晨琪 邵子芝 石昭纬 王培松 吴苑欢 夏显尧 谢凯旋 徐浪然 许安江
张雨朦 赵一平 郑如欣 朱嘉懿 杨文俊 曹蔓蕾 查美英 陈杰强 陈诗祺 邓鸿涛 顾高峰
关竣仁 关雪莹 何慧春 胡馨蔓 黄继华 黄敏婷 黄禹琦 黄绮琪 姜祯怡 江经宇 蒋志伟
具智涛 李浩卓 李嘉泳 李林熹 李婉婷 李张君 李梓菡 李榕浩 李戬虚 李祉仪 梁惜豪
梁京京 梁修平 林佳东 刘楚琦 刘穗杰 刘业立 刘智伟 龙东海 罗思宁 骆武辉 马子舒
莫旎卡 潘焕逵 裴灵婧 商汭祺 沈文婕 宋步云 苏振强 谭迪文 谭健岚 谭倩晴 唐蕴桐
王良亮 王梦斐 王阅函 王奕程 武秋侠 谢嘉衡 徐丽媛 杨临书 杨月轮 尹晓妍 余光鑫
曾丹瑜 张贵彬 张良伟 张瑞年 张舒瑶 赵鹏宇 钟映航 周川力 周敏慧 周润萌 周彦池
周一冲 周园艺 周正谷 周怡静 宗成尧 杨晨沐雨 刘源志弘 慕容良一 肖杨梦秋
欧阳琳欣 冉娜·哈孜汉

土木与交通学院

陈诚 崔蕊 贺怡 李庆 田靖 王俊 尹杉 张斌 贺迪 吉嘉 梁帆
张堃 郑东 周岳 王航 张翔 陈鑫 贺璇 廖炜 孟昊 明昊 年东
彭刚 王淳 吴昊 陈赵 李婷 廖馨 周炼 陈昊 戴霖 郭欢 李军
刘涛 刘耀 杨林 杨茜 高枫 姜聪 梁笑 刘枫 王琨 周奇 邹洋
程序 黄庆 马池 蔡成 丁甲 何颖 柯聿 李勇 刘锐 刘薇 刘潇
刘琦 马俊 王驰 王峰 吴迪 曾耀 张丽 张涛 钟健 罗晗 彭出
苏昳 王宣 颜博 燕哲 杨帆 赵顺 曹晨阳 陈德民 陈佳颖 程国桂 邓银凤
古翱源 胡瑞龙 黄正国 姜宇辉 李世贤 李昊波 林朝煌 刘泽川 卢溢楠 倪泽楷 邱泽霞
邱卓辉 施鸿宇 史向前 汪子靖 王光宇 温舒洁 吴健俊 吴洁勇 谢俊勋 薛乃耀 杨晓帆
于潇晶 袁颖聪 曾文冠 张子胜 赵亚坤 戴明洁 何嘉俊 黄镇宇 李森瑞 李宇峰 李恺健
廖春莲 刘婉珊 刘子东 龙思瑾 钱诗然 邱炳漢 宋彭通 苏凯靖 唐若诗 王如钰 王颖阳
于辞渊 张江宁 张昊天 郑俊泓 周乐源 陈智杰 仇杰峰 郭嘉宸 黄新雄 蒋雍建 金梦茹
李康桥 李威龙 廖雨田 廖子陞 卢兴武 孙英宁 魏炜波 许洁炜 许可嘉 叶世佳 张应时
周锦鸿 周子敬 朱远志 邹雪丰 蔡登远 陈梓星 何淑婷 侯天开 胡为洋 黄子敬 李崇奕
李东亚 李圆圆 林小海 陆思园 罗晨伟 潘韵倩 区家俊 施兆俊 孙闽韬 谭明基 吴婉莹
吴轩博 席嘉鹏 夏小龙 谢磊磊 杨世平 张俊琦 张维正 曹江昱 曹宇超 陈淑娴 陈枝伟
邓艳辉 丁和升 方运星 甘旭伶 黄荣骏 黎俊廷 李海欣 梁家豪 林靖森 刘智锋 龙思卿
卢丽青 马赟赟 莫竣杰 聂舒磊 石一飞 王雨嫣 吴东钰 徐博阳 杨帮江 余虹霖 张东冉
张浩然 张曼莹 张文瀚 张文骞 张翕然 赵晓晨 朱子轩 陈希贤 陈愿好 傅恒奕 何炬杨

胡丰润 胡家昱 黄泽勤 黄泽贤 蒋丽佳 具家琪 蓝福鹏 黎立维 黎伟灵 李碧琦 李伟哲
廖海彬 廖宇星 刘瑜濠 罗海婉 罗鑫健 麦颖聪 莫志豪 欧名恒 秦紫薇 任洋皓 沈永亮
苏建光 苏雅静 孙伟民 谭安平 王如锴 温鸿坚 文熙贤 伍健波 肖禹琪 杨文慧 曾庆达
张文超 张梓鸿 郑怀丘 钟睿达 卓圣峰 陈富达 陈骏超 陈相华 陈宇辉 陈子维 杜锦涛
郝昱玮 何启宾 胡嘉诚 江财峰 李昆霖 李锐君 梁坤锦 林宇明 刘玉送 卢民建 蒙钟毅
潘敏琳 彭俊伟 邱浩宇 苏剑锋 唐嘉明 万思宇 王晨鑫 王庭龙 王泽泉 王子琛 王婷婷
韦显义 温少芝 翁垠铭 谢伟杰 辛锦炀 余贤书 张泽群 赵勇霖 闫国章 蔡新源 陈大江
陈高敬 陈小强 黄沛霖 黄子宏 解殿杰 李旻瀚 李旺黎 林灿金 林耿钦 林少群 卢真琮
卢焯坚 罗俊兴 王康康 王利彬 夏胡熙 杨俊杰 游照宏 张晨儒 张炫锐 郑佳昕 郑旭彬
钟若愚 钟伟翰 朱凯宁 蔡园秋 蔡泽鑫 蔡芝泽 蔡子仪 苍思骏 陈俊民 陈可心 陈乐庚
陈明杰 陈松龄 陈贤才 陈赞名 陈怡东 成文滔 戴衍韬 范锦坤 傅冠翔 傅国强 古静欣
胡坤明 黄达琛 黄海龙 黄嘉琪 黄健洪 黄进新 黄俊茗 黄梦磊 黄素琪 黄有露 黄宇茵
监捷秋 蓝昊然 黎斯朗 李安琪 李嘉焜 李健豪 李金哲 李均钧 李梦圆 李煜彬 梁嘉欣
梁家玮 梁竣杰 梁晓敏 林浩强 林锐鹏 林燕姿 刘德铭 刘恒瑞 刘金聚 刘震烁 卢家志
吕军葳 莫庭威 潘长卿 潘梓祺 庞珺然 彭妮冰 齐荣辉 邱思博 孙伟强 田珊珊 王宝冠
王宇鹏 王羽琦 王泓机 翁一杰 巫博璘 吴晨浩 吴桂池 吴泳斌 吴友贤 吴珍珍 辛科蒲
许观武 许明智 许紫薇 杨博铭 杨斯琦 杨泽聪 姚俊杰 姚开源 袁文俊 曾一凡 张楚翊
郑焕钊 郑棉灿 郑扬威 钟尚轩 钟倩榕 朱明朋 朱妍红 朱锴滨 卓书钧 覃文杰 邓致宇
方紫阳 黄建良 黄皓祺 李名铠 李雅坤 李致远 林昭王 刘子彦 吕文韬 吕子奇 彭章锋
彭紫微 丘广宏 任子华 王卓炜 吴宏伟 吴志浩 吴梓楠 肖涤非 谢五宁 谢子鸿 许洁槟
杨凯越 杨明灿 杨伟儒 曾嘉诚 张哲涵 甄海锋 郑彦君 左金懿 边巴罗布 次仁顿珠
贡嘎顿珠 坚才罗布

电力学院

陈达 陈炜 冯程 高瑞 高烨 何凯 何森 胡迪 黄萌 黄冕 黄宁
计海 金杰 蓝曦 李江 李颖 林铭 刘凯 刘艳 刘颖 刘玮 罗荣
马光 欧洋 区仪 孙建 王磊 王勋 王炜 肖毅 谢琳 徐冲 于婕
余洋 喻芸 袁强 张承 张红 张俊 张雄 张莹 赵璐 郑畑 钟菲
钟浩 周航 闵鑫 陈夏 冯旭 官芳 李帆 李明 林创 唐圣 周铭
程曦 刘杰 于凯 韦熇 尹文 曾磊 陈键 邓超 贺帅 黄康 黄埔
李瀚 廖威 王超 王然 韦杰 肖勇 熊遥 许豪 许磊 于博 袁绍
张嘉 蔡楚思 蔡丽纯 蔡思华 蔡学志 曹程奕 陈百富 陈伯达 陈长富 陈传林 陈春宇
陈浩奇 陈恒安 陈嘉权 陈家超 陈康平 陈礼昕 陈吕鹏 陈善荣 陈彦泓 陈勇翔 陈志炜
陈紫颖 陈锴扬 程斌成 程建材 戴观权 邓华胜 邓尚卿 董晓宇 杜海涛 范钦泽 范旭为
方兴桂 费云志 高远瞩 戈诗瑶 关卓鹏 郭玉明 郭远欣 韩卓展 郝金宝 何耿生 何淇彰
侯佳萱 侯进贤 华锦修 黄彬佳 黄广睿 黄海扬 黄华乔 黄乐贤 黄敏超 黄乃为 黄锐进
黄思琪 黄伟桓 黄伟明 黄伟溪 黄晓颖 黄勋业 黄志大 黄仲龙 黄芷寓 黄煜伟 黄钰琪
纪丹霞 纪彦川 简健龙 蒋文旭 蒋轶澄 晋金龙 柯滨生 柯康观 蓝海娟 蓝晓斌 黎浩贤
黎李广 黎钻仪 李达明 李高翔 李光祥 李少嘉 李陶然 李小龙 李幸俊 李彦泽 李毅章
李雨森 李志中 李卓敏 李宗儒 李昊飞 李昊政 练飞中 梁嘉浩 梁永辉 梁子涛 梁梓洋
廖学明 林广庞 林积慧 林嘉伦 林剑雄 林江涛 林鹏远 林跃龙 林泽伟 林展毅 林志杰
林子杰 林焯坚 刘华城 刘嘉林 刘嘉明 刘坚强 刘俊东 刘明杰 刘润鹏 刘润琦 刘世伟
刘彦枫 刘泽健 刘真宜 刘智健 刘胤良 卢维佳 吕蕴乾 罗国仪 罗俊杰 罗添允 罗晓斌

罗征洋 骆雅菲 骆子雅 马国龙 毛海鹏 梅晓璐 莫朝龙 倪佳涛 欧抒昱 欧韦宜 潘湛华
彭远平 秦嘉蔚 丘国斌 邱杨鑫 任柳清 任智君 邵静凯 苏俊源 孙高星 孙光毅 谭碧飞
谭海傲 谭深文 唐建林 陶佳宇 童天渠 涂浩霖 王家锦 王立坤 王文博 王宇坤 王子杰
王晟嘉 韦圣文 温荣愉 温伟东 吴晨帆 吴宏远 吴剑锋 吴伟青 吴雪雯 吴子龙 吴蓓欣
伍子东 萧浩辉 谢文锦 谢心昊 徐邦铎 徐伟枫 许浩强 许钧丞 许文渊 许智健 杨浩森
杨知君 叶枫舒 叶俊杰 易华泽 易启淋 游荣鹏 袁昌平 曾繁宏 曾广璇 曾林涛 曾旭聪
詹勋淞 张光韬 张华羽 张佳劲 张利春 张启凡 张人懿 张晓林 张志义 张卓杰 张子钊
张宗熙 张煜炫 赵乾丞 赵诗沁 赵晓楠 赵旭东 甄思明 郑庆春 郑欣鹏 郑义林 郑澍滢
郑炫华 周嘉荣 周佳鑫 周智明 周梓俊 朱成韬 朱焕杰 朱树森 朱伟星 庄俊伟 左涵木
邝嘉浩 奚子杨 晏丽芬 蔡东晓 陈嘉豪 陈军宏 陈玲玉 陈松裕 陈英豪 陈鎏凯 冯家伟
付雪蕊 甘倍瑜 龚泽鹏 何永俊 胡雯婕 黄家杰 黄英杰 黄泽杰 江陶然 柯清派 李怡雪
梁朝政 梁倩仪 林加隽 刘源俊 沈锐耿 沈志钧 王晨曦 王晓娟 吴浩波 吴基健 吴晓彬
谢天权 杨荣照 叶梦娇 余伟洲 张云飞 周俊煌 冼博艺 安一然 蔡文熠 崔世恒 冯纪源
高慧珊 龚永煜 顾文露 郭彦华 侯昊宇 黄夕轩 李学仲 李亚静 梁建凤 罗小冬 彭圣祺
王艺璇 王忠浩 肖皓炜 杨烨嘉 周欣宇 蔡瑞鹏 蔡玮霖 陈海威 陈建勋 陈培彦 陈思延
陈新飞 陈英健 陈泽瑜 陈智豪 程良桥 崔永旭 何志颖 胡云啸 黄舒伟 李国立 李圳豪
李皓月 梁一鸣 廖健祺 廖湘越 林晓明 刘嘉杰 刘剑铧 麦巧曼 穆俊宇 潘煜坚 邱晨春
孙义豪 万匡禹 王海川 王伟男 王星宇 魏光恺 魏国春 吴海鹏 吴金创 吴万靖 吴伟涛
夏维秋 杨励志 易心宇 余凡粟 曾家明 曾杰锋 曾祥浩 张怀义 张礼峰 郑楚鹏 郑华聪
周鹏远 周文聪 朱柏明 欧阳奕鑫 原吕泽芮 张陈泽宇

电子与信息学院

陈耀 高婷 匡卓 刘璐 刘璐 孙亮 汤俊 王伟 熊昊 徐璟 叶子
周全 周彤 李蓓 石鑫 曹汀 陈曦 陈熹 邓冠 董岩 傅堃 宫铭
黄俊 黄宇 黄鑫 李梅 李卓 梁豪 梁宸 林杭 潘乐 邱昱 宋迪
田筝 童娣 吴博 徐敏 严明 颜嘉 杨超 杨峰 杨森 杨扬 于悦
曾正 张铭 郑涛 钟怡 芮涵 戴嫦 韩珂 蒋源 彭林 薛妍 杨凯
杨梁 郑兵 郑昀 周悦 周浔 蔡淦鸿 陈嘉琦 陈俊宇 陈佩宇 陈荣磊 陈欣腾
陈星宇 段顺杰 郭世晟 郭玉洁 黄志斌 解其乐 黎立本 李楚茵 梁志坚 廖汉松 廖伟嘉
林小颖 刘宇翔 龙添浩 骆斯聪 苗慧云 潘明月 石志鸿 韦启东 文雅倩 徐昌靖 许华杰
叶旭彬 曾韦杰 张德辉 张金烁 张秀来 张振昭 左其鑫 岑健敏 岑晓川 胥志浩 陈华鹏
陈亚媛 郭玮荻 侯昶宇 姜春风 李浩宇 李永飞 李永祥 吕方明 潘伟锋 谢德泉 杨镇恺
张宛茹 张振杰 张子玥 郑煜权 蔡金涛 曹阳松 陈朝宾 陈润东 陈圣聪 陈树锴 陈泰亨
陈桐立 陈维翔 陈伟洪 陈伟猛 陈文丽 陈显恒 陈晓虹 陈晓健 陈新蔚 陈涌达 陈悦琪
陈哲嘉 陈镇涛 陈政鹏 陈芝琳 陈仲敏 陈奕章 邓德亨 邓德琛 邓嘉明 丁博铨 董秋彬
董杨杨 范高能 方加鹏 冯天健 符子轩 郭凯同 郭一鸣 郭泽英 韩奕贝 何敬钦 胡明睿
胡湘伟 胡逸伟 胡志彬 黄嘉慧 黄健鹏 黄俊楚 黄俊鸿 黄少宏 黄婉婷 黄文锋 黄贤华
黄小倖 黄耀雄 黄榕生 黄炜琛 江镇雄 赖凯敏 黎瑞基 李灿侠 李创升 李广钊 李金荣
李秋蔚 李旭南 李彦姗 李映坤 李泽佳 李志乾 梁恒诚 梁加伟 梁锦兆 梁凯焕 梁素军
梁泽祖 林创伟 林东旭 林豪佳 林杰鸿 林杰辉 林俊明 林丽旋 林希劲 林晓佳 林毅和
林泽宏 林振斌 林怡岚 凌键宇 刘成儒 刘桂斌 刘梦宇 刘清斌 刘清胜 刘秋雨 刘伟杰
刘宇双 刘卓贤 卢广福 罗静慈 马华婧 麦锐杰 莫梓轩 潘有瑄 任志浩 阮圣昕 沈跃佳
石山盟 孙乐珊 谭德嘉 谭绮敏 唐建城 王潮雄 王奎元 王敏铭 王铭均 王少芳 王舒婷

王唯嘉 王雅平 王亦初 王映博 王瑜玥 文西超 吴迪斯 吴荣亮 吴烁琪 吴政佑 吴芷亦
夏明康 夏子承 肖玉可 谢高生 谢天伟 谢益凡 谢泽权 徐天源 许冰媛 许少斌 许晓丽
严积楷 颜嘉伟 杨嘉俊 杨铭扬 杨雄锴 杨志坚 杨宗鹤 杨琪泽 姚粤汉 叶承尧 叶光华
叶伟新 叶志成 叶筱娃 游爵凯 余志航 俞凯曦 袁雪姣 曾志超 曾梓琪 詹博智 詹从涛
张爱文 张灿立 张佳彬 张青阳 张荣谋 张少聪 张协川 张亚斌 赵银湖 郑浩东 郑天颖
郑晓鹏 郑耀民 郑智恺 郑奕新 郑振鑫 周晓婷 周章斌 朱焕升 朱雪仪 庄嘉峰 冼啟铭
岑俊伟 陈川旭 陈凯斌 陈炜璋 丁彦方 段智周 冯弘毅 高冬梅 韩思怡 郝树钢 黄晓荣
黄卓毅 李晨阳 李启成 林裕立 刘柏基 刘彦超 柳俊斌 罗灿杰 麦梓灏 裴翰奇 邱丽娜
邱泽麒 任园园 荣泽洋 容汉铿 沈心怡 宋旭晨 王耀东 王志鑫 王子禛 温进豪 温宇馨
吴克乾 吴紫阳 谢佳涛 谢乐乐 谢恺盈 邢立波 徐顺鑫 杨俊荣 杨宇轩 杨泽睿 姚嘉旭
尹佳航 张国伟 张叙文 赵荣华 郑浩聪 郑逸浩 郑钊彪 周泽群

材料科学与工程学院

彭睿 钱燚 饶栋 苏磊 苏爽 曾宏 曾生 张浩 刘为 罗宇 庞鹏
文睿 曾城 张熹 方介 高豪 金玄 林纬 刘威 罗涛 彭喆 曾志
钟骏 柴晨 沈钰 汪姝 王康 文意 吴停 杨洋 余楠 张洋 陈辰
邓翔 李学 王邸 文皓 吴岳 熊鹏 尹松 张恒 隗笑 蔡磊 陈璇
陈钊 耿一 顾瑶 何鹏 蒋理 黎锋 李坚 李轩 梁栋 凌霞 刘欣
刘淇 罗鹏 罗姚 汪芮 王煜 向往 徐露 杨蔻 余翀 詹威 钟俊
左勇 陈瑞 付萌 李健 林劲 刘奕 罗健 彭星 肖康 谢雅 张同
李毅 罗筱 彭艳 王鹏 吴涵 吴洲 张媛 杞彬 陈志聪 陈皓旻 冯钟涛
胡泽隆 黄海邦 黄荻洁 李少坤 刘晓珺 刘源祺 秦祥勇 汤强强 唐琛望 王彩艳 王俊妍
魏世豪 吴佳美 伍诗怡 杨鑫洁 叶静怡 曾永靖 郑佳鑫 周文轩 龚振远 韩晶磊 黎振超
梁杰铭 孙立和 王剑桥 文新博 伍秀英 叶灿彬 曾嘉杰 敖春光 柏芊芊 陈炯超 陈梓航
程功勋 董旭涛 冯康立 符译元 高赞杰 何锦韬 何锐华 何梓锐 黄炬辉 黄玉剑 赖礼邦
李广誉 李皓宇 卢七热 任星辰 邵冠宾 王明亮 要思禹 尹冰艳 张彩霞 张乘玮 张荣玉
张思伟 张馨丹 蔡海峰 陈康卫 陈钦鹏 陈隽點 杜敦鑫 贺楼衡 胡杭坷 黄锦圳 霍永亮
姜文杰 敬思仪 赖思敏 蓝碧蛟 雷旗开 林嘉炜 林仕强 刘芳茹 刘晓航 刘盈君 罗前航
齐羽中 史佳豪 孙慧珊 王浩键 王蒙蒙 王少尧 王巍舒 王张要 王周敏 温绍飞 吴欣桐
项柏森 谢家杰 杨椰榕 叶明伟 张雷雨 张卫胜 张漳敏 张志熹 张倬睿 郑鹏飞 蔡治邦
陈啟信 陈丹玲 邓洪朗 何青云 洪家鑫 黄金生 黄皓哲 劳锐敏 黎梓康 黎翊君 李东恒
李浩权 李华艺 李家俊 李晓庆 李焯权 梁宝文 邱泽增 渠文宽 石教锦 王立华 王远波
王楠熙 吴爱玲 杨美娣 杨晓玲 叶家奇 袁丰沛 邹俊锋 艾彦博 蔡伟淇 陈文坤 陈晓聪
陈颖通 陈志星 陈梓钧 邓镇涛 丁锶杨 方仕峰 冯子晋 傅登豪 高珊珊 郭雪媚 何炜豪
黄国辉 黄华劲 黄加华 黄鹏杰 黄秋俊 黄伟涛 孔令辉 黎灿光 李富成 李万志 李新远
李学山 李一民 梁志磊 林桂芳 林家威 林俊杰 林润庆 林新栋 林泽豪 林毓涵 刘枫源
刘伟乐 刘晓奇 刘一杰 刘璎部 卢秋谷 卢晓鑫 陆信航 陆兴俊 吕章林 罗琪利 马杉杉
马源彬 潘日辉 庞锐源 彭华韵 钱梦莎 沈明宗 沈乃明 石雅栎 孙乐佳 谭沃彬 田宇锋
王国宏 王良萱 吴怀远 吴克成 吴桐毅 吴英南 吴梓轩 吴锶涵 肖海燕 肖文博 谢雨航
熊俊彬 徐铭健 燕禹琦 杨登华 杨志坤 叶俊杰 叶振兴 易杰民 余俊宁 袁卓毅 苑萌萌
章潘逸 张淳华 张靖儒 张倬棚 张馨丹 张婧冉 赵碧波 赵牧之 郑荣敏 钟雁岚 邹超惠
左宇宸 覃韦崴 陈浩伟 陈祺雄 范志远 高天宇 郭少燕 郭益帆 郭铸贤 何运华 黄嘉辉
李东健 李静雯 李振宇 李肴易 廖幸权 林奕圳 刘昀昊 马泽锐 裴泽徐 容志滔 孙垒涛

谈琼轩	谢雅文	谢志聪	徐文星	杨锦坤	张博洋	张建东	张啸尘	张志韬	张钊华	周云麟
陈安胤	高怀霁	葛建辉	何如忻	怀济泽	黄义成	冀俞蓉	冀泓锞	李嘉慧	李雪灵	林飞熊
倪浩佳	潘西满	阮弘阳	孙嵩岚	万宇欣	肖本亨	谢杨洁	许燕玲	杨汇尚	姚永成	曾令优
张忆茹	钟伟国	周英杰	欧阳天昶							

化学与化工学院

杜鑫	龚权	黄睿	姜寒	李陈	刘波	卢烁	卢勇	陆瑶	彭菲	王江
肖阳	熊图	徐慧	姚远	荆鑫	陈梦	董旸	高丹	李涛	李渊	吕程
罗曦	马荣	石磊	万俊	杨斌	邓林	关俊	黄悄	纪玫	马飞	石漫
王铭	乌兰	吴创	叶茂	胡森	黄欢	林铿	刘静	苏婕	王都	王瑞
吴楠	阿尼尔	白浩文	蔡嘉铖	蔡伟源	陈碧玉	陈嘉慧	陈家琪	陈沁磊	陈锐津	陈尚俊
陈书寒	陈泰健	陈泽楠	陈婷婷	邓铭威	邓子毅	丁子先	杜荣凯	杜胜君	段一帆	冯家豪
冯建文	高浩鑫	郭汝成	韩志豪	何锦锋	洪鑫涛	黄浩鑫	黄佳明	黄瀚林	姜逸竹	李包发
李智超	李倩倩	梁嘉淇	梁泽宇	廖珊珊	林桂添	林世伟	刘嘉杰	刘思恩	刘文军	刘子健
马观凤	毛国治	欧醒豪	彭艳君	唐永铨	王瑞杭	王玉洁	王钟黎	魏文盛	魏志威	吴佳伦
吴思宜	吴云云	肖亮锋	许杰臻	颜福贵	杨凯麟	杨学文	叶兆亮	叶梓浩	尹凯东	余永龙
苑媛媛	张楚武	张航新	张丽桦	张世奇	张秀婷	张亦鹏	张运祥	赵志强	郑楚鹏	郑楚钦
郑佳妮	钟嘉愉	周杨明	周永辉	周志鑫	庄丹洁	卓文博	邝杰龙	邝苏怡	蔡春林	蔡恒聪
蔡振培	陈波宇	陈立宇	陈泽昊	陈子羽	方建炜	符方宝	郭红娇	郭晓铿	黄立航	江官明
江思强	江周明	赖剑威	李剑正	李圣淋	梁海燕	梁兆考	梁致宁	林家洛	林兆胜	刘志武
卢柏至	罗建民	欧嘉琦	欧阳灼	潘泳霖	彭伟灿	史家庆	宋泽雨	孙晚山	谭煜政	唐永宏
王金玲	王羽欣	韦科宇	魏吉锋	吴忆璇	谢昌利	谢豪霆	徐培鑫	徐小耕	严哲伦	杨学斌
姚裕龙	叶俍苑	叶炎勇	易浩晖	袁智通	张锦文	张全成	张世昌	张文波	张映雪	郑灿彬
郑浩然	邹子懿	邝泳锋	蔡少霞	柴誉珀	陈嘉莹	陈敏玲	陈炜鸿	崔志铭	邓国澄	邓笑涵
杜锦墩	高冰洁	郭子轩	何建原	何铁桥	何蔚珊	何子盛	黄和志	黄健龙	黄舒晨	黄毅弘
简晓丰	解灵珊	李丹阳	李诏夫	廖嘉健	廖漠琛	林楚贤	林泽英	刘国文	刘文仲	刘玉洁
麦鹏达	明静妍	潘伟贤	齐雨浓	全景梅	任诗涛	沈安彪	苏派贤	孙厚涛	唐煜钊	王克悬
王蓉蓉	王跃忠	王志铮	韦茜琴	武彤彤	项宏鑫	徐静雯	严武欣	杨彩旗	杨佳波	杨志斌
姚源贵	游茂林	曾铭健	张趣婷	张哲宇	赵宁锋	钟炜炜	周鸿杰	朱勐樊	庄纯仪	庄森峰
卓凯佳	陈树煌	陈芝杰	方泳华	黄秋玲	李炳彪	李非儿	李肖瑶	刘运鹏	彭仲康	叶敏浩
詹雪娟	张育诚	郑杰伟	钟世曦	周明扬	蔡凯帆	陈波柱	陈思维	陈亚光	陈奕斌	丛杰伦
郭光辉	黎碧珊	李军昊	陆龙胜	毛泳恒	欧阳涛	王芋伶	谢家骏	杨思晨	曾嘉达	张泳仪

钟曼莉　穆拉迪力·阿力普　美丽乌提·卡了木汗　帕提麦·阿卜杜热西提　阿力木江·依民尼牙孜

轻工科学与工程学院

常川	陈晨	陈莉	陈旭	耿浩	洪奕	林铨	刘凯	马龙	瓮翔	颜鑫
杨超	张楚	张桦	邓青	杜珂	李晶	童星	辛勤	张玲	卓浩	常玉坤
陈如洁	陈慎达	陈伟彬	杜京堆	杜天祥	谷家庆	何添平	何伟健	何智恒	洪浩源	胡哲铭
户安涛	黄嘉琦	黄茵彤	孔令松	李仁坤	梁成智	梁达豪	廖嘉伟	林业龙	刘嘉诚	陆帮艳
马鹏恩	毛煜博	明思逸	欧阳灿	彭龙富	彭少杰	苏灵峰	王德馨	王鸿锴	王金晖	温庆伟
武嘉龙	武建宏	伍炤润	伍振甫	徐耀东	杨建明	杨文静	尹文章	张建文	张林玥	张麦瑞
张俪馨	赵竟成	钟秋珊	周绪华	陈列增	陈秋铭	陈伟敏	陈志豪	胡艺洁	黄丹阳	黄婧怡
柯中衡	雷懋文	李孟阳	梁坚筹	梁希朗	林佳纯	罗树桓	彭向阳	谭杰文	王昊远	吴百川
吴坤泽	谢显奕	周树伟	左程远	訾龙飞						

食品科学与工程学院

陈力 陈欣 丁丽 郭佳 黄炫 李弘 李原 马超 申娟 王欢 王萍
吴斌 肖曼 徐明 央金 杨羽 姚玮 赵月 朱佩 黎晗 李娴 刘欣
舒琴 谭森 高翔 韩欣 黄辉 卢晓 沈杰 魏恪 杨哲 蔡国权 曹雨薇
陈佳欣 陈林昀 陈启荣 陈希婧 陈永贤 陈炫达 崔飞鹤 邓绮慧 董金汉 董晓梅 房亚卓
高靖阳 关楠楠 郭宝瑜 郭思鑫 郭禹成 何杰成 何治霖 黄明灏 黄善媛 黄小芹 黄煜曦
蒋天宇 黎绮熳 李勇辉 李子扬 梁惠婷 林嘉卿 刘晓慧 刘欣华 刘颖玮 刘倩雯 欧雅丽
欧阳颖 潘嘉欣 沈鹏辉 陶祎晨 文晓霞 徐斌斌 薛倩然 杨伶珊 姚杭村 姚浩展 叶俊华
游思阳 余泰衡 张慧笔 郑忠成 周思斯 朱珺华 朱启源 朱玉雪 蔡俊辉 高飞跃 高浩为
黄瑞清 李彰杰 廖宏斌 马维宇 唐雯莜 王程正 王小宝 王羽衡 向馨宇 杨诗苑 周元立
陈舒然 陈吴翀 陈晓媛 何嘉敏 黄俊彦 黄裕裕 黄智斌 李国朝 李培新 梁志斌 廖瑜亮
罗艺康 马炽锦 谭景耀 王俊鸿 王天培 杨慧宁 叶蔚娴 叶宇童 张辉琪 张佩琳 周嘉铭
达娃卓玛 唐刘歆好 杨杜日康 努尔麦麦提·乌布力 古丽菲娅·阿不都外力

数学学院

蒋敏 雷焯 梁心 沈玙 王萌 王颖 徐银 潘悦 孙颖 陈蕊 李华
林丹 林楠 刘海 刘滢 卢梵 沈涵 严博 杨炯 张茜 林付 刘骋
彭晨 杨轩 覃冠 刘源 吴优 向睿 蔡晓欣 陈念川 陈溶升 陈兴森 陈珏宇
方凌怡 冯笑月 何敏敏 胡宇涛 胡张楠 黄冠寰 黄嘉豪 黄剑文 黄世浩 黄伟杰 黄一鸣
黄一天 孔繁勇 李嘉锐 李泽熙 李隽熹 梁炜诗 廖钟毓 林伊陶 刘广宇 刘梦洁 刘舒霖
娄思童 陆伟良 罗子俊 马玉瑶 牟嘉祺 欧阳黍 丘境冰 石翔宇 孙开峰 孙庆文 王昌鼎
王高山 徐玉良 叶晓江 易灿茜 于哲咏 余灿焕 余俊红 张泽鑫 张哲宇 郑钧仁 钟冀杭
周思凡 朱慧琳 朱笑琳 朱逸尘 綦昆仑 瞿鸣歆 郭紫娟 梁嘉文 梁君达 卢进佳 麦炜琪
潘雪勤 谢胜寒 张宇思 赵祖鹏 陈楷勋 陈丽湾 陈林凯 陈思静 董哲耀 房宇婧 费志诚
冯智盛 郝星邦 黄伟力 黎瀚章 李佳铭 李佳怡 李慕琬 李欣荣 李馨夏 梁洁瑜 梁尧鑫
林智文 刘明远 刘晓琳 孙启豪 孙易楠 谭铭辉 王俊轩 王泽众 王琰驹 温志坚 谢文潇
徐青青 许剑锋 杨芳伊 杨异凡 杨紫君 张馨予 赵睿航 郑榛焜 周文轩 朱柏锋 覃剑鸿
蔡鄂涛 蔡向云 陈景昇 陈敏婷 陈晓敏 陈志社 方欣婷 冯志豪 贺煜辉 黄飞扬 黄耿权
黄尹星 霍仕峰 江雨澳 李方强 李钊鸿 林辉威 刘晓江 卢思琦 毛文灏 容福炬 宋嘉豪
唐苏东 万伟雄 王宝军 王健超 王锦聪 王照岚 温贺琛 文伟海 吴邵宇 吴泽坤 肖德钊
杨艳萍 张度辰 张庭辉 郑越洋 钟镇超 钟志松 邹旭鹏 陈龙裕 陈友鹏 陈昭伊 陈炜煌
郭伟健 何子欣 黄滢婷 纪志帆 李元龙 李展锋 李植鹏 李志超 林俊勤 刘顺承 卢颖诗
陶秀灿 王晨尧 吴一凡 吴逸群 徐智睿 许仕超 张超标 张法权 张恒畅 岑渭杰 褚凯欣

物理与光电学院

陈昕 丁媛 赖军 李馨 马舟 唐颖 叶龙 余蕾 张衡 张旺 张斐
赵童 钟明 周娅 李鑫 梁娟 曲良 首强 温梅 杨涛 杨喜 张磊
周建 仝欢 陈权康 陈锐贤 陈尚均 陈伟斌 陈耀斌 崔健安 丁怀伟 冯陈诚 高佳琳
郭靖宇 郭思源 韩贤信 何江勇 黄健威 黄梦帆 黄晓鑫 黄选纶 黄麟桓 李乐敏 李先辉
李筠瑜 梁啸雷 梁志豪 梁自然 廖锡位 林崇正 林倩文 刘锭鸿 刘志鹏 芦熙文 卢隆辉
陆锦基 伦逸鹏 罗天明 毛百威 莫德科 母小冬 聂高炜 彭敏生 秦逸诚 邵润珠 苏宗宇
王启力 文斌斌 肖健升 徐顺雨 许艺朋 许哲铭 杨昭成 叶富强 余佳迎 曾景辉 张琳雅
张严心 赵晨希 赵宇轩 周诗雁 朱海琼 祝汉钦 邹振弘 陈宝莹 陈立春 陈斯源 陈元滔
初治坤 冯炜兴 高浩哲 高澜月 李浩然 李俊宇 李历斯 梁锦汉 刘洪标 刘庆峰 刘志鹏

陆汝聪　罗永祥　麦泽源　庞健宇　彭家和　丘绍斌　饶浩民　石俊鹤　吴东方　杨锦富　叶浩楠
叶宇中　郑旭如　朱浩南　朱渊略　邹力伟

工商管理学院

白昊　陈旋　陈婧　华吟　雷樱　李琮　牛欢　茹荫　王丹　张祯　程瀚
方芳　金诺　李越　王煜　杨宇　殷韵　余轶　赵月　戴苗　何欢　卢易
王珏　曾铮　陈鼎　陈昊　何宏　康特　王泳　姚晗　于干　袁麒　朱轩
蒋彤　刘洋　刘瑶　苏羽　汤淏　肖茹　赵昱　周航　周游　陈欣　陈颖
刘东　刘梦　刘敏　刘雨　刘宇　刘越　罗钦　彭洋　谭峰　肖彤　肖琪
杨丹　赵伊　張辛　陈洁　陈茁　杜微　屈鑫　司同　殷正　张健　蔡铄
柴彩　赖立　李亮　李蓉　麦逸　唐儒　汪远　吴璨　肖静　张钺　周鸿
蔡泽铭　陈昌杰　陈嘉文　陈锦璇　陈俐君　陈鹏程　邓婷琳　郭丽丽　韩亚红　何乐仪　何紫键
何子莹　洪晓珠　侯岱娟　胡静虹　黄冬阳　黄树鑫　黄小煦　黄振龙　霍孜睿　金美英　孔嘉咏
黎绮薇　李斯渟　李圳辉　梁珈铨　廖淑娟　林慧瑜　林燕丹　林紫菱　凌雨琦　彭丽鸣　邱靖茵
阮秀云　王凌斐　王悦馨　王泽苑　王宗显　翁强贞　翁艺敏　吴有东　肖诗媚　谢逸轩　谢永通
徐俊宝　徐忆超　薛晓璞　姚艾青　詹珊珊　张景涵　张元新　张筱萱　朱小青　朱奕勇　陈锐滔
崔惠珊　冯嵩瑶　贡建新　胡紫玲　黄梦玥　黄笑欣　季嘉宇　蒋心依　焦竞翀　李冠贤　李志文
凌冬宁　刘凯欣　刘牧之　刘菀柔　鲁妍迪　罗巧龙　马晓语　麦春燕　麦耀伦　戚方毅　柒永芳
邵剑波　王心纯　王昭曦　杨雅淇　张栋维　张晓彤　钟文韬　周荷晖　朱梓璇　庄文龙　嵇钫筱
陈统鸿　陈希隽　陈中伟　董逸凡　黄韶添　黄霭婷　蒋倩瑶　莫颖漩　苏俊锋　王浩酽　韦楚瑶
叶思宏　张雯雯　郜月明　蔡浩健　陈佳源　陈宣霖　楚金磊　冯奥璋　付超越　高铭辰　谷万里
黄俊杰　黄伟程　林江南　林伟钊　林颖霞　吕梦圆　莫经东　邵天霞　王春雪　温智亮　吴俊辉
吴雪雯　夏浩乘　谢陈予　谢健成　许升耀　许隽斐　杨锐坚　张天明　钟叶诚　周俊峰　孙东炜
吴昊天　曹佳楠　陈铁诚　方力桐　何煜辉　黄少波　黄小洁　黄臻颖　黄卓盈　江伯亮　李晨炜
李九九　廖树才　林舒婷　林文静　吕晓慧　毛楚文　庞蕊霖　吴振威　肖凯芹　杨俊琦　叶桂卿
余圣东　岳浩然　赵伊萱　滕宇堃　湯明歡　陈坚浩　陈墨莹　陈荣星　陈舒羽　陈晓萍　陈晓雅
陈晓茜　陈小铄　陈意真　陈智婷　陈绮婷　邓晓晖　邓渝云　段淇涛　方滢丽　郭湘莹　何德蓉
黄晓敏　黄子娇　姜安悦　赖戈文　赖勋淮　赖莹莹　蓝斯琦　李海榴　李景明　李景嫦　李敏霞
李志楠　李恺铭　林嘉欢　刘淑萍　吕珍仪　罗淑娟　罗晓晴　莫晓婷　彭向敏　邱源臻　沈启灿
司徒霖　苏颖臻　孙依晗　王偲宇　王海燕　王晶晶　王晓菲　王晓雯　王杏花　王睿宣　温建华
巫浩涛　吴耀丹　肖涵韵　谢泽键　谢鑫鑫　徐敏瑞　徐启朗　徐悦恒　杨雪清　姚楚斌　叶育滨
游杜娟　曾利玲　曾欣雨　曾宇娴　张雪莹　张一昊　张潇允　张晖悦　郑凤华　郑少鑫　周妍婷
朱菊萍　朱潇雯　陈少云　陈雅静　陈禹彦　陈莞龙　丰林涛　李超群　梁继锐　刘思彤　马家磊
莫颖诗　沈凡瑶　宋琳琳　王梦蕾　吴映雯　余凯儀　余佳纯　郑曼茜　钟俊盈　周一帆　庄俊尧
蔡柏健　陈丽萍　陈文玲　陈真如　古岸芬　韩兴凯　洪晓填　黄冰柔　姜姗姗　赖建明　赖芷君
黎洪东　李大伟　李思嘉　李欣烨　李雨曼　李镇杰　刘绮湘　柳丹丹　卢力文　陆社滋　罗智颖
马方园　倪若瑶　苏颖珊　孙佳伟　孙佳仪　孙妙娜　唐艺庭　王安琪　王家俊　王明悦　王泽昊
伍志光　谢晓月　谢铖锴　辛玟瑶　徐键斌　杨楚君　叶润楠　叶绮文　曾小奇　张筌钧　郑宝如
郑少淳　周文杨　朱晓敏　朱钊沂　邝啟伦　欧阳钰晶　德吉白玛　扎西次拉　司徒华伦

公共管理学院

孙越　陈弢　陈焕　胡冲　蒋琪　金戈　雷婷　李彰　申婷　王旭　王叶
肖悦　颜安　杨斌　杨璇　泽吉　张伟　张宇　赵宏　赵静　杨逸　付玉箫
蒙欣宇　谭映升　杨曼琪　张玉琪　周小天　陈镜豪　陈三毛　陈芷晴　邓宝欣　丁晓飞　段乳梦

何诗琪 何喜文 黄育璇 江汶蔓 蒋灵茜 赖星宇 李盛龙 李思思 李文琰 李新华 李永茂
梁晓莹 梁绮琪 林晓聪 林志明 刘肖肖 刘泳欣 罗光君 罗伦任 孟宣运 欧晓婷 彭莉明
齐子培 邱达聪 邱海坤 邱泰霖 屈嘉宝 荣晓嫚 沙津竹 苏晓雨 孙胤璇 谈结雯 汤世杰
唐齐敏 王佳利 王笑天 吴卓霖 吴姿含 席旭钦 肖炳阳 谢晓欣 徐晓婵 薛雅心 薛琬烨
杨东东 杨浩杰 杨秋婷 姚都都 叶学尧 余媛雪 俞青松 郁佳健 袁梓贡 张安彤 张碧星
张磊磊 张明月 张舒琪 赵晨涵 赵维维 赵叶璐 潘燕婷 夏文罡 许怡然 欧阳嘉莹
格桑德吉 洛桑卓玛 洛松顿珠 玛衣热·艾则孜 艾克热木·阿西木 布再娜甫·麦提如则
阿卜来海提·如则麦麦提

外国语学院

梁潞 梁姗 项望 严达 于丹 余函 鲍超 葛恒 龚静 梁锐 刘晰
刘洋 马政 谈悦 王洁 吴丹 袁莉 郑琪 朱文 毕嘉俊 蔡桐旭 陈红艺
陈敏行 陈晓云 洪晨妍 黄通亮 梁晓铃 林晓琪 罗籽迁 马泽航 邵艺婷 孙瑞汐 孙怡琳
王颖斌 曾诗允 章文婷 张雅婧 张颖涵 郑银苑 陈嘉欣 陈小颖 陈彦屹 程紫薇 邓嘉怡
邓心怡 杜文哲 杜怡嫣 范明炤 付昊承 黄欣乐 李建良 李乾隆 李思颖 李宜浓 李铚昊
林芳琪 林嘉欣 刘俊明 刘玉鹏 龙圣宇 吕佩珊 吕佩琦 罗洁敏 罗潇潇 罗婷婷 潘泳妃
施佩玲 苏瑜喆 王翠盈 谢晓敏 许晗欣 杨洁韵 张晴晴 张雪玉 郑颖瑜 钟焕春 周若男
周宇轩 梁泽丹丹

自动化科学与工程学院

陈斌 陈波 陈斯 董龙 郭靖 郭琦 黄伟 康莉 李科 李源 刘衡
刘赛 柳钦 吕莎 裴宇 乔泽 宋晨 苏豪 徐超 徐浩 姚鹏 曾希
张杰 赵伟 甄颖 周尧 朱超 郦虹 夏鼎 杨阳 毕家兵 卜南君 蔡瑞隆
曹灿明 陈垂泽 陈凡杰 陈吉浩 陈建树 陈锦朝 陈均健 陈奇杰 陈秋明 陈润南 陈思凯
陈思远 陈文伟 陈晓鹏 陈雄君 陈旭涛 陈业广 陈宇柠 陈昭彬 陈志龙 程一汝 崔水平
邓文杰 董海勇 段敬雅 方志林 冯建业 冯宇均 付廷中 高晓东 郭超旭 何昌传 何冠达
何健信 何丕宪 胡道正 胡细弟 黄典业 黄光积 黄海强 黄汉亨 黄佳楠 黄俊辉 黄绵绵
黄明浩 黄绍远 黄依仙 黄增辉 黄子迅 霍蒙佳 贾佳炜 贾一石 姜博文 江洁美 江宇航
赖楷文 赖强强 黎观福 黎敬业 李金阳 李晋恺 李俊强 李林高 李培杰 李锐贤 李伟贤
李小刚 李意彬 李原杰 李泽帮 李子元 李钰城 梁发荣 梁国龙 梁启睿 梁深润 梁泳聪
梁振华 梁毓淦 梁炜锋 廖鸿鹏 廖伟国 廖志鹏 廖志涛 林鼎添 林贵旭 林焕文 林俊彦
林康茵 林良锦 林沛霖 林显增 林益民 林宇鸣 林志伟 刘德敬 刘文杰 刘新伟 刘逸轩
刘颖茵 刘振汉 卢梓旻 陆诗莹 陆鑫益 罗浩坤 马洪杰 马坚铭 马文杰 马玉娟 莫华森
莫志敏 聂才淦 欧家铭 潘竞熙 庞俊腾 庞秋霞 丘彦彬 邱丽珍 区成涛 沈丽琼 舒俊源
苏积辉 苏俊韬 孙天骏 唐颖琦 王海梦 王林生 王明辉 王平茹 王艺晓 王尊冉 卫海华
温崇顺 温万隆 文嘉杰 吴浩楠 吴家俊 吴俊廷 吴铭宇 吴铁山 吴友尧 习福州 夏鹏田
肖俊杰 肖钟涵 谢汝孟 谢作为 徐志翔 许润琛 许书溟 许耀钊 杨飞宇 杨嘉睿 杨凯元
杨茂鑫 杨舒乔 杨伟嘉 姚炳华 叶家雄 叶儒君 叶宇航 余诚志 袁金晟 袁志强 曾德豪
曾繁钦 曾庆贺 曾艺瑶 湛文康 张嘉铭 张静婷 张鹏飞 张智杰 张沐奇 赵显博 郑和林
钟振兴 周冰林 周康港 周路宏 周路宽 朱秋培 朱文婉 朱星光 朱徐鹏 祝天佑 冼颖宪
陈国春 陈浩权 陈勇翡 黄林超 李鸿斌 梁浩斌 刘启锋 沈思昀 吴静兰 谢锐勇 许铭杰
曾柏泉 郑陆楠 郑子杰 庄浩杰 王初禹 杨孙梦娅

体育学院

白杨 陈坤 陈露 杜深 郭猛 李玥 楼舸 鲁屹 施晨 施鑫 唐颖

杨然 赵力 邓力榛 顾倞嫘 何敬佳 黄俊炜 黄彦妃 黄永康 李嘉宏 李思琦 李一丹
刘家劲 龙晓阳 卢志权 欧嘉宝 欧力晶 谭雅心 王宇迪 吴丽敏 吴玉凤 谢芷菁 叶锦豪
赵旭东 周靖涛 郗雨馨 覃虹升

计算机科学与工程学院

陈渤 陈霜 陈源 邓宇 何旭 何旋 黄超 黄皓 李涵 李红 李敏
李锐 李圳 林超 陆攀 马芮 邱寒 尚悦 陶涛 王栗 章航 张雯
赵青 刘凯 刘煜 钟健 李岚 罗瑞 于涵 赵越 陈刚 陈权 丁杨
黄蓉 彭瀛 王健 张坤 赵引 朱朋 黄江 黄涛 李立 刘铎 罗达
潘桦 叶桐 张帆 钊洋 蔡木庆 蔡斯伟 蔡晓玲 蔡振坤 曹丽洁 陈碧玉 陈丹丹
陈广辉 陈家俊 陈江源 陈俊宇 陈明宇 陈小萍 陈兴文 陈耀沛 陈资强 陈麒昌 代涵宜
邓毓峰 丁运昌 董朋林 杜剑豪 杜金波 杜若峰 段竣耀 高昊烨 何紫萍 洪佳财 洪家润
黄宝聪 黄炳麟 黄弘烨 黄凯鹏 黄宁源 黄培根 黄永辉 黄泽钦 黄泽宇 李垚圣 李潮流
李浩源 李康晓 李铭斌 李婷婷 梁澳昭 梁宏学 梁敏聪 林佳钦 林俊杰 林瑞玉 林思宏
林小榆 林应海 林宇炀 林卓斐 刘佳栋 刘景恒 刘俊毅 刘盛豪 刘蔚旻 刘雪华 刘宇阳
刘煜文 卢思维 卢铮宇 吕文剑 罗邦柳 罗凌杰 罗升宏 罗盛杰 骆俊邦 骆明楠 马志珍
潘思羽 潘伟强 彭高丰 彭焕贵 任百晓 容英耀 阮进益 邵亨康 沈子东 盛国威 石嘉琪
石毓文 史锦涛 宋秋原 苏锐师 汤辛滢 田育鸣 王丹涛 王金成 王靖波 王沁源 韦家铎
文芷茜 吴鸿飞 吴锐正 吴苏灏 吴校桐 吴张显 吴镇升 吴智强 吴梓明 肖钦哲 谢华炎
谢友杰 谢镇峰 熊义民 徐辰沁 许家荣 薛若玉 杨静怡 杨凯捷 杨肇星 姚建棚 叶超林
展智泉 张塽旖 张傲天 张灿杰 张煌彬 张经纬 张俊杰 张泞华 张伟恒 张文波 张永辉
张志贤 朱晓航 佘子楠 庾龙鑫 池虹雨 董康鹏 洪焕通 靳亚洽 柯璧新 李祥鹏 李智博
马佳炯 莫曜阳 邱炜恒 容昌乐 施一帆 王哲锴 夏寅皓 余宇山 张丹丹 钟嘉杰 庄焕嘉
卓恩弘 曹博文 曹人华 柴玉琳 陈子靖 邓礼桐 邓梓君 董习斌 黄家健 黄晓彬 李可可
陆筱怡 聂梦蝶 庞娜娜 戎辛逸 孙庆辉 王永兴 魏含玉 魏焯辉 吴倩倩 夏良昊 于田菲
张英杰 蔡昌廷 蔡宁宁 蔡仁聪 陈怀臻 陈佳辉 陈家钊 陈一鑫 陈芷昕 陈潼毅 成昱霖
董富尹 董蓝天 冯家玲 高嘉瑜 何子龙 洪钰阳 胡创宾 黄银君 赖超杰 李文昊 李梓渝
李鑫隆 梁德鸿 林泽鑫 林振洛 罗欣然 欧康贵 彭嘉怡 彭俊浩 区启晟 舒与康 唐依彬
王必成 王成鹏 王鸿立 王巍琦 王郑瑀 韦卓树 魏芊汇 伍嘉文 杨凯嘉 杨启铭 杨梓涛
叶玉琦 张乐钧 张伟健 张馨允 郑扬帆 郑乙勋 庄万青 邹志勇 趙泳豪 奚子伦 蔡纯青
陈鸿翔 陈健德 邓梓杰 丁秋月 洪德承 黄天来 黄文杰 黄茵骅 黄俣嘉 黎潇潇 梁榆青
廖诗婷 林思浩 林友权 刘东强 刘利国 陆景珊 罗广隽 任新源 尚兰玉 汤艺璇 万晨韵
王楚然 吴炳辉 吴海航 吴展秋 吴智杰 吴舟洋 吴炫奇 熊辰念 许卓佳 杨志昊 余坚立
余柳红 张恒宇 张乐民 郑超达 周博韬 周胡健 周凯欢 周柯汛 邹歆仪 帕如克·阿克木
伊斯马依力·麦合木提 买买提艾力江·木哈太尔

软件学院

陈丰 陈奇 陈旋 程帅 程挚 戴熹 傅莘 高桢 郭欢 何睿 胡浩
黄悍 黄旺 雷璟 李超 李冬 李壮 李铖 林超 林沪 刘璟 刘睿
路洲 罗伦 聂强 施涵 苏航 王帅 王拓 王玺 吴炯 肖凡 肖航
肖劲 肖欣 谢华 谢威 杨超 杨航 杨涛 詹凯 张杰 张力 张伟
张信 郑嘉 庄磊 邹帅 常诚 戴政 邓鹏 利润 廖晨 罗忆 田欢
熊慧 徐悦 杨宇 禹盼 张健 敖海珊 蔡利航 曹志航 陈灿辉 陈海龙 陈嘉良
陈佳德 陈健昌 陈俊康 陈梦川 陈书成 陈伟钊 陈文发 陈文平 陈永洪 陈泽伶 陈子豪

陈妍淳 陈昱成 陈炫锦 丛士钧 崔勇带 戴亨祝 邓兆鹏 杜舒明 段刘昌 敦天伦 范朝华
范世杰 方美斌 冯清泉 冯曦蒙 甘迎涛 甘镇伟 甘子成 高朗峰 郭航宇 郭佳哲 郭俊葆
郭思辰 郭亦楠 韩海生 何隆飞 何威锐 何一鸣 贺理文 洪少佳 黄国裕 黄宏伟 黄济明
黄嘉焕 黄文锋 黄镇亮 黄志纯 黄志龙 黄毓盛 黄奕君 黄麒龙 纪程远 江龙威 金悦媛
兰昕艺 雷宏婧 黎晓键 李冠霄 李嘉正 李俊锋 李清宇 李荣林 李述彧 李文基 李晓兴
李耀松 李云飘 李忠成 李子龙 李尊聪 梁碧文 梁振中 梁珩琳 梁昊雨 廖明辉 列镇荣
林达浩 林江淼 林顺涛 林威航 林芊芊 凌泽战 刘良华 刘晓晗 龙贤哲 陆乾昱 罗钧如
罗妙音 罗延瀚 马熙钧 莫创彪 欧豪哲 欧伟坚 潘冠昌 潘先杰 潘兴焕 秦瑞潮 邱伟健
沈楚彦 司加豪 宋定坤 宋立奋 宋宜心 苏家荣 苏景强 孙浩斌 孙思雨 谭偲月 唐小丽
陶方舟 汪靖武 王德超 王尔丞 王非洲 王宏法 王嘉璇 王述浩 王亚楠 王一君 王依桐
王泽昊 王炜恒 王煜飞 魏华晓 魏育恒 温爱卿 文生雁 翁灿标 翁东涛 吴晨航 吴嘉伟
吴树杰 吴涛宇 吴泽艺 吴志域 夏欢欢 萧锐杰 肖汉松 肖文浩 谢雅博 谢宜洛 谢永康
谢永雄 谢镇涛 许金键 许金龙 薛德钊 严佳勋 严家伟 颜凡亨 杨浩雁 杨佳豪 杨克龙
杨民皓 叶汇镓 叶宇飞 叶增广 叶志欣 易川焜 游海军 游耀祖 袁江超 袁婉珊 袁文锦
曾九添 曾仕元 詹金钊 詹宇坤 张恒铭 张镜忠 张梦茜 张庭玮 张文聪 张志峰 张志伟
张宗瀚 张琪琦 赵孝智 赵啸秋 郑逸涵 钟华帅 钟龙文 钟卓良 周展皓 周子健 朱成昊
朱涵泊 朱文俊 庄志强 庄卓鑫 邹江南 岑允业 陈秋鑫 陈逸风 陈炜炜 甘芷翘 葛桂宏
葛星辰 郝俊楠 何俊鹏 何锴丽 侯福先 胡长铼 黄黎龙 黄绿蓝 贾赛奇 荆姝曼 赖道宽
李昭宏 李志奎 李宓静 梁世宇 林汤山 林泳光 刘忆宁 邱桂柱 邱沐坡 盛逸辰 苏传宇
王尚桐 王韶辉 王亚坤 王志豪 文雨轩 徐凌杰 杨柳杰 杨琛璟 姚立洋 张永斌 周志上

经济与贸易学院

何贵 黄妍 李岩 吕品 彭艺 孙云 王瑶 游洋 张瑜 朱妮 陈笑
陈瑾 陈璇 陈昊 郭涛 何琳 贾馨 金文 李悦 莫琴 莫瑶 任晨
帅斌 王灵 王笙 吴怡 谢乐 谢言 薛齐 杨扬 叶锦 叶瑞 曾娅
张颖 陈鼎 陈远 程晴 丁锦 古今 胡亮 李燕 王楠 吴凝 肖芸
曹君 胡叶 黄聪 刘艳 马尧 谭颖 王玥 王娟 韦康 肖帅 薛喆
袁峥 张萌 张骞 韩笑 李爽 彭俊 钱浅 孙瑜 文玥 张翀 顾沛
林雯 刘彦 田桦 王斐 丁思 冯蕊 汪茜 吴灏 徐放 周旸 包悦
曹勇 李涵 米玛 潘勇 谭欣 唐羽 杨燊 张岩 郑超 钟亦 周琳
陈琳 王丹 王雪 吴楠 曹巍 陈岳 陈妍 董锐 冯欢 高然 刘昭
刘婷 唐瑶 田龙 王晶 文强 于洋 张驰 张泽 钟爽 蔡丽丹 柴少飞
车杨兴 陈海生 陈集彬 陈家艳 陈诗雅 陈婉菁 陈婉婷 陈宇锋 傅镝文 高靖娴 何增莹
何志伟 洪振钦 胡梦云 黄津昱 黄小君 柯泽伟 李豪章 李宏丽 李思远 李银婷 李玉海
廖晓婷 廖子慧 林秋兰 刘陈飞 刘桃艳 刘文博 卢宏铭 吕博群 吕茜子 莫淞清 彭江潮
彭文亮 彭志燊 秦婧文 阮坚真 宋丽平 唐启伟 田焕成 田锦屏 王举劲 王婉蓉 韦雨舒
吴昌健 吴淑仪 许耿杰 颜晓文 杨恒波 杨式恺 易超洋 余佳蔚 余振港 曾桂荣 詹华轩
张彬彬 张嘉元 张晶晶 张清朗 张子锋 张子微 郑东安 钟雯雯 朱文锋 庄哲波 卓晓珊
邹莹莹 岑志佩 蔡宏泽 柴瑀聪 陈东佳 陈瑞麟 陈文婷 陈秀娜 陈皓月 程书婷 崔桂榕
单羽俊 杜静怡 冯柏睿 冯昕宇 高子奇 关敏珊 黄敏怡 黄彦霏 黄业勤 黄泽炯 赖夏燕
雷念儒 雷子胤 李明睿 李思晨 李泗情 林玩卿 林泓达 刘嘉纯 刘培培 刘育莹 卢京翔
陆文晓 吕安琪 莫世春 欧阳清 潘衡茵 潘俊妮 彭仕彪 丘秀珍 区晓怡 谭敏珊 唐碧励
万运佳 王丽珊 王仕舒 王义娟 王卓跞 温文俊 吴诗梦 吴晓玲 伍莹莹 徐佳娜 杨佳宁

杨佳伟 杨耀月 姚梦宇 叶卓轩 易绍华 曾汝军 曾郁珊 詹晓婷 张晓晴 赵思敏 赵小樱
郑瑞琼 郑舒元 钟瑞莹 周晓杰 曹思慧 陈汝洁 陈锐桐 戴荆曦 付鸿梅 赖依聪 黎倩华
黎奕廷 李文琦 马佳楠 区永亮 尚希磊 石佩柔 孙天艺 王文力 王心屿 夏玉婷 谢丽君
谢璞晗 徐瑞林 张诗晗 张昀泽 钟诗文 钟双翼 蔡雅云 陈浩鑫 陈佳钿 陈君旭 陈俊豪
陈梦欣 陈晓冬 陈泽斌 陈聿铭 池燮和 崔远鹏 邓数红 杜达凌 冯诗茹 冯晓筠 冯咏怡
冯雯珊 高嘉成 高映新 关天龙 郭杨阳 郭怡宏 何格尔 何明靖 何知进 洪哲惠 胡景新
黄俏婷 黄泳欢 黄婷萍 孔艺蓉 赖卓贤 赖倩茹 李少康 李淑仪 李忠洁 梁逸文 梁颖霈
梁曜麟 林淳桦 林京妍 刘汉荣 刘金庚 刘千帆 刘心怡 刘伊霞 刘照航 龙婷婷 卢豪良
罗嘉琪 罗圻杰 麦嘉敏 欧焯理 秦天紫 秦雪燕 邱法钦 邱沛铨 邱歆怡 区钰湄 史一鸣
唐心怡 陶俊元 汪芷岑 王景鑫 王尚轩 王卓悦 魏勋达 文瑞儿 吴佳敏 吴美文 吴梦婷
吴通武 伍淑影 伍文婷 肖涵月 肖诗语 谢圣豪 谢素澍 熊威翔 许景夫 许静曼 严楚泽
杨嘉坤 杨素娜 杨云翔 姚敏玲 余灏然 袁燕芬 曾晓思 詹兴晶 章妍珊 张杭丽 张家雁
张可馨 张佩莉 张文俊 张伊美 张翼飞 张知雨 张子莹 赵少敏 赵文通 郑凯译 郑思源
郑添文 郑砚文 钟建文 钟婷婷 周晓彤 朱春熹 邹倩倩 奚庆煜 缪慧华 褚若舟 陈玥凝
符艺颖 郭可儿 梁国豪 梁美欣 林思韵 卢俊宏 莫毅镔 潘梦真 王雨莎 王钰鑫 伍安妮
谢云谦 许东升 俞文静 张乾慧 郑嘉馨 钟姿华 陈博伟 陈双儿 陈映霓 陈煜光 戴兑懿
黄锴姝 霍子轩 江晓梦 蒋闵城 景晓枫 李晋灵 李蒙娜 李圣柏 李苏聪 李威俞 李伟辉
李欣宇 廖添华 林丹如 林澍珅 刘玙聪 刘金让 刘敏路 刘雪萍 潘杨静 汪亦杰 谢嘉欣
谢镇安 许凯旋 许映芬 杨巧玲 曾安生 张晓欣 张有韬 周淑敏 周万谋 周真洁 朱天萍
陈茜儒 邓少慧 关子桓 胡晓怡 梁婧怡 刘立彧 邱玥旸 孙小哲 王晨晨 向倩兰 薛鹏翔
蔡书漫 蔡晓琪 陈绍尊 陈小惠 高倩玲 何家乐 何九木 贺萌远 揭思颖 黎青松 李莉茵
李也谦 林琼宇 刘林峰 刘肖依 马佳佳 米芷瑶 牛璟祺 宋旭伟 孙泽宇 田雨雷 王昳玮
王巧欣 王晓丹 王真真 王智杰 王梓歆 魏金达 吴狄灿 吴延奇 夏瑜徽 肖淋文 徐敏玲
许志红 颜伯广 杨淑欣 杨韵逸 叶菲菲 易宇虹 袁沅冬 张凌媛 张雨航 赵辰阳 赵丹阳
赵晓曦 郑朝羲 郑凯尹 朱梅香 邹秋娣 邹晓欣 佟屹欣 陈郁欣 黄绮洁 王健欣 张冬贝
张与伋 邹佳宪 蔡冰桦 蔡银怡 陈浩楠 陈秋岑 陈显龙 陈晓腾 陈永培 崔金银 何孟洋
黄杰明 黄洁伟 黄远韬 荆志伟 李敦宏 廖梓婷 林俊滢 林淑瑜 林骁霖 龙剑峰 陆冠宇
罗襄宜 罗一钧 聂怡慧 潘延章 施雨玲 宋雨宣 田永乐 王佳欣 王江晗 王晓悦 文宇昕
武钰洁 伍丽仪 徐昱坤 杨雪松 杨一霞 姚俊文 余鹏程 余思醒 詹晓琪 张建彬 张秋实
张永喆 张正刚 郑俊贤 钟家文 周梓俊 庄锦武 庄利锋 岑方翩 德西玉珍 艾尔文·哈力斯
阿丽玛古丽·哈拉提 尼加提·阿不都热依木

环境与能源学院

陈斌 陈磊 何黎 黄杨 母丹 郭秋 何磊 赖弈 刘云 龙琦 卢毅
史珂 余健 张萌 覃浩 孙宇 王英 黄玮 刘睿 陈鸣宇 陈晓升 陈永健
邓力瑜 董楚楚 何锐剑 黄一莜 黄梓城 黄昊天 蒋安凯 雷振超 李楚浩 李登峰 李志东
梁旭昌 林芳伶 刘厚峰 刘少蛟 刘志钦 倪登勇 冉秀璨 谭永锋 杨力甬 曾茜蕊 曾玮琛
张尔灯 朱荣璋 陈晓强 邓亦玮 董文浩 高景恒 季文悦 李锦鹏 李韦龙 林楚怡 柳青青
罗伊丹 邵倩仪 王婉诗 吴敬知 吴思琪 杨茜华 叶权运 叶文坚 张志晓 钟筠幸 周俊翔
邹明昕 邹思贝 陳浩鑫 黄焯曦 陈墨航 辜偲扬 何慧文 何子翔 黎国雄 李俊乐 林晓玲
林志华 刘子申 罗绍霞 马海琴 牛兆澄 汤悦平 巫玉杞 徐一枫 许冬昕 杨玫洁 杨奕煊
郑嘉毅 朱小琴 陈平权 陈艺泽 陈泽文 胡晓琪 黄华健 黄新发 柯云婷 梁蓝尹 梁影琪
刘煌睿 彭普达 万博傲 王晓旻 吴捷枫 伍兆基 张汉林 张玉冬 张志炜 覃俊贤 格桑泽仁

德青旺姆 格桑丹增 张德智美

生物科学与工程学院

陈就 花曼 李洋 林婷 赵轩 洪琛 蒋萌 沈鱼 薛者 杨凌 钟裕
关颖 胡珣 黄璐 蒋强 李鹏 梁峰 刘杰 王璇 张磊 张兴 布永
陈裕绵 翟梓蔚 高雨濛 黎昌昊 廖一波 林晓媚 林杨鹏 林泽坚 凌学剑 刘玉燕 龙有国
罗训训 欧贵全 沈靖钧 石润宇 田鹏飞 王传宇 王珏涵 吴广恩 肖子涵 肖睿铭 徐文斌
杨婷婷 余颖雯 袁健淇 张嘉桐 张旭东 张雪云 张鄞瑆 赵亚冉 钟莹莹 朱成坤 朱兴赛
庄镇堃 左一凡 蔡永健 陈再强 邓博宇 董旭婉 冯小川 韩重印 洪程辉 胡浩标 黄俊杰
黎鹏志 李碧红 李尚霖 梁卓屏 林大鸿 卢伟文 莫宗超 潘叙洁 彭秋然 乔博雅 阮雄健
苏俊瀛 吴凤依 吴伟添 吴一帆 伍双茜 杨粮华 羊凤铃 曾桃兵 张玉龙 朱兆幸 蔡晓君
陈剑荣 陈李星 陈彤彤 陈振锋 崔元彬 邓明慧 柯鸿臻 李晨昕 李响君 李玉瑶 李筱菁
刘梓煌 宋衍琳 苏婷婷 王晓琳 王云喜 魏博言 魏子涵 温伟昌 吴丽红 吴泳强 吴子鹏
邢怀康 徐振荣 姚宇茜 袁清焱 张晓瞳 钟乐霓 朱锦标 岑健钧 东方晨曦

新闻与传播学院

李欣 吴霜 吴妍 杨琳 林芬 刘倩 楼萍 王潇 徐瑞 杨文 白龙
黄英 孟孔 秦浪 王欢 湛莺 张瑶 张越 赵欣 曹成 金恬 陆璐
陈冠颖 陈小雨 陈欣欣 郭斯奇 洪依凡 郎诗语 李世民 李苏钰 李汶真 李睿泽 刘俊琼
刘圣雨 邱梓瑶 苏慧莹 王金娥 向冰慧 邢少康 袁丽金 詹淑玲 张思蔚 张仙莲 赵魏真
钟利丽 佟东阳 陈艾嘉 陈安琪 陈淑晶 陈振芳 单丹丹 邓云薇 樊梦迪 古云婷 何静怡
贺嘉欢 胡帅燚 蒋李华 李丹妮 李俊韬 李青昀 李晓娴 林佩莹 林心婕 刘婷婷 罗粤湘
欧慧仪 潘敏谦 潘雅莹 彭韵桃 戚肖雪 秦叶笛 石超然 帅亚文 王旻彦 王嘉仪 王芸蕾
王怡丹 吴佩莹 谢晓香 熊静仪 熊羚淇 熊茜雯 叶昭辰 易德发 尹以欣 尹子伊 游婉瑜
曾文昱 曾茵子 湛美林 张雨姗 蔡泽佳 陈明明 冯江雨 高文娟 黄思玮 黄译瑶 蒋梦娜
雷应涛 黎春樱 李天词 李倩旗 梁裕婷 聂若玲 师银霞 威力斯 韦晓伶 魏玉媛 文钟颖
吴欣桐 萧志强 杨新瑞 尹焕绿 袁宇菁 张晓平 张绮佳 周雅倫 朱金丽 麦昊天 钱梦彤
谢颂昕 郑舒雅 邹文易 达娃央宗 尼玛措姆 诺布加措 哈力·马汗布音巴特·布音草娃
多那才仁·斯琴高娃 托合尼牙孜·麦合木提

艺术学院

付静 黄越 景鑫 梁东 田垚 王曾 徐健 姚睿 朱月 曹园 高媛
古今 江铄 李力 李雨 刘畅 茹苗 唐琬 田煜 熊寒 余莹 张悦
赵朗 赵薇 洪霓 李锋 严然 陈白宇 邓彦君 管刘寒 洪溧嫔 黄伊缇 江雨馨
雷城杰 李紫娟 刘梦雅 罗孟函 舒凌云 陶俊邑 邢维瀚 尹素雯 余瑞哲 曾雪梅 张琼琪
赵田甜 赵翊君 蔡晓金 陈骏翼 陈晓锋 陈颖慧 陈宗圣 戴士超 冯晓莹 何颖思 胡野平
黄钰龙 赖文敏 李喆安 李美璇 李舒婷 李雨豪 李馨逸 连鹏菲 梁敏莉 廖雨骥 林卓斌
林滟斐 刘丁嘉 刘丁恺 刘梦汝 刘舒霞 刘轩昂 罗茂楠 罗雅湘 欧阳俊 彭晨曦 唐子婷
童艇容 汪智涛 王婧言 温才耀 吴佳怡 夏梦蝶 向艺鸣 徐嘉唯 徐伊帆 徐逸君 许宝彬
杨烁凡 叶青原 易淅文 于智源 袁乞涵 原凌琳 曾诗萦 张佳佳 钟定均 郭佩狄 郝益扬
洪祺晴 卢筱衡 周佳欣

法学院（知识产权学院）

陈奥 陈捷 陈洋 陈卓 陈熹 杜瑞 冯沁 郭库 何民 胡婕 李博
梁霞 刘枫 刘欢 卢超 毛彦 彭阳 彭阳 秦燕 孙贺 王嘉 王瑜
吴玥 武媚 谢静 邢彤 熊星 叶伟 张恒 张玉 张倩 钟韵 眭艺

曹妍　桂瑶　霍许　李桐　全勤　唐骁　王倩　张丹　冯岩　陈翠娟　陈俊杰
陈淑华　陈思沛　陈有维　陈子文　陈璐璐　邓宇杰　丁丽红　丁芷澄　关奕怡　何锦屏　何美欣
洪子隽　黄宏林　黄沫获　黄思仪　黄婉瑜　黄啸迪　黄炜文　康昆德　孔艺玮　蓝潮圳　李长庭
李文康　李晓怡　李心可　李雪瑶　李颖欣　梁月盈　梁展瑜　林华轩　林可琪　林舒篱　林伟培
林钰彤　刘恒宇　刘惠东　刘乐耀　刘振宇　刘怡雯　龙天麒　卢作峰　罗阳莉　马梦哲　马志尚
麦嘉雯　慕璧阳　牛心月　潘映翘　潘祉蓓　彭子君　丘俊冰　全家杰　申君俏　施力维　施一正
谭梦妮　谭晓彤　谭欣琪　王津琼　王水凤　韦海维　温沁睿　巫美锐　吴子卿　武钟豪　谢继锋
修诸强　徐小涵　徐小筱　杨黎丽　杨佩琳　杨晓娴　杨睿曦　姚佳欣　叶宝琦　叶诗怡　叶又铭
于佳琪　张丹妮　张蒙蒙　张小慧　张艳红　张悦宁　张鹭瑶　赵雨桐　赵志友　郑锡龄　郑芷茹
周冰倩　周少丽　卓玛央　曹新一　冯晓盈　何东妮　何敏菊　黄艳华　黄颖琳　雷震天　李雅丰
马楚莹　莫文莉　彭华茂　曲韵雅　舒诺桑　温颖文　吴逸超　肖家恒　熊煜堃　杨嘉薇　阳雨璇
褚程益　郭银丽　侯跃武　李嘉雯　李玉洁　庞旭闻　谭钧豪　伍玉连　谢成财　邢东榕　严尼鹏
赵雨薇　周奕昕　朱芳莹　芮宇佳　旦增晋美　德吉卓玛　加永绕丁　益西拉姆　永青措姆
阿依古丽·亚森　拉扎提·乌仁巴沙　阿哈帕尔·艾力卡木

设计学院

龚琪　李佩　罗曼　田野　胡越　连恒　林卫　宋琛　文琴　徐好　徐良
杨梦　曹璇　杜萌　王睿　徐畅　许悦　陈可　曹鸣　曹芮　陈楷　陈烨
黄欣　黎裕　刘江　刘晗　莫磊　谭勇　王烨　于超　陈湘　黄莲　梁焰
谈志　王鑫　谢挺　何雨　贺宁　刘枭　罗楠　吴昊　叶超　陈丽娟　陈新灶
范诗依　李嘉颖　李文浩　林嘉莉　刘楚阳　刘锐青　陆文缘　彭苇熙　任美儒　舒稀炟　宋续仕
隋德民　隋亚楠　吴道有　许家祺　杨文远　杨谓昱　叶思婷　曾嘉琪　张嘉慧　张庆辉　张瑞平
冼靖惟　陈璐瑶　古德华　黄如斌　李静茹　李子青　梁之涵　罗一墩　罗琪琪　梅启真　王晨曲
王家琪　吴林燕　肖乔婧　许召坚　张立玮　张俞佳　张钲坚　朱俊宇　陈俊潞　陈敏敏　丁晓栋
韩家乐　赖慧婷　李锦文　李思彤　林子越　陆星宇　潘敏敏　荣懋华　肖旖璇　张子晗　周桉润
朱晓然　闫婷玮　何一杨　黄怡萍　饶碧琪　陈佳妮　陈俊魁　陈勇强　邓明逊　古伊虹　关志澎
何粲盈　胡婉清　黄冰冰　黄思华　柯长贵　柯俊斌　赖耀杰　雷泸顺　李子祺　梁嘉怡　梁心悦
廖明钰　廖思然　林丽华　刘智潆　龙土新　陆凌锋　罗茂荣　罗应鑫　牟思晓　潘雪曼　邵再银
苏冠樑　魏昱光　肖雪莹　肖怿澔　徐永欣　杨贝妮　杨明媚　尹炯文　张了蕾　张孜涵　张珞珈
郑巩靖　郑锡海　周智杰　邹艳雯　陈想妤　陈小帆　关雅艺　郭嘉敏　贺晓瑜　胡颖婷　胡振宏
李文涛　林嘉辉　卢惠兴　陆浩文　马渤原　沈梦莹　宋本心　张海若　张杨柳　张裕麟　郑欣婷
郑雯真　钟敏均　付竟昕　黄佩玲　黄亚康　蒋乐俊　李俊杰　李依悦　梁宝丹　梁敏棋　林佳斌
刘璐华　刘梓荣　屠成金　杨紫莹　应佳乐　曾欢欢　张嘉敏　郑翰林　周子阳　臧谷钰鑫
龚佑槟子

2017 届辅修学位毕业生名单

工商管理学院

徐冲　梁姗　常川　张楚　何民　黄泽伟　江培武　曾繁超　朱蔷谕　陈广浩　陈德民
林朝煌　邱卓辉　王光宇　李森瑞　陈建勋　穆俊宇　程一汝　黄汉亨　霍蒙佳　曾诗允　陈嘉欣
陈皓旻　陈颖通　黄国辉　马源彬　陈家琪　丁子先　郑佳妮　徐静雯　高佳琳　王金晖　郭思鑫

黄善媛 刘倩雯 潘嘉欣 叶锦豪 石毓文 吴捷枫 罗训训 陈翠娟 邓宇杰 申君俏 陈文婷
蔡冰桦

外国语学院

祁灏 王天 白昊 刘凯 杨扬 张秀婷 何子盛 黄秋玲 黄选纶 徐俊宝 段淇涛
刘晓慧 王笑天 林玩卿 伍莹莹 黄锴妹 黄晓莹

计算机科学与工程学院

王旭 朱妮 叶敏浩 王高山 徐智睿 陈鹏程 廖树才 韩兴凯 黎洪东 江汶蔓 梁蓝尹
阮雄健 赵雨薇 李汶真 车杨兴 陈集彬 陈家艳 曾桂荣 王尚轩

经济与贸易学院

李滢 高雪 田靖 吴迪 于婕 康莉 柳钦 甄颖 严达 龚静 刘晰
王洁 朱文 余翀 胡淼 陈蕊 李华 沈涵 刘骋 王煜 屈鑫 麦逸
吴璨 郭佳 李原 申娟 肖曼 魏恪 雷婷 申婷 王叶 杨璇 陈刚
黄蓉 王健 王英 花曼 黄璐 陈捷 陈熹 胡婕 秦燕 孙贺 王嘉
邢彤 叶伟 钟韵 眭艺 曹妍 桂瑶 张丹 唐琬 赵薇 王睿 王瑶
陈鼎 程晴 古今 包悦 曹巍 王晶 王由香 黎铭浩 周煜豪 廖春莲 王如钰
张江宁 郑俊泓 许紫薇 邓致宇 黄皓祺 陈紫颖 林鹏远 王子杰 李皓月 李秋蔚 段敬雅
江洁美 陆鑫益 谢作为 毕嘉俊 陈敏行 梁晓铃 林晓琪 罗籽迁 邵艺婷 孙瑞汐 孙怡琳
王颖斌 郑银苑 陈小颖 陈彦屹 程紫薇 邓嘉怡 杜怡嫣 范明炤 付昊承 黄欣乐 李建良
李思颖 林芳琪 龙圣宇 吕佩珊 罗洁敏 罗潇潇 罗婷婷 潘泳妃 王翠盈 谢晓敏 杨洁韵
郑颖瑜 钟焕春 周若男 周宇轩 胡泽隆 袁丰沛 吕章林 肖海燕 张博洋 陈婷婷 梁泽宇
高冰洁 陈波柱 钟曼莉 廖钟毓 陈丽湾 黄伟力 李佳铭 李馨夏 孙易楠 唐苏东 钟志松
陈俐君 何乐仪 黄振龙 霍孜睿 朱小青 李志文 王心纯 王昭曦 陈宣霖 黄卓盈 吕晓慧
杨俊琦 陈晓雅 陈小铄 方滢丽 李志楠 林嘉欢 罗淑娟 温建华 周妍婷 余佳纯 郑曼茜
李思嘉 黄小芹 黎绮嫚 刘欣华 杨伶珊 叶俊华 张慧笔 何嘉敏 黄智斌 陈芷晴 丁晓飞
段乳梦 赖星宇 李盛龙 李新华 梁绮琪 刘肖肖 欧晓婷 邱海坤 荣晓嫚 汤世杰 王佳利
吴卓霖 席旭钦 徐晓婵 薛琬烨 俞青松 张安彤 张碧星 赵晨涵 邓毓峰 卢思维 陆筱怡
成昱霖 董富尹 张馨允 黄茵骅 黄俣嘉 王楚然 周柯汛 林晓玲 巫玉杞 许冬昕 陈泽文
梁影琪 彭普达 伍兆基 田鹏飞 徐文斌 余颖雯 张旭东 冯小川 黄俊杰 梁卓屏 潘叙洁
乔博雅 朱兆幸 蔡晓君 陈振锋 柯鸿臻 宋衍琳 陈有维 陈璐璐 洪子隽 黄宏林 黄涞荻
黄思仪 黄婉瑜 黄炜文 康昆德 李晓怡 李雪瑶 李颖欣 林华轩 林可琪 林舒篱 刘振宇
卢作峰 慕璧阳 牛心月 潘祉蓓 全家杰 施一正 谭晓彤 吴子卿 徐小涵 杨佩琳 姚佳欣
叶诗怡 张丹妮 张悦宁 张鹭瑶 赵雨桐 郑锡龄 周冰倩 黄颖琳 肖家恒 杨嘉薇 阳雨璇
周奕昕 芮宇佳 陈海龙 李世民 刘俊琼 苏慧莹 佟东阳 樊梦迪 古云婷 刘婷婷 潘雅莹
王旻彦 谢晓香 熊静仪 易德发 尹子伊 蔡泽佳 赵翊君 李舒婷 林滟斐 杨烁凡 袁乞涵
陈婉婷 何增莹 吕茜子 莫淞清 杨恒波 张子微 朱文锋 曹思慧 区永亮 钟诗文 蔡书漫
揭思颖 刘林峰 牛璟祺 宋旭伟 孙泽宇 夏瑜徽 许志红 郑凯尹 邹秋娣 何孟洋 廖梓婷
林骁霖 施雨玲 王佳欣 王江晗 王晓悦 余思醒 张永喆 郑俊贤 梁泽丹丹
玛衣热·艾则孜

新闻与传播学院

张堃 何黎 徐健 吴昊 龙思瑾 肖凯芹 林嘉卿 蒋灵茜 刘怡雯 巫美锐 尹素雯
李美璇 刘丁嘉 罗琪琪 赖慧婷 朱晓然 闫婷玮 何燊盈 付竟昕 梁敏棋 刘璐华 杨紫莹
曾欢欢 张嘉敏 郑翰林 陈东佳 陈汝洁 孙天艺 谢璞晗 张凌媛

法学院（知识产权学院）

梁锐　余楠　陈颖　肖琪　陈焕　吴妍　余莹　罗楠　莫瑶　叶锦　叶瑞
王玥　肖帅　李爽　吴灏　杨燊　郑超　黄锦山　乡子瑜　李恺健　梁浩斌　沈明宗
黄冬阳　王悦馨　吴有东　陈锐滔　崔惠珊　李景嫦　王海燕　王晓菲　陈真如　赖芷君　邓绮慧
赵叶璐　柯云婷　赵亚冉　袁丽金　单丹丹　陈宗圣　胡野平　林卓斌　刘丁恺　罗雅湘　叶青原
梁宝丹　陈秀娜　李思晨　谭敏珊　王丽珊　姚梦宇　赵小樱　张杭丽　张佩莉　张翼飞　赵文通
周晓彤　邹倩倩　王雨莎　王晨晨

设计学院

赵　宏　贺　宁　叶又铭　李睿泽　雷应涛　应佳乐　彭江潮

2017 届成人教育毕业生名单

专升本

船舶与海洋工程

高小维　潘　乐

道路桥梁与渡河工程

曹　磊

电气工程及其自动化

梁世诚　耿继学　郑大敬　伍伟康　陆树武　林　斌　廖岳钦　陈嘉恒　陈　彪　罗　艺　冯世聪
麦家铭　王巧玲　李育敏　李健聪　肖子健　柳刊强　张日初　邹瑞锋　伦卫军　高凤娟　萧　俊
庾庆怡　何柱鹏　邝梓豪　李汉新　段圣成　庄礼帆　王锦军　郑晓聪　梁远灏　符维冲　钟文杰
杨开果　王伟新　陈敬鑫　张俊杰　欧阳学　邝朝威　陈信余　王晓锋　吴　俊　马克振　陈艳军
陈欣婷　陈映军　祁加丽　杨基鹏　陈　录　宋军丽　李　玮　潘章稳　朱　杰　王煜琳　罗泳杰
蔡志杰　胡海萍　龙美红　江壁钦　黄树根　陈开明　黄起斌　王健冲　王继峰　林映坤　颜燕琼
刁添耀　吴楚君　吴伟英　何树洋　冯国曜　张星文　伍伟杨　李炳波　李文娟　胡会霞　黄晓君
黄晓曦　黄修晶　袁崇爵　吴　勰　陈明亮　龙世强　张建新　李伟成　张堂福　周光浩　邱健锋
郑锦强　张　腾　何锡华　邓智权　郭　惠　刘锐强　蒙守府　骆焰鹏　杨锦辉　张勇峰　祁彦威
唐亦宁　李振稌　何仁明　陈子威　饶舒怡　周一冠　袁贵华　曾东洲　陈振忠　高　峰　张嘉跃
邹兴亮　张学龙　胡　峰　于文翔　胡燕双　谢　磊　赵伟宏　李军辉　苏浩文　邱景辉　涂　珺
张炬昆　吕天涛　周基涛　庄思逸　邓岳峰　许泽溪　杨宏安　苏超强　何洪强　赵立朋　李辉星
林　郑　邓玲琳　钟富生　何学红　卢木添　蔡惠珊　孙晓宁　吕　闯　刘卫秋　姚晓建　卢仲宏
钟伟光　马智冬　赵谈谈　高　云　张林生　万冰川　梁健碧　雷创业　杨康强　叶志伟　林俊豪
余登波　黄少华　霍伟锋　张家毅　莫嘉欣　赖洪威　罗旭军　黄凯敏　李永强　陈裕祥　彭志钧
吴柱荣　刘增超　姚义杰

电子商务

方国欢　周秀萍　王　琦　陈敏珍　邓烨琦　关爱卿　徐向荣　蓝仕满　陈　杰

电子信息工程

叶远山　游林峰　郭光泳　陈军育　梁　剑　卓佳林　施利潘　姜志鹏　符　师　梁龙辉　曾剑波

黄胜嘉　苏振彬　张　凯

电子信息科学与技术

张雪峰　张海韵　简钊文　刘圣煜　陈图章　温梓锐　龙嘉明　梁成伟　朱志华　林联华　邹小能
林　鑫　胡晓滨　杨金石　江叶东　何志强　陈贵彦　林惠斌　刘建胜　傅　斌　颜庆全　王泽权
魏先谦　陈志伟　兰永强

工程管理

林梅南　吴　杰　吴锐至　黄　光　苏冬娜　刘淑冰　梁冰丽　陈　汉　刘瑞平　谢思桃　许　强
刘　峰　孙秀珍　林涣杰　冯　东　彭剑炜　蔡臣威　蔡　强　黄秀雯　赵学铭　黄倩婷　郑金洪
江活芳　王子如　瞿新庚　毕　彤　罗健雄　张优鸿　冯露允　李隆鑫　吴金忠　陈顺民　黄芷琳
周志灏　邱志钦　黄日财　张明月　曹冬平　彭　勇　黄晓东　雷　缘　黄佰威　梁月明　郑海鹏
邝婉君　马绍华　岳现忠　马华辉　杨仕勇　陈伟锋　许佳丽　包云辉　柯晓旭　曾思敏　郑东旭
罗　玲　骆伟康　王胜艳　张彦明　卓景峰　欧勇亮　邓文达　肖淑娥　廖晓梅　刘文洲　袁高焕
余　佳　黄祖腾　邓嘉莉　蔡艳红　杨道欣　周小丹　吴智林　冯海安　申中凡　胡际鹏　谭小蓉
陈见英　张文超　詹晓琪　倪雍容　李炳潘　黄金水　李中豹　许榕丹　冯春文　吴　涛　缪小娟
谢武涛　周宇豪　陆春愉　唐少华　廖洪林　区雪群　梁嘉敏　陆上朝　曾辉林　黄　艺　谢伟立
谭健玲　罗皓如　黄诗敏　华定辉　严丽娜　梁靖林　张顺良　吴文思　陈靖怡　陈展恒　李燕妮
黄俊凯　曹武杰　廖秀芬　林　欢　司徒晟　林安迪　谭旭辉　郭慧英　吴敏琪　潘增杰　吴胜全
刘　红　许志勇　陈智斌　郭俊旋　谢宇娟　范展珲　邱小丹　王冠超　张俊杰　刘锦洪　邓伟瑶
龙剑恒　黄　蕾　郑洁鑫　朱维佳　林立治　刘章俊　任姚蓉　林树荣　陈明艺　彭梓安　邓浩汝
潘兴耀　莫东胜　罗瑞华　林桔锋　林钊伟　徐　慧　刘美彤　刘远高　冼丽鸿　车　灯　梁海宏
陈淑凝　萧肖华　黄　耀　蔡朝锋　郑小红　卓秀婷　谢家添　冯炳儒　罗华育　卢进开　曹　聪
陈光煌　曾嘉华　林露瑶　苏叶星　詹志钦　张文杰　秦　天　司徒铨彬

工程造价

吕秋炎　刘燕芬　林莲芳　林春梅　梁亦敏　李智彬　李燕红　崔济伟　杨耿禄　巢永福　陈家钧
赖卓强　陈治峰　陈　冰　梁锦鸿　杨　振　黄　惠　陈　博　赖云娣　许浩铨　方维霞　谭伟民
吴海燕　赵文浩　黄佳佳　徐淑敏　何颖华　罗康娟　唐伟棋　杨烁鹏　蔡骐远　谢翠珍　曾锦发
郑　帆　游婵林　朱燕军　叶建生　庄惠鹏　洪智雄　余佳亮　陈澄臣　李文超　戴丽丽　丁　赟
钟雅洁　湛朝圣　李凤金　钟燕妮　黄少强　杨维东　林志川　袁建红　戎友坤　黄贻平　秦鸿发
蓝文丽　罗冬海　林剑波　区婉华　李宁山　黄丽萍　郭文梓　工汉华　骆学辉　李增顺　梁健鸿
林伟生　阮志健　廖彩礼　陈　丽　李紫娟　张惠莲　汤萃婷　林日森　张宝莹　吴　营　肖尤臻
钟　伟　谭紫茵　徐文娟　孔凡荣　陈丽华　黄冬青　樊志玉　钟烈生　李艳花　张晓君　梁成桦
杨军涛　陈小华　何春成　何蔼媚　关娜娜　范微珊　李肖龙　庞朝伟　梁津铭　伍岳中　练　剑
陈阳晓　黎裕谦　梁华英　林志超　汤建伟　戴瑞婷　邱豪翊　余晓燕　刘羽梅　吴红玉　黄雅媛
陈　绘　陈静茹　李年秀　林思华　吴伟国　林浩君　吴　昊　罗思玉　农彩艳　刘秉贤　钟志超
谢家盛　符小金　张尤指　李群风　陈　帆　陈鸿瑞　陈　灿　李锦鹏　钟匀彤　甘　玲　林惠兰
蔡鸿华　刘　恋　王香莲　孙桂梅　莫运慧　谢　寒　彭湛恒　杨　卫　梁美平　周　菡　朱斯维
关海龙　许恒伟　覃明昆　何嘉鸣　范小燕　毕盼盼　吴清文　廖炜成　徐秋忠　姚楚敏　曾书函
刘远锋　骆淑宜　马　彪　赖文娟　刘梦飞　谭伟强　夏丽霞　郑丽韵　招懿文　姚泽鑫　萧嘉敏
黎淑婷　黎佳文　梁程峰　杨晓雄　潘楚婷　刘燕芬　苏劲粤　罗耿雄　吴斯婷　梁嘉杰　叶文婷
张彩原　吴永盛　庄锐斌　许泽冰　潘燕媚　郑昊樟　林玉添　陈春娟　严丽珊　杨健潮　杨德生
魏忠强　邱志明　张潮伟　蔡海云　刘　畅　赖佳莉　邓秀芬　刘晓丽　张英城　曾晓文　黎仕剑
梁艳秀　江华珍　黄亚男　周沂旭　李美凤　谢慧茜　周文俊　温振顺　袁　楚　陈树荣　刘翠英

肖　楠 张慧文 冯士银 孙　馨 方杰珍 杨娟霞 王　旭 钟丽莉 黄碧玲 林淑丽 李文威
骆俊杰 朱文奇 苏彩红 江雨清 李盛圳 李远香 黎　慧 劳敏毅 林依键 廖柳红 陈伟嘉
徐小纯 林婉怡 马钊雄 何燕明 蔡守贤 乡嘉雯 罗建设 叶萍秀 李凤均 王花香 汤淑芳
李玲丽 方继宏 王小丽 余培丽 冼丽莲 陈土仁 刘剑光 李升春 高家乐 蔡　姗 孟莹莹
张展铭 李燕文 陈娇媚 陈香丽 李　丹 吕志锋 梁启红 刘玉玲 梁宝簪 卢丽琴 王智明
范志平 贺会丽 江仕文 林　秀 韩燕连 陈荣钦 彭海珊 陈　强 关洁钰 蔡国健 刘燕丽
陈蔚涵 黄　聪 刘　慧 黄略娜 郭俊湘 陈腾慧 徐雄雄 张　霞 叶盛铭 陈文娟 郭顺景
林颖琪 罗　婷 潘康航 王敏丹 黎楚荣 陈晓荣 伍星星 周　慰 赵颖深 韩伟庭 黄瑞星
苏美娟 卢丽勤 肖学勤 何庆辉 彭雄杰 陈真权 谭伟萍 杜福年 李晓芳 成玉英 卓明婷
李　愫 林晓金 胡梁柱 陈丽洪 陈　晓 何华山 王　婧 陈立明 李艳芳 梁　锷 张　姗
柯美容 卢雪玲 刘东林 何土恩 李荣玉 梁晓红 沈浩斌 杨伟劲 朱伟铭 唐满云 蔡小燕
林小元 彭　豫 叶光涛 吴鹏远 曾文珍 张嘉倩 叶碧芳 谢连雪 许玉玲 徐文雅 潘　芹
黄　莉 魏　娜 陈颖茵 叶汉鸣 文建昇

工程造价（工程概预算）

陈玉婷 岑伟彪 张　蕴 王　燕 桑梓越 马　波 梁华芳 李佩玲 黄泽煌 刁小芳 崔　涛
陈永年 曾碧兰 蔡俊尧

工商管理

朱嘉怡 叶　园 黄牡仙 余炜鹏 陈昌盛 冯紫恩 陈小凤 梁煜辰 黄迪恒 郑泳君 曾焕粦
黄良坚 邓晓龙 蔡伟程 何荣军 郭丽妹 张力友 岑学武 徐胜萍 丁胜利 叶志明 何懿贤
陆耀光 王　聪 蔡俊怡 陈佩妍 刘铠琪 陈赐峰 刘文顺 潘嘉琪 庄财容 王楷霖 李琦祺
梁思懿 梁秉铿 吴俊英 何宏丽 杨亚云 张奕涵 梁乐韵 谢安楚 吴丽慧 罗　雯 罗　筠
范泽鑫 洪　琳 邱　梅 代光艳 米晓秋 林艳华 辛　刚 张　凤 黄小燕 邹佩明 王雪萍
熊　瑶 钟燕君 陈　福 丁振前 侯灿全 毕影云 谢颖贤 徐健辉 张嘉仪 邓小玲 曾毅芳
吴赵斌 吴少彬 王　鑫 罗燕玲 贺双多 黄菊珍 高　玲 钟文礼 周　娟 魏保焕 胡艳芳
朱敏珊 严惠真 汤婉玲 刘振良 邓惠娟 张伟浩 梁惠芬 叶国熙 谢婉玲 张科峰 区靖雯
袁映霞 许汉辉 黄敏瑶 周颖仪 郑晓亮 马庆花 柳怀瑜 李伯恒 吴晖东 张海龙 冯俊伟
陈文君 瞿中奇 戴嘉琪 左　艳 张慧珊 冯嘉荣

广告学

叶丽燕 卢湛波 林思旭 蓝　海 赖俊辉 贾西贝 韩　丹 杨　燕 周富强 黎仁昭 杨令昭
何小珊 谭英杰 叶旦媚 张春银 潘静雯 骆一鸣 湛雅婷 黄韵怡 邹伟杰 林书琪 李小华

广告学（品牌策划）

梁思行 唐强妮 马淑仪 黄腾辉 顾嘉欣 何毅立

国际经济与贸易

胡洁瑜

行政管理

李文杰 闻华龙 陈文婷 刘　巍 陈嘉菲 梁　亮 李红霞 朱柳珊 陆泳梅 简晓棠 梁泳彬
卢科博 古彩珠 曾婷玉 李银华 李彩玲 邝素芬 陈锦榕 何小舟 何康芹 邓　仁 付改林
唐卫东 江威平 谢伟崇 邱学慧 黄俞玲 黄志慧 吕　娜 王　灿 谭月贤 许龄方 李连强
李成军 李玉珠 伍　容 曾威龙 喻　嘉

会计学

邓斯琪 邓同昌 梁韵桃 张艳艳 张丽娟 汤玲美 余嘉欣 关倩明 邓思雅 叶美婷 高东梅
罗惠英 邓娓娓 马新星 邓婉君 罗连娣 陈扬清 卢丽珊 刘嘉文 毕静敏 林荣发 谭宝婷

王雅琴　郑晓珊　郭志荣　魏佳榕　胡　容　丘丽丹　刘静静　曹　诞　刘翠萍　王燕飞　廖双双
陈伟銮　刘丽茹　刘文娟　庞佳美　王　芩　黄　超　钟小冰　郑映君　韩同雷　汪美君　刘　容
黄　莺　李秀銮　林　丽　徐礼香　陈雯雯　巫三姐　曾　艳　林吉真　李晓娟　李奉琴　刘梦琳
彭　珊　温喜萍　李文欢　刘丹丹　周树英　吕　冰　刘黄君　刘慧琴　黄云霞　曾思红　赖艳华
谭小芳　江碧华　黄婉晶　刘泳妍　杨艳芳　刘欣妮　管明君　周玉辉　刘金园　李雪峰　陈佩仪
涂小丹　黄　琳　连少霞　彭丽怡　李　霞　林映虹　李彩文　张尚姚　陈燕莹　刘　素　莫平评
徐丽旦　郭燕珍　吴文娟　赖丽维　李秀娟　冯国云　张李雪　喻桂萍　李惠芳　曾超东　温丽花
叶小珠　曾美玲　李主梅　何志峰　刘秀琼　陈　婷　周小青　曾伟彬　王小燕　肖伟婷　骆秀清
黄景秋　陈　霞　郑阳飞　温海波　江丽华　钟秋莹　石燕清　林惠智　金　娜　伍嘉莉　蒋雪梅
张　玲　黄　芳　邓莉芳　余蕾蕾　梁庆超　余慧敏　罗静楠　严曼琪　黄开枝　刘洁珺　陈希媛
关丽莹　廖凤姬　马秋玲　周晶晶　黄诗韵　庾嘉欣　翁晓祥　梁静妍　郑映嫦　吴　凡　陈秋贤
李苑玲　苏彦芹　李晓梅　罗锦华　何娟娟　黄菊珍　陈欣欣　王洪美　赵路艳

会计学（注册会计师）

钟慧慧　杨素燕　梁冰冰　李伟欣

机械工程及自动化

余业飞　杨臻健　李逸豪　胡　吉　陈元康　朱丰城　林锦良　冯为湛　周明根　曾庆涛　蔡卓睿
区文权　张洪森　林茂佳　张臣炼　谭健华　张远新　邓德慧　何卓威　贾继青　安伟东　吴庆贤
黎浩雄　吴国杰　高志强　黎　鑫　李志豪　冯超强　朱坚彬　罗昌攀　李绿涛　吴华平　罗财荣
龙勇坤　彭　浩　周　帆　张庆发　周志淮　黄毅翔　范祥盛　王远东　钟志强　周建华　黄远亮
曾庆阳　刘鸿江　詹向庆　林鸿乐　陈始记　郭杰然　林泽海　李颖韶　张　航　钟至鹏　杨冠煜
戴叔浩　郑文钦　何振华　邹志勇　肖哲全　林　帆　洪锦坤　何建成　陈　迪　陈嘉琦

机械工程及自动化（模具设计及计算机应用）

刘俊英　王文俊

机械设计制造及其自动化

杨志杰　马逸晖　林思仲　杨　筱　张艺铭　张国辉　刘伟通　黄志恒　李泽雄　吴华平　刘玉军
谭伟棚　梁锦能　郭小志　陈　艺　黄思旷　孔健文　赖炎兴　雷自鹏　李成东　黄阳光　李权荣
潘尚刚　刘春锦　梁玉旺　张宝强

机械设计制造及其自动化（数控技术）

尹姿润

计算机科学与技术

曾国明　徐　峰　唐未春　陈锐光　黄冠辉　付望学　林洁情　邓文韬　林莉那　黄煜翔　周彩霞
麦英杰　黄浩彬　张同光　梁海华　方加祥　徐朝亮　曾辉乐　魏富才　韦毕勋　曾昭成　萧展鹏
周根兴　张木华　周智彬　杜光福　罗　超　张嵛荣　刘　恺　唐启明　李　杰　郗　波　舒楚森
黄义成　周　斌　廖志文　陈健斌　陈浩维　张锐锋　陈仲照　陈　浩　陆海清　王　颂　杨辉华
胡欣欣

建筑学

曾梅菁　孙丛山　李学君　黄增荣　郭　楷　冯顶山　邓光明　陈　灏　林　敏　谭美娟　周明剑
肖　瑜　宋景来　黄宝健　胡瑜旌　钟贻汉　谢永锋　谢立锋　吴小莉　王卫华　卢秉龙　何达明
郭焕武　袁川川　邱润南　林建浩　廖家旺　冯遵前　叶韦民　卢艳珊　黄萧唯　陈榕海　邓武珍
黄俊绮　王海涛　陈　涛　唐达伟　喻业超　袁　昊　周　刚　莫华伟　张智全　陈志峰　黄　耀
尹海林　黎开煜　陈　骞　梁子宏　樊　涛　周咏君　张海鹏　沈聪杰　王祝美　林旭峰　邵海盛
伍丽梅　黄光锐　陈少敏　钟尚升　李进泉　陈小云　李必彩　梁水桂　郑小静　陈敏秋　梁健行

黎志恒 邓紫龙 张　钦 王守坤 朱　亮 黄启华 曾婷婷 陈昔邦 陈　晨 陈　鋐 罗　程
熊　敏 阮建斌 张　杨 黎　嫚 卢　凯 余学存 陈正浩 周　静 王　超 向绍成 张曙光
黄　伟 张海涛 何来德 罗继发 胡钰婷 黄学洲 蒲潜斌 李　平 刘文远 杨益海 吴嘉迪
张国龙 杨志康 黄　翔 黎汉成 柯慈晗 谢林荣 王思宁 胡颖诗 罗才敏 崔国山 郑丹丽
陈嘉文 覃宗荣 容敏敏 俞佰崧 刘振涛 张仙华 冯海宇 余健威 何耀涛 吴艳玲 廖文俊
陆　英 罗嘉源 唐鸣鹤 李　亮 易　红 郭小惠 聂海民 陆　健 李　朦 陈拱潮 陈沛景
秦淑琛 肖楚灶 张　恒 卢旭斌 李俊鑫 方桂婷 周美玉 鞠　够 张　富 缪粤成 林少南
叶世杰 王　荣 李金艳 李侨华 陈满辉 阳登波 陈炯忠 邓东就 郭兆坚 宾　亚 黄汉强
陈图锦 熊　宇 曾云平 邱福光 张家盛 周鼎林 曾省然 丁业榛 张建端 劳绮琦 吴三妹
吴蕴熏 何冠兰 钟俊锋 谭志权 成爱连 蔡吉羊 袁志丰 丘春洁 劳心怡 林　霄 郭静冰
颜晓鹏 黄俊斌 肖彦崇 梁韫珏 何满斌 范结仪 高晓丹 吴开瑞 刘芷芹 卢小军 邢　穆
黄庚水 李橡园 李恒成 李瑞君 郑沐涛 邱汉兴 邱秀萍 董浩鹏 韦春风 徐海钿 谭添茂
潘格玲 黄俊忠 阮君良 朱朕裕 沈喜仲 陈碧锐 蔡桂恩 郑文越 陈嘉伟 庞植铭 罗菲菲
林旭阳 熊志文 陈昌辉 陈　灏 冯友泓 林小雨 陈梓浩 杜运林 吴志刚 胡坚立 符颖欣
潘泳谋 王　怀 冼廷军 卢洁慧 魏春荣 梁明穗 薛富今 朱佩玲 乐　翔 李德正 罗泽权
徐开颜 黄铟湄 邓华锋 王锐锋 王　阳 罗敬涛 卢海清 郭园林 邵晓崴 潘志波 吕观喜
黄道澍 董子超 李圣庆 陈泽锋 叶万和 赵晓婷 原晓丹 徐晓生 杨俊源 杨　甫 高传亭
陈陶然 罗　特 邓文晴 张振烨 方树耿 肖德明 庞伟娟 叶鸿林 郑柳凤 张瑞源 陈伟东
刘家明 毛远伟 苏德志 林　波 邓庆平 符佳成 陈旭萍 陈　洁

经济学

钱鸿杰

汽车服务工程

金俊龙 冯庆聪 刘绍添 郭照勇 黎任声 梁志盛 郭剑文 林育坤 曾新龙 何仲武 黄志成
覃骏威 谢　智 李艺杰 李绍荣 王江明 徐振升 文　锋 陈伟洪 张国德 陈伟杰 邵伟杰
刘　尧 潘颖翔 黄明宇 张锦安 卢清成 章晓彬 李国耀 罗金星 幸裕昌 刘颢尘 郑苏宝
邓　韶 陈　迅 杨林东 张　彬 李海华 朱建敏 陈湖演 许　洋 赖浩亮 昌　威

热能与动力工程

黄俊霖 朱　旭 钟荣光 龙海辉 蔡明川 张锦增 陈玉魁 龙　翔 温连峰

热能与动力工程（制冷空调技术）

张德盛

人力资源管理

梁　丹 陈其瑞 王海梅 陈一超 廖志斌 钟嘉毅 冯锦文 钟燕芬 李　智 李晓晓 邓嘉敏
黄悦颖 李嘉俊 招晓君 徐俊华 温新竹 黄钊凯 吴　民 何桂文 吴志敏 何爱丽 黎桂良
张俊清 林　立 陈金玲 梁淑怡 涂婷婷 田志勇 刘嘉艳 杨舒茹 李　莹 陈俊锐 陈爽爽
彭莹莹 周静瑜 李建斌 陈丽霞 张　芹 江嘉慧 戴振兴 张寿辉 廖燕静 劳乐怡 方柳贤
邬静文 曾炳曦 谭思欣 黄绮斐 侯露明 郭丽华 周广超 劳俊辉 郑晓敏 廖　韵 欧咏思
李惠群 钟靖琳 马慧仪 许春婷 吴铠欣 万小玲 林岸生 林文苑 林水莲 高苏莉 梁　宁
陆玉香 林少劝 林贤海 潘彩红 吴春鹏 叶世达 李志贤 陈淑华 林丹丹 张南广 莫家琪
梁泳君 梁锦明 李彩玲 戴子威 罗嘉仪 谭嘉敏 冯丹怡 李琳琳 陈穗轩 张艳丹 何钊鸿
李艳婷 高雅妍 区佩仪 蔡敏清 梁俊珊 梁韵薇 吴　江 方佩佩 邓培晖 谭洁娜 何琛怡
王　佳 林煜瑜 温诗韵 徐倩怡 邹伟豪 米　颂 刘志超 宋映珍 何露施 肖育斌 梁丽丽
何洁婷 白敏儿 吴孙礼 周欣宜 温嘉静 黎伟权 伍晓祥 柯咏莹 崔志峰 黄樱兰 阮靖淇

温敏怡　揭娴英　林洁敏　陈志明　罗坚琳　陈秀媚　吴兆刚　陈韵芮　李丹咏　叶雅文　张倩莹
李春燕　陈　健　蒋文辉　郭家杰　吴　堃　董镇龙　廖晓玲　张　彪　李志坚　林瑞金　杨晓丹
丘珊琳　林超佳　潘铭达　陈元开　梁志伟　李锦泉　杜敏君　刘　欢　谭俊尉　宋淑丽　刘　权
冯键文　周文芳　梁思雅　吴晓玲　赖洁莹　黄楚勤　奚璐琰　彭婵娟　李红燕　李小翠　田　飞
陈浩亮　潘洪瀚　梁耀聪　李瑜美　徐奥林　陈淑奋　杜芷君　邱文佩　张奕波　郑子浏　谭智峰
李励文　李舜华　郭文帅　徐聚文　马颖欣　黎颖欣　谭卓君　黎智茵　冯慧智　陈凯莹　范二妹
黄　靖　陈丽婷　宋　赟　刘宇斌　梁敏婷　张思源　曾秋云　孙　超　区逸豪

人力资源管理（公共人力资源管理）

杨婕琳　黄嘉欣　戴雯琪　罗穗晶

人力资源管理（现代企业管理）

周佳媛　华锦峰　李世东

软件工程

邹　翠　黄文生　徐金标　张志强　郑云集　崔冠球　李成勇　张文涛　张丹凤　龙德道　罗晓梅
周仁科　张　泽　郑咏杰　赖清泉　刘洪燊　杨作敏　黄邦龙　黄锡宽　李培鑫　杨树权　李　欢
郑友龙　廖培淞　梁满基　曹露露　王宾卡　李湘阳　陈明华　陈森鸿　刘俊协　胡永华　麦本科
韩学龙　胡伟昌　莫　林　胡天荣

商务英语

苏巧绚　潘咏妍　李凯健　何嘉文　梁美活　崔旭旻　招展宏　廖思明　何嘉钰　欧阳倩　李铭健
林秀雯　刘俊杰　何国欣　李铭心　陈少英　劳绮琴　麦美媚　梁冠婷　资双双　秦淑敏　陈粤华
曾令航　关嘉宇　罗美娟　吴小曼　邓惠怡　周绍斌　罗凯敏　丘文静　宋嘉莹　谭颖华　霍耀文
陈颖珩　梁丽琴　陈嘉琪　梁玉婷　林婉芬　曹玉婵　梁少英　白奕丹

社会工作

王泽锋

食品质量与安全

林凤梅　李琦文　李志辉　林杨斌　陈紫榕　袁明琳　钟玉霞　冯迪隆　何　刚　许幼玉　周锦婷
沈高聪　钟应彪　赵　翔　梁彩云

食品质量与安全（食品安全管理）

王小悦　石小帆　廖雯意　冯汝仁　戴丽贤　王新建

市场营销

林雨阳　梁健生　陈楚欣　陈广辉　陈友彬　房东琳　许奕漫　蒋苑静　罗小霞　黄国栋　张颖诗
梁宇涛　吴惠燕　于利燕　杨国勋　梁嘉明　汪　翔　黎国涛　谭军营　石　晓　程　蓉　邓敏思
李曼菁　王厚清　肖健恒　麦俊超　李　健　陈瑞强　何嘉玲　秦伟宏　张荣思　陈剑文　张　畅
冯荣枝　刘思敏　钱颖瑜　冯国樑　孙尚平　钟素岚　邝木辉　李嘉嘉　莫嘉欣　何坤祥　黄宗睿
钟梅菲　郭宝琦　高凯欣　杨淑云　刘雷明　梁倩詠　翁植凯　董凌海　劳春玲　周建威　伍时俊

通信工程

李政发　陈　优　方　勇　陈中青　谢　琳　蔡成旭

土木工程

何彦锋　杨天柱　周　俊　钟国增　肖渡帆　吴智华　彭志华　欧阳颖　董翠玲　叶华龙　莫其赏
李鹏飞　苏秋旭　邹品威　徐宝利　刘　伟　何俊煌　张艳丽　李津健　陈国辉　茹　飘　李晓丽
陈泽鑫　黄伟华　骆华志　曾芹芹　冯文轩　温嘉慧　冯秀红　曾庆武　徐碧云　梁君德　胡惠莹
徐春燕　林永伟　张尚卿　劳志敏　程子华　郑玉国　陈俊城　王　刚　彭子尹　李旭东　梁伟爵
黄游选　张亿文　温于德　邝炽华　梁卓艺　陈海勇　梁辉元　余习健　邓莉高　伍城柱　李承洋

李灿华　彭林焰　杨文杰　谢仕修　林炳伦　谢文峰　温天使　朱自礼　谭炜华　刘振新　罗流光
苏龙川　刘特川　邓仰群　陈健智　古伟霞　王治敬　杨启航　陈育光　杨东梅　何仲强　李　威
巫依萍　黎华德　许　杰　张启泰　杨文鑫　廖津邦　杨　浩　岳年丰　温浩然　曾旭燕　李日梅
陈晓玲　伍文浩　叶　繁　郑作隆　吴铨强　钟伟明　骆燕飞　程禹球　周　杰　李　全　林镇深
谢　冶　刘启轩　李桓中　梁广联　徐克林　刘扬扬　沈康城　冯　晗　胡洪城　丘佳燕　何　俊
杨结平　郭云龙　杨伟锋　欧家群　张莉琴　叶世龙　刘雄伟　杜俊鹏　邱志源　李　仕　唐茂霖
胡讯书　黎健东　吴清冰　黎鸿基　黄秋祥　叶传跑　董晓萍　邹新宇　谭达圣　孔境祥　杨　朔
庄桐乔　张　龙　秦　聪　赖　桥　黄莉莉　杨宇图　廖健浩　洪　坚　刘德智　周鹏程　廖清威
陈建东　梁　力　刘　磊　李金建　李思武　刘国济　卢志鹏　王世涛　池伟楠　鲍燕姣　陈棉立
黄伟斌　羽栩聪　张文亮　王海云　陈妃奕　陈健豪　姚树森　陈崇武　张　燚　罗　晨　缪晓曦
董瑞成　覃惠敏　温遂堂　江启智　龚俊新　吴华同　陈旭丹　黄家庆　肖育民　邓海周　赵　锋
周富添　邓彩红　姚奎元　邓剑忠　周仲坡　叶　苍　赖伟文　林壮麟　余奇友　杨仕达　吴强英
马兴林　王志勇　邝景达　潘秋荣　梁伯棠　姚伯成　李广良　邹燕琼　李赛赛　李催山　杨德意
伦荣鸿　曹清河　孙广铎　吴著槟　蒋景远　李文杰　余卓能　陆钰华　刘小燕　蔡宝山　莫巧妹
杨德祥

土木工程（建筑工程管理）

俞华英　戚远弟　欧阳美妙

网络工程

董书荣　罗亦严　蔡鸿殷　罗迪斯　林杰星　何　斌　黄子文　黄啟忠　陈帝海　彭泽锋　苏泳锋
杨声潮　高希夷　罗　睿　刘云德

项目管理（工程管理）

李惠海　陈冠杰　陈艳媚　庄凯旋　陈　钦　徐汇洋　黄超转　陈晓光　杨天金　杨　欢　蔡宏辉
陈文滨　俞　玲　刘　伟　李韵妍　赖莲珍　李　欢　钟国营　王静婷　黄安付　黄志伟　李丽梅
李秋雄　吴松坤　韩振芬　黄　越　杜嘉慧　郑杰锋　陈文杰　李锦玲　谢毅进　王　玥　朱祖民
董敏健　郑勤武　黄家强　梁志永　黄卫波　陈家智　张勇标　卢正伟　詹晓燕　钟秋娴　梁友廷
张　钰　沈银烯　简　茂　郑钜南　梁秀玲　古　思　曾锦文

项目管理（建筑工程）

潘文喜　梁永峰　李锦辉　黎晓钘　林桂朝　赵　杰　陆赞豪　钟桂玲　易陵波　周福思　梁永海
杨　立　叶剑文　梁敏菁　霍锦庆　陈丽娟　余乐华　甘彦宁　李东喜　汤健宝　仇振杰　陈楚旭
蔡继锋　李玉星　林思漫　吴美香　梁振锋　崔　明　赵紫丹　梁丽韵　陈信霖　何明军　吴　丹
刘树朋　冯驰华　谢德才　冯乐华　吴康明　马钰杰　郭秘训　严楚鑫　张鸿亮　黄伟健　何品山
黄　曦　王树樟　唐少仪　郑文鑫　梁至晔　金雪婷　关国栋　黄锦辉　梁振华　金阳昆　吴睿栒
雷联秋　周家冠　李淑君　林剑锋　曾维孟　张美华　赵海霞　梁珈瑜　谭敏东　彭满棠　金阳丽
黄碧莹　何英良　黄坚志　谭幼容　周燕钧　冼翠玲　刘慧燕

信息与通信工程

张志成

艺术设计（服装设计）

何惠君

英语

萧宝华

应用化学

曾静舒　夏敏健　黄浩寒　陈启坚　胡　彦　刘　浩　林文萍　包竹英　黄紫韵　李德阳　郑伯鑫

洪芝芝 鄢小明 何武腾 吴纯敏 苏继磊 叶国志

应用化学（精细化工）

李鸿雁

专科

电子商务

彭喜传 刘 玲 林洲燕 宋巧玲 李兵林 朱泽漩 叶巧玲 朱彩妮 谢佩佩 尹改华 康 坚 黄东奎 卓锦乐 徐春燕 刘红利 刘利平 彭丽纯

电子商务（网络营销）

李智锋

动漫设计与制作

朱佛奇 陈丽蜓 冯鸿涛 张书明 蔡锐娜 王海权 陈俊杰 钟 健 黎育萍 冯卓豪 黄晓明 黄漫漫 黄文源 陈梓健 谢翠雯 许嘉慧 符 宁 廖心雨 巫丽容 贺仲彪 林国栋 袁丽琼 陈琼冰 谢维湿 廖育芬 黄洁祺 黄秋弟

工程造价

许煜逵 唐敏梅 庞宇海 陈史高 曾曼丽 郑鑫波 董 敏 陈海锋 范涛涛 阳 冬 王淮合 周小凤 陆馨义 林佳豪 杨佳源 肖美溶 黄谨丽 何曲晓 何亚娟 伍康伟 卢万育 许舜能 陈海渊 庄素燕 罗安华 钟子玲 卢梅冰 黄志明 林瑞莲 郑伟忠 黄淑娟 张淑玲 涂萍妮 曹淑媛 姚少华 雷 维 许晓东 李叔珍 潘嘉琪 林楚宏 谢 宁 曾天伟 罗卓彬 梁钊杰 郑伟志 李馥濠 姚泽浩 李碧玉 欧海斌 沈坚然 石兆华 陈德芳 杨国府 何诗婷 赵茂刚 黄宏俊 林继斌 唐 伟 谢雯萍 林泽辉 雷菲菲 董思远 黄晓勤 林文英 崔晓珍 陈宏壮 潘丽涓 谢文劲 李育涛 曾令然 陈安麟 胡娟莉 詹泽森 郑晓娜 刘 丹 孙 帅 罗伟权 胡佩欣 曾秋香 陈雪敏 蔡振南 白爱芳 钟艳清 郑塀远 林清霞 林 玲 何 洁 黄秀媚 刘 欢 方文振 曾诗芬 刘俊煜 徐浩然 梁显亮 李宗书 罗 超 陈丁汝 杜嘉杰 罗宝玲 范杰伟 张伟琪 李燕芳 刘振飞 邵佳鹏 林楚仪 严伟琳 黎凤妮 李周聪 梁诗华 陈伟就 谢 莹 成伟斌 陈韻庭 曹树烘 曾佳娜 黄树鹏 李钧松 林玉娣 李惠雯 列仲儒 莫志识 林 旭 黄 妹 卢日娣 杨伟城 陆宇轩 郑楚锋 许遵立 陈晓静 陈佳源 汪 磊 孔坤和 洪铭智 李陈羡 胡震宇 腿 应 陈德炜 胡倬玲 温观康 刘玉玲 陈清鑫 陈观德 曾嘉颖 林泽勇 吴训新 吴淑君 许镇娜 彭 滤 林 陶 李冠友 郑炼鹏 王丽霞 王春梅 谭嘉欣 李冕琦 谢锐江 蔡 鸿 钟倩欣 林婵娟 林灏均 肖小梅 庄旭霞 林伟雄 何欣妮 黄 盈 康运煌 冯玉琼 陈慧萍 陈基城 何海珠 林瑞芬 易双桥 刘 鑫 陈楚坚 黄雪梅 赵子标 彭彩娟 王彩娣 周太辉 郑凯晖 罗李磊 冯丹枫 陈发武 李国清 赖森香 刘海婵 钟紫欣 邓 基 黄君辉 房演姿

工程造价（造价管理）

游 浩 吴伟滨 梁永立 陈嘉进

工商管理

陈 琪 陈玉婷 李志刚 刘秋茶 黄婉兰 林少红 黄金宝 黄孟丽 沈 超 向 鹏 赖懂萍 罗雨希 丘惠连 林群婷 陈光研 高 雨 郭冠宇 虞兰兰 熊文霞 陈基潮 徐耿芝 黄伟明 罗秀霞 王 兵

工商行政管理

徐景宇 樊念星 周 菊 温诗颖 卢丹洁 魏秋琼 吴恩恩 肖骅健 黎明业 李丽冰 张加聪 郑桂梅 吴浩葵 郑文霓 胡 沙 黎纹缴 秦嘉辉 龙树芬 郑俊萍 刘 建 戴俊新 暨思羽

蔡丽丹 秦国栋 李巧洪 梁执影 陈晓雪 徐大可 李志伟 陈四华 王坤女 赖晓琴 李佩淳 陶鹏飞 张玉涵 赵卫芳 何招喜 陈 丹 陈剑兰 张高雅 赖荣英 叶海萍 杨柏梅 林雅莉 林少珊 关 媛 林淑铃 钟广威 钟海珊 张清婷 田金丰 卢增涛 黄斯凯 杨芷媛 吴志根 李铿铿 罗浩贤 蔡宜甫 程蓝生 吴 进 温 艳 吴 帅 何旭梅 辜燕濠 范雪文 甘 莉 祝梓铭

工商企业管理

宋洪光 朱华娟 陈勉生 丁丽琴 李淑茹 罗伊妮 张 婷 吴惠兰 黄婉吟 李德芝 袁曼莉 占新芳 彭海根 席 艳 梁金调 刘志超 黄华军 杨佩怡 钟 英 韩 杰 王 鑫 李柳燕 毛 勇 陈 苗 李蓉春 赵丽君 吴小丹 潘彦彤 郝艳玲 孔令雨 刘 芬 汪 帆 戴春升 戴伟玲 李 翠 李 锡 龙霁雪 叶晓中 胡德伟 郑培深 向俏俊 董晓顺 郑 丹 罗杰江 刘旭旋 李 艳 张燕翔 吴沙莉 李敏仪 翟雪峰 卓佳霏 王佩珊 郑细燕 张群柱 邵路路 朱三媛 何勇文 谢增红 朱永雄 吕红阳 郑卫超 莫嘉和 骆宏有 张宇珍 韦红茜 陈晓玲 庄楚华 巫云杰 王晨霖 周梦婷 何林冰 王玉芳 李 杰 刘翠凤 何晓文 徐小丽 胡保国 陈瑞珍 彭 丹 杨 霞 蒋 曼 余俊霞 谭荣鑫 方培娜 钟玲玲 黄楚超 李 娟 邓 金 吴湘粤 罗兰花 高 琴 黄 卓 易 潇 姚茗中 杨晓敏 苏丹纯 徐晓敏 梁武飞 余纯燕 赵景美 李恒易 吴锦红 陈嘉菲 伍少红 林广平 鲁林安 詹晓君 方淑华 鲁文平 黄志忠 周统柱 彭 慧 叶 鹏 黎强盛 李春艳 崔博博 詹丽珊 古 剑 万金兰 王海霞 梁明华 杭 琴 刘章健 李 龙 梁建平 黄 银 梁建光 马江林 甘雪凤 刘雪琴 李晓婷 柯柳舒 党帅领 涂 悦 张姣娆 梁汉焜 刘显圣 王燕娴 黄桂福 杨孟松 胡 穷 何倩琦 刘丙巧 黄广桢 赖可平 胡 浩 左 倩 吴利芹 唐丰安 马晓顺 王平红 丘雪花 邓浩婷 赵苗苗 戴梅辉 陈影影 蒋艳姣 戴红丽 朱 权 洪敏婷 卢 婷 陈敏纯 邓美玲 刘福祥 李进文 王露仪 黄婉韵 邓英锴 黄伟河 叶泳芬 王凤伟 罗洁仪 罗婉君 陈雯雯 叶艳嫦 何敏锋 胡健清 梁沛贤 徐小平 骆昌辉 梁家丽 魏美婷 宋丽娟 李丽婵 赖 靖 郑敏玲 卢泽铃 胡 仪 邓本坤 郭泽莉 黄 霞 王雅楠 杨长江 林锦帆 邓 姗 罗 锋 贺深康 林 炜 孙凯旗 钟佳燕 彭秋荟 康伟梅 郭俊涛 熊雅玲 曾巧玲 李梦霞 邱君城 李亚琴 姜 文 郭明缘 麦锡威 王文树 张志强 徐柔丽 谢强燕 黄志俭 任健峰 李子铎 叶婷婷 袁燕华 梁杰超 刘国云 莫东媚 张 宇 刘映兰 王 玲 张嘉宝 刘云祥 周翠珊 甘雪影 张金明 王国利 范 铭 朱瑞丽 陈妙丽 黄安丽 曾 敏 张 娟 张 巧 刘付颖彬

国际经济与贸易

黄 莉 李 洁 陈佳莹 杨思琪 梁雅曼 丘晓媚 黄钰婷 陈佩琴 王晓英 梁家琪 谢彩容 钟奕娜 黄雪虹 谢泉晶 黄 珍 周娅平 魏 尧 王福喜 王福双

行政管理

杨丽兰 丘春景 朱丽英 刘嘉妮 黄绮婷 古晓君 管永仪 吴 琼 吴雄星 黄惠霞 蒋霞明 叶浩锋 林燕婷 张 瑞 罗舒丹 陶焯兴 刘小梅 曾 康 刘艳芳 范爱地 段紫君 谢加林 李 慧 陈 倩 符念彤 金 珊 陈巧玉 黄慧姗 蔡泽鹏 肖 星 朱昌芸 区嘉妍 郑剑芳 何思云 曾丽娟 唐俭美 成章赠 杨 纯 高 扬 赖子晴 陈冰梅 杨燕雯 陈 涛 黄晓雪 余子棋 肖言波 张 玲 黄丽谊 邓艺文 许欣欣 刘如海 魏宏兴 赖向廉 余修凝 张明佳 麦凤芝 罗裕文 庄惠婷 李碧妹 梁丽卿 张参辉 周家莹 潘春丽 潘冬丽 阮金谋 欧阳纬江

行政管理（现代企业管理）

周世维

会计

朱志安 林银霞 郑巧吟 金玉丝 吴培杰 严 妃 舒微微 杨娟娟 黄若欣 裴宋巧 张素含

李建林　陈琼　张丽敏　樊美欣　王丽艳　朱方　廖映婷　谢颖　胡立娟　邓婉莹　刘贵
张丽芳　叶莉婷　沈泽虹　温燕文　胡娟　段彬　朱文力　曾秀媚　温婷　邓碧云　林嘉怡
潘苏涯　张少敏　青清　周雄　黄桂婷　周思婷　钟悦音　宋月娣　许幸子　卢小芬　洪佳莹
伍丽　连俊铃　丘书雅　何群　陈小燕　许米转　李靖怡　谢妙玲　黄燕华　赵春桃　郭婷
柯炎敏　陈青红　胡龙霞　邓聪秀　李曼　梁康连　冯家宏　纪锦瑜　陈丹丽　梁文翠　王诗婷
李梦艳　张海平　谢梦缘　彭迎君　梁木兰　周凤娟　邓绮琳　陈梦玲　叶海燕　陈梦冠　刘雪贤
吴韵姮　林兰花　刘涵　尹嘉睿　刘红霞　王楚彬　闫敏　杨品光　陈来香　梁斯杰　何月霞
李琼芳　黄雪曼　范小婷　刘晓玲　黄松英　陈土玲　谭泳仪　陈龙珊　唐冰梅　李敏娟　陈耿珊
卢嘉怡　吴映婷　吴泽英　梁水金　许华丽　冯秀清　陈展鸿　邹碧霞　罗思华　郑阳芳　贺丽娟
杨玉珍　张宝怡　陈凤婷　冯远清　李深敏　何木兰　周连弟　周丽珠　林嘉仪　陈梦华　林爱梅
杜梓欣　谢晓珠　董容秀　李惠芳　彭伊洁　余晓华　吴松洁　刘秋莹　徐剑红　胡佩佩　邱辉琼
陈娣　张雪珊　周媛　袁小乐　张思晴　陈爱冬　麦景轩　姚镁铨　王正卿　陈秀红　陈珠荣
肖月玲　薛军　陈玉婷　李妙宣　林春梅　马海婷　张艳丽　莫志山　陈杏美　覃艳红　杨慧容
刘秋平　谢颖瑜　骆肖红　赖逸霜　邓海岚　杨均兰　蔡燕春　黄斯华　张石娣　杨婉娇　徐诗婷
胡思惠　邓雪君　毕燕君　温月英　杨海敏　梁伟芳　利洁雯　钱艳君　梁燕玲　骆家仪　徐嘉敏
黄少甜　杨俊珊　陈优平　朱晓凤　张曼潮　黄芳芳　吴小清　魏金蕊　叶纺英　林燕娇　许梓馨
陈树玲　黄梅　陈碧莲　李苑桃　冯泽璇　钟骏云　黄康兰　林敏　曹小玲　黄秋霞　罗伟丽
丁铭铭　张艳红　罗少琪　杨丽莹　李静虹　邵妍钰　丁瑞　黄健梅　陈文燎　邱瑞霞　邱金华
邱彩云　陕小兰　龚向晖　谢琳　李仕雯　王蓉　陈晓华　李泳琪　高洁文　周小群　黄蓉
黄东秋　谭沛莹　刘雪莲　李柳红　彭泽华　蔡莹莹　胡玲帅　钟敏　张佩玲　欧悦嫦　刘小嫦
张卫　吴伙焕　杨丽满　叶丽青　陈虹佳　凌绮静　陈娟　谢翠玲　胡宇　郭桃英　何霞芬
陈明星　伍芷莹　欧观妮　麦小诗　刘北　郑亚香　左利　王玉春　白凤琴　张晓英　林锦燕
杨梦玲　陈秋梅　杨美娇　陈易之　冯挚媚　林秋萍　曾嘉铭　段乐义　庄荣芳　陈郁丽　陈琪
余婷　焦亚婷　李燕　林丽萍　官吕云　邹艳　周銮君　张雪玉　吕情菊　肖秀枚　林杰桃
蔡志翀　易白雪　杨水莲　秦绪娟　王惠娥　蔡宇文　杜芳琴　马璐　李艳冰　赖夏妍　冯丽妍
吴加丽　李丽燕　吴绮珊　李妙霞　杨思静　谢海清　李建红　李慧　吴泽玲　张琼　郑晓霞
柳俊华　黄嘉丽　林燕芝　林鸿城　陆玉琼　刘佳芳　罗敏丽　李芳香　林自荣　马姣姣　温美香
杜芳丽　唐嘉宁　赖映如　江燕珊　张雅　容如愿　何丽萍　赵晓玲　马智敏　刘惠静　高丽嫦
李惠君　刘付文英　欧阳翠萍

会计电算化

黄曼萍　邱美梅　姜欢　冯琪　陈锦姗　林思佳　杨冰冰　钟锦鹏　陈勤　周慧　韦卓敏
向东　庄丹旋　陈钦泉　涂渊怡　郭典英　谭坚秀　蔡海燕　吴仙仙　陈淳　刘英晖　钟艺云
陈虹君　陈晓梅　李娟　田秀红　丘文静　黄畅龙　李彦超　邱建利　王秋玲　林丽娜　杨颖芝
郑燕姗　黄一惠　黄心妍　张艳　魏娟　帅姝媛　郑嫦玉　王玉连　林丹虹　陈亚　黄舒铎
卢泽璇　蔡慧慧　尹嘉敏　黄淑芬　吴少义　刘艳芳　谭锐君　林晓娜　翁顺连　张志敏　邓阳芳
卢佳茵　谢小茶　向婷　黄雪妮　覃梦丽　余添妹　洪绚琪　张曼洁　郑晓婷　梅诗雅　李景蓉
谢玲　李晓婷　刘启援　余莹　罗安琪　杨华娟　林文愉　朱琪　赛琼燕　杨晴　黄美玲
曾丽云　刘雯雯　黄素美　欧阳燕妮

机电一体化技术

周秋荣　李涛　周卫文　郭戴鑫　邓志锐　黄晓钦　郭金华　林隆平　赖威龙　张元杰　王家兴
李格宁　江家泳　邝伟澎　张成先　周志荣　卢志明　黄建军　冯名利　张冲　陈先具　刘华智
魏周行　何闰田　李恒毅　贺泓铭　杨波　覃华福　曾建钊　刘卓　邓世凯　周国栋　赵小康
何文　王维　李碧　汤伟杰　许志强　陆基发　徐建康　杨广星　骆家鑫　赵世龙　谭兆锋

吴世玉　植振健　毕俊烨　龙国键　胡伟强　卢荣潘　廖成魄　高家毅　毕伟键　卢志洛　黄铖
曹树清　高灼铭　苏元　赵猛　邓志辉　邝志铜　谭大方　何志铖　黄锦城　高广欢　邓伟健
浑嘉亮　庞浩　林建周　刘文锋　常交辉　郑宗华　李海涛　黎德　林树明　邓杰能　蔡林欣
郑镇煜　曾文景　樊惠林　王宇勤　林晓旋　何嘉熚　梁才玉　张剑锋　叶军明　田坤隆　谢颖欣
毛少锋　张方进　刘伟成　张浩鹏　刘雄耿　李国斌　卢卫玲　王鸿斌　王宇飞　周钦炜　骆敏锋
黄承珊　林俊欣　梁宇恒　罗其敏　潘米甸　覃楚文　王燕　朱铁飞　邝文铿　朱星炼　何永钊
廖冠鸿　谢柏熙　黄志浩　兰涛　谢宏志　邓焯璇　杜东马　王茂　魏茂青　向继平　吴俊贤
吕晓杰　丁灿森　殷小典　邱林　肖佃孔　王春波　邓昌文　蔡荣财　周京雄　许迎平　朱海波
林国彬　黄志科　彭福全　余松林　林广城　袁华贤　谢增辉　黄岳奇　方健华　谢学思
欧阳晓锋

计算机网络技术

钟礼鹏　温敏麒　蓝钰书　林俊豪　崔永征　黄贤振　陈妃娃　潘建光　姚镇钦　谢卓炜　苏嘉伟
黎俊良　李海华　谭子源　姚宗浩　孔龙军　朱上海　李金杰　郭荣敏　邓岳志　黄冠霖　陶慧仪

计算机应用技术

陈奇泉　叶发坤　李浩敏　张林　卢珍　王碧瑶　沈镜芳　江天行　易春生　段增强　李玉玲
麦锦星　方芷舜　欧阳杰　范兰斌　曾远兵　赵长平　邱重明　郑如银　翁阳杰　李海　廖伟文
陈秋城　陈晓敏　邹秋风　韦存冰　周智聪　侯竣严　黎小燕　谢宇航　叶志伟　曾锐　谢淳钢
管思坤　吴育明　陈聪　黄静

建筑工程管理

肖嘉怡　熊亮　马铭锴　刘增　李烈深　张芳俊　吕铭　江俊沛　梁家源　邓明华　曾仲燃
黄健成　陈栋锐　江燕霞　杨和盛　郑丽珍　谢首文　李俊明　麦文杰　凌董清　杨浚　陈海桑
王志梅　黎燕妮　吴仕攀　陈梦　刘湧武　林伟远　陈勇　张晓光　冯志君　刘川生　刘莉莉
李玲　林武平　胡春华　梁郁雄　黄辉　邵海砥　刘巧英　郑钢超　王少丽　苏伟东　张家玮
周巧娃　黎扬莹　黄春吟　吴瑞鹏　李林益　陈波　丘琼　黎延锋　梁军

建筑工程技术

庞景富　梁世渠　陈树杰　吴秋仔　连海进　曾金亮　吴水孟　郑志权　曾晓玲　谢真荃　林宇薇
冼豪裕　李堂华　王景萍　李维津　李阳兰　何土娟　张青　黄清松　梁捷焕　蔡忠飞　陈旭辉
李志明　陈志标　吴其骏　陈定健　黄炳福　张波　杨旭鹏　李振杰　周正腾　林阳荣　陈振职
肖文达　陈振豪　邓嘉元　沈佳凯　谢熙龙　梁春森　郭天来　康济旭　黄俊龙　徐生律　张车芳
冼国炎　温德仁　邱鸿坤　李永康　林江锐　方奕森　伍彩云　洪国柱　赖光平　庞鸿辉　邓诗琪
蔡胜全　杨国庭　梁寿福　叶小丹　罗丽嫚　杨雄磊　黄振兴　李胜雄　陈明强　陈观勇　陈雄富
范俊瑜　凌云光　李嘉兴　庄佳鑫　肖辉煌　彭建顺　钟天养　刘国伟　彭海立　杨志航　蔡洁雄
黄龙雄　杨伟培　陈康文　李景永　李俊林　吴程煜　彭远鑫　林铭　沈泽纯　罗秋娥　张景娣
洪达强　符小如　徐艺华　袁舒丽　吴欲明　庞栋坤　黄康寿　李彪　郑茂发　许硕　黄卫光
周晓娟　陈伟金　李钟涛　康华诚　关明鹏　周沛艳　江家鸿　林怡霏　邓华亮　叶高扬　劳家坚
陈洪涛　林秋童　钟伟雄　杨家本　陈鸿林　王紫威　林进智　李继威　廖铭培　许志豪　郑梅珊
宋奕祁　李何凯　彭晓杰　欧太兴　柯章谋　冯文杰　叶旺谋　庄楚滨　萧裕峰　陈晓勇　洪笃钦
蔡鸿　李土成　李毓昌　邓伟烨　陈永晖　许光宁　黄建丰　詹德栋　曾志恩　郭顺安　刘茵瑜
陈健钧　方晓蔚　梁碧文　吴泉泽　李晓斌　曾邑彪　翁楚晓　刘超进　邱铿涛　温家君　江家圳
周润东　黎华强　黄俊鑫　马景常　廖泰　林春龙　蔡英浩　林业雄　袁思敏　邹同旺　许佳林
王广丹　吴钦　施明　陈华才　李永胜　林培炎　胡凯历　蔡细弟　李焕基　姚观潮　梁斯豪
谢丽琼　陈廷顺　蔡桂添　孙中恒　肖晓波　梁小明　龙振发　钟佳富　郑土权　姜彦坤　黄卓贤

李玉升 杨　安 陈颖业 蔡强大 张文杰 黄贵杨 李智勇 郑伟栋 谢泽杰 梁正栩 李子行
周倪伊 梁观金 吴佳如 胡耀国 邓浩坚 赖勇槐 吕选裕 冯耀明 郑品青 黄跃辉 毛刘爱
丁　瑞 李演琦 邓国煌 颜新杭 陈文康 黎南辉 谢司德 叶进娣 陈浩健 黄钦松 卢志锦
苏晓鹏 旋金娣 易启文 陈和生 黄光强 伍美玲 黄燕娟 陈艳平 伍民俊 肖增福 梁帝荣
谭　祥 许晓威 张耀桂 袁先永 钟土添 莫玉荣 李建荣 黄志伟 黄丽霞 温　婷 林广城
何纯耿 梁康秀 古晋奕 张梅芳 邵碧仪 杨伟龙 陈丽霞 杨韵泽 郑锦城 陈云伟 陈国辉
杨健生 杨建伟 邱伟廷 曾伟强 李显裕 赖海当 廖宁威 秦枫华 张裕程 李彬武 何思延
叶洪章 蔡若娜 杜福尧 李耀丹 黄钦文 庞宇冠 王　勃 余金玲 李康辉 何子乐 刘正才
陈志财 蔡文进 康正安 陈清泉 林帝雄 招思杰 李宇超 李俊杰 肖铭杰 黄聚成 黄志亮
梁凌炜 杨金成 李日权 何奕霖 艾蒋俊 张富生 黄浩杰 许建亮 杨景泉 陈兆仁 唐国祖
彭文泳 邓智华 林荣杰 陈进斌 万　标 冯春权 龙耀康 梁吉星 王思维 陈仕萍 赵彩霞
陈敏斯 吴健铭 陈土华 冼晓锋 郑晓鹏 李健豪 林志耿 林绍迪 龙田晓 吕林栋 许　美
招豪波 张　勋 程香南 温凤凯 赖新媚 颜伟明 彭义广 毛清平 黄诗敏 黄斯琪 倪诗诗
徐骏达 邓利梅 许惠婷 刘侨珊 曾　颖 吴海燕 郑少波 吴东沈 文　强 黄嘉伟 李嘉林
钟辉云 何永斯 吴培收 李智帆 吴上龙 陈佳华 程立存 钟明洋 谢仕鸠 吴居梅 许家鹏
陈炎福 彭加绪 陈卓聪 王　晨 张昌文 陈　冠 姚庆文 林　杰 谭康锦 关瑞芳 叶小兰
文宇兴 陈家宇 李　钿 黄　倩 韦甜相 许光明 吴泳飞 蔡永杰 李永超 陆明强 刘学良
黄丽绵 梁相君 王炜权 周　毅 李志森 何怡良 林　奕 彭俊毅 张广钺 林泽同 叶劲飞
宋振乐 龙鸿满 何冠文 姚观坤 黄观潮 陈文军 陈康有 杨建忠 冯文杰 王才文 蔡西浩
刘洪科 卢英才 覃华东 黄中登 周振翔 陈永锋 黄泽华 陈梁康 洪曼波 孙浩文 李　平
纪湘湘 冯裕才 杨育富 张世华 高润洲 谭卓豪 曾建辉 庄瑞丽 陈杰波 吴坚宏 林嘉辉
李建裕 黄上海 周永泽 杨杰浩 肖建丰 周国友 林国聪 骆华杰 林观亮 吴林辉 杜子扬
蔡其余 杨庭旺 庞世聪 蔡宇鸣 庄引发 宋进晓 李柏乐 梁瑞棠 谭利军 曾安敏 吴东豪
马佳展 康晴茹 黄伟明 古　淦 吴世祥 赵　区 杨杰华 黎发记 潘　健 陈南佑 谭康维
林宇鹏 叶桂娟 杨媚宇 陈海艳 李金林 李伟钟 黄　健 刘　勇 陈　辉 陈书旭 周扬府
张治伟 赵凌淳 纪钦豪 陈康清 戚秋秀 容惠富

建筑工程技术（工业与民用建筑工程）

张仰卫 刘瑞泽 林衍明

建筑学

黄冬清 梁东荣 李飞青 钟泽森 魏博亓 江顺州 陈海燕 杜宏盛 冯继善 林燕玲 何德才
石铸杰 何进晓 陈文智 胡桂银 叶照鸿 崔　雅 符蓉茜 陈惠恋 何小妹 陈永发 黄韵仪
陈小强 黄铭智 梁文芊 苏俊杰 区梓雯 关颖霖 萧凤燕 李泽昆 田　炜 陈碧霞 何嘉良
何云龙 廖如均 李思敏 蔡国仕 梁思梅 周宇辉 蔡雪萍 洪伟芹 杨景庆 江子豪 杨海燕
钟裕玲 廖光斌 卓建伟 陈　鹏 黄维校 程志锦 钱继祖 刘文进 钟文轩 王雅兰 董　毅
甘卫国 曾汉东 朱宇震 肖锦辉 刘　鹏 郑颖诗 魏　彬 温育炬 赵明花 潘惠佩 黄家怡
龙绍铭 黄谨珊 卓武腾 陈　宇 何　婷 曾　铭 林嘉韵 邱文锦 潘安琦 魏庆怡 余荣栋
叶俊延 张嘉华 吴剑鸣 林玉兰 陈思希 李洁娜 李艳飞 康紫婷 庄柳洁 廖振文 娄敬辉
邹　廷 卢贤连 王凯玲 李　明 陈开杰 陈志鸿 杨雪梅 何晓珍 吴春萍 杜昌成 肖春荣
梁志杨 李敏莹 林秋洋 魏锦清 王金宇 刘艳梅 陈玉娟 张业鸿 余晓明 谭文龙 李明远
范艺娟 郑宏伟 谢应海 马　昭 罗海洲 岑燕银 黄春光 刘明月 胡晓林 冯灏宇 胡佳铭
罗文柏 孙相书 黄瑞典 关荣杰 容嘉俊 李安宜 冯敬烁 李明杰 朱楚强 江运华 罗雪锋
莫贤荣 孔敏霖 吴芷滢 谢育兵 林惠威 蔡碧茵 卢仁雄 郑哲锋 张荃荃 卢海峰 李嘉莉
黄丽娟 何智莉 方晓婷 黄子珊 周妙发 栾曾婉晴

建筑学（建筑环境设计）

欧阳振逵

建筑学（室内环境设计）

萧咏琳 梁树强 冯家鋆 黄梓恒

经济管理

包胜科 刘玉梅 许俊亮 余本庆 韩晓珊 谭娟女 邝龙辉 吴利娟 赵　倩 卢嘉华 贺庭引
何　涛 黄雯雯 黄水嫦 黄淑华 王慧英 邝玲云 谢　燕 王晓芳 邵　佳 何秋霞 王　新
曾　刚 邝欣洳 姚延君 郭艳勤 徐子德 张婉怡 朱利红 汤凤婷 梁潮晖 曹鉴仪 袁丽华
江国桓 江虹锋 黄佩雯 江佳钊 姚洁莹 邓先月 曾伟文 黄锦昌 罗婷婷 钟琳珊 李瑞根
翁宇声 欧晨晨 何凤梅 吴洁玲 邓佳丽 徐风婷 游芸芸 陈　群 付宝珍 潘志伟 彭思思
刘晓婷 蓝丽平 叶清锐 黄帆辉 吴桂武 罗经华 吕考枫 曾　斐 何名锦 江喜东 张容铨
黄福团 杜　菁 葛岳丹 李　红 黄二妹 丁　茜 胡光平 陈桂华 赵　倩 杨　慧 邹伟伟
谢宜莎 钟水金 孙　辉 李兴旺 王化利 蔡晋禄 李冬毅 习金枚 余　林 邓彩登 胡晓蝶
刘丽平 吴梓彬 黎杨妃 林海霞 李　宁 唐　勇 刘　媛 黄淑芳 陈　芳 郑学英 何双双
何美雄 王晓程 罗镇开 曾丹娜 罗晓华 申地香 田钱坤 廖玲香 陈洁仪 李鹏英 李春香
吴婵凤 邹英英 龚政欢 蔡俊贤 肖清桦 白鹏飞 吴静珊 王　浪 杨瑞格 王素君 张美容
刘兴好 谢木伟 朱健民 吕绍国 丁　满 梁锐峰 刘能柏 卢　琴 吴立红 杨家双 何加雪
卢宜发 严美甜 温德勇 黄文伟 徐远明 陈建华 危芷欣 袁晓静 龙素云 胡　静 唐　济
陈丽仪 蓝辉杰 邓成钰 潘杏仪 苏德坚 苏芷莹 林伟才 张静怡 蔡沧海 李　萍 商洪亮
周碧仪 陈伟东 钟金泰 张卫东 宋敏仪 任海钊

旅游管理

罗艳丰 李晓滢 吴红玲 郭燕贤 曹艳华 刘欣欣 谭芷晴 谢　婷 冯韦豪 李瑾玻 颜宇航
肖　瑶 屈文茵 范子蕊 祝丽芸 张　凡 陈嘉琪 刘　美 肖茗潞 杨敏怡 李　雪 黄夏秒
高雪云 龙志豪 吕思瑶 钟宇轩 杨荟斓 朱晓雯 林金吉 李嘉良 冼珠恩 戴金燕 邓淑琼
冯婀妮 林伟琼 何瑛贤 叶爱萍 李金蓉 梁嘉颖 刘　琳 何癸盈 闫宇迪 黄雅莉 谢天骥
卢诗韵 林君仪 魏雯青 李靖霞 刘丹纯 林淑慧 敖静雯 黄顺调 许新潮 梁嘉欣 莫楚茵
郑嘉仪 陈嘉俊 陈　桢 李家欣 吴泳仪 萧倩婷 冯珊珊 吴震杰 陈思敏 彭诗聪 梁慧萍
廖嘉政 何学静 卢靖婷 刘珊姗 梁慧敏 黄素珍 雷妙琪 何嘉颐 陈　铭 鲁佳丽 卢靖文
钟倩怡 王　慧 许芳源 蔡妍含 陈韵羽 赖紫颖 高　颖 李　陈 赖晓婷 吴周燕 刘晓欣
郭尚倩 袁燕婷 李嘉穗 洪旭南 谢　静 周云沙 刘美婷 赵海珊

模具设计与制造

张　力 李凤林 殷伟杰 尚永兵 杨光辉 林志城

人力资源管理

谢婉秋 劳永秋 劳　宇 李春燕 杨素娟 李　楠 祝碧丽 刘小娟 朱慧芬 方岳燕 方梦婷
周黎明 祝春莲 邓绮琪 陈梦林 郑丽珊 刘燕燕 孙曼莉 丘金容 黄自玙 陈嘉茵 刘淑君
宋彩艳 谢珊珊 朱晓燕 史小玲 刘秀英 黄婷婷 杨静芳 李星星 黄梦婷 祝　燕 陈嘉莹
梁嘉倩 梁剑锋 高　艳 欧玉秋 钟玉莲 梁珠婷 苏婉宜 张清香 梁婉仪 曾嘉颖 林红艳
何巧敏 胡铭儿 林励蓉 区可盈 黄俊轩 卢海琼 孙秋婷 肖　倩 曾宇淇 吴雨衡 李思敏
梁诗敏 谢晓东 严健珍 黄春燕 温绮华 王　芳 梁欣琪 李少琦 张晓玲 杨绮舒 陈卓锋
郭嘉敏 尤仕巧 张秀景 戚日昌 朱鹏飞 朱浩祥 刘兆楠 李　琴 冯蕴怡 赖嘉韻 凌　静
麦倩茵 陆伟楠 阮静仪 钟宇婷 杜燕冰 梁雪仪 李嘉晖 程　敏 揭春婷 关秋凤 林春蕾
刘婷婷 梁艳雯 邵淑婷 谢旭铃 李紫婷 陈雪雪 吴思雯 卢晓莹 朱丽聪 刘诗韵 郑　吉

李裕杰　张　锋　李娟仁　梁思雅　黄嘉茵　陈静仪　陈国荣　陈美婷　叶颖怡　蔡咏恩　简美儿
温彩美　张汉钦　梁影红　吴婷婷　刘子颖　朱美婷　徐望林　陈洁丽　李瑞清　姚肖英　麦玲珠
罗映婷　杨丹纯　张美纯　刘玉音　聂佳慧　龙金燕　盛吴丹　文淑贤　杜转娣　卢思敏　周浩毅
林嘉欣　郑洁萍　刘晶晶　汤丽明　林桂莲　余海琪　林健生　叶诗蔚　卢元泉　黄穗玲　谭艳霞
王凯美　陈烨敏　梁诗韵　吕少如　马艳仪　黄文婉　龙海慧　关佩怡　曹慧婉　黄丽芬　唐雪梅
梁洪瑞　吴金霞　卢家荣　苏洁柔　余浩雯　冯文敏　杨嘉敏　刘仕峰　苏嘉瑜　谢嘉怡　麦嘉丽
黎婉珊　徐桂坚　周嘉雯　朱满欣　赵凤妃　陈蒙蒙　林子扬　黎燕玲　赵镁欣　郭倩仪　汪嘉盈
林俊杰　何婉仪　陈倩琪　陈　藕　罗伟杰　陈思敏　崔兆辉　陈松滢　周永聪

商务英语

陈文飞　周文凤　杨斯敏　黄端醒　陆　燕　肖春花　胡忠意　盛惠芬　何月玲　黎欣宜　邓翠萍
张　鹃　方毓丹　陆曼曼　肖晓韵　陈晓丹　林清君　林颖贤　张春梅　梁文静　颜燕丽　班李娇
温常录　崔晓彤　罗翠萍　陈　卓　叶宝莹　庄曼茵　叶　韵　黎英琪　李　惠　周晓燕　邝茵瑶
谢典桦　林楚容　唐银英　邝冠丽　黎惠文　刘南旋　蔡旭霞　温小霞　钟晓雯　陈　莉　郑琼萍
谢燕华　余凤娇　梁茵谊　潘婷婷　黄秋雪　钟　麒　张　颖　邝婉诗　彭淑萍　徐冰洋　林雪花
陈泳蓓　江婉华　徐嘉庆　莫慧静　李佩馨　何柠诗　张丹贤　袁咏麒　徐颖贤　曾稚雯　冯嘉宝
王彦璇　卢结文　夏忠露　梁慧君　谭健仪　叶玉珍　招婉仪　阮汝弟　罗浩贤　李凌芷　黎　娟

市场营销

胡琳舟　曹英杰　吴胜智　吴锦妮　陈　鹏　刘东平　刘小坡　钟桂花　夏舒婷　徐艳如　陈琼华
陈瑶瑶　杨美煌　秦东平　詹鑫如

项目管理（建筑工程）

陈　涛　曾建章　梁龙光　胡　杰　张学林　符加召　周琪琪　余荣锐　李著辉　林　桃　何帮毕
胡锦彪　赵旺辉　李志豪　潘春英　吴叙麓　林楚智　郑松鸿　钟　文　李晓丹　钟　临　黄炜亮
邓新苗　阮照杨　蔡沁宏　邝达康　林晓敏　江沛华　喻新华　孔彬汉　司徒海杰

学前教育

陈凤娇　黄小燕　区炜琪　涂嘉怡　魏晓燕　高思婷　陈泳诗　陈阳清　樊晓洁　张洁玲　黄杰容
石健明　张慧琼　叶诗韵　陈燕平　黄丹怡　李　敏　廖敏如　付小凤　吴柳珠　贾艳秋　梅舒茵
李嘉欣　骆惠雯　程玉燕　吴晓玲　杜文姣　陈梅芳　徐晓君　何玥彤

艺术设计

杨少芳

2017 届网络教育毕业生名单

本科

法学

陈东扬　费润峰

计算机科学与技术

陈雪雨　黄兴祥

专升本

电气工程及其自动化

钟共伟　麻李文　林华伟　陈智勇　赖宇程　吴国昊　陈名庭　梁志伟　梁暖祥　纪旭东　陈永洪
谢　斌　陈键通　涂丽萍　高国华　陈　翔　刘　俊　刘志钧　罗　煜　谭社曙　温智涛　林晓彬
罗镜源　郭双利　刘季畅　李　建　赵少林　梁　建　李钊洪　李广赞　李伟斌　骆冠文　郑远锋
陈钊海　甄焕财　王楚平　黄有志　郭怡鹂　罗振志　陈文斌　林　健　张晓云　罗国洪　陈舒宁
彭子林　王太平　李庆华　李伯仲　许鲁平　刘广彬　胡　峰　潘甲之　黄汉才　霍腾飞　郭劭川
李镇宏　祝红华　刘伟亮　陈　睿　林文海　刘　霞　闫润生　姚孟浩　蔡冰林　李延东　张　熠
陈永国　汪嘉文　肖家伦　汪利程　黄伟明　叶文睿　叶兴业　吴帅帅　罗　园　吴碧琪　郑智伟
钟　秋　刘海平　胡超君　杨卫峰　麦坚强　曾庆祥　林启发　何　雁　张雪辉　梁晓彤　苏练杰
刘占勤　敖宝安　苏伟文　蔡柳荣　申利同　陈国华　范秀峰　林绮妮　吕嘉颖　胡志雄　陈慧科
刘庆文　苏坚平　叶剑锋　方少伟　郑丹涛　马永涛　唐　帆　梁建锋　李　炜　杨永伟　李炳华
李清波　梁冠贤　卞　青　周晓聪　黄明国　吴伟鹏　黎嘉俊　李柏辉　李伯贤　李超常　吴贵华
陈　林　蔡洁娴　朱雄涛　罗钦宇　余细妹　宛　琰　谢志华　苏淑娟　肖悦佳　李柳富　车盛华
王燕荣　戚世仑　吴景津　卓越勋　黄　苗　陈　勇　陈家琪　袁伟杰　林振宇　谢程孚　钟嘉明
黄天里　田博宇　黄中华　谭军仓　罗　瑜　陈棉茵　陈泽瑜　陈　榕　曾晓婷　邱燕君　戚杰文
李志文　莫志健　莫李广　何　桦　刘俊滔　赖　生　蔡仁成　邓文贤　廖远东　蒋万里　马　高
林燕科　刘锦文　罗　嵩　吴家辉　钟志强　蒋志华　廖　强　李国强　刘洪伏　林志申　卢　革
刘　旭　武朝政　刘远快　刘秋戌　陈华奇　朱　行　刘子强　邹　健　胡胜优　杨　创　温杰明
胡恒生　钟富裕　翟观勇　戴仁凯　赵宏达　周健荣　潘宝健　刘　洋　林　剑　孔盛权　谭家敏
岑源佳　黄伯聪　魏天超　李铭毫　黄冠文　陈广超　陈小丹　曹明聪　邓小玲　杨哲新　刘浩雄
张金平　吴晓勃　叶智豪　胡坚河　李晔璐　张援杰　林瑞秋　匡增平　李龙飞　张咸顺　洪伟强
黄奕宾　张健强　袁龙兴　陈　宇　毛宇建　张　昆　刘　欢　王周毕　何　豪　腾寿鹏　张惟芊
段垚鹏

法学

赵米生　罗　琳　游菲菲　钟明慧　黎绍光　张紫杏　罗辉艳　赖旖旎　李　菁　陈韵轩　焦　楠
张　利　罗宗幸　李祝斌　张　玲　赵必程　黄晓丹　张建华　周开吉　吴会军　王建辉　林明宏
李丽贤　曾荣杰　黄春媛　林美华　吴丽青　张晓聪　谢树彬　赵紫莹　黄桂林　李武军　陈侃正
温肇鹏　陈颖欣　区雅欣　李林峻　林伟明　陈裕盛　郭恬聪　李志洋　刘静文　康朝浩　张　颖
区咏怡　韦一波　冯冠成　江秋霖　欧阳富　刘志霞　成光伟　黄月美　郑振阳　余凤屏　黄曦睿
陈　超　罗碧瑶　沙　飞　黄　超　石镇豪　吴金道　黄尚志　冯杰鹏　区德洪　蔡贤聪　曾志伟
李锦添　张　雷　贾晓坤　梁志云　王玉芳　罗玉华　李晓君　李　华　张　率　车玉宝　王建荣
杨　晨　于　堃　陈　永　肖　飞　杨　勇　郑永坚　陈云骢　樊宏泰　徐凯茹　罗　胜　刘柏濡
郑柔红　何冠华　梁秀芳　刘霍斌　严晨浩　邱惠玲　何文进　周树森　黄佩仪　潘业成　赖星夫
丘　芮　骆志宏　洪扬成

高分子材料与工程

祝　元　褚晓东　张建鹏　罗志强　姚　深　徐　乐　郭　慧　贺晓青　欧阳冲　张超宾

工程管理

梁广林　游达权　何智鑫　陈上铭　孔庆览　许彤彤　吴建华　戚　亮　卢　华　曾　萍　张办阳
肖海珍　陈立荣　陈维鑫　古家威　郑俊廷　陈智斌　李　虎　李德俊　赖向阳　梁广练　陈志明
黄晓烨　白碧波　戴艳珊　吴树坚　林晓杰　邱小荣　黄义高　孙仁清　何　潇　汤致荣　宋玫瑰

何泰浪 邝水洪 吴乾利 江永前 梁兆峰 黄丽娇 王建军 陈龙选 杨子交 庄晓升 蔡泉淼
从玉杰 王伟廷 林兴彬 谭昌荣 赵渤海 孙钜兴 苏李燕 杨高红 梁宇君 季 磊 董伟恒
黄家财 吴茂海 张德源 邓文芳 程耀炜 吴兆斌 余湛铭 赵二洋 林嘉华 赖国权 赵 洋
岑霭芬 陈 毅 刘鸿辉 翟瑞燕 谢卓辉 王 倩 邓文新 廖远东 周炜杰 叶艳飞 何兆鸿
黄展鹏 赵明明 刘春兰 黄昌富 侯振华 冯灿文 钟志炜 叶雨阳 梁建龙 周 凌 陈立亨
易茂祥 龚智超 余婉晴 邱 娟 刘春莲 陈其勇 张健恩 潘少锋 陈 皎 骆 林 叶琨瑜
卢敏婷 苏颖诗 熊 英 马耀鹏 陈翠娴 黄卫星 何启忠 邱泽鑫 赵艳萍 陈学宇 梁起超
蔡柏全 余亦笑 郑利青 黄赀容 李嘉健 胡德锋 徐志豪 罗文锋 凌飞奕 黄 韬 龙章虎
李秋明 钟 桥 陈 斌 陈翠连 蔡铭祥 吴丽华 洪银欣 雷德钊 梁庆亮 杨金歌 肖 雪
杨 福 罗泳豪 席 盼 邝伟文 张诗忠 张宏周 王一多 林 艺 刘达旺 邓梓默 蔡茂春
毛韵荻 彭敏华 关 宁 曾昭远 罗思怡 高升彬 黄新平 梁佳振 余惠芸 赖俊辉 孙俊超
张明静 林昌永 黄文泳 张 广 林晓斌 林希璐 贺文芳 唐浩强 刘付景 姚金妍 刘燕锋
洪悦平 林锦鹏 闫大干 王 然 毕镜华 钟桂娴 练桦林 欧胜榆 黄显喻 吴海坤 张俊杰
李 刚 徐柱铭 刘恺悦 肖迎迎 彭素新 宁连英 杨春莹 李登飞 胡 洁 黎志爱 唐锡鹏
邓家春 张 杰 戴永健 刘志恒 张浩才 张乾汛 陆友春 谢超娜 莫正生 汤志强 孔宏国
林天伟 龚昊骅 唐大文 郑海君 成文锋 金莲虹 周博宇 林棉洲 谢顺斌 陈 林 曹 灿
许高华 戴学力 刘小兰 周国明 梁卫红 陈瑞鑫 吴春婷 唐桂香 于晋伟 郑杰洲 董文亮
曹长亮 段传志 陈智衡 王 轩 张生富 黄玲娟 郑红霞 郑广盛 李文志 关晓君 赵崇生
林新雨 李统彬 莫海罗 周 映 黄昭童 雷锦伟 林静仪 郑冠宏 彭 刚 姜庆伦 吴丽业
梁汉球 谢昭武 许钟海 余忻慈 黄志坚 陈校佳 邱钧生 陈小娟 黄立成 肖素威 万荣兰
沈荣华 邹方园 邹玉平 陈小玲 江 盛 林伟浩 张建平 王爱科 崔艳新 崔仲炜 黄全彬
梁俊伟 曾彬洋 陈小娇 罗兴才 甘 鑫 钟俊杰 余 敏 蔡明川 叶丽锦 刘东海 严少雄
张 航 邓 洲 游晓伟 李召影 郭凯敏 黄学麟 邓 伟 黄利锋 张 琼 廖 媚 常晓俊
钱 琳 黄志刚 何灵静 蔡俊义 冯文威 梁开宇 胡幼浩 吴镇威 张 文 饶政豪 刘志威
周锦施 廖庆对 李玉婵 李林娣 卢创滨 潘建新 袁 腾 张 元 凌冠森 麦天论 黄乐逵
汪昊阳 周则衡 张文敏 韩 雪 毛洪炜 林 绚 余玉梅 董皓恒 汤晓冰 张 强 黄翠霞
黄国什 蔡浩钿 刘凯奕 李景华 何家照 邱垂杨 关稳文 詹京龙 梁炜鹏 谭华响 慕力基
何伟明 邝德添 陈毅龙 李彩华 曾文强 孙志娟 胡丛秀 孔 利 陈锐鸿 陈家良 梁楚豪
覃彩新 王 浩 李荣发 李晓廷 肖 敏 黄泽民 陈燕清 谢德明 李艺燕 郑广城 谭丽娜
罗国欢 陈碧霞 黄锦华 孙江波 李富泉 庄欣美 黎清田 蚁振焜 李春薇 吕小露 麦嘉瑜
张壹坚 周 丽 易春美 罗育超 肖 洒 刘晓佳 郭余忠 黄增田 练达成 黄德荣 刘俊豪
黄华展 谢文生 周永强 廖晨希 潘炳华 张艳阳 谢云英 邓 斌 马志明 叶有为 卢菊婷
刘远锋 张舒婷 陈 文 赖子健 林洪宇 沙才栋 杨越淞 林子文 张 威 曾耀强 柯咏中
罗智伟 邝金远 谢克健 陈林英 邹浪涛 王茂冬 丘浩文 李伟豪 叶国钢 温燕烘 印宏亮
张大栋 利 燕 刘 阳 赵佳佳 汤敏华 龚信荣 韦生梅 邹利锋 崔志浪 欧 丽 赵波婷
洪继涛 李富迪 郑杨杰 赵晓东

工商管理

曲海辉 廖凤燕 高添芝 赵 毅 冼结云 林石明 谢新林 张嘉良 李佳燕 杜焯维 黄秋金
李国策 刘玉欣 戴 纯 余家亮 谢晓建 李志星 邓 西 洪才利 谢炎东 张中胜 朱凯峰
李志星 黄 兴 吴少梅 李桂鹏 洪 月 卢文芸 俞 颖 陈嘉盛 陈 奕 周建军 李爱妮
龚木兰 彭东升 甄穗雪 李 标 祝元柯 林伟青 陈虹莹 石再庆 黄 晨 詹日华 明相利
刘菲菲 翁 挺 李 剑 欧阳智 梁文彩 岑立全 方开婵 严圣平 邓慧英 郑碧莹 梁乾辉
方 献 陈广辉 关贺天 黄家程 李慧君 黄英培 曾天阳 朱桂玉 杨 榉 郑 威 吴梓健

曾丽云 罗舒甜 梁逸文 徐毅俊 唐欣如 周洪忠 车慧云 戴育兴 李　珊 骆志勇 李　颖
卢啸龙 何建栋 刘鸣生 林志浩 李　海 徐鹏志 彭昆松 梁业东 薛浩升 邱棋星 沈奇伟
陈　超 周嘉伟 何新民 黄杰辉 徐本洲 周新强 冯　晖 王世根 贺　超 凌家悦 张叶子
李思琴 戴秋雅 皮　培 陈东现 周从珍 柯树略 罗发亮 李　娜 陈安江 黄素琼 黄玉玲
谢国军 林楚敏 甘　霞 陈汉民 陈　丽 罗伟桥 陈　斌 曾庆华 徐国添 苏聪颖 程　鸽
潘用军 黄永秋 温少洲 林绿野 罗青青 曾　斌 周　宇 张志生 吴俊勉 吴俊毅 闻竟惠
罗飞婵 李亦炜 陈普腾 毕晓丽 林沛生 罗凤思 张晋蔚 黄　凯 洪卓晋 欧穗峰 张海丽
何少磊 叶　娜 赖　芳 江　虹 林莉珉 曾金辉 刘金雅 陈彪洪 阳美超 阮嘉慧 赵禄麒
韦海啸 朱伟健 黄俊安 伍梓帆 陈丽娜 刘铭辉 刘桂苑 武金男 陈　悦 冯晓红 游凯杰
李永青 彭新华 薛学博 黄一福 张文辉 陈　斌 庞　骏 梁凯棋 黄古月 王险峰 陈秀华
邓棋玮 崔嘉伟 徐　纳 李瑞裕 刘颖枭 黄全鑫 陈宏礼 罗俊杰 谢达成 文镇杰 陈　馨
曹文丽 王碧萍 叶琳琳 杨建奇 赖玉燕 黎诗琪 陈　焜 李美实 杜立峰 曾晨香 吴伟健
陈　杰 张锦中 赵丹莹 陈　斌 左晋昌 孙圆翔 唐伟栋 黄庆棋 张志明 马立萍 李伟良
卫永锐 江烨华 王梓亮 赵鹏翔 伦荣军 黄芳芳 张国辉 方叶云 彭　梅 杨　丰 周茜茜
邱晓斌 邱月菲 陈锦源 王新栋 邓　君 周　毅 冯诗韵 李钦城 宋爱玲 林　哲 梁　俊
林淑铨 张礼广 陈文权 罗　原 陈珊娜 齐诗韵 陈晓林 陆丹桐 唐雪丹 戴　灿 陈智健
麦伟达 左哲霖 徐士勇 吕小芳 陈卫华 林耿邦 左嘉凌 张嘉昭 蔡绵锐 王治强 李柏豪
冯炜健 江健文 谭　靖 梁定超 黄一真 伍儒达 赵　勤 梁昌肇 唐书慧 胡子健 杜　康
李露斯 黄彩霞 骆海玲 钟绮莉 黄文东 林　淳 施焕高 林东涛 谢绍聪 汤浩贤 詹泽锋
苏雪莹 杨兴隆 蔡淑贤 张明杨 江永成 余潮鑫 黄玉锋 韦厚准 余子豪 孙慧明 卢结珍
刘新英 李伟康 宋　娇 王梓兴 陈承庆 刘桓宏 张靖雅 龚雄天 罗沛荣 刘湘中 邝晓黎
刘志政 黄明汉 钟小贞 叶国先 梁凤儿 陈洁莹 赖锐鹏 庄伟华 蔡永坚 莫坚鑫 方美云
黄　骏 周日鹏 颜演刚 戴海杰 杨玮琪 朱宇玲 陈嘉和 罗绍基 陈辉剑 艾　敏 肖继发
卫　武 宋惠超 廖子仑 冯果果 刘文捷 梁　竣 吴剑平 罗　娜 何嘉裕 蒋祥梅 王湘江
刘振文 曹以超 郭梅珍 刘申坤 杨光欢 修　毅 李红丽 杨　战 卢嘉慧 冯翼聪 何　通
谢欣恩 陈穗慧 王　翔 袁丽英 张丽娜 陈燕敏 蔡玉容 梁伟业 罗碧璇 黄　亮 黄荣兵
李实超 房爱洁 冯文强 毕咏梅 陈竞利 曾庆梁 许金娇 赵　恒 蔡敏恒 邝焯东 陈思彤
陈海宇 余丽懿 黄定娟 陈海燕 朱小毅 徐岳媚 余　丹 张晓华 许凤莲 朱嘉华 李丰涛
王春莺 马志刚 冼慧仪 黄燕华 徐　凤 邹启健 许黛仪 林昌仕 秦施韵 董穗琦 李晓菁
张　博 白　阳 吴晓铃 梁文娟 许明海 甘梓杨 刘泳鑫 孙少鹏 李　欢 黄　煌 黄慧敏
邓境辉 童永康 余　敢 曾玉华 蒋建军 谢庚桦 周汉林 郑振胜 陈旭玲 涂清申 尹纯德
郭婉君 孙嘉蔚 刘博蔓 陆　婷 任兵哲 陈川林 梅倩韵 温嘉华 吴景辉 张　粲 陈金莹
周志昌 谭杏弟 陈　浩 马文泽 黄靖熙 余　英 陈黎阳 陈丽梅 曾　桃 黄泳聪 卢想林
曹雪华 潘毅贤 梁　艺 陈　维 梁玉君 陈熙春 黎嘉静 夏桂娴 卢嘉龙 吴虹林 冯颖诗
谈海燕 林凤梅 王　祯 刘敏锋 姚为维 朱碧丽 艾丽蓉

国际经济与贸易

曾新平 余文豪 杨鸿晓 朱雅风 郑小美 王文强 蔡嘉雯 李焕儿 袁　茂 王文裕 郭清松
张丽娟 林展鸿 张惠诗 梁石芬 吴春柳 谭诗诗 陈　浪 温丽舒 胡佩雯 贾广涛 陈文清
钟冬梅 戴　敏 温碧红 王小青 宋显龙 李洁欣 杨文荣 李泽玉 庞钰雯 叶翠华 钟楚莹
霍欣妍 刘振中 王晓琪 陈嘉雯 梁　展 徐　瑛 肖辉艳 陈嘉惠 谢丽兴

过程装备与控制工程

李永健

行政管理

何依珈　罗剑航　史圆圆　张　玲　莫志辉　张　丽　朱坚彬　王　婷　王　芳　杜　华　覃杰劲
黄文杰　李晓丹　乔扬婷　肖永志　古耀辉　黄志廷　蔡卓杰　陈斌斌　赖玉谊　黄万理　肖丹纯
杨柔玲　张伟强　胡思巧　林淑英　叶耀钿　叶耀堂　叶荏球　莫炳才　文伟森　陈惠仪　张姗姗
文伟忠　林浩文　林紫欣　李梓妤　潘丽萍　高丽霞　张维德　钟　雯　张春艳　杜品品　黄权辉
黄章兰　江炳航　孙浩升　张慧娟　王丽英　盘俊美　黄应文　黄俊伟　孙文丽　张国斌　郑湧武
陈家栋　黄立青　倪东宇　黄梓荣　叶炳源　黄子茵　许大尉　高瑞波　陈　洁　肖慧慧　陈灵山
胡庄源　李　飞　黄光毅　曾珊珊　李　颖　董译文　王永红　张秀秀　陈丹婷　刘雪敏　何金英
张亚彤　黄世华　杨启峰　卢灌彬　聂靖雅　吴日锋　彭春杰　罗桂辉　张皓贻　朱小波　罗洁媚
谢凯琪　施聪玲　林耀权　梁巧仪　邓伟聪　林　霞　黄小冬　陈家栋　马珊珊　邓永行　张晶晶
赖子建　马丽红　梁永铭　李冠军　许秀云　陈嘉琪　麦华熙　谭健豪　杨海东　康伟锋　李鸣辉
陈达明　陈运钧　叶继洪　林春华　李明智　马兴凯　肖　越　李　雯　杨　醒　丘飞龙　缪丽娜
叶耀聪　张　乔　方　圆　张　莉　马韩俊　代德光　刘　鲲　黄泽坤　谢文惠　陈家锐　徐智成
曹赞科　马卓文　冯杰俊　陈志明　区淦文　刘泽华　岑依丽　尹正强　高　丽　廖国志　赖惠敏
仇健尧　卢宝仪　陈瑞芳　沈志远　冯家俊　仇健彬　黄彩英　梁燕姗　谢海泉　谭燕萍　黄清怡
张振中　李宗尚　唐舒颖　潘斯莉　黄金华　叶永新　任祁桢　曾锦传　吴　协　黄云雅　曾　志
劳荣宗　邓晓婕　成春燕　陈志光　吴美娟　黄　健　李坤洋　袁慧仪　邓婉姗　林艳艳　任美云
张　燕　林金玉　莫健豪　何耀辉　徐建凤　刘仙琦　张永群　卢文耿　何水莲　黄绪勇　林静乔
杨　祺　蔡　智　李素芬　陈燕纯　傅军节　梁福安　宁　飞　黄锦美　陈露静　钟琼妹　谭绮君
刘　徐　刘智威　李海英　王　玥　王　璧　王静雅　叶颖卓　郭淑仪　陈文颖　吴清昊　赵晓菊
阳　莉　王广权　盘伟河　杨晓艺　何泳昌　江妍冰　罗春花　彭燕霞　李　赋　彭雪梅　闻　悦
周　平　应倩雯　许舒敏　伍国严　郑湘玲　赵玮奇　张石光　刘　佳　喻　烨　吴海圣　柯汉群
曾家伟　梁伟兵　杜　静　贺丽文　班　伟　林丹娜　李淑君　彭利平　叶凯波　陈庆南　陈　春
李慧容　郑　嵘　梁炎棠　张志恺　卢碧华　耿明月　雷　威　危少娴　黄勇棠　祝　莎　李志明
梁宁宁　胡　颜　官贵彬　杜文俊　陈红霞　陈艳芳　黄云清　吕佩娴　陈佩芬　祝文静　汪升荣
陈　宇　丰小虎　赵玲娜　林少涛　张　华　吴绪果　唐剑挺　李　佳　廖静雯　杨金娥　王　赫
郭立豪　楚吉见　翟桂发　温嘉成　区栩颖　骆惠英　李雪梅　陈素丹　吕伦亚　刘红梅　李晓燕
石文清　陈炳坤　黄　琼　汪雪纯子

化学工程与工艺

陈伟华　张立永　李　旭　张风坤　都业强　蔡文彬　黄金木　陈伟强　李　辉　李建东　邓一平
林隆新　皮晓东　靳克杰　张小锋　彭　勇　车良健　代文宝　张永泉　刘小喜　周清元　邓醒龙

会计学

杨　燕　刘　莉　马玉梅　黄国杭　招晓琦　袁玉梅　陈元星　余扬肆　刘吉玲　李　莹　曾丽瑶
刘伟燕　袁湘斌　黄栩菲　陈玲巧　陈　琪　罗杏金　温　金　梁志荣　冯婉诗　杨静维　廖欣宁
许雯欣　梁清枚　唐慧如　潘学敏　王锐娜　冯惠琳　蔡德君　赖逸思　陈静冬　阮自立　李美贞
张嘉颖　黄丹红　杨美欣　许洁梓　周晓芬　林嘉欣　孙　飞　郑晓芝　刘　娟　邓　岚　王美兰
韦凯萍　陈　娣　陈国慧　池小凤　蔡庆君　张瑞云　黄仕珍　钟东城　叶锦森　阮万能　何　玲
高玉卓　区成嘉　庄明华　谭韵红　梁丽燕　王　萍　马球桃　李彩英　李巧兰　吴　欢　邱　瑜
彭春柳　邹国丽　唐仕梅　刘满姣　张　敏　胡可石　蔡丽雅　曾美玲　李佩莉　陈晓成　冯以宁
李远欣　李冰纯　肖艳霞　吴敬莲　杨敏仪　孟　娟　张文逆　黄妙霞　陈榕苹　冯秋香　尹晶晶
刘文娟　温晓红　肖心怡　袁明珠　罗玲玲　颜哲人　钟妍娜　欧子桥　冯中琴　郑奕纯　郑敏华
黄丹平　邓海波　马佩虹　许夏静　张楚浪　赖　媚　黄美兰　陈红凤　廖素杰　熊旭冲　方　琳

卢可琪 林惠芳 林少玲 潘思华 郑伟萍 张 帆 周秀仪 王雪涵 杨春磊 梁嘉婵 吴永红
苏淑桂 崔丽敏 钟嘉燕 冯 蕾 符淋侥 曾群艳 谭 洋 王梦漪 刘艳萍 李 巧 刘星星
薛 明 廖冰冰 王 宁 林 斌 丁秀娟 龚思华 吴嘉雯 彭葩卉 谭楚君 谭婉平 许秀萍
戈洪亮 付满英 杨 帆 裴洁莉 唐志光 邓 臣 陈晓玲 李丽文 丁慧芳 黄秋静 朱屹婷
区婉莹 冯亮桃 刘 云 马丽珊 潘晓玲 卫小丽 郑晓华 唐美凤 李文渊 黄彩梅 龙虹辛
钟雨均 梁金莹 谢醒丽 江银霞 蒋慈霞 陈沛洪 马宏乐 陈 曦 魏嘉丽 张秦秦 黎新颖
汤晓君 庞家富 黄其霖 王燕歌 马海晓 邓文花 刘 丹 唐业凤 夏柳英 郑 媚 陈丽红
陈娇梅 钟世娟 陈彩燕 黄赛宫 王月萍 刘梅香 林晓静 任永莲 余蕊楠 潘丽苹 涂利芬
于紧紧 吴远芳 何惠仪 黄惠青 靳瑞丽 莫雪建 林采绿 关志清 游映茹 邝慧旋 杨勤星
蒋永桂 陈彩霞 蔡宗佐 钟飞虹 朱晓洁 邓凤娇 邓鹏云 张柳欢 黄静雯 吴晓燕 任清霞
陈 凯 张惠平 陈月莹 叶艳清 黄后成 饶小娟 余华娟 黄春华 温艳华 杜新意 戴幸儿
刘 红 杨彩云 周庆兰 陶 菲 钟智华 喻 芳 许凯祥 孙 昊 段巧丽 黄金华 郑晓珊
周敏霞 余玉婷 周小玲 丘志均 霍婉婷 颜华珍 罗孔山 谢利芹 林汝莲 陈小翠 林秀蓉
梁杰敏 官玉秀 陈秀向 向 荷 林琼文 阮天佑 谭 华 刘 迪 赖丽娇 潘 艳 曾冰冰
李东娇 黄雪燕 黎满英 何 伟 黄建文 陈海艳 王丽江 陈利娜 肖珊雁 张红英 谭爱琼
朱燕玲 吴珍红 刘志勇 陈夏莲 刘美玲 钟玉英 黄春霞 胡小翠 张俊熹 植锦涛 李敏芳
区耀强 陆翠英 张蕴光 黄 威 林秋苹 沈丽珊 余世钧 李晓丹 冼传明 杨志婷 陈美皙
黄琼锋 陈琬冰 陈宏辉 张雪莹 邝 玲 梁丽馨 莫智英 林义彬 梁嘉敏 吴华永 李 琴
郭智恒 丁 姿 黄赛庭 覃春碧 刘丽银 张 婷 韩 艳 罗艺婷 邓秀芳 张丽雪 周敏华
邓 玲 梁文懿 杨贞贞 钟敏仪 陈立华 陈永成 彭一君 张文秀 王琼芳 李惠常 林 珍
黄 瞳 陈金铨 梁颖贤 黄翠婵 李肖达 张 婷 曾 静 彭诗祺 刘凤桂 韩瑞云 陆 敏
李红健 兰慧萍 尹剑楠 潘 跃 李泽慧 徐伊婷 刘泽宇 周 明 李 悦 宫秀丽 李晓菲
薛永银 林雅文 龙江远 张 燕 李 丽 谢子琴 陈小婷 赵君权 吴 亮 吴 瑀 张 燕
张婷婷 彭彩美 谢丽开 甘玉虾 骆海燕 郑丹妮 胡晓君 李惠玲 李敏淇 霍炳海 何绮雯
黄海珍

机械电子工程

郑海青 左津津 陈瑞飞 冯华彬 古敏聪 林尤松 张少勇 王祖清 何孔文 欧阳检 李善平
蓝金鹏 吕文彬 何敏钊 张玉良 黄庶锋 潘先君 曹金珠 黄江波 陈铭圣 吴铭标 成传发
龙飞驰 江敏灏 梁伟明 张军亚 王伟胜 吴彦文 徐文平 李国能 郭龚有 张新闻 张东顺
吴华宏 田育新 李永强 伍俊仪 陈锐度 冯长征 周光全 黄晓榆 谢汶峻 戴永就 肖 潇
姚伟豪 蔡泳波 倪文海 程光伟 张新明 冯顺球 曾治钧 王 磊 游卫刚 余嘉乐 林永泰
谢跃锋 梁楚权 管小军 黄焯钜 张盼盼 周英光 陈明枝 梁 垒 王泽智 周 波 曾献能
敬新乐 陈双佳 刘锦艺 张年香 谭森华 刘 超 崔凛然 阳安喜 吴慧君 李先欣 刘宗添
胡建堤 谢 峰 卢浩昌 龙啟志 陈中义 李志高 周金和 李吉超 赵春林 黎耀光 李彩艳
刘佰祥 刘 琰 韦富文 王金飞 陈俊桥 罗海强 卓良福 吴佳煜 刘卫明 赖传伟 潘升辉
何志超 利耀华 张金华 谢建明 潘国行 林剑波 周先成 郑年志 马永亮 赖剑锋 吴海峰
吴送宝 王 虎 何嘉伟 严仕传 张铭杰 张晓燕

计算机科学与技术

温成坤 莫建朝 林 迪 陈建新 李 聪 钟 晖 马英雄 谢春莲 李 洲 赖冬宇 赵佳男
徐 阳 肖 毅 龙俊澄 唐思明 卢炳校 蔡少鹏 陈 剑 冯达成 何勇波 孙嘉伟 朱清云
刘海利 林钦宏 林福亮 钟万安 魏嘉文 于 莲 杨兴汉 程 焕 陈上河 刘 斌 肖 毅
单 明 梁晓君 刘永波 申 奥 黄冠文 谢建辉 黄 靖 王钊彬 韩俊州 黄亚辉 冯玉森
余妃谋 刘颖泽 余鸿谋 卓礼梅 陈国俊 黄 威 严 波 肖 超 马国平 周凤云 尚新宇

宋志新 许忠锐 杨永乐 文志良 李宜顺 饶　超 唐志伟 巫　丹 梁凯辉 李敬发 潘炫坤
庄俊豪 苏力祺 陈宇学 杨柳绿 刘经湖 葛新泉 杨智强 赖　敏 刘　慧 李剑涛 钟远志
陈　仕 吉登清 孟敏雷 傅学庚 劳健明 吴铭铭 庞　杰 陈健伟 杨敬麟 刘泽铭 杜俊超
严子真 梁家豪 谢剑明 刘　坡 王海彪 区晴春 廖建新 郭志汉 宋　勇 陈文添 谢连生
许　悦 祁　冰 黎柏满 徐俊华 程　彬 龚　勃 冯文瀚 卢智勇 谢树健 区英鹏 袁慧胜
唐连国 吕　维 肖华斌 陈耀宏 何哲燊 李俊雄 林大校 叶锦桐 李家丞 伍小丹 陈晓燕
江启轩 欧小豪 李　杰 曾天焱 杨凯仁 伍日扬 陆智杰 黎蓟桥 陈新明 王广志 骆智锋
陈成栋 赖建伟 张　柳 谭　黎 范广钊 谭玉珍 邓力维 林　焕 黄圣飞 于维涛 黄文添
陈永坚 郑子龙 何志良 周安宇 刘毅华 卢俊安 陈楚龙 杨伟峰 潘　伟 江海峰 何施汝
陈杰华 袁　宏 付海莎 金宝荣 李　臻 陆荣国 高云君 黄朝林 颜新明 潘　闽 谢杰锋
王义雄 陆亮康 黄剑辉 俞　斌 谢宇劲 陈　亮 苏翠霞 梁伟超 冯特辉 彭　立 肖智斌
陈志坚 梁锦祥 刘　斌 陈永洲 张少斌 李就鹏 梁靖斌 张朝芳 黄苑尧 周浪雄 谢欣泳
潘伟钊 宋国云 李　欢 陆　林 余海霞 欧阳木华

计算机科学与技术（动漫方向）

梁柏亨

计算机科学与技术（软件技术方向）

梁梓健 邢恒嘉 骆子仁 梁　超 冯建毅 谭靖康 林显腾 肖仲鹏 吴文锋 李洪辉

建筑学

岑星宇 董　飞 罗健太 杨润浩 叶志源 李浩斌 谢春粤 蔡俊杰 张亚雷 饶健裕 林家良

金融学

顾丽霞 莫挺皆 方学优 谭婉盈 王先旭 刘志明 何林春 吴丽燕 钟朝璇 钟秀娟 钟兰娟
何丽梅 丰元清 林汉彬 林小敏 孙　霞 曾　茜 温东芳 梅江红 程绍富 董伟华 卢　琛
郑艳冬 李小峰 林阳川 李　欢 成　淑 朱双菲 罗远亮 彭丹云 黄宝填 陈伟强 周明菊
朱广雄 夏刚强 别凤琼 朱庆明 周杜权 李周辉 温智勇 吴晓婵 尹成娟 邱喜浩 甘后华
肖　斌 杨康明 窦怡欢 蒋　冶 许　峰 周　华 陆少毓 丘小苏 李泽彬 杨铭东 郭少芳
陈　辉 熊家新 陈斯慰 张子铭 梁桂花 张友来 韩　敏 李惠芳 黄燕华 吴春兰 游陶莎
郑志祥 郑彩珍 巫泽健 黄俊杰 李志红 叶嘉浩 李燕宇 梁婉怡 陈浩光 李会会 詹　斌
管兵冰 李惠敏 邓宝强 陈铸斌 苏健辉 张　玲 查兰芳 文海燕 周咏梅 严军雄 刘　敏
尹学亮 梁敏华 周静明 庞丽丽 谢国强 潘晓虹 谭家明 姚泳照 黄　莉 林安娜 区妙芬
潘晓薇 余爱桥 任星宁 魏文琼 何杰明 监燕妮 张慈花 陈景华 邓少婷 廖彩凤 梁浩挺
马芳亮 罗影红 丘丽莎 唐玉连 朱继军 陈焕英 陈景雄 李天惠 曾国霞 梁柳涛 梁少坤
刘春城 朱　琳 严建华 陈春岭 朱亮醒 张堃仪 周高梅 林彩虹 钟祖旺 仇　超 张冠彬
杜婉红 张培嘉 张韵仪 陈润铭 许伟明 郑春兰 刘民燕 梁琴妹 郭晓敏 李红燕 赵美芬
陈善禄 黎淑庄 李惠婷 何日辉 吴淑玲 陈南海 李建福 张世航 陈晓填 王别野 蒋为乐
李双霜 何小娥 何冬霞 刘韶俊 邹　旋 谭荣富 邓若冰 沈丽娜 张国梁 林燕媚 吴泽亮
严秀群 汤　艳 黄爱莲 严淑欣 马瑞志 陈升展 李志威 曾　卉 黎伟彬 郑晓辉 李春泉
秦　涛 何　娟 陈建雄 何　悦 王羲文 林依娜 廖　玲 卢　燕 林嘉雄 陈丽清 徐雪燕
源劲延 刘国胜 吕石清 胡少玲 林敏池 楚凌平 吴嘉琪 李劲韵 胡洁芳 张木兰 张裕平
林静君 郑碧珠 黄小红 张彬彬 曾国能 萧绮雯 黎海燕 李宛宸 冯杰超 姚欣鸿 孙　绥
王艳丽 李立夫 梁水凤 周文贞 王小洁 万河祥 何嘉雯 梁志键 吴汝东 高占选 田　府
王君妍 匡旭旭 赖对发 陈智文 孔莉燕

人力资源管理

张嘉华 谭丽香 陆永安 刘　莉 李咏施 郭方成 罗凡英 何月嫦 陈慧齐 施棣欣 王怡春

王　芬　韦宏媛　梁诗婷　郑　勇　廖科文　李玉聪　龚彩丽　黄卫红　李　萌　雷　敏　谈倩姬
张　葛　张书华　林福秀　李华峰　黄婉玲　许小妃　郑焕静　陈建钊　黄嘉敏　朱海燕　郭婧婧
郑思婷　张颖雯　刘碧茵　苏桂文　李新兰　杨文芳　肖淑少　郑少暖　赖建业　郑艳丽　郭楚欣
刘采昕　程涌纯　邹青霞　曾雪英　罗志贤　李焕枝　吴　雁　邱劲彪　莫泽文　宋　桃　张东芳
卢仕兰　梁广芬　朱群英　封春生　邓洁芳　骆思涛　周代成　庞云琪　区凤仪　陈泳谊　罗燕萍
罗康保　何彩仪　杨明全　谢春燕　叶嘉美　唐　亮　韦　旺　张小文　胡钟慧　肖　帅　黎　敏
李　康　宋秋福　李书兰　黄　杰　冯　军　罗艺隆　郑振辉　陈学成　邱巧芬　常敏菲　李景娜
李乐群　张　彬　陈燕平　肖建良　熊晓琳　吴晓华　陈飞燕　蓝天虹　吕国园　李枝勇　徐娟娟
邓黄威　蒋静静　赵　然　梁丽雅　马莉瑜　伦玉宜　赵　敏　霍杰能　谢燕军　巫通磷　陈宝欣
尹艳琴　卢宇飞　张晓燕　何智基　张嘉睿　黄惠姬　梁智杰　邹春花　钟敏莹　欧剑文　梁嘉杰
朱倩缤　梁绮霞　洪思思　邓　茜　梁慧娱　张苒桐　吴树青　冯群慧　甘　莲　肖　妍　黎美燕
李燕霞　高　丹　陈彩凤　邵七桂　龙海燕　姜　丽　韦　嫦　陈雪银　陆丽娟　凌惠仪　陈佩纯
卢玉怡　商云鹰　郑思雅　刘　婷　赵　姗　王雅婷　李生杰　蔡丽娜　苏倩楠　周艳清　吴达华
赵卫红　黄天琦　宾玉洁　陈柳洁　孙国刚　陈智富　欧丽莎　饶　玲　潘少媚　黄玉婷　邱苗苗
黄绍平　黄慧萍　王香娟　陈晓雯　吴　通　李　兆　黄诗童　罗　庆　严永锋　续维维　曾建华
衡堆强　毛磊磊　邓翠清　林宜再　黎连弟　罗韵丹　陈茂珠　柳纯青　吴秋玫　黄秀云　刘满燕
刘莉莉　李素云　钟炽坚　罗　浩　梁诗琪　刘浩敏　陈擎宇　朱欢欢　叶利娜　梁展鹏　黄国东
罗巧燕　白纬兴　梁幸华　李建燕　许寒梅　程婷婷　丘　敏　李小强　杜　军　曹韦唯　杨　尧
王丽丝　陈　聪　罗丽红　江杨沣　肖宪武　吴先颖　肖俊芳　梁伟健　万晓静　张剑丽　蔡丽娜
容叶青　李伟华　高　迪　李　冰　马　芳　邓美娣　郑小容　冯茵慈　罗嘉雯　江婉微　梁美玉
梁俊文　朱嘉宜　邝文亮　梁耀辉　张俊楠　王晓杰　邹春玲　杨　丽　罗　烽　王凤寒　邓天天
邱龙秀　钟彩灵　谭　毅　潘　娟　胡　蓉　黄　碧　郭宗容　马　玲　梁浩明　秦　忠　吴志雄
刘永超　彭结青　肖　灿　聂忠红　章传义　胡潮盛　梁瑞玲　刘超强　陈毅涛　包敦勇　黄素怡
商秀芬　康五福　汤韵谊　洪丽娟　刘　娟　向宝林

生物工程

黎　生　曾　毅　邱启聪　何志龙

食品科学与工程

陈碧妮　谢彩婷　林观莲　郭子颖　罗雄生　杨　静　彭美成　叶友连　关颖雯　杨贵香　梁秀玲
莫小香　钟婉雯　叶翠绿　吴丽敏　沙楚文　何少锋　吴绮雯　戴秋萍　吴少玉　梁传兴　陈彩颖
刘佩钰　李清华

市场营销

冯娇婕　龚淑娴　黄永福　杨成辉　高　雄　姜俊辉

数字媒体技术

丁研之　郑浩生　陈奕飞　廖倩瑶

水利水电工程

梁秀锋　张法明

土木工程

周辉跃　纪振山　苏文桂　方秋钟　陈晓桐　陈慕纯　王　羽　陈　显　赵钧源　黄祖兴　陈光球
汤旺龙　郑景亮　陈金菊　黄钟宇　梁日福　刘恒达　谭晓君　张　宇　彭春燕　杨志鹏　唐恒鑫
侯文凤　陈奕慷　黄利莲　钟海剑　钟巧屏　王周浪　李世海　王　进　曲　政　林辅宗　邓　斌
黄瑞胜　刘　武　彭荣生　郭丽红　陈　中　刘　裕　叶莹莹　黄文科　罗显华　黄南岳　罗洪洲
赖杰珍　李鸿斌　骆嘉琪　钟天伟　罗颖聪　项　娜　陈超扬　黄舒骏　吕林凯　张鹏祺　姚慧宁

敖成玉　李姝璇　张雪光　刘云霞　蔡健成　廖钦强　彭飞县　麦彬彬　邹勇泉　孔相英　田平安
陈云峰　邝　健　罗　頔　王洪伟　林国梁　林芊余　陈益坚　李方杰　林海洋　林广城　冯亦龙
易　悦　谢　军　陈楚泉　陈达贵　韩　勇　赖高辉　胡昌友　陈林华　袁志锋　赵丽珊　凌　林
梁建东　骆志豪　方游麟　汤丽娜　李艺杰　赵中晓　李春晖　李　符　陈健勇　杜健煊　莫兵兵
黎伟刚　刘爱君　钟　科　古　敏　钟春来　梁文炯　谭就文　徐向华　李正春　黄耀河　杨滨阁
黄庆明　周俊锋　陈映锐　吴俊楠　周肖琼　向文平　郑钰意　林斯妮　梁永浩　莫志斌　李申庆
梁绍恒　李巨兵　黄伟凤　叶永杰　张　浩　龚　和　曹其秋　王耀荣　严锦棠　林瑞鲲　李怡乐
郭圣洁　潘建昌　黄靖锋　吴卫兴　杨远才　刘　兵　陈秀成　王治强　林奇耸　卢海波　莫怀锋
蔡振坤　何志均　梁少群　刘子宏　梁镇辉　冯可怡　张　琦　叶东明　虞盛喜　吴华钦　黄榆林
陈伟坚　钟铭虎　王君华　钟祥英　刘业威　廖洁琼　敖道威　练少锋　王　博　辛　欣　朱世浩
曹　莉　周婷婷　刘远仲　宋淑才　刘　垚　李志高　陈婉玲　许碧梅　陈泽洪　陈品霖　刘缘缘
谢路娣　陈宇婵　钟智聪　张丽英　廖冠豪　游宝平　叶日明　邹林鑫　严礼杰　林　志　梁嘉敏
李智立　陈冬成　邱倚晨　黄　波　黎柏燕　何恪虔　冼志雄　黄泽锋　陈荣照　梁洁研　何　欢
李有仪　莫楚维　蔡智斌　黎乃康　曾祥勇　潘剑聪　何业伟　柯　礼　罗志德　林雪峰　李豪辉
李柄江　邓海涛　刘一新　柳展云　温庆隆　陈美连　黎锦辉　黄绍健　陈波林　刘承章　张　星
谭振培　张泽才　张　强　黄楚英　陈泳思　刘进忠　陈浩德　唐泽春　白　勇　李罗军　徐　智
黄贤荣　钟燊昊　许燕华　林文贵　洪佳烨　梁燕伶　崔永谦　李榕华　李　峥　陈志明　翟嵘锋
梁锦荣　黄伟聪　李毅超　黄中宝　刘明群　傅耀国　黄淳至　叶智伟　杨媛媛　古春来　朱勇辉
梁嘉烨　周　波　张春娜　韩理波　卢超朋　黄建明　张钧僖　陈锡均　胡逸聪　刘炳荣　莫桂源
谢扬明　郑锰涛　黄志标　周焯辉　刘亮言　周琨浩　潘伟健　罗文钰　梁　骞　杨鸿翔　张树添
黎　达　尹　波　陈晓忠　彭　乔　彭顺鸿　吴清炼　苏小霖　罗超诚　吴荣满　潘　锴　冯燕梅
李崇民　梁德敏　余妃交　观晓思　黄　钰　梁施敏　朱爱欢　陈景矿　王　丽　尹华选　李春锦
王振芳　谢文涛　李继仙　李崇芬　潘乐平　陈嘉明　刘俊宏　侯文豪　彭海翔　尹　涛　罗平山
杨铁牛　陆培培　罗雪元　林殷达　孙斗南　刘　园　张瑞明　陈　帅　何信海　李　斌　罗五龙
陈　新　汪亚杰　娄越峰　林巧妍　吴杰超　饶华生　杨　雁　刘皓颖　李　虎　张　毅　李卓亨
郭春琴　江　奕　钟　轩　张　扬　胡亚宗　廖泽鉴　黄凯达　李　波　苏飞强　王　旭　欧森钟
陈俊升　黄胜楠　谢培文　李子厚　程家明　黎少滔　陈润铭　林北安　杨楚林　陈素田　邓水霞
周礼谦　郑仁杰　于赚艳　马根火　肖长征　刘灏明　刁春花　苏烁生　郑创有　林国林　姚焕枫
陈英焜　梁坚森　何培坚　胡颖欣　刘　毅　何建成　李茂秋　邓思荧　李博闻　郑　彬　林文敏
马嘉麟　陈成林　侯　挺　肖洪生　卢家容　汤碧勤　邓燕芳　温宇军　谭燕颖　张炳华　谭圣活
钟伟亮　谭凤媛　罗仲汶　冯议允　邓华旭　孙　浩　林志芳　徐文武　陈嘉雯　胡　熙　麦子豪
于世雄　梁志成　黄天翔　林耿佳　吴宏泉　蔡瑛丹　郑淙元　乔国平　汪卫星　钟广明　吴茂玲
钟均安　王伟智　尹争荣　王锐醇　江继勇　叶启军　叶玉秀　张燕红　刘二飞　杨志勇　陈国斌
吴仁杰　易　磊　吴雨琴　黄辉凤　胡振中　钟柏濠　阮文亮　黄婉莹　余慧琼　钟德成　吴小军
傅康业　蔡明广　黄威伦　郑炳浩　曾维石　刘　捷　谢志航　叶佩仪　谢本锋　赖　建　刘芳芳
尤保诗　曾　锋　梁正雄　彭艳瑜　刘付伟兴　欧阳雨薇

土木工程（建筑工程管理方向）

喻明义　刘海霞　丁　山　梁锦超　邵建茂　许　林　黄益峰　李广源

物流工程

黄智维　齐　庆　杨　军　林金龙　王远远　郑　锐　谢艳艳　郭宸睿　李学文　张璧全　甘卓雄
杜箭飞　孙权鑫　梁振卿　梁碧丹　卢宇捷　耿秀培　王　姝　熊卫智　梁昌宜　丘志光　朱伟林
欧书鹏　毕绍生　陈　辉　郭传芹　冯　康　杨雪林　赵宏江　张　朋　张文其　陈友洪　郭普杰
谢新成　刘建斌　邹清华　黄海昌　梁　智　李国坤　接　婷　吴开平　林宇扬　陈俊生　龙勇超

黄立帆　陈云泉　罗华进　黄丽如　林泽龙　郭志豪　张翠花　史心成　谢茂芬　陈爱诗　余　灿
陈　欢　邓健东　陈志斌　王会萍

物流工程与管理

赖春欢　陈俊生　乔玉梅　张观耀

应用化学

禤成昌　刘凤珠　刘梓锐　邓剑锋

专科

材料工程技术（建筑陶瓷方向）

潘海霞　任耀基　朱建刚　朱伯平　韦绥建　麦结贞　刘启福　梁宜广　黄秋容　龚伟泉　莫永红
梁啟超　李世滔　梁展邦　邓荣源　李艳仪　符启良　李叠兴　程周平　雷万兵　罗文锋　肖小平
胡小安　龚森贤　李宏爽　韦　海　蔺军喜　郭新勇　秦文高　李耀祖　梁瑞球　简铁文　许雪娇
唐文勇　宋延健　李雪意　胡清华　侯　静　吴淑燕　吴耀驹　任桂维　黄玲艳　余丽宝　黎伯云
苏以基　李甘波　廖先阳　王义宝　罗文祥　陈福能　张松竹　麦志成　吴燕萍

财务管理

郭泳欣　劳美清　史　绵　彭小丹　王秀娟　伍肇妍　冯沛莹　罗丽婷　黄洁仪　霍伟仲　廖秋芸
温灶娇　吴绮琪　罗小玲　揭彩莲　钟文静　张日花

电气工程及其自动化

叶　强　戴秀丽　刘秋燕　黄伟亮　关木华　蔡茂林　黄伟周　叶华连　柯春勇　柯万清　柯万旭
谢开汉　杨亚清　王登维　吴建芳　华红文　刁华标　刘远鑫　谭文杰　高浩威　祝高明　陈奇明
陈炜豪　香柱芬　黄　斌　梁嘉明　文再标　吴致勇　黄志辉　洪圳鹏　赖华鑫　朱宇威　江明远
胡中彬　李健波　贾留成　李志福　贺晨兵　黄健华　王胜凉　吴昊祥　刘顺清　刘　勇　谭肇亨
李思阳　林　超　袁文伟　罗德辉　胡远广　黄健平　杨广士　梁振兴　高福志　曾国标　曹汝学
何志明　蔡斌雄　王　艳　邱日坤　周　涛　萧雪甫　谢土兴　兰禹江　谯敬仁　刘南洋　陈伟延
方钟强　李定国　黄建强　尹振勇　邱建刚　张育辉　郭金刚　蔡　兵　潘伟杰　胡骏鸣　卢仲熙

电气自动化技术

彭　强　颜　忠　史艳涛　霍晓武　曾德嘉　范霄俊　李建波　甘灵昆　钟胜锋　丘明山　李世谊
吴大林　邝铭坚　张西胜　叶柏林　陈娘林　张志远　张理想　魏兴良　卢联标　苏群雄　梁文林
罗国浩　刘井刚　黄国柱　杨侠朋　邝钊庭　黄庆升　黄宗森　曾文臻　黄林青　赖瑞祺　莫柏松
刘阳发　魏湘丁　冯德军　麦剑光　谭必敬　何楚琪　成向明　黎炯杰　邓育明　曾仕源　叶伟东
陈燕军　李伟东　万小平　罗振良　陈澍滋　纪锦彬　李远峰　蔡佳奇　陈耿加　罗　伟　张家柱
苏荣志　苏国权　朱远华　周再来　何健益　陈国深　邱海均　秦　毅　黄锐权　蔡兆鑫　郑徐辉
李焕炎　林伟峰　李柱标　黄集贤　吴伟红　余新进　黄楚良　谢社平　蔡浩俊　廖俊斌　陈永豪
袁惠芹　陈文棠　陈资平　黄　慧　易贤洪　吴兆斌　凌运楷　何维宗　熊明浩　徐思宁　黄家俊
罗家鉴　陈雪清　李寿华　谭练明　黄锦辉　袁艳红　成震超　钟伟东　黄崇辉　李洪珍　乐德生
郭满光　方艳君　陈　滔　陈庆腾　吴春松　吴家雁　卢文斌　何瑞桓　陈水清　蓝致富　余　敏
曾小林　王　忠　黎光斌　苏　哲　陈　舜　陈　钢　杨前锋　叶兴建　吴真兴　陈家添　黄阳波
黄子豪　蔡　煜　黎建明　林瑞波　李明滔　黎士杰　欧朝伟　王金超　金　喜　杜浚宇　赵　远
苏健明　刘统健　练金煜　封顺利　冯　兵　韦建涛　周晓文　李　超　张大磊　谢运坤　肖振华
刘　俊　刘华祥　冯伟杰　黄志愿　曾祥杰　梁永昌　张育权　阮伟南　田文斌　贺全松　何诗华
王　静　张婉琳　蒋相喜　邓美娜　康怀禄　王晚成　唐立衡　罗俊杰　吴尚誉　陈翰烁　戴宇超
石先文　靳旭洪　谭　琳　卢圣富　黎　欢　潘康前　刘亚琦　詹志惠　李志祥　马浩川　钟　幸

郑　重　吴子昊　邓善创　刘伟华　梁俊健　刘大伟　陈斯兴　范　伟　卢三龙　刘秀明　黄有源
曹昌志　樊文豪　杨才青　蔡国雄　王国强　王缉军　彭　庆　罗东剑　徐德均　赵伟杰　曾智明
陈　辉　彭永杰　冯林峰　谢榕浩　杨永强　黄楚雄　朱杰锋　吴国升　钟志彬　黄志伟　罗伟良
蒙广军　袁志军　刘志勇　许康标

电子科学与技术

戴海亮

电子商务

杨　文　汪　元　朱雪梅　张永玲

法律事务

郭婉莹　刘天放　蒋显龙　仇　超　潘凯辉　叶柳珠　邱志江　王春玲　张　超　周勇祥　梁翰兴
严锦源　庄荣崇　冯伟文　朱健豪　叶青玉　吕浚铨　廖小毛　戴承章　石秋怡　罗栩生　李　渊
林嘉怡　梁伟雄　柴　杰　傅朗辉　戴向阳　梁惠杰　马嘉星　徐新如　邹　超　李鹏达　高荣荣
王润东　何云央　冯秋雄　刘　蕾　王　辉　叶丽婷　靳文波　李腾辉　巩建全　黄小龙　单伟华
杨振宇　李世成　杨　光　李　锐　罗婷婷　阿孜姑·肉孜

法学

陈奇达　黄映舟　殷惠强　李　杨　王雅格　麦敬业　顾东成　张喜玲　胡慧贞　何绍安　梁冠雄
郭芬芳　许　灿　王燕丰　黄嘉华　黄宝恩　林俊杰

工程管理

张华祯　杜洋芳　王　强　陈均行　张远忠　余小川　卜景香　陈元宁　梁雨桥　黄明晃　毛云进
张健龙　蒙伟强　柯荣潮　谢光程　关木水　李增才　柯荣福　谭小玉　谢妍梅　刘文剑　陈水泉
梁美燕　谢嘉绮　张华基　黄　庚　汪召全　骆广达　黄洁贞　李秋兰　李罗坤　李敬爱　黄俊杰
张　义　张海波　李陆涛　刘志峰　钟　琳　梁伟杰　郭　尧　卢洁炘　柯金伟　顾永龙　李明华
黄显波　张永钊　邹志新　张保顺　赖　雄　冼立文

工商管理

黎春燕　叶　文　冼婉婷　杨成斌　卢燕玲　陈　衡　何丽云　马雪玲　钟志关　卢宜超　詹庆辉
李玉龙　王　越　何洁敏　林　芸　曾轶萱　郭德康　马畯华　冯瑞君　谭敏姗　冷　欣　陈维韬
黄健思　黄剑铭　方开颜　苏上海　郑文哲　郑智桦　麦翠萍　李慧雅　郑少莹　郭　权　吴小平
汤天丽　谢志玲　朱碧影　简明华　桂海燕　曹德鑫　陈家燕　李　海　陈钊敏　于相振　黄大权
李伟杰　黄丽璇　叶　汉　李阳阳　潘　聪　袁鼎敏　叶彤彤　韩　敏　郑桂贤　袁文男　张　伟
龙李华　曾素华　李秀双　蒋小芬　黎秀萍　裴红英　杨　攀　张翠芬　邹　颖　陈冬梅　陈坚定
何春梅　王小霞　卢育雄　刘秀梅　陈广达　欧嘉丽　汪骏萍　杨　雪　龙永健　吴　飞　林佳雁
臧锦权　黄伟丰　温伟杰　叶英杰　谢育星　曾献焯　朱丽莎　江嘉莉　李恒恒　陶雁君　姚颖仪
周晓滨　黄飞雪　林　榕　吴俊毅　邬永锵　黄　妍　向城鑫　张家隽　唐发芳　顾恒星　温启文
黄惠香　陈贤士　刘嘉骏　黄振杰　卢健伟　杜佳锐　孔正怡　江富生　黄飞雪　李瑞明　邓　秀
黄振威　张伟锋　何　毓　廖思敏　蓝美琳　梁艳颜　林　浩　黄丽莉　吕锦娜　刘光华　朱林艳
何永福　龙震杰

工商企业管理

张　敏　刘晓刚　罗颖珊　苏俊乐　龙嘉辉　石煜键　王碧荧　王剑豪　胡嘉兴　陈　沛　韩俊俨
梁翠瑶　熊国超　曾志亮　吴钱芳　张　泉　张　猛　苏旭彬　郑吴健　黄双庭　樊成华　邹　建
何陈辉　刘　丽　樊赵航　黄古阳　刘志文　雷　柳　谢玉云　蔡小东　陈绮琪　李丽珍　黄桂燕
陈伟强　李亚贞　钟璐诗　叶宝芊　吴舜贤　廖叔珍　谢洲婷　龚汝威　邓伯键　梁卓贤　陈　凤
游源文　石汉勇　胡梓键　沈美君　杨惠如　江慧玲　毕少梅　张丽萍　肖玲伟　钟桂珍　黄俊杰

廖大灵　刘　非　冯伟恒　朱占魁　黄熙祥　黄光奎　唐丽梅　罗芳歌　张伟杰　甄灿亮　雷阳兵
徐信星　欧伟斌　周诗蕴　梁子妍　刘　萍　刘建星　张　航　陈丽君　林晓姬　范春梅　曾　妮
王翠花　熊　方　林广辉　魏文军　尧浩芳　罗晓燕　朱灶烟　曾雪梅　梁伟彬　朱振辉　黄晓凡
陈惠惠　王　勇　苏　勤　纪开会　莫家辉　谢建宏　石钦元　刘嘉升　毕舒平　叶绮琦　叶映君
邓杰鸿　杨　鑫　宋绰麟　黄嘉琦　陈穗玲　张振豪　孔三点　曾智杰　梁晓雯　张巧珍　李志梅
谭　政　黄天梅　邹群娣　陈湘艳　张小霞　叶志玲　李铭铭　赵秋梅　彭　德　张嘉龙　孙　敏
王雨静　郑君凯　骆胜发　汪婷婷　陈素玲　林常志　陈晓君　周艳影　徐永菊　胡智莉　贺　娴
王明剑　黎　宁　周多勇　钟玉玲　陈梓泳　刘玉丽　董志敏　吴炳章　梁建锋　何伟贤　欧宝清
赖荣芳　赖建萍　龙　玉　梁丽珍　杨锦源　朱家杰　郭嘉琛　萧雄彪　朱育成　肖双娥　张振明
何雄伟　钟国辉　喻维娟　张春龙　林洁霞　余艳芳　岳顺利　胡海侠　冯智豪　陈雪娇　罗君健
王晓景　何阮清　赖家淦　李梓华　林文嘉　林思雄　唐庆林　金真君　禤彩薇　杨　滨　李秋萍
黄有潜　侯顺娣　张文清　姚淑英　叶清兰　叶凤平　张运杰　利国志　张世顺　钟建铝　江智勇
刘丽娉　容显丽　雷　娟　江满安　潘　浩　闫成进　蔡勇贵　朱国威　王　晨　黄晨宇　邝爱琼
邓建平　谭　卉　刘祥生　葛彭静　甘小平　吴　婵　马彩燕　施　群　朱华英　周汝兵　钟德耀
黄　蓉　赵方方　黎友生　魏婉晴　黎维康　杜　峰　任子欣　邓建伟　谢雪华　利伟智　梁德彬
罗艳芳　陈冬梅　李伟其　吕艳丽　罗霞兰　黎　芳　唐红梅　单志峰　李　娟　邓考玲　邹利平
朱伟莉　林　娟　秦息花　冯　刚　陈曙芳　雷桂英　唐华英　朱智慧　罗梦雅　李金蓉　张献飘
闫莎莎　王月凤　熊　英　陈永勤　易翠珊　古丽玲　陈杰梅　麦木珍　何苑琪　张本才　刘　慧
林兰芳　邓荣辉　张芳芳　朱淑娟　张乐飞　黄建森　陈雪霞　白蕊娟　周淑娟　任攀科　骆永进
邓莎莎　胡　谊　杨深立　杨委霞　谭　杰　杨　慧　李　楠　李昊鹏　李浪记　易海燕　严少慈
霍伟健　何惠仪　何　丽　梁子刚　胡开才　许正武　曹深帅　左国文　黄翠敏　崔重生　邹晶晶
苏秋映　黄爱群　杨宗斌　胡　丰　吴凤翔　宋茂双　鲁先忠　贝维田　周　川　叶星宇　林逢春
廖秀娟　颜海华　彭　安　张朝阳　彭文毅　赵丹丹　刘　萍　陈宝光　梁永彬　杜新妹　毕慧欣
植少平　黄佩玲　袁秋兰　韦林伶　张合亮　王桂英　莫小仙　赖坚英　黄旭斌　马　俊　邹俊锋
吴曼銮　谢晓玉　汪德全　刘玉荣　蔡达灿　罗小燕　曾小柳　梁月娥　徐秀波　谭钧泰　庄美君
杨乐星　赵胜辉　陈定欣　李小桃　王　涛　胡埒钐　郑龙文　黄　杰　郜凌洁　潘成群　谢玮宸
王　雯　邹小进　黄文婷　苏志军　阮永骏　罗　军　陈梅湖　曾莉燕　杨魏魏　张献玲　李　卉
凌小平　陈小清　卢　婷　黎冬英　高红梅　林　杰　覃彩凤　雷嫦娥　郭　娟　温海林　杨玉琴
陈绮婷　黄春明　卢飘立　单美琳　陈晓芝　冯顺要　季小茵　叶泽权　李倩微　李妍花　李勇富
董河林　杜佩媚　苏娉红　李镇超　刘　辉　李繁辉　陈志勇　刘　胜　华志云　许佳娜　王雪金
曹彩凤　夏保林　温广茵　邝桂珍　张燕玲　赖秀玉　谷颖楠　梁培滔　林泽广　邝瑞坤　黎　胜
何耀龙　黄浚荣　陈辉健　温达明　廖绪海　邹丽欢　黄莉娅　颜国城　郑洁丽　张　磊　彭黛娟
颜文峰　程晶晶　李京京　赵国哲　杨洁纯　汤小丽　赵小颖　项白忍　潘武灵　邓惠珊　陈会玲
陈俐君　朱子君　朱胜炎　苏绮婷　邓芷瑶　朱德华　辛彩红　周杰群　刘小玲　朱榕英　黄敏康
唐巧玲　李艳华　刘石娟　范小青　高广平　张伟琴　刘芙蓉　余心野　梁星武　廖柳新　伍雪儿
梁颖欣　黎嘉玮　严卓音　陈永乐　宋秀芬　石镓埼　卢嘉明　邝芊桦　吴海淮　谢嘉怡　陈彬燕
杨焕银　陈梅华　黄瑞花　吴绵华　韩少云　吕文华　唐来香　黄敏琪　王　灿　李正兰　曾凤珍
周贝贝　梁海凤　莫伟宏　骆浩波　朱仁全　梁志威　刘剑荣　刘健坤　李晓杰　徐伟东　周小蓉
黄　伟　杨锐敏　赖少朵　李　佳　麦楚慧　王艳兰　叶倩雅　杨敏仪　黄璇慧　周芳维　梁汉狄
刘燕姚　刘景欣　陈富文　吕婕婷　江国彬　周　龙　沈　超　吴静岚　梁嘉豪　陈剑鸿　钟伟浩
谢　阳　黄海峰　余　敏　宋平峰　向奎玲　杜红伟　刘文峰　郑淑燕　周华健　陈海霖　汪　维
胡才宇　徐艺林　赵立华　戎保军　秦　彬　梁金佩　曾玉萍　陈小勤　江元侔　叶柳翠　傅金玉
魏达强　黄　巍　张仕昌　钟晓欣　黄燕红　陈美欣　曾成坤　蒋仁梅　罗杰峰　吴雪玲　龙晓雯

庾嘉文	曾志恒	杨满坚	苏浩松	孟强高	黄金珍	罗 献	温国林	谭英峰	李建荣	黄跃煌
袁明金	胡路灯	钟清松	李建梅	牛伟明	曹珊珊	刘时香	林永静	谢文俊	胡贵梅	黄厚儒
杨 瑜	缪利娟	韩观帝	张 斌	刘 炎	陈冬梅	曾泳怡	蔡 蕾	陈敏玲	林子豪	刘可高
李志燕	吴 敏	陈文婷	钟天德	陈佩玉	江志锋	谢咏君	郭少芸	方剑伟	卢凯霞	段利祥
高 锋	顾海莉	陈 文	罗鑫鑫	钟婷婷	赖琬云	汪美玲	王业勇	袁道伟	魏 俊	徐加元
陈文君	李海文	崔晓玲	陶 成	严志玲	危永煜	戴师师	黄颖仪	邓汝烨	王继遥	龙嘉欣
张伟红	傅奎凯	龙兴华	旷兴华	李伟晔	黄慧妍	李纯莹	彭 颖	刘 斌	苏紫均	陈灿康
廖 琼	邱 良	何振灵	庞余文	樊 嵘	苏颖琳	谢海锋	邵嘉欣	叶锦成	蔡 花	陈文峰
康 玲	柳 滢	刘国良	洪静霞	汪洲成	吕华侨	王高伟	阮书海	张海亮	何任乘	卢婉玲
曾 勇	王意辉	周秋平	叶丽雅	陈俊耀	林嗣豪	方 妙	温醒坚	夏代相	阮世浩	陈丽慧
娄德勇	秦文漪	邓月明	黎日洪	石秀琼	黄 尹	雷兄琼	陈 干	杨广杰	马晓英	龚 玲
刘雪燕	张继元	叶翠芬	陈英才	刘付红	关锦明	刘易龙	杨松凡	张小龙	陈 琳	陈秋燕
薛义红	黄 勇	陈 银	吴新文	温智文	陈锐深	陈 涵	刘翠霞	黄雪英	刘云青	廖东红
曹小文	刘燕蓉	危伟杰	吴喜佼	梅颖雯	江秀贤	黄嘉欣	陈汝锦	凌 媛	梁显达	陈 卫
齐慧妮	周厚洽	李福玲	滕维其	赖伟雄	欧 勇	郭启正	林霞如	邓文杰	戴乾林	郭 鑫
朱品根	钟国勇	李建明	徐燕清	张志诚	冯振奋	周 超	黄丽琼	安由生	戚富洲	梁永华
管乐荣	陈美莲	唐声辉	彭玉梅	刘秋远	曾小张	钟思婵	蔡梅芷	李嘉莹	苟中荣	陈敏仪
蔡育峰	潘 雷	张景宝	王太倦	胡玲明	张 正	陈李容	安冠如	梁灶娣	杨素桃	丘雪萍
杜 勇	杨广荣	陆健荣	朱穗东	翁佳敏	卢东仪	刘 迅	何灼雄	林福祥	汤小慧	胡敏艳
赖思琪	胡焕金	赖嘉敏	陈清仪	徐丽娇	王志文	王嘉杰	罗间好	吴嘉榕	李建仪	刘 明
蔡伟玲	苏 毅	宋利平	吴英俊	简家辉	黄诗敏	张灿超	杨成法	覃 梅	胡碧雄	陈崔珍
林秋洁	方奕培	尹红红	郭小康	黄子豪	梁秋霞	蔡威然	陈 洪	劳玉娟	陈洁贞	邓燕妹
刘穗芬	陈小芳	马剑平	刘淑玲	刘 花	黄春兰	刘穗娟	张志平	邓剑铭	郑嘉琪	卫倩雯
李 飞	李春兰	郭美花	林紫文	陈彩云	黄洁莹	黄建勇	张炜杰	房利芳	赵亚男	吴 静
李惠玲	龚 琳	彭庆汝	陈克平	庄国兵	蔡乃刚	周亚林	谭云燕	曾梅秀	柯亚玉	徐世泉
刘伟宝	梁永媚	林少妹	谢本成	郑焕敏	石俊瑞	罗太雄	洪玲燕	李辉霞	刘美欣	卢水仙
卢月琛	李朝岗	何依琳	汤颖东	黄泳茵	罗秋云	吴碧珠	洪巧兰	王 玲	欧榕枝	吴美仪
欧阳乐	骆汉成	黄春连	刘小利	王 悦	郑楚玲	廖志伟	许孝婷	汤钦臣	何燕萍	卢四妹
汪 炜	张存军	温建文	杨 洁	邵倩琳	王 峥	卜忠宝	晁 龙	陈 聪	刘 辉	黄帝坤
黄小燕	朱晓健	夏 僮	邱永中	黄秀芬	李小琴	唐绍华	梁瑞菁	江美怡	姚燕静	何超炜
文繁理	黄丽敏	张巨添	张伟宜	邓俊军	黄计许	陈小强	刘国坤	陈艳鹏	黄立克	刘振享
高志文	王 霞	张丽娟	谢冬燕	陈周玉	雷 兰	林敏玲	李嘉辉	胡智聪	蔡小凤	黄延芳
吕春霞	王雨婷	林婉莹	廖勇军	程志良	谭梦雪	黄锦齐	田川琴	李 秀	徐天禄	沈仁志
严明寿	王燕苹	陈均妹	张旭鹏	郑楚周	黄丽华	陈 镭	刘春地	刘 健	梁锦添	江越祥
吴家俊	李达成	罗 贵	罗宏强	陈艺锋	曾 津	何惠兴	罗煜文	朱展池	汤玉芳	陈思碧
李 勇	刘新兵	刘子瑾	杨维春	刘建强	谭志炜	彭双飞	黄 蓉	廖细凯	廖 勇	张雪玲
张玉玲	左晓芬	杨龙丹	张业喜	杨寒优	张 波	陈文宽	唐伟燕	唐素秋	曹倩雯	林茵茵
邓存科	王丹妮	刘 蓉	曾国飞	麦维康	蒋中利	梁彩霞	许 战	马青珊	郭 红	陈 盈
刘梓宸	刘柳柳	李阳勇	袁德军	杨嘉乐	邱远彬	蒋 慧	曾淑琼	郑海峰	李惠敏	朱 婷
贾 雄	黄乐文	陈睿东	严海成	郭水祥	庄舒婷	邹金龙	欧佩儿	王剑华	李玉霞	陈文钊
陈伟明	吴林生	余昌宗	沈慧平	李惠健	黄椿鸿	葛文霞	王扬扬	向贤强	付宇亮	周庆新
边思远	王建军	武彦臣	田明江	隋 源	张文治	顾佳祥	冯光燕	张德辉	李姣勇	张澄辉
黄铭健	王继艳	徐清华	管显砚	龙雪云	蔡润彬	黄永聪	刘冬明	王雯倩	阮汉民	刘杰初

卢献荣　蒋梦梅　江　继　江迪怡　梁智聪　丘燕丽　欧阳玉芳　欧阳运燕　司徒志明　欧阳焕然
阿拉法特·阿扎提

国际经济与贸易

黄　珊　梁燕萍　王江美　姚上俊　陈　杰　孔维锴　蒋　曦　郑素君　夏秀芬　罗桂娣　陈金好
龙玉洁　黄洁仪　彭海聪　黄柳湄　梁嘉祥　张文娟　吴健华　罗泉攀　马贞龙　张梦雅　沓培君
郭桂媚　朱锦花　陈衍清　戴莉林　关丽媛　余　娟　张宝华　陆丽丹　付雁利　钟君义　李肖园
吴学业　廖春雨　马志镔　张　婷　黄志源　赖泽安　李　红　李茂菊　张小丽　赵　茹　陆吉飞
张丽峰　陈学明　叶景燕　黄丽玲　陈　绵　郑秋红　郭　琳　常　娟　王　力　黄小静　鲁　冰
胡爱蓉　陈少霞　张晓家　黄慧慧　郭爱平　刘鲸正　周　延　罗青萍

行政管理

陈亮轩　杜丽英　李世烜　朱志珊　袁洲城　卢兰鹏　叶　刚　叶　芳　温健健　王　虹　韩丹妮
陈燕玲　魏桂庭　陈浣琦　黄燕妮　王什安　吴巧珠　吴凤娇　陈惠珍　陈惠珊　温福佳　王婷婷
郑凯峻　庄启真　罗爱兵　曾海欣　何敏仪　曲晓丽　蔡伟敬　聂永坤　刘　琳　林伟杰　钟玉妹
黎颖璇　徐燕玲　梁志杰　罗海欣　叶文芳　刘雅诗　冯雅文　林富明　彭　娟　陈丽意　陈州准
周　胤　譚于恆　梁慧霞　朱　健　周志威　陈妹英　陈　洁　陈栩林　杨荣俊　陈小玲　朱友维
黄伟填　刘润添　黄国君　欧剑平　梁远光　利泳仪　陈彩梨　李伟民　严惠芬　田　华　薛穗麟
朱　娟　陈晓丹　黄远良　陈健雄　陈　耀　何　斌　张任平　叶丽花　谢　青　叶淑仪　陈嗣泉
萧鑫豪　王锐彬　吴　裕　尹雅琪　卢慧欣　罗玉仪　黄　荣　吴倚娴　黄文华　欧力斯　彭　磊
王　娜　黄　潜　赖永红　周志宏　黄培嘉　张广昀　李志华　张华山　王雪贞　李沛新　黄维晏
叶海欣　卢时杰　黄嘉利　劳静君　陈超群　杨祥发　梁嘉敏　赵莉丽　陈嘉琪　吴伟文　郭丽影
陈　丽　韩　烁　曹艳霞　邹松杰　罗慧敏　庄燕芳　姚贵奖　潘蕴蕴　冼蓓茵　老剑东　郭群英
高小婉　郭显良　陈彤铿　梁永杰　黄伟雄　梁德荣　郭显伦　陈嘉宝　黄志章　许聪凉　朱杰锋
李勤辉　杨耀华　邓晓文　谢　杰　叶启华　邓　茜　邓　倩　陈秋芳　梁　键　陈嘉伟　沈雅婷
蓝冬婷　高煦庆　林佳慧　杨　妍　王　珍　黄迎春　刘芷延　刘震洲　陈金华　陈　珍　叶运花
谢会君　刘　旭　潘丰婷　付俊峰　江娟娟　于丽园　朱玲玲　林　东　刘　念　曾丽娟　蒋　瑶
高艺骏　肖俊琳　祁健辉　张秋敏　殷志城　罗静文　叶依依　洪美乐　陈炜光　蔡晓煌　林国文
邝嘉成　尤　佳　胡慧仪　韦丽娴　严绮珊　陈永健　余子云　张国华　程俊铭　李美兰　卓浩基
莫加祺　陈家欣　钟楚营　周俊傑　朱思华　张文通　徐天明　黎惠发　吴　莉　吴　姣　张燕婷
胡泳茵　奉泽明　韩舒玲　马春花　罗小妨　杨　萍　倪德馨　邱兴亮　邱少梅　叶丽婵　蔡振星
张嘉瑶　梁钊明　黄惠明　庄玲玲　谭伟麟　林丽玲　黄秀娴　温秀娟　廖彩菲　罗家俊　方钦亮
司曼曼　胡敏玲　苏丽冰　何志亮　郑汝玲　陈秀珍　伍家圻　欧阳政　曾结嫦　廖　亮　杨松友
谢德华　罗伊敏　朱礼彬　钟玉翠　林烨彬　谢梅英　陆巧贤　寇琼予　苏惠莲　郑锦威　张雪坛
张美红　李金丽　伍得期　岳　琼　丘俊毅　赵海萍　张锶桐　利启承　尤　茵　高剑林　苏　宁
李定意　陈安华　梁桂彬　黄雨嫣　朱嘉乐　许锦图　吴灿辉　马建华　陈立科　李志强　黄继明
杨晓璋　聂卫才　邱伟明　邓梅英　陈子腾　赖煜辉　景瑶瑶　王　平　黄赛鹏　张伟勇　黄志乐
曾　瑜　李珍议　胡国武　李文燕　林伦丰　冯焯华　彭　敏　占秋娥　彭凌霞　汤秋萍　汤建平
莫舒婷　刘绍鹏　汤丽萍　黄佩华　姚梅英　丁茵明　赖绍光　邓钧桓　蔡添美　豆海娣　杨志雄
吴碧琪　包永夷　李文熙　李梦玲　罗伟恒　罗康莉　谢敏婷　黄小刚　温文萍　陈伟辉　佘敏红
陈蔚滔　杜明雄　王延喜　梁展鹏　陈露明　唐　孟　何海林　吴国进　陈国剑　廖路比　邱可文
陈坚刚　廖晓婵　刘美勤　赖铭光　张结雯　李金仲　何锦英　陈启昌　梁彩颜　杨　敏　曾金连
张俊文　陈炜坚　伍慧兰　李柱豪　汤志杰　邓晓君　王利美　刘思华　刘金好　林　健　郑家祺
罗家聚　陈建红　黄丽贤　林海瑶　关月群　钟凤媚　罗小燕　黄先容　林理平　莫柳叶　黄春梅
罗秀容　林淡辉　林少春　伍耀斌　陈文斌　马小宝　温尚州　苏永康　杨历行　黄建林　程伟良

陈锦秀 陈锦丽 黄浪平 张小利 杨冠峰 邓婉清 何伟雄 郑泳南 郭建威 李志强 留安娜
孙奇恩 龚伟光 黄长忠 郑伊琪 陈锦洋 陈丽云 钟玉仪 吴志锋 李伟健 廖嘉政 刘海滨
毛丽珊 张凤丹 黄贵好 谭俊杰 徐建成 吕燕花 萧远杰 秦小荣 顾 菁 谭榕融 邓耀明
李文学 蔡丹娜 陈石新 丁立萍 李植琰 吴盛锋 李 炜 袁伟清 廖常艳 吴汉杨 黄佰成
庄伟雄 高志勇 刘龙宽 余杨红 梁志成 王燕燕 李娇英 陈恒谦 吴妙燕 柯汉卿 梁家汶
陈少敏 张锦泉 辛 兴 温秀卿 何锦萍 陈志勇 黄卫仪 胡可煜 郑锡文 郑金友 邝炳森
王 强 何惠宜 钟玉敏 戴海迪 李子龙 吴淑虹 陈伟贤 吴丽斯 刘丽舟 林泉泉 陈绰雯
黎莹芳 邓丽霞 汪彩霞 林嘉盈 周峻宇 余琼霞 陆启祥 陈志豪 蔡永键 潘志勇 冯克飞
伍少波 万华好 曾展恒 苏志宏 陈心瑜 谢鹏辉 陈永强 何天佑 陈永健 何文亮 刘 裕
康程琳 黄凯欣 贺玉娇 郑润强 卢启康 李焯锋 邓慧娴 郭健欣 薛楚明 周志强 吴彦辉
何锦敏 郭耀莹 梁惠玲 敖卓安 赵美婷 张向欣 龚美玲 沈伟杰 陈家美 陈少文 吴志忠
刘琴琴 张夏雪 黄华荣 谭振杰 侯玲玉 郑丽红 罗秋华 张 萍 曾 浩 陈天恩 梁晓萍
曾 强 高怀良 潘 锐 王敏超 苏 斌 许海宽 杨 鹏 李绮妮 陈宝艳 邓永宏 刘淑霞
马丽尔 周 波 朱小红 张嘉赢 谢 芳 朱小燕 阿布力克木・努尔买买提 陈健康 陈卫文
赵嘉敏 陈凯璇 赵少君 冼永祥 关志成 郑俊维 吴丽莉 吴润敏 余敏华 李志伟 李艳清
张流明 李俊欣 邓瑞源 温远强 俞越浩 黄小光 刘国军 练剑波 邓顺安 陈肇麟 吴嘉琪
黄惠芬 李俊伟 张志诚 吴惠进 陈洁菁 周容根 邓佩娟 吴迪伦 林嘉俊 冯慧仪 杨 洁
罗巧君 周志威 凌志允 何俊傑 佘志萍 余振侠 杨锦涛 黎运鸿 许伟灏 李卫娣 李珊珊
郑烨和 伍慧玲 李 敏 吴安稳 江 容 吴雨利 陈思琼 周建清 汪 源 杨 兰 秦英杰
盖 洁 梁志明 叶佳梅 李平生 李耿欣 林浩文 郑斯静 陈志远 关咏彤 庄小龙 王翠明
林隆英 梁玉玲 胡杨帆 谢 沙 庞湛杰 董庆远 陈丽冰 李小敏 肖 勇 王雅阁 任 秀
郑一平 侯志豪 王 陈 林凤美 陈雅娴 王艳艳 易 炉 张云云 叶柳婵 魏银鑫 陈俊坤
刘伟杰 杨小丽 李飞龙 官 兰 廖秀芬 李兆球 李艳刚 赵晓慧 吴嘉威 陈耀荣 胡海兰
陈秀敏 陈伟健 成楚云 陈宏博 张宗桦 龙 婷 肖梦娜 张红梅 夏小兰 汪增炜 沈明慧
陈志勇 林婷婷 黄溥光 刘国庭 陆嘉进 张嘉威 杨佩聆 李美惠 梁燕霞 佘智军 詹迪文
蔡玉玲 吴达玲 张文珍 冯志丹 陈玉珍 陈晓玲 刘丹莹 罗海非 利洁莲 李广燕 徐 红
董李龙 莫野平 叶祖花 钟宏访 黄 静 张兵勇 周丹华 林丽珑 陈海玉 曾泽海 何善妍
黄嘉怡 黄小珊 冯宝玲 赵亚秋 杨社晖 蔡美意 周杏芳 容永泉 岑丽娜 胡珍妮 吴耀伟
黄志丰 邝永泽 何婵娟 刘少娴 周颖珊 李龙飞 周雨鸿 黄清雅 任金旺 邵利珊 蔡莎娜
彭荣珍 谢 敏 吴光宽 叶瑞锋 程万涛 罗燕丽 杨欣宜 艾合买提江・吐尔逊 欧阳美莹
阿布力克木・努尔买买提

航空服务

钱 锋 郑洋林 李 冰 陈哲漩 黄欢欢 黄梦蝶 温佳欢 陈彬海 唐 诗 余慕琦 叶思彪
张瑞雯 杜冠华 唐泽斌 张湘鑫 罗梓鸣 陈 玉 刘伟浩 陈爱娥 郑丹绮 张有良 黄桂枚
刘真浠 张 璇 陆雨婷 张 勉 陈 渊 陈钰蓉 洪远蓉 林伟萍 陈承快 黄舒甄 凌舒婷
林滪杭 杨伊辉 王 涵 李德龙 林玫宏 张桂娴 冯碧珍 孙 佳 董晓鑫 胡益鑫 郭锦婷
丁桐玲 杨 娟 陈德军 姚婷芸 谢宗航 卓曼莹 张红英 杨茄敏 郑雪妍 何钰杰 陈燕红
陈丹慧 肖 涵 张 惠 邝自豪 温 馨 刘铮宇 谢海怡 张宏斌 吴木群 廖 佳 林 琼
陈欣萍 林丽江 蔡许野 杨梓滇

化学工程与工艺

路 峰

会计

陈燕清 潘思欣 叶文婷 朱惜芝 黄丽雯 袁惠娟 林 烁 王 萍 林晓纯 黄焕霞 梁玉辉

麦晓君　刘晓华　陈静祯　邱秀娣　蔡小青　颜佩莹　朱丽娟　温惠群　欧李萍　周立平　尹桂艾
邓志敏　梁思远　彭桂香　任晓红　赵红梅　李秋香　王　萌　李艳红　徐敏娜　雷玉玲　岑小玲
曹利辉　刘爱玲　温雪玲　黄　芳　钟丽芳　胡春妹　李安安　陈沛敏　麦诗丽　陈　欣　陈美荣
余海霞　李乐艳　余伟胜　陈小梅　詹娜娜　黄雯静　冯　娟　林利金　钟家红　陈　静　刘嘉欣
罗梓雅　王　丽　赵　升　黄日凤　吴春娜　李伟英　胡映娴　温结萍　朱文杰　韦利玲　李桂娟
吴彩香　陈华妮　罗海霞　谭家兴　周丽玲　陆水娣　周　鹏　郑四妹　王翠华　苏柳琼　付承敏
黄楚惠　戴小娟　温桂芳　刘　洁　周惠华　林俏梅　黄冬妹　沈云枝　刘穗馨　陈丽莉　蓝晓英
余映辉　陈钦英　余连连　余千梅　徐和平　刘利红　贺志丹　张绮容　梁　根　杨仕云　吴燕君
黄惠琼　黄佩云　邹国萍　吴丽丽　张　红　马静君　刘凡桂　袁晓雪　陈燕珊　曾小娜　范琼芳
江惠珍　江惠勤　沈海燕　朱友欢　邝湘英　张保群　欧小玲　冯庆仪　张敏仪　杨蕴怡　周嘉韵
张燕贞　薛艳雄　王丽芳　赖远梅　李银婉　赵宝莹　谢明霞　李惠梅　何雪珍　蔡小东　李兰芳
冯新梅　梁伟丽　刘秀芳　苏　燕　韦雪香　钱智亮　张以银　何俊军　黎绍娜　单灿明　伍程燕
黄满英　吴　芳　陈怡莹　张　豪　吴　菲　何泽琴　陈春萍　林微芬　刘丹霞　梁海燕　巫柳珍
刘美丽　易翠英　周涛涛　刘玉婷　何嘉宇　杨新春　杨云红　张晓惠　张志杰　梁秋园　黄玉辉
郭锡泉　李惠霞　李　利　陈胜雅　梁玉霞　王　瑶　陈淑玲　杨丽萍　杨敏瑄　韦俊妹　李　姣
詹素丹　张　娥　王洁玲　温焱思　陈亭亭　邓佩姗　戴裕玲　林　静　王　婷　何　敏　汪　珍
蔡丽英　罗永娟　汤绮琴　袁莲珠　曾慧钧　黄少英　何秀菊　吴俊琴　曹代辉　周雪梅　彭开五
张银平　吴丽萍　宋诏琼　马佳燕　凌丕活　张楚欣　刘秋梅　唐　廷　曹艳云　彭燕婷　郑小梅
朱丹妮　赖　玲　张增燕　许莉苹　王　艳　李玉朴　陈雅君　郎丽杰　黄楚仪　张玉婵　李丽容
何波燕　胡丽华　丁莉莉　蒋艳华　谭少芳　雷娟娟　陈娥娜　罗会霞　崔彩丽　张兰心　邓汉斌
李凤萍　吴张燕　张　茜　陈钰莹　周雅仪　曾美结　黄敏婷　简少伟　魏燕媚　刘小萌　张小勤
梁国肖　张嘉琪　黄焕兴　何月红　严　盈　李宇鹏　王泳兰　罗秀霞　邓宇君　沈玲俐　刘惠青
李三财　陈晓云　钟文庆　甘水鸿　李海凤　何春梅　谭碧珍　陈小花　颜　珍　曾嘉欣　黄乐诗
陈春娇　陈海美　肖妙玲　张少敏　谢沛莹　严嘉欣　汤秀力　宋小凤　庾婉珊　周　倩　董伟伟
姚兴幸　许丽霞　黄晓月　麦翠雁　周朵朵　黄兰英　古　琴　林路瑶　李丽艳　马丹心　李亚红
蔡丽杰　汪莹莹　梅美婷　罗常青　宋银娜　徐　蕾　梁满红　袁冬琴　高丽婷　李妙玲　李　瑞
钟碧云　李冬梅　廖启艳　邱青平　黄倩雯　张　婷　侯晶晶　陈晓雄　林　莹　陈晓霞　林　英
陆宪海　陈云诗　陈海霞　刘国伦　苏　华　侯菊花　柯雪碧　林艳明　蔡秀贞　梁坤娴　谢卉妍
韦洁明　何婉华　李晓玲　刘景霞　张香凌　凌秀坚　欧翠丽　区成波　蒙锦玲　区宝昕　黄湘宁
吴燕梅　叶文敏　刘玉霞　文红霞　范惠宜　沈松颜　赖惠芳　王超君　黄泽宏　朱丽婷　徐碧云
卢艳群　李小英　沈少贤　卢丽清　江美珍　黄嘉琦　邓秀金　李方晔　张丽萍　梁海献　曾海容
吴秀珠　杨建美　鲁　兴　肖海燕　洪冠华　姜再辉　刘文娟　黄思慧　张明芬　吴师爱　陈　娟
龙　瑶　戴小珊　纪戈辉　阿卜杜热合曼·安外尔　鲁欢云　李　奎　阿依古·阿布力米提
杨　丽　王　燕　卜一芬　马小轩　齐智琴　郑　瑞　卡斯木·纳尤普　何　青　王英华　刘仲莲
周喜君　王春婷　李容兰　植丽君　王凯欣　周心意　梁　烨　骆秀云　陈玉琴　毛秋芳　方妃妹
张瑞敏　张利花　蔡少华　杨凤连　周　利　邓　鹏　冯露露　王春燕　肖小玲　李永红　林椿妮
刘燕玲　蒋玲玲　邓翠翠　王　林　周芳蜜　谢嶷云　徐日英　万瑞娴　李金凤　骆健鹰　张香兰
黄红燕　韦碧荣　林静君　曾丽嫦　张雪梅　洪小兰　洪小玲　黄东银　池芳群　吴卓椿　钟飞凤
刘　慧　李玉荣　梁玉青　宋慧芳　吴　丹　廖一妹　李　旭　谢　敏　钟敏华　欧燕红　欧素静
彭玉玲　徐奇宣　简菊英　吴姣荣　赵伟容　熊如君　李伟羡　张锦秀　吴　思　范莎莎　蔡小芬
蓝佩红　曾美群　黄燕丽　李春玫　梁春丽　黄中昱　陈素雁　黄思情　胡利萍　苏丽云　戴冰梅
吴海燕　张梅英　李晓纯　杨　妍　张　兰　蔡小娟　钱万云　胡楚苗　于带第　贺丽娜　郭文秀
李丽利　詹晓敏　莫帅英　常　宏　曾月海　郑映芳　匡春梅　侯晓珊　梁美燕　郑永浩　吴春平

王 丽 陈月明 敖志兰 陈晓妮 陈 真 白奇云 汪丽琴 高美玲 曾美理 钟浩英 邓 洁
李莉萍 江小帆 彭艳飞 曾艳婷 李晓霞 邓施婷 刘付雪梅 欧阳延玲

会计学

黄仙柳 邹嘉豪 梁 杏 陈小燕 廖小青 朱 平 黄嘉慧 陈锡明 张 贞 王维力 刘玉莹
张 柯 靳文超 伍金凤 黄惠妍 施爱娟 丘惠珊 邵梓莹 林翠玲 丁 超 陈金平 徐梦婷
陈丽萍 温海玲 冼影彤 李亚萍 陈旭蕾 李玉梅 夏春梅

机电一体化技术

岳 杰 陆俊怿 杨甫良 刘立超 李向前 熊运林 樊俊虎 廖火强 潘旭杰 甘金城 孙小告
张富龙 杨永升 王玉刚 龚 雄 赖远亮 谢晓东 赵海艳 康洪榕 虞达府 李 浩 张景生
张希虎 李向南 周振华 全家泰 蒲道亮 吕 根 杨俊杰 杨 文 黄嘉良 黄 佳 王守禄
黎文志 曹志伟 汤丽平 麦 伟 范智灵 周立鸿 李 权 张冬冬 易春新 牙华政 刘丽荣
胡 玮 陆高峰 徐炬强 陈明劲 陈勇军 唐 民 张 平 蔡国锋 杨 坤 张弟成 苏龙锋
丁超飞 夏 力 冯林有 林 磊 牟秀联 陈伟闻 李仁辉 岳永利 季 鹏 曾嘉俊 欧阳文
林福杰 颜宇华 王 雅 陈正军 王泽桂 叶树华 冯超成 张羽基 赖新华 周立君 季洪涛
李雄光 肖 青 代 杰 葛万江 刘洪源 杨 帆 曾文杰 陈志林 曾智昌 刘 均 霍炯武
张家勇 陆凯文 孙海涛 代 理 朱川川 黄舞灿 朱家桦 林国铭 苏豪文 黄焕廷 徐贤辉
吴锦威 向 军 李如勤 邓文法 孔毅劲 张清龙 李景文 张 振 陈志旺 顾升里 张 军
胡照明 陈钢良 游俊华 曹来平 张金平 李国辉 张林活 白文龙 杨慧明 褚春潮 张小忠
赵 团 李东洋 朱 海 伍 欢 黎 健 黄锦宏 郝万英 陈 庚 焦 平 杨大绍 张 浩
文利忠 刘培清 李 文 刘文斌 农承善 刘茂谦 麦擎斌 林健东 殷 飞 周文龙 李文强
欧世晓 谭福光 梁兴训 陈燕梨 沈 康 刘小辉 刘 娟 郑丽怡 吴权发 江 勇 谭少威
林传振 王志荣 黎文灿 刘 军 李昭然 林世昌 霍伦昌 林健勇 郭嘉良 张 明 莫世杰
王达为 胡林志 王坤平 吴洪伟 宁洪军 湛拥军 曹德权 张健满 范志威 岑德豪 刘 维
詹志飞 胡焱焱 周福祥 姚红艳 杨元富 韩宏枢 杨俊稻 毕永彬 温世聪 张锦强 曹永津
余书冠 邓恩括 龙 浩 陈晓文 何国仁 黄贤富 沈泽雄 江志浩 欧操凡 陈灿兴 罗进颖
肖杰文 曹 荥 周福松 蒋敬伟 张云龙 黄志新 张观平 陈健华 邹洪法 罗俊峰 湛志艺
朱延青 陈 剑 蒙广光 罗小锋 田伟卿 颜伍龙 刘 勇

机械电子工程

谭奋志 唐添福 叶江明 张建冲 韦愉快 王文治 张 跃 何建平 彭 杰 肖惠琼 张中良
周丽红 凌勤芳 陈德森 古冠水 李志全 魏国安 何小磊 江其峰 董锋锋 邱勇良 李道明
肖 奎 杨寿文 成 利 廖辉雄

机械设计制造及其自动化

容 吉 何新丰

计算机科学与技术

邱 楠 王 力 林意顺 彭映婷 刘林波 庄海照 代 威 李京鸿 徐建武 余平江 刘 强
于森基 李国飞 何振圳 王 武 周伦伦 吴尚坤 刘 林 丘夏怡 张桂聪 叶海洋 高 磊
张宁煌

计算机应用技术

黄海纯 蓝荣艺 黄旭辉 邱旭斌 赵华杰 黄 伟 曾美玲 张任铭 蔡湘如 李 康 陈方芳
何 星 王 国 桑占稳 杨 彪 周窝娣 周忠诚 宋后艺 梁土照 何水清 贝舒雅 张兴科
李晓莲 谢坚生 陈健炜 曹 俊 黄立武 夏龙兴 胡 斌 曾博思 符志有 黄洵锋 刘铭均
陈森明 黄 锐 李易聪 邓志锐 陈树生 李 建 李兆彬 何小莉 金 见 李金叶 唐 安

陈沛俊 倪鸣辉 龙柏龙 梁路生 陈家驹 刘如斌 桂青华 段钧林 辛　敏 曾文芳 朱集业
黄　伟 张宇彦 伍良雄 莫玉霞 陈江城 梁德鹏 叶威龙 翁灿兴 梁晋维 李志军 黄晓楠
江海豪 谢晓芳 陈先保 袁国升 胡水莲 黎得居 孙浩钧 黎俊杰 黎云飘 田江平 胡欢喜
黄　三 丘岳耀 戴时伟 郑　垚 罗　珍 柯　丹 邱晓琼 郑灿城 周　冲 吴雨桐 何　棒
王国坚 陈欣旺 符建辉 温晓洪 李翠媚 刘　群 彭　健 蔡志伟 李　军 钟杰成 周新强
刘树伟 李小青 陈诗乐 张润程 罗家豪 赖水秀 周华丽 郭凯华

建筑工程管理

谢慧娟 张　虎 张宇龙 郑琼波 邱异奇 孙壮杰 廖湘春 吴　文 龙　毅 关　铁 余明亮
陈越雄 李　穗 崔春霞 梁梦奇 秦亚嫦 梁越勋 曾美芹 袁小婷 钟志彬 冯雯萍 任敬宾
朱　南 李贵深 陈木坚 廖兆娥 唐纯伟 陈倩媚 苏灿兴 黄伟强 谭原锋 易小云 孙旭葵
付军华 刘刚保 陆耿彬 邱隆金 余耀强 丘俊峰 李海声 陈康喜 刘星辰 黄育生 李国军
李本崇 李振杰 黄超勇 陈智媚 钟　凯 余强华 许建儿 彭青萍 李晓金 罗　渊 廖凯旋
李军林 陈浩伟 卢晓加 何丽娟 戴双全 吴旭明 胡　魏 钟　文 刘丽红 王潇彬 马俊杰
张哲严 赵福魁 彭天就 吴少醒 顾海霞 钟志伟 孙镜文 卢永隆 郑锐生 蔡少敏 张　会
饶　丹 邓金顺 陈　超 刘家豪 黄展翔 凌剑辉 陈柳红 叶绍凤 王晓妮 李娜娜 冷　军
赵　静 梁晓蓝 陈祖良 邓　鑫 梁仁茂 覃水秀 陈志文 王科强 刘思科 沈　理 王杨锦
张海霞 何旗拂 李建城 李　聪 许诗华 杨子晟 向　进 邝海玲 尹志杰 邓　静 林兴达
黄煜佳 黄邦林 李均培 何少明 黄治宜 许武平 孔龙玲 陈文杰 乔　梁 张　敏 刘　军
卢淑珍 罗建华 刘战胜 史新龙 孙鹏飞 李　平 程继亮 凌　彬 汤卫东 谢耀维 刘　琴
黎少孟 张学昌 刘　义 张晓丹 徐雄飞 钟俊文 何　炬 朱百齐 何仲坤 杨文周 李阳贵
何梦梦 张　路 王胜蓝 于　波 林少雄 黄伟文 高万鹏 叶广利 廖远中 张新岭 曾观雄
谢宝琼 谢恺欣 蒋镇楚 方福盛 周泉兴 孙欢欢 邓文波 赖家斌 农家助 段贻峰 吴智聪
张　胜 王建祥 花何文 陈坤鹏 李维丽

建筑工程技术

郑传才 吴剑洲 陈　宇 罗志勇 钟良娣 周伟强 吴华兴 徐婷婷 梁志雄 黎民生 王春权
陈皇学 邓　超 湛　江 温仲齐 谭莉莉 李春晖 王冬霞 张培进 张海俊 杨春华 邓小霞
陈燕艺 简振贵 庄子豪 温志勇 李余校 何伟强 郑晓斌 李志媚 张棕桐 刘建锋 何伟强
郭钦明 钟全浩 许晓炯 陈智文 潘　安 孙小兰 林世杰 马　春 崔海军 顾森星 刘水青
李田华 黎玉娥 柳仕强 温智广 余荣兴 吴　波 罗文越 劳国茂 许　鹏 杜家洪 潘国意
吕志明 张家伦 潘　鑫 刘省春 邓叔元 刘升忠 吴　乐 李亚彬 徐建新 魏金湖 尹颂军
梁永剑 袁勇森 张永发 蔡伟达 蔡旭东 魏才成 夏斌金 张文琦 赖　真 朱伟生 林培超
叶发达 陈　浩 张东林 陈惠静 孙正彬 张庚勇 叶晓建 林杰生 张逸鹏 林立涛 林永欣
林树洪 林澍铭 许家伟 林鹤年 林旭钦 黄雨堡 孙　飞 刘鸿键 黄赞珩 彭锋先 陈永铭
谭锴恩 彭广豪 雷华生 岳显胜 陈　卉 陈仕涛 周　亮 胡家乐 雷　兵 朱金来 黄俊维
蓝俊健 钟炜健 陈文君 林　通 陈雅艳 王小兵 邱先威 汤泽瀚 肖培锌 陈学全 陈维锋
林盛昭 吴　添 魏伟龙 黄喜波 林锦彪 陈龙浩 黄凯鸿 郑晓林 孙育佳 林灿鹏 林小凤
邱水原 潘有光 罗永春 潘永强 丘秀平 朱越星 廖金娣 黄维杰 朱和忠 赵　悦 熊文波
刘振文 曾志灵 林楚强 蔡锐斌 廖兰兰 陈泽杨 萧锡强 王　昂 黄　平 李　强 李华昌
罗健斌 吴敏权 周学铭 岳凤德 曾　燕 李　祺 章东伟 陈见伟 叶映深 黄海欣 吴燕辉
袁秀需 林伟崇 程奕滨 叶海亮 林达辉 杨元彬 刘　坛 郭任堂 叶飞杨 黄佳鸿 叶　耿
姚术升 陈伟成 徐卫雄 黎耀灿 黄仕权 何杰方 许文进 许绍腾 许　枢 李　斌 奥　运
梁国行 黄晓毛 梁振耀 汤承祥 姬春娟 高迎峰 张伟财 张群峰 邱裕杰 李凌春 张　伟
李芬芳 何智双 林冠延 邵奇钧 许洪兵 丘飞崖 丘仙水 郑荣凤 陈　平 林康杰 彭浩先

汤钦创 钟　华 卢建明 梅龙军 陈锐灿 李其章 钟浩彭 叶镇嘉 罗家富 林建军 陈永俊
黄康强 叶锐生 刘小坤 陈嘉豪 李明兴 梁健强 李小东 钟梓轩 陈　彪 庞彩桦 覃先荣
梁海辉 陈海明 陈慧眉 林海平 陈　新 毛国宝 彭渭泉 张秋平 谢桂峰 林若铧 肖奇丰
黄坤晓 郭涛涛 郭红波 陈鹏飞 曾庆荣 谢凯滨 李添荣 罗　杰 李家帅

建筑设计技术

练　星 徐俊锋 苏景惠 熊海琪 邱国威

建筑学

陈绍怀 庄秋华 李伟才

金融管理与实务

赖丽芝 徐秋娜 曾海翠 叶燕杯 赖丽江 黄建英 彭金兰 彭思玲 蒋维秀 李　彤 黄旭娜
张孝东 梁水爱 姜英梅 李　明 罗灵机 陈菊珍 杨燕珍 陈少芳 林燕秋 李　莹 高显贵
彭思文 林爱花 蒲紫云 蓝紫惠 吴杰林 晏娟娟 朱国丽 曾世欣 黎中丽 林志安 许烁星
温万里 古惠婷 王焕发 董乃钢 黄水莲 林先颖 叶锐文 闫露露 邹谢芳 刘万媚 彭　轩
徐文俊 朱　静 钟　敏 何碧榆 高勇国 高素玲 姚伟君 谢　艳 符雪梅 邓庆红 陈海平
张建寿 查小浪 王晓丹 唐瑞雯 刘翠萍 黄肖洪 刘泉激 周慧敏 孙君平 陈广达 樊小赛
蔡娟娟 谢小梅 董　娜 邓小凤 谢桂平 杨宗宣 王晓军 覃巧玲 张舞文 杨望彪 易文娟
刘美凤 王海银 贺卫红 龙　琴 刘诗玉 汪　容 郑　伟 伍彩卿 张春丽 陈　彬 彭荣娟
李志敏 陈　丽 杨采芹 高山林 李　茜 吴惠红 刘星灵 谢伟彬 缪润平 李可儿 郭璟楠
骆朝莹 冯国琴 凌坤红 郑桂梅 陈贤君 唐秀丽 黎霭贤 陈翠玲 劳艳灵 简　妹 麦银英
汤燕玲 龚文辉 邵丹丹 罗红娟 林丽玲 刘庆玲 唐丽容 谢建华 王松林 邹安峰 唐仕英
陈鸿辉 张燕辉 李韩英 玉素叶 黄佳雪 林健成 陈　蓉 郑汉荣 陈智聪 何海花 梁神娣
陈　艳 陆慕清 杨斌锋 邹敏庭 丁燕儿 彭小红 钟国辉 陈咏虹 卜基琛 王　慧 杨　媚
纪彩彬 周海燕 黄海森 张冬梅 郭建涛 何宝珠 刘梅坤 肖湘红 谢红霞 吴旭宇 幸瑞玉
滕迅辉 舒华林 马　淼 黎文燕 李志花 冉小燕 杜丽华 鲍　兰 段福刚 朱兆伦 邓文娟
周秀梅 廖王斌 黄　丽 刘艳美 林艳荣 叶战辉 陈碧娟 谭永健 农　媚 李艳芳 张　方
廖新福 刘海萍 王阿梅 梁　洪 袁秀如 刘美娟 袁文燕 陈蔚菁 张耀丽 钟振豪 卢嘉伟
林彩娇 邱世杰 郭巧玲 刘晓蓉 张海英 余正宇 高小艳 汤　新 陈桂杏 潘海燕 邓志伟
陈一霖 龚一慧 沈小珊 徐俊峰 何　芳 王镜中 胡大芳 申金梦 李秋辉 蔡秋水 彭雪梅
江德生 黎玉霞 邓　桃 曾　劲 雷　伟 梅华容 黄　山 廖　燕 欧阳鑫 陈碧媛 李燕红
邓明珠 帅　滟 曾艳婷 黄伟清 莫亚强 何幸燕 黄国芸 邓慧风 屈代宇 潘红兰 庞永乔
曾秀芬 朱建铁 郭惠鸣 付仙娣 郑秋明 张晓英 党水凤 喻　锋 吴文娟 王喜勇 过爱群
王利荣 张锦惠 陈佳妮 凌泽群 罗有香 李　婷 陈　泉 邱　安 胡喜雯 朱小丽 肖　玲
李日培 杨水运 游乔峰 程楚莹 陈信秀 杨建生 刘　波 陈镇廷 周建伟 黄剑平 陈敏华
劳思莹 方洪青 陈术清 刘　华 叶国旗 谭　艳 戴贤兰 潘小茜 田　梅 卢咏梅 何少艳
钟英瑜 李志刚 麦旺胜 华苗丽 何桂贞 孔晓茵 黄妙兴 陈丽珍 钟佩贞 邓有福 李月容
汪卫华 贺　虎 蔡　婷 吕敏彪 潘振豪 邓芯芸 朱爱红 陈啊兰 杨柳丽 陈秋慧 高春龙
杨玉丽 杨瑞云 傅　芳 张扬华 郑阿辉 张欣荣 利影敏 叶桂莲 何水清 涂梅梅 黎益铭
潘贻飞 叶杏瑜 黄莲香 谢永月 李　玲 张　宝 孔小霞 张爱军 刘梦娟 李红梅 窦克云
肖华兵 王晓慧 叶慧平 吴小丽 何爱萍 胡　玲 梁咪咪 郭克明 徐欣萍 管曲民 胡红艳
兰志萍 潘昭燕 李许文 梁　艳 黄燕萍 严冠坚 何节惠 余玉珍 谭秋容 洪　芹 杨建艳
宋家芝 卢健昌 丘意玲 穆宣群 尤少娴 李　洁 肖才英 桂　彦 梁丽芬 于艳敏 马文生
钟惠新 张洪明 黄齐齐 陈智鹏 张军宝 梁月明 谢少静 朱　冰 秦伊玲 龙　芬 龙其珍

卢群英 陈有元 赵 娟 黎伟科 张新君 黄春香 陈钰莹 刘志彬 杜姗霞 冯彩凤 陈 朵
黄玉先 林肖冰 梁淑仪 陈凯敏 黄国伟 梁碧镱 蔡燕玲 巫文华 卢娴诗 范茂林 钟伟锋
沈淑冰 何远翠 何桂桃 邓颖诗 张胜斌 林秀连 廖金富 张 森 周锡添 郑小怡 王淑芳
陈湘红 张国珍 朱小英 赖可林 冯乐文 刘昌滨 黄志雄 夏楚珊 曾丽瑜 何学云 俞金玲
李晴鹰 陈丽冰 刘先英 袁思平 李秋兰 魏玉萍 李秀英 刘 文 黄芳芳 廖金燕 黄丽仪
温水行 凌碧霞 梁永飞 陈卫洁 邓 钧 高琼芳 邓彩英 陈 翠 李聪敏 谭树标 信福芹
梁 亮 王 星 张胜华 李 萍 袁 艳 李金倩 汤宏琴 肖杏芳 郑恩棠 曾路路 陈运宏
向红梅 刘萍平 阳战云 邱雅芬 曹燕甜 陈云飞 陈 飞 卢烽钢 曹泽斌 钟耀昌 吴 清
陈子俊 易俊宇 丘文明 黄碧仪 龙凤平 杨国安 岑伟明 赖焕珍 陈和平 王 文 裴维彩
杨 芳 李招娣 黄加玲 吴丽红 毛少环 詹翠莲 刘 云 谭燕玲 林秀芬 梁炎亮 刘广福
罗佩云 孙志坚 陈以永 冯结芳 邬慧琼 傅映兰 胡明祥 张小燕 陈美玲 翟繁颖 宁海霞
李彩玉 吴森武 江海燕 陈青青 杨绘娟 许继添 韩 锋 吴世周 陈诗欣 王汉文 苏燕珊
梁静仪 李惠群 王智龙 黄洁敏 陈方聪 周颂仁 李建红 郑嘉铃 薛惠琼 何富德 陈燕丽
谢海婷 蔡义金 王成华 刘妹方 陈素兰 王湘衡 陈淦平 李 静 杨 丹 汤燕飞 陈凤榆
卢炎芳 张小兰 王珍珍 庄晓娜 邓中艳 何海涛 邓悦仪 戴秀霞 陈用柳 孙宝元 董晓林
岑明光 石 黎 何美香 郝忠林 吴明霞 曹 森 李小宁 黎冬美 张阳星 张金花 邓淦波
李敏华 李代贤 詹遂夏 阮惠芬 陈武英 周锦军 易 群 芮小佳 黄钊研 黄凤玲 何耀斌
廖庆芝 李毅英 廖婉仪 梁敏治 张志华 陈柳萍 范仲庭 梁耀华 李海美 项金霞 周兆霞
赖碧玉 麦笑玲 路凤霞 谢海媚 王 梅 陈小花 雷自美 邓丽君 蓝英琼 黄丽波 肖永雄
徐二娣 郑举廉 袁 靖 张永乐 邓华军 向 雯 罗韵婷 陈甜甜 蔡锦萍 吴海燕 黄洁鸿
徐瑞娟 陈锦建 刘小勇 关垣生 曾艳颜 黄敏芳 王凤姣 邓 园 孙 吉 王景华 罗绣绣
薛武南 马少敏 杨冬梅 李新娥 戴雁飞 卿 英 蒋尚英 黄 哲 张华丽 潘利仁 曾素琼
叶华兴 毕海仪 李 敏 钟丽嫦 祝 英 成姜雄 江泽轩 肖 倩 冯文锋 何玉娥 毕佩珊
李 惠 王 瑛 招瑞卿 陈小华 何锦芳 蔡笑影 林少纯 田怀章 张宏亮 吴莹桦 肖彩荣
郭玩英 李 莹 杨金花 沙振楠 何建分 姚灿辉 张秋如 刘祝媚 何海权 黄爱平 张小烁
韦海银 陈晓娜 李妙玲 陈辉斌 薛俏英 林 欣 康 媚 郎彩霞 张荣青 周从娥 王卫红
王显琼 吴弟燕 谢亮星 徐韵芝 王剑华 彭建文 杨结玲 陈倩文 关华女 李竹梅 黄学良
何梓聪 罗 鸿 黄秋韵 周俊平 吴文通 史红丽 邱水桥 李新武 朱小红 邓伟金 杨兰清
洪烁慧 张太林 吴 娟 罗春燕 温金汉 张凤芝 郑美珠 崔国珍 张伟涛 冯 彬 詹芳妹
王建松 肖佳芬 周丽娟 曾志明 钱亚玲 梁少媚 陈美娟 吴庆连 张少敏 杨珊珊 高书让
谭海波 方壮葵 李桂洪 曾 莉 孙喜艳 卢燕春 陈曼瑶 叶永桥 欧小青 张 丽 崔晓慧
周小贞 林 龙 周晓芹 陈丽芳 安美君 文远明 赖旭红 刁泳虹 陈智玲 潘艺花 彭镜全
潘学君 蒋小利 肖利美 杨红玉 高雪梅 李智荣 黄志南 朱银妹 伍 丽 王 月 杨慧怡
杨细芹 邓 伟 邓雪琴 陈兆鞍 王忠宇 关敏仪 张文春 罗 亮 陈辉海

金融学

侯思乐 刘 静 蔡俊杰 邓秀程 王恩华 李一飞 杨雪华 陈小梅 张淑莲 汤晓媚 郭奕廷
张建彬 夏桂珍 杨华南 李晓东 莫焯星 陈月群 麦润森 李丽辉 叶 娟 李小红 刘兆维
魏正兰 汪 方 袁韵琴 舒 婷 郭 燕 黎绍云 黄 萍 张青枝 韩小琴

旅游管理

宋国豪 周蓓蕾

旅游管理（航空服务方向）

姚晓琼 李 怿 郑佳白 郑子涛 郑珩珩 林茵茵 郭奕彬 钟婉儿 蔡晓丽 林 欣 姚启帆

肖洁琪 孙晓敏 李静芸 林一帆 黄显佳 李彦霖 杨 芸 洪泽瀚 陈映丹 朱俊婷 张泽棉
林晓涵 杨志辉 林思洁 郑铭霓 谢佳桐 刘欣阳 林 纯 姚思薇 邢增炜 林 驰 赵镇豪
钟泽藩 黄炽诚 庄丽虹 张卓祺 赵梓燕

汽车服务工程

唐 翔

汽车检测与维修技术

袁洁妮 谢海增

人力资源管理

麦琼花 李西鹏 李秋纯 陈莺莺 蔡晓燕 谢艾婷 吴珍凤 黎伟平 张芝萍 刘 婷 马文华
吴 梅 付美容 郝菊梅 马世兰 张金晖 刘涛兰 陈 丽 戴美玲 许燕平 唐惠强 陈永伴
崔秀珠 刘丽勤 冯建青 杨晓霞 杨桂梅 田雪梅 温才展 万丽波 汪 颖 黄海琼 钟香梅
罗小媚 张映霞 周惠玲 陈玉沁 钟菊秋 宋昭雪 陈 璐 熊 易 吕旭国 刘 娟 黎少芬
杜玉青 黄 英 谢仁春 邹小兰 王小燕 谢德鹏 朱俏俐 叶丽冰 冯建玲 黄子恩 朱 丽
陈木娇 方 艺 包小娴 张雅斯 陈静文 杨思敏 张颐靖 陆 飞 廖家鸿 杭浩哲 何嘉业
李敬燊 卢翠芬 郑嘉明 廖国辉 石柱荣 韩付喜 简卫明 黎泳茹 叶灿辉 罗杰文 张素云
梁志文 谭培源 曾 珍 苏 鸾 卢志文 徐淑华 廖 飞 张顺英 李健辉 曾瑞金 许晓君
刘加涛 黄忠亮 朱俊宇 邓昌凤 黄海芳 蒙 丽 覃岱华 周 燕 区啟敏 韩羽晴 吴晓琳
方 浩 张予允 梁展升 曾庆洪 刘耀武 梁粤铭 郭丽仪 程燕媚 梁维开 郑佳妮 朱燕平
谭娟娟 郑燕芬 李秀清 欧阳花 程 亮 苏 健 廖燕霞 梁 颖 林楚雯 黄泳坪 石 晗
黄祥炬 刘杰威 龙凯飞 黎家杰 林嘉浩 陈子健 郭彩霞 崔莲平 朱海波 王伟建 岑金穗
梁婉仪 王彦平 黎小斐 朱兰芳 张永庆 张佳瑶 范雪媚 王海琳 刘宇露 赵静雅 王惠娴
张 萍 陈言言 林润宇 雷仲富 杨 毅 吴翠仪 吴观福 殷 俊 萧帼莲 覃子丹 赵姣博
梁诗韵 黄小琴 周美玲 彭海梅 王金梅 马燕雄 张天来 张红红 何美锜 龙艳梅 何靖凯
简爱娟 苗 玲 高根基 牟方军 韩 倩 王晓纯 王香梅 刘 思 谢绍练 李静妹 冯志宇
李展鹏 滚丽勤 黄秋怡 徐彦国 甘绍斌 姜维齐 陈敏捷 梁伟文 邱永恩 叶丽翔 蔡少勤
柯燕嫦 陈玉红 郭彦雯 黄柳云 陈贝贤 邓坤玉 李嘉盈 李小娴 吴春媚 黎莹莹 刘健强
杨顶苹 张嘉颖 张嘉静 李黄飞 蓝小丽 李嘉明 伍俊生 梁秋华 孙志芬 焦雪莹 聂秋玲
杨海伟 陈趣霞 黎 娟 李晓玲 伍梦霞 文 杰 徐偲萌 张金环 劳锐城 彭健辉 冯柏星
李媛媛 麦进枫 王启余 黎培文 黄勇全 潘文浩 李晓敏 廖 强 邓颖欣 付群丽 温金玲
刘敬波 冯锡军 黄咏琪 关淑萍 黎泳生 韩春英 郭翠花 覃琼芝 张 洁 刘 莉 刘 英
王晓丽 董伟霞 张炜权 邵力行 吕俊健 朱舒婷 宋韵琪 卢俊华 赵梓俊 简伟文 陈月英
黎 满 张 丽 李飞飞 罗志锋 冯星威 骆秀妮 李飞燕 王光明 陈艺英 黎小玲 潘晓芸
夏 娟 罗海苑 钟利华 李佩玲 田海旭 陶 俊 李焯伟 孔嘉英 林辉浩 苏炜恩 黎瑞云
冯伟坚 陈德婉 吉 飞 苏 玲 符康琴 李伟媚 叶惠怡 陈红飞 罗嘉曦 关颂锟 李家俊
袁美蓝 徐万超 林晶晶 邱天鹏 徐仲和 黄冠博 何凯歌 朱洪芳 黄家艳 沈珊珊 韩家进
陈伊莉 陈宝莹 夏文静 陈丽华 王保太 谢琴瑛 潘丽琴 陈燕芬 吴 丹 刘小锋 胡 青
邹娜琛 李伟鑫 张双双 谭敏霞 邓美燕 冼前坤 龚丽君 袁中美 钟堪清 梁榕海 黄静仪
马晓明 马晓霞 庄永亮 李晓珊 樊庭臻 黄小妯 王俊云 陈伟雄 周云开 蒋红伟 丁 玲
黎嘉区 李启宁 冯义俊 吴淑宜 李永康 梁棉坤 陈飞龙 郭垲均 高嘉明 何兆祥 张 婵
唐亲志 王建辉 王维彬 阮华志 高丽娜 谢 粤 汤腊梅 黄文娟 王美玲 郑洁宜 陈贤涛
周翡翠 高珊莲 甘海莲 易锦红 李木兰 陈园园 张文锐 梁晓欣 吴嘉权 胡启明 卓晓洁
邹玉倩 张 妮 高一兵 林健晋 苏乃机 侯 敏 李达通 庄幼娥 黎伟照 叶树威 卢梅花

吴淑莹 邹素亭 罗甜旎 张 玲 张亚玲 杨卫拥 邹敏玲 陈 伶 陈就军 曹 玲 李 慧 陈至深 黄剑青 陈森鑫 蔡碧红 陈筱凤 欧阳玉梅 古力卡尔·帕尔哈提

人物形象设计

黄宝怡 聂艳飞 何娟慧 谢黎明 张 静 胡国军 宋春宇 王玉菊 周小玲 罗 艳 王彦博 张 淼 李海一 江小芳 冯彦培 胡云莉 李江梅 方利红 梁谊清 陈 姣 朱帅花 李 秀 郑英玲 朱 丽 王允彤 许国友 伍 雪 梁小艳 王丽苹 梁玉凤 裴永生 江小红

软件工程

戴 勇 陈小龙 赖国宏 邓存孟 陈春意

商务日语

彭捷健 黄 康

商务英语

薛凯宜 潘梓峰 敬玉林 徐镶怡 王春妮 姜 越 梁月娣 刘子渝 张伟莲 陈 琼 庄嘉茵 黄卓豪 杨幸子 杨 梅 郑梦怡 罗晓英 李贞苗 欧杏斌 李美娴 雍佳佳 韩 予 郑丽萍 潘 雯 卢来梅 蔡秋怡 冯嘉维 邓心妤 程欣欣 徐少婷 余欣欣 关志彬 周美玲 何嘉慧 叶璐颖 吴慧妮 林进玲 黄世伟 郑晓君 李红珍 黎琼钰 李冰冰 吴尚威 宋思华 陈佳铃 陈 薇 李颖怡 陈燕芳 黄小莉 支嘉莹 宋子萍 戴小丽 张凤梅 傅宏坚 潘楚红 张珊娜 麦明珠 洪嘉婷 李斯敏 刘芷君 吴兆基 李毅征 陈玉萍 黄俊联 庞谚玑 张文玉 叶玉梅 郑佳丽 殷有定 黄丽君 何志兴 林巧灵 孙小琴 张倩影 邱 珏 洪志豪 陈秋敏 朱正来 蔡晓彤 陈晓燕 麦珊舒 彭以涵 陈卓莹 陈爱东 吴林红 项锐锐 莫洪铭 陈 舟 谭倩云 郑雅欣 蔡玉婷 曾晓晴 周金花 李虹慧 罗靖宜 李晓芸 龙金喜 郑丹丹 何倩榕 范莹虹 张培焜 欧阳绮湄 艾热帕提·约麦尔

数字媒体技术

徐基华

土木工程

阎 帆 黄康亮 刘国镇 朱晋慧 关健钟 殷威敏 曾凡辉 梁子良 谢俊文 马荣强 李宗亮 郑天垚 徐伟宏 谢志豪 黄俊泳 刘旭光 沈 燕 蔡立基 刘容铭 梁家其 黄灵杰 刘 涛 陈晓霞 陈俊雄 黄开立 吴小飞 郑红均 蔡 超 陈维森 颜启东 罗婉玲 谢海棠 文华女 刘德雄 陈潘新 叶杰勤 杨展业 赖春玲 刘林炬 刘赛玉 黄志平 陈泽恩 黄鸿青 张 鑫 陈伟明 严德波 汪晶晶 陈金水 黄怡雯 冼康博 戚金源 黄柏麟 何建文 张翠诗 林业丰 余 韧 肖体付 李梓民 许叙龙 吴 康 黄桂钊 梁盈文 谢家祥 郑首畅 郑会鸿 林佳鑫 邱可智 陈景标 帅国栋 傅志发 吴勇新 戴文聪 芦文斌 刘 军 李晓娜 詹前锦 黄文平 原志锋 郭鹄宁 郑桂灿 吕文亮 杨佳冀 卢海明 袁 帅 陈泽培 唐俊斌 刘 鹏 姚家展 王善楷 梁天赐 梁双全 黄杰超 赵建瑞 石迪河 刘何任 张裕宗 骆杰鹏 何兆津 沈亮伟 陈晶晶 梁家有 刘耀燊 谭伟锋 陈昌亮 侯嘉鸿 陈锐峰

土木工程（建筑工程管理方向）

刁海明

土木工程（建筑工程技术方向）

叶志华

物流工程（物流管理方向）

廖家宁

物流工程技术

张朝晖 卢思慧 马艳梅 林铭宗 张秦湘 刘红村 陈乐宜 郑成武 李玉添 黄石坚 钟伟军

丁海洋 何　蓉 乐静言 李丹梅 陈梅芳 李俊宇 于朋飞 刘耀祖 张静媚 黄　燕 郭东生
王小胜 廖锦城 黄国奋 刘苏刚 廖文彬 李　斌 贾　瑞 周　广 弥伟锋 庞春章 徐　震
许　健 林　勇 杨华生 陈细玉 吴水强 王　清 王长军 吴业意 张智伟 吴素群 丘林杰
曹钰宜 李　生 李宝玲 万富生 余庆华 朱毅贤 何华之 姚　琴

物流工程与管理

潘裕玲 林康明 王智超 韦振国 曹活标

艺术设计

郭振君 朱胤林 黄嘉欣 宋依瑞 丘梦怡 陈艳文 刘慧敏 陈晋杰 谭惠榆 陈静瑶 郑秋莹
陈茵华 梁蔼妍 郭嘉明 曾祥钊 张小聪 刘洁仪

英语

梁梓航 邹卓颖 吴嘉豪 王　涛

大事记

2017 年大事记

1 月 4 日 根据《住房城乡建设部关于印发高等教育 职业教育土建类学科专业“十三五”规划教材选题的通知》（建人函〔2016〕293 号），学校建筑学院吴庆洲教授主编的《建筑安全（第二版）》等 14 种教材入选。

1 月 9 日 学校召开干部大会。会上，教育部人事司副司长吕杰宣读任免通知，经与中共广东省委商得一致，教育部党组任命章熙春同志担任中共华南理工大学委员会书记，免去杜小明同志中共华南理工大学委员会书记、常委职务，同时免去章熙春的华南理工大学副校长职务。

1 月 9 日 学校与西澳大学合办的“中澳学院”成立暨揭牌仪式在大学城校区举行。该学院将整合优化国际合作办学资源，拓展工程类“3 + 2”本硕联合培养等国际化人才培养项目，培养具有全球视野和竞争力的优秀人才。

1 月 13 日 学校领导班子在励吾科技楼召开 2016 年度民主生活会。广东省教育厅副厅长邢锋同志出席会议并对民主生活会取得的成果给予了肯定。

1 月 15—16 日 共青团广东省第十三届委员会第六次全体（扩大）会议在广州召开，学校获评 2016 年度广东共青团工作先进单位。

1 月 18 日 根据《教育部办公厅关于公布首批深化创新创业教育改革示范高校名单的通知》（教高厅函〔2017〕3 号），学校成为首批深化创新创业教育改革示范高校。

1 月 22 日 广东省印刷及柔性显示创新中心成立大会暨战略合作伙伴签约仪式在广州举行。学校与广东聚华印刷显示技术有限公司、深圳华星光电技术有限公司、天马微电子有限公司、南京中电熊猫平板显示科技有限公司、上海交通大学等 5 家国内显示龙头企业和高校签订《印刷及柔性显示创新中心共建合作协议》。该创新中心是广东省第一家制造业创新中心。

2 月 7 日 LetPub 对 2016 年中国高校及科研机构发表 SCI 论文情况进行了初步统计。数据显示，2016 年学校以署名单位发表 ESI 高影响论文数在内地高校中排第 8 位，增长数在全国高校和科研机构中排第 14 位。

2 月 7 日 2016 年度广东省创新发展大会在广州召开。学校教授、中国科学院院士吴硕贤荣获 2016 年度广东省科学技术突出贡献奖。学校有 17 项成果获得 2016 年度广东省科技奖，其中，一等奖 6 项、二等奖 5 项、三等奖 6 项，一等奖获奖数量创历史新高，成为 2016 年度广东省科学技术奖获一等奖最多的单位。

2 月 15 日 广州市市长温国辉一行调研学校的建设与发展情况，表示市政府将全力支持学校发展。

2 月 20 日 美国管理会计师协会（IMA）宣布，学校获得 IMA 管理会计课程认证，成为我国第一批通过国际管理会计教育体系认证的高校之一。

2 月 27 日 学校与广州市第一人民医院签订《广州市第一人民医院与华南理工大学合作协议书》。广州市第一人民医院正式挂牌华南理工大学附属第二医院，成为学校直属附属医院。

2 月 27 日 上海软科教育信息咨询有限公司发布“2017 中国最好大学排名”，学校连续三年上榜，排内地高校第 19 位。

2 月 27 日 爱思唯尔发布 2016 年中国高被引学者榜单，学校共有 11 个领域的 21 名学者入围，入选数在内地高校中排第 14 位。

3 月 8 日 中山市创新发展大会开幕。中山市华南理工大学现代产业技术研究院获得“2016 年度中山市新型研发机构优秀奖”。

3 月 15 日 教育部、广东省人民政府、广州市人民政府和华南理工大学四方共建华南理工大学广州国际校区协议在北京签署。中共中央政治局委员、广东省委书记胡春华，教育部党组书记、部长陈宝生，广东省省长马兴瑞，广州市市长温国辉，广东省委教育工委书记、省教育厅党组书记景李虎，华南理工大学党委书记章熙春等见证签署仪式。教育部副部长林蕙青，广东省副省长蓝佛安，广州市副市长王东，中国工程院院士、华南理工大学校长王迎军分别代表部、省、市、校在协议书上签字。根据协议，教育部、广东省人民政府、广州市人民政府、华南理工大学将共同携手，把广州国际校区建设成为高水平、国际化、研究型、理工特色的世界一流校区。

3 月 19—20 日 2017 年度学校工作会议在励吾科技楼召开。会议总结了 2016 年学校主要工作，部署 2017 年工作重点。

3 月 29 日 教育部党组成员、副部长林蕙青来校考察创新创业人才培养工作，并对学校工作给予充分肯定和高度赞扬。

4 月 10 日 全国大学生创新创业联盟等单位共同发布《高校团学创业促进工作指数 100 强榜单》，学校位列中国内地高校第 4 位。

4 月 13 日 《福布斯》杂志发布亚洲地区“30 位 30 岁以下俊杰”榜单，学校 2007 级生物工程专业罗锐邦校友入选“医疗及科学”领域的 30 位俊杰名单。

4 月 14 日 国家自然科学基金委员会副主任姚建年院士一行对学校“氢、电储存材料的多相多尺度结构与性能”创新研究群体进行实地考察。该创新研究群体是学校获批的第二个国家自然科学基金创新群体。

4 月 14 日 根据《广东省社会科学界联合会关于同意华南理工大学哲学与科技高等研究所为广东省社会科学研究基地的批复》（粤社科联函〔2017〕53 号），华南理工大学哲学与科技高等研究所获批为首个广东省社会科学研究基地。

4 月 19 日 “2017 中国大陆最具创新力大学百强榜”发布。学校居全国高校第 12 位、广东省高校首位。

4 月 19 日 张澍生校友向学校捐赠签约仪式在逸夫人文馆举行，张澍生校友捐赠 500 万元人民币，用于设立“南光卓越教学奖”，旨在鼓励广大教师潜心教学，追求卓越教学成就，培养更多拔尖创新型人才。

4 月 20 日 根据粤人才办〔2017〕4 号文件，学校 30 位教师入选 2016 年“广东特支计划”，其中，杰出人才 2 位、领军人才 5 位、教学名师 2 位、青年拔尖人才 21 位。

4 月 24 日 广东省科学技术厅“2017 年度广东省国际科技合作基地批准建设情况”完成公示，由学校牵头申报的光电功能材料与器件、分子酶学与工程等 2 个国际科技合作基地获得立项资助。

4 月 29 日 广东省财政厅发布《关于安排 2017 年省珠江人才支持计划资金的通知》，学校 4 名博士后人员入选广东省首批“珠江人才支持计划”海外青年人才引进计划。

5 月 2 日 根据《教育部办公厅印发关于表扬 2016 年度教育信息工作先进单位、先进个人的通报》（教办厅函〔2017〕23 号），学校获评“教育信息工作先进单位”。

5 月 4 日 广东公布第十九届“广东青年五四奖章”获奖名单。学校 2006 级计算机专业校友陈第获“广东青年五四奖章”，章秀银教授获“广东青年五四奖章”个人提名奖，数学学院团委获“广东省五四红旗团委”称号，2014 级机械工程创新班团支部获“广东省五四红旗团支部”称号。

5 月 15 日 广东省长马兴瑞一行到学校调研。马兴瑞对学校人才培养、学科建设和广州国际校区建设等方面给予了高度评价。

5 月 19 日 西澳大学校长 Dawn Freshwater 一行来访学校。双方就两校在华南理工大学广州国际校区共建海洋科学与工程学院事宜深入会谈并签署合作协议。

5 月 19 日 教育部、国家外专局组织专家对依托学校建设的“建筑物理环境与建筑节能学科创新引智基地”进行验收评估。专家组同意基地建设通过验收，评价为优秀。

5 月 23 日 学校与奥迪集团、德国英戈尔施塔特市政府、英戈尔施塔特工业技术大学合作共建的奥迪英戈尔施塔特孔子学院举行揭牌仪式。这是全球第一所由跨国企业参与投资建设的孔子学院，也是学校建成的第 3 所孔子学院。

5 月 26 日 中国管理科学研究院发布了《2017 中国大学专利获奖排行榜》。学校位列排行榜第 2 位。

6 月 1 日 学校召开第九届教代会暨第十五届工代会第二次会议。学校党委书记章熙春作主题讲话，校长王迎军作学校工作报告。

6 月 6 日 根据《中共广东省委宣传部关于共建马克思主义学院，拨付 2017 年共建经费的通知》，省委宣传部决定与华南理工大学共建马克思主义学院。

6 月 7 日 根据《广东省教育厅关于表彰第八届广东省高等学校教学名师奖（本科类）获得者的决定》（粤教高函〔2017〕90 号），学校季静、刘明、吴敏 3 位教授荣获第八届“广东省高等学校教学名师奖”。

6 月 8 日 路透社与科睿唯安合作推出的“路透社 TOP75 亚洲最具创新力大学”2017 年年度榜单发布。学校列亚洲高校第 40 位、中国内地高校第 9 位。

6 月 9—11 日 第十四届“挑战杯”广东大学生课外学术科技作品竞赛终审决赛举行，学校 11 件参赛作品获特等奖。

6 月 13 日 根据《教育部国际合作与交流司关于公布 2017 年度国别和区域研究中心备案名单的通知》（教外司综〔2017〕1377 号），学校印度巴基斯坦研究中心、印度洋岛国研究中心入选备案名单。

6 月 15 日 根据《国务院办公厅关于建设第二批大众创业万众创新示范基地的实施意见》（国办发〔2017〕54 号），学校入选我国第二批大众创业万众创新示范基地。

6 月 15 日 根据《科技部关于 2016 年创新人才推进计划入选名单的通知》（国科发政〔2017〕173 号），学校有机高分子显示和照明材料与器件创新团队、机器智能创新团队入选科技部重点领域创新团队；李智军、祝诗发入选“中青年科技创新领军人才”。至此，学校有 14 人入选该人才计划。

6 月 15 日 学校召开 2017 年学校思想政治工作暨党建与党风廉政建设工作会议。学校党委书记章熙春作题为《坚持立德树人　全面从严治党　维护安全稳定　为推进“双一流”建设提供坚强保证》的讲话；党委副书记、纪委书记刘琪瑾作党风廉政建设工作报告。

6 月 25 日 学校举行 2017 届学生毕业典礼。校长王迎军作题为《以不变的初心迎接变革的时代》的致辞，党委书记章熙春为志愿服务西部毕业生代表颁发了荣誉证书。2017 届共有毕业生 9995 人，其中，毕业本科生 6223 人、毕业研究生 3772 人。

6 月 28 日 华南理工大学附属广东省人民医院揭牌仪式在广东省人民医院（华南理工大学第一临床学院）举行。

6 月 28 日 上海软科 2017 世界一流学科排名发布。学校共有 19 个学科上榜，其中，9 个学科进入世界前 100 名；食品科学与工程、化学工程、能源科学与工程 3 个学科进入世界前 50 名、国内前 10 名，其中，食品科学与工程学科位列世界第 4 名。

7 月 4 日 全国哲学社会科学办公室发布国家社科基金项目（含教育学）立项名单。学校获批 21 项（含教育学 2 项），其中重点项目 1 项，共获批经费 431 万元，获批数量和经费均创历史最好成绩。

7 月 4 日 美国爱达荷大学校长 Chuck Staben 一行来访学校。双方围绕孔子学院继续合作建设、师生交流及教学科研合作等事宜开展深入交流。

7 月 7 日 2017 中国教育电视协会高校电视专业委员会公布了第七届“视友杯”中国高校电视奖获奖名单。学校获得一等奖 3 项、二等奖 3 项、三等奖 1 项、最佳摄影奖 1 项；学校党委宣传部被评为中国高校电视工作先进单位，多名师生被评为中国高校电视工作先进个人和优秀学生记者。

7 月 科技部陆续公布 2017 年度国家重点研发计划 42 个重点专项中的 40 个专项项目清单。其中，学校牵头项目 5 项、牵头课题 19 项，牵头项目课题经费突破 2.5 亿元，创历史最好成绩。

7 月 6 日 学校印发《华南理工大学思想政治工作提升行动（2017—2020）》（华南工〔2017〕50 号），形成 8 个方面 28 项任务 147 条举措，推进实现全员育人、全过程育人、全方位育人。

7 月 11 日 学校公布机构调整方案，对机关部门和直属单位进行适当调整，对学院进行微调，推动学校工作重心向基层一线倾斜，进一步优化资源配置。

7 月 13 日 学校党委书记章熙春为全校 500 名国防生作题为《携笔从戎念兹在兹　初心如磐强军兴军》的思想政治理论课。章熙春书记鼓励广大国防生在中国处于由大变强的关键阶段，牢记强军目标，坚定强军信念，献身强军实践，努力成为“四有”

新一代革命军人。

7月13日 学校与佛山市顺德区人民政府就合作共建华南理工大学国家大学科技园顺德创新园区签约。该园区将汇聚或孵化一批高新企业，集聚一批高端人才，推动一批科技成果在顺德实施转化。

7月14日 基本科学指标数据库（ESI）公布最新统计数据。学校环境科学与生态学学科首次进入ESI全球前1%。至此，学校共有8个学科进入ESI前1%，入选数量位居全国高校第6、广东高校首位。

7月20—25日 “黄河石林杯”第22届中国大学生乒乓球锦标赛在甘肃省白银市体育中心举行。学校获男团冠军、女团亚军、混双冠军以及男单冠军。

7月21—23日 第十届“高教杯”全国大学生先进成图技术与产品信息建模创新大赛举行。学校获得团体一等奖（机械类）1项、3D打印（机械类）一等奖1项、个人全能一等奖5项、个人全能二等奖2项、单项一等奖1项、单项二等奖2项。

8月4日 国家自然科学基金委正式公布2017年度国家杰出青年科学基金建议资助项目申请人名单，学校王永华教授和章秀银教授成功入选。

8月5日 中共华南理工大学党委全委会扩大会议在励吾科技楼召开。学校党委书记章熙春宣读中共教育部党组、教育部的干部任免文件，陶韶菁任中共华南理工大学委员会副书记，李正、吴业春任中共华南理工大学委员会常委，任命李正、吴业春为华南理工大学副校长。

8月6日 第十六届全国大学生机器人大赛Robomaster总决赛在深圳举行。学校华南虎队夺得全国总冠军。

8月15日 2017年上海软科“世界大学学术排名”发布。华南理工大学世界排名第235位，中国内地排名第11位。

8月17日 国家自然科学基金委正式公布2017年国家自然科学基金项目评审结果。学校3位教授获得国家优秀青年科学基金项目专项，至此，学校国家优青人数增至20人。

8月26日 经国家认证认可监督管理委员会批准，教育部国家资质认定高校评审组委派的专家组对学校医疗器械研究检验中心进行了实验室资质认定现场评审。检验中心顺利通过评审，成为华南首家高校医疗器械检验机构。

9月1日 根据《中共广东省委宣传部关于省级重点智库评选结果的通报》（粤宣通〔2017〕29号），学校广东省社会治理研究中心和政府绩效评价中心入选。同时，根据《广东省社会科学界联合会关于同意华南理工大学国家治理研究中心为广东省社会科学研究基地的批复》（粤社科联函〔2017〕80号），批准学校国家治理研究中心为广东省社会科学研究基地。

9月5日 《泰晤士高等教育》发布世界大学排名（2018）。学校排全球501—600名区间，排中国内地高校第13位。

9月12日 学校举行2017级新生开学典礼。校长王迎军作题为《立身大学　瞭望世界》的致辞，章熙春书记为2017级优秀本科新生代表颁奖。2017年，共有6163名本科生新生、5903名研究生新生相聚华园。

9月16—18日 在第三届中国“互联网+”大学生创新创业大赛总决赛中，学校代表队获金奖1项（“荔枝微课”同时为广东省唯一获金奖的项目）、银奖2项、铜奖1项，获奖数创学校历史新高，学校获“先进集体奖”。

9月18日 第九届“中国青年创业奖”评选结果揭晓，学校2010届优秀校友陈第获“创业新星奖”。

9月21日 教育部、财政部、国家发展改革委印发《关于公布世界一流大学和一流学科建设高校及建设学科名单的通知》，学校入选“双一流”建设高校名单，化学、材料科学与工程、轻工技术与工程、农学等4个学科入围“双一流”学科建设名单。

9月22日 广东省文明校园创建工作电视电话会议召开，对获评第一届广东省文明校园的高校和中小学进行了表彰，学校获首届广东省文明校园荣誉称号。

10月2日 Nature杂志子刊*Nature Physics*发表题为“Weyl points and Fermi arcs in a chiral phononic crystal”（手性声子晶体中的外尔点与费米弧）的研究论文，作者为李锋、黄学勤、陆久阳、马佳洪、刘正猷。这也是华南理工大学首次在*Nature Physics*以第一单位发表论文。

10月11日 根据《关于公布教育部第二届直属高校精准扶贫精准脱贫十大典型项目推选结果的通知》（教发司〔2017〕299号），学校“‘五位一体’精准扶贫 协调推进乡村治理”帮扶项目获评“十大典型项目”。

10月18日 学校党委召开中心组理论学习扩大会，集中学习党的十九大报告。党委书记章熙春强调要将党的十九大精神学习宣传贯彻工作与学校“双一流”“双高”建设结合起来，与实施“十三五”规划结合起来，促进学校稳定和谐发展。

10月26日 根据《广东省社会科学界联合会关于同意设立华南理工大学习近平新时代中国特色社会主义思想研究中心的批复》（粤社科联函〔2017〕126号），学校成立省内首个习近平新时代中国特色社会主义思想省级研究中心。

10月30日 广东省科技厅发布公告，授予学校实验动物中心实验动物使用许可，这标志着学校正式获批首个实验动物中心。

10月30日 根据《广东省人民政府关于颁发广东省第七届哲学社会科学优秀成果奖的通报》（粤府函〔2017〕299号），学校共有20项成果获奖，其中，一等奖5项、二等奖10项、三等奖5项，获奖数再创历史新高。

10月31日 中国科技论文统计结果发布会在北京召开。学校2016年发表“卓越国际论文”数量排全国高校第18名。“卓越国际论文”数量占SCI论文数的比例为56.68%，在“卓越国际论文”数量前30名的高校中排名第1。

11月2日 广东省副省长黄宁生一行来校调研，听取学校工作汇报。黄宁生副省长对学校发展给予充分肯定。

11月9—13日 第十三届国际遗传工程机器大赛（iGEM）在美国举行。学校参赛队伍获2项金奖。

11月10日 基本科学指标数据库（ESI）公布最新统计数据，学校临床医学首次进入ESI全球排名前1%，成为学校第9个进入ESI全球前1%行列的学科领域。

11月10日 澳大利亚西澳州教育及培训部部长Suzanne Ellery一行18人来访学校。双方就广州国际校区办学事宜以及中澳学院进展情况进行会谈，共同签署学生短期交流项目合作协议、医学院合作意向书。

11 月 12 日 第十一届中国产学研合作创新大会在山东举行。大会对中国产学研合作成效显著的单位进行了表彰，学校获颁 2017 年中国产学研合作创新奖。

11 月 13 日 中国专利奖评审办公室公布第十九届中国专利奖评审结果，学校 2 项专利获中国专利优秀奖。自 2009 年以来，学校以第一完成单位共获 23 项中国专利奖，获奖数居全国高校首位。

11 月 17 日 全国精神文明建设表彰大会在北京召开。学校获第一届“全国文明校园”荣誉称号，学校党委书记章熙春赴京领奖，与其他获奖代表一起受到习近平总书记亲切接见并合影留念。

11 月 18 日 在第十五届“挑战杯”中国银行全国大学生课外学术科技作品竞赛终审决赛中，学校报送的 6 件作品获一等奖 1 项、二等奖 3 项、三等奖 2 项。

11 月 20—23 日 教育部本科教学工作审核评估专家对学校本科教学情况进行了全面深入的考察。专家组认为，学校在本科教学和人才培养方面，有亮点有特色，给专家组留下了深刻的印象。学校高质量通过本次本科教学审核评估。

11 月 23—25 日 第二十二届全国发明展览会暨第二届世界发明创新论坛在佛山举行。学校 3 项专利成果获“发明创业奖 · 项目奖”金奖。

11 月 27 日—12 月 6 日 学校党委书记章熙春率团出席在芬兰举办的中欧工程教育联盟 2017 年年会和欧洲工程教育联盟年会，与意大利都灵理工大学、瑞典皇家理工学院、乌普萨拉大学就拓展和深化合作办学进行深入交流。

12 月 8 日 学校王杏生校友捐赠签约暨“恒化楼”揭幕仪式在五山校区举行。王杏生校友伉俪向学校捐资 800 万元，助力学校发展。

12 月 15 日 卓越大学联盟（E9）第八次校长联席会暨 2017 年校长论坛在哈尔滨工业大学（深圳）召开。校长王迎军发表了题为“以‘新工科’建设为契机，加快建设世界一流大学”的讲话，畅谈了对“新工科”建设的思考和实践。

12 月 25 日 校长王迎军讲授“牢记青春使命　引领未来发展　做新时代中国特色社会主义的筑梦先锋”思想政治第一课，对青年学子提出了成长成才的期望和要求。

12 月 26 日 “2017 年广东高校辅导员年度人物”评选活动顺利结束。学校辅导员魏争获评为“2017 年广东省辅导员年度人物”，易红英、陈浩文获“2017 年广东省辅导员年度人物”提名奖，杜微微获“2017 年广东省辅导员年度人物”入围奖。

12 月 27 日 “璀璨 2017”华南理工大学建校 65 周年校长基金颁奖典礼在五山校区举行。典礼颁发了“校长基金”“我最喜爱的导师奖”等 8 个类别的奖项，其中，华贲教授和何镜堂院士获校长基金特别奖。

12 月 27 日 根据《教育部社科司关于 2017 年度教育部哲学社会科学研究重大课题攻关项目立项的通知》（教社科司函〔2017〕252 号），学校获批 4 项，创历史最好成绩。

12 月 28 日 2017 年全国高校实践育人暨创新创业现场推进会召开，表彰获得第三批“全国高校实践育人创新创业基地”称号的单位，学校成功入选。

12 月 28 日 教育部学位与研究生教育发展中心公布了第四轮学科评估结果。学校共有 34 个学科参评，评估结果为 A 类的学科有 8 个，其中，1 个学科获得 A^+ 评价、7 个学科获得 A^- 评价；共有 18 个学科获得 B^+ 以上评价，相比上一轮评估进步明显。